# Le suédois
Collection Sans Peine

par William Fovet

Illustrations de Nico

B.P. 25
94431 Chennevières-sur-Marne Cedex
FRANCE

© ASSIMIL 2011

Nos méthodes

sont accompagnées d'enregistrements sur CD audio ou mp3, et existent désormais en version numérique*.

*e-méthode disponible sur le site www.assimil.com

Sans Peine

L'Allemand - L'Anglais - L'Anglais d'Amérique - L'Arabe - Le Bulgare - Le Chinois - L'Écriture chinoise - Le Coréen - Le Croate - Le Danois - L'Égyptien hiéroglyphique - L'Espagnol - Le Finnois - Le Grec - Le Grec ancien - L'Hébreu - Le Hindi - Le Hongrois - L'Indonésien - L'Italien - Le Japonais - Le Japonais kanji - Le Khmer - Le Latin - Le Malgache - Le Néerlandais - Le Norvégien - Le Persan - Le Polonais - Le Portugais - Le Portugais du Brésil - Le Roumain - Le Russe - Le Sanskrit - Le Suédois - Le Swahili - Le Tchèque - Le Thaï - Le Turc - L'Ukrainien - Le Vietnamien

Perfectionnement

Allemand - Anglais - Espagnol - Italien - Russe

Langues régionales

Le Breton
Le Catalan
Le Corse
L'Occitan

Affaires

L'Anglais des affaires

Assimil English

L'anglais par l'humour
L'anglais du travail
La congugaison anglaise
Keep Calm & Smile

Sommaire

Introduction VII
Une méthode déclinée en deux vagues XI
Les principaux sons du suédois XIII

Leçons 1 à 100

1	Lotta har en fråga	1
2	En viktig fråga	5
3	Vilken grej!	9
4	Telefonen ringer	13
5	Det kostar skjortan!	17
6	De gör framsteg	21
7	Repetition	25
8	Jag bantar	31
9	Vad heter han då?	35
10	Du diskar och jag sover	39
11	Törstig och otålig	41
12	Det är inte min grej	45
13	Näktergalar	49
14	Repetition	53
15	På cirkus	59
16	Ett brev från hennes syster Julia	63
17	På posten	67
18	Drömmen	71
19	Hos bilhandlaren	75
20	På äktenskapsbyrån	79
21	Repetition	83
22	På hotellet	89
23	Din drömmare!	93
24	Var så goda!	99
25	De är biodynamiska	103
26	Ett vykort	107
27	I souvenirbutiken	111
28	Repetition	117
29	Tjejer emellan	123
30	Tandkrämen är slut	127

31	Jordgubbar till extrapris	131
32	Ett fall	135
33	Det förklarar priset	139
34	Samtal på gatan	143
35	Repetition	147
36	Olika åsikter	153
37	En vänlig polis	157
38	På apoteket	161
39	På bio	167
40	Klockan är bara barnet	171
41	Nyheterna	175
42	Repetition	177
43	På centralstationen	183
44	Vi tycker om att resa	187
45	Vad gäller det?	191
46	Ungkarlsvanor	197
47	Om!	201
48	Hårresande	205
49	Repetition	209
50	Enkla råd från akutmottagningen	215
51	Jösses, vilken kalufs!	219
52	Vad ska folk säga?	225
53	Skoja inte med tullmannen!	229
54	Det är ingen konst!	233
55	Lotta har blivit stor	237
56	Repetition	243
57	Kommissarie Marinus ställer indiskreta frågor	249
58	Nubben gjorde henne sjuk	255
59	Det fanns en hake	259
60	Grannen såg dig	263
61	Ändå var tjänsten skräddarsydd för mig	269
62	Hon får en kick av att jogga	273
63	Repetition	279
64	Färgblinda har ett sjätte sinne	287
65	Hej på dig din gamla galosch!	291
66	Fiffigt men haltande	295
67	Det kan man lugnt påstå	301
68	Anna får lift	305
69	Brokiga färger	311
70	Repetition	315
71	Enligt hans horoskop	321

72	Piffa upp dig!	325
73	Vi lever inte längre på 70-talet	331
74	En av mormor Astrids rövarhistorier	335
75	Har du ett förslag?	339
76	Hon förblir anonym	345
77	Repetition	349
78	Vi borde gripa tillfället	355
79	Sofias första mejl	359
80	Pengar till körkortet	365
81	Gräl i en taxibil	369
82	Bråket förvärras därför att miljön förstörs	375
83	Knytkalas	379
84	Repetition	385
85	På det hela taget	389
86	Han tog i med hårdhandskarna	395
87	På ideell basis	399
88	Andfådd som en flodhäst	405
89	Som vore han i ett turkiskt bad	409
90	Vad det övriga beträffar	413
91	Repetition	417
92	Gärna för mig	423
93	Du skolkade alltså!	427
94	I en svensk-fransk B-film	433
95	Chefen sätter press på oss journalister	437
96	En såpa med oväntad upplösning	441
97	Humaniora eller företagsekonomi	445
98	Repetition	451
99	En fem man stark besättning	455
100	Vi håller kontakten	459

Appendice grammatical 464
Index grammatical et lexical 496
Bibliographie 500
Lexique des expressions et locutions suédois-français 502
Lexiques 514
Lexique suédois – français 515
Lexique français – suédois 578

Introduction

Vous avez décidé d'apprendre le suédois, quelle sage résolution ! Car le suédois est une langue germanique, et à ce titre assez proche de l'anglais, auquel personne n'échappe plus aujourd'hui, et aussi de l'allemand. D'éventuelles réminiscences de l'apprentissage scolaire d'une de ces deux langues vous faciliteront grandement l'acquisition d'une bonne partie du vocabulaire et la compréhension de la structure des phrases ; vous pourrez le constater dès les premières leçons de cette méthode.

Le suédois est par ailleurs une langue plutôt simple, comparé à notre français où les fameuses exceptions orthographiques et grammaticales nous ont – soyons honnêtes ! – valu des heures de colle sur les bancs du primaire ; elles ont même permis d'organiser des concours d'orthographe télévisés, tout en donnant matière à des savants de passer leur vie entière à établir un "bon usage", nécessaire, certes, mais tellement alambiqué que le tout est imprimé sur du papier bible, et qu'il faut presque une loupe pour consulter les exceptions en notes de bas de page ! Rien de tout cela en suédois, n'ayez crainte. Et "simple" signifie aussi qu'on entre très vite dans la langue suédoise, c'est-à-dire qu'on peut rapidement former tout seul des phrases ou formuler des questions en se basant sur quelques notions de grammaire.

Langue germanique, le suédois est donc aussi une langue logique, rigoureuse, ce qui reflète également quelque part – ou se traduit par – un certain état d'esprit, suédois ou plus largement scandinave. Plus personne n'ignore aujourd'hui que la Suède s'intéresse de près aux sujets environnementaux, d'ingénierie sociale, aux questions de parité hommes-femmes, tant dans le monde du travail qu'au Parlement et au Gouvernement en général, sans parler des congés maternité en particulier. Ce sont sans doute ces points forts, généreusement colportés par les médias, qui vous ont incité à apprendre cette langue, répétons-le, facile d'accès, et – qui plus est – belle et chantante... de l'italien en version nordique !

Ou alors, c'est peut-être la culture de la Suède, son design, son cinéma ou sa littérature, un voyage d'été dépaysant dans les forêts et les archipels, des images télévisées de lacs gelés qui vous ont séduit ? Ou encore une visite dans un magasin suédois près de chez vous, la découverte de produits alimentaires exotiques à l'aune de notre goût plus ou moins latin – saumon mariné, hareng à la moutarde, pain croustillant ? Peu importe, l'essentiel est que vous soyez là avec nous, prêt à vous lancer dans cette sympathique aventure. La Suède est certes un petit pays de neuf millions d'habitants, mais il est vaste, ce pays, et sa nature nous attire parce qu'elle reste intacte et véritablement envoûtante : au sud, c'est encore le Danemark ou l'Allemagne du Nord ; au nord, nous sommes déjà dans des régions quasi-polaires où le soleil ne se couche jamais pendant l'été. Les villes nous fascinent parce que les urbanistes ont su masquer béton et goudron au milieu d'une verdure omniprésente. Sans parler de la culture suédoise qui s'exporte comme des petits pains. Voyez *Fifi Brindacier* d'Astrid Lindgren – traduit en combien de langues, exactement ? –, ou le fameux polar *Millénium*, adapté au cinéma puis à la télévision après avoir connu un énorme succès éditorial à l'échelle mondiale ! Dans le monde entier, on connaît – et on attend tous les ans – le prix Nobel ! Qui n'a pas été séduit par ce célèbre concept d'aménagement intérieur proprement suédois, qui gagne encore et toujours du terrain dans la plupart des pays, parce qu'il revendique un idéal de simplicité et compte sur l'esprit d'initiative du client : "À toi de fixer les chevilles, les entretoises et les vis de ton étagère au bon endroit !" Sous-entendu : "Tu es adulte, tu vas y arriver, nous avons confiance en toi". Toute la réussite du fameux "modèle" suédois repose sur ce principe fondamental et tellement simple : la confiance ! À preuve : tout le monde se tutoie dans ce pays ; même un élève tutoiera son professeur, un accusé, son juge, et vice versa.

Le suédois reste certes une langue mineure avec seulement neuf millions de locuteurs dans le pays lui-même ; sa maîtrise permet cependant de communiquer également avec les 300 000 suédophones de Finlande ainsi qu'avec les habitants de l'archipel d'Åland, qui appartient à la Finlande, mais dont le suédois est resté la langue officielle. Avec un peu d'entraînement, le danois et le norvégien sont compréhensibles à partir du suédois, notamment à l'écrit. L'apprentissage du suédois ouvre donc en quelque sorte des portes vers le sud, l'ouest et l'est de la péninsule scandinave. En outre, le suédois est maintenant langue officielle de l'Union européenne. Soit ! Il n'est pas exclu que grâce à notre méthode, vous deveniez un jour traducteur ou interprète à Bruxelles. Mais restons modestes dans l'immédiat : l'intégration de la Suède à l'UE signifie avant tout que les longs délais d'attente d'un – éventuel – permis de séjour et de travail appartiennent désormais à une époque révolue. La liberté de circulation des individus et de la main-d'œuvre facilite comme jamais auparavant la mobilité des personnes à l'intérieur d'un espace européen sans cesse appelé à s'élargir. Peut-être que votre spécificité de francophone sera un précieux atout aux yeux des Suédois, qui sait ? Et même si votre anglais sera compris de tous (ou presque), une bonne connaissance de la langue sera le plus souvent requise pour occuper un poste ou obtenir un stage, et absolument nécessaire pour comprendre la façon de penser et le mode de vie des habitants, deux ingrédients hérités d'une culture et d'une histoire spécifiques que ne véhicule nullement la langue anglaise. Et si vous avez entrepris d'apprendre cette langue en vue de partir étudier en Suède, sachez que la modernité et le ton de nos leçons vous permettront de communiquer aisément avec les jeunes de votre génération. Nous avons en effet surtout mis l'accent sur la langue parlée, ce qui n'exclut nullement que vous puissiez lire un texte littéraire ou un article de journal récent, l'écart entre langue écrite et langue parlée étant quasiment inexistant. Le niveau atteint à la fin du parcours correspond au moins à celui de l'utilisateur indépendant, niveau B2 du Cadre européen des langues.

Alors maintenant, à vous de "jouer", en respectant toutefois les recommandations qui suivent !

Quelques conseils importants

• Votre apprentissage doit s'effectuer à doses homéopathiques, c'est-à-dire qu'il convient de travailler un peu, mais chaque jour. En clair : trente minutes, matin, midi ou soir, selon la réactivité de votre esprit, pour une leçon qui comprend la plupart du temps un dialogue et deux exercices. Le secret de la méthode Assimil repose sur la régularité pure et simple. Si un jour, faute de temps, il vous est impossible d'étudier une leçon entière, relisez au moins le dialogue de la veille ou réécoutez son enregistrement, ou refaites un exercice. Vos connaissances acquises pourront de la sorte se maintenir à flot. Même si la tentation est grande et que vos loisirs le permettent, n'essayez pas d'aller plus vite en étudiant la leçon du jour et la suivante. Vous risqueriez d'abord un encombrement qui se traduirait nécessairement par un ralentissement. Ensuite, la progression de votre apprentissage se faisant par petites touches successives, le risque de carambolage serait difficilement évitable.

• Les premiers contacts avec une nouvelle langue provoquent inévitablement une sensation de dépaysement, souvent agréable, plus rarement déroutante. Dans ce dernier cas, prenez le temps, au cours des premières leçons, d'humer la langue, d'en saisir le parfum, le rythme et l'épaisseur, sans vous décourager si cela ne vient pas tout de suite. Personne n'apprend spontanément un pas de deux ; un apprenti danseur doit toujours d'abord se décomplexer, autrement dit vaincre une inhibition ou une résistance devant une nouveauté. Vous verrez que très vite vous prendrez le pli, l'incursion dans la langue suédoise ne nécessitant pas de réajustements insurmontables. Donc, armez-vous d'emblée d'un peu de patience et de persévérance !

• Comme nous l'avons déjà dit, vous allez progresser par touches successives dont vous n'aurez pas toujours conscience, tel un jeune enfant qui acquiert naturellement sa langue maternelle. C'est là le côté intuitif de la méthode Assimil. Autant dire que tout ne vous sera pas expliqué comme dans une grammaire qui répertorie règles et exceptions. Vous allez rencontrer des tournures dont le sens sera comme révélé par miracle à un moment ultérieur, une fois que les pièces du puzzle seront ordonnées. Nous avons veillé à ce que votre progression ne présente aucune lacune, c'est-à-dire qu'il n'y aura aucune pièce manquante lorsqu'un segment du "programme" sera achevé. Ces segments se superposent plus qu'ils ne s'enchaînent, certains commençant au début et se terminant vingt ou trente leçons plus tard ; d'autres sont abordés pendant le parcours, s'achèvent au bout de sept ou trente leçons, ou parfois à la fin de votre apprentissage ; tout dépend de la complexité des points abordés. Les exemples qui vous sont proposés pour apprendre les cas particuliers sont toujours concrets et placés dans un contexte, afin de vous permettre de les saisir et de les retenir plus aisément. Faites-nous confiance et vous arriverez à bon port !

• Travaillez les dialogues à haute voix, les enregistrements vous seront d'une aide certaine. Écoutez et réécoutez, imitez les locuteurs ; à ce stade le psittacisme, qui consiste à répéter mécaniquement la parole des autres, n'est pas une anomalie ! Prononcez des bribes de phrases lorsqu'elles vous traversent l'esprit à un moment donné de la journée : dans votre baignoire, en voiture, sous votre casque de moto, en allant promener le chien… Une fois le cap de la prononciation franchi, vous parlerez avec plaisir parce que vous serez lancé, comme l'apprenti danseur qui a saisi le rythme sur lequel il va s'exécuter.

• Il n'est pas toujours très facile de se procurer des journaux ou des revues en suédois, ni même de voir des films en V. O. Mais aujourd'hui, Internet aidant, vous n'aurez aucun mal à vous connecter sur le site d'un grand quotidien et à regarder dans un premier temps les gros titres pour y deviner l'actualité du moment. Si vous disposez du haut débit, il vous est même possible de regarder les "news" télévisées des journaux. Mais ça, c'est pour plus tard, ayez un peu de patience !

• Nous avons tout fait pour joindre l'utile à l'agréable ; vous ne trouverez donc jamais de passages ennuyeux. Au contraire, les dialogues sont pleins de vie et d'humour, agrémentés de dessins et parfois complétés par des notes culturelles qui tentent de saisir l'essentiel, pour vous faire vivre un peu comme là-bas.

Une méthode déclinée en deux vagues

La première vague

C'est la phase dite d'imprégnation de votre acquisition du suédois, durant laquelle votre cerveau télécharge pour ainsi dire les sonorités de la langue et son mode de fonctionnement. Mais ce téléchargement passif n'implique nullement que votre cerveau reste en état de veille prolongée. Imaginez que vous preniez tous les matins le train pour vous rendre au travail : des milliers de tableaux du paysage que vous traversez défilent devant vos yeux passifs, et pourtant, le lendemain ou la semaine suivante, vous (votre cerveau) en reconnaissez la plupart, mais remarquez que quelque chose a changé : des arbres ont été abattus, le lit de la rivière est sec, des vaches paissent dans un champ, alors que votre œil était habitué à y voir des moutons. Preuve que le cerveau est mis à contribution !

Commencez par écouter le texte de la leçon, en général un dialogue. Les enregistrements vous aideront à acquérir une bonne prononciation ; ayez confiance, nos locuteurs sont tous des natifs de Suède.

Ensuite, lisez le texte phrase par phrase en vous reportant à la traduction française. Vous y trouverez également la traduction mot à mot de la phrase suédoise. Reportez-vous aux notes, souvent brèves, qui éclaircissent un détail de grammaire.

Réécoutez votre leçon, en répétant cette fois chaque phrase, une à une. Parlez distinctement, à voix haute, en imitant au mieux l'accent et les intonations des locuteurs. Répétez autant de fois que vous en ressentez le besoin.

Durant les premières leçons, les textes sont enregistrés à un rythme lent. La vitesse d'élocution augmente au fil des leçons, jusqu'à atteindre une cadence naturelle vers la fin de la méthode. Si vous maintenez votre rythme de travail quotidien, vous n'aurez aucun mal à suivre cette progression.
Faites les exercices proposés : ils constituent une application directe de ce que vous venez d'apprendre dans la leçon.

Toutes les sept leçons, une leçon de révision fait le point sur vos acquis en les complétant le cas échéant. Ces leçons font partie intégrante de la méthode et doivent donc bénéficier de la même attention en termes de temps qu'une leçon normale. Elles contiennent également un exercice de traduction qui vous permet de tester votre compréhension d'un élément particulier de la révision, ainsi qu'un dialogue de révision qui reprend certaines tournures abordées durant les six leçons précédentes.

À la fin de votre ouvrage, vous trouverez un appendice grammatical, un index vous indiquant les références aux notions grammaticales vues dans la méthode, et une bibliographie succincte. Un double lexique (suédois-français et français-suédois) vous sera d'une aide précieuse pour résoudre les exercices ou suivre les dialogues de révision. Enfin, un lexique des expressions et locutions pourra servir de petit manuel de conversation.

La deuxième vague

À partir de la 50ᵉ leçon, lorsque vous aurez bien assimilé les bases, votre étude entrera dans sa phase dite d'activation. Tout en continuant votre apprentissage sur le mode habituel dans les nouvelles leçons, et ce jusqu'à la 100ᵉ, vous reprendrez une à une celles que vous avez étudiées, en commençant par la première et en suivant le rythme d'une leçon par jour. Il vous sera alors demandé de traduire le texte de chaque leçon et l'exercice 1 en suédois. Le temps de travail dévolu à partir de la 50ᵉ leçon ne sera pas double, mais simplement augmenté d'une petite dizaine de minutes. Au cours de cette phase d'activation, dont nous reparlerons le moment venu, vous pourrez constater l'ampleur de vos progrès, en cinquante jours donc, si vous êtes assidu.

Vous apprendrez les nombres ordinaux et cardinaux en les voyant en situation au début de chaque leçon et en bas de chaque page.

Les principaux sons du suédois

Voici quelques règles élémentaires qui vous permettront dans un premier temps d'acquérir une prononciation correcte de la langue. Lisez attentivement la transcription phonétique ainsi que les remarques de prononciation de chaque leçon. Avant tout, nous vous présentons l'alphabet.

Il comporte vingt-neuf lettres :
A a *[â:]*, **B b** *[bé:]*, **C c** *[sé:]*, **D d** *[dé:]*, **E e** *[é:]*, **F f** *[èf]*, **G g** *[gué:]*, **H h** *[Ho:]*, **I i** *[i:]*, **J j** *[yi:]*, **K k** *[ko:]*, **L l** *[èl]*, **M m** *[èm]*, **N n** *[èn]*, **O o** *[ou:]*, **P p** *[pé:]*, **Q q** *[cu:]*, **R r** *[èr]*, **S s** *[ès]*, **T t** *[té:]*, **U u** *[u:]*, **V v** *[vé:]*, **W w** *[dŭb-bël vé]*, **X x** *[èx]*, **Y y** *[ÿ:]*, **Z z** *[sè:ta]*, **Å å** *[o:]*, **Ä ä** *[è:]*, **Ö ö** *[eu:]*.

Vous aurez remarqué que le suédois comporte 3 voyelles qui figurent après le **z**. En conséquence, vous trouverez les mots commençant par **å, ä, ö**, *a petit rond*, *a tréma* et *o tréma*, après la lettre **z** dans les dictionnaires ou les encyclopédies. Lorsque ces voyelles figurent à l'intérieur d'un mot, il est nécessaire de prendre cet ordre en considération pour trouver le mot dans un lexique.

Ainsi, l'entrée **tåg**, *train*, apparaît après **tystnad**, *silence*. Les mots commençant par **w** sont mélangés avec ceux qui commencent par **v**. Le nom **Warszawa**, *Varsovie*, apparaît après **vars**, *dont*. Dans les encyclopédies ou les annuaires téléphoniques, la lettre **ü** dans les noms propres étrangers est considérée comme un **y**. (Notez aussi que l'arobase @ est appelée **snabel-a** *[snâ:bël-â:]*, littéralement "a-trompe").

1 L'accentuation du mot

Il y a l'accent dit aigu, qui n'affecte que la première syllabe. Pour les mots comportant plus d'une syllabe, il est marqué en gras dans la transcription. Exemple : *[fr**eu**:kën]*.

L'accent dit grave affecte deux syllabes du mot ; la première est transcrite en gras, l'accent secondaire, plus faible, est souligné. Exemple : *[k**o**m-m<u>a</u>]*.

2 Les voyelles

Apprenez à bien faire la distinction entre les voyelles longues, suivies de deux points dans la transcription, et les voyelles brèves.

Lettre	Transcription / prononciation / explication	Exemple / transcription / traduction
a long	*[â:]* très ouvert, à mi-chemin entre *a* de *chat* et le *o* de *pomme*	**dag** *[dâ:g]*, *jour*
e long	*[é:]* comme le *é* de *bébé*	**se** *[sé:]*, *voir* ; **fel** *[fé:l]*, *faute* ; **mena** *[mé:n<u>a</u>]*, *penser*
i long	*[i:]* presque suivi du son *-lle* de *fille*	**bi** *[bi:]*, *abeille* ; **bil** *[bi:l]*, *voiture* ; **fina** *[fi:n<u>a</u>]*, *fins*
o long	souvent *[ou:]*, parfois *[o:]*	**god** *[gou:]*, *bon / bonne* ; **sova** *[s**o**:v<u>a</u>]*, *dormir*

u long	[u:] comme dans *suer*	**hus** *[hu:s]*, maison
y long	[ÿ:] entre le *u* de *bu* et le *i* de *bille*	**ny** *[nÿ:]*, neuf / neuve
å long	[o:] comme dans *peau*	**fråga** *[fro:g<u>a</u>]*, question
ä long	[è:] comme le *ê* de *bête*	**fä** *[fè:]*, brute ; **räv** *[rè:v]*, renard ; **räka** *[rè:k<u>a</u>]*, crevette
ö long	[eu:] comme dans *meuh*	**fröken** *[freu:kën]*, maîtresse
ö long suivi d'un r	[ø:] comme dans *peur*	**smör** *[smø:r]*, beurre
a bref	[a] comme le *a* de *chat*	**katt** *[kat']*, chat ; **kappa** *[kap-p<u>a</u>]*, manteau
e bref Toujours prononcé en finale Dans les syllabes finales atones **el**, **en**, **er** Dans l'article postposé du neutre **-et**	[ë] comme le *e* de *petit*	**hare** *[ha:rë]*, lièvre. **fågel** *[fo:guël]*, oiseau ; **öken** *[eu:kën]*, désert ; **vacker** *[vak-kër]*, beau. **taket** *[ta:kët]*, toit.
e bref devant un groupe de consonnes	[è] comme le *è* de *peste*	**fest** *[fèst]*, fête ; **penna** *[pèn-n<u>a</u>]*, stylo
i bref	[i] comme le *i* de *lit*, mais proche de *è*	**vill** *[vil]*, présent de *vouloir*
o bref	souvent [o], parfois [ou]	**folk** *[folk]*, peuple ; **ost** *[oust]*, fromage
u bref	[ŭ] à peu près comme dans *surf*	**guldfisk** *[gŭldfi̱sk]*, poisson rouge
y bref	[ÿ] entre le *u* de *bu* et le *i* de *bille*	**flytta*** *[flÿt-t<u>a</u>]*, déménager
å bref	[o] comme dans *botte*	**åtta** *[ot-t<u>a</u>]*, huit

ä bref	[è] comme le è de peste	**bäst** [bèst], mieux
ö bref ou bref suivi d'un **r**	[eu] comme dans neuf ou ø à peu près comme dans l'anglais **bird**	**höst** [heust], automne ; **dörr** [dør], porte

* Entre deux voyelles, une consonne, ou le son de celle-ci, reproduite deux fois, est prononcée deux fois : **komma**, venir, est transcrit [kom-ma], **flicka**, fille, donne [flik-ka]. Ce phénomène appelé "géminée" existe en français dans des mots comme grammaire, interrègne ou sommet.

3 Les consonnes

3.1 Les consonnes simples

Nous ne nous attardons ici que sur les lettres ou groupes de lettres dont la prononciation diffère du français.

Lettre	Transcription / prononciation / explication	Exemple / transcription / traduction
g suivi de **a, o, u, å** ou d'un **e** final	[g] comme dans gare	**gata** [gâ:ta], question ; **Gud** [gu:d], Dieu ; **gå** [go:], aller ; **mage** [mâ:guë], ventre
g suivi de **e, i, y, ä, ö** ou **j** à l'initiale d'un mot	[y] comme dans yoyo	**ge** [yé:], donner ; **gift** [yift], marié/e ; **göra** [yø:ra], faire ; **gjort** [joʰt], fait/e
h	[H] expiré	**hur** [Hu:r], comment
k suivi de **a, o, u, å** ou d'un **e** final	[k] comme dans kilo	**kaka** [kâ:ka], gâteau ; **kock** [kok], cuisinier ; **kul** [ku:l], rigolo ; **rike** [ri:kë], royaume

k suivi de **e**, **i**, **y**, **ä**, **ö** ou **j** à l'initiale d'un mot	*[ç]* comme dans *riche* ; en maintenant la pointe de la langue contre les dents inférieures	**kedja** *[çé:dja]*, *chaîne* ; **kind** *[çind]*, *joue* ; **kär** *[çè:r]*, *cher, chère* ; **kjol** *[çou:l]*, *jupe*
r	peut être roulé ou guttural. Dans les combinaisons **rd**, **rl**, **rn** et **rt**, il se réduit à un souffle transcrit *[ʰ]*	**bord** *[bou:ʰd]*, *table* ; **barn** *[bâ:ʰn]*, *enfant*
s	*[ss]*, comme dans *saucisse* entre deux voyelles, jamais comme notre **z**	**dosa** *[dou:ssa]*, *boîte*

3.2 Les combinaisons de consonnes

dj, **gj**, **hj** et **lj** à l'initiale d'un mot	*[y]* comme dans *yoyo*	**djur** *[yu:r]*, *animal* ; **hjälpa** *[yèlpa]*, *aider* ; **ljus** *[yu:s]*, *lumière*
tj	*[ç]* en maintenant la pointe de la langue contre les dents inférieures	**tjock** *[çok-k]*, *épais*
sk devant **e**, **i**, **y**, **ä**, **ö**, **skj**, **sj**, **stj** et **rs**	*[ch]* comme si vous prononciez le mot *chaud* en ayant un chou de Bruxelles chaud dans la bouche	**skicka** *[chik-ka]*, *envoyer* ; **skjorta** *[chou:ʰta]*, *chemise* ; **sju** *[chu:]*, *sept* ; **stjärna** *[chè:ʰna]*, *étoile* ; **mars** *[maʰch]*, *mars*

Remarque : **g** après **l** ou **r** en position finale donnent un **l** ou **r** "mouillé" (suivis du son *[y]*) : **älg** *[èly]*, *élan* ; **färg** *[fèry]*, *couleur* ; même aux formes déclinées : **älgen** *[èlyèn]*, *l'élan* ; **färger** *[fèryèr]*, *des couleurs*. Vous voilà "briefé" ! Notre aventure commune peut commencer, et répétons-le, il n'y aura ni embûches ni embuscades !

1 / Första lektionen

Avant d'entamer votre première leçon, veillez à bien lire les pages qui précèdent. Vous y trouverez toutes les explications préliminaires indispensables à un apprentissage efficace.

Första lektionen [fø^hcht<u>a</u> lèkch<u>ou</u>:nën]

Lotta har en fråga [1]

1 – Hej [2] Lott<u>a</u>!
2 – Hej fröken [3]!
3 – Hur mår [4] du idag?

Prononciation
lot-t<u>a</u> Hâ:r én fro:g<u>a</u> **1** *Hèy lot-t<u>a</u>* **2** *Hèy freu:kën* **3** *Hu:r mo:^h du: idâ:*

Remarques de prononciation
Pour que vous puissiez articuler correctement les sons du suédois, nous insisterons pendant les premières leçons sur quelques particularités de la prononciation présentée dans l'introduction. Ainsi, dans cette leçon, vous rencontrez déjà de nombreux éléments qui font du suédois une langue chantante. Rappelons-les (les nombres entre parenthèses, en début de ligne, correspondent au numéro de phrase dans le dialogue) :

Notes

1 en fråg<u>a</u>, *une question*, l'article indéfini **en**, qui se prononce comme *haine*, n'est ni la marque du masculin ni celle du féminin, il indique que le nom appartient à la catégorie des non neutres (comme tous les noms terminés par **a**). Nous verrons plus tard la marque de la seconde catégorie, celle des neutres, car il n'y en a que deux !

2 hej!, *bonjour* ou *salut* en fonction du contexte et de la personne qui parle, sert à dire bonjour aussi bien à un ami qu'à un employé de banque ou à une serveuse de restaurant, car en Suède, tout le monde se tutoie.

1 • ett *[ètt]*

Pour assimiler plus facilement, écoutez ou lisez d'abord le dialogue de la leçon en vous imprégnant des sonorités de la langue. Répétez et essayez de comprendre. Ne lisez les notes que dans un deuxième temps.

Première leçon

Lotta a une question

1 – Bonjour Lotta !
2 – Salut maîtresse !
3 – Comment vas-tu aujourd'hui ?

(N° de leçon et titre) L'accent dit grave, caractéristique de la plupart des mots de deux syllabes comme **första**, **fråga** : l'accent d'intensité principal porte sur la première syllabe, la seconde est affectée d'un accent un peu plus faible.
(Titre et 1) N'oubliez pas le **h** expiré, transcrit *[H]* : allez, un peu de souffle !
(1) La "géminée" (souvenez-vous : *gram-maire*) ou le redoublement d'une consonne identique que nous transcrivons par un trait d'union entre les deux lettres : *[lot-ta]*.
(3) En suédois, les phrases interrogatives ont une mélodie descendante, comme les affirmatives.

3   **fröken** signifie *maîtresse* ou *mademoiselle*. Comme **fråga**, c'est un non neutre : **en fröken**, *une demoiselle*. Quand vous aurez terminé votre apprentissage du suédois, vous serez en mesure de lire la pièce du grand dramaturge suédois August Strindberg (1849-1912) intitulée "**Fröken Julie**".
4   Le présent **mår** vient du verbe **må**, *aller, se porter*. Ce verbe se conjugue par conséquent avec la désinence **-r** ajoutée à l'infinitif. Tous les verbes d'une seule syllabe se conjuguent de cette façon au présent.

[tvo:] två

4 – Jag mår [5] bra, tack,
5 men jag har [6] en fr**å**ga.

4 yâ: mo:r brâ: tac 5 mèn yâ: Hâ:r én fro:ga

Remarques de prononciation
(4) Pensez à la distinction entre voyelles longues, soulignées dans la transcription, et voyelles brèves, distinction qui affecte notamment le timbre de la voyelle **a** : comparez le **a** de **bra** et celui de **tack**.

***

Övning 1 – Översätt
Exercice 1 – Traduisez
❶ Hej! ❷ Lotta mår bra. ❸ Tack. ❹ Har du en fråga? ❺ Idag.

***

Övning 2 – Fyll i med rätt ord
Exercice 2 – Complétez avec le mot juste (Chaque point représente un caractère.)

❶ Comment va Mademoiselle Julie ?
Hur .... Julie?

❷ Une question.
En ....

❸ Salut Lotta !
... **Lotta!**

❹ Merci, maîtresse.
.... fröken.

❺ Bien.
.... .

Première leçon / 1

4 – Je vais bien, merci,
5 mais j'ai une question.

Notes

5 Vous aurez sans doute remarqué que le verbe se conjugue de la même façon, quelle que soit la personne : – **Hur mår du?**, *Comment vas-tu ?* – **Jag mår bra**, *Je vais bien*. Il en est ainsi pour tous les verbes et pour toutes les personnes, au singulier comme au pluriel, et à tous les temps. Peut-on faire plus simple ?

6 Même remarque pour **har**, du verbe **ha**, *avoir* : **Lotta har**, *Lotta a* ; **jag har**, *j'ai*.

***

Corrigé de l'exercice 1
❶ Salut / Bonjour ! ❷ Lotta va bien. ❸ Merci. ❹ As-tu une question ? ❺ Aujourd'hui.

***

Corrigé de l'exercice 2 (Mots manquants)
❶ – mår Fröken – ❷ – fråga ❸ Hej – ❹ Tack – ❺ Bra

Les Suédois aiment dire merci à tout bout de champ, même en remerciement d'un remerciement. On entend des **tack tack tack** *partout, une véritable mitraillade! Un professeur qui aura terminé sa leçon ne quittera pas la salle de classe sans dire* **Tack för idag!** *Merci pour aujourd'hui ! Tous en chœur, les élèves répondront par* **Tack!**

[fÿ:ra] fyra • 4

Andra lektionen [an'dra lèkchou:nën]

En viktig fråga [1]

1 – Har du en fråga, lilla [2] Lotta?
2 – Ja, en viktig fråga, som igår.
3   Är du gift? [3]
4 – Ja, jag är gift.
5 – Varför heter du [4] fröken då?

Prononciation
*én viktig fro:ga **1** Hâ:ʰ du: én fro:ga lil-la lot-ta **2** yâ: én viktig fro:ga som' igo:r **3** è du yift **4** yâ: yâ: è yift **5** vâ:rfør Hé:tër du freu:kën do:*

Remarque de prononciation
(N° de leçon) Le suédois ne possédant pas de voyelles nasales, **andra** se prononce comme *Anne-Dra*, avec en plus l'accent grave, c'est-à-dire un accent d'intensité principal sur la première et un autre, plus faible, sur la seconde syllabe. Dans la première leçon, nous avions déjà rencontré la conjonction **men**, transcrite *[mèn]* qui se prononce comme *mène*.

Notes

[1] **en viktig fråga**, *une question importante*. En suédois, l'adjectif épithète est toujours placé devant le nom qu'il qualifie. Comme en français, il s'accorde en genre et en nombre avec celui-ci. Ici, il n'est affecté d'aucune désinence puisque **fråga** appartient à la catégorie des non neutres et qu'il est au singulier.

[2] Dans l'adjectif **lilla**, ici *petite*, lui aussi placé devant le nom qu'il qualifie, nous reconnaissons la désinence **-a** que nous avons déjà vue dans **första** et **andra lektionen**. Cette désinence est la marque de la forme définie. Nous y reviendrons. Notez dans l'immédiat que la forme indéfinie de **lilla** est **liten** : **en liten fråga**, *une petite question*.

Deuxième leçon

Une question importante

1 – As-tu une question, petite Lotta ?
2 – Oui, une question importante, comme hier.
3   Es-tu mariée ?
4 – Oui, je suis mariée.
5 – Pourquoi t'appelles-tu mademoiselle alors ?

(3), (4) Le **g** suivi de **e**, **i**, **y**, **ä** ou **ö** se prononce comme **j**, que nous transcrivons par *[y]* ; c'est le **y** de *yoga*.
(4) Le mot **ja**, *oui*, et le pronom **jag**, *je*, que nous avons déjà rencontré dans la première leçon, ont pratiquement la même prononciation. Tout dépend de la façon dont on dira oui. Dans le style solennel, à l'église par exemple, ou pour insister, comme quand on dit *moi je* en français, on pourra entendre *[yâ:g]*. De même, le **r** de **är** pourra aussi être articulé, c'est une question d'accent de phrase : **jag är gift**, prononcé *[yâ:èr yift]*, signifie : *c'est un fait, je suis marié(e) !*

3 Vous aurez remarqué que le suédois ne possède pas de tournure équivalente à notre *est-ce que* pour formuler une question. Il se contente de commencer la phrase par le verbe (inversion du verbe et du sujet) : **Hur mår du?**, *Comment vas-tu ?* **Har du en fråga?**, *As-tu une question ?* **Är du gift?** *Es-tu marié(e) ?* Retenez que l'infinitif de **är** est **vara**, *être*.

4 On retrouve l'inversion verbe-sujet dans **varför heter du...?**, *pourquoi t'appelles-tu...?* Le présent **heter** vient du verbe **heta**, *s'appeler*, il n'est pas pronominal en suédois : **jag heter**, *je m'appelle* ; **du heter**, *tu t'appelles*. Là encore, même forme, à toutes les personnes, au singulier comme au pluriel !

Övning 1 – Översätt
Exercice 1 – Traduisez
❶ Lotta är gift. ❷ Igår. ❸ Jag heter Lotta. ❹ Varför är du gift?
❺ Har du en liten fråga?

***

Övning 2 – Fyll i med rätt ord
Exercice 2 – Complétez (Chaque point représente un caractère.)

❶ Une question importante.
   En ...... fråga.

❷ Une petite question.
   En liten ..... .

❸ Comme hier.
   Som ..... .

❹ Tu es marié ?
   Är du ....?

❺ Pourquoi ?
   ......?

Deuxième leçon / 2

Corrigé de l'exercice 1
❶ Lotta est mariée. ❷ Hier. ❸ Je m'appelle Lotta. ❹ Pourquoi est-ce que tu es mariée ? ❺ Tu as / As-tu une petite question ?

***

Corrigé de l'exercice 2
❶ – viktig – ❷ – fråga ❸ – igår ❹ – gift ❺ Varför

Vous trouvez Lotta insolente ? C'est sûr, elle a un petit côté Fifi Brindacier, **Pippi Långstrump** *en suédois, l'héroïne des livres d'Astrid Lindgren (1907-2002). Comme vous, Lotta se pose des questions. Il est quand même bizarre que sa maîtresse, bien que mariée, continue de s'appeler mademoiselle, non ? Et comme elle, vous savez déjà poser des questions, vous saviez le faire hier,* **igår***, vous en posez d'autres aujourd'hui,* **idag***, vous en poserez peut-être demain,* **i morgon***. Patience. Vous avancez, c'est l'essentiel.* **Tack för idag***!*

[ot-ta] åtta

3

Tredje lektionen [tré:di̯ë lèkchou:nën]

Vilken ¹ grej!

1 – God morgon ² Kerstin!
2 – Hej på dig ³, Gustav! Hur är det?
3 – Jag är kär, jättekär ⁴.
4 Jag sover inte, jag äter inte ⁵.

Prononciation

vilkën grèy 1 gou: mor-ron' çè^hchtin' 2 Hèy po dèy gŭstâv Hu:r è dé 3 yâ: è çè:r yèt-tëçè̠:r 4 yâ: so:vër in'të̠ yâ: è:tër in'të̠ 5 vilkën grèy vâ: Hé:tër Houn

Remarque de prononciation

(1) • La lettre **o**, comme ici dans **god**, se prononce généralement comme le *[ou]* français pour marquer la voyelle longue. Mais il y a quelques exceptions où le **o** sonne comme **å** ("a petit rond") : **sover**. Le nom **morgon**, *matin*, est souvent orthographié **morron** dans la langue peu soignée, ce qui est plus proche de la prononciation.

Notes

1 La terminaison **-en** de **vilken** indique que le mot **grej** est un non neutre : **en grej**, *un truc, un machin* ; **en viktig grej**, *un truc important*. L'expression **Vilken grej!**, qui exprime l'admiration ou la surprise, pourrait aussi se traduire par *Eh ben !* ou *Ça alors !*

2 Le nom **morgon** signifie ici *matin*, l'expression **i morgon**, toujours écrite en deux mots, se traduit par *demain*. Il est possible aussi d'orthographier **idag** et **igår** en deux mots : **i dag**, **i går**. On dit **god morgon**, *bonjour*, jusqu'en fin de matinée. L'expression **goddag**, *bonjour*, de **god**, *bon*, et **dag**, *jour*, est devenue un peu formelle, mais s'entend encore en milieu de journée. L'adjectif **god** n'a pas de désinence ici, ce qui nous permet de déduire que **morgon** et **dag** sont des non neutres :

9 • nio [ni-you]

Troisième leçon

Tu parles d'un truc *(Quel truc)*!

1 – Bonjour *(Bon matin)* Kerstin !
2 – Salut *(Salut sur toi)*, Gustav ! Comment ça va *(Comment est ce)* ?
3 – Je suis amoureux, archi-amoureux.
4 Je [ne] dors pas, je [ne] mange pas.

• Souvenez-vous que le suédois possède deux sons assez proches du *[ch]* français. Le premier, transcrit *[ç]*, s'articule comme le "ich-Laut" allemand. Dites *riche* en maintenant la pointe de la langue contre les dents inférieures. Nous trouvons ce son dans **kär** et dans la première syllabe de **Kerstin**. Le second, transcrit *[ch]*, apparaît ici dans la seconde syllabe de **Kerstin**. En effet, la combinaison **rs** donne ce son, le **r** devenant un souffle, d'où la transcription *[ʰch]*, ou disparaissant complètement.
(2), (3), (5) Vous aurez remarqué qu'un bon nombre de consonnes finales ne sont pas prononcées ; c'est souvent le cas dans des mots très courts : **är** *[è]* ou parfois *[é]*, **god** *[gou:]* ; **vad** *[vâ:]*. Notez : quand **vad?** est prononcé *[va]*, avec un *[a]* bref, il correspond à notre *hein* ?

en morgon, *un matin*, *une matinée* ; **en dag**, *un jour*, *une journée*. Notez : **Vilken dag!**, *Quelle journée !* **Vilken dag?**, *Quel jour ?*
3 L'expression **Hej på dig!** est plus familière que **Hej!** ; on l'utilise avec des personnes qu'on connaît bien. Notez que **dig** est de plus en plus souvent orthographié **dej**, plus fidèle à la prononciation.
4 Le préfixe **jätte**, qui vient du mot **jätte**, *géant*, correspond à peu près à notre *vachement*. Il peut se coller à de nombreux adjectifs : **jättebra**, *super* ; **jätteviktig**, *vachement/archi-important* ; **jätteliten**, *minuscule*.
5 La négation en suédois ne pose aucun problème; il suffit de placer l'adverbe **inte**, *pas*, après le verbe, comme ici dans **jag sover inte**, *je [ne] dors pas* ; **jag äter inte**, *je [ne] mange pas*. Retenez encore : **sover** du verbe **sova**, *dormir* ; **äter** du verbe **äta**, *manger*.

[ti-you] tio

5 – Vilken grej! Vad [6] heter hon?
6 – Hon ... hon heter Kerstin!

6 Houn... Houn Hé:tër çè^hchtin'

Note

6 Retenez qu'en suédois on dit **Vad heter du?**, *Comment t'appelles-tu ?*, pour demander à quelqu'un son nom ou son prénom, et que le verbe **heta** n'est pas pronominal.

***

Övning 1 – Översätt
❶ Goddag Gustav! ❷ Kerstin är kär. ❸ En jätteviktig grej. ❹ Du äter inte. ❺ Vilken dag?

***

Övning 2 – Fyll i med rätt ord
❶ Gustav est archi-amoureux.
   Gustav är ....

❷ Quel truc !
   Vilken ....!

❸ Bonjour !
   God ......!

❹ Comment s'appelle-t-elle ?
   ... heter hon?

❺ Je ne mange pas.
   Jag äter .....

5 – Tu parles d'un truc ! Comment *(Quoi / Que)* s'appelle-t-elle ?
6 – Elle... elle s'appelle Kerstin !

***

Corrigé de l'exercice 1
❶ Bonjour Gustav ! ❷ Kerstin est amoureuse. ❸ Un truc vachement important. ❹ Tu ne manges pas. ❺ Quel jour ?

***

Corrigé de l'exercice 2
❶ – jättekär ❷ – grej ❸ – morgon ❹ Vad – ❺ – inte

Aujourd'hui, nous avons encore insisté sur la prononciation. Surtout, ne vous laissez pas rebuter par des sons dont vous venez tout juste de faire connaissance. Exercez-vous à les articuler à voix haute dans votre voiture ou votre salle de bains... Sachez que vous avez déjà rencontré plus de la moitié des sons du suédois, et cela au bout de trois leçons ! Au fil des leçons suivantes, ils vous deviendront familiers. Pensez aux jeunes enfants qui apprennent leur langue maternelle et entendent des mots qu'ils ont du mal à prononcer au début. Côté grammaire, vous avez pu constater qu'aucune difficulté particulière ne vous fait perdre courage. La langue suédoise est très facile à apprendre : finies les conjugaisons du français, finis les cas de l'allemand ! Alors, c'est entendu ? à demain ? – **Jättebra!**

4

Fjärde lektionen [fiè:ʰdë lèkchou:nën]

Telefonen ringer

1 – Älskling, telefonen ¹ ringer ² och jag diskar ³.
2 – Hallå! ⁴ Tjänare Bosse ⁵!
3   Nej, Lena... sover.
4   I morgon? Okej. Hej då!
5 – Han kommer ⁶ i morgon alltså!
6 – Usch ⁷!

Prononciation
télëfo:nën ringër 1 èlskling télëfo:nën ringër o yâ: diskar 2 Halo: çè:na bŭs-së 3 nèy lé:na so:vër 4 i mor-ron' okèy Hèy do: 5 Han' kom-mër i mor-ron' altso 6 ŭch

Remarque de prononciation
(N° de leçon) N'oubliez pas que dans la combinaison **rd**, le **r** devient une espèce de souffle que nous transcrivons par *[ʰd]*, comme ici dans *[fiè:ʰdë]*.

Notes

1   Voici notre premier nom à la forme définie, reconnaissable ici à la désinence **-en**. C'est très simple : **en telefon**, *un téléphone*, **telefonen**, *le téléphone*. Pour obtenir la forme définie d'un nom, il suffit par conséquent de placer l'article indéfini à la fin du nom. On parle alors de l'article défini postposé. Voyons ce que cela donne avec quelques noms que nous connaissons déjà : **en dag**, *un jour* – **dagen**, *le jour* ; **en morgon**, *un matin* – **morgonen**, *le matin* ; **en grej**, *un truc* – **grejen**, *le truc*. Les non neutres terminés par une voyelle se contentent d'ajouter la désinence **-n** : **en fråga**, *une question* – **frågan**, *la question*. Original, non ? On s'y habitue très vite, n'ayez crainte.

2   Le présent **ringer** vient du verbe **ringa**, *sonner, téléphoner* : **Telefonen ringer**, *Le téléphone sonne*. **Jag ringer**, *Je téléphone*.

Quatrième leçon

Le téléphone sonne

1 – Chéri, le téléphone sonne et je fais la vaisselle.
2 – Allô ! Salut *(Serviteur)* Bosse !
3   Non, Lena... dort.
4   Demain ? OK, salut !
5 – Il vient demain, donc !
6 – Quelle horreur !

Et ceci même quand le **r** et le **d** appartiennent à deux mots distincts. Reportez-vous à la troisième et à la quatrième phrases de la première leçon : **Hur mår du idag? Jag mår bra**, vous constatez que nous avons transcrit le présent **mår** de deux façons différentes.
(1) Veillez à bien atténuer le *[g]* dans la prononciation de **ng** que nous trouvons ici dans **älskling** ou **ringer**. Prononcez comme dans l'anglais *parking* ou l'allemand *lang*.

3   Encore une nouveauté : **diskar**, du verbe **diska**, *faire la vaisselle*. Vous remarquez que ce verbe se conjugue au présent avec la désinence **-ar** ajoutée au radical (**disk**).

4   L'interjection **Hallå!** suivie de **där** (*là-bas*) s'utilise aussi dans la rue par exemple pour interpeller un inconnu : **Hallå där!**, *Ohé, ho, hep !*

5   **Bosse** est la forme familière du prénom masculin **Bo**. **Lars**, *Laurent*, donne **Lasse** ; **Nils**, **Nisse**, prénoms très fréquents en Suède.

6   Le présent **kommer** vient du verbe **komma**, *venir, arriver*.

7   L'interjection **Usch!** est un des rares mots qui contient le groupe de consonnes **sch**. Notez **en dusch**, *une douche* ; **en nisch**, *une niche*, et **en mustasch**, *une moustache*, accentué sur la dernière syllabe comme en français. Les interjections sont assez nombreuses en suédois, et pas toujours faciles à traduire. Le **Usch!** pourrait être rendu par *Hou !* ; autrefois on aurait dit *Pouah !*

[fjouʰtonʼ] fjorton

4 / Färjde lektionen

▶ Övning 1 – Översätt

❶ Sover du? ❷ Älskling, han kommer! ❸ Usch! ❹ Lena diskar. ❺ Telefonen.

***

Övning 2 – Fyll i med rätt ord

❶ Chéri(e), je fais la vaisselle.
   ...., jag diskar.

❷ Allô !
   .....!

❸ Le téléphone sonne.
   .... ringer.

❹ OK.
   .... .

❺ Il arrive demain, donc.
   Han kommer i morgon ....

De nombreux patronymes suédois sont formés avec la désinence **-son**, *fils, ajoutée à un prénom masculin avec éventuellement l'insertion d'un* **s** : **Nils – Nilsson, Lars – Larsson, Gustav – Gustavsson, Peter – Petersson, Henrik – Henrikson, Karl – Karlsson** *ou* **Sven – Svensson** ; *ce dernier patronyme est parfois utilisé ironiquement pour parler du Suédois moyen, celui qui roule en Volvo. Si on ne connaît pas l'adresse de la personne à qui l'on veut téléphoner, il*

Quatrième leçon / 4

Corrigé de l'exercice 1
❶ Est-ce que tu dors ? ❷ Chérie, il arrive ! ❸ Quelle horreur ! ❹ Lena fait la vaisselle. ❺ Le téléphone.

***

Corrigé de l'exercice 2
❶ Älskling – ❷ Hallå ❸ Telefonen – ❹ Okej ❺ – alltså

peut être impossible de la trouver dans un annuaire téléphonique si son nom est très courant. En effet, il existe une ou plusieurs colonnes de **Peter Nilsson**, *par exemple dans les bottins des grandes villes de Suède. Une jeune fille qui s'appelle* **Lena Andersson** *rencontrera aisément un* **Bo Andersson**. *Quand ils se marieront, elle pourra ainsi garder son nom de jeune fille.* **Vilken grej!**

5

Femte lektionen [fèmtë lèkchou:nën]

Det kostar skjortan [1]!

1 – En skiva kött [2]?
2 – Nej, två skivor [3] lax.
3 – Ett [4] glas mjölk?
4 – Nej, två glas [5] vin.
5 – Men det kostar skjortan!

Prononciation
dé kostar chou^htan' **1** én chi:va çeut' **2** nèy tvo: chi:vour lax **3** èt glâ:ss mieulk **4** nèy tvo: glâ:ss vi:n' **5** mèn dé kostar chou^htan'

Remarque de prononciation
(Titre), (1) Nous insistons dans cette leçon sur la chuintante *[ch]*. Pour la prononcer correctement, vous pouvez la faire suivre du son *[ou]*. Commencez avec le mot **skiva**. Vous remarquez qu'il sonne à peu près comme *[choui:va]* avec une voyelle longue. Faites maintenant la même chose avec **skjortan** où la voyelle est brève. Et comparez avec le *[ç]* de **kött** ou de

Notes

1 Il ne vous a pas échappé que **skjortan**, *la chemise*, est la forme définie de **skjorta**, *chemise*.

2 Après les noms de mesure, de poids et de quantité, le *de* du français ne se rend pas en suédois.

3 Le nom **skiva**, *tranche*, non neutre terminé en **a**, forme son pluriel indéfini avec la désinence **-or**, souvent prononcée *[ër]*, surtout à Stockholm : **en skiva, två skivor**. Le suédois ne possède pas non plus d'article indéfini au pluriel, notre *des* : **skivor**, *des tranches*. Vous connaissez déjà plusieurs noms terminés en **a** : **fråga, skjorta**. Essayez de former leur pluriel indéfini !

Cinquième leçon

Ça coûte les yeux de la tête *(la chemise)* !

1 – Une tranche [de] viande ?
2 – Non, deux tranches [de] saumon.
3 – Un verre [de] lait ?
4 – Non, deux verres [de] vin.
5 – Mais ça coûte les yeux de la tête !

Kerstin. Reportez-vous à l'introduction pour revoir les combinaisons de consonnes qui se prononcent *[ch]* !
(4) Le **i** comme dans **vin** est presque suivi du son *[lle]* de *fille*. Pour le réaliser, prononcez le mot *vrille*, et vous y êtes presque.

4 L'article indéfini **ett** indique que le nom **glas** appartient au genre neutre : **ett glas**, *un verre*. Pour former la forme définie des noms neutres, on ajoute la désinence **-et** s'ils sont terminés par une consonne : **glaset**, *le verre*. Souvent, les noms de matières comestibles sont des neutres : **köttet**, *la viande* ; **vinet**, *le vin*. Retenez aussi qu'il n'y a pas d'article partitif en suédois : **kött**, *de la viande* ; **lax**, *du saumon* ; **vin**, *du vin* ; **mjölk**, *du lait*.

5 La plupart des noms neutres terminés par une consonne sont invariables à la forme du pluriel indéfini : **ett glas**, *un verre*, **två glas**, *deux verres*. Notez : **Jag har glas**, *J'ai des verres*.

[a:ᶜʰtonʼ] arton • 18

5 / Femte lektionen

▶ Övning 1 – Översätt
❶ En skjorta ❷ Hon har två glas. ❸ Har du kött? ❹ Glaset.
❺ Det kostar.

***

Övning 2 – Fyll i med rätt ord
❶ Une tranche
   En ......

❷ J'ai une chemise.
   Jag har en ....

❸ Du lait.
   ......

❹ De la viande.
   .....

❺ Deux tranches de saumon.
   Två ...... lax.

Les Suédois boivent plus de lait et mangent plus souvent du saumon que les Français. En revanche, la consommation de vin, même si elle a augmenté aujourd'hui, ne fait pas partie de leurs habitudes quotidiennes. C'est surtout pour les grandes occasions qu'ils ouvrent une bouteille. La vente de boissons alcoolisées est strictement réglementée en Suède : la bière d'un degré d'alcool supérieur à 3,5 %, le vin et les spiritueux ne sont vendus que dans les magasins de **Systembolaget**, **Systemet** *dans la langue parlée, entreprise d'État qui n'a certes plus le monopole d'importation des alcools depuis l'adhésion de la Suède à l'Union Européenne en 1995, mais qui continue*

Cinquième leçon / 5

Corrigé de l'exercice 1
❶ Une chemise ❷ Elle a deux verres. ❸ As-tu de la viande ? ❹ Le verre. ❺ Ça coûte.

***

Corrigé de l'exercice 2
❶ – skiva ❷ – skjorta ❸ Mjölk ❹ Kött ❺ – skivor –

à avoir le monopole de la vente. La Commission de l'UE a accepté cette exception suédoise, mais de nombreux Suédois la contestent. Pour avoir accès aux quelque 400 magasins de cette entreprise, aussi propres et accueillants qu'une pharmacie, il faut avoir 20 ans. En cas de doute, le vendeur vous demandera une pièce d'identité. Ces magasins offrent jusqu'à 2 000 produits en provenance d'une quarantaine de pays, mais il faudra y mettre le prix. **Det kostar skjortan!** Puisque nous parlions saumon, retenez l'expression **Han är en glad lax**, C'est un joyeux luron *"Il est un joyeux saumon"*.

Sjätte lektionen [chèt-të lèkchou:nën]

De gör [1] framsteg

1 – De [2] talar [3] bra svenska.
2 – Ja visst! De har Assimil-metoden [4].
3 – Och de gör framsteg varje [5] dag?
4 – Precis! Varje dag!
5 – Det är lätt [6] som en plätt.

Prononciation
dom' yø:r fram'sté:g **1** dom' tâ:lar brâ: svènska **2** ya visst dom' Hâ:r assimil-métou:dën **3** o dom' yø:r fram'sté:g varyë dâ:g **4** préssi:ss varyë dâ:g **5** dé è lèt som' én plèt

Remarque de prononciation
(Titre) Le pronom **de** se prononce aujourd'hui *[dom']*, *[dé]* dans la langue très soutenue et *[di]* dans le sud du pays.
(3) La conjonction **och**, que nous avons déjà rencontrée, se prononce *[ok]* ou plus souvent *[o]*.

Notes

1 Le présent **gör** vient du verbe **göra**, *faire* : **Vad gör du?**, *Qu'est-ce que tu fais ?*

2 Le mot **de** est le pronom personnel de la 3ᵉ personne du pluriel. Il correspond à notre *ils* ou *elles*, le suédois ne faisant pas la différence au pluriel entre masculin et féminin. À la 3ᵉ personne du singulier en revanche, il distingue le masculin **han** (**han heter**) du féminin **hon** (**hon heter**).

3 Le présent **talar** vient du verbe **tala**, *parler*. Nous retrouvons la racine **tal** dans le nom **uttal**, *prononciation*; **uttala**, *prononcer*.

4 **Assimil-metoden** : habituez-vous dès maintenant à cette logique qui préside à la formation des mots composés en suédois. L'élément déterminant se place avant l'élément déterminé ! Ici, ils sont reliés par un

Sixième leçon

Souvenez-vous que dans les traductions mot à mot qui figurent entre parenthèses, chaque mot suédois est traduit littéralement. Si un même mot suédois se traduit par un ensemble de mots en français, ceux-ci sont reliés par des traits d'union.

Ils font [des] progrès

1 – Ils parlent bien [le] suédois.
2 – Bien sûr ! Ils ont la méthode Assimil *(Assimil-méthode)*.
3 – Et ils font [des] progrès chaque jour ?
4 – Exactement ! Chaque jour !
5 – C'est fastoche *(léger comme une petite crêpe)*.

trait d'union car le premier est un nom propre ; dans les autres cas, ils sont presque toujours soudés ensemble. Avec le vocabulaire dont vous disposez, vous êtes en mesure d'en former au moins un : **ett vinglas** n'est pas n'importe quel verre, c'est *un verre à vin*. Vous aurez remarqué la désinence **-en** dans **metoden** ; ce nom appartient donc aux non neutres.

5 L'adjectif indéfini **varje**, *chaque*, est invariable : **varje dag**, *chaque jour / tous les jours* ; **varje glas**, *chaque verre*.

6 L'adjectif **lätt** signifie *facile*, *simple* ou *léger*, en fonction du contexte. Comme tous les adjectifs terminés par une consonne + **t**, il reste identique avec un neutre ou un non neutre, en position d'épithète ou d'attribut : **en lätt fråga**, *une question facile* ; **ett lätt glas**, *un verre léger* ; **Det är lätt**, *Il est léger*, si on parle du verre, ou *C'est facile*, si on parle dans l'absolu. **Det är jättelätt!**

[çugoutvo:] tjugotvå • 22

6 / Sjätte lektionen

▶ Övning 1 – Översätt

❶ Gör de framsteg? ❷ Precis! ❸ Varje dag. ❹ De talar. ❺ Ja visst!

***

Övning 2 – Fyll i med rätt ord

❶ Un progrès.
   ... framsteg.

❷ Une petite crêpe.
   En ......

❸ La méthode Assimil.
   ....

❹ Facile.
   .....

❺ Léger.
   .....

Six leçons déjà, et vous en avez fait des progrès ! Surtout ne perdez pas courage devant un mot comme **framsteg***, progrès, qui peut paraître rebutant. Ce mot se décompose ainsi :* **fram***, en avant, et* **steg***, pas, un pas en avant, un progrès !*
Dans la prochaine leçon, nous ferons le point sur tous les éléments que vous avez abordés en les complétant. La prononciation vous donne peut-être encore du fil à retordre ; c'est une question de temps

23 • tjugotre *[çugoutré:]*

Corrigé de l'exercice 1
❶ Font-ils des progrès ? ❷ Exactement ! ❸ Chaque jour. ❹ Ils/Elles parlent. ❺ Bien sûr !

***

Corrigé de l'exercice 2
❶ Ett – ❷ – plätt ❸ Assimil-metoden ❹ Lätt ❺ Lätt

et d'exercice. L'apprentissage de la prononciation sollicite l'oreille, la langue, les cordes vocales, le palais, la glotte, les dents, toutes ces parties de notre corps que nous ne voyons pas, mais que nous utilisons chaque jour sans y penser. Apprendre une langue, c'est comme apprendre à danser, c'est difficile au début, puis les automatismes se mettent en place spontanément. Une bonne méthode, **en bra metod**, *consiste à s'entraîner* chaque jour, **varje dag**.

Sjunde lektionen [chŭndë lèkchou:nën]

Repetition – Révision

Reprenons d'une manière systématique certaines particularités de la prononciation et de la grammaire du suédois. Ces révisions vous permettront toutes les sept leçons de faire le point sur les connaissances que vous avez acquises.

1 L'accentuation

1.1 L'accent dit aigu

Lorsque les mots d'une seule syllabe prennent la désinence de la forme définie **-en** ou **-et**, ils conservent l'accent aigu qui n'affecte que la première syllabe : **dagen** *[dâ:gën]*, **glaset** *[glâ:ssët]*. Un présent terminé en **-er** a également cet accent, bien que l'infinitif correspondant ait l'accent dit grave : **ringer** *[ringër]*, du verbe **ringa** *[ringa]*, **kommer** *[kom-mër]*, du verbe **komma** *[kom-ma]*.

1.2 L'accent dit grave

Il concerne les mots simples, c'est-à-dire non composés, de deux syllabes ou plus, comme le verbe **ringa**, *téléphoner*, ou le nom **älskling** *[èlskling]*, *chéri(e)*. Toutefois, à quelques rares exceptions près, les mots de deux syllabes terminés par **el**, **en**, **er** (dont les présents) ont l'accent aigu. Nous en connaissons deux en **en** : **fröken**, *mademoiselle, maîtresse*, et **vilken**, *quel, quelle*.

1.3 L'accent du français

Il porte sur la dernière syllabe des mots d'emprunt comme **lektion** *[lèkchou:n]*, *leçon* ; **mustasch** *[mŭstâ:ch]*, *moustache* ; **metod** *[métou:d]*, *méthode* ; **telëfon** *[téléfo:n']*, *téléphone*.

1.4 L'accent des mots composés

Nous n'en avons presque pas rencontré encore, mais pouvons déjà faire le constat suivant : seules, deux syllabes seront accentuées.

Septième leçon

Ainsi dans **jättebra**, la première syllabe du premier mot et celle du second portent l'accent, alors que le mot **jätte** tout seul a l'accent grave. Idem pour le nom de famille **Gustavsson**, accentué sur la première et la dernière syllabe.

2 La géminée

Nous l'avons transcrite par un trait d'union entre les deux consonnes. Avec l'accent grave, la géminée est l'âme de la mélodie de la langue suédoise. Il faut prononcer les deux consonnes séparément, comme dans le français *grammaire* ou l'italien *bello*. Les deux consonnes ne sont pas représentées nécessairement par la même lettre : **flicka**, *jeune fille*, se prononce *[flik-ka]*.
Les mots terminés par **a + j** ou **e + j**, comme **grej**, sont prononcés avec une géminée quand ils prennent une désinence : **grejen** se prononce *[grèy-yën]*.

3 La longueur des voyelles et leur timbre

Il est nécessaire d'insister le cas échéant sur la longueur de la voyelle, car elle fait pour ainsi dire partie de la carte d'identité du mot : **dag** doit être prononcé avec un **a** long et son timbre particulier, *[dâg:]*, si vous l'articulez comme le français *dague*, vous ne parlerez pas du *jour*, mais de la *rosée*, *[dag]*.
En général, la voyelle est longue quand elle est finale ou suivie d'une seule consonne dans une syllabe accentuée. Il y a des exceptions, comme les petits mots fréquents **det**, **men**, **han**, les mots terminés en **a + j** et **e + j**, les mots terminés par **x**, comme **lax**. Elle est longue quand la voyelle est suivie des combinaisons **rd**, **rl** ou **rn**, comme **fjärde** ou **ord**, mais le plus souvent brève devant **rt**, comme dans **skjorta**.

4 Les genres et les articles

Le suédois possède deux genres : le non neutre et le neutre. L'article indéfini des non neutres est **en**, celui des neutres **ett**. L'article défini est postposé, **-en** pour les non neutres, **-n** s'ils sont terminés par une voyelle, **-et** pour les neutres terminés par une consonne.

Non neutres	
forme indéfinie	forme définie
en dag	**dagen**
en fråga	**frågan**

Neutres	
forme indéfinie	forme définie
ett glas	**glaset**

Les non neutres terminés en **a** prennent la désinence **-or** au pluriel indéfini : **en skiva**, **två skivor**.
Les neutres terminés par une consonne ne changent pas au pluriel indéfini : **ett glas**, **två glas**.
Il n'y a pas en suédois d'article indéfini au pluriel : **skivor**, *des tranches* ; **glas**, *des verres*.

5 Particularités de la phrase

Les verbes auxiliaires **vara**, *être*, et **ha**, *avoir*, sont irréguliers, nous le verrons plus tard. Mais leur conjugaison est simple :

jag är	*je suis*
du är	*tu es*
jag har	*j'ai*
de har	*ils/elles ont*

Au singulier, l'adjectif attribut, comme **kär**, *amoureux*, et le participe passé, comme **gift**, *marié*, ne portent pas la marque du sexe de la personne, à la différence du français. Ils pourront donc, le cas échéant, être traduits par *amoureuse* ou *mariée*.
La négation **inte**, *ne... pas*, se place après le verbe conjugué dans une proposition affirmative :
Jag är inte kär, *Je ne suis pas amoureux/amoureuse*.

Jag är inte gift, *Je ne suis pas marié(e)*.
Pour poser une question, il suffit de commencer la phrase avec le verbe, directement suivi du sujet (inversion du sujet et du verbe) : **Är du gift?**, *Es-tu marié(e) ?*

6 Les verbes et leur conjugaison accompagnée des pronoms personnels

Dans l'immédiat, nous distinguerons trois types de verbes pour la conjugaison au présent : les monosyllabiques qui se conjuguent avec **-r** ajouté à l'infinitif, comme **må**, *aller*, *se porter* ; les verbes qui prennent la désinence **-ar**, tels que **diska**, *faire la vaisselle* ; et ceux qui se conjuguent avec la désinence **-er**, comme **ringa**, *sonner*, *téléphoner*. Les formes de conjugaison sont identiques à toutes les personnes du singulier et du pluriel. Ainsi :

Jag mår bra	*Je vais bien*
De mår bra	*Ils/Elles vont bien.*
Du diskar	*Tu fais la vaisselle.*
Han ringer	*Il téléphone.*
De ringer	*Ils/Elles téléphonent.*

Le pronom personnel de la 3e personne du pluriel **de** s'utilise pour parler de masculins ou de féminins, il se traduit donc par *ils* ou *elles*, en fonction du contexte.
Le pronom personnel **det** représente un neutre : **det ringer**, *ça sonne* ; **det är bra**, *c'est bien* ; **glaset är bra**, *le verre est bien*.
Le suédois connaît bien sûr les pronoms personnels qui correspondent aux *nous* et *vous* du français. Nous verrons cela bientôt, mais sachez d'avance que là encore vous ne rencontrerez aucune difficulté.
Un nom en position d'objet, direct ou indirect, ne change pas en suédois, ni l'article, défini ou indéfini, qui l'accompagne. En revanche, les pronoms possèdent un cas objet. En suédois on dit **hej du!** pour saluer un enfant par exemple ou **hej på dig!** qui est plus familier. La forme **dig** est celle du pronom **du** en position objet. Nous y reviendrons.

7 Formes de politesse

Celles qui sont exprimées par la deuxième personne du pluriel ont disparu en suédois moderne, car tout le monde se tutoie. À moins d'être ironique, on n'utilise pas non plus les titres. Une question comme **Hur mår fröken Nilsson idag?**, *Comment va Mademoiselle Nilsson aujourd'hui ?* est désuète, mais on la rencontre en littérature. Idem pour **herr**, *monsieur*, et **fru**, *madame*. Quand un Suédois est dans une salle d'attente et qu'on lui demande de venir quand

***

▶ Repetitionsdialog – Dialogue de révision

Pour vous permettre de tester vos connaissances, nous vous proposons un dialogue dans lequel certains des termes et tournures abordés au cours des six leçons précédentes apparaissent dans un contexte différent. Répétez chaque phrase et traduisez-la.

1 – Är du gift, Kerstin?
2 – Nej, men jag är kär.
3 – Är det Gustav?
4 – Ja, Lotta, det är Gustav. Han ringer varje morgon.
5 – Det är jättebra. Du mår bra alltså?
6 – Ja, jag mår bra. Han är en glad lax.
7 – Diskar han?
8 – Nej! Han diskar inte.
9 – Varför inte?
10 – Han är gift!

***

▶ Övning 1 – Översätt Exercice 1 – Traduisez

À la fin des leçons de révision, nous vous proposons un exercice grammatical guidé simple, qui vous aidera à mémoriser les structures de base de la grammaire du suédois.

❶ Jag mår bra. ❷ Hur mår du? ❸ Hon är gift. ❹ Är hon gift? ❺ Hon heter Lotta. ❻ Vad heter hon? ❼ Sover du?

Septième leçon / 7

c'est son tour, on l'appelle par son prénom et son nom.
À noter encore qu'en suédois la tournure *s'il vous/te plaît* n'existe pas, on dit tout simplement **tack** :
En skiva lax, tack!, *Une tranche de saumon, s'il vous plaît!*
Ja, tack, *Oui, s'il te plaît.*
On ne dit pas non plus *bon appétit !* au début d'un repas, on remercie le maître ou la maîtresse de la maison pour la nourriture à la fin du repas : **Tack för maten!**

***

Traduction

1 Tu es mariée, Kerstin ? **2** Non, mais je suis amoureuse. **3** C'est Gustav ? **4** Oui, Lotta, c'est Gustav. Il téléphone chaque matin. **5** C'est très bien. Tu vas bien alors ? **6** Oui, je vais bien. C'est un joyeux luron. **7** Est-ce qu'il fait la vaisselle ? **8** Non ! Il ne fait pas la vaisselle. **9** Pourquoi pas ? **10** Il est marié !

***

Corrigé

❶ Je vais bien. ❷ Comment vas-tu ? ❸ Elle est mariée. ❹ Est-elle mariée ? ❺ Elle s'appelle Lotta. ❻ Comment s'appelle-t-elle ? ❼ Dors-tu / Est-ce que tu dors ?

Vous allez entamer une deuxième semaine d'apprentissage. Comme précédemment nous procéderons par touches successives, afin de vous faire faire des pas en avant, **framsteg !**

[trèt-tiyou] trettio

Au cours de cette deuxième semaine d'apprentissage, vous allez rencontrer de nombreux mots que vous connaissez déjà, mais qui apparaîtront dans un contexte différent. Vous en découvrirez d'autres et,

8

Åttonde lektionen [ot-ton'dë lèkchou:nën]

Jag bantar [1]

1 – Vad gör du?
2 – Jag äter.
3 – Vad äter du för något [2]?
4 – Jag äter bröd utan smör [3].
5 – Äter du bröd utan smör varje dag?
6 – Varje dag. Jag bantar.
7 – Äter du inte skinka?

Prononciation

yâ: ban'tar 1 vâ: yø:ʰ du 2 yâ: è:tër 3 vâ: è:tëʰ du før no:got' 4 yâ: è:tër breu:d u:tan' smø:r 5 è:tëʰ du breu:d u:tan' smø:r varyë dâ:g 6 varyë dâ:g yâ: ban'tar 7 è:tëʰ du in'të chingka

Remarque de prononciation

(3) **något** est souvent prononcé *[nott]* dans la langue familière.
(4) Faites bien la distinction entre le **ö** long et fermé de **bröd**, *[eu:]*, et celui de **smör**, long aussi mais ouvert à cause du **r**, *[ø:]*.
(6) Le **g** de **dag** ne s'entend que dans la langue soutenue ou pour insister. C'est comme avec le pronom personnel **jag**.
(7) Le *[ngk]* de **skinka** se retrouve à peu près en français dans le mot *camping-car*.

Notes

1 **banta**, *suivre un régime pour maigrir, faire un régime*. Nous avions déjà **diska**, *faire la vaisselle*. En suédois, un verbe de deux syllabes suffit souvent à traduire une tournure française qui contient le verbe "faire" accompagné d'un nom.

2 Notez la tournure **för något** qui n'a pas toujours d'équivalent direct en français. **För** signifie *pour* et **något** correspond à notre *quelque chose*.

comme avec les premières pièces d'un puzzle qu'on ordonne petit à petit, vous serez étonné de voir qu'un horizon commence à se dessiner.

Huitième leçon

Je fais un régime

1 – Qu'est-ce que tu fais *(Que fais tu)* ?
2 – Je mange.
3 – Qu'est-ce que c'est que tu manges *(Quoi manges tu pour quelque-chose)* ?
4 – Je mange [du] pain sans beurre.
5 – Est-ce que tu manges *(Manges tu)* [du] pain sans beurre chaque jour ?
6 – Chaque jour. Je fais un régime.
7 – [Ne] manges-tu pas [de] jambon ?

Vad äter du för något?, *C'est quoi, ce que tu manges ?* Comparez **Vad är det?**, *Qu'est-ce que c'est ?* et **Vad är det för något?**, *Qu'est-ce que c'est que ça ?*

3 Vous savez déjà qu'il n'y a pas d'article partitif en suédois : **bröd**, *du pain* ; **vin**, *du vin*. Voici un petit procédé mnémotechnique : le substantif sera sans article comme après "sans" en français ! **vin utan bröd**, *du vin sans pain* ; **en dag utan bröd**, *une journée sans pain*.

[trètitvo:] trettiotvå

8 / Åttonde lektionen

8 – Nej, jag bantar.
9 – Men det är jättegott [4] och billigt [5]!
10 – Jag vet [6] men jag bantar.

8 nè:y yâ: ban'tar 9 mèn dé é yèt-tëgott o bil-lit' 10 yâ: vé:t mèn yâ: ban'tar

Remarque de prononciation
(8) nej, *non*, se prononce *[nè:y]* ou *[nèy]*. Comme ja, *oui*, il peut aussi se prononcer avec l'accent grave quand on veut insister : *[nè-è], [yâ-â]*.

Notes
4 Dans l'adjectif attribut **jättegott**, vous retrouvez le préfixe **jätte**, *très, vachement*, et l'adjectif **god**, *bon*, mais comme ce dernier renvoie à **det**, *ce, cela*, sujet de la phrase qui est neutre, il prend la désinence **-t** : **god** devient **gott**.

***

Övning 1 – Översätt
❶ Bröd utan smör. ❷ Jag vet. ❸ Bantar du? ❹ Det är billigt.
❺ Vad äter du för något?

***

Övning 2
❶ Tu manges du jambon.
   Du äter ....

❷ Quelque chose.
   ....

❸ C'est vachement bon.
   Det är ....

❹ Elles font un régime.
   De ....

❺ Tu sais.
   Du .... .

33 • trettiotre *[trèttitré:]*

Huitième leçon / 8

8 – Non, je fais un régime.
9 – Mais c'est vachement bon et pas cher !
10 – Je sais, mais je fais un régime.

(9) Notez le changement de timbre de la voyelle **o** dans **god**, *[gou]* ou *[gou:]*, prononcé sans le **d**, et dans **gott**, *[gott]*.
(9) Dans les adjectifs en **-ig**, le **g** ne se prononce pratiquement jamais, (cf. **viktig**, *important*, de la leçon 2). Articulez donc **billigt** comme *[bil-litt]*.

5 Même remarque pour **billig**, *bon marché, pas cher*, qui donne **billigt** au neutre. Notez que l'adjectif s'accorde aussi en position d'épithète : **ett billigt glas**, *un verre bon marché*.
6 **vet**, du verbe **veta**, *savoir* : **jag vet**, *je sais* ; **de vet**, *ils savent*, sans désinence.

***

Corrigé de l'exercice 1

❶ Du pain sans beurre. ❷ Je sais. ❸ Est-ce que tu fais un régime ?
❹ C'est bon marché. ❺ C'est quoi, ce que tu manges ?

***

Corrigé de l'exercice 2

❶ – skinka ❷ Något ❸ – jättegott ❹ – bantar ❺ – vet

*Pourquoi **banta** ? Non, nous ne vous demandons pas pourquoi il faut suivre un régime, nous cherchons seulement à savoir d'où vient le verbe **banta**. Là encore, c'est très simple. Il a existé un certain William Banting, de son état entrepreneur de pompes funèbres britannique, qui en 1827 porta à la connaissance publique la cure d'amaigrissement que lui avait prescrite son médecin... **Banta**, c'est donc faire un régime (comme Banting) !*

[trètifÿ:ra] trettiofyra

Nionde lektionen [ni:yon'dë lèkchou:nën]

Vad heter han då?

1 – Heter han Hans?
2 – Nej, han heter inte Hans.
3 – Vad heter han då?
4 – Han heter Lars och har puckelrygg [1].
5 – Är han gift?
6 – Inte ännu [2].
7 – Vad heter hans [3] fästmö [4]?

Prononciation
vâ: Hé:tër Han' do 1 Hé:tër Han' Hâ:ns 2 nèy Han' Hé:tër in'të Hâ:ns 3 vâ: Hé:tër Han' do 4 han' Hé:tër lâ:ʰch o Hâ:r pŭk-këlrўg 5 è Han' yift 6 in'të èn-nu 7 vâ: Hé:tër Han's fèstmeu

Remarque de prononciation
(1) Faites bien la différence entre les présents **heter**, avec le h expiré, et **äter**, prononcé sans *[H]*.

Notes

1 Dans le composé **puckelrygg**, vous trouvez les noms **puckel**, *bosse*, celle d'un être humain ou au sommet d'une montagne, et **rygg**, *dos*. Tous les deux sont non neutres. Retenez **rygg**, *dos* ; **ryggen**, *le dos*.

Han har puckelrygg, *Il a une bosse* [dans le dos] ou *Il est bossu*.

2 L'adverbe **ännu** signifie *encore*. Notez : **ännu i dag**, *aujourd'hui encore*.

3 Le pronom possessif **hans**, *son*, renvoie toujours à un possesseur masculin : **hans lax**, *son saumon à lui*. Il ne change pas si le nom qu'il accompagne est un neutre ou s'il est au pluriel. Ainsi **hans glas** signifie *son verre à lui* ou *ses verres à lui*. Retenez : **hans skjortor**, *ses chemises à lui*.

Neuvième leçon

Comment s'appelle-t-il alors ?

1 – Est-ce qu'il [s']appelle Hans ?
2 – Non, il [ne] [s']appelle pas Hans.
3 – Il [s'] appelle comment *(quoi)* alors ?
4 – Il [s'] appelle Lars et a une bosse dans le dos *(a bosse-dos)*.
5 – Il est marié ?
6 – Pas encore.
7 – Comment *(Quoi)* [s']appelle sa fiancée ?

---

(1), (2) Le **a** du prénom **Hans** est long avec le timbre du **a** de l'adjectif **bra** bien qu'il soit suivi de deux consonnes. Le **a** de **han** ou **hans** est bref, il a le timbre du **a** de **tack**.
(4) N'oubliez pas que la combinaison de consonnes **rs** se prononce *[ʰch]*.
(4) puckel se prononce avec une géminée, le **c** et le **k** sont en effet considérés comme un même son ici. Par convention, un **k** doublé s'écrit **ck**. Le **u** bref, transcrit *[ŭ]*, que nous avons rencontré dans **Gustav**, est articulé entre le **ou** de *pou* et le **eu** de *peur*. Dans **puckelrygg**, le **g** final est une consonne longue qui n'apparaît pas dans la transcription.

4 Le nom **fästmö**, *fiancée*, est un non neutre comme le mot **mö**, archaïque ou ironique, qui signifie *jeune fille* ou *vierge* : **en fästmö**, *une fiancée* ; **fästmön**, *la fiancée*.

9 / Nionde lektionen

8 – Det är min [5] syster [6] Gunilla.
9 – Han har tur [7] i oturen.

8 dé é min' sÿstër gŭnil-la 9 Han' Hâ:ʰ tu:r i ou:tu:rën

Notes

[5] Le pronom personnel **min** renvoie à un possesseur masculin ou féminin comme en français. À la différence de **hans**, il a une autre forme quand il accompagne les neutres : **mitt glas**, *mon verre*. **Det är mitt glas**, *C'est mon verre*.

[6] **syster**, *sœur* ; **en syster**, *une sœur* ; **systern**, *la sœur*. Les non neutres terminés en **el** ou **er** prennent seulement la désinence **-n** à la forme

***

Övning 1 – Översätt
❶ Inte ännu. ❷ Min syster Lotta. ❸ Hon har puckelrygg. ❹ Hans fästmö heter Gunilla. ❺ Jag har tur.

***

Övning 2 – Fyll i med rätt ord
❶ Tu as une bosse.
  Du har ....

❷ Sa fiancée a de la chance.
  Hans ...... har tur.

❸ Ma sœur s'appelle Kerstin.
  Min ...... heter Kerstin.

❹ Pas encore.
  Inte .....

❺ La malchance.
  ....

Neuvième leçon / 9

8 – C'est ma sœur Gunilla.
9 – Il a [de la] chance dans sa *(la)* malchance.

Remarque de prononciation
(8) Notez que **syster**, bien que terminé par **er**, a l'accent grave.

définie du singulier. Dans la première note nous avions **puckel**, *bosse* ; **puckeln**, *la bosse*.

7 **tur**, *chance*, ici, **turen**, *la chance*. **Du har tur**, *Tu as de la chance*. Dans le nom **oturen**, vous trouvez le préfixe **o-** qui indique à quelques exceptions près le sens contraire du radical : **oturen**, *la malchance*.

***

Corrigé de l'exercice 1
❶ Pas encore. ❷ Ma sœur Lotta. ❸ Elle a une bosse. ❹ Sa fiancée s'appelle Gunilla. ❺ J'ai de la chance.

***

Corrigé de l'exercice 2
❶ – puckelrygg ❷ – fästmö – ❸ – syster – ❹ – ännu ❺ Oturen

*Une parenthèse d'histoire sur la **fästmö**. Le mot **fäst** n'a strictement rien à voir avec* fête, **fest** *en suédois ; il vient de **fästning**, qui a subsisté dans **fästmö**, fiancée, et **fästman**, fiancé. Le mot **fästning** désignait les fiançailles avant la Réforme luthérienne. Et ces fiançailles n'interdisaient pas de consommer tranquillement cette union, si bien que de nombreuses fiancées ne se sont jamais mariées. Ça coûtait trop cher, bien plus qu'une chemise !*

[trètiot-ta] trettioåtta

10

Tionde lektionen [ti:yon'dë lèkchou:nën]

Du diskar och jag sover

1 – Hur mår du nu?
2 – Jag är mätt [1] och trött.
3 – Är du trött efter maten?
4 – Alltid. Inte du [2]?
5 – Jo, speciellt [3] efter en lång middag.
6 – Vem diskar, du eller jag?
7 – Du diskar och jag sover!
8 – I morgon [4] köper [5] jag en diskmaskin [6]!

Prononciation
du: diskar o yâ: sovër 1 Hu:r mo:ʰ du nu: 2 yâ:g é mèt o treut 3 è du treut èftër mâ:tën 4 altid in'të du: 5 you: spéssièlt èftër én long' mid-da 6 vém diskar du: èl-lër yâ: 7 du: diskar o yâ:g so:vër 8 mor-ron' çeu:për yâ: én diskmachin'

Notes

1 À la différence de son équivalent français l'adjectif **mätt**, *rassasié*, est très courant en suédois : **Jag är mätt**, *Je suis rassasié(e)*, c'est-à-dire *Je n'ai plus faim* ou *J'ai assez mangé*.

Jag är trött peut aussi se traduire par *Je suis fatiguée* si c'est une femme qui parle.

2 Le suédois ne connaît pas les formes dites toniques des pronoms personnels comme en français *moi*, *toi*, etc. Il se contente d'utiliser le pronom personnel sujet, **jag**, *je* ; **du**, *tu* ; **han**, *il* ; **hon**, *elle* ; **de**, *ils / elles*, en les accentuant.

3 L'adverbe **speciellt**, *surtout*, *particulièrement*, *spécialement*, vient de l'adjectif **speciell**, *spécial*. Notez que de nombreux adverbes sont construits en ajoutant un **-t** à l'adjectif. **Han är speciell**, *Il est spécial*.

4 La grande nouveauté du jour : en suédois, quand ce n'est pas un sujet qui introduit la phrase, il y a inversion de l'ordre sujet-verbe : **I dag**

39 • trettionio *[trètini-you]*

Dixième leçon

Toi, tu fais la vaisselle et moi, je dors

1 – Comment vas-tu maintenant ?
2 – J'ai assez mangé et je suis fatigué *(Je suis rassasié et fatigué)*.
3 – Tu es *(Es tu)* fatigué après le repas *(la-nourriture)* ?
4 – Toujours. Pas toi *(Pas tu)* ?
5 – Si, surtout après un long dîner.
6 – Qui fait la vaisselle, toi ou moi *(tu ou je)* ?
7 – Toi, tu fais la vaisselle et moi, je dors !
8 – Demain je vais acheter *(Demain achète je)* un lave-vaisselle !

diskar jag, *Aujourd'hui je fais la vaisselle*. Comparez l'ordre des mots de cette phrase affirmative avec celui de la phrase interrogative : **Vad gör du i dag?**, *Qu'est-ce que tu fais aujourd'hui ?* Nous y reviendrons. Notez également que le verbe reste au présent en suédois dans la phrase introduite par **i morgon**, *demain*. Là encore, patience, les explications viendront !

5 **köper**, du verbe **köpa**, *acheter*.

6 **diskmaskin**, *lave-vaisselle* (litt. "machine pour faire la vaisselle"). De nombreux composés contiennent le mot **maskin**, *machine* ; le suédois ne se casse pas trop la tête pour inventer des mots composés.

11 / Elfte lektionen

▶ Övning 1 – Översätt
❶ Hon är trött efter maten. ❷ Han diskar inte. ❸ Jag köper en diskmaskin. ❹ Är du mätt? ❺ I morgon sover jag.

***

Övning 2 – Fyll i med rätt ord
❶ Surtout après le repas.
.... efter maten.

❷ Un lave-vaisselle.
En ....

❸ Je suis fatiguée.
Jag är ......

❹ Après un long dîner.
..... en .... middag.

❺ Toi ou moi ?
Du ..... jag?

Elfte lektionen [èlftë lèkchou:nën]

Törstig¹ och otålig²

1 – Vad³ kost**a**r en öl⁴ här?
2 – En stor **e**ller en l**i**ten?

Prononciation
*tø*ʰ*chtig o **ou:to:**lig **1** vâ kostar én eu:l Hè:r **2** én stou:r èl-lër én li:tën*

Notes
1 **törstig**, *assoiffé(e)*. **Jag är törstig**, *J'ai soif.*

2 Dans l'adjectif **otålig**, *impatient*, vous retrouvez le préfixe **o-** qui indique le sens contraire de l'adjectif **tålig**, *patient*, comme dans **tur**, *chance*, **otur**, *malchance*.

3 Pour dire combien avec le verbe **kosta**, *coûter*, on utilise le pronom interrogatif **vad**, *quoi*. Le pronom **vad** se traduit donc par *quoi / que*,

Corrigé de l'exercice 1

❶ Elle est fatiguée après le repas. ❷ Il ne fait pas la vaisselle. ❸ J'achète un lave-vaisselle. ❹ As-tu assez mangé ? ❺ Demain je dors.

***

Corrigé de l'exercice 2

❶ Speciellt – ❷ – diskmaskin ❸ – trött ❹ Efter – lång – ❺ – eller –

Consommé au milieu de la journée, le **middag** *était autrefois l'unique repas cuisiné de la journée ;* **middag** *signifie en réalité midi. Aujourd'hui, c'est surtout le dimanche que les Suédois mangent* **middag**, **äter middag** *en s'attardant à table. Pendant la semaine, ils prennent un déjeuner assez léger le midi et dînent tôt et assez rapidement le soir, vers 19 heures en général, parfois plus tôt. Retenez :* **sova middag**, *faire la sieste.*

Onzième leçon

Assoiffé et impatient

1 – Combien *(Quoi)* coûte une bière ici ?
2 – Une grande ou une petite ?

combien ou *comment* : **Vad gör du?**, *Que fais-tu ?* **Vad kostar skjortan?**, *Combien coûte la chemise ?*, **Vad heter hon?**, *Comment s'appelle-t-elle ?*

4 Le mot **öl** a deux sens différents : si vous commandez **en öl**, vous commandez *une chope*, petite ou grande ; et si vous dites **ölet**, vous parlez de la bière en tant que matière comestible, neutre comme **vin**, *vin* ; **kött**, *viande* (cf. leçon 5, phrase 1), et cette matière peut être brune ou blonde (d'où le **t**, marque du neutre, aux adjectifs **mörkt** et **ljust** de la phrase 4), pas la chope… Si vous en commandez deux, vous direz **Två öl, tack!**, *Deux bières, s'il vous plaît !*

3 – En stor.
4 – Mörkt eller ljust?
5 – Ljust.
6 – Inne eller ute på terrassen?
7 – Ge [5] mig [6] ett glas vin i stället [7]!
8 – Rött eller vitt?
9 – Ge mig ett stort glas vit [8] mjölk och stick [9]!

3 én stou:r 4 mørkt èl-lër yu:st 5 yu:st 6 in-në èl-lër u:të po térassën 7 yé mèy èt glâ:ss vi:n' i stèl-lët 8 reut t èl-lër vitt 9 yé mèy èt stou:ʰt glâ:ss vi:t mieulk o stik

Notes

5 **ge**, impératif du verbe **ge** (autrefois **giva**), *donner*. **Ge mig!**, *Donnez-moi !* ou *Donne-moi !*

6 **mig**, *me, moi, à moi*, c'est le pronom **jag** en position d'objet direct ou indirect.

7 **i stället**, *à la place*, de **ställe**, *place*, **stället**, *la place / l'endroit*.

8 **vit**, *blanc*, **vitt** avec un neutre : **en vit skjorta**, *une chemise blanche* ; **vitt vin**, *du vin blanc*. De même avec **röd**, *rouge* : **en röd skjorta**, *une chemise rouge* ; **rött vin**, *du vin rouge*. Nous avions déjà rencontré ce changement de consonne avec l'adjectif **god**, *bon*, **god morgon**, *bonjour*, mais : **Det är gott**, *C'est bon*.

9 **stick**, impératif de **sticka**, *ficher le camp*. **Stick!**, *Fichez le camp !* ou *Fiche le camp !* Difficile de faire plus bref.

***

Övning 1 – Översätt

❶ Jag är törstig. ❷ Är han otålig? ❸ En stor öl, tack! ❹ Ge mig vin i stället! ❺ En liten terrass.

Onzième leçon / 11

3 – Une grande.
4 – **Brune** *(Foncée)* **ou blonde** *(claire)* **?**
5 – **Blonde.**
6 – **À l'intérieur** *(Dedans)* **ou en terrasse** *(dehors sur la terrasse)* **?**
7 – **Donnez-moi un verre [de] vin à** *(dans)* **la place !**
8 – **Rouge ou blanc ?**
9 – **Donnez-moi un grand verre de lait blanc** *(verre blanc lait)* **et fichez le camp !**

Remarque de prononciation
(4) Dans la combinaison de consonnes **lj**, le **l** reste muet.
(4) Dans **ljust**, forme neutre de **ljus**, le **u** reste long bien que suivi de deux consonnes.
(7) mig est prononcé *[mèy]* aujourd'hui, *[mig]* à l'église, dans des chansons ou dans un style extrêmement soutenu.
(8) Faites bien la différence entre le **i** bref de **vitt** et le **i** long de **vit**.

***

Corrigé de l'exercice 1
❶ J'ai soif. ❷ Est-il impatient ? ❸ Une grande bière, s'il vous plaît !
❹ Donne-moi / Donnez-moi du vin à la place ! ❺ Une petite terrasse.

12 / Tolfte lektionen

Övning 2 – Fyll i med rätt ord

❶ Elle a vachement soif.
Hon är ....

❷ À l'intérieur.
.....

❸ Une chemise blanche.
En ... skjorta.

❹ Du vin blanc.
.... vin.

❺ Je suis impatient.
Jag är ....

Tolfte lektionen [tolftë lèkchou:nën]

Det är inte min grej

1 – Jag går [1] på diskotek [2] varje lördag.
2 – Varför det?
3 – Jag dansar gärna [3].

Prononciation
dé é in'të min' grèy **1** *yâ go:r po diskoté:k varyë løʰda* **2** *vârføʰ dé*

Notes

1 **går**, du verbe **gå**, *aller*, *aller à pied*, *marcher*. Ici, il est suivi de la préposition **på**, *sur*, comme c'est souvent le cas quand il a le sens général de notre verbe "aller" sans préciser que c'est à pied qu'on se déplace. À ne pas confondre avec **må**, *aller*, *se porter*.

2 **diskotek** est neutre, comme tous les noms terminés en **ek** : **ett diskotek**, *une discothèque* ; **två diskotek**, *deux discothèques*.

3 L'adverbe **gärna** placé après un verbe est plus fréquent que le français *volontiers* ; il se traduit par *aimer* ou *aimer bien* : **Jag äter gärna**, *J'aime manger* ; **Jag diskar gärna**, *J'aime bien faire la vaisselle*.

Corrigé de l'exercice 2
❶ – jättetörstig ❷ Inne ❸ – vit – ❹ Vitt – ❺ – otålig

Eh bien voilà ! Vous êtes maintenant en mesure de commander de la bière en ayant très soif. Dans la leçon de révision, nous présenterons brièvement les diverses variétés de bière qu'on trouve dans le commerce en Suède. Sachez qu'il faut être assez patient avant d'être assis en terrasse dans les villes suédoises. Les places sont vite prises car les Suédois, qui passent au moins huit mois de l'année à l'intérieur, **inne**, *à cause du froid ou de la grisaille, profitent des premières douceurs du printemps pour s'exposer au soleil. Au plus tard fin septembre, vous n'aurez pratiquement plus l'occasion d'être assis dehors, car les barmans rentrent alors chaises, tables et parasols.*
Retenez encore un dernier truc : **innegrejen**, *le truc "in", le truc branché du moment !*

Douzième leçon

Ce n'est pas mon truc

1 – Je vais en *(sur)* discothèque chaque samedi.
2 – Pourquoi ça ?
3 – J'aime bien danser *(Je danse volontiers)*.

[fø^htissèx] fyrtiosex

12 / Tolfte lektionen

4 – Det är inte min grej.
5 – Är du hemkär [4]?
6 – Väldigt [5]!
7 – Och din [6] man [7]?
8 – Min man går på diskotek varje lördag.
9 Han är diskjockey.
10 – Du sover ensam alltså?
11 – Aldrig [8], hans hund [9] sover alltid i sängen [10]!

*3 yâ dan'sar yè:ʰna **4** dé é in'të min' grey **5** è du Hè:mçèr **6** vèldit'
7 o din' man' **8** min' man' go:r po diskoté:k varyë lø:ʰda **9** Han' è
diskyoki **10** du so:vër énsam altso **11** aldrig Han's Hünd sovër
altid i sèngën*

Notes

4 Dans l'adjectif **hemkär**, vous retrouvez **kär**, *amoureux / amoureuse*. Le nom **hem** signifie *foyer* ou *chez-soi* ; **hemkär**, *amoureux de son chez-soi, casanier* donc !

5 Vous reconnaissez que **väldigt** est ici un adverbe, puisqu'il contient la désinence **-t** du neutre. Notez **Väldig**, *puissant, énorme* ; **väldigt**, *énormément, très, rudement*.

6 **din**, *ton* ou *ta*, pronom possessif de la 2e personne du singulier. Comme **min**, *mon*, il change de forme avec un neutre, **ditt glas**, *ton verre*. **Är det ditt glas?** *C'est ton verre ?*

7 **man**, *mari*. Le nom **man** signifie aussi *homme* dans le sens de *être humain mâle*. **En man som Banting bantar**, *Un homme comme Banting*

***

Övning 1 – Översätt

❶ Hon är väldigt hemkär. ❷ Min hund sover ensam. ❸ Hon går gärna på diskotek. ❹ Jag dansar aldrig. ❺ Det är din grej.

47 • fyrtiosju *[føʰtichu:]*

Douzième leçon / 12

4 – Ce n'est pas mon truc.
5 – Est-ce que tu es casanière *(foyer-amoureux)* ?
6 – Énormément !
7 – Et ton mari ?
8 – Mon mari va en discothèque chaque samedi.
9   Il est disc-jockey.
10 – Tu dors seule alors ?
11 – Jamais, son chien dort toujours dans le lit !

Remarque de prononciation

(3) N'oubliez pas que la voyelle est longue devant **rn** et que le **r** se réduit à un souffle : **gärna** se prononce *[yè:ʰna]*, et **lördag** se prononce *[lø:ʰda]* avec un *[ø]* long mais ouvert à cause du **r**. En outre, le **a** inaccentué de **lördag** est bref, à la différence du **a** de **dag**, transcrit *[â]*.
(7) La voyelle tonique du nom **man** est brève, bien qu'elle ne soit suivie que d'une seule consonne.

fait un régime. Comme un certain nombre d'autres noms terminés par un seul **m** ou **n**, **man** redouble la consonne à la forme définie : **mannen**, *l'homme* (d'où la voyelle brève et la géminée à la forme définie).

8 **aldrig**, *jamais*, ou *ne… jamais* dans une phrase : **Jag äter aldrig bröd**, *Je ne mange jamais de pain*. Comparez avec **Jag äter inte bröd**, *Je ne mange pas de pain*.

9 **hund** est non neutre : **en hund**, *un chien* ; **hunden**, *le chien* ; **min hund**, *mon chien* ; **din hund**, *ton chien* ; **hans hund**, *son chien (à lui)*.

10 **säng**, *lit* ; **sängen**, *le lit* ; **hans säng**, *son lit à lui*.

***

Corrigé de l'exercice 1

❶ Elle est rudement casanière. ❷ Mon chien dort seul. ❸ Elle aime aller en discothèque. ❹ Je ne danse jamais. ❺ C'est ton truc.

[føʰtiot-ta] fyrtioåtta

Övning 2 – Fyll i med rätt ord

❶ Est-ce que tu vas en discothèque ?
Går du på .... ?

❷ Elle est casanière.
Hon är ....

❸ Il est casanier.
Han är ....

❹ Elle ne dort jamais dans son lit à lui.
Hon sover ...... i hans .... .

❺ C'est ton mari ?
Är det ... man?

Trettonde lektionen [trèt-ton'dë lèkchou:nën]

Näktergalar [1]

1 – Svenska [2] är ett lätt språk.
2 – Grammatiken är inte svår i alla fall.
3 – Och det är ett vackert [3] språk.
4 – Vi liksom [4] sjunger när vi talar.

Prononciation

nèktërgâlar **1** svènska è èt lèt spro:k **2** gram-mati:kën è in'të svo:r i al-la fal **3** o dé é èt vak-këʰt spro:k **4** vi liksom' chŭngër nè:r vi tâ:lar

Notes

1 **näktergalen**, *le rossignol* ; **näktergalar**, *des rossignols*. Nous reviendrons en détail les deux prochaines semaines sur le pluriel indéfini des noms.

2 **svenska**, *le suédois*, sans article ici, de l'adjectif **svensk**, *suédois*. Retenez **på svenska**, *en suédois*.

3 **vackert**, forme neutre de **vacker**, *beau*, puisque le nom **språk**, *langue*, *langage*, est neutre. Comme il y a déjà deux **t** dans **lätt**, cet adjectif

Corrigé de l'exercice 2
❶ – diskotek ❷ – hemkär ❸ – hemkär ❹ – aldrig – säng ❺ – din –

Tous les noms des jours de la semaine en suédois se terminent par **-dag** *comme* **lördag***, samedi. L'étymologie de* **lördag** *est intéressante, c'était le jour du bain, le grand jour du décrassage, alors que chez nous c'est le jour de Saturne.*
Le samedi soir, les Suédois font la fête, notamment les étudiants. C'est sans doute la raison pour laquelle subsiste la tradition du **middag***, le dimanche, le repas pris en milieu de journée. C'est qu'il faut du temps pour se lever un lendemain de fête ! Retenez l'expression* **vara dagen efter***, littéralement* être le jour après, *c'est-à-dire avoir la gueule de bois.* **Jag är dagen efter***,* J'ai la gueule de bois.
Notez que le facteur ne passe plus le samedi en Suède.

Treizième leçon

Des rossignols

1 – [Le] suédois est une langue facile (*facile langue*).
2 – La grammaire n'est pas difficile en tout cas (*dans tous cas*).
3 – Et c'est une belle langue.
4 – Nous chantons en quelque sorte (*pour ainsi dire chantons*) quand nous parlons.

Remarque de prononciation
(2) Tous les mots en **ik** sont fortement accentués sur cette syllabe avec un i long, *[gram-mati:ken]*.

reste identique avec un neutre ou un non neutre : **en lätt fråga**, *une question facile* ; **ett lätt språk**, *une langue facile*.

4 **liksom**, petit mot bouche-trou cher aux Suédois, notamment aux jeunes, n'a pas d'équivalent en français. Il signifie certes *pour ainsi dire* ou *en quelque sorte*, mais on l'entend tout le temps, et il peut être placé un peu partout dans une phrase. On a l'impression qu'il marque une pause dans le discours, comme si le locuteur cherchait le mot qui convient.

13 / Trettonde lektionen

5 – Det är ri**k**ti**g**t.
6 – Vi är n**ä**ktergalar.
7 – Du tar [5] **o**rdet ur [6] m**u**nnen [7] på mig!

5 dé é riktit' 6 vi è nèktërgå:lar 7 du tâ:r **ou:**ʰdët ur mŭn-nën po mèy

Notes

5 **tar**, du verbe **ta** (autrefois **taga**), *prendre*. Dans la leçon précédente, nous avions **sängen**, *le lit*. Notez : **ta på sängen**, *surprendre*, *prendre au dépourvu*.

6 La préposition **ur** signifie *de*, *hors de*. Ici, avec le verbe **ta** suivi du nom en position d'objet **ordet**, *le mot* ou *la parole*, elle modifie le sens du

***

Övning 1 – Översätt

❶ Ett svårt språk. ❷ Ett vackert ord. ❸ När vi talar. ❹ Det är riktigt. ❺ Grammatiken är lätt.

***

Övning 2 – Fyll i med rätt ord

❶ Nous chantons.
   Vi ....

❷ Comme des rossignols.
   Som ....

❸ La grammaire est difficile.
   .... är svår.

❹ Une belle bouche.
   En vacker .... .

❺ Le mot.
   ....

Treizième leçon / 13

5 – C'est juste.
6 – Nous sommes [des] rossignols.
7 – Tu m'enlèves le mot de la bouche *(Tu prends le-mot hors de la-bouche sur moi)* !

verbe : **ta något ur något** (litt. "prendre quelque chose hors de quelque chose"), signifie *enlever quelque chose de quelque chose*. **Du tar ordet ur munnen på mig!** peut également se traduire par *J'allais le dire !*

7 **mun**, *bouche* ; **munnen**, *la bouche* (cf. **man**, **mannen**, de la leçon précédente). Ne cherchez pas à comprendre pourquoi **munnen** est suivi ici de la préposition **på**, *sur*.

Cette préposition ne se traduit en réalité que rarement par *sur*, et c'est peut-être la préposition la plus fréquente en suédois, **på svenska**.

***

Corrigé de l'exercice 1
❶ Une langue difficile. ❷ Une belle parole. ❸ Quand nous parlons. ❹ C'est juste. ❺ La grammaire est facile.

***

Corrigé de l'exercice 2
❶ – sjunger ❷ – näktergalar ❸ Grammatiken – ❹ – mun ❺ Ordet

* VI ÄR NÄKTERGALAR

Bravo ! Demain nous attaquerons la leçon de révision. Vous remarquez déjà que les choses se mettent en place naturellement. Continuez ainsi, vous êtes sur la bonne voie. **Tack för idag!**

14

Fjortonde lektionen [fiou^hton'dë lèkchou:nën]

Repetition – Révision

1 La déclinaison des noms

Nous avions déjà rencontré les deux genres en suédois, le non neutre, reconnaissable à l'article indéfini **en**, et le neutre reconnaissable à l'article indéfini **ett**. Parmi ces deux genres, nous avions déjà fait la distinction entre :
les noms comme **skjorta**, *chemise*, non neutres terminés par **a** qui prennent la désinence **-n** à la forme définie du singulier et **-or** au pluriel indéfini ;
ceux comme **dag**, *jour*, non neutres, qui prennent la désinence **-en** à la forme définie du singulier ;
et ceux comme **glas**, *verre*, neutres terminés par une consonne qui prennent la désinence **-et** à la forme définie du singulier et qui ne changent pas au pluriel indéfini. Avez-vous remarqué le nom **fall** dans la leçon 13, phrase 2 ? Il est au pluriel en suédois : **i alla fall**, *en tout cas*.
Les non neutres terminés par **el** ou **er**, comme **syster**, *sœur*, ne prennent que la désinence **-n** à la forme définie du singulier : **en syster**, *une sœur* ; **systern**, *la sœur*. Certains monosyllabiques redoublent la consonne finale à la forme définie du singulier : **en mun**, *une bouche* ; **munnen**, *la bouche* ; **en man**, *un homme* ; **mannen**, *l'homme*.
Avec le pluriel **näktergalar**, *des rossignols*, vous avez appris qu'il existe une autre désinence du pluriel indéfini : **-ar**. Sachez que **dag** et **hund** prennent cette désinence au pluriel indéfini : **dagar**, *des jours* ; **hundar**, *des chiens*. Nous vous donnerons prochainement des tuyaux pour reconnaître dans la mesure du possible et le genre des noms et leur forme du pluriel indéfini.

2 L'accord de l'adjectif épithète ou attribut

L'adjectif, en position d'épithète, toujours devant le nom en suédois, ou d'attribut, s'accorde avec le genre du nom qu'il qualifie. Si le nom est un non neutre, il ne change pas, s'il est neutre, l'adjectif

Quatorzième leçon

prend la désinence **-t** : **en vacker syster**, *une belle sœur* (sans trait d'union, svp) ; **ett vackert språk**, *une belle langue* ; **Det är vackert**, *C'est beau* ; **Det är riktigt**, *C'est juste*.

Les adjectifs monosyllabiques terminés en **d** prennent **-tt** avec un neutre, ceux terminés par un **t** en ajoutent un second ; dans les deux cas la voyelle devient courte et change de timbre le cas échéant: **en röd skjorta**, *une chemise rouge* ; **rött vin**, *du vin rouge* ; **en vit skjorta**, *une chemise blanche* ; **vitt vin**, *du vin blanc* ; **en god middag**, *un bon dîner* ; **Det är gott**. *C'est bon*. Les monosyllabiques terminés par **tt**, comme **lätt**, *facile*, *léger*, restent identiques au neutre : **ett lätt språk**, *une langue facile*.

L'adjectif **bra**, *bien*, est invariable : **Det är bra**, *C'est bien*. Notez que **bra** en position d'épithète signifie *bon* : **en bra fråga**, *une bonne question* ; **en bra hund**, *un bon chien*.

3 Les verbes

Vous connaissiez déjà trois désinences du présent : **-r** pour les monosyllabiques, **-ar** et **-er**. Nous avons rencontré le verbe **veta**, *savoir*, qui se conjugue au présent sans désinence : **jag vet**, *je sais* ; **vi vet**, *nous savons*.

Pour certains verbes, nous avons indiqué entre parenthèses la forme ancienne (longue) de l'infinitif, comme **ge**, (autrefois **giva**), *donner*. Elle vous servira à former construire certaines formes verbales ou des noms dérivés de verbes.

Outre le présent, nous avons déjà abordé l'impératif comme **ge mig**, *donnez-moi* ou *donne-moi*, identique ici avec l'infinitif. C'est le cas de tous les verbes monosyllabiques.

4 Les pronoms personnels en position sujet

Vous connaissez déjà **jag**, *je* ; **du**, *tu* ; **han**, *il* ; **hon**, *elle* ; **det**, *il / elle* renvoyant à un neutre, et **de**, *ils / elles*. Un nouveau pronom personnel est venu s'y ajouter cette semaine : **vi**, *nous*.

Le suédois ne connaît pas la forme tonique des pronoms personnels français comme *moi*, *toi* ou *lui*. C'est l'accent de phrase portant

[fèmtify:ra] femtiofyra

sur le pronom qui remplace cette forme tonique :
Jag sover och du diskar, *Moi, je dors et toi, tu fais la vaisselle*.
Hon bantar, *Elle, elle fait un régime*. **De har en hund**, *Eux, ils ont un chien*.

5 Les pronoms personnels en position objet, direct ou indirect

Jusqu'à présent, nous n'avons rencontré que **dig**, *te, toi, à toi*, dans **hej på dig**, *salut*, et **mig**, *me, moi, à moi*, dans **ge mig**, *donnez-moi* ou *donne-moi*. Notez l'ordre des mots :
Jag ger dig rött vin, *Je te donne du vin rouge*.
L'objet indirect, **dig**, est placé avant l'objet direct, **vin**. Il en est ainsi même quand l'objet indirect n'est pas un pronom : **Jag ger Gustav ett glas vitt vin**, *Je donne un verre de vin blanc à Gustav*, sans préposition en suédois. Nous y reviendrons.

6 Les pronoms possessifs

Vous connaissiez déjà **min**, *mon, ma*, et **din**, *ton, ta*, pour les non neutres : **min syster**, *ma sœur* ; **min hund**, *mon chien* ; **din fråga**, *ta question* ; **din syster**, *ta sœur*. Comme en français, le nom n'est pas accompagné de l'article quand il est défini par un pronom possessif, le **-n** de **min** ou de **din** indique à lui tout seul qu'il s'agit d'un non neutre. Et vous devinez peut-être déjà la forme des pronoms possessifs **min** et **din** devant un neutre ?
Le pronom possessif **hans**, *son, sa*, ne se rapporte qu'à un possesseur masculin : **hans hund** ne peut être que *son chien à lui*. Le pronom **hans** ne change pas devant un neutre : **hans språk**, *sa langue à lui*. Nous vous expliquerons bientôt le pourquoi de la chose.

7 La négation, un rappel

Il suffit de placer l'adverbe **inte** après le verbe conjugué : **jag äter**, *je mange* ; **jag äter inte**, *je ne mange pas*. Dans une phrase interrogative, qui commence par le verbe, on place d'abord le sujet après le verbe :
Äter du inte?, *Ne manges-tu pas ? / Tu ne manges pas ?*
Il en est ainsi avec l'adverbe **aldrig**, *jamais* :

Quatorzième leçon / 14

Jag går aldrig på diskotek, *Je ne vais jamais en discothèque*.
Går du aldrig på diskotek?, *Tu ne vas jamais en boîte ?*
Réponse : **Jo**, *Si* (évidemment) *!*

8 Les prépositions

Elles sont nombreuses en suédois et pas toujours faciles à traduire hors contexte. **på**, par exemple, se rencontre dans **gå på diskotek**, *aller en discothèque* ; **på svenska**, *en suédois* ; **ute på terrassen**, *en terrasse* ; **ur munnen på mig**, *de ma bouche*. N'ayez crainte, vous apprendrez tout naturellement les sens possibles de cette préposition, qui a tendance en suédois moderne à en évincer d'autres plus correctes.
Parmi les prépositions **efter**, *après* ; **för**, *pour* ; **i**, *dans* ; **ur**, *hors de*, et **utan**, *sans*, qui ont articulé les phrases des dialogues de cette dernière semaine, retenez que **för** correspondra rarement à notre *pour*.

9 L'ordre des mots

Il ne pose pas de difficulté particulière. Mais notez qu'une phrase n'est pas forcément introduite par un sujet. C'est le cas aussi en français, avec un complément de temps par exemple, mais en suédois le verbe sera toujours en deuxième position :
I morgon bantar jag!, *Demain je fais un régime !*

10 Les jours de la semaine

Nous avons vu **lördag**, *samedi*, autrefois jour du grand décrassage. Les autres sont : **söndag** [s*eu*nda], *dimanche* ; **måndag** [m*o*n'da], *lundi* ; **tisdag** [t*i*sda], *mardi* ; **onsdag** [*ou*nsda], *mercredi* ; **torsdag** [t*ou*ʰchda], *jeudi*, et **fredag** [fré:da], *vendredi*. Le suffixe **-dag** de ces noms n'est pas accentué en général. Retenez que le jeudi, **torsdag**, le jour du dieu Thor, on mange en Suède une soupe de pois cassés, **ärtsoppa** [*è*ʰts*o*p-pa], avec du lard, suivi de *petites crêpes*, des **plättar** (oui, le nom **plätt** forme son pluriel indéfini avec la désinence **-ar** !), vous n'y échapperez pas. Autrefois, il fallait en effet se remplir le ventre avant le vendredi qui était classé "jour de jeûne". William Banting n'était pas encore né... Notez aussi que le dimanche les églises sont plutôt vides, et qu'en Suède également, il faut être

*[fèmtiss*è*x]* femtiosex • 56

prudent quand le treize du mois tombe un **fredag**, même après avoir mangé une soupe de pois cassés !

11 Quelle bière choisir ?

Tout dépend du degré d'alcool… **en lättöl** [*lèteu:l*], écrit en un mot, est une bière légère dont le degré d'alcool ne doit pas dépasser 1,8 %. Fraîche, elle est excellente en été, elle est aussi très bon marché. **Folköl** [*folkeu:l*] (litt. "bière du peuple"), s'achète comme la **lättöl**

***

▶ Repetitionsdialog
  1 – Dansar du, Gustav?
  2 – Nej, jag har puckelrygg.
  3 – Varför går du på diskotek då?
  4 – Jag är diskjockey.
  5 – Vad gör din fästmö när du är diskjockey?
  6 – Hon sover i min säng.
  7 – Är hon vacker?
  8 – Ja, speciellt när hon bantar.
  9 – Och du, bantar du?
  10 – Inte ännu, jag är aldrig mätt.

***

▶ Övning – Översätt
❶ I morgon köper jag skinka. ❷ Idag äter hon bröd. ❸ Varje lördag går han på diskotek. ❹ Efter en lång middag är jag alltid trött. ❺ Du ger och han tar. ❻ Han diskar och hon dansar. ❼ Hon sover och han äter. ❽ Vi vet.

dans les magasins habituels ; son degré d'alcool ne dépasse pas 2,8 %. Si vous désirez ensuite une bière d'un degré d'alcool supérieur, il faudra aller à **Systemet**, **gå på Systemet** *[go: po sÿsté:mët]*. Là vous trouverez de la **starköl** *[stark<u>eu</u>:l]*, littéralement de la "bière forte", celle qu'on trouve dans nos magasins ; cette bière a en général un degré d'alcool qui se situe autour de 4,5 %. La bière très forte, au-delà de 6 %, est communément appelée **elefantöl** *[élëfan't<u>eu</u>:l]*, *bière-éléphant*. Avec celle-là, vous risquez de voir de nombreux éléphants roses !

***

Traduction

1 Tu danses, Gustav ? **2** – Non, je suis bossu. **3** Pourquoi vas-tu en discothèque alors ? **4** Je suis disc-jockey. **5** Que fait ta fiancée quand tu es disc-jockey ? **6** Elle dort dans mon lit. **7** Est-ce qu'elle est belle ? **8** Oui, surtout quand elle fait un régime. **9** Et toi, tu fais un régime ? **10** Pas encore, je ne suis jamais rassasié.

***

Corrigé
❶ Demain, je vais acheter du jambon. ❷ Aujourd'hui, elle mange du pain. ❸ Chaque samedi, il va en discothèque. ❹ Après un long repas, je suis toujours fatiguée. ❺ Tu donnes et il prend. ❻ Il fait la vaisselle et elle danse. ❼ Elle dort et il mange. ❽ Nous savons.

15

Femtonde lektionen [fèmton'dë lèkchou:nën]

På cirkus

1 – Varför är du sur [1]?
2 – Gubben [2] skrattar.
3 – Han skrattar inte, han ler.
4 – Det är inte kul.
5 – Men det är en clown [3].
6 – Jag ser [4] det, jag är inte dum.
7 – Är du på dåligt humör [5]?
8 – Nej, men han liknar ett troll!

Prononciation
po sirküs **1** vârfør è du su:r **2** gŭb-bën skrat-tar **3** Han' skrat-tar in'të, Han' lé:r **4** dé è in'të ku:l **5** mèn dé è én cla-on' **6** yâ sé:ʰ dé, yâ è in'të düm' **7** è du po do:lit' humø:r **8** nèy:, mèn han' liknar èt trol

Notes

1 sur, *acide* ou *aigre*, signifie aussi *fâché*. Rappelez-vous qu'en suédois l'adjectif attribut ne porte pas de marque particulière si le sujet renvoie à une personne de sexe féminin. **Är du sur?** peut se traduire aussi par *Tu fais la tête ?*

Faites bien la différence entre **surmjölk** (écrit en un mot), *du lait fermenté*, et **sur mjölk** (en deux mots), *du lait caillé*. **Mjölken är sur**, *Le lait a tourné*. **Surt och billigt vin**, *Du vin aigre et bon marché*.

2 gubbe, *bonhomme, vieillard*, est non neutre, car il désigne un être masculin et il est terminé par un **e** qui porte un accent secondaire. Ces mots-là forment leur pluriel indéfini avec la désinence **-ar**, comme dans **näktergalar**, mais le **e** final tombe : **två gubbar**, *deux bonshommes*. Une femme d'un certain âge pourra dire, sur un ton familier, **min gubbe** au lieu de **min man**, *mon mari*.

Quinzième leçon

Au *(sur)* cirque

1 – Pourquoi es-tu fâchée *(acide)* ?
2 – Le bonhomme rit.
3 – Il ne rit pas, il sourit.
4 – Ce n'est pas amusant.
5 – Mais c'est un clown.
6 – Je le vois *(vois ça)*, je [ne] suis pas bête.
7 – Es-tu de *(sur)* mauvaise humeur ?
8 – Non, mais il ressemble [à] un troll !

Remarque de prononciation
(Titre), (1), (2), (4), (6), (7) Faites bien la différence entre le **u** de **kul** ou de **sur** (transcrit *[u:]*), long et prononcé avec les lèvres très resserrées, celui de **gubbe** ou de **dum** (transcrit *[ŭ]*), qui est bref et dont le timbre rappelle le **u** de **surf** prononcé à l'anglaise, et le **u** de **humör** (transcrit *[u]*), qui a le timbre du **u** de **kul** mais qui est plus bref (voyelle demi-longue, la seconde syllabe étant la seule accentuée).

3 **clown**, mot d'emprunt, est non neutre : **en clown**, *un clown* ; **clownen**, *le clown*. Comme il n'est pas d'origine germanique, il forme son pluriel indéfini avec la désinence **-er** : **clowner**, *des clowns*.

4 **ser**, du verbe **se**, *voir*. **Ser du!**, *Vois-tu !* / *Tu vois !*, s'utilise aussi en suédois pour marquer une pose dans une conversation.

5 Le **-t** de **dåligt**, *mauvais*, indique que le nom **humör** est neutre : **på dåligt humör**, *de mauvaise humeur* ; **på gott humör**, *de bonne humeur*.

[sèxtiou] sextio

15 / Femtonde lektionen

▶ Övning 1 – Översätt

❶ Gubben är på dåligt humör. ❷ Hon skrattar inte. ❸ Ser du clownen? ❹ Är du sur? ❺ Han ler.

***

Övning 2 – Fyll i med rätt ord

❶ C'est amusant.
   Det är ....

❷ Elle est fâchée.
   Hon är ....

❸ Pourquoi ris-tu ?
   Varför .... du?

❹ Le clown n'est pas bête.
   Clownen är inte ....

❺ Au cirque.
   ....

---

*Le **troll** est le lutin des nombreuses légendes suédoises, et plus généralement scandinaves. Habitants des montagnes, des tertres ou des forêts, ils étaient redoutés puisque selon la croyance populaire, ils échangeaient leurs petits contre les enfants des humains. Certaines infirmités inexplicables rationnellement sont à l'origine de cette croyance : un enfant qui souffrait par exemple de rachitisme ou qui était mentalement arriéré ne pouvait être que la progéniture d'un couple de trolls. Les Suédois sont aujourd'hui encore,* **ännu idag***, très friands d'histoires de trolls depuis que l'écrivaine finlandaise suédophone Tove Jansson (1914-2001) a donné naissance aux Moomins.* **Mumin** *en suédois, est une famille de trolls plutôt débonnaires qui au fil de romans illustrés, souvent adaptés à l'écran, ou de bandes*

Corrigé de l'exercice 1

❶ Le bonhomme est de mauvaise humeur. ❷ Elle ne rit pas. ❸ Tu vois le clown ? ❹ Tu fais la tête ? ❺ Il sourit.

***

Corrigé de l'exercice 2

❶ – kul ❷ – sur ❸ – skrattar – ❹ – dum ❺ På cirkus

dessinées, doivent se mettre d'accord avec leur entourage dont l'insolente Petite My, **Lilla My**.
Puisque nous parlions **gubbe**, *il convient d'ouvrir une petite parenthèse sur l'ancienne coutume des* **knutgubbar**, *les bonshommes de la Saint-Knut, le 13 janvier : un personnage en paille déguisé et muni d'un "laissez-passer" était placé devant la porte d'un voisin à la faveur de l'obscurité. Un* **knutgubbe** *de cet acabit était susceptible de produire une vive émotion, le ou la destinataire avait tout intérêt à s'en débarrasser en le plaçant devant la porte d'un autre voisin. Le laissez-passer pouvait consister en une demande en mariage ou contenir des allusions érotiques. Cette coutume a survécu dans le Värmland et l'Uppland.*

16

Sextonde lektionen [sèxton'dë lèkchou:nën]

Ett brev från ¹ hennes ² syster Julia

1 – Brevet är från min syster Julia.
2 – Jaså ³, vad skriver hon?
3 – Det snöar ⁴ i Haparanda.
4 – Och sen ⁵?
5 – Mormor är sjuk.
6 – Så tråkigt! Hur mår Knut?
7 – Han är frisk och dricker glögg.
8 – Kommer de hit ⁶ snart?
9 – Kanske om ⁷ två månader ⁸.

Prononciation

èt bré:v fro:n' Hèn-nës sÿstër yu:lia **1** bré:vët è fro:n' min' sÿstër yu:lia **2** jas-so, vâ: skri:vër Houn **3** dé sneu:ar i Haparan'da **4** o sé:n **5** mourmour è chu:k **6** so tro:kit' Hu:r mo:r knu:t **7** Han' è frisk o drik-kër gleug **8** kom-mër dom' Hi:t' snâ:ʰt **9** kan'chë om' tvo: mo:nadër

Notes

1 La préposition **från**, *de*, indique la provenance. **Ett brev från Julia**, *Une lettre de Julia* ; **ett brev från Haparanda**, *une lettre (en provenance) de Haparanda*.

2 **hennes**, *son, sa, ses, à elle*, pronom possessif de la 3ᵉ personne du singulier, renvoie toujours à un possesseur féminin. Comme **hans**, il reste identique devant un non neutre, un neutre ou un pluriel : **hennes man**, *son mari* ; **hennes brev**, *sa lettre à elle* ; **hennes brev**, *ses lettres à elle*. Le nom **brev** reste identique au pluriel indéfini car il est neutre et terminé par une consonne.

3 **jaså**, *tiens ?, vraiment ?, ah bon ?*, peut être prononcé de trente façons différentes, disent les spécialistes ; tout dépend du degré d'étonnement ou de déception de celui qui parle. Ce petit mot s'entend très fréquemment dans la bouche des Suédois.

Seizième leçon

Une lettre de sa sœur Julia

1 – La lettre est de ma sœur Julia.
2 – Vraiment, qu'est-ce qu'elle écrit *(quoi écrit elle)* ?
3 – Il neige à Haparanda.
4 – Et ensuite ?
5 – Grand-mère *(Mère-de-mère)* est malade.
6 – Quel dommage *(Si ennuyeux)* ! Comment va Knut ?
7 – Il est bien portant *(frais)* et boit [du] vin chaud épicé.
8 – Ils viennent bientôt *(Viennent ils ici bientôt)* ?
9 – Peut-être dans deux mois.

Remarque de prononciation
(8) snart fait partie de ces quelques mots où la voyelle est longue, bien que suivie des consonnes **rt**.

4 **snöar**, du verbe **snöa**, *neiger*. Notez : **snö**, *neige* ; **snön**, *la neige*, et **snögubbe**, *bonhomme de neige*.

5 **sen**, *ensuite*, est en réalité l'abréviation de **sedan**, qui est un peu plus soutenu. Nous verrons que le suédois abrège de nombreux mots de cette façon.

6 Vous connaissez déjà le verbe **komma**, *venir, arriver* : **Kommer du?**, *Tu viens ?* – **Ja, jag kommer!**, – *Oui, j'arrive !* L'adverbe **hit** signifie *ici*, mais en indiquant un mouvement vers celui qui parle : **Kom hit!**, *Viens ici !* Un verbe de mouvement ne pourra jamais être accompagné de l'adverbe **här**, *ici*. Avec le verbe **ge**, *donner*, on peut dire par exemple **Ge hit brevet!**, *Passe-moi la lettre !*

7 La préposition **om** a plusieurs sens. Ici, avec **månad**, elle est a un sens temporel avec valeur de futur et correspond à notre "dans" : **om en månad**, *dans un mois* ; **om två månader**, *dans deux mois*.

8 **månad** est non neutre ; tous les noms formés avec le suffixe **-nad** sont non neutres et forment leur pluriel indéfini avec la désinence **-er**.

16 / Sextonde lektionen

▶ Övning 1 – Översätt
❶ Vad dricker Knut? ❷ Mormor är frisk. ❸ Hon kommer snart. ❹ Så tråkigt! ❺ Om en månad.

***

Övning 2 – Fyll i med rätt ord
❶ Comment va grand-mère ?
   Hur mår ...... ?

❷ Viens ici !
   Kom ... !

❸ Elle écrit deux lettres.
   Hon .... två ..... .

❹ Il neige.
   Det ....

❺ Son mari est peut-être bien portant.
   ...... man är ...... frisk.

Haparanda est une petite ville du Nord de la Suède, au fond du Golf de Botnie (ou Bothnie) et à la frontière de la Finlande. Le journal de Haparanda, **Haparandabladet**, *est bilingue, il paraît en suédois et en finnois. C'est dans cette région-là que vit la minorité des Tornedaliens estimés à 50 000. Les plus anciens y sont installés depuis deux cents ans. Il n'y a pas grand-chose à faire à Haparanda, si ce n'est emprunter le pont pour se rendre en Finlande. Mais on peut toujours y boire du* **glögg**. *Le* **glögg** *suédois est beaucoup plus aromatisé que notre vin chaud. On y met de la cardamome, de la cannelle, des clous de girofle et du gingembre ; il est servi avec des raisins secs*

Seizième leçon / 16

Corrigé de l'exercice 1
❶ Que boit Knut ? ❷ Grand-mère est bien portante. ❸ Elle arrive bientôt. ❹ Quel dommage ! ❺ Dans un mois.

***

Corrigé de l'exercice 2
❶ – mormor ❷ – hit ❸ – skriver – brev ❹ – snöar ❺ Hennes – kanske –

et des amandes concassées. Il se boit surtout à l'approche de Noël, à Noël et longtemps après Noël, car cette fête est interminable en Suède ; elle se termine à la Saint-Knut, le 13 janvier, vingt jours après Noël, alors que chez nous l'Épiphanie tombe le 6 janvier, treize jours après Noël. Quand nous mangeons de la galette, les Suédois boivent du **glögg** *qui existe aussi sans alcool... Surtout, ne vous amusez pas à prendre le volant en ayant bu un "coup pour la route" en Suède. Un taux d'alcoolémie supérieur à 0,2 g/l est passible d'une peine de prison et d'une amende !*

17

Sjuttonde lektionen [chŭt-ton'dë lèkchou:nën]

På posten

1 – Har du portmonnän¹?
2 – Den² är i kavajen.
3 – Var är din kavaj?
4 – Hemma, i entrén³.
5 – Hur gör vi⁴ nu?
6 – De tar kanske kortet, jag frågar.
7   Hej, tar du kortet?

Prononciation
po postën 1 Hâ:ʰ du poʰtmonè:n 2 dé:n è i kavay-yën 3 vâ:r èr din' kavay 4 Hèm-ma, i angtré:n 5 Hu:r yør vi nu: 6 dom' tâ:r kan'chë kouʰt-tët, yâ fro:gar 7 Hèy, tâ:ʰ du kouʰt-tët

Remarque de prononciation
(2) Comme dans **grej**, le *[y]* de **kavaj** est redoublé à la forme définie ou au pluriel : **kavajen** se prononce *[kavay-yën]*.
(4) Le suédois n'a pas de voyelle nasale, prononcez **entré** comme si vous imitiez un Méridional : *[angtré:]*.

Notes

1 **portmonnä**, *porte-monnaie*, est un mot d'origine étrangère non germanique ; il appartient donc aux non neutres : **en portmonnä**, *un porte-monnaie*.

2 Le pronom personnel **den** renvoie à un non neutre qui ne désigne pas un être humain, ici **kavajen**, *le veston*, de **kavaj**, *veston*. Autres exemples : **Mjölken är god**, *Le lait est bon*. **Den är god**, *Il est bon*. Mais : **Gubben äter kött**, *Le bonhomme mange de la viande*. **Han äter kött**, *Il mange de la viande*. Le suédois dispose donc de quatre pronoms personnels à la 3ᵉ personne du singulier : **han**, *il* ; **hon**, *elle*; **det**, *il, elle*, et **den**, *il, elle*, qui renvoie à un non neutre désignant une chose ou un animal.

Dix-septième leçon

À *(Sur)* la poste

1 – Tu as *(As tu)* le porte-monnaie ?
2 – Il est dans le veston.
3 – Où est ton veston ?
4 – À la maison, dans l'entrée.
5 – Comment allons-nous faire *(faisons nous)* maintenant ?
6 – Ils prennent peut-être la carte, je vais demander *(je demande)*.
7 Bonjour, prenez-vous *(prends tu)* la carte ?

3 **entré**, *entrée*, mot d'origine étrangère non germanique, française en l'occurrence, avec l'accent aigu sur le **é**, donc non neutre : **entrén**, *l'entrée*. Mais attention, **entré** ne désigne jamais le mets servi au début du repas ! D'autres mots suédois portent l'accent aigu du français comme **idé**, *idée*.

4 Vous avez déjà rencontré le pronom personnel de la 1re personne du pluriel **vi**, *nous*. Notez que le suédois utilise toujours ce pronom personnel là où le français a tendance à dire "on". **Hur gör vi nu?** peut en effet se traduire par *On fait / va faire comment maintenant ?*

8 – Ja, alla kreditkort ⁵.
9 – Ti o frimärken ⁶, tack!
10 – Här är ditt kvitto ⁷.

8 yâ:, al-la krédit' kou^ht 9 tiyou fri:mèrkën, tack 10 Hè:r é ditt kvitt-tou

Notes

5 **alla kreditkort**, *toutes [les] cartes de crédit* ; le mot **kort** ne change pas au pluriel indéfini puisque c'est un neutre terminé par une consonne : **ett kort**, *une carte* ; **kortet**, *la carte*. Le nom **kort** désigne une petite carte, une carte de crédit ou celle d'un jeu, mais pas celle qu'on déplie dans sa voiture pour s'orienter dans une forêt suédoise !

6 **tio frimärken**, *dix timbres*, de **frimärke**, *timbre*. Voilà notre premier nom neutre terminé par une voyelle. Au singulier défini, il ne prend que la désinence **-t**, **frimärket**, *le timbre*, alors que **glaset**, *le verre*, prend **-et**.

***

Övning 1 – Översätt

❶ Var är ditt kreditkort? ❷ Det är i portmonnän. ❸ Här är tio frimärken! ❹ Jag tar din kavaj. ❺ Har du kvittot hemma?

***

Övning 2 – Fyll i med rätt ord

❶ Elle prend peut-être des timbres.
   Hon tar kanske ....

❷ J'ai deux reçus dans mon porte-monnaie.
   Jag har två .... i min portmonnä.

❸ À la maison.
   .....

❹ On prend toutes les cartes de crédit, ici.
   .. tar .... kreditkort här.

❺ Je prends ton reçu.
   Jag tar .... kvitto.

Dix-septième leçon / 17

8 – Oui, toutes [les] cartes de crédit *(crédit-cartes)*.
9 – Dix timbres, s'il vous plaît *(merci)* !
10 – Voici votre reçu *(Ici est ton reçu)*.

Remarque de prononciation
(9) tio est prononcé *[tiyou]* ou *[tiyë]*.

> Au pluriel indéfini, il prend la désinence **-n** : **ett frimärke**, *un timbre* ; **frimärket**, *le timbre* ; **frimärken**, *des timbres*.
>
> **7** **kvitto**, *reçu* ; **kvittot**, *le reçu*. Notez d'ores et déjà le pluriel indéfini formé avec la désinence **-n**, comme **frimärke** : **kvitton**, *des reçus*. En suédois, il existe le verbe **kvitta** qu'on trouve dans l'expression **Det kvittar**, *Ça n'a aucune importance*. Notez aussi l'adjectif **kvitt** dans **Nu är vi kvitt**, *Nous voilà quittes* (litt. "maintenant sommes nous quittes"). Pour l'ordre des mots, reportez-vous à la leçon 10, note 4.

***

Corrigé de l'exercice 1
❶ Où est ta carte de crédit ? ❷ Elle est dans le porte-monnaie. ❸ Voici dix timbres ! ❹ Je prends ton veston. ❺ Est-ce que tu as le reçu à la maison ?

***

Corrigé de l'exercice 2
❶ – frimärken ❷ – kvitton – ❸ Hemma ❹ Vi – alla – ❺ – ditt –

*N'avez-vous pas l'impression d'avancer peu à peu ? Le suédois n'est pas très difficile, et c'est une langue qui a emprunté de nombreux mots au français, surtout à l'époque gustavienne. Le roi Gustav III (1746-1792), couronné en 1771, était un grand francophile. De ce fait, on parlait français à la Cour de Stockholm, les hommes assis dans un **fåtölj**, les femmes allongées sur une **schäslång**, et on courtisait dans un **berså** après un repas de viande **aladåb**. Peu à peu, **pö om pö**, les femmes ont porté un **chinjon**, et les hommes un **pincené**. Cependant Gustav III n'a pas apprécié la Révolution française, ni sa **giljotin**. Il a été assassiné lors d'un bal masqué, victime d'une **konspiration**. Ah ! S'il avait été **klärvoajant**...*

[chŭt-tjou] sjuttio • 70

Dans cette leçon, nous allons surtout rencontrer de nombreux mots à la forme définie du singulier. Cette forme devrait commencer à vous être familière maintenant. L'article postposé est propre aux langues

Artonde lektionen [a:ʰton'dë lèkchou:nën]

Drömmen

1 – Jag har en dröm.
2 – Drömmen om ¹ ett litet ² hus på landet ³.
3 – Du hör ⁴ klockan i byn och vaknar.
4 – Precis! Du badar i sjön ⁵ efter kaffet ⁶.
5   Du läser tidningen.
6 – Vad gör du sen?
7 – Du äter lunch!
8 – Och sen?

Prononciation
dreum-mën 1 yâ: Hâ:r én dreum 2 dreum-mën om' ét li:tët Hu:s po lan'dët 3 du Hø:r klok-kan i bÿ:n o vâ:knar 4 préssi:ss du bâ:dar i cheunèftêr kaf-fët 5 du lè:ssër ti:dningën 6 vâ: yø:r du sé:n 7 du è:tër lünch 8 o sé:n

Notes

1 Nous avons déjà vu la préposition **om** dans **om två månader**, *dans deux mois*, avec un sens temporel. Ici, elle se traduit par *de* dans le sens de *à propos de*, *au sujet de*, *sur* dans le sens non spatial du terme. Très souvent, on la traduit par *sur* comme quand on parle d'un livre "sur quelque chose". Nous y reviendrons.

2 L'adjectif **litet** n'est pas nouveau. À la leçon 2, note 2 déjà, nous avions **lilla** (lilla Lotta), forme définie de **liten** : **en liten fråga**, *une petite question* ; **ett litet glas**, *un petit verre*.

3 Le nom **land** signifie d'abord *pays* : **ett land**, *un pays* ; **landet**, *le pays* ; **ett vackert land**, *un beau pays*. Dans l'expression **på landet**, on trouve le deuxième sens de ce mot, *la campagne* : **Gustav är från landet**, *Gustav est de la campagne*.

scandinaves ; c'est la raison pour laquelle Suédois, Danois et Norvégiens n'ont pas trop de mal à se comprendre, enfin quand ils font un p'tit effort…

Dix-huitième leçon

Le rêve

1 – J'ai un rêve.
2 – Le rêve d'une petite maison *(à propos d'une petite maison)* à la campagne.
3 – Tu entends la cloche du *(au)* village et [tu te] réveilles.
4 – Exactement ! Tu [te] baignes dans le lac après le café.
5   Tu lis le journal.
6 – Que fais-tu ensuite ?
7 – Tu déjeunes *(manges lunch)* !
8 – Et ensuite ?

Remarque de prononciation
(3) Le **y** de **byn** est articulé entre le **u** de *bu* et le **i** de *bille* (comme le **u** de *bu* avec les lèvres bien arrondies vers l'extérieur, "en trompette").
(4) Notez que **sjö** se prononce *[cheu:]*, mais que **sjön** donne *[cheun]* avec une voyelle brève.

ETT LITET HUS PÅ LANDET

4   **hör**, du verbe **höra**, *entendre*.
5   **i sjön**, *dans le lac*, de *sjö*, *lac* ; **en sjö**, *un lac*. Le nom **sjö**, dans certains contextes, signifie aussi *mer*, **Nordsjön**, *la mer du Nord*.
6   **kaffet**, *le café* qu'on boit, de **kaffe**, *café*. À ne pas confondre avec **café** ou **kafé**, l'établissement où l'on peut boire un café : **Knut dricker kaffe på caféet**, *Knut boit du café au café*. Là encore, la préposition utilisée est **på**.

9 – Du tar dig en lur.
10 – Och längt__a__r till ⁷stan ⁸!

Prononciation
9 du tâ:ʰ dèy én lu:r **10** o lèn'gt__a__r til stâ:n'

Notes
7   La préposition **till** a elle aussi de nombreux sens, dont celui de *à*, *vers*, pour indiquer une direction. Le verbe **längta**, *se languir*, qui n'est pas pronominal en suédois, est souvent suivi de cette préposition. En effet, le français utilise la préposition *de*, qui est plutôt plate, alors que **till** en

***

Övning 1 – Översätt
❶ Han längtar till byn. ❷ Du badar i sjön. ❸ Äter du lunch? ❹ Ett litet hus på landet. ❺ Jag läser en tidning.

***

Övning 2 – Fyll i med rätt ord
❶ Tu te réveilles.
   Du ....

❷ Un lac à la campagne.
   En ... på ....

❸ La ville se réveille.
   ...... vaknar.

Cette leçon était la dix-huitième, **artonde**, *de* **arton**, dix-huit. *Il existe une forme solennelle pour dire* dix-huit : **aderton**. **De aderton**, *les dix-huit, désigne l'Académie Suédoise qui compte dix-huit membres.*
Le mot **längtan**, *la langueur, à lui tout seul exprime à merveille l'état d'âme des Suédois qui, en effet, se languissent toujours d'un ailleurs. L'hiver, ils ont la nostalgie de l'été ; l'été, ils espèrent être en automne pour ramasser des champignons dans les bois ; à l'étranger, ils ont le mal du pays ; chez eux, ils ont envie de parcourir le monde ; dans les villes, ils attendent les beaux jours pour filer à la campagne, se baigner dans les lacs, boire du café et manger des fraises dans leurs*

Dix-huitième leçon / 18

9 – Tu fais *(Tu prends à toi)* un [petit] somme.
10 – Et te languis de la ville *(Et languis vers la-ville)* !

> suédois indique d'une manière plus concrète que la nostalgie oriente nos pensées ou nos sentiments *vers* un lieu qui nous manque ou qu'on entrevoit dans nos rêves.
>
> **8** **stan** est l'abréviation de **staden**, *la ville*, de **stad**, *ville*. La forme brève apparaît surtout quand le nom est accompagné d'une préposition : **Jag är i stan**, *Je suis en ville* ; **Knut går till stan**, *Knut va en ville*. Comparez avec **sen**, *ensuite*, abréviation de **sedan** (cf. leçon 16, note 5). Le mot **dagen**, *le jour*, s'abrège aussi et donne **dan**. Pourquoi faire long quand on peut faire court ?

***

Corrigé de l'exercice 1
❶ Il se languit du village. ❷ Tu te baignes dans le lac. ❸ Déjeunes-tu ?
❹ Une petite maison à la campagne. ❺ Je lis un journal.

***

❹ Il lit le journal après le café.
   Han läser .... efter ....

❺ Tu fais un petit somme.
   Du tar ... en .... .

Corrigé de l'exercice 2
❶ – vaknar ❷ – sjö – landet ❸ Staden – ❹ – tidningen – kaffet
❺ – dig – lur

> **stugor**, *ces petites baraques en bois, peintes en rouge et au confort plus que rudimentaire, pour vivre comme dans le bon vieux temps… Mais ce* **längtan** *n'est pas un état d'insatisfaction permanent ou maladif, il est héréditaire, c'est l'ADN du Suédois !* **Längtan heter min arvedel**, *Langueur s'appelle mon héritage, est le titre d'un célèbre poème de Erik Axel Karlfeldt (1864-1931), membre et secrétaire de l'Académie Suédoise, prix Nobel de littérature à titre posthume en 1931, à titre posthume puisqu'il ne voulait pas que l'Académie qui décerne le prix Nobel le lui attribue !*

19

Nittonde lektionen [nit-ton'd<u>ë</u> lèkch<u>ou</u>:nën]

Hos bilhandlaren [1]

1 – Hur g<u>a</u>mm<u>al</u> är b<u>i</u>len till v<u>ä</u>nster?
2 – Den är tj<u>ugo</u> år g<u>a</u>mm<u>al</u> [2].
3 – Tj<u>ugo</u> år g<u>a</u>mm<u>al</u> och lik<u>a</u> dyr som [3] en ny sp<u>o</u>rtb<u>il</u>!
4 – Ja v<u>i</u>sst, men det är plats för <u>å</u>tt<u>a</u> pers<u>o</u>ner i den.
5 Ni [4], en hel f<u>a</u>milj, <u>å</u>ker [5] b<u>i</u>lligt till Sk<u>å</u>n<u>e</u> [6].
6 – Men jag vill [7] <u>i</u>nt<u>e</u> <u>å</u>k<u>a</u> till Sk<u>å</u>n<u>e</u>
7 och jag har <u>i</u>nt<u>e</u> sex barn!

Prononciation
Hous bi:lHan'dlarën **1** *Hu:r gam-mal è bi:lën til vènstër* **2** *dén è çu:gou o:r gam-mal* **3** *çu:gouo:r gam-mal o lika dÿ:r som' én nÿ: spoʰtbil* **4** *yavisst, mèn dé è plats' før ot-ta pèʰchou:nër i dén* **5** *ni, én Hé:l family, o:kër bil-lit' til skonë* **6** *mèn yâ: vil in'të oka til skonë* **7** *o yâ Hâr in'të sex bâ:ʰn*

Remarque de prononciation
(2) tjugo se prononce *[çu:gou]* ou *[çu:guë]*.

Notes

1 **bilhandlare**, *marchand de voitures*, composé à partir de **bil**, *voiture*, et **handlare**, *marchand*. **En bil, två bilar ; en handlare, två handlare**.

2 La réponse à la question **Hur gammal är du?** est tout aussi simple : **Jag är tjugo år gammal**, ou plus simplement **Jag är tjugo**, *J'ai vingt ans* (litt. "Je suis vingt ans âgé"). En suédois, on n'*a* pas d'âge, on *est* âgé.

3 **lika dyr som**, *aussi cher/chère que*. **Hon är lika gammal som jag**, *Elle a mon âge / Elle a le même âge que moi*. **Lotta är lika stor som jag**, *Lotta est aussi grande que moi* (Vous entendrez également **Hon är lika stor som mig**). Et retenez : **Det är lika bra**, *C'est tout aussi bien*.

Dix-neuvième leçon

Chez le marchand de voitures

1 – Quel âge a *(Comment vieux est)* la voiture de *(à)* gauche ?
2 – Elle a vingt ans *(est vingt ans vieux)*.
3 – Vingt ans *(vieux)*, et [elle est] aussi chère qu'une voiture de sport neuve !
4 – Bien sûr, mais il y a de la place *(il est place)* pour huit personnes dedans *(dans elle)*.
5 Vous, une famille entière, iriez *(allez)* [pour] pas cher en Scanie.
6 – Mais je [ne] veux pas aller en Scanie
7 et je [n'] ai pas six enfants !

---

4 **ni**, *vous*, s'emploie pour s'adresser à plusieurs personnes. La panoplie des pronoms personnels est dorénavant complète : **jag, du, han, hon, det, den, vi, ni, de**. Le **ni** fait parfois une timide apparition pour s'adresser à une seule personne totalement inconnue. Dans une lettre administrative, comme celle du fisc par exemple, l'expéditeur s'adressera à Bo Svensson en lui écrivant **Du** ou **Ni**.

5 **åker**, du verbe **åka**, *aller en véhicule*, que ce soit une voiture, un bateau, un bus, un train, un vélo ou même un ascenseur : **Jag åker bil från Göteborg till Stockholm**, *Je vais de Göteborg à Stockholm en voiture*. **Vi åker om två dagar**, *Nous partons/partirons dans deux jours*.

Une phrase comme **Jag går till Skåne** ferait sourire un Suédois, car elle signifie *Je vais à pied en Scanie*.

6 **Skåne**, *la Scanie*. Les noms de pays, régions ou continents ne prennent pas d'article en suédois et sont normalement des noms neutres. **Skåne är vackert**, *La Scanie est belle*.

7 **vill**, présent du verbe **vilja**, *vouloir*, sans désinence au présent. **Vad vill du?**, *Qu'est-ce que tu veux ?* ; **Vad vill du äta?**, *Que veux-tu manger ?* ; **Som du vill**, *Comme tu voudras*.

[chütissèx] sjuttiosex

19 / Nittonde lektionen

▶ Övning 1 – Översätt
❶ Hon är lika gammal som jag. ❷ Åker ni till Skåne? ❸ Bilhandlaren vill inte. ❹ Det är plats till vänster. ❺ För åtta personer eller en hel familj.

***

Övning 2 – Fyll i med rätt ord
❶ Une voiture de sport neuve.
En ny ………

❷ Le marchand est vieux.
……… är …….

❸ Des enfants.
…… .

❹ L'enfant ne veut pas.
……… … inte.

❺ Il y a de la place pour la voiture.
Det är ….. för ….. .

***

Par le détour de l'islandais, le nom **Skåne** *aurait donné naissance au latin* Scandinavia *qui est devenu ensuite notre Scandinavie. Mais la Scanie n'est pas le berceau de la Scandinavie de notre imaginaire, à la différence de la région autour de ville de Haparanda par exemple. Cette province, originairement danoise, devenue suédoise en 1658, n'a ni les montagnes ni les immenses forêts du nord de la Suède ou de la Norvège ; le climat n'y est pas très rigoureux non plus. À bien des égards, la Scanie fait penser au Danemark : les maisons y sont petites et basses, plus souvent en pierre qu'en bois, aux façades coquettes, les châteaux sont nombreux, les plaines fertiles, les plages de sable immenses. En Scanie, le "garde-manger" de la Suède, vous verrez de grandes oies qui se baladent un peu partout autour de*

Corrigé de l'exercice 1

❶ Elle est aussi vieille que moi. ❷ Allez-vous en Scanie ? ❸ Le marchand de voitures ne veut pas. ❹ Il y a de la place à gauche. ❺ Pour huit personnes ou une famille entière.

***

Corrigé de l'exercice 2

❶ – sportbil ❷ Handlaren – gammal ❸ Barn ❹ Barnet vill – ❺ – plats – bilen

***

fermes cossues, vous y savourerez des anguilles fumées dans les nombreuses auberges-relais, et vous entendrez la population locale parler avec un accent qui fait plaisir aux Danois, laisse pantois les Suédois de Göteborg ou de Stockholm, pour ne pas parler des autres au nord, et qui démolit complètement les règles de prononciation que nous essayons de vous apprendre. Cependant, sur le plan de la prononciation, les Scaniens peuvent vous apporter de l'aide : ils ne roulent pas le **r**. *Donc, si vous n'arrivez pas à le rouler comme un Bourguignon, parlez scanien !* **Det kvittar!**, *Ça n'a aucune importance !*

20

Tjugonde lektionen [çu:gon'dë lèkchou:nën]

På äktenskapsbyrån [1]

1 – Vi har en rikt_ig p_ärl_a_ i vårt [2] reg_i_ster.
2 Eleg_a_nt dam [3], född i Helsingf_o_rs,
3 söker kont_a_kt [4] med rik [5] h_e_rre.
4 – Får [6] jag se hennes _a_nsikte?
5 – Ja, vi har en bild på henne.
6 – Hon är inte speci_e_llt vacker.
7 – Det sp_e_lar _i_ngen roll,
8 kärl_e_ken gör [7] blind.

Prononciation
*po èktënskåpsbÿron' **1** vi Hâ:r én riktį pèrlạ i vo^ht réyistër **2** élëgan't dâ:m, feud i Hèlsin'gfo^hch, **3** seu:kër kon'takt mé ri:k Hèr-rë **4** fo:r yâ sé: Hèn-nës an'sįktë **5** ya, vi Hâ:r én bild po Hèn-në **6** Houn èr in'të spéciellt vak-kër **7** dé spélar ingën rol, **8** çè:rlékën yø:r blin'd*

Notes

[1] **äktenskapsbyrån**, *l'agence matrimoniale*, composé à partir de **byrå**, *bureau, agence*, et **äktenskap**, *mariage*, avec insertion d'un **s** entre les deux éléments. **Byrå** désigne aussi une *commode*. Attention, c'est un faux-ami ! Ce nom d'origine française est non neutre et forme son pluriel indéfini avec la désinence **-er** : **byråer**, *des bureaux*. **Äktenskap** est neutre : **äktenskapet**, *le mariage*.

[2] **vårt**, pronom possessif de la 1re personne du pluriel devant un neutre. Devant un non neutre, il se réduit à **vår** : **vår byrå**, *notre agence*.

[3] **dam**, *dame*, qui n'est pas d'origine germanique, comme **byrå**, prendra la désinence **-er** au pluriel indéfini : **damer**, *des dames*.

[4] Même remarque pour **kontakt**, *contact* ; **kontakter**, *des contacts*. Notez : **Jag har bra kontakter**, *J'ai des relations*.

79 • sjuttionio [chŭtini-you]

Vingtième leçon

À l'agence matrimoniale (Sur le-bureau-de-mariage)

1 – Nous avons une véritable perle dans notre registre.
2 Dame élégante, née à Helsinki (Helsingfors),
3 cherche contact avec riche monsieur.
4 – Puis-je voir son visage ?
5 – Oui, nous avons une photo d'elle (image sur elle).
6 – Elle [n'] est pas particulièrement (spécialement) belle.
7 – Cela n'a pas d'importance (joue aucun rôle),
8 l'amour rend (fait) aveugle.

---

5 **rik**, *riche*. À la leçon précédente, nous avions **familj**, *famille*, et **barn**, *enfant* : **en barnrik familj**, *une famille nombreuse* (litt. "riche en enfants" !). Retenez aussi : **rik som ett troll**, *riche comme Crésus*.

6 **får**, présent du verbe **få**, ici *pouvoir*, *avoir le droit* ou *la permission* : **Får jag dricka ett glas vin?**, *Puis-je boire un verre de vin ?* La phrase **Får jag se en bild på hennes ansikte?** peut aussi être rendue par *Vous pourriez me montrer une photo de son visage ?*

7 **gör**, présent du verbe **göra**, *faire*, que vous connaissez déjà. Accompagné d'un adjectif, il se traduit par notre *rendre* : **Ett glas vin gör henne sjuk**, *Un verre de vin la rend malade*.

20 / Tjugonde lektionen

▶ Övning 1 – Översätt
❶ Jag har en bild på hennes ansikte. ❷ Hon är inte född i Helsingfors. ❸ Vi söker i vårt register. ❹ Får jag se en elegant dam? ❺ Kärleken gör inte rik.

***

Övning 2 – Fyll i med rätt ord
❶ Cela n'a pas d'importance.
   Det .... roll.

❷ Puis-je voir l'agence matrimoniale ?
   ... jag se .... ?

❸ La photo est belle.
   ...... är ....

❹ Je la vois.
   Jag ... .

❺ L'amour la rend aveugle.
   .... henne ....

Vingtième leçon / 20

Corrigé de l'exercice 1

❶ J'ai une photo de son visage à elle. ❷ Elle n'est pas née à Helsinki. ❸ Nous cherchons dans notre registre. ❹ Puis-je voir une dame élégante ? ❺ L'amour ne rend pas riche.

***

Corrigé de l'exercice 2

❶ – spelar ingen – ❷ Får – äktenskapsbyrån ❸ Bilden – vacker ❹ – ser henne ❺ Kärleken gör – blind

Helsingfors *est le nom suédois de la capitale de la Finlande. De nombreuses villes de Finlande – qui étaient une province suédoise jusqu'en 1809 – ont une double appellation. 6 % de la population finlandaise, soit environ 300 000 personnes, sont suédophones. À la différence des Scaniens, nous n'aurons aucun mal à les comprendre, bien au contraire – ils articulent tous les sons ! Le suédois est la seconde langue officielle de Finlande. À Helsinki, vous aurez pourtant beaucoup de mal à vous faire comprendre en parlant suédois, ; c'est en fait une question de volonté de la part des Finlandais. Sur la côte ouest, et notamment à Turku,* **Åbo** *en suédois, ancien chef-lieu de la partie orientale du royaume de Suède, les gens parlent plus volontiers suédois.* **Åbo Akademi** *est l'Université suédophone de Turku. L'archipel de Åland, qui comprend 6 500 îles et îlots au milieu de la mer Baltique entre Stockholm et Turku, appartient à la Finlande mais le suédois y est langue officielle.*

Demain, nous passerons à la leçon de révision. Les automatismes se mettent déjà en place, n'est-ce pas ? Et vous vous languissez déjà d'en savoir plus, vous êtes sans doute en train d'attraper le virus du** längtan **suédois ! C'est parfait, continuez !

*[otitv**o**:]* åttiotvå • 82

Tjugoförsta lektionen [çugoufø^hchta lèkchou:nën]

Repetition – Révision

1 L'accent du nom à la forme définie et la mélodie du mot composé

Vous savez déjà que les monosyllabiques, la plupart des mots en **el**, **en** ou **er** (dont les formes du présent) et les mots qui prennent l'accent français n'ont qu'une seule syllabe accentuée. Parmi les noms qui sont apparus dans les six dernières leçons, nous pouvons relever **brev**, *lettre* ; **humör**, *humeur* et **dricker**, présent de **dricka**, *boire*.

Les monosyllabiques et les noms accentués sur la dernière syllabe conservent ce même accent avec l'article défini, bien qu'ils contiennent alors plusieurs syllabes.

Les composés n'en conservent que deux, à savoir les deux accents d'intensité principaux des mots qui forment le composé. Dans **bilhandlare**, c'est **bil** et la première syllabe de **handlare** qui sont accentués. Le composé **äktenskapsbyrå** est accentué sur la première syllabe des éléments qui le forment (ce qui donne **äktenskapsbyrå**). Les autres syllabes sont soit atones, soit affectées d'un léger accent.

Dans les mots composés comme **tjugoförsta**, *vingt et unième*, l'accent grave porte sur **första** *[fø^hchta]*. Cela dit, la première syllabe de **tjugo** n'est pas atone, elle est légèrement accentuée – notez tout de même que la voyelle **u** est plus brève que si **tjugo** apparaissait tout seul. Les spécialistes ont l'habitude de marquer le degré d'intensité de l'accent du mot par les chiffres 0, 1, 2 et 3. Cela donne ici **tju**^{1}**go**^{0}**förs**^{3}**ta**^{2}. C'est la raison pour laquelle on dit **tjuförsta** dans la langue parlée.

2 Reconnaître le genre et la déclinaison des noms

Voici quelques tuyaux pour reconnaître le genre et donc la déclinaison des noms :

Vingt et unième leçon

• Sont non neutres et forment leur pluriel indéfini avec la désinence **-ar** :
– les noms qui désignent un être masculin et terminés par un e qui porte l'accent secondaire, comme **gubbe**, *bonhomme* ;
– les monosyllabiques d'origine germanique, comme **by**, *village*.
• Sont non neutres et forment leur pluriel indéfini avec la désinence **-er** :
– les noms formés avec le suffixe **-nad**, comme **månad**, *mois* ;
– les noms d'origine étrangère non-germanique, comme **dam**, *dame* ; **person**, *personne* ; **familj**, *famille* ou **byrå**, *agence*.
La plupart des noms nouveaux qui entrent dans le vocabulaire suédois appartiennent à cette catégorie.
• Sont non neutres et forment leur pluriel indéfini sans désinence :
– les noms en **-are**, comme **handlare**, *marchand* ; **tio handlare**, *dix marchands*.
• Les neutres terminés par une voyelle forment leur pluriel indéfini avec la désinence **-n**, qu'il convient de ne pas confondre avec la désinence **-n** des non neutres terminés par **a** ou **e** : **ett frimärke**, *un timbre* ; **frimärket**, *le timbre* ; **tio frimärken**, *dix timbres* ; **ansiktet**, *le visage*, **ansikten** ; *des visages*.
• Les neutres terminés par une consonne forment leur pluriel indéfini sans désinence, **ett glas**, *un verre*, **två glas**, *deux verres* ; **barnet**, *l'enfant*, **sex barn**, *six enfants*.
• Tous les mots en **-ek**, comme **diskotek**, *discothèque*, sont neutres.
Vous connaissez donc maintenant les cinq déclinaisons du suédois. Les leçons de la semaine prochaine vous éclaireront davantage sur les désinences du pluriel indéfini. Patience !

3 Verbes d'état et verbes de mouvement

Le suédois est plus précis que le français. L'adverbe **här** signifie *ici* mais sans mouvement :
Jag är här, *Je suis ici*.
Avec un verbe de mouvement, **här** devient **hit**, qui indique un mouvement vers celui qui parle :
De kommer hit, *Ils viennent [vers] ici*.

[otifÿ:ra] åttiofyra

De même l'adverbe **hemma**, *à la maison*, ne peut être utilisé qu'avec un verbe d'état : **Var är din kavaj?**, *Où est ton veston ?* – **Den är hemma, i entrén**, – *Il est à la maison, dans l'entrée*.
var? signifie *où ?* mais sans qu'il y ait mouvement : **Var är du?**, *Où es-tu ?*
Nous y reviendrons.

4 L'économie du temps en suédois

Dans la leçon 16 nous avons traduit la phrase **Kommer de hit snart?** par *Ils viennent bientôt ?* en conservant le présent du suédois. Nous aurions pu traduire cette phrase par un futur proche : *Est-ce qu'ils vont bientôt venir ?* Retenez que le suédois fait l'économie du futur quand un adverbe de temps, ici **snart**, indique à lui tout seul que l'action est située dans un futur proche. De même dans la leçon 18, la phrase **Du badar i sjön efter kaffet** peut être rendue par *Tu vas te baigner dans le lac après le café*, puisque **efter kaffet** est un complément de temps. Donc, dans l'immédiat, nous pouvons nous contenter de parler au présent tout en exprimant pas mal de choses qui ne se passent pas nécessairement dans le présent. Économique, non ?

5 Le pronom personnel "*den*"

Nous avons vu qu'il renvoie à un non neutre qui n'est pas un être humain, comme **hund**, *chien* : **Hunden är vacker. Den är vacker**, *Le chien est beau. Il est beau*.
Kavajen är dyr. Den är dyr, *Le veston est cher. Il est cher*.
Pour demander l'heure, on pose la question suivante : **Vad är klockan?**, *Quelle heure est-il ?* (litt. "Quoi est la montre ?").
On répondra habituellement par **Klockan är fem**, ou **Den är fem** ou encore, avec une forme ancienne, **Hon är fem**, *Il est cinq heures*.
Si on parle de la montre, et non pas de l'heure, on utilisera uniquement le pronom personnel **den** :
Klockan är röd. Den är röd, *La montre est rouge. Elle est rouge*.

6 Adjectifs et adverbes

Vous savez déjà que l'adjectif, épithète ou attribut, s'accorde avec le genre du nom qu'il qualifie. Voici deux exemples avec des noms neutres :

Vinet är billigt, *Le vin est bon marché.*
Barnet är vackert, *L'enfant est beau.*
C'est souvent avec la désinence **-t** du neutre que sont formés les adverbes. Dans la leçon 10, vous aviez rencontré la séquence **speciellt efter en lång middag**, *surtout après un long dîner*, et dans la dernière leçon, nous vous proposions la phrase **Hon är inte speciellt vacker**, *Elle n'est pas particulièrement belle*, où **speciellt** est adverbe et **vacker** adjectif. Autre exemple :
Du åker billigt till Stockholm, *Tu vas pour pas cher à Stockholm.*
Vous aurez sans doute remarqué que certains adjectifs sont invariables. Vous en connaissez déjà trois : **bra**, *bien*, *bon* ; **kvitt**, *quittes*, dans **Nu är vi kvitt**, *Nous voilà quittes*. Et **kul**, *amusant / marrant* : **Det är inte kul!**, *Ce n'est pas amusant !*

7 Les prépositions

Ne vous posez pas trop de questions sur les prépositions. Elles sont nombreuses, en suédois. **På** a tendance à empiéter sur les autres ; son sens premier est *sur*, mais elle correspond souvent à notre *à* ou *en* : **på cirkus**, *au cirque* ; **på posten**, *à la poste* ; **på äktenskapsbyrån**, *à l'agence matrimoniale* ; **gå på diskotek**, *aller en discothèque*. Souvent, il faut apprendre des expressions figées : **på gott humör**, *de bonne humeur* ; **en bild på henne**, *une photo d'elle*.
Pourquoi **på** en suédois et pourquoi *de* en français ? C'est une question d'usage.
Från indique toujours la provenance, **till** la direction, **om** signifie *à propos de* ou *dans* temporel ; tout dépend du contexte. En général, les différentes significations des prépositions ne posent aucun problème, mais retenez que le suédois reste précis.

8 Décliner son identité

Vous êtes à présent en mesure de répondre en suédois à un tas de questions qui concernent votre identité :
Vad heter du?, *Comment vous appelez-vous ? / Comment t'appelles-tu ?*
Jag heter Gustav Svensson, *Je m'appelle Gustav Svensson.*
Hur gammal är du?, *Quel âge avez-vous ? / Quel âge as-tu ?*
Jag är trettio (år gammal), *J'ai trente ans.*
Varifrån kommer du?, *D'où êtes-vous / es-tu originaire ?*

Jag kommer från Skåne, *Je suis originaire de Scanie* ou *Je suis scanien.*
Var är du född?, *Où êtes-vous / es-tu né ?*
Jag är född i Malmö, *Je suis né à Malmö.*
Är du gift?, *Êtes-vous / Es-tu marié ?*
Nej, jag är inte gift, *Non, je ne suis pas marié.*
De quoi commencer à écrire l'interrogatoire serré d'un roman policier !

9 Toujours plus court !

Vous aurez remarqué qu'il est possible de former des composés relativement longs en suédois, comme **äktenskapsbyrå** et

***

▶ Repetitionsdialog

1 – Bilhandlaren är rik som ett troll.
2 – Ja, men han är inte speciellt vacker.
3 – Det spelar ingen roll.
4 – Han skrattar aldrig, han är inte kul.
5 – Men han är frisk och elegant.
6 Och han har bra kontakter och ett stort hus på landet.
7 – Om två månader är du gift och har två kreditkort.
8 – Ja visst, det är min dröm.
9 Det är plats för åtta barn i huset.
10 Du får komma när du vill.

***

▶ Övning – Översätt

❶ Hur gammal är bilen? ❷ Den är tjugo år gammal. ❸ Var är damen? ❹ Hon är på posten. ❺ Vad gör gubben? ❻ Han skrattar. ❼ Var är mitt kvitto? ❽ Det är i kavajen. ❾ Det snöar. ❿ Det är kul.

Vingt et unième leçon / 21

bilhandlare. Il en existe d'autres qui accumulent de nombreuses syllabes. Cela est propre aux langues germaniques, et le suédois n'y échappe pas. Mais en suédois, on aime faire court. Le nom **bil** (faites le lien avec "automo**bil**e"), par exemple, a une histoire. C'est en 1902 que cette abréviation, et non pas **auto**, a été proposée dans le quotidien danois **Politiken**, proposée et adoptée dans les autres pays scandinaves. C'est plus court qu'automobile ou auto. **Bila** est un verbe formé à partir de bil ; il signifie donc *voyager en voiture*. Nous en verrons d'autres !

***

Traduction

1 Le marchand de voitures est riche comme Crésus. **2** Oui, mais il n'est pas particulièrement beau. **3** Cela n'a aucune importance. **4** Il ne rit jamais, il n'est pas marrant. **5** Mais il est bien portant et élégant. **6** Et il a des relations et une grande maison à la campagne. **7** Dans deux mois, tu seras mariée et tu auras deux cartes de crédit. **8** Bien sûr, c'est mon rêve. **9** Il y a de la place pour huit enfants dans la maison. **10** Tu pourras venir quand tu voudras.

***

Corrigé

❶ Quel âge a la voiture ? ❷ Elle a vingt ans. ❸ Où est la dame ? ❹ Elle est à la poste. ❺ Que fait le bonhomme ? ❻ Il rit. ❼ Où est mon reçu ? ❽ Il est dans le veston. ❾ Il neige. ❿ C'est amusant.

Vous attaquez aujourd'hui votre quatrième semaine d'apprentissage. Des nouveautés vous attendent, notamment de nombreuses formes de pluriels. Mais nous ferons souvent des retours en arrière sur les leçons

Tjugoandra lektionen [çugouan'dra lèkchou:nën]

På hotellet

1 – Hej, min fru och jag behöver [1] ett dubbelrum.
2 – För en natt?
3 – Nej, för två nätter [2].
4 – Har ni bil?
5 – Ja, vi har en herrgårdsvagn [3].
6 – Det blir [4] tretusen kronor inklusive garageplats.

Prononciation
po Hotèl-lët 1 Hèy min' fru: o yâ: bèHeu:vër èt düb-bëlrüm' 2 før én natt 3 nèy før tvo: nét-tër 4 Hâ:r ni bi:l 5 yâ: vi Hâ:r én Hèrgoʰdsvangn 6 dé bli:r tré:tusën krou:nour in'klusi:vë garâ:chplats'

Notes

1 **behöver**, du verbe **behöva**, *avoir besoin de*, est transitif en suédois, c'est-à-dire qu'il est directement suivi d'un objet : **Jag behöver en bil**, *J'ai besoin d'une voiture*.

2 **nätter**, pluriel indéfini de **natt**, *nuit*. Quelques noms forment leur pluriel avec inflexion de la voyelle, **a** devenant ici **ä**.

3 **herrgårdsvagn**, *break*, est composé de **herrgård**, *manoir, domaine*, et de **vagn**, *voiture, wagon*, ou même *caddy*. **Kafévagn** désigne la *voiture-bar* dans un train.

89 • åttionio [otini-you]

précédentes. Vous verrez, c'est aussi vivifiant que l'air suédois un matin de novembre !

Vingt-deuxième leçon

À l'hôtel

1 – Bonjour, ma femme et moi avons besoin d'une chambre double.
2 – Pour une nuit ?
3 – Non, pour deux nuits.
4 – Vous êtes en voiture *(Avez vous voiture)* ?
5 – Oui, nous avons un break.
6 – Ça fait *(devient)* trois mille couronnes y compris [la] place de garage.

Remarque de prononciation
(1) Le préfixe **be-**, comme ici dans **behöver**, ne porte pratiquement jamais l'accent. Si le mot qu'il précède existe isolément avec l'accent grave, il prend l'accent aigu accompagné de ce préfixe.
(5) La combinaison de consonnes **gn**, comme ici dans **vagn**, se prononce **ngn**.
(6) Dans des mots d'origine étrangère comme **garage**, **ge** final se prononce *[ch]*.

4 **blir**, du verbe **bli** (autrefois **bliva**), qui signifie surtout *devenir* ou *être* avec l'idée d'un futur proche : **Jag blir rik**, *Je vais être riche* ou *Je m'enrichis* ; **Du blir gammal**, *Tu vieillis* ; **När du blir stor**, *Quand tu seras grand*. Dans le contexte de cette leçon, il se traduit par *faire* : **Det blir fem kronor**, *Ça fait cinq couronnes*.

[nit-tiou] nittio • 90

7 – Tr**e**t**u**sen kr**o**n**o**r!
8 Hur m**y**cket [5] blir det **u**tan gar**a**gepl**a**ts?
9 – Tv**å**tusenf**e**mhundra kr**o**n**o**r.
10 – Och **u**tan fr**u**kost?
11 – V**å**ra g**ä**ster [6] m**å**ste [7] **ä**ta fr**u**kost på hot**e**llet.
12 Det f**i**nns [8] **i**nte n**å**g**o**n **a**nnan [9] serv**e**ring i n**ä**rh**e**ten.

7 tré:tu:sën krou:nour 8 Hu:r mÿk-kë bli:ʰ dé u:tan' garâ:chplats' 9 tvo:tusënfëmHündra krou:nour 10 o u:tan' frŭkost 11 vo:ra yèstër mostë è:ta frŭkost po Hotèl-lët 12 dé fin's in'të no:gon' an-nan' servé:ring i nè:rHé:tën

: Notes

5 Vous n'avez pas oublié la tournure **Hur gammal är...?**, *Quel âge a... ?*, (litt. "Comment vieux est... ?"). **Hur mycket** (litt. "Comment très / beaucoup"), en tête d'une phrase interrogative, est construit de la même façon ; retenez dans l'immédiat que cela signifie *combien*. Au lieu de dire **Vad kostar en öl här?**, *Combien coûte une bière ici ?*, on peut demander avec davantage d'élégance **Hur mycket kostar en öl här?** Notez aussi **Hur gammal blir du?**, *Tu vas avoir quel âge ?*

6 **gäster**, pluriel indéfini de **gäst**, a plusieurs sens en fonction du contexte : dans un hôtel, il est **hotellgäst**, c'est donc un *client* ; au café, en tant que **cafégäst** ou **kafégäst**, il s'appelle *consommateur*. Quant à l'expression **ha gäster hemma**, c'est *avoir des invités* ou *du monde à la maison*.

7 **måste**, *devoir, falloir, être obligé*. **Du måste komma**, *Tu dois venir*, dans le sens de *Il faut que tu viennes, Tu es obligé(e) de venir*.

8 **finns**, du verbe **finnas**, avec un **s**, *c'est comme ça*. Retenez que **det finns** signifie *il y a*.

9 **inte någon annan servering**, *aucune autre cafétéria*. Contentez-vous pour l'instant d'une explication sommaire : **det finns en annan serve-**

Vingt-deuxième leçon / 22

7 – Trois mille couronnes !
8 Ça fait combien *(Comment beaucoup devient ce)* **sans place de garage ?**
9 – Deux mille cinq cents couronnes.
10 – Et sans petit-déjeuner ?
11 – Nos clients sont obligés de prendre le petit déjeuner *(manger petit-déjeuner)* à l'hôtel.
12 Il n'y a pas d'autre *(il y a pas une autre)* **cafétéria à** *(en la)* **proximité.**

Remarque de prononciation
(8) Le t de **mycket** est muet.
(10), (11) Notez que **frukost** est prononcé avec l'accent aigu, que la voyelle de la première syllabe est brève, bien que suivie d'une seule consonne et que par conséquent elle se prononce *[ü]*.
(12) någon est souvent prononcé *[non']*.

ring, *il y a une autre cafétéria*, avec l'article indéfini **en**, puisqu'il s'agit d'une phrase affirmative et que, par conséquent, cette autre cafétéria existe ! Dans une phrase négative notamment, on a recours à **någon**, parfois orthographié **nån**, adjectif indéfini qui connaît une forme neutre, identique au **något**, *quelque chose*, que nous avons rencontré à la leçon 8, et une forme du pluriel, que nous verrons plus tard. Notez : **Det finns inte något annat hotell i närheten**, *Il n'y a pas d'autre hôtel à proximité.*

23 / Tjugotredje lektionen

Övning 1 – Översätt
❶ Hur mycket blir det med frukost? ❷ Hon behöver en garageplats. ❸ Tvåtusentvåhundra kronor. ❹ Du måste äta. ❺ Har ni gäster hemma?

***

Övning 2 – Fyll i med rätt ord
❶ Y compris tes invités.
  .... dina ....

❷ Trois nuits.
  Tre ....

❸ Une autre cafétéria.
  En ..... servering.

❹ Il y a.
  Det ..... .

❺ Ils prennent leur petit-déjeuner à l'hôtel.
  De .... på hotellet.

Tjugotredje lektionen
[çugoutrèdië lèkchou:nën]

La petite histoire continue, puisque notre couple n'avait pas les moyens d'habiter à l'hôtel…

Din drömmare!

1 – Vi går till turistinformationen, Lisa.
2 – Vad säger du om det?

Prononciation
din' dreum-marë 1 vi go:ʰ til turistin'formachou:nën li:ssa 2 vå: sèy-yëʰ du om' dé

Corrigé de l'exercice 1

❶ Ça fait combien avec le petit-déjeuner ? ❷ Elle a besoin d'une place de garage. ❸ Deux mille deux cents couronnes. ❹ Il faut que tu manges. ❺ Vous avez des invités à la maison ?

***

Corrigé de l'exercice 2
❶ Inklusive – gäster ❷ – nätter ❸ – annan – ❹ – finns ❺ – äter frukost –

*Servering désigne un restaurant plutôt simple, une cafétéria au bord d'une route, voire une buvette : de gare ou ouverte à l'occasion d'une kermesse de campagne, on y achète du café, des jus de fruits, des tartines ou des pâtisseries. Le panneau **Uteservering** indique qu'un restaurant ou un café possède une terrasse en plein air, le luxe !*
*Le petit-déjeuner, **frukost**, est souvent très copieux dans les hôtels suédois, il est proposé sous forme de buffet, **frukostbord** (litt. "table-petit-déjeuner"). Profitez-en car les nuitées sont coûteuses. Cependant, pendant la saison touristique ou le week-end, les hôtels ont coutume de casser les prix ; c'est plutôt sympa et inhabituel en Europe.*

Vingt-troisième leçon

Espèce de rêveur *(Ton rêveur)* !

1 – *(Nous)* **Allons à l'office de tourisme** *(information-touriste)*, **Lisa**.
2 – Qu'en dis-tu *(Que dis tu au sujet de ce)* ?

Remarque de prononciation

(1), (7) Dans les mots d'emprunt en **-ist**, comme **turist**, ou en **-yr**, comme **broschyr**, c'est la dernière syllabe qui porte l'accent. Même remarque pour les mots d'emprunt en **-tion**, comme **information**. Rappelez-vous que **ti** dans ce cas est prononcé *[ch]*, cf. **lektion**. Il n'y a que quelques exceptions !
(2) säger se prononce *[sèy-yër]*, avec géminée, du verbe **säga** *[sèy-ya]* ; c'est le son de notre *seille*.

23 / Tjugotredje lektionen

3 – Vill du bo i privatrum [1]?
4 – Nej, vi kan [2] hyra en stuga och stanna längre.
5 Småland är otroligt [3] fint så här års.
6 – Hur kan du veta det?
7 – Det står [4] i broschyren "Höst i Småland".
8 – Vill du plocka [5] svamp?
9 – Bland annat, och se älgar.
10 – Din [6] drömmare!

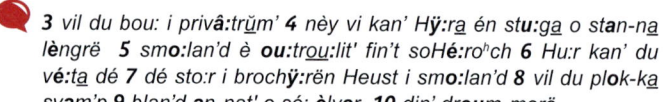

3 vil du bou: i privâ:trům' 4 nèy vi kan' Hÿ:ra én stu:ga o stan-na lèngrë 5 smo:lan'd è ou:trou:lit' fin't soHé:roʰch 6 Hu:r kan' du vé:ta dé 7 dé sto:r i brochÿ:rën Heust i smo:lan'd 8 vil du plok-ka svam'p 9 blan'd an-nat' o sé: èlyar 10 din' dreum-marë

 Notes

1. Notez que le nom **rum**, redouble la consonne à la forme définie : **rummet**, *la chambre*. Eh oui, c'est un neutre ! **Rum** désigne plus généralement une pièce, **sovrum** – vous reconnaissez le radical de **sova**, *dormir* –, est une *chambre à coucher*. Strindberg, dont nous avons déjà parlé, a écrit un petit roman intitulé **Röda rummet**, traduit maintenant sous le titre *Le Cabinet rouge*.

2. **kan**, du verbe **kunna**, *pouvoir, avoir la possibilité (physique)*, à ne pas confondre avec **få**, *pouvoir, avoir le droit*. **Kunna** signifie aussi *savoir* ou *connaître* : **Du kan svenska**, *Tu connais* (ou *Vous connaissez*) *le suédois*.

3. Dans **otroligt**, vous reconnaissez le préfixe **o-** de **otålig**, *impatient*. Ce préfixe indique le contraire du sens du mot qu'il précède. L'adjectif **trolig** signifie *probable* : **Det är troligt**, *C'est probable*. **Otrolig** se traduit cependant par *incroyable* : **Hon är otrolig**, *Elle est incroyable*. Dans la phrase de cette leçon, il s'agit d'un adverbe qui précède un adjectif attribut accordé avec un neutre, en l'occurrence **Småland**. **Småland är**

95 • nittiofem *[nitifèm]*

Vingt-troisième leçon / 23

3 – Tu veux loger chez l'habitant *(habiter dans chambre-de-particulier)* ?
4 – Non, nous pouvons louer un chalet et rester plus longtemps.
5 [Le] Småland est incroyablement beau en cette période de l'année.
6 – Comment peux-tu le savoir *(savoir ce)* ?
7 – C'est écrit dans la brochure "Automne en Småland".
8 – Tu veux ramasser des champignons *(ramasser champignon)* ?
9 – Entre autres, et voir [des] élans !
10 – Espèce de rêveur *(Ton rêveur)* !

Remarque de prononciation
(5) Bien que composés, les noms géographiques formés avec le suffixe **-land**, *pays*, ont l'accent aigu uniquement sur la première syllabe, ici **Småland**.

otroligt (adverbe formé sur l'adjectif avec ajout d'un **-t**) **fint** (adjectif accordé avec le sujet qui appartient au neutre).

4 **står**, du verbe **stå**, dont la première signification est *être debout*. On utilise toutefois ce verbe pour traduire notre *c'est écrit* : **Det står i tidningen**, *C'est (écrit) dans le journal*.

5 **plocka**, *ramasser*, *cueillir*. **Svamp**, *champignon*, reste ici au singulier en suédois (son pluriel indéfini serait **svampar**) car **plocka svamp** désigne une activité, *aller à la cueillette de champignons*, *aller aux champignons*.

6 **din**, pronom possessif de la 2e personne du singulier, sert aussi à rendre notre *espèce de* : **din drömmare**, *espèce de rêveur*, *rêveur que tu es*.

[nitissèx] nittiosex

23 / Tjugotredje lektionen

▶ Övning 1 – Översätt
❶ Kan vi hyra en stuga i Småland? ❷ I Småland kan vi se älgar. ❸ De stannar längre. ❹ Drömmaren går till turistinformationen. ❺ Hon är otroligt fin.

***

Övning 2 – Fyll i med rätt ord
❶ Qu'en dis-tu ?
Vad säger du . . . . . ?

❷ En cette période de l'année.
. . här . . . .

❸ Entre autres.
Bland . . . . . .

❹ Plus longtemps.
. . . .

❺ L'office de tourisme.
. . . .

Sachez que **stuga** *ne désigne pas seulement un chalet. C'est plus souvent une petite maison de campagne en bois, peinte en rouge, au confort rudimentaire.* **De har stuga i Småland**, *Ils ont une maison de campagne en Småland.*

Si vous traversez le Småland en voiture, soyez vigilant, cette région est habitée par de nombreux élans. Leurs passages sont fréquents, surtout en automne, période de chasse ; ils sont signalés par des panneaux que les touristes emportent malheureusement trop souvent dans leur coffre à la faveur de la nuit. Et n'oubliez pas qu'un élan peut en cacher un autre, ou un chevreuil ou un blaireau.

Cette province au nord de la Scanie est très boisée, raison pour laquelle

Vingt-troisième leçon / 23

Corrigé de l'exercice 1
❶ Pouvons-nous louer un chalet en Småland ? ❷ En Småland, nous pouvons voir des élans. ❸ Ils/elles restent plus longtemps. ❹ Le rêveur va à l'office de tourisme. ❺ Elle est incroyablement belle.

***

Corrigé de l'exercice 2
❶ – om det ❷ Så – års ❸ – annat ❹ Längre ❺ Turistinformationen

elle était plus propice à l'élevage de bestiaux qu'à l'agriculture. Le sol fourmille de pierres qui ont permis d'édifier des kilomètres impressionnants de clôture de pierres sèches lors du remembrement des terres au XIXe siècle. C'est de Småland qu'est parti le gros du contingent d'émigrants à destination de l'Amérique, notamment à partir des années de disette de la décennie 1860. L'écrivain Vilhelm Moberg (1898-1973) a fort bien décrit les conditions de vie des habitants de sa province natale dans les romans Les Émigrants, La Conquête du sol *ou* Les Colons du Minnesota, *adaptés à l'écran par Jan Troell avec Liv Ullmann et Max von Sydow dans les rôles principaux. La suite dans la prochaine leçon de révision...*

Tjugofjärde lektionen
[çugoufiè:ʰdë lèkchou:nën]

Var så goda!

1 – Var så goda ¹, här är era nycklar ².
2 – Tack.
3 – Våra stugor har bara enkelsängar.
4 – Det spelar ingen roll.
5 Får vi laga ³ mat här?
6 – Hos oss är allting tillåtet, men fimpa i trädgården ⁴.
7 Tallrikar, glas, bestick, en stekpanna, två grytor och en karott finns i skåpet.

Prononciation

vaʰchogou:da **1** vaʰchogou:da Hè:r é é:ra nÿk-klar **2** tac **3** vo:ra stu:gour Hâ:r bâ:ra ènkëlsèngar **4** dét spé:lar i'ngën rol **5** fo:r vi lâ:ga mâ:t' Hè:r **6** Hou:ss oss è alting til-lo:tët mèn fim'pa i trè:goʰdën **7** talrikar glâ:s bèstik én sté:kpan-na tvo: grÿ:tour o én karotte fin's i sko:pët

Notes

1 **varsågoda**, également orthographié **var så goda**, signifie littéralement *soyez si bons*. Cette expression est utilisée lorsqu'on remet quelque chose à plusieurs personnes. S'il ne s'agit que d'une seule personne on dit simplement **varsågod**, au singulier. On la rend en français par *tenez !* ou *tiens !* ou *s'il vous/te plaît !* Lorsqu'une maîtresse de maison vous invite à manger ce qu'elle présente sur la table, elle vous dit **var så god** : *servez-vous*. Et quand vous la remerciez, elle vous répond par **var så god** : *je vous en prie, de rien, il n'y a pas de quoi*. **Var** est l'impératif du verbe **vara**, *être*.

2 **nycklar**, *des clés*, de **nyckel**, *clé*. Notez que la voyelle dite de soutien **e** disparaît au pluriel.

Vingt-quatrième leçon

Tenez !

1 – **Tenez** *(Soyez si bons)*, **voici vos clés** *(ici sont vos clés)*.
2 – **Merci.**
3 – **Nos chalets n'ont que des lits à une place** *(ont seulement lits-simples)*.
4 – **Ça n'a aucune importance.**
5 – **Pouvons-nous faire la cuisine** *(préparer nourriture)* **ici ?**
6 – **Chez nous tout est** *(est tout)* **permis, mais écrasez [votre cigarette] dans le jardin.**
7 – **Vous trouverez** *(se trouvent)* **dans le placard les assiettes, verres, couverts, une poêle, deux marmites et un plat creux.**

Remarque de prononciation

(1), (3), (8) Nous avons vu à la leçon 7 que la plupart des mots terminés par **el**, **en** ou **er** avaient l'accent aigu. **Nyckel** est une exception : *[nÿk-kël]*, tout comme **syster** de la leçon 9, note 6. Ceux qui ont l'accent aigu, comme l'adjectif **enkel** ou le nom **cykel**, prennent l'accent grave au pluriel : **enkla**, *simples*, se prononce *[ènkla]* et **cyklar**, *des bicyclettes*, donne *[sÿklar]*.
(3), (7) Depuis la leçon 5, note 3, vous savez que la désinence du pluriel -or est parfois prononcée *[ër]* : **stugor** donne *[stu:gour]* ou *[stu:guër]*, **grytor** se prononce *[grÿ:tour]* ou *[grÿ:tër]*.
(6) En général, les mots formés avec le suffixe -**gård** ont l'accent aigu : **trädgård** donne *[trè:goʰnd]*. Notez qu'ici le premier *[d]* ne s'entend pas.

3 **laga**, *préparer*, *faire* : **laga mat**, *faire la cuisine*. **Laga mat**, sans article défini en suédois, est une locution, au même titre que **plocka svamp** de la leçon précédente.

4 **trädgården**, *le jardin*. Dans ce composé, vous reconnaissez le suffixe -**gård** déjà rencontré dans **herrgård**. **Gård** désigne une *cour* ou une *ferme* : **på gården**, *dans la cour* ; **en gård på landet**, *une ferme* ou *une propriété à la campagne*. **Träd**, qui est neutre, signifie *arbre*.

8 – Kan vi låna cyklar nånstans [5]?
9 – Jag frågar [6] min gubbe i morgon.
10 God natt så länge [7]!

8 kan' vi lo:na sÿ:klar non'stans 9 yâ fro:gar min' gŭb-bë i mor-ron'
10 gounat' so lèngë

Notes

[5] **nånstans**, *quelque part*, est l'abréviation de **någonstans**. En suédois, on pose la question : **Var bor du?**, *Tu habites / Vous habitez où ?*, mais le plus souvent on dit **Var bor du nånstans?**

[6] Notez que le verbe **fråga**, *demander*, est transitif en suédois, d'où l'ordre des mots qui est différent du nôtre. Il est donc suivi d'un objet direct. En français on demande à quelqu'un.

[7] **så länge**, *en attendant*, *d'ici là*. **Hej så länge!** se dit quand on prend congé de quelqu'un pour un petit moment, comme pour la pause

***

Övning 1 – Översätt

❶ Varsågod, här är dina nycklar! ❷ Jag har bara två glas och en tallrik. ❸ Hos mig kan du låna cyklar. ❹ Nånstans i Småland. ❺ Bestick finns i skåpet.

***

Övning 2 – Fyll i med rätt ord

❶ À tout à l'heure !
  Hej ....!

❷ C'est permis.
  Det är ....

❸ Elle fait la cuisine dans le jardin.
  Hon ..... mat i ....

❹ Je demanderai demain à la dame.
  Jag .... i morgon.

❺ Est-ce que je peux emprunter tes marmites ?
  ... jag .... grytor?

Vingt-quatrième leçon / 24

8 – Pouvons-nous emprunter des vélos quelque part ?
9 – Je demanderai demain à mon mari *(Je demande mon bonhomme demain)*.
10 Bonne nuit en attendant *(si longtemps)* !

déjeuner. On peut le traduire par *À tout à l'heure !* **Länge** signifie *longtemps* : **Vi stannar länge**, *Nous restons longtemps*. **Vi stannar längre** (leçon précédente), *Nous restons plus longtemps*.

***

Corrigé de l'exercice 1
❶ Tiens, voici tes clés / Tenez, voici vos clés ! ❷ Je n'ai que deux verres et une assiette. ❸ Chez moi tu as la possibilité d'emprunter des vélos. ❹ Quelque part en Småland. ❺ Il y a des couverts / Des couverts se trouvent dans le placard.

***

Corrigé de l'exercice 2
❶ – så länge ❷ – tillåtet ❸ – lagar – trädgården ❹ – frågar damen – ❺ Får – låna dina –

En Suède, l'interdiction de fumer dans les lieux publics remonte au début des années 1990, en France, en 2007. Chez nous, la Suède est souvent érigée en modèle, que ce soit en matière de mode de vie, de système social ou de respect de l'environnement. Partant, nous adoptons, bon gré mal gré, certains de ses comportements. Inversement, il est indéniable que les Suédois se "continentalisent", dans le domaine culinaire notamment. Toutefois, le rapprochement des peuples et des cultures n'éradique que rarement les faux-amis qui émaillent le vocabulaire des langues respectives, comme par exemple le mot **karott** *qui désigne avant tout un plat creux.*
Pour finir, notez l'expression : **Det är bara gammal skåpmat**, C'est du réchauffé *(litt. "C'est seulement vieille nourriture-de-placard").*

hundratvå • 102

Tjugofemte lektionen
[çugoufèmtë lèkchou:nën]

À partir d'aujourd'hui, dans la traduction française du texte des leçons, nous n'indiquerons que les particularités du suédois qui vous sont encore inconnues. Ainsi, l'ordre verbe-sujet dans les phrases interrogatives ou dans des propositions introduites par un complément, et les formes de présent rendues par un futur en français n'apparaîtront

De är biodynamiska

1 – Maten är klar [1]!
2 – Redan?
3 – Japp!
4 – Oj, en svampomelett, min favoriträtt.
5   Är det svampar från skogen?
6 – Inte riktigt [2], det är karljohansvampar [3] från servicebutiken.

Prononciation
dom' é bi-odÿnâmiska **1** mâ:tën è klâ:r **2** ré:dan' **3** yap **4** oy én svam'pomëlèt min' favori:t'rèt **5** é dé svam'par fro:n' skou:gën **6** in'të riktit' dé é kâlyou:Han'svam'par fro:n' sø:rvisbutikën

Remarque de prononciation
(Titre), (12) Veillez à bien articuler les deux voyelles dans **bio**, ce qui donne *[bi-o]*.

Notes

1. **klar** (litt. "clair"), signifie aussi *prêt* : **Jag är klar**, *Je suis prêt(e)* ; **Det är klart**, *C'est clair / C'est évident*.

2. **riktigt**, le **t** final vous indique qu'il s'agit d'un adverbe. **Inte riktigt** peut se traduire par *pas vraiment* ou *pas tout à fait*.

3. **karljohansvampar** (litt. "champignons-Charles-Jean"), c'est-à-dire des *cèpes*. Nous verrons en fin de leçon qui était ce Charles-Jean. Notez aussi que **svamp** désigne également une *éponge* : **Han dricker som en svamp**, *Il boit comme une éponge*.

Vingt-cinquième leçon

donc plus entre parenthèses ; l'article partitif ne figurera plus non plus entre crochets. La négation inte *sera traduite par* ne ... pas *et non plus par* [ne] *... pas, etc. Ceci dans le souci d'alléger les traductions et de se concentrer sur l'essentiel.* Vad säger du om det?

Ils sont bio

1 – Le repas est prêt !
2 – Déjà ?
3 – Ouais !
4 – Oh, une omelette aux champignons, mon plat préféré *(favori)*.
5 C'est des champignons de la forêt ?
6 – Pas vraiment, ce sont des cèpes de la supérette *(boutique-service)*.

(4), (6), (7), (8), (10) Notez les mots qui prennent l'accent du français : **omelett**, **favorit**, **butik**, **bensin**, **station** et **civilisation**, tous accentués sur la dernière syllabe.
(5) Les monosyllabiques comme **svamp**, affectés évidemment de l'accent aigu au singulier, prennent l'accent grave avec la désinence du pluriel **-ar**.
(6) Les prénoms composés masculins sont accentués sur le second élément ; ainsi le nom **karljohansvamp** contient le prénom **Karl-Johan**, prononcé *[kâlyou:Han']*. Notez que le **r** de **Karl** ne se prononce pas.

7 – Vilken servicebutik [4]?
8 – Den på bensinstationen.
9 – Herre Gud, vi bor mitt i naturen,
10 hundra mil [5] från civilisationen,
11 och du köper svampar på en mack [6]!
12 – Men de är biodynamiska [7]!

7 vilkën sø:rvisbutik 8 dén po bènsin'stachou:nën 9 Hèr-rëgu:d vi bou:r mit-ti natu:rën 10 Hün'dra mi:l fro:n' civilissachou:nën 11 o du keu:për svam'par po én mac 12 mèn dom' é bi-odÿnâ:miska

Notes

4 servicebutik désigne une *supérette* qui est ouverte beaucoup plus tard que les magasins ordinaires (qui, eux, ferment vers 18 heures). On y trouve les produits d'urgence qui manquent dans le frigo. Ces petites boutiques sont le signe de l'américanisation précoce de la Suède. Depuis longtemps déjà, les stations-service offrent les mêmes produits qu'on trouve dans les épiceries de quartier, sans aucun doute à un prix plus élevé. **Service** signifie *service* au sens de *prestations de service*. Attention, c'est un faux-ami ou presque ! Et retenez : **Jag har bilen på service**, *Ma voiture est en révision*. Notez bien la transcription phonétique de la première syllabe de ce mot.

***

Övning 1 – Översätt

❶ Jag bor mitt i skogen. ❷ Omeletten är klar. ❸ Jag köper min favoriträtt på bensinstationen. ❹ Herre Gud, han bor hundra mil från civilisationen! ❺ Våra svampar är biodynamiska.

***

Övning 2 – Fyll i med rätt ord

❶ Ton plat préféré est prêt.
 Din .... är klar.

❷ Pas tout à fait.
 Inte ....

❸ Ce n'est pas permis au milieu de la nature.
 Det är .... tillåtet ..... naturen.

Vingt-cinquième leçon / 25

7 – Quelle supérette ?
8 – Celle de *(sur)* la station-service *(station-essence)*.
9 – Mon Dieu *(Seigneur Dieu)*, **nous habitons au milieu de** *(milieu dans)* **la nature,**
10 [à] **mille kilomètres de la civilisation,**
11 **et toi, tu achètes des champignons dans une station-service !**
12 – **Mais ils sont bio** *(biodynamiques)* !

5 **mil**, mot invariable, désigne *dix kilomètres* ! Les Suédois n'indiquent pas (ou rarement) les distances en kilomètres. Si vous achetez une voiture en Suède, la consommation de carburant du véhicule ne sera pas donnée pour une distance parcourue de cent kilomètres mais pour dix kilomètres ! Si bien que des personnes non averties pourraient croire qu'*un break*, **en herrgårdsvagn**, ne consomme qu'environ 0,7 litre au cent. Mais n'ayez crainte, pour la vitesse, on parle en km/h !

Notez : **Han bor en mil från Stockholm**, *Il habite à dix kilomètres de Stockholm*.

6 **mack** est le synonyme un peu familier de **bensinstation**, *station-service*.

7 **biodynamiska** : notez bien le **-a** du pluriel de cet adjectif attribut qui renvoie au sujet **de**, *ils*, à savoir les champignons. Vous allez vite vous familiariser avec l'accord de l'adjectif, attribut ou épithète.

***

Corrigé de l'exercice 1

❶ J'habite au milieu de la forêt. **❷** L'omelette est prête. **❸** J'achète mon plat préféré à la station-service. **❹** Mon Dieu, il habite à mille lieues de la civilisation ! **❺** Nos champignons sont bio.

***

❹ Écrase ta cigarette dans la forêt !
..... **i skogen!**

❺ Des champignons bio de la supérette.
.... **svampar från** ....

Corrigé de l'exercice 2

❶ – favoriträtt – **❷** – riktigt **❸** – inte – mitt i – **❹** Fimpa – **❺** Biodynamiska – servicebutiken

*Ne soyez pas étonné si des cigarettes, **cigarretter** ou **cigaretter**, sont mises en vente dans les **mackar** suédois. Il n'existe pratiquement pas de bureaux de tabac en Suède ; les cigarettes s'achètent habituellement à la caisse des supermarchés. Dans un **mack**, elles ne seront pas plus chères.*
*La Suède est ainsi un curieux mélange de traditionalisme et de modernisme. Nous avons vu un exemple de l'attachement au passé en parlant des cèpes, **karljohansvampar** ou plus simplement **karljohan**,*

Tjugosjätte lektionen
[çugouch**è**t-t**ë** lèkch**ou**:nën]

Ett vykort

1 – Lisa, nu skickar vi ett vykort till din mor [1]!
2 – Vad vill du berätta för henne?
3 – Att vi turistar [2] i Småland förstås.
4 – Och äter korvar med potatismos till lunch,
5 och köttbullar med lingon till middag?
6 – Att vi stiger upp [3] sent och lägger oss [4] tidigt.

Prononciation
ét v**ÿ**:k**o**ᵘʰt 1 li:ssa nu: chik-kar vi èt v**ÿ**:k**o**ᵘʰt til din' mou:r 2 vå: vil du bèr**è**t-ta før Hèn-n**ë** 3 at' vi turistar i smo:lan'd fø**ʰ**chto:s 4 o è:tër korvar mé poutâ:tismou:s til lünch 5 o çeut'b**ü**l-lar mé lin'g**o**n' til mid-da 6 at' vi stiguërüp sé:nt o lèg-gër os ti:dit'

Notes

1 **mor** est l'abréviation de **moder**. À la forme définie du singulier, on dit **modern**, *la mère*, et au pluriel indéfini **mödrar**, *des mères*. **Min mor**, *ma mère*, **min moder** est une forme archaïque. C'est avec la forme longue que sont formés les composés comme **modersmjölk**, *lait maternel*. Notez aussi : **mor till två barn**, *mère de deux enfants*. La préposition **till** exprime très souvent un rapport d'appartenance.

2 **turista**, *faire du tourisme* ; belle illustration de cette manie suédoise de prendre des raccourcis ! La phrase 7 de cette leçon contient un autre exemple de ce phénomène : **motionera**, *faire de l'exercice*.

auxquels on a donné le nom de Karl XIV Johan, Charles XIV Jean en français, qui n'était autre que notre Jean-Baptiste Bernadotte (1763-1844), couronné roi de Suède en 1818. Les Suédois espéraient en effet que ce maréchal béarnais leur permettrait de récupérer la Finlande, perdue en 1809. Charles XIV Jean se soucia aussi peu de la Finlande que de la langue suédoise, qu'il n'apprit jamais. Évidemment, la méthode ASSIMIL n'existait pas encore… Ses descendants se sont succédé jusqu'à aujourd'hui sur le trône de Suède.

Vingt-sixième leçon

Une carte postale *(vue-carte)*

1 – Lisa, envoyons *(maintenant envoyons nous)* une carte postale à ta mère !
2 – Que veux-tu lui raconter *(raconter pour elle)* ?
3 – Que nous faisons du tourisme en Småland, bien entendu.
4 – Et [que nous] mangeons des saucisses avec de la purée de pommes de terre *(pommes-de-terre-mousse)* au déjeuner,
5 et des boulettes de viande avec des airelles au dîner ?
6 – Que nous [nous] levons tard et [que nous] [nous] couchons tôt.

Remarque de prononciation
(6) Prononcez **stiger upp** d'un seul trait en mettant l'accent sur **upp** : *[stiguërŭp]*.

3 **stiger upp**, du verbe **stiga upp**, *se lever (du lit)*. **Jag stiger upp sent**, *Je me lève tard* ou *tardivement*, puisque le **t** de **sent** indique que c'est un adverbe. Au lieu de **stiga upp**, on peut dire **gå upp**.

4 **lägger oss**, du verbe **lägga sig**, *se coucher*, verbe réfléchi dans les deux langues cette fois. **Jag lägger mig**, *Je me couche* ; **du lägger dig**, *tu te couches*. Notez la place du pronom réfléchi qui suit directement le verbe conjugué en suédois. **Oss** est ici le pronom réfléchi de la première personne du pluriel. Notez : **Jag går och lägger mig**, *Je vais me coucher*.

7 – Att du motionerar två gånger om dagen [5]?
8 – Ja, till exempel, jag behöver motion; du med förresten.
9 Du sitter [6] hela dagen framför tv:n [7]!

7 at' du moutchouné:rar tvo: gongёr om' dâ:gёn 8 yâ til exèmpёl yâ bêHeu:vёr moutchoun; du: mé: førèstёn 9 du sit-tёr Hé:la_ dâgёn framför té:vé:n

Notes

5 **om dagen**, *par jour*. La préposition **om** a donc au moins trois sens : *au sujet de*, *dans*, avec idée de futur, cf. **om två dagar**, *dans deux jours*, et *par*, dans certaines locutions temporelles : **tre gånger om året**, *trois fois par an* ; **en gång om natten**, *une fois par nuit*. **Om dagen** est souvent abrégé **om dan**. Notez aussi **en annan gång**, *une autre fois*.

***

Övning 1 – Översätt

❶ Vi stiger upp tidigt. ❷ Du lägger dig sent. ❸ Jag behöver hela dagen. ❹ Min mor äter köttbullar med lingon en gång om dagen. ❺ Han sitter och äter.

***

Övning 2 – Fyll i med rätt ord

❶ Que veux-tu me raconter ?
   Vad vill du berätta … mig?

❷ Toi aussi, d'ailleurs.
   … . . . förresten.

❸ Je dis que ta mère a besoin d'exercice.
   Jag säger … din … behöver … . . .

❹ Toute la journée, elle reste devant la télé.
   … . . . . . sitter hon framför … . .

❺ Nous pouvons manger des saucisses, par exemple.
   Vi … äta … . . . .

Vingt-sixième leçon / 26

7 – Que tu fais de l'exercice deux fois par jour ?
8 – Oui, par exemple, j'ai besoin d'exercice ; toi aussi *(toi avec)* d'ailleurs.
9   Tu passes *(es assise)* la journée entière devant la télé !

Remarque de prononciation
(7), (8) du med, prononcez *[du: mé:]*.
(8) Notez que le **t** est prononcé dans **motionera** et **motion**.

6 **sitter**, du verbe **sitta**, *être assis*. Dans de nombreuses expressions, il souligne l'aspect duratif de l'action, il sera rendu par notre *être en train de*. On aurait pu dire aussi *Tu passes toute ta journée à regarder la télé*.

7 **tv** (on écrit aussi **TV** ou **teve**), est l'abréviation de **teveapparaten**, *poste (appareil) de télé*. Notez que dans des abréviations comme **tv**, l'article défini du singulier est précédé de deux points : **tv:n**, *la télé*. Idem pour *le CD*, **cd:n** en suédois, **cd** ou **cd:ar** au pluriel indéfini !

***

Corrigé de l'exercice 1
❶ Nous nous levons tôt. ❷ Tu te couches tard. ❸ J'ai besoin de la journée entière. ❹ Ma mère mange des boulettes de viande avec des airelles une fois par jour. ❺ Il est en train de manger.

***

Corrigé de l'exercice 2
❶ – för – ❷ Du med – ❸ – att – mor – motion ❹ Hela dagen – tv:n ❺ – kan – korvar till exempel

hundratio • 110

Husmanskost. *Sans nous attarder trop longtemps sur la gastronomie suédoise – nous aurons l'occasion d'y revenir –, il convient de parler de la cuisine familiale traditionnelle, **husmanskost** en suédois. Ce mot se compose d'éléments que vous connaissez déjà : **hus**, maison, **man**, homme, et **kost**, nourriture, que vous avez rencontré dans **frukost**, petit déjeuner. Le plus beau fleuron de cette cuisine de tous les jours est peut-être un plat de **köttbullar** dont le goût est rehaussé par de la confiture d'airelle rouge, **lingon**, qu'on achète en pots pouvant contenir jusqu'à cinq litres ! C'est dire que les Suédois aiment mélanger le salé et le sucré.*

Nous avons déjà signalé que les commerces ferment tôt le soir, d'où l'existence des supérettes. C'est que les soirées commencent de bonne heure en Suède, ce que nous confirme un rapide coup d'œil sur les programmes de la télévision suédoise. Sur la première chaîne par

Tjugosjunde lektionen
*[çugouch**ŭ**ndë lèkch**ou**:nën]*

I souvenirbutiken

1 – Tjena Kurt-Ru<u>ne</u>, vi åker h**e**m id**a**g.
2   Bor<u>ta</u> ¹ bra men h**e**mm<u>a</u> bäst ², som man s**ä**ger.
3 – Hur mår din fru?

Prononciation
*i souvëni:rbuti:kën **1** cè:na kü^htru:nё vi-okërH**é**m id**â**: **2** bo^hta brâ: mén Hèm-m<u>a</u> bèst som' man' sèy-yёr **3** Hu:r mo:^h din' fru:*

Remarque de prononciation
(1) Prononcez **vi åker hem** d'un trait en accentuant **hem** *[vi-okërh**é**m]*.

Notes

1   L'adverbe **borta** signifie *au loin, ailleurs* ou *absent*, mais sans mouvement : **Han är borta**, *Il est absent / Il n'est pas là / Il est sorti*. **Han är hemma**, *Il est à la maison*. Pour dire *à la maison* avec mouvement, comme dans la première phrase, on utilise l'adverbe **hem** : **vi åker**

exemple, **till exempel**, *le JT est présenté dès 19h30. En général, les Suédois ont déjà eu le temps de dîner avant. Ce JT est suivi vers 20h d'un reportage sur la nature, de sport, parfois d'un épisode de série américaine, de variétés, d'une émission culturelle, rarement d'un bon film. Serait-ce la raison pour laquelle de nombreux Suédois(es) fréquentent des clubs de remise en forme ? Allez savoir...*

La leçon qui suit contient, **bland annat,** *entre autres,* ***deux locutions proverbiales qui illustrent à merveille l'état d'esprit des Suédois. À la leçon 28, nous ferons le point sur vos connaissances acquises pendant cette semaine. Vous serez étonné de vos progrès.***

Vingt-septième leçon

À la boutique [de] souvenir[s]

1 – Salut, Kurt-Rune, nous rentrons aujourd'hui.
2   On n'est jamais si bien que chez soi *(Ailleurs bien mais chez soi le mieux)*, comme on dit.
3 – Comment va ta femme ?

hem, *nous rentrons*, sous-entendu en véhicule ; vi går hem, *nous rentrons à pied* ; jag går hem och äter, *je rentre manger*.
2 bäst, *le mieux*, est le superlatif de bra, *bien*.

4 – Hon är förkyld och ligger ³ på soffan.
5 – Stackars ⁴ henne!
6 – Lisa är en genuin storstadsmänniska ⁵.
7   Förresten, har du någon ⁶ souvenir till hennes mor?
8 – Vad säger du om en äkta ⁷ småländsk osthyvel ⁸?
9   Inte för tunna, inte för tjocka ostskivor.
10 – Häftigt!
11 – Inte sant, lagom är bäst.

4 Houn é førçÿ:ld o lig-gër po sof-fan' 5 stak-kah ch Hèn-në 6 li:ssa é én yénui:n' stou:h chtadsmën-nicha 7 førèstën Hâ:r du no:gon' souvënir til Hèn-nës mou:r 8 vâ: sèy-yëh du om' én èkta smo:lëndsk oustHÿ:vël 9 in'të føh tŭn-nain'të førçok-ka oustchi:vour 10 Hèftit' 11 in'të san't lâ:gom' é bèst

Notes

3 **ligga**, *coucher, être couché/étendu*, ou tout simplement *être* : **Hon ligger i sängen**, *Elle est au lit*. **Tidningen ligger på bordet**, *Le journal est sur la table*. En effet, le journal ne pouvant être ni debout ni assis, il est donc à plat ou couché. De même pour une entité géographique : **Växjö ligger i Småland**, *La ville de Växjö est située en Småland*. **Det ligger...** est parfois synonyme de **det finns**, *il y a* : **Det ligger något i det**, *Il y a du vrai là-dedans* (litt. "Il est couché quelque chose en cela"). Retenez aussi **Han ligger och sover**, *Il est en train de dormir*

4 L'adjectif invariable **stackars**, *pauvre*, est suivi d'un pronom à la forme sujet ou objet, comme on voudra : **stackars hon** ou **stackars henne**, *la pauvre*.

5 **storstadsmänniska**, *citadin* ou *citadine*, de **stor**, *grand*, **stad**, *ville*, et **människa**, *être humain*. Notez l'insertion du s entre les deux premiers éléments et le troisième, phénomène que nous avons déjà vu dans les composés **herrgårdsvagn** et **husmanskost**. Retenez aussi que **män-**

Vingt-septième leçon / 27

4 – Elle est enrhumée et est allongée sur le canapé.
5 – La pauvre *(Pauvre elle)* !
6 – Lisa est une vraie citadine *(un pur être-humain-de-la-grande-ville)*.
7 Au fait, tu n'aurais pas un *(as tu quelconque)* **souvenir pour sa mère ?**
8 – Que dis-tu d'une véritable raclette à fromage smålandaise ?
9 Des tranches de fromage pas trop fines et pas trop épaisses.
10 – Génial *(Violent)* !
11 – Pas vrai, point trop n'en faut *(juste ce qu'il faut est le mieux)*.

Remarque de prononciation

(6) Le **k** de **människa** est prononcé *[ch]*, bien que suivi d'une voyelle dure.
(9) **för** devant un adjectif modifie l'accent de celui-ci : **tunna** donne *[tünna]*, mais **för tunna** se prononce *[føʰtün-na]*.

niska est repris par le pronom **hon** en suédois ! On utilisera donc ce pronom réservé aux femmes pour parler de l'homme.

6 Nous avons vu à la leçon 22 (note 9), que **någon** ou **något** s'utilise à la place de l'article indéfini dans des phrases négatives. Il en est de même dans les phrases interrogatives : *Har du någon souvenir?*, *As-tu un souvenir, n'importe lequel ?* À défaut de savoir si un tel souvenir existe vraiment, on utilise **någon** : *Finns det något hotell i närheten?*, *Y aurait-il un hôtel à proximité ?* En français, le recours au conditionnel rend assez bien cette idée d'incertitude.

7 **äkta** est synonyme de **genuin**, *vrai*, *pur*, *véritable*, *authentique*, **äkta** est invariable : **äkta pärlor**, *perles véritables*.

8 **osthyvel**, de **ost**, *fromage*, et **hyvel**, *rabot*. Cet instrument, *raclette* ou *émineur* en français, permet de faire de fines tranches à partir d'un fromage à pâte dense. Notez que **en gammal ost**, signifie *un vieux fromage*.

hundrafjorton • 114

27 / Tjugosjunde lektionen

▶ Övning 1 – Översätt
❶ Har du någon osthyvel i skåpet? ❷ De är förkylda. ❸ Åker din fru redan hem? ❹ Din mor är för tjock. ❺ Storstadsmänniskan köper äkta småländska souvenirer när hon turistar i Småland.

***

Övning 2 – Fyll i med rätt ord
❶ Ils sont authentiques.
   De är ..... .

❷ Tes tranches sont trop fines.
   .... är för ....

❸ Où est situé le Småland ?
   Var ...... Småland?

❹ Nous avons un canapé à la maison.
   Vi har en ..... hemma.

Borta bra men hemma bäst : *nous l'avions déjà signalé, les Suédois sont des globe-trotters, mais ils rentrent volontiers au bercail. L'écrivain Carl Jonas Love Almqvist (1793-1866) avait formulé cet attachement à la mère patrie par une phrase qui a fini par acquérir droit de cité dans le langage quotidien :* **Blott Sverige svenska krusbär har** *(litt. "Seule la Suède a des groseilles à maquereau suédoises" !). On s'en doutait un peu…*

Vous entendrez très souvent dans la bouche des Suédois la locution proverbiale **Lagom är bäst**, *qui évidemment n'a pas d'équivalent direct en français. L'adjectif invariable* **lagom** *est un vestige de la langue juridique. Peu importe, on le trouve dans des expressions comme* **dricka lagom**, *boire avec modération.* **Nej tack, det är lagom**, *se dit par exemple lorsqu'on refuse la deuxième, ou plutôt la troisième, tasse de café qu'une personne est sur le point de vous*

Vingt-septième leçon / 27

Corrigé de l'exercice 1
❶ As/Aurais-tu une raclette à fromage dans le placard ? ❷ Ils/Elles sont enrhumé(e)s. ❸ Ta femme rentre déjà ? ❹ Ta mère est trop grosse. ❺ Le citadin achète d'authentiques souvenirs smålandais quand il fait du tourisme en Småland.

***

❺ Il ne couche pas avec elle quand elle est enrhumée.
   Han ...... inte med ..... när hon är ....

Corrigé de l'exercice 2
❶ – äkta ❷ Dina skivor – tunna ❸ – ligger – ❹ – soffa – ❺ – ligger – henne – förkyld

offrir. Ce **lagom** *suédois, qui illustre bien le goût du juste milieu et la culture consensuelle sans lesquels il aurait été impossible d'édifier une société éprise d'égalité sociale, est aux antipodes de la folie des grandeurs et de l'élitisme qu'on connaît sous nos latitudes.*
Pourtant, pendant des siècles, la Suède est restée une société fortement marquée par la culture des classes dirigeantes de la campagne ou culture seigneuriale, **herrgårdskulturen**. *Le propriétaire d'un manoir disposait de journaliers et de petits fermiers corvéables, souvent payés en nature.*
Encore un détail avant de finir : le fromage le plus fréquemment vendu en Suède porte le nom de **herrgårdsost**. *C'est une sorte d'emmental, mais sans les trous. On le présente bien sûr,* **förstås**, *accompagné de la fameuse raclette.*

hundrasexton

Tjugoåttonde lektionen
[çugouot-ton'dë lèkchou:nën]

Repetition – Révision

1 Détails de prononciation

Soyez attentif aux remarques de prononciation ainsi qu'à la transcription phonétique. Des mots mis en contexte n'ont pas toujours le même accent que lorsqu'ils sont considérés isolément. Vous avez vu par exemple **tunna**, *fins / fines*, avec l'accent grave, mais ce même adjectif prend l'accent aigu après l'adverbe **för**, *trop*.
Les séquences **du med**, *toi aussi*, ou **god natt**, parfois orthographiée **godnatt**, *bonne nuit*, se prononcent d'un trait, ainsi que les verbes suivis d'une particule accentuée, comme **stiga upp**, *se lever* ; **åka hem**, *rentrer*. Vous avez pu constater que parfois dans la transcription, nous indiquons en gras un mot qui est accentué dans un groupe de mots ou dans la phrase, comme par exemple la phrase 11 de la leçon 25 : **och du köper**, *et toi tu achètes*.
Vous savez déjà que les noms en **el**, **en** et **er** ont presque toujours l'accent aigu. Vous avez rencontré quelques exceptions. Ils prennent l'accent grave avec la désinence du pluriel indéfini **-ar**. Ne vous effrayez pas, souvent l'usage est flottant ; par exemple le nom **hyvel**, *rabot*, se prononce avec l'accent aigu ou l'accent grave. Écoutez bien les enregistrements, répétez à voix haute, votre oreille s'habituera.

2 Les accords

Les adjectifs et les pronoms possessifs s'accordent en genre et en nombre avec les noms qu'ils accompagnent ou déterminent. Notez dans l'immédiat que le a est la marque du pluriel des adjectifs et des pronoms :
vår**a** gäster , *nos clients* ; er**a** nyckl**ar**, *vos clés* ; varsågod**a**, *tenez* ; de är biodynamisk**a**, *ils sont bio* ; tunn**a** ostskiv**or**, *de fines tranches de fromage* ; tjock**a** skiv**or**, *des tranches épaisses*.

Vingt-huitième leçon

Avec les pronoms possessifs **min** et **din** que vous connaissez déjà, nous dirions **mina nycklar**, *mes clés* ; **dina gäster**, *tes invités*. Les pronoms **hans** et **hennes** ne changent pas au pluriel, ni devant un neutre : **hennes skivor**, *ses tranches à elle* ; **hans nycklar**, *ses clés à lui*.

Cependant, vous savez que certains adjectifs sont invariables, comme **bra**, *bien* ; **kvitt**, *quittes* ; **kul**, *amusant* ; **lagom**, *à point* ; **äkta**, *authentique* ; ou encore **nära**, *proche*.

3 Les pronoms personnels, un tour d'horizon

Vous connaissez en position de sujet ou d'objet (direct ou indirect) :

jag	mig
du	dig
han	?
hon	henne
den	**den** (cf. leçon 19 : **i den**)
det	**det** (cf. leçon 15 : **jag ser det**…)
vi	**oss** (cf. leçon 24 : **hos oss**…)
ni	?
de	?

Nous répondrons prochainement aux points d'interrogation.

4 Les verbes modaux ou verbes auxiliaires de mode

Ces verbes indiquent une certaine modalité de l'action, comme *vouloir*, *pouvoir*, *devoir*. Retenez pour l'instant qu'ils sont directement suivis d'un verbe à l'infinitif.

• **få** signifie *avoir le droit, la permission, pouvoir* :
Du får komma, *Tu peux venir / Tu as le droit de venir.*
• **måste** a le sens de *devoir, être obligé* :
Du måste komma, *Il faut que tu viennes.*
• **kunna** exprime une possibilité (physique ou matérielle) :
Du kan komma, *Tu peux venir.*
• **vilja** signifie *vouloir* :
Vill du komma ?, *Tu veux venir ?*

Dans l'immédiat, nous n'irons pas plus loin. Mais retenez qu'ils se conjuguent sans désinence au présent (à l'exception de **få** notamment).

5 Verbes qui expriment une position dans l'espace

La langue suédoise est particulièrement précise lorsqu'il s'agit d'exprimer une position dans l'espace. Nous avons rencontré trois verbes qui sont souvent rendus simplement par notre verbe *être* : **stå**, *être debout* ; **sitta**, *être assis*, et **ligga**, *être couché*.

Quelques exemples :
Han står i rummet, *Il est (debout) dans la pièce.*
Det står i tidningen, *C'est (écrit) dans le journal.*
Sängen står i sovrummet, *Le lit est dans la chambre à coucher* (parce qu'un lit a des pieds).
Lisa sitter i herrgårdsvagnen, *Lisa est (assise) dans le break.*
Karl-Johan ligger på soffan, *Karl-Johan est (allongé) sur le canapé.*
Sverige ligger i Europa, *La Suède est (située) en Europe.*

stå, **sitta** ou **ligga** + **och** + un verbe d'action souligne l'aspect duratif de celle-ci :
Han står och diskar, *Il est en train de faire la vaisselle.*
Hon sitter och läser, *Elle est en train de lire.*
De ligger och sover, *Ils/Elles sont en train de dormir.*
Det står, ainsi que les autres verbes mentionnés ici, peut aussi se traduire par *Il y a* : **Det står ett träd i trädgården**, *Il y a un arbre dans le jardin.*

Vingt-huitième leçon / 28

6 Idiotismes et locutions

Il faut se faire aux idiotismes comme aux airelles en confiture qui accompagnent les **köttbullar**. Vous aurez l'occasion de constater que souvent ces idiotismes entretiennent un rapport caché avec les prépositions. Nous l'avons vu, les Suédois utilisent la préposition **på** un peu partout : **på diskotek**, **på cirkus**, **på posten**, **på äktenskapsbyrån**, **på landet**, **på svenska**, **på dåligt humör**, **en bild på henne**, **på hotellet**, **på bensinstationen**. **På**, préposition passe-partout, devrait vous être devenue familière à présent.

Les idiotismes ne s'expliquent pas, mais ils s'apprennent. Prenons la préposition **till**, dont la signification première est *vers* ou *à*. **Ett vykort till din mor**, *une carte postale pour ta mère*. Le **till** s'explique ici parce qu'il y a l'idée d'une destination. Dans d'autres cas, il faut apprendre les expressions telles quelles.

till frukost, *au petit déjeuner* ; **till lunch**, *au déjeuner* ; **till middag**, *au dîner* ; **till exempel**, *par exemple* ; **mor till tre barn**, *mère de trois enfants*.

Le verbe **berätta** est suivi de la préposition **för** : **han berättar för mig**, *il me raconte*, mais **han säger till mig**, *il me dit*.

fråga, *demander*, est transitif en suédois, intransitif en français.

7 Retour en Småland

Le Smålandais était pauvre, et le paysage porte encore les traces de cette misère. En effet, les forêts sont parsemées de petites baraques en bois appelées **torp**, *petites maisons avec terrain attenant*, attribuées autrefois à titre gracieux à des journaliers et non soumises à l'impôt. Pauvre, aux confins du royaume de Suède lorsque la Scanie appartenait encore au Danemark, le Smålandais a su cependant exploiter les ressources qu'il détenait sur place, et son sens de l'économie, qui n'est pas qu'une opinion préconçue, l'a aidé à développer de petites industries (cuillères en corne, pâte à papier, fabrication de meubles, allumettes, etc.). Le fondateur de l'entreprise **IKEA** est originaire de Småland. On dit en Suède que le Smålandais est un peu avare… pourtant, ce n'est pas lui l'inventeur de la raclette à fromage (rappelez-vous, cet instrument qui réduit comme peau de chagrin les tranches de fromage !).

L'existence d'un combustible bon marché, le bois, a été un facteur décisif pour la naissance de l'industrie du verre dans le sud-est de la province, **Glasriket**, le Royaume du verre. Les manufactures – dont **Kosta** et **Boda** – sont nombreuses et célèbres.

Le **ostkaka**, *gâteau au fromage*, est la grande spécialité culinaire

***

Repetitionsdialog

1 – Vill du låna min herrgårdsvagn och åka till Småland med dina cyklar?
2 – Har du en herrgårdsvagn?
3 – Bland annat! Varsågod, här är nyckeln, du kan ta bilen.
4 – Häftigt! Var är den nånstans?
5 – Bilen står i garaget så här års.
6 – Det är otroligt.
7 – Otroligt men sant. Men du måste åka hem om tre dagar, min fru behöver bilen.
8 – Redan? Har du inte någon annan bil?
9 – Inte i närheten.
10 – Okej då, jag stiger upp tidigt i morgon, äter en omelett och åker med Lisa.

***

Övning – Översätt

❶ Hur gammal är bilen? ❷ Den är tjugo år gammal. ❸ Var är damen? ❹ Hon är på posten. ❺ Vad gör gubben? ❻ Han skrattar. ❼ Var är mitt kvitto? ❽ Det är i kavajen. ❾ Det snöar. ❿ Det är kul.

du Småland qui est devenue un produit d'exportation aujourd'hui. Sachez encore qu'Astrid Lindgren, la "mère" de Fifi Brindacier, était originaire de Småland.

***

Traduction

1 Veux-tu emprunter mon break et partir en Småland avec tes vélos ? **2** Tu as un break ? **3** Entre autres ! Tiens, voilà la clé, tu peux prendre la voiture. **4** Génial ! Elle est où ? **5** La voiture est dans le garage en cette période de l'année. **6** C'est incroyable. **7** Incroyable mais vrai. Mais il faut que tu rentres dans trois jours, ma femme a besoin de la voiture. **8** Déjà ? Tu n'as pas d'autre voiture ? **9** Pas à proximité. **10** Bon, d'accord, je me lèverai tôt demain, mangerai une omelette et partirai avec Lisa.

***

Corrigé

❶ Quel âge a la voiture? ❷ Elle a vingt ans. ❸ Où est la dame ? ❹ Elle est à la poste. ❺ Que fait le bonhomme ? ❻ Il rit. ❼ Où est mon reçu ? ❽ Il est dans le veston. ❾ Il neige. ❿ C'est amusant.

Tjugonionde lektionen
[çugouni:yon'dë lèkchou:nën]

Tjejer emellan [1]

1 – Kolla [2], vilka snygga byxor [3]!
2 – Vänta några dagar till
3   och du hittar dem på rea [4].
4 – Jag vill ha [5] dem nu!
5 – Har du pengar [6]?
6 – Jag betalar med check.
7 – Skojar du?

Prononciation
À partir d'aujourd'hui, la transcription phonétique des textes des leçons sera réduite aux mots nouveaux et à des mots que vous connaissez déjà, mais qui sont accentués différemment en raison du contexte. Vous constaterez que certains mots sont écrits ensemble dans la transcription : ils sont alors prononcés d'un trait, phénomène sur lequel nous avons attiré votre attention au cours des leçons précédentes. Cependant, nous vous accompagnerons encore un bout de chemin avec nos remarques de prononciation.

Notes

1 La préposition **emellan**, *entre*, est le plus souvent placée après le nom ou le pronom : **oss emellan**, *(soit dit) entre nous*. La forme courte **mellan** s'utilise comme en français : **Hon sitter mellan dig och mig**, *Elle est assise entre toi et moi*.

2 Le verbe **kolla** est en réalité l'abréviation de **kontrollera**, *contrôler*. Dans la langue parlée, il signifie *regarder*. **Kolla!**, *Regarde(z) un peu !*, *Regarde(z)-moi ça !*

3 **byxor**, *pantalon(s)*, n'existe pratiquement plus qu'au pluriel. Le singulier **byxa** s'entend parfois dans les boutiques de prêt-à-porter.

4 **rea** est l'abréviation de **realisation** ; **på rea**, *en solde*. **Rea** est aussi un verbe, *solder*.

Vingt-neuvième leçon

Entre nanas *(Nanas entre)*

1 – Regarde, quel beau pantalon *(pantalons)* !
2 – Attends encore quelques jours *(quelques jours encore)*
3   et tu le*(s)* trouveras en solde.
4 – Je le veux *(veux avoir les)* maintenant !
5 – Tu as de l'argent *(argents)* ?
6 – Je paie par *(avec)* chèque.
7 – Tu rigoles ?

Remarque de prononciation
(2) till, ici adverbe, est accentué, de la même manière que **med** à la leçon 26.
(2) några se prononce *[no:ra]*, mais *[no:gra]* dans un style très soutenu.
(3) Prononcez les deux voyelles de **rea** avec l'accent grave *[ré:-a]*.
(3), (4) dem est prononcé *[dom']*.
(6) Rappel : tala a l'accent grave, mais betala prend l'accent aigu sur la deuxième syllabe.

5 jag vill ha (litt. "je veux avoir"). En suédois, on utilise toujours le verbe ha, *avoir*, après vilja, *vouloir*, pour rendre notre verbe *vouloir* au sens de *désirer quelque chose* : **Vill du ha kaffe?**, *Tu veux du café ?* **Vill du kaffe?** est un barbarisme en suédois.

6 pengar, *de l'argent*, au pluriel en suédois : **Jag har pengar**, *J'ai de l'argent* ; **Han har mycket pengar**, *Il a beaucoup d'argent*. La forme du singulier **peng** apparaît dans quelques expressions de la langue parlée, comme **för en billig peng**, *pour trois francs six sous*.

Notez : **Jag har pengar till byxor**, *J'ai de l'argent pour [m'acheter / t'acheter, etc.] un pantalon*.

8 – Inte alls, jag får [7] löning i övermorgon.
 9 – Vad ska [8] din kille [9] säga?
10 – Vi får [10] se, han är snål men snäll.

Remarque de prononciation

(9) Bien que suivi d'une voyelle molle, le **k** de **kille** se prononce *[k]*.

Notes

7   Le verbe **få** n'est pas ici celui que vous connaissez. Il signifie *obtenir*, *recevoir*, *avoir* avec un sens de futur proche, si la phrase contient un complément de temps. **Jag får mina pengar i morgon**, *J'aurai mon argent demain*.

***

Övning 1 – Översätt

❶ Ska du vänta några dagar till? ❷ Jag vill ha pengar i övermorgon. ❸ De är snåla men snälla. ❹ Jag hittar inte min portmonnä. ❺ Kolla, tjejen får en check!

***

Övning 2 – Fyll i med rätt ord

❶ Tu rigoles ?
   …… du?

❷ On verra après-demain.
   Vi ….. i ……….

❸ Mon mec veut un beau pantalon.
   Min ….. vill .. snygga byxor.

❹ Sa nana n'aime pas payer par chèque.
   Hans …. betalar inte gärna ……….

❺ Pas du tout.
   …. alls.

Les soldes, en Suède, sont un phénomène assez curieux, surtout celles d'hiver qui peuvent commencer après Noël, plus précisément entre Noël et le jour du Nouvel an, d'où leur nom de **mellandagsrean**, *de* **mellan**, *entre,* **dag**, *jour / journée, et* **rea**, *soldes. Pendant cette semaine-là, les Suédois ont en général deux hobbies : soit ils changent*

Vingt-neuvième leçon / 29

8 – Pas du tout, je toucherai *(recevrai)* ma paye après-demain.
9 – Que va dire ton petit ami ?
10 – On verra, il est radin, mais gentil.

8 **ska**, présent du verbe modal **skola**. Ici il rend l'idée d'un futur proche : **Vad ska han säga?**, *Qu'est-ce qu'il va dire ?* **Jag ska kolla**, *Je vais regarder/voir/jeter un coup d'œil.*

9 **kille**, *mec, garçon, gars, petit ami*. Comme **tjej**, *nana, fille, petite amie*, il appartient au langage familier sans être vulgaire – **en kille**, **en tjej**. Au pluriel indéfini : *killar, tjejer*.

10 **vi får se**, *on verra*. Ici le verbe **få** exprime l'idée d'un futur.

***

Corrigé de l'exercice 1
❶ Tu vas attendre encore quelques jours ? ❷ Je veux de l'argent après-demain. ❸ Ils/Elles sont radins/radines mais gentils/gentilles. ❹ Je ne trouve pas mon porte-monnaie. ❺ Regarde, la nana/fille touche un chèque !

***

Corrigé de l'exercice 2
❶ Skojar – ❷ – får se – övermorgon ❸ – kille – ha – ❹ – tjej – med check ❺ Inte –

TJEJER EMELLAN

de décor en partant aux sports d'hiver (principalement en Suède, comme à Åre), ou au soleil (surtout à Majorque) ; soit ils font les soldes et profitent des rabais qu'ils auraient aimé avoir avant Noël. C'est d'ailleurs pour éviter une déprime nationale que de nombreux magasins n'inaugurent leurs soldes d'hiver qu'au début du mois de janvier…

Trettionde lektionen
[trèt-tiyon'dë lèkchou:nën]

Tandkrämen är slut

1 – Far [1], jag går ut [2] och handlar [3] lite.
2 – Vart [4] går du egentligen?
3 – Till kvartersbutiken, tandkrämen [5] är slut [6].
4 – Kan du köpa ett paket kaffefilter och snus åt [7] mig?
5 – En dosa?
6 – Ja tack, det räcker.
7 Du är lika trevlig som din mamma.

Prononciation
tan'dkrè:mën ... slu:t **1** fâ:r yagoru:t' ... Han'dlar li:të **2** vaʰt ... éyèntligën **3** ... kvaʰté:ʰchbutikën ... **4** ... paké:t kaf-fëfiltër ... snu:ss ot' ... **5** ... dou:ssa **6** ... rèk-kër **7** ... tré:vli ... mam-ma

Notes

1 **far** ("père"). C'est l'abréviation de **fader**. Son pluriel est irrégulier : **fäder**. Notez ces expressions : **far till två barn**, *père de deux enfants* ; **Far och mor**, *père et mère*. Ces deux noms servent à en former pas mal d'autres, de manière très logique : **farfar**, *grand-père paternel*, **farmor**, *grand-mère paternelle*, **mormor**, *grand-mère maternelle*, **morfar**, *grand-père maternel*. Et puisque nous parlons famille : **barnbarn**, *petit-fils* ou *petite-fille* ; **mina barnbarn**, *mes petits-enfants* ; **hennes barnbarnsbarn**, *ses arrière-petits-enfants*.

2 À la leçon 26, note 4, nous avons vu le verbe **stiga** suivi de la particule accentuée **upp** : **stiga upp**. Tous les verbes de mouvement peuvent être suivis d'une particule accentuée qui précise leur sens : **gå ut** signifie *sortir*.

3 Le verbe **handla** pris isolément se traduit par *faire du commerce* (cf. **bilhandlare**, *marchand de voitures*), ou *faire ses courses* d'une manière

Trentième leçon

Il n'y a plus de dentifrice
(La crème à dents est finie)

1 – Papa, je sors faire quelques courses *(je sors et commerce un peu)*.
2 – Tu vas où au juste *(proprement)* ?
3 – À la boutique du coin *(boutique-du-quartier)* ; il n'y a plus de dentifrice.
4 – Tu peux acheter un paquet de filtres à café et du snus pour moi ?
5 – Une boîte ?
6 – Oui, s'il te plaît, ça suffira.
7 Tu es aussi sympa que ta maman.

Remarque de prononciation
(1) Prononcez **jag går ut** d'un trait en accentuant la particule *[yagoru:t']*.

---

générale : **Hon handlar på Konsum**, *Elle fait ses courses à Konsum*. Accompagné du verbe **gå**, *aller*, suivi d'une particule, il rend notre *faire des courses* : **Vi går ut och handlar**, *Nous allons faire des courses*.

4 **vart?**, *où ?*, avec mouvement : **Vart åker ni?**, *Vous allez où ?* – **Vi åker till Stockholm**, – *Nous allons à Stockholm*. – **Vart går du?**, *Tu vas où ?* – **Jag går hem**, – *Je rentre chez moi*.

5 **tandkrämen**, *(pâte) dentifrice*, de **tand**, *dent*, et **kräm**, *crème*. Notez que le pluriel indéfini de **tand** est irrégulier, sur le même modèle que **natt** : **vita tänder**, *des dents blanches*.

6 **slut**, *fini*, *épuisé*, *passé*, autre adjectif invariable, s'emploie pour traduire "il n'y a plus de…" : **Våra pengar är slut**, *Nous n'avons plus de sous*. Notez aussi : **Jag är slut**, *Je suis crevé(e)*, *Je suis à plat*.

7 La préposition **åt**, dont le sens est proche de **till**, se traduit ici par *à* ou *pour*, dans le sens de *au profit de* ou *pour le compte de*. Nous y reviendrons. Elle apparaît dans certains slogans. Retenez : **tre åt gången**, *trois à la fois*.

Trettionde lektionen

▶ Övning 1 – Översätt

❶ I kvartersbutiken köper killen tandkräm. ❷ Är dina pengar slut? ❸ Du får köpa ett paket till. ❹ Egentligen är de väldigt snåla. ❺ Vart kan vi gå i morgon?

Övning 2 – Fyll i med rätt ord

❶ Est-ce que ça suffit ?
  ...... det?

❷ Tu sors avec ta maman ?
  ... du .. med din .....?

❸ La boutique du coin se trouve à proximité.
  .... ligger i närheten.

❹ Deux boîtes de snus et trois paquets de filtres à café.
  Två ..... snus och tre ..... kaffefilter.

❺ Papa ne sort jamais.
  Far ... aldrig ...

Snus, *c'est du tabac à priser, ou plutôt à sucer, très apprécié des Suédois et même des Suédoises. Il est vendu dans des boîtes rondes de la taille de nos boîtes de cirage qui contiennent des portions qu'on se coince sous la lèvre supérieure et qu'on laisse fondre. L'Union européenne a fait une exception à la règle en autorisant la vente du* **snus**. *Il faut dire que la menace d'interdiction avait soulevé une tempête*

Trentième leçon / 30

Corrigé de l'exercice 1
❶ À la boutique du coin, le gars achète du dentifrice. ❷ Tu n'as plus d'argent ? ❸ Tu peux encore acheter un paquet. ❹ À vrai dire, ils/elles sont très avares. ❺ Où pourrons-nous aller demain ?

Corrigé de l'exercice 2
❶ Räcker – ❷ Går – ut – mamma ❸ Kvartersbutiken – ❹ – dosor – paket – ❺ – går – ut

d'indignation. Cependant, l'exportation de **snus** *est interdite dans les pays membres de l'UE, et l'avenir des petites boîtes rondes est incertain. La Suède détiendrait le record de la consommation de tabac à priser dans le monde occidental, avec 0,7 kg de* **snus** *par personne et par an.* **Herre Gud!**

31

Trettioförsta lektionen
[trètifø^hcht<u>a</u> lèkch<u>ou</u>:nën]

Jordgubbar [1] till extrapris

1   En kvart s<u>e</u>nar<u>e</u> [2] k<u>o</u>mmer fl<u>i</u>ck<u>a</u>n tillb<u>a</u>ka [3].
2 – P<u>a</u>ppa, jag har en **ö**verr<u>a</u>skning.
3 – Jas<u>å</u>.
4 – T<u>a</u>nten [4] s**ä**ljer j<u>o</u>rdg<u>u</u>bbar till **e**xtrapr<u>i</u>s
    därn<u>e</u>r<u>e</u> [5].
5 – Än sen då?
6 – Så jag har t<u>a</u>ndkr**ä**m till oss, ett pak<u>e</u>t
    k<u>a</u>ff<u>e</u>filter till dig
7   och två k<u>i</u>lo [6] j<u>o</u>rdg<u>u</u>bbar till mig.
8 – Och sn<u>u</u>set?

Prononciation
*jou^hdgŭb-bar ... extrapr<u>i</u>ss 1 ... kva^ht sé:nar<u>ë</u> ... flik-k<u>a</u>n' tilb<u>â</u>:ka
2 pap-p<u>a</u> ... eu:vër-r<u>a</u>skning 3 jas-s<u>o</u> 4 tan'tën sèlyër ... dè^hné:r<u>ë</u>
7 ... çi:lou ...*

Notes

1   **jordgubbar**, de **jord**, *terre*, et **gubbe**, *bonhomme*. Notez : **jorden**, *la terre* ; **på jorden**, *sur terre*.

2   **senare**, *plus tard*, comparatif de **sen**, *tard*. La plupart des adjectifs prennent la désinence **-are** au comparatif et, partant, l'accent grave : **lätt**, *facile / léger* ; **lättare**, *plus facile / plus léger*. Les adjectifs en **el**, **en** ou **er** perdent la voyelle de soutien au comparatif : **vacker**, *beau* ; **vackrare**, *plus beau*. Les comparatifs sont invariables : **De är rikare**, *Ils sont plus riches*.

3   **komma tillbaka**, *revenir*. La plupart du temps, le préfixe *re-* du français est rendu par l'adverbe **tillbaka** : **Jag kommer tillbaka om en kvart**, *Je reviens dans un quart d'heure*.

Notez que dans la langue parlée, on entend **tillbaks** au lieu de **tillbaka**.

Trente et unième leçon

Des fraises en promo *(Fraises à extra-prix)*

1   Un quart [d'heure] plus tard, la fille revient.
2 – Papa, j'ai une surprise.
3 – Ah bon ?
4 – La dame vend des fraises en promo en bas.
5 – Et alors ?
6 – Alors, j'ai du dentifrice pour nous, un paquet de filtres à café pour toi
7   et deux kilos de fraises pour moi.
8 – Et mon snus *(le-snus)* ?

Remarque de prononciation
(3) jaså, également orthographié **jasså**, est prononcé avec la géminée et un a bref *[jas-so]*. Nous avons déjà signalé que ce mot pouvait être prononcé de multiples façons. Précisons que la voix peut monter ou descendre, résignée ou enthousiaste…
(7) kilo se prononce le plus souvent avec un *[ç]*, plus rarement avec un *[k]*.

4   **tanten** (litt. "la tante"), n'a strictement rien à voir avec notre *tante*. C'est le mot utilisé par les enfants pour désigner une femme d'un certain âge qu'ils ont vue dans la rue ou dans un magasin. Dans la bouche d'un adulte, **tant** signifie *bonne femme*.

5   **därnere** ou **där nere**, *en bas* sans mouvement. Vous connaissez déjà l'adverbe **ner** ou **ned** qui sert de particule avec les verbes de mouvement. Le rapport entre **ner** et **nere** est le même que celui qui existe entre **hem** et **hemma**, **ut** et **ute**, ou **vart** et **var**.

6   **två kilo** : comme **mil**, *dix kilomètres*, le nom **kilo** reste invariable. Il en est de même des unités de mesure. On dira cependant : **Hon har extrakilon**, *Elle a des kilos en trop*. Notez : **Brödet kostar 30 kronor kilot**, *Le pain coûte 30 couronnes le kilo*.

31 / Trettioförsta lektionen

9 – Ursäkta, men hon hade [7] inte snus till extrapris.
10 Du får en ask choklad i stället.
11 Det är faktiskt [8] nationaldagen i morgon.

9 u^hchẹkta ... Had-dë̈ ... 10 ... ask chouklâ:d ... 11 ... faktist natchounâ:ldậgën ...

Remarque de prononciation
(9) hade se prononce avec la géminée et un **a** bref *[Had-dë]*.
(11) Les adjectifs en **-isk** et les adverbes qui en sont dérivés, comme ici **faktiskt**, ont l'accent aigu. Notez que le **k** n'est que rarement prononcé dans la terminaison **-iskt**, et que le **t** est prononcé dans **national**.

Notes
7 **hade**, forme prétérit du verbe **ha**, *avoir*. Et bravo, vous en êtes à la trente et unième leçon de votre apprentissage du suédois, et jusqu'ici vous avez réussi à exprimer un tas de choses en ayant uniquement recours aux formes du présent ! Qu'est-ce que le prétérit ? Pour faire court dans l'immédiat : c'est un temps du passé qu'on utilise quand l'action est présentée comme achevée ; la phrase a souvent un complément de temps. **Igår hade jag pengar**, *Hier j'avais de l'argent*. Eh ben oui, c'était

***

 Övning 1 – Översätt
❶ Vi kommer tillbaka om en kvart. **❷** Ursäkta, men hon hade tur i oturen. **❸** En ask choklad är lika bra som en dosa snus. **❹** De säljer hundra kilo jordgubbar om dagen. **❺** Hon lägger sig senare.

***

Övning 2 – Fyll i med rätt ord
❶ C'est plus facile.
   Det är ....

❷ J'ai une surprise, en fait.
   Jag har en ....

❸ Et alors ?
   .... då?

Trente et unième leçon / 31

9 – Excuse-moi, mais elle n'avait pas de snus en promo.
10 Je t'ai apporté *(Tu reçois)* une boîte de chocolats à la place.
11 En effet, c'est *(C'est effectivement)* la Fête nationale *(le-jour-national)* demain.

HON LÄGGER SIG SENARE

hier, c'est fini maintenant – **Idag är mina pengar slut!**, *Aujourd'hui il n'y a plus d'argent*.

8 L'adverbe **faktiskt** est comme *liksom* (cf. leçon 13), un petit mot qu'on entend très (trop) souvent dans la bouche des Suédois. Il peut signifier *en fait*, *vraiment*, *effectivement*, ou ne pas avoir d'équivalent direct en français. **Det är faktiskt sant**, *Mais c'est vrai* ou *C'est ma foi vrai*, *C'est vrai, quoi*.

***

Corrigé de l'exercice
❶ Nous serons de retour dans un quart d'heure. **❷** Excuse-moi, mais elle avait de la chance dans sa malchance. **❸** Une boîte de chocolats est tout aussi bien qu'une boîte de tabac à priser. **❹** Ils vendent cent kilos de fraises par jour. **❺** Elle se couche plus tard.

***

❹ Elle avait des fraises en promo.
 Hon .... jordgubbar ....

❺ Excusez-moi, mais est-ce permis ?
 ...., men är det tillåtet?

Corrigé de l'exercice 2
❶ – lättare **❷** – överraskning faktiskt **❸** Än sen – **❹** – hade – till extrapris **❺** Ursäkta –

Les Suédois sont de grands buveurs de café, même le soir après le dîner devant leur téléviseur. Au réveil puis dans la matinée, vers 9h30, après le déjeuner et au milieu de l'après-midi, ils en boivent aussi. La Suède serait en deuxième position dans les statistiques mondiales pour la consommation de café par habitant. Il est vrai que leur café est loin d'être aussi fort qu'un expresso italien. Pour un Méridional, c'est une boisson chaude qui a un goût de café. Il est rarement bu

Trettioandra lektionen
[trètian'dr<u>a</u> lèkch<u>ou</u>:nën]

Ett fall

1 – D<u>o</u>kt<u>o</u>rn [1], jag hör r<u>ö</u>ster när jag står i k<u>ö</u>ket.
2 – Vad h<u>ä</u>nder [2] när du s<u>i</u>tter?
3 – Jag kan inte sitt<u>a</u> i k<u>ö</u>ket, vi har int<u>e</u> n<u>å</u>gra [3] stol<u>a</u>r änn<u>u</u>.
4 – Hm, om [4] du s<u>ä</u>tter dig [5] på g<u>o</u>lvet?
5 – Det är för k<u>a</u>llt på g<u>o</u>lvet.
6 – Vad gör du när du står i k<u>ö</u>ket?

Prononciation
*1 dokt<u>o</u>rn … Hø:r reustër … keu:kët 2 … Hèndër … sit-tër
3 … sit-t<u>a</u> … st<u>ou</u>:l<u>a</u>r én-n<u>u</u> 4 Hüm' … sèt-tër … g<u>o</u>lvët 5 førkalt …*

Notes

1 **doktor**, *docteur* : **Gå till doktorn**, *Aller chez le docteur*. Notez l'absence de l'article défini avec les titres : **Doktor Zjivago**, *Le Docteur Jivago*, roman de B. Pasternak.

2 **händer**, du verbe **hända**, *se passer*. Il n'est pas pronominal en suédois, comme le verbe *arriver* en français : **Det händer en gång om dagen**, *Ça arrive une fois par jour*.

3 **några**, pluriel de **någon**. Ici, on utilise cet adjectif indéfini parce que la phrase est négative (cf. **Det finns inte någon annan servering** de la leçon 22, note 10). **Några** s'utilise aussi dans une phrase interrogative : **Har du några stolar i köket?** *As-tu des chaises dans la cuisine ?* Dans

sans être accompagné de brioches au lait ou des sept sortes de petits gâteaux faits maison. Vous ne verrez jamais de Suédois partir en randonnée ou en pique-nique sans emporter une thermos d'un litre. Au début du XIXe siècle, la consommation de café a été encouragée pour diminuer celle, importante, d'eau-de-vie, distillée elle aussi à la maison pour les "besoins du ménage". **Systembolaget** *est un avatar tardif de cette politique de lutte contre la consommation d'alcool.*

Trente-deuxième leçon

Un cas

1 – Docteur, j'entends des voix quand je suis debout dans la cuisine.
2 – Qu'est-ce qui [se] passe quand vous êtes assise ?
3 – Je ne peux pas être assise dans la cuisine, nous n'avons pas encore de chaises *(chaises encore)*.
4 – Hum, et si vous vous asseyez par terre *(sur le sol)* ?
5 – Il fait *(Il est)* trop froid par terre.
6 – Que faites-vous quand vous êtes dans la cuisine ?

Remarque de prononciation
(1) doktor : les noms d'origine grecque en **-or** ont l'accent grave ou aigu au singulier et la terminaison se prononce avec un *[o]*, *[doktor]* ou *[dokt**o**r]*. Au pluriel, ils prennent l'accent aigu et cette terminaison se prononce avec un *[ou]* long, *[dokt**ou:**rër]*.

une phrase affirmative, **några** signifie *quelques* : **Vi har några stolar i köket**, *Nous avons quelques chaises dans la cuisine*. Tous les ans, le soir du 24 décembre, lorsque le père Noël suédois s'apprête à déballer son sac en famille, il pose toujours cette question : **Finns det några snälla barn här?**, *Est-ce qu'il y a des enfants sages ici ?*

4 **om** est ici une conjonction : **om du kommer**, *si tu viens* ; **om du vill**, *si tu veux*.

5 **sätta sig**, *s'asseoir*. **Sitta**, *être assis*. Sur le même modèle que **lägga sig**, *se coucher*, et **ligga**, *être couché/étendu*.

7 – Jag v**ä**nt**a**r på min man och l**y**ssn**a**r på ⁶ radio.
8 – Hm, vad h**ä**nder om du stänger **a**v ⁷ radion?
9 – Jag k**ä**nner mig **e**ns**a**m.
10 – Du beh**ö**ver ett stumt s**ä**llskapsdjur ⁸, en g**u**ldfisk! □

7 ... râ:diou 8 ... dustèngüëra:v ... 9 ... çèn-nër ... é:nsam'
10 ... stümt sèlskapsyur ... güldfisk

: Notes

6 Les verbes **vänta**, *attendre*, et **lyssna**, *écouter*, ne sont pas transitifs en suédois, mais suivis de la préposition **på** : **Jag väntar på Clas**, *J'attends Clas* ; **Jag väntar på honom**, *Je l'attends*. Dans certains cas, **vänta** peut être transitif : **vänta barn**, *attendre un enfant / un bébé*. **Lyssna på radio**, *écouter la radio* : vous remarquerez qu'il n'y a pas d'article défini en suédois, un peu sur le modèle de **plocka svamp**, *aller aux champignons*, car c'est une activité habituelle qui a donné naissance à une locution.

7 **stänger av**, du verbe **stänga av**, *éteindre* (la radio, la télé, l'ordinateur, etc.). **Stänga** tout seul signifie *fermer* : **Butiken stänger snart**, *La boutique va bientôt fermer*.

***

Övning 1 – Översätt

❶ Doktorn lyssnar på dem. ❷ Det händer när jag väntar på min man. ❸ Känner du dig ensam utan några sällskapsdjur? ❹ Så här års är det för kallt därnere. ❺ Det står tre stolar i köket, vilken överraskning!

***

Övning 2 – Fyll i med rätt ord

❶ Écoute-moi !
.... mig!

❷ Est-ce qu'il fait froid dans la cuisine ?
.. det ..... i .....?

❸ Elle a une jolie voix quand elle parle à la radio.
Hon har .... hon talar i radio.

Trente-deuxième leçon / 32

7 – J'attends *(sur)* mon mari et j'écoute la radio *(sur radio)*.
8 – Hum, qu'est-ce qui se passe si vous éteignez la radio ?
9 – Je me sens seule.
10 – Vous avez besoin d'un animal de compagnie muet, un poisson rouge *(poisson-or)* !

Remarque de prononciation
(10) djur dans **sällskapsdjur** : **d** ne se prononce pas devant **j** à l'initiale d'un mot.

8 **sällskapsdjur** se décompose ainsi : **sällskap**, *compagnie*, et **djur**, *animal* ; **djuret**, *l'animal, la bête*.

***

Corrigé de l'exercice 1
❶ Le docteur les écoute. **❷** Ça arrive quand j'attends mon mari. **❸** Tu te sens seul/seule sans animaux de compagnie ? **❹** En cette période de l'année, il fait trop froid en bas. **❺** Il y a trois chaises dans la cuisine, quelle surprise !

***

❹ Elle écoute la radio quand elle se sent seule.
Hon .... på .... hon .... ensam.

❺ J'éteins la télé si tu veux.
Jag .... tv:n .. du vill.

Corrigé de l'exercice 2
❶ Lyssna på – **❷** Är – kallt – köket **❸** – en fin röst när – **❹** – lyssnar – radio när – känner sig – **❺** – stänger av – om –

33 / Trettiotredje lektionen

*Le vocabulaire de cette leçon vous permet de faire connaissance avec l'expression suivante : **vara stum som en fisk**, être muet comme une carpe (litt. "comme un poisson").*
***Doktor Glas**, Le Docteur Glas, est le titre d'un célèbre roman de Hjalmar Söderberg (1869-1941) dans lequel un médecin célibataire "élimine" le mari d'une patiente dont il est épris. Car celle-ci ne veut plus coucher avec ce mari répugnant, pasteur de profession, qui lui réclame une progéniture, puisque, affirme-t-il, c'est la volonté de*

Trettiotredje lektionen
[trètitré:dië lèkchou:nën]

Det förklarar priset

1 – E**ra** sv**e**nsk**a** b**ö**nder [1] är d**u**ktiga [2].
2 – Hur så?
3 – De **o**dl**a**r gr**ö**ns**a**ker **å**ret runt.
4 – Du **ö**verdr**i**ver, v**ä**dret är hemskt i Sv**e**rige!
5 – Nej, t**i**tt**a** på [3] d**e**ras [4] f**i**n**a** gr**ö**n**a** g**u**rkor!
6 – G**u**rk**o**r [5] beh**ö**ver **i**nt**e** så m**y**cket sol.

Prononciation
... førklâ:rar pri:ssët **1** é:**ra** sv**è**nsk**a** b**eu**n' dër ... d**ü**ktiga **2** Hu^hcho: **3** ... **ou**:dl**a**r greu:ns**â**:kër **o**:rët r**ŭ**nt **4** ... **eu**:vë^hdri:vër vè:drët ... Hèmst ... svèrië **5** ... tit-t**a** ... dé:r**a**s'fi:n**a** greu:n**a** g**ŭ**rk**ou**r **6** ... sou:l ...

Notes

1 **bönder**, avec inflexion de la voyelle, pluriel indéfini du non neutre **bonde**, *paysan*. Notez bien les marques du pluriel : **era svenska bönder**.

2 **duktiga** : notez le **a** du pluriel puisque l'adjectif s'accorde avec le sujet qui est **bönder**. L'adjectif **duktig** a le sens de *doué, habile, capable, compétent*. **Han är duktig**, *Il travaille bien*. Quand on dit **Du är duktig** en s'adressant à un enfant, on le complimente, par exemple après qu'il a mangé son assiette de soupe. L'équivalent français serait *C'est bien* ou *Tu es un brave petit garçon / une brave petite fille*.

3 Le verbe **titta** est suivi de la préposition **på** quand il est accompagné d'un objet : **Hon tittar på teve**, *Elle regarde la télé*. **Titta!** est synonyme de **Kolla!**, *Regarde !*

Dieu. Mais voilà, la jeune femme a, on s'en doutait, un amant. Le docteur déconfit n'aura plus que ses interminables promenades dans la ville de Stockholm pour unique consolation, et la solitude.
Nous sommes sûrs que vous lirez ce chef-d'œuvre en version originale, car vous tenez déjà le bon bout. Vos efforts seront amplement récompensés : la persévérance est l'unique clef de l'apprentissage d'une langue étrangère.

Trente-troisième leçon

Ça explique le prix

1 – Vos paysans suédois sont habiles.
2 – Comment ça *(ainsi)* ?
3 – Ils cultivent des légumes *(vert-choses)* toute l'année *(l'année autour)*.
4 – Tu exagères, il fait un temps épouvantable *(le temps est épouvantable)* en Suède !
5 – Non, regarde *(sur)* leurs beaux concombres verts.
6 – [Les] concombres n'ont pas besoin de tant de *(si beaucoup)* soleil.

Remarque de prononciation
(2) Prononcez **hur så** d'un trait *[Huʰchoː]*.
(4) Sverige se prononce *[svèrië]*.

4 **deras**, pronom possessif de la 3ᵉ personne du pluriel. Notez encore les marques du pluriel : **deras fina gröna gurkor**. **Deras** reste identique devant un non neutre, un neutre ou un pluriel, comme **hans** et **hennes** – **deras bil**, *leur voiture* ; **deras bilar**, *leurs voitures* ; **Gun, Gustav och deras barn**, *Gun, Gustav et leur(s) enfant(s)*.

5 **gurkor**, pluriel de **gurka** ; vous l'aviez deviné, bien entendu. Cependant, ce n'est *pas tout à fait*, **inte riktigt**, le genre des concombres qui nous intéresse ici, mais l'absence de l'article défini, le *les* du français. En suédois, on n'utilise pas l'article défini du pluriel quand le nom dans la phrase en question a un sens général. Mais n'ayez crainte, l'article défini du pluriel existe ; nous l'aborderons en temps utile.

7 – Kanske inte, men tomater växer [6] i värmen [7].
8 – Våra tomater är importvaror [8].
9 Det förklarar priset.

7 ... toumâ:tër vèxër ... vèrmën 8 ... im'po^htvâ:rour

Notes

6 **växer**, du verbe **växa**, *pousser, grandir*. **Era barn växer**, *Vos enfants grandissent*.

7 **värmen**, *la chaleur* ou *le chauffage*.

8 **importvaror**, pluriel indéfini de **importvara**, *produit d'importation* : de **import** et *importation*, **vara**, *marchandise*.

***

Övning 1 – Översätt
❶ Han överdriver inte: Sverige är fint. ❷ Kan du förklara det? ❸ Duktiga bönder tittar aldrig på vädret. ❹ Titta, era tomater är redan gröna! ❺ Människan behöver sol och värme året runt.

***

Övning 2 – Fyll i med rätt ord
❶ Comment ça ?
..... ?

❷ Nos filles travaillent bien.
.... flickor är ....

❸ Leurs paysans exagèrent.
.... överdriver.

Nous ne parlerons ni du temps ni du prix de la nourriture en Suède, matières trop sujettes à fluctuations ! **Egentligen**, *à vrai dire, vous n'aurez jamais froid en Suède, les maisons sont équipées de fenêtres à triple vitrage. Et comme disent les Suédois (et avec eux les Norvégiens) : ce n'est pas le temps qui est mauvais, ce sont seulement les vêtements... Aussi bien dans les magasins d'alimentation que sur les marchés, vous trouverez tous les fruits et légumes imaginables. Mais pourquoi vouloir y acheter les fruits qu'on trouve chez nous quand on peut cueillir gratuitement des baies qui ont mis beaucoup de temps à mûrir et dont la saveur est particulièrement intense ? Comme l'a dit*

7 – Peut-être pas, mais [les] tomates poussent au chaud *(dans la-chaleur)*.

8 – **Nos tomates sont des produits** *(importation-marchandises)* **d'importation.**

9 Ça explique le prix.

Corrigé de l'exercice 1

❶ Il n'exagère pas : la Suède est jolie. ❷ Tu peux expliquer ça ? ❸ Les paysans habiles ne regardent jamais le temps qu'il fait. ❹ Regardez, vos tomates sont déjà vertes ! ❺ L'être humain a besoin de soleil et de chaleur toute l'année.

***

❹ Regarde-moi !
..... på ... !

❺ Les filles suédoises sont blondes.
.... flickor är ......

Corrigé de l'exercice 2

❶ Hur så ❷ Våra – duktiga ❸ Deras bönder – ❹ Titta – mig ❺ Svenska – ljusa

Almqvist : "seule la Suède a des groseilles à maquereau suédoises…" **Det ligger något i det**, Il y a du vrai là-dedans. *Goûtez donc à la mûre boréale, à la framboise arctique, à la fraise des bois, à l'airelle, en vous baladant dans la nature,* le droit d'accès commun, **allemansrätten,** *vous donne le droit d'aller à la cueillette, même à celle des champignons ! Encore une fois bravo, vous êtes arrivé au tiers du parcours. Vous serez bientôt à même de lire* **Bland franska bönder**, Parmi les paysans français, *un ouvrage de Strindberg consacré à nos paysans dans les années 1880.*

34

Trettiofjärde lektionen
[trètifiè:ʰdë lèkchou:nën]

Puisque vous avez passé le "cap du premier tiers", nous vous proposons dans cette leçon un petit dialogue truffé de tournures idiomatiques qui n'ont que rarement leur équivalent dans la langue française ou dans les règles de civilité de chez nous.

Samtal på gatan

1 – Vad gör du på stan?
2 – Det ser du väl, jag sh**o**ppa_r_.
3 Sen ska jag gå och kl**i**pp**a** mig [1]...
4 – Hur mår din**a** föräldrar [2]?
5 – Jo tack bar**a** bra [3].
6 De är på sem**e**ster på Kan**a**rieöarna [4].
7 – Ska vi ta en f**i**k**a** [5] nånstans?
8 – Vad är kl**o**ck**a**n?

Prononciation
samt**â**:l po g**â**:t**a**n' 2 ... chop-p**a**r 3 ... klip-p**a** ... 4 ... din**a** førèldrar 5 you: ... 6 ... sëmèstër ... kan**â**:rieu:aʰna 7 ... fi:k**a** ...

Notes

1 **klippa mig**, du verbe pronominal **klippa sig**, *se faire couper les cheveux*. Seul **klippa** signifie *couper*, *tondre* ou *couper les cheveux* : **hon klipper hans barn**, *Elle coupe les cheveux de ses enfants (à lui)*.

2 **föräldrar**, *parents*, pluriel de **förälder**, *parent* ; **ensam förälder**, *parent isolé*.

3 **Jo tack bara bra**, *Ben, très bien, merci*. **Jo** signifie habituellement *si* : **Kommer du inte? – Jo**, *Tu ne viens pas ? – Si*. Mais dans notre phrase, il indique une pause du côté de la personne qui parle et cherche une réponse l'espace d'une seconde. **Jo** marque ainsi une transition entre

Trente-quatrième leçon

Conversation dans *(sur)* la rue

1 – Que fais-tu en *(sur la)* ville ?
2 – Tu le vois bien *(Cela vois tu bien)*, je fais du shopping.
3   Ensuite j'irai me faire couper les cheveux *(aller et couper moi)*…
4 – Comment vont tes parents ?
5 – Ben, ça va très bien, merci *(Si merci seulement bien)*.
6   Ils sont en *(sur)* vacances aux îles Canaries.
7 – On prend *(Allons nous prendre)* un jus quelque part ?
8 – Quelle heure est-il ?

une question et sa réponse, un peu comme notre *ben*. **Bara bra**, en réponse à la question **Hur mår du/han/hon/ni/de?**, signifie *très bien !*

4 **Kanarieöarna**, *les îles Canaries*. Vous rendez-vous compte ?… C'est votre premier nom à la forme définie du pluriel ! Ce mot se décompose ainsi : **Kanarie**, *Canaries*, et **öarna**, *les îles*, de **öar**, *(des) îles*, de **ö**, *île* (**en ö**, *une île*). La désinence **-na**, collée à celle du pluriel indéfini est la plupart du temps l'article du pluriel défini.

5 **en fika**, *un caoua*, *un café*, *un "jus"* ; **fi-ka** vient de **ka-ffe**. **Fika** est également un verbe, *prendre un café*, *faire une pause-café*. **Ska vi ta en fika?**, *On prend / va prendre un caoua ?* Dans une phrase interrogative de ce type, **ska vi** a souvent le sens de *tu veux que ?*

9 – Halv tre [6].
10 – Nej, jag hinner inte.
11 – Synd, hälsa [7] så gott!
12 – Tack detsamma [8], och god jul förresten.
13 – God jul, och tack för senast [9]!

9 Halv ... 10 ... Hin-nër ... 11 sÿnd Hèlsa so gott 12 ... déssam-ma ... gouju:l ... 13 ... føʰché:nast

Notes

6 **halv tre**, *deux heures et demie* ; **halv två**, *une heure et demie*. Vous avez déjà rencontré le nom **kvart**, *quart d'heure* : **kvart i tre**, *trois heures moins le quart* ; **kvart i sex**, *six heures moins le quart*.

7 **hälsa**, impératif du verbe **hälsa**, *saluer*. **Hälsa så gott!**, *Donne/Donnez bien le bonjour !* Notez aussi : **Hälsa hem!**, *Le bonjour chez toi/vous*.

***

Övning 1 – Översätt

❶ Mellan halv tre och halv fyra tar hon en fika med Lisa.
❷ Klockan är kvart i sju. ❸ Var är min klocka nånstans?
❹ Klockorna ringer tre gånger på Kanarieöarna. ❺ Vädret är alltid fint efter jul.

***

Övning 2 – Fyll i med rätt ord

❶ Mes parents sont en vacances.
   Mina .... är ....

❷ Excuse-moi, je n'ai pas le temps.
   ...., jag ...... inte.

❸ Tu veux qu'on fasse du shopping aujourd'hui ?
   ... vi ...... idag?

❹ Les mêmes rues.
   ....

❺ Les îles Canaries ne sont pas situées en Suède.
   .... ligger inte i ....

Trente-quatrième leçon / 34

9 – Deux heures et demie *(Demi trois)*.
10 – Non, je n'ai pas le temps.
11 – Dommage, donne bien le bonjour *(salue si bon)* [chez toi] !
12 – Merci, de même *(le-même)*, et joyeux Noël, au fait.
13 – Joyeux Noël, et merci pour la dernière fois *(pour dernièrement)* !

8 tack detsamma, *merci de même* ou *pareillement*. **Samma** devant un nom se passe de l'article défini, et reste invariable : **samma stol**, *la même chaise* ; **samma dag**, *le même jour*. **samma städer**, *les mêmes villes*.

9 senast, superlatif de **sen**, *tard*. Vous connaissez **senare**, *plus tard*. Adverbe **Senast**, signifie *la dernière fois* ou *dernièrement*. **Tack för senast** se dit en suédois en remerciement de la dernière invitation. Une fois qu'ils ont été invités, les Suédois n'ont qu'une hâte : dire merci pour l'invitation dont ils ont été honorés auparavant !

***

Corrigé de l'exercice 1
❶ Entre deux heures et demie et trois heures et demie, elle prend un caoua avec Lisa. ❷ Il est sept heures moins le quart. ❸ Où est ma montre ? ❹ Les cloches sonnent trois fois aux îles Canaries. ❺ Il fait toujours beau temps après Noël.

***

Corrigé de l'exercice 2
❶ – föräldrar – på semester ❷ Ursäkta – hinner – ❸ Ska – shoppa – ❹ Samma gator ❺ Kanarieöarna – Sverige

Jul, Noël. **God jul**, Joyeux Noël. **En vit jul**, Un Noël blanc, *c'est-à-dire* un Noël enneigé. *La fête de Noël est arrivée en Suède avec la christianisation du pays, autour de l'an mil. Devenus chrétiens, les Suédois, comme les autres Scandinaves, ont adopté pour dire Noël le terme* **jól** *qui désignait une fête païenne. Notre adjectif* joli *viendrait de* **jól** *!*

Trettiofemte lektionen
[trètifèmtë lèkchou:nën]

Repetition – Révision

1 Du nouveau sur les désinences et l'emploi de l'article défini

Vous savez déjà que les non neutres en **el**, **er** et **or** ne prennent que la désinence **-n** au singulier défini : **nyckel**, *clef*, **nyckeln**, *la clef*, **cykel**, *vélo*, **cykeln**, *le vélo*, **syster**, *sœur*, **systern**, *la sœur*, **doktor**, *docteur*, **doktorn**, *le docteur* (alors que **fröken**, *demoiselle*, reste identique à la forme définie). Vous savez aussi que les noms en **-el**, **-en**, **-er** perdent la voyelle de soutien **e** au pluriel : **nycklar**, *des clefs*, **cyklar**, *des vélos*, **systrar**, *des sœurs* ; idem pour **fröken**, qui donne **fröknar**, *des demoiselles*, au pluriel indéfini. **Doktor** donne **doktorer**, *des docteurs*, avec changement de timbre et d'accent.

Les neutres en **el**, **en** et **er** atones perdent la voyelle de soutien **e** à la forme définie : **filter**, *filtre* ; **filtret**, *le filtre* ; **väder**, *temps* ; **vädret**, *le temps* (qu'il fait). Mais : **kvarter**, avec l'accentuation sur la deuxième syllabe ; *quartier*, **kvarteret**, *le quartier* (ces noms apparaissent dans les leçons 30 et 33).

L'article défini du singulier n'est pas toujours rendu en suédois. Nous l'avons constaté dans de nombreuses expressions, comme **laga mat**, *faire la cuisine* ; **sova middag**, *faire la sieste*. Vous en verrez d'autres. Il s'agit en somme d'activités ou d'habitudes qui ont donné naissance à des locutions.

L'article défini n'est pas utilisé en suédois avec les titres – **doktor Glas**, *le docteur Glas* –, ni avec les noms de pays ou de province – **Småland**, *le Småland*, **Sverige**, *la Suède*.

Vous avez également pu constater que le pluriel indéfini n'est pas utilisé avec les unités de mesure : **tre mil**, *trente kilomètres* ; **två kilo**, *deux kilos*.

Sachez aussi que certains noms n'apparaissent qu'au singulier. À la leçon 23, phrase 1, nous avions le composé **turistinformation** qui contient le mot *information*, *des* ou *les informations/renseignements* :

Trente-cinquième leçon

få information, *être informé*, **ge information**, *fournir des renseignements / renseigner*. D'autres, en revanche, n'apparaissent pratiquement qu'au pluriel, comme **byxor**, *pantalon*, ou **pengar**, *argent*. Le nom **grönsak** se rencontre le plus souvent au pluriel : **grönsaker**, *des légumes*.

2 *någon, något, några*

Vous connaissez maintenant les trois formes de cet adjectif indéfini qu'on utilise dans des phrases interrogatives et négatives, c'est-à-dire chaque fois qu'il n'y a pas de référence spécifique au moment de l'énonciation.
Jag har inte någon stol, *Je n'ai pas de chaise.*
Jag har inte något bord, *Je n'ai pas de table.*
Jag har inte några stolar / några bord, *Je n'ai pas de chaises / de tables.*
Har du någon radio?, *Tu as une radio ?*
Har du något sällskapsdjur?, *Tu as un animal de compagnie ?*
Har du några gurkor?, *Tu as des concombres ?*
Il est parfois difficile de distinguer des nuances de sens. **Har du någon bil?** veut dire *As-tu une voiture ?*, n'importe laquelle, car il nous en faudrait une pour transporter les courses. **Har du en bil?** signifie *Tu as une voiture ?*, toi qui détestes conduire. **Har du bil?** se traduit plutôt par *Tu possèdes une voiture / Tu es en voiture ?*, comme à la leçon 22, phrase 4.
Par deux fois, vous avez rencontré précédemment la phrase **Det spelar ingen roll**, *Ça n'a aucune importance* (litt. "Cela joue aucun rôle"). On peut dire aussi : **Det spelar inte någon roll**, puisque **ingen** (**inget** au neutre et **inga** au pluriel) est synonyme de **inte någon**, tout en appartenant un peu plus à la langue écrite. **Jag har inga / inte några pengar**, *Je n'ai pas d'argent.*
Dans une phrase affirmative, **några** se traduit par *quelques* : **Han köper några jordgubbar**, *Il achète quelques fraises.*

hundrafyrtioåtta • 148

3 Comparatifs et superlatifs

Les adjectifs, ainsi que certains adverbes, connaissent des degrés de comparaison appelés comparatif et superlatif.
La plupart des adjectifs forment leur comparatif avec la désinence **-are** et leur superlatif avec **-ast** :
svår, *difficile* ; **svårare**, *plus difficile* ; **svårast**, *le plus difficile*.
billig, *bon marché* ; **billigare**, *moins cher* ; **billigast**, *le moins cher*.
Comme avec la marque du pluriel ou de la forme définie **a** (**vacker** – **vackra**), les adjectifs en **el**, **en** ou **er** perdent la voyelle de soutien **e** :
vacker, *beau / belle* ; **vackrare**, *plus beau / plus belle* ; **vackrast**, *le plus beau / la plus belle*.
Retenez pour l'instant que les comparatifs sont invariables : **Han är vackrare**, *Il est plus beau* ; **De är vackrare**, *Ils/Elles sont plus beaux/belles*, et qu'ils portent l'accent grave.
Les exemples de comparatif et de superlatif rencontrés dans les dernières leçons sont ceux de l'adverbe **sent**, formés sur l'adjectif **sen**, *tard* ; **senare**, *plus tard*, **senast**, *le plus tard, la dernière fois*. **Tack för senast**, *Merci pour l'autre jour / l'autre fois*.

4 Avec et sans mouvement

Le suédois distingue nettement le statique du dynamique. Pour ce faire, il utilise des adverbes différents en fonction du verbe de la phrase, verbe d'état ou verbe de mouvement. Ces adverbes fonctionnent par paires, voici ceux que vous avez rencontrés (les seconds figurent après des verbes de mouvement comme **gå** ou **åka**).
här – **hit**, *ici* ; **där** – **dit**, *là* ; **hemma** – **hem**, *à la maison* ; **borta** – **bort**, *là-bas* ; **nere** – **ner**, *en bas / vers le bas* ; **ute** – **ut**, *dehors / vers l'extérieur*.
Vous n'avez pas oublié qu'on utilise **vart?**, *où ?*, quand il y a mouvement, et **var?**, *où ?*, avec un verbe d'état : **Vart går du?**, *Tu vas où ?* ≠ **Var är du (nånstans)?** ; *Tu es où ?*

5 *så* et *mycket*, adverbes de quantité

så s'utilise devant un adjectif au sens de *si* : **Han är så rik,** *Il est si/tellement riche* ; **Svenska är så lätt**, *Le suédois est tellement facile*.

mycket devant un adjectif signifie *très* : **Han är mycket rik**, *Il est très riche* ; **Svenska är mycket lätt**, *Le suédois est très facile*.
mycket devant un non-dénombrable, c'est-à-dire un nom de matière ou de substance précédé en français de l'article partitif *de*, se traduit par *beaucoup* : **Tomater behöver mycket sol**, *Les tomates ont besoin de beaucoup de soleil*. Parfois même quand ce nom est au pluriel, comme c'est le cas en suédois avec **pengar** qui est un non-dénombrable : **Han har mycket pengar**, *Il a beaucoup d'argent*.
så mycket se traduit par *tant* ou *tellement* : **Han dricker så mycket**, *Il boit tellement* ; **Tomater behöver så mycket sol**, *Les tomates ont tellement besoin de soleil / ont besoin de tant de soleil*.

6 Nationaldagen

Le jour de la Fête Nationale en Suède est célébré le 6 juin en commémoration de l'accession au trône, le 6 juin 1523, de Gustav Vasa, et de l'adoption de la Constitution de 1809. En 1523, Gustav Vasa avait libéré la Suède de l'Union de Kalmar qui depuis 1397 avait réuni les États scandinaves sous une seule et même couronne, celle du Danemark. Deux ans plus tôt, l'ennemi danois à ses trousses, Vasa fuyait vers la Norvège en traversant une partie de la Dalécarlie indépendantiste en skis.
La course de ski **Vasaloppet** (de **lopp**, *course*), qui a lieu tous les ans le premier dimanche de mars, commémore la prouesse sportive de celui qui allait créer l'État national suédois. **Vasaloppet**, véritable fête populaire, attire aujourd'hui quelque 10 000 participants et 50 000 spectateurs le long des pistes. La distance à parcourir est de 90 km. Il existe aussi une variante féminine, **Tjejvasan**, organisée depuis 1988, d'une longueur de 30 km.
Abstraction faite de l'intermède baptisé "Ère de la liberté" de 1720 à 1772, c'était depuis le règne de Gustav Vasa que le pouvoir royal s'imposait, le Conseil du royaume n'ayant pas su défendre les prérogatives qui lui revenaient. La perte de la Finlande en 1809 entraîna un coup d'État, la destitution du roi et l'adoption de la fameuse Constitution de 1809. Cette Constitution, restée en vigueur jusqu'en 1974, instaurait la séparation des pouvoirs : dans l'ordre de l'exécutif, le roi était assisté d'un Conseil des ministres qui devait contresigner toutes les décisions ; le pouvoir législatif était partagé entre le roi et le Parlement.

Le 6 juin est par conséquent une fête doublement historique qui n'a été célébrée cependant qu'à partir de 1916 et qui n'est jour férié que depuis 2005. C'est l'occasion pour les Suédois de hisser le pavillon bleu et jaune dans le jardin de leur villa ou de leur **stuga**, d'où le nom de "journée du Drapeau". À Stockholm, dans le musée de plein air **Skansen**, a lieu la remise des drapeaux par le roi. À deux pas de là et toujours sur l'île **Djurgården**, le visiteur peut

***

▶ Repetitionsdialog

1 – Doktorn är på semester på Kanarieöarna.
2 – Skojar du?
3 – Inte alls, det är lika bra förresten.
4 – Hur så?
5   Han är duktig!
6 – Kanske, men han överdriver alltid.
7   Jag får inte äta jordgubbar till exempel.
8   Bara gurkor och tomater, året runt, tre gånger om dagen.
9   Det är faktiskt sant.
10 – Ska vi gå ut och köpa en ask choklad?
11 – Vad ska doktor Banting säga?
12 – Vi får se, han kommer tillbaka efter jul.

***

▶ Övning – Översätt

❶ Kan du stänga av radion? ❷ Jag väntar på min man. ❸ Vill du gå ut? ❹ Hon lyssnar gärna på radio. ❺ De kommer tillbaka om en kvart. ❻ Titta på mig!

Trente-cinquième leçon / 35

admirer le "Vasa", le navire amiral de la flotte suédoise qui avait coulé le jour de sa mise à flot, en 1628. À **Djurgården** se déroule aussi tous les ans depuis 1984 **Tjejmilen**, course à pied de 10 km et événement sportif féminin le plus important de Suède qui réunit au mois d'août environ 25 000 **tjejer**. À ne pas manquer !

***

Traduction

1 Le docteur est en vacances aux îles Canaries. **2** Tu rigoles ? **3** Pas du tout, c'est tout aussi bien d'ailleurs. **4** Comment ça ? **5** Il est compétent ! **6** Peut-être, mais il exagère toujours. **7** Je n'ai pas le droit de manger de fraises par exemple. **8** Seulement des concombres et des tomates, toute l'année, trois fois par jour. **9** C'est ma foi vrai. **10** Tu veux qu'on sorte acheter une boîte de chocolats ? **11** Que va dire le docteur Banting ? **12** On verra bien, il sera de retour après Noël.

***

Corrigé

❶ Peux-tu éteindre la radio ? ❷ J'attends mon mari. ❸ Tu veux sortir ? ❹ Elle aime bien écouter la radio. ❺ Ils reviennent dans un quart d'heure. ❻ Regarde / Regardez-moi !

36

Trettiosjätte lektionen
[trètichèt-të lèkchou:nën]

Olika åsikter

1 – Du får beställa precis vad ¹ du vill, Emma.
2 – Verkligen?
3 – Det är faktiskt din födelsedag ²
4 Grattis ³
5 – Är du tokig, det var ³ igår.
6 – Jag vet, men igår var jag pank.
7 Efter regn kommer solsken, tänker ⁵ optimisten.

Prononciation
ou:li:ka o:si̱ktër 1 … bèstèl-la … **2** vèrkli̱gën **3** … feu:dëlsëdâ:g **4** grat-tiss **5** … tou:ki̱ … vâ:r … **6** … pan'k **7** … rèngn sou:lché:n tèngkër optimi̱stën

Notes

1 Le pronom interrogatif **vad?**, *quoi ?*, sert aussi de pronom relatif quand il est objet de la proposition relative : **vad du vill**, *ce que tu veux* (c'est **du**, *tu*, qui est sujet du présent **vill**). **Hon köper vad hon vill**, *Elle achète ce qu'elle veut*.

2 **födelsedag**, *anniversaire*, de **födelse**, *naissance*, et **dag**, *jour*. Les noms dérivés d'un verbe à l'aide du suffixe **-else** sont non neutres et forment leur pluriel indéfini avec la désinence **-r** (au lieu de **-er**) : **en födelse**, *une naissance* ; **födelser**, *des naissances*.

3 L'interjection **grattis** est l'abréviation de **jag / vi gratulerar**, verbe que nous retrouvons dans notre *congratuler*. Le suffixe **-is** appartient au registre familier.

4 **var**, prétérit du verbe **vara**, *être*. Vous n'avez pas oublié (leçon 31, note 7) que le prétérit est un temps du passé qu'on utilise en suédois quand

Trente-sixième leçon

Avis différents

1 – Tu peux commander exactement ce que *(précisément quoi)* tu veux, Emma.
2 – Vraiment ?
3 – Écoute, c'est ton anniversaire.
4   Félicitations !
5 – Tu es cinglé, c'était hier.
6 – Je sais, mais hier j'étais fauché.
7   Après la pluie, le beau temps *(Après pluie vient lumière-de-soleil)*, pense l'optimiste.

l'action est présentée comme achevée. Ici, **det var igår**, *c'était hier*, aujourd'hui ce n'est plus mon anniversaire. Cependant, une des particularités du suédois consiste à utiliser le verbe **vara** au prétérit avec un adjectif attribut, par exemple pour exprimer un sentiment spontané, et donc une impression qui appartient déjà au passé et que le langage formalise après coup : **Det var gott**, *C'est bon* (ce que je viens de goûter). **Det var kallt**, *Il fait froid* (se dit par exemple en sortant de la maison le matin). Le prétérit se traduit donc parfois par le présent en français.

5   Cette leçon contient les trois principaux verbes qui expriment une pensée, une opinion ou une probabilité en suédois : **tänka**, **tycka** (phrase 9), **tro** (phrase 8). **Tänka** signifie *penser* : **Han säger aldrig vad han tänker**, *Il ne dit jamais ce qu'il pense*. **Tycka** se traduit par *trouver*, *penser* ou *croire* : **Jag tycker hon / att hon är vacker**, *Je trouve [qu'] elle est belle*. **Tro** exprime notre *croire* ainsi que la probabilité : **Jag tror han / att han är rik som ett troll**, *Je crois [qu'] il est riche comme Crésus*. Vous aurez remarqué que ces verbes peuvent faire l'économie de la conjonction de subordination **att**, *que*, notamment dans la langue parlée.

hundrafemtiofyra • 154

8 Så länge det finns liv finns [6] det hopp, tror idealisten.

9 – Men livet är ingen dans på rosor [7] tycker pessimisten.

8 ... Hop trou:r idéalistën   9 ... li:vët ... ingën dan's ... rou:ss<u>our</u> tÿk-ker péssimistën

Notes

6 La phrase 8 de ce dialogue est introduite par la conjonction de subordination temporelle **så länge** (à distinguer de l'expression **så länge** qui signifie *en attendant*, cf. leçon 24, note 7) : **så länge det finns liv**, *tant qu'il y a de la vie*, est ici une proposition subordonnée. Comme elle a valeur de complément de temps, la proposition principale qui la suit est d'abord introduite par le verbe puis par son sujet : **finns det**. **Så länge det är fint väder kan vi sitta ute**, *Tant qu'il fait/fera beau, nous pouvons/pourrons rester assis dehors*.

***

Övning 1 – Översätt

❶ Jag tror det är hennes födelsedag idag. ❷ Igår var Emma på dåligt humör. ❸ Vad tycker du om mina rosor? ❹ Pessimisten och optimisten har alltid olika åsikter. ❺ Jag vet vad han vill.

***

Övning 2 – Fyll i med rätt ord

❶ Tu trouves ?
 ...... du?

❷ Nous étions fauchés après son anniversaire.
 Vi ... panka ..... hans ....

❸ Le pessimiste ne croit pas en Dieu.
 Pessimisten .... inte .. Gud.

❹ Il y a de l'espoir.
 Det ....

❺ Tant que j'ai de l'argent, tu peux commander ce que tu veux.
 .... jag har pengar ... du .... du vill.

Trente-sixième leçon / 36

8 Et tant *(Aussi longtemps)* qu'il y a de la vie il y a de l'espoir, croit l'idéaliste.
9 – Mais la vie n'est pas une partie de plaisir *(aucune danse sur roses)*, trouve le pessimiste.

7 **rosor**, *des roses*, pluriel indéfini de **ros**. Un nombre limité de noms non terminés par **a** au singulier forment leur pluriel indéfini avec la désinence **-or**.

***

Corrigé de l'exercice 1
❶ Je crois que c'est son anniversaire aujourd'hui. ❷ Hier Emma était de mauvaise humeur. ❸ Que penses-tu de mes roses ? ❹ Le pessimiste et l'optimiste ont toujours des avis différents. ❺ Je sais ce qu'il veut.

***

Corrigé de l'exercice 2
❶ Tycker – ❷ – var – efter – födelsedag ❸ – tror – på – ❹ – finns hopp ❺ Så länge – får – beställa vad –

En général, les Suédois connaissent assez bien les proverbes, qui leur servent parfois à moraliser. Essayez de déchiffrer les citations, proverbes et locutions qui suivent. La traduction vous sera donnée à la fin de la prochaine leçon.
Jag tänker, alltså är jag till.
En gång är ingen gång.
I morgon är också en dag.
Gammal kärlek rostar aldrig. *(***rosta** = rouiller*)*
Stor i orden, liten på jorden. *(***orden** = les paroles*)*

hundrafemtiosex • 156

37 Trettiosjunde lektionen
[trètichŭndë lèkchou:nën]

En vänlig polis

1 – Det är praktiskt med polisen.
2   Ni jobbar ju [1] dygnet runt [2].
3 – Har du någonting [3] att anmäla?
4 – Nej, min mobil funkar [4] inte och jag vill ringa efter en taxi.
5 – Låt [5] mig titta, jag är polis på natten [6],
6   men på dagen fixar [7] jag alla möjliga prylar [8].

Prononciation
... vènli pouli:s **1** ... praktist ... **2** ... job-bar yu: dyngnët ...
3 ... no:gon'ting ... an'mè:la **4** ... moubi:l fŭn'kar ... taxi **5** lo:t' ...
6 ... fixar ... prÿ:lar

Notes

1 L'adverbe **ju** a plusieurs significations. Il rappelle quelque chose de déjà connu, ce qui permet à celui qui parle de prendre une certaine distance par rapport à son énoncé. Ici, nous l'avons traduit par *car*. Nous aurions pu dire aussi : *Vous travaillez 24h/24, n'est-ce pas / pas vrai ?* Ou : *Vous travaillez, comme on sait, 24h/24.* Ou encore : *C'est que vous travaillez 24h/24.*

2 **dygnet runt**, *vingt-quatre heures sur vingt-quatre*, sur le modèle de **året runt**, *toute l'année*. Les dictionnaires traduisent **dygn** par *jour*, mais il convient d'ajouter qu'il s'agit d'un jour de 24 heures, **ett dygn**, c'est donc *un jour et une nuit*.

3 **någonting**, **nånting** dans la langue parlée, *quelque chose*, synonyme de **något** ; **Någonting stort**, *quelque chose de grand*. Son contraire **ingenting**, *rien*, connaît également une forme courte : **inget**. La langue parlée préfère la tournure avec **inte** : **Jag säger inte nånting**, *Je ne dis rien*, au lieu de **Jag säger ingenting**.

4 **funka**, *marcher*, forme brève de **fungera**, *fonctionner* (**funktionera** s'emploie rarement). Notez **funkis**, avec le suffixe **-is**, *fonctionnalisme*, surtout en parlant de ses variantes populaires.

Trente-septième leçon

Un policier aimable

1 – C'est pratique, *(avec)* la police.
2 Car vous travaillez *(bossez)* vingt-quatre heures sur vingt-quatre *(le jour autour)*.
3 – Vous avez une plainte à déposer *(quelque-chose à rapporter)* ?
4 – Non, mon portable ne marche pas et je veux appeler *(après)* un taxi.
5 – Laissez-moi regarder, je suis policier la nuit,
6 mais le jour je répare tous les gadgets possibles *(tous possibles gadgets)*.

---

5 **låt**, impératif du verbe **låta**, *laisser* ou *faire* en fonction du contexte, que vous connaissiez déjà (cf. **Hos oss är allting tillåtet**, leçon 24, phrase 6) ; **låta** a un sens proche de **tillåta**, qui signifie *permettre*. **Låt mig titta!**, *Laisse(z)-moi regarder !* Dans la prochaine leçon de révision, nous aborderons en détail les différentes possibilités de rendre l'impératif en suédois.

6 **på natten**, *la nuit*. On peut dire aussi **på nätterna**, *la nuit*, *chaque nuit*, *toutes les nuits*. Une variante d'un style plus soutenu consiste à utiliser la préposition **om** : **om natten, om nätterna**. Notez finalement : **klockan tre på natten**, *à trois heures du matin* ; **mitt på / i natten**, *au milieu de la nuit*, *en pleine nuit*.

7 Le verbe **fixa**, qui appartient à la langue parlée, est pour le moins polysémique : il peut signifier **arranger**, **réparer**, **retaper**, *préparer*, *régler*, *procurer* (de l'argent d'une manière plus ou moins légale), *truquer* (un match par exemple).

8 **pryl** est un nom dont les dictionnaires ont eu du mal à suivre l'évolution sémantique. Il signifie *gadget*, donc chose inutile ou superflue. Il n'y a pas très longtemps encore, on parlait de **prylsamhälle**, *société de gadgets*. Aujourd'hui pourtant, toutes ces choses fort utiles que sont nos portables, nos lecteurs mp3 et nos GPS sont considérées comme des **prylar**. Ainsi, **pryl** est proche de *truc*, *machin*.

7 Vi ska slå n**u**mret [9] till pol**i**sstat**io**nen.
8 – Nå?
9 – Din mobil f**u**nk**a**r, jag har vår sv**a**r**a**re på tr**å**den.
10 – Vad s**ä**ger den?
11 – Som v**a**nligt: Var god dr**ö**j [10]!

7 ... slo: nŭmrët ... poli:sstachou:nën   **9** ... svâ:rarë ... tro:dën
11 ... vâ:n'lit' : vârgou: dreuy

Notes

9 numret, *le numéro*, est la forme définie du singulier de **nummer**, *numéro*. Notez la chute de la voyelle de soutien **e** et d'une des deux consonnes redoublées. Remarquez le verbe **slå**, *battre*, qui, devant **nummer**, rend notre *faire* ou *composer un numéro*.

***

Övning 1 – Översätt

❶ Han är vänlig som vanligt. ❷ Det är ju numret till polisstationen! ❸ Säger det dig någonting? ❹ Mobilen är en praktisk pryl. ❺ Hon fixar det lätt om du ger henne lite pengar.

***

Övning 2 – Fyll i med rätt ord

❶ Laissez-moi regarder !
   ... mig ..... !

❷ La police travaille vingt-quatre heures sur vingt-quatre.
   .... jobbar ....

❸ Ne quittez pas !
   Var .... !

❹ Je vais appeler un taxi.
   Jag .... en taxi.

❺ Elle compose le numéro du commissariat de police.
   Hon .... polisstationen.

Trente-septième leçon / 37

7 On va composer *(battre)* le numéro du commissariat *(de-la-station-de-police)*.
8 – Alors ?
9 – Votre portable fonctionne, j'ai notre répondeur au bout du fil *(sur le-fil)*.
10 – Qu'est-ce qu'il dit ?
11 – Comme d'habitude *(habituellement)* : Ne quittez pas *(Soyez bon tardez)* !

---

10 **Var god dröj!**, *Ne quittez pas !* ou *Veuillez patienter, s'il vous plaît !* ; **dröj** est l'impératif du verbe **dröja** qui signifie *tarder, se faire attendre* : **Varför dröjer han så länge?**, *Pourquoi est-ce qu'il tarde autant ?*

***

Corrigé de l'exercice 1
❶ Il est aimable comme d'habitude. ❷ Mais c'est le numéro du commissariat de police ! ❸ Cela te dit quelque chose ? ❹ Le portable est un gadget pratique. ❺ Elle arrangera ça facilement si tu lui donnes un peu d'argent.

***

Corrigé de l'exercice 2
❶ Låt – titta ❷ Polisen – dygnet runt ❸ – god dröj ❹ – ska ringa efter – ❺ – slår numret till –

hundrasextio • 160

Dans la Suède des années 1960 et 1970, le couple Maj Sjöwall et Per Wahlöö a donné naissance à un type de romans policiers dont le réalisme social a inspiré plus tard des auteurs tels que Henning Mankell ou Åke Edwardson. Ces écrivains, mondialement célèbres aujourd'hui, sont évidemment traduits en français. Nous vous les recommandons cependant en suédois, les polars étant généralement assez faciles à lire (et vous y arriverez certainement après avoir assimilé vos 100 leçons).
Vous trouverez à cet égard en fin d'ouvrage une petite bibliographie. Une fois votre apprentissage terminé, vous pourrez par exemple lire le polar de Sjöwall-Wahlöö intitulé "**Polis, polis, potatismos !**" *(litt. "Policier, policier, purée de patates !"), traduit en français sous le titre* "Vingt-deux, v'là des frites !" *(le titre suédois fait allusion à*

38

Trettioåttonde lektionen
*[trètiot-to*n*'dë lèkch*ou*:nën]*

På apoteket

1 – Hej, jag har ont i halsen ¹.
2 – Ta först en nummerlapp ², tack.
3 – En nummerlapp, hjälper ³ det mot hosta?

Prononciation
apouté:këtt **1** … *ount'* … *Halsën* **2** … *fø*ʰ*cht* … *nŭm-mërlap* … **3** … *yèlpër* … *mou:t' Housta*

Notes

1   **hals**, *cou* ou *gorge*, en fonction du contexte : **en lång hals**, *un long cou* ; **Hon har ont i halsen**, *Elle a mal à la gorge*.

2   **nummerlapp**, *numéro d'attente* ; de **nummer**, *numéro*, et **lapp**, *chiffon, bout de papier*. Suivant la même construction **prislapp** désigne une **étiquette de prix**. Dans la langue parlée, **lapp** est à peu près synonyme de *biffeton* : **en femtilapp**, *un billet de 50 couronnes*, **en hundralapp**, *un billet de 100 couronnes*. **Lapp** est aussi le nom, aujourd'hui à connotation péjorative (**lapp**, *guenille*), qui désigne un *Lapon* et qu'on retrouve dans

Trente-huitième leçon / 38

l'expression **Polis, polis, potatisgris!** *– litt. "Policier, policier, cochon à patates" ! –, qui correspond à notre "Vingt-deux, v'là les flics !" et qu'on entend parfois dans des films policiers sortant de la bouche de gamins effrontés à l'encontre d'un inspecteur plutôt débonnaire et surmené par son enquête)…*

* Réponses de la leçon précédente :
Je pense, donc je suis.
Une fois n'est pas coutume. *(litt. "Une fois est aucune fois")*
Demain il fera jour. *(litt. "Demain est aussi un jour")*
On revient toujours à ses premières amours *(litt. "Vieil amour rouille jamais").*
Les grands diseurs ne sont pas les grands faiseurs *(litt. "Grand dans les paroles, petit sur la terre").*

Trente-huitième leçon

À la pharmacie

1 – Bonjour, j'ai mal à la gorge *(dans le cou)*.
2 – Prenez d'abord un numéro d'attente *(numéro-ticket)*, s'il vous plaît.
3 – Un numéro d'attente, c'est bon pour la toux *(aide ce contre toux)* ?

Lappland, *la Laponie*. On lui préfère maintenant le nom **Same**, *Sâme* ou *Sami* en français.

3 hjälper, présent du verbe hjälpa, *aider*. Jag hjälper dig, *Je t'aide / vais t'aider*. Hjälp!, *Au secours !* Le second sens du verbe hjälpa est *servir, agir, être utile*, en parlant d'un remède par exemple : Det hjälper, *Ça soulage, ça fait du bien*. Le nom hjälp signifie *aide, secours, assistance* : Tack för hjälpen, *Merci de ton/votre aide* ; första hjälpen, *les premiers soins* (au singulier en suédois) ; Jag behöver din hjälp, *J'ai besoin de ton aide / assistance / tes services*.

38 / Trettioåttonde lektionen

4 – Ställ dig [4] i kön som **a**ll**a a**ndr**a**, är du snäll [5]!
5 – Får [6] man k**ö a** när det br**å**dsk**a**r?
6 – I Sv**e**rige får man k**ö a ö**ver**a**llt,
7 till och m**e**d [7] när det br**å**dsk**a**r.
8 Det är lag på det, jag kan **i**ngent**i**ng gör**a** åt det.
9 – Men n**ö**den har **i**ng**e**n lag.
10 Dess**u**t**o**m har jag **i**nt**e** tid [8]. ☐

4 stèl ... keu:n' ... **5** ... keu:-a ... broskar **6** ... eu:vërallt
7 tilomé: ... **8** ... lâ:g ... inguënting ... **9** ... neu:dën ...
10 dessu:tom'

Notes

4 **ställ dig**, impératif de **ställa sig**, *se mettre* (*debout*), *se placer*. Vous avez déjà rencontré les couples **ligga** – **lägga sig**, *être couché – se coucher, s'allonger*, et **sitta** – **sätta sig**, *être assis – s'asseoir*. Ici, **ställa sig** exprime dynamiquement ce que **stå**, *être debout*, exprime statiquement. **Ställ dig där!**, *Mets-toi là !* ; **Lägg dig där!**, *Couche-toi là !* ; **Sätt dig där!**, *Assieds-toi là !* Lorsque ces verbes, qui expriment un mouvement, ne sont pas réfléchis, ils correspondent à nos verbes *poser* ou *mettre* : **Lägg tidningen på bordet!**, *Pose le journal sur la table !* **Ställ cykeln i garaget!** *Mets le vélo dans le garage !*

5 **är du snäll** (litt. "es tu gentil"), exprime une certaine irritation de la part du locuteur. On pourrait traduire cette phrase par : *Pourriez-vous vous mettre à la queue comme tout le monde ?*

***

Övning 1 – Översätt

❶ Till och med en polis kan ha ont i halsen. **❷** Hjälp mig, det brådskar, jag har ont i en tand! **❸** Först ska du ställa dig i kön. **❹** Om du har tid. **❺** Tid är pengar.

Trente-huitième leçon / 38

4 – Mettez-vous à la queue comme tout le monde *(tous autres)*, s'il vous plaît !
5 – On est obligé de faire la queue quand ça urge ?
6 – En Suède, on est obligé de faire la queue partout,
7   même quand c'est urgent.
8   C'est obligé *(c'est loi sur ce)*, je n'y peux rien *(peux rien faire à cela)*.
9 – Mais nécessité fait loi *(la nécessité a aucune loi)*.
10 En plus de ça, je n'ai pas le temps *(ai je pas temps)*.

6 Vous faites ici connaissance avec le 4ᵉ sens du verbe *få*, *devoir*, *être obligé (d'accepter)*, synonyme donc de **måste**.

7 *till och med* a deux sens. Le premier correspond à notre *même*, quand celui-ci exprime quelque chose de remarquable : **Du kan till och med odla tomater i Sverige**, *Tu peux même cultiver des tomates en Suède*. Le second, souvent abrégé **t o m**, se traduit par *jusqu'à ... inclus* : **till och med fredag**, *jusqu'à vendredi inclus*. Notez : **från och med**, abrégé **fr o m**, *à partir de* : **från och med lördag**, *à partir de samedi* ; **fr o m idag**, *à compter d'aujourd'hui*.

8 *tid*, *temps*. **Tiden går**, *Le temps passe*. Notez cette expression : **Det var på tiden!**, *Ce n'est pas trop tôt !* (avec le prétérit en suédois).

***

Corrigé de l'exercice 1

❶ Même un policier peut avoir mal à la gorge. ❷ Aidez-moi, c'est urgent, j'ai mal à une dent ! ❸ Tu dois d'abord te mettre à la queue. ❹ Si tu as le temps. ❺ Le temps, c'est de l'argent.

hundrasextiofyra • 164

Övning 2 – Fyll i med rätt ord

❶ Je n'y peux rien.
   . . . . det.

❷ Est-ce que c'est urgent ?
   . . . . det?

❸ En plus de ça, il n'a pas d'argent.
   . . . . har han . . . .

❹ Ils ne veulent pas faire la queue.
   De . . . .

❺ Aide-moi, s'il te plaît !
   . . . . . mig, ... !

Très respectueux de l'ordre et des règles de la société, ayant tendance à se retrancher derrière les autorités, les Suédois utilisent souvent l'expression **Det är lag på det***, qui n'a pas d'équivalent direct en français et qui signifie à peu près C'est obligé / obligatoire, mais en rajoutant "par la loi". On l'entend par exemple à propos des feux de croisement, que tout conducteur doit toujours allumer en Suède,* **till och med** *en plein jour.*
Les **nummerlappar** *ou* **kölappar***, qu'on trouve un peu partout en Suède, y compris dans un dispensaire médical, reflètent également le goût suédois de la discipline ; difficile de resquiller dans une file d'attente !*

Trente-huitième leçon / 38

Corrigé de l'exercice 2
❶ Jag kan ingenting åt göra – ❷ Brådskar – ❸ Dessutom – inga pengar
❹ – vill inte köa ❺ Hjälp – är du snäll

La Suède serait le premier pays au monde à avoir effectué un recensement de sa population, en 1749. Aujourd'hui, tous les citoyens suédois ainsi que les étrangers ayant leur domicile fixe en Suède possèdent un **personnummer**, *un numéro d'identité, qui figure sur tous les documents officiels : carte d'identité, permis de conduire, etc. Ce numéro à dix chiffres, qui a été controversé, puisqu'il permet de suivre les personnes à la trace à la manière d'un bracelet électronique (en interconnectant par exemple les fichiers de l'assurance maladie et ceux de la caisse de chômage), est parfois demandé avant qu'on ait eu le temps de décliner ses nom et prénom(s). Attendez-vous donc à entendre la question :* **Vad har du för personnummer?**

hundrasextiosex • 166

Trettioni onde lektionen
[trètini:yon'dë lèkchou:nën]

På bio

1 – De visar en film ¹ av Ingmar Bergman i helgen ².
2 – Vilken?
3 – "Tystnaden". Vi kan gå in ³ gratis, min bror arbetar i biljettluckan.
4 – Vilken av ⁴ dina bröder ⁵?
5 – Johan, studenten, han extraknäcker på biografen.
6 – Och den andre ⁶, Jakob, vad sysslar han med?
7 – Han jobbar i charkavdelningen på Konsum.
8 – Utmärkt, vi går först och hämtar några gratispåsar chips på Konsum,
9 bara för att bryta tystnaden!

 Prononciation

... bi:-ou 1 ... vi:ssar ... ingmar bèryman' ... Hèlyën 3 tÿsnadën ... go-in' grâ:tis ... brou:r arbétar ... bilyètlŭk-kan' 4 ... breu:dër 5 you:Han' studèntën ... extraknèk-kër ... bi-ougrâ:fën 6 ... an'drë yâ:kop ... sÿslar ... 7 ... charkâvdélningën ... kon'sŭm 8 u:tmèrkt ... Hèmtar grâ:tispo:sar çips 9 ... brÿ:ta ...

 Notes

1 **film** signifie *film* ou *cinéma* en tant que septième art. Notez : **en stumfilm**, *un film muet*, **stumfilmen**, *le cinéma muet*. En tant que premier élément d'un mot composé, **film**, se traduit souvent par *cinématographique*.

2 **i helgen**, *ce week-end* : **på helgen**, *le week-end / pendant le week-end*.

3 **gå in**, avec la particule accentuée **in**, signifie *entrer*, sur le même modèle que **gå ner**, *descendre*, **gå ut**, *sortir*.

4 La préposition **av** signifie *de*. Mais attention : son champ sémantique est très restreint, et nous ne saurions insister suffisamment pour que

Trente-neuvième leçon

Au ciné

1 – On passe *(Ils montrent)* un film de Bergman ce week-end *(dans le-week-end)*.
2 – Lequel ?
3 – "Le silence". On peut entrer gratuitement, mon frère travaille au guichet.
4 – Lequel de tes frères ?
5 – Johan, l'étudiant, il fait des extra *(extra-casse)* au cinéma.
6 – Et l'autre, Jakob, il travaille dans quoi *(quoi s'occupe il avec)* ?
7 – Il bosse au rayon charcuterie de Konsum.
8 – Parfait, on va chercher d'abord quelques sachets de chips gratuits à Konsum,
9 histoire de *(seulement pour)* rompre le silence !

---

vous évitiez d'utiliser **av** à la place de **till** par exemple. **Av** s'emploie pour indiquer : la partie d'un tout, comme ici dans **vilken av dina bröder**, *lequel de (parmi) tes frères* ; l'origine ou l'agent : **en film av Bergman**, *un film de Bergman* ; la matière : **en klocka av guld**, *une montre en or*. On reconnaît souvent les étrangers quand ils parlent suédois, parce qu'ils utilisent fréquemment la préposition **av** là où l'usage en prescrit une autre. Vous n'avez pas oublié par exemple qu'on dit **numret till polisstationen**, *le numéro du commissariat*, **mor till två barn**, *mère de deux enfants*, quand il y a un rapport d'appartenance.

5 **bröder**, pluriel indéfini de **bror**, sur le modèle de **far**, *père*, **fäder**, *pères*. On retrouve la forme longue **broder** dans des composés : **broderskärleken**, *l'amour fraternel*.

6 **den andre**, *l'autre*, avec un **-e** final parce qu'il s'agit d'une personne de sexe masculin. Avec une personne de sexe féminin, on aurait **den andra**, *l'autre* (sœur, par exemple). Notez dans l'immédiat que **den** est ici l'article défini non neutre du singulier qui se place devant un adjectif.

Övning 1 – Översätt
❶ Vad sysslar din bror med? ❷ På helgen arbetar hon alltid i biljettluckan. ❸ Visa mig din film! ❹ Studenten hämtar en påse chips, sätter sig i soffan och tittar på en film av Bergman. ❺ Jag kommer och hämtar dig klockan sex.

***

Övning 2 – Fyll i med rätt ord
❶ Elle fait des extra au rayon charcuterie.
   Hon .... i charkavdelningen.

❷ Un film de Bergman.
   En film .. Bergman.

❸ Le grand et la grande.
   Den ..... och den ....

❹ Allez chercher des secours !
   .... !

❺ Lequel des cinémas ?
   Vilken .. ..?

Trente-neuvième leçon / 39

Corrigé de l'exercice 1
❶ Dans quoi travaille ton frère ? ❷ Le week-end, elle travaille toujours au guichet. ❸ Montre-moi ton film ! ❹ L'étudiant va chercher un sachet de chips, s'assied sur le canapé et regarde un film de Bergman. ❺ Je viens te chercher à six heures.

***

Corrigé de l'exercice 2
❶ – extraknäcker – ❷ – av – ❸ – store – stora ❹ Hämta hjälp ❺ – av biograferna

Vous n'aurez guère besoin d'un vocabulaire particulièrement étoffé pour comprendre le film **Tystnaden** *(1963), car il se passe pratiquement de tout dialogue.*
Sachez que tous les films et les séries télévisées passent en V.O. en Suède, avec sous-titres en suédois. Même les interviews du JT avec des célébrités ou des témoins de l'étranger sont sous-titrées, quelle que soit la langue en question.

Fyrtionde lektionen [fø^ht-tion'dë lèkchou:nën]

Klockan är bara barnet

1 – Om du vill så hämtar jag en spegel till dig.
2 – Vi har inte bråttom.
3 – Det säger du alltid när vi ska ¹ på kalass ².
4   Klockan är bara barnet,
5   och det tar tre sekunder att lägga make-up.
6 – Jag vill ta en promenad först.
7   Annars går mig Lindströms ³ på nerverna.
8 – Jag tycker de är trevliga, särskilt barnen ⁴.

Prononciation
klok-kan' ... bâ:^hnët **1** ... spé:gueul ... **2** ... brot-tom' **3** ... kalâ:s
5 ... sèkŭndër ... mèykŭp **6** ... proumënâ:d ... **7** an-na^hch ...
lindstreums ... nèrvë^hna **8** ... sè:^hchilt bâ:^hnën

Notes

1 Lorsque le verbe principal, surtout un verbe de mouvement, est sous-entendu, **ska** peut à lui seul exprimer ce verbe avec une valeur de futur proche. **Vi ska gå på bio** ou **Vi ska på bio**, *On va [aller] au ciné*. **Vart ska du?**, *Où vas-tu ?*

2 **kalas** signifie *fête* ou *soirée*, voire *banquet*, en général entre amis, et souvent bien arrosé. Lorsque des enfants fêtent leur anniversaire, ils ont coutume d'inviter leurs camarades à un **barnkalas** ou à un **födelse-dagskalas**, *fête d'anniversaire*. Retenez : **betala (för) kalaset**, *payer les pots cassés* ou *les violons*.

3 **Lindströms**, *les Lindström*. Le **-s** final n'est pas la marque du pluriel, mais celle du génitif, le seul cas qui subsiste en suédois. **Lindströms** est

Quarantième leçon

Il est encore tôt (L'heure est seulement l'enfant)

1 – Si tu veux, je vais *(alors vais je)* te chercher un miroir.
2 – On n'est pas pressés.
3 – Tu dis toujours ça *(Ça dis tu toujours)* quand on va [aller] à une fête.
4 Il est encore tôt *(l'heure est seulement l'enfant)*,
5 et ça prend trois secondes de *(à)* mettre du maquillage.
6 – Je veux faire *(prendre)* une promenade d'abord.
7 Sinon les Lindström vont me taper *(vont)* sur les nerfs.
8 – Je trouve [qu']ils sont sympathiques, surtout les enfants.

Remarque de prononciation

(7), (11) Vous pouvez accentuer légèrement l'article défini postposé du pluriel dans **nerverna** et **dagarna**, selon le modèle : **ner³ver⁰na¹, da³gar⁰na¹**. Notez bien l'assimilation du **r** final avec la désinence **-na**.

en réalité l'abréviation de **Lindströms familj**, *la famille de Lindström*. Nous y reviendrons.

4 **barnen**, *les enfants*. Vous savez déjà que pour obtenir la forme définie du pluriel, il suffit d'ajouter la désinence **-na** à celle du pluriel indéfini : **bilar**, *des voitures* ; **bilarna**, *les voitures* ; pour les neutres terminés par une consonne qui ne changent pas au pluriel indéfini, on ajoute la désinence **-en** : **barn**, *des enfants* ; **barnen**, *les enfants*. Vous aviez déjà fait connaissance de cette désinence du pluriel défini dans le proverbe signalé à la leçon 36 : **Stor i orden, liten på jorden**.

9 Sedan en vecka tillbaka [5] har de bredband hemma.
10 Så kan du leka [6] med dem på nätet.
11 – Nej tack, jag tillbringar dagarna framför datorn! ☐

9 sé:dan' ... vèk-ka ... bré:dban'd   10 ... lé:ka ... nè:tët
11 ... tilbringar dâ:gaʰna ... dâ:toʰn

Notes

5 sedan ... tillbaka : *depuis*. Sedan en vecka tillbaka, *depuis une semaine*. Sachez que depuis longtemps déjà, les Suédois ont l'habitude de préciser une période de l'année, comme celle de leurs vacances, en parlant en semaines, qui sont indiquées distinctement dans les agendas : **Jag har semester vecka 32**, *Je suis en vacances du 6 au 12 août* (litt. "J'ai vacance semaine 32").

***

Övning 1 – Översätt

❶ Barnen går mig på nerverna. ❷ Sedan två år tillbaka tar hans fru en promenad klockan tre på natten. ❸ Vad gör du annars på helgen? ❹ Om du vill så kan vi leka med barnen. ❺ Här är din spegel: så kan du lägga make-up.

***

Övning 2 – Fyll i med rätt ord

❶ C'est pratique, l'ADSL.
   Det är .... med ....

❷ Qui va payer les pots cassés ?
   Vem .... för ....?

❸ Regarde-toi dans la glace quand tu mets du maquillage !
   Titta dig i .... när du .... !

❹ Il est encore tôt.
   .... är ....

❺ Nos ordinateurs sont des produits d'importation.
   Våra .... är ....

Quarantième leçon / 40

9 Depuis une semaine *(en arrière)* ils ont l'ADSL *(large-bande)* à la maison.
10 Comme ça, tu pourras jouer avec eux sur la toile.
11 – Non, merci, je passe mes *(les)* journées devant l'ordinateur !

Remarque de prononciation
(11) le nom **dator**, d'invention relativement récente, se comporte comme **doktor** au pluriel. Reportez-vous à la leçon 32, note 1.

6 **leka**, *jouer*, mais à la différence de **spela**, c'est jouer sans règles. **Barnen leker**, *Les enfants jouent*. **Livet leker**, *C'est la belle vie*. **Livet leker för dig**, *La vie te sourit*.

***

Corrigé de l'exercice 1
❶ Les enfants me tapent sur les nerfs. ❷ Depuis deux ans, sa femme fait une promenade à trois heures du matin. ❸ Que fais-tu, sinon, le week-end ? ❹ Si tu veux, on peut jouer avec les enfants. ❺ Voici ton miroir : comme ça, tu peux te mettre du maquillage.

***

Corrigé de l'exercice 2
❶ – praktiskt – bredband ❷ – ska betala – kalaset ❸ – spegeln – lägger make-up ❹ Klockan – bara barnet ❺ – datorer – importvaror

hundrasjuttiofyra

Fyrtioförsta lektionen
[fø^htiføhcht<u>a</u> lèkch**ou**:nën]

Nyheterna

1 Bos<u>e</u> sitter och tittar på kv<u>ä</u>llsnyheterna¹.
2 – God <u>a</u>ft<u>on</u> ², id<u>a</u>g är det f<u>ör</u>st<u>a</u> april.
3 Statsministern f<u>y</u>ller tr<u>e</u>tti år på fr<u>e</u>dag.
4 Reg<u>e</u>ringen vill h<u>ö</u>ja m<u>o</u>msen ³
5 och förbj<u>u</u>da cd-sp<u>e</u>larna i sk<u>o</u>lorn<u>a</u>.
6 I m<u>o</u>rse ⁴ var det noll gr<u>a</u>der ⁵ i s<u>o</u>len.
7 I m<u>o</u>rg<u>on</u> blir ⁶ det regn.
8 God n<u>a</u>tt och sov gott.
9 – L<u>u</u>gn<u>a</u> dig, Bos<u>e</u>, det var ett apr<u>i</u>lsk<u>ä</u>mt.
10 – Ja visst ja.
11 – April, april, din ⁷ d<u>u</u>mm<u>a</u> s<u>i</u>ll!

n<u>ÿ</u>:Héte^hn<u>a</u> 3 statsministë^hn ... fré:dag 4 réyé:ringuën ... Heu-y<u>a</u> momsën 5 ... førbiu:da cé:déspél<u>a</u>^hn<u>a</u> i sk<u>ou</u>:lou^hn<u>a</u> 6 ... mo^hchë ... 9 lŭngn<u>a</u> ... aprilchèmt 11 ... dŭm-m<u>a</u> sil

Notes

1 Le premier élément du composé **kvällsnyheterna** contient le nom **kväll**, *soir*. **God kväll!**, *Bonsoir !* ; **I kväll ska vi gå på bio**, *Ce soir nous irons au ciné*. Notez ces expressions : **I går kväll**, *hier soir* ; **i morgon kväll**, *demain soir* ; **klockan tio på kvällen**, *à dix heures du soir* ; **på kvällen**, *le soir*. Enfin **God kväll i stugan!** correspond à peu près à notre *Bonsoir, la compagnie !*

2 **afton**, *soir, soirée*, est plus soutenu que **kväll** ; **i afton**, *ce soir*.

***

Övning 1 – Översätt

❶ I morse hade statsministern ont i halsen. ❷ Gustav fyller år i helgen. ❸ I skolorna tillbringar barnen dagarna framför datorn. ❹ Inklusive moms. ❺ Jag kommer på fredag.

Quarante et unième leçon

Les nouvelles

1 Bosse est en train de regarder les actualités du soir.
2 – Bonsoir, aujourd'hui, c'est [le] premier avril.
3 Le premier ministre *(État-ministre)* aura *(remplit)* trente ans vendredi *(sur vendredi)*.
4 Le gouvernement veut augmenter la TVA
5 et interdire les lecteurs de CD dans les écoles.
6 Ce matin, il faisait *(était)* zéro degré *(degrés)* au soleil.
7 Demain, il y aura de la pluie *(devient pluie)*.
8 Bonne nuit et dormez bien.
9 – Calme-toi, Bosse, c'était un poisson *(une plaisanterie)* d'avril.
10 – Bon sang, oui *(Bien sûr oui)*.
11 – Poisson d'avril *(avril avril ton stupide hareng)* !

---

3 momsen, *la TVA*. De l'ordre de 25 %, mais 12 % sur les produits d'alimentation !

4 i morse, *ce matin* (du jour où on parle) ; **i går morse**, *hier matin*.

5 grader, *degrés*, au pluriel en suédois, bien que précédé de *noll*, *zéro*. Caprice de la langue, comme si le pluriel donnait une sensation de chaleur !

6 Vous retrouvez ici le verbe **bli**, *devenir* ou *être* (souvent avec un adjectif), *faire* (quand on parle d'un prix à payer), que vous connaissez depuis la leçon 22, note 4, ici dans le sens de *survenir*, mais toujours avec une notion de futur : **Det blir solsken**, *Il fera soleil / Il y aura du soleil*.

7 din, *ton*, qu'il faut rendre ici par *espèce de* (cf. **din drömmare!** de la leçon 23, phrase 10). **Din dumma sill!** signifie donc *Espèce de hareng stupide !*

***

Corrigé de l'exercice 1

❶ Ce matin, le premier ministre avait mal à la gorge. ❷ Ce week-end, c'est l'anniversaire de Gustav. ❸ Dans les écoles, les enfants passent leur journée devant l'ordinateur. ❹ TTC. ❺ Je viendrai vendredi.

Övning 2 – Fyll i med rätt ord

❶ Calme-toi, ce n'était qu'une plaisanterie.
..... dig, det .... ett ......

❷ Ce matin, les nouvelles étaient mauvaises.
.... dåliga.

❸ Le premier ministre ne dort pas bien depuis une semaine.
Statsministern ..... inte .... en vecka ....

En Suède, **sill,** *le hareng, est souvent consommé accompagné de pommes de terre,* **sill med potatis***.*
Le 1ᵉʳ avril est donc comme chez nous le jour où l'on s'amuse à jouer des tours à son entourage. Même la presse quotidienne contient au moins un article mystificateur. Le 30 avril, **sista april,** *est l'occasion en Suède de célébrer la fin de l'hiver et l'arrivée du printemps, même si des flocons de neige s'évertuent à éteindre les feux qui sont allumés sur les hauteurs afin d'être visibles de loin. Ce soir-là, veille du 1ᵉʳ mai, c'est-à-dire veille de la sainte* Walpurgis, **Valborg** *en suédois, hommes et femmes accoutrés de leur casquette blanche de bachelier, entonnent des chants traditionnels. Plus tard dans la soirée, une fois les feux éteints et les sorcières de*

Fyrtioandra lektionen
[føʰtian'dra lèkchou:nën]

Repetition – Révision

1 Le pluriel défini

Vous avez rencontré toutes les désinences du pluriel défini, que nous résumons à présent pour toutes les déclinaisons. Pour plus de détails, nous vous invitons déjà à consulter l'appendice grammatical.

Déclinaison	Singulier	Pluriel indéfini	Pluriel défini
1	flicka, flicka**n**	flick**or**	flick**or**na

Quarante-deuxième leçon / 42

❹ Elle aura cinquante ans demain.
Hon ...... femti (år) i morgon.

❺ Il fait souvent zéro degré le matin.
Det .. ofta .... på ....

Corrigé de l'exercice 2
❶ Lugna – var bara – skämt ❷ I morse var nyheterna – ❸ – sover – gott sedan – tillbaka ❹ – fyller – ❺ – är – noll grader – morgonen

la nuit de Walpurgis exorcisées, le chant choral ne contient plus que des chansons à boire scandées par des hoquets.
Aprilväder *signifie certes temps d'avril, mais sous nos latitudes ce mot correspond aux* giboulées de mars.

Quarante-deuxième leçon

2	gubbe, gubben	gubbar	gubbarna
3	kavaj, kavajen	kavajer	kavajerna
	tand, tanden	tänder	tänderna
	land, landet	länder	länderna
4	födelse, födelsen	födelser	födelserna
5	frimärke, frimärket	frimärken	frimärkena
6	barn, barnet	barn	barnen
	handlare, handlaren	handlare	handlarna

Les seuls noms qui n'ont pas la désinence **-na** au pluriel défini sont par conséquent les neutres terminés par une consonne (à certaines exceptions près). Cependant, dans la langue parlée, sauf dans le sud de la Suède, vous entendrez **barna**, *les enfants* ; **husena**, *les maisons*.

2 La préposition "i" dans des expressions temporelles

i dag, *aujourd'hui*, **i natt**, *cette nuit* (*celle qui vient ou celle qui est passée*), **i går natt**, *la nuit dernière*, **i morse**, *ce matin*, **i morgon**, *demain*.
Avec un nom de saison : **i höst**, *cet automne* (qui vient).
Avec un nom de mois : **i april**, *en avril*.
i veckan, *cette semaine*.
i helgen, *ce week-end*.
i dagarna, a valeur de futur ou de passé : *ces jours-ci*, ou *dernièrement*, *tout récemment*.

3 L'impératif

Vous savez déjà le former à la deuxième personne qui est identique pour le singulier et le pluriel. Rappelons les principes de formation :
L'impératif est identique à l'infinitif lorsqu'un verbe prend la désinence **-ar** au présent, comme **hämta**, ou quand il s'agit d'un monosyllabique qui prend la désinence **-r** au présent, comme **tro**. Dans les autres cas, l'impératif est en général identique au radical du verbe.
Jag hämtar min cykel, *Je vais chercher mon vélo*, donc : **Hämta min cykel!**, *Va/Allez chercher mon vélo !*
Jag tror inte det, *Je ne le crois pas*, donc : **Tro inte vad han säger!**, *Ne crois / Ne croyez pas ce qu'il dit !*
Han hjälper mig, *Il m'aide*, donc : **Hjälp mig!**, *Aide-moi / Aidez-moi !*
Pour la première personne du pluriel, la langue suédoise a aujourd'hui recours à des tournures périphrastiques. Vous en connaissez une depuis la leçon 26, phrase 1 : **Nu skickar vi ett vykort till din mor!**, *Envoyons une carte postale à ta mère !* Autre exemple : **Nu leker vi!**, *Jouons / Allons jouer !*, voire *Allez jouer maintenant !*, si c'est une maîtresse qui parle aux enfants au moment de la récréation (un peu sur le modèle : *"on va faire dodo maintenant"*).

Quarante-deuxième leçon / 42

Une autre possibilité consiste à utiliser le verbe **komma**, *venir* : **Kom så går vi!**, *Allons-nous-en !*
La langue écrite connaît une tournure avec le verbe **låta**, *laisser*, qui est pratiquement tombé en désuétude aujourd'hui, mais que vous pourrez rencontrer en littérature : **Låt oss stanna en vecka till!**, *Restons encore une semaine !*

4 Politesse à la suédoise

L'impératif est ressenti par les Suédois comme une forme d'interpellation plutôt brusque et trop directe. C'est peut-être la raison pour laquelle la langue a mis au point tout un dispositif complexe de formes de politesse qui peuvent paraître assez tortueuses.
Retenez les expressions : **Får jag / vi betala?**, *L'addition, s'il vous plaît !* Ici, le verbe **få** est modal (*avoir la permission*), mais pas dans les phrases suivantes : **Kan jag få mjölken?**, *Tu peux / Vous pouvez me passer le lait ?* (litt. "Puis je obtenir le lait ?") ; **Kan jag / vi få notan?**, *L'addition, s'il vous plaît !*
L'adjectif **snäll**, *gentil*, est également utilisé dans certaines tournures avec le sens de *s'il te plaît* : **Snälla, får jag låna din cykel?**, *Je peux emprunter ton vélo, s'il te plaît ?*
Autre expression, très polie, avec l'impératif du verbe **vara**, un peu sur le modèle de **var så god** : **Var snäll och** + impératif d'un verbe : **Var snäll och hämta tidningen!**, *Veuillez aller chercher le journal !*
Är du snäll marque un certain degré d'irritation tout en restant courtois : **Ställ dig i kön, är du snäll!**, *Pourriez-vous vous mettre à / faire la queue ?*
Vill du vara så snäll och ställa dig i kön ne cache plus l'irritation. Il est possible d'utiliser l'adjectif **vänlig**, *aimable*, dans une tournure analogue : **Vill du vara vänlig och ställa dig i kön**, *Ayez l'amabilité de faire la queue !*
Vous avez également rencontré l'expression **Var god dröj!**, *Ne quittez pas, s'il vous plaît !*
Retenez aussi : **tack så mycket**, *merci beaucoup* ; **tusen tack!**, *mille mercis !* ; **tack ska du ha!**, *Je te/vous remercie !* ; **tackar!**, *merci !*
Ces courbettes disparaissent dans les formules de politesse à la fin des lettres : **Med vänlig hälsning** (litt. "Avec aimable salutation"), souvent abrégé **mvh** quand on est pressé (!), suffit à rendre notre *Veuillez agréer, cher Monsieur, l'expression de mes salutations les plus distinguées*.

5 Civilités autour de la réforme du tutoiement

Le tutoiement, généralisé depuis les années 1970, sauf envers sa Majesté le roi, n'a pas toujours été de mise. Au début du XXe siècle, la troisième personne du singulier, **han** ou **hon**, était parfois utilisée pour s'adresser à une personne de sexe masculin ou féminin. Il était également possible d'avoir recours au titre, comme **direktör** ou **lektor**, et donc toujours à la troisième personne, si toutefois la personne en question en possédait un. Cet usage subsiste aujourd'hui avec les titres **doktor**, pour s'adresser au médecin, **syster**, pour parler à une infirmière ou un infirmier, et **fröken**, pour interpeller la maîtresse ou le maître d'école !
Pour rompre la rigidité de ces règles de civilité, notamment dans

***

▶ Repetitionsdialog

1 – Vad sysslar din far med?
2 – Han är polis i Stockholm.
3 – Arbetar din mor?
4 – Hon jobbar på ett apotek i Lund.
5 – Så du ser dem aldrig?
6 – Bara när jag fyller år, en gång om året.
7 Det är bättre så, de går mig alltid på nerverna.
8 – Verkligen?
9 – Min mor tror att jag ska bli doktor och hjälpa sjuka barn.
10 Min far tycker jag ska bli statsminister och förbjuda barn att säga "Polis, polis, potatisgris".
11 De är tokiga.
12 Jag vill göra film som Ingmar Bergman.
13 – Det var en nyhet för mig!

***

▶ Övning – Översätt

❶ Hämta barnen! ❷ Hjälp flickorna i helgen! ❸ Frimärkena är vackra i Sverige. ❹ Gubbarna var snälla. ❺ Lägg tidningarna på stolen! ❻ Ställ glasen på bordet! ❼ Lugna dig och sätt dig!

Quarante-deuxième leçon / 42

les milieux universitaires et militaires, il fallait déposer les titres, **lägga bort titlarna**. Le plus âgé déclinait son nom et l'année de son baccalauréat, **Gustafsson**, **39**, le plus jeune faisait de même, **Andersson**, **42**, le plus âgé répondait **Tack ska Du ha !** Cette camaraderie était ensuite scellée en allant boire un ou plutôt plusieurs coups, **dricka brorskål** ou **du-skål**, sans doute pour faire passer plus facilement ce frais tutoiement. On devenait alors **dubroder**, un frère auquel on peut dire "tu". **Skål!** *Santé ! À la tienne !*

Jusqu'à la fin des années 1960, le pronom **ni / Ni** pouvait être utilisé pour s'adresser à des personnes d'un rang inférieur. Depuis la fin des années 1990, ce pronom refait une timide apparition, notamment dans le secteur des services. Il était outrageant de l'utiliser envers une personne avec laquelle on avait "fraternisé".

***

Traduction

1 Dans quoi travaille ton père ? **2** Il est policier à Stockholm. **3** Est-ce que ta mère travaille ? **4** Elle bosse dans une pharmacie de Lund. **5** C'est la raison pour laquelle tu ne les vois jamais ? **6** Seulement quand c'est mon anniversaire, une fois par an. **7** C'est mieux ainsi, ils me tapent toujours sur les nerfs. **8** Vraiment ? **9** Ma mère croit que je vais devenir docteur et aider les enfants malades. **10** Mon père trouve que je dois devenir premier ministre et interdire aux enfants de dire "Vingt-deux, v'là les flics". **11** Ils sont cinglés. **12** Je veux faire du cinéma comme Ingmar Bergman. **13** Première nouvelle !

***

Corrigé

❶ Allez chercher les enfants ! ❷ Aidez les filles ce week-end ! ❸ Les timbres sont beaux en Suède. ❹ Les bonshommes étaient gentils. ❺ Pose les journaux sur la chaise ! ❻ Pose les verres sur la table ! ❼ Calme-toi et assieds-toi !

Puisque vous abordez cette nouvelle série de leçons, c'est que vous n'avez pas décroché ! Bravo ! C'est la preuve que nous irons ensemble jusqu'au bout. Il reste certes encore du chemin à faire, mais votre vocabulaire s'étoffe, et vous comprenez mieux, intuitivement, le sens

Fyrtiotredje lektionen

På centralstationen

1 – Hur dags går nästa tåg till Umeå?
2 – Klockan fjorton och fyrtiofem.
3 – Förlåt?
4 – Kvart i tre.
5 – Hur dags kommer tåget fram [1] till Umeå?
6 – Klockan två.
7 – Klockan två på natten?
8 – Ja.
9 – Går det direkt till Umeå?
10 – Nej, du måste byta [2] tåg i Stockholm.
11 – Hur mycket kostar en tur-och returbiljett Malmö-Umeå?

Prononciation

… sen'trâ:lstach<u>ou</u>:nën **1** … daks … nèst<u>a</u> … **u**:më<u>o</u> … **2** fiou^hton' … fø^htifèm **3** fø^hlo:t' **9** … direct … **10** … bÿ:t<u>a</u> … st**o**ckH<u>o</u>lm **11** … rètu:rbilyèt … malm<u>eu</u> …

Notes

1 Vous connaissez le verbe **komma**, *venir*, et **komma tillbaka**, *revenir* ; **Komma fram** signifie *arriver* : **Komma fram till Stockholm**, *arriver à Stockholm*.

des phrases de nos dialogues. Nous continuerons donc, mais toujours comme le Petit Poucet, à semer çà et là des repères sous forme de structures grammaticales qui vous permettront de vous orienter dans cette forêt enchantée et chantante qu'est la langue suédoise.

Quarante-troisième leçon

À la gare centrale

1 – À quelle heure part [le] prochain train pour *(vers)* Umeå ?
2 – À quatorze heures quarante-cinq *(L'horloge quatorze et quarante-cinq)*.
3 – Pardon ?
4 – Trois heures moins le quart *(Quart en trois)*.
5 – À quelle heure est-ce que le train arrive à Umeå ?
6 – À deux heures *(L'horloge deux)*.
7 – À deux heures du matin *(L'horloge deux sur la-nuit)* ?
8 – Oui.
9 – C'est un train direct pour Umeå *(Va il directement vers Umeå)* ?
10 – Non, il faut que vous changiez [de] train à Stockholm.
11 – Combien *(Comment beaucoup)* coûte un billet aller-retour Malmö-Umeå ?

---

2 **byta**, *changer*, est transitif en suédois : **Byta bil**, *changer de voiture* ; **Byta fru**, *changer de femme* ; **Byta frimärken**, *échanger des timbres*.

43 / Fyrtiotredje lektionen

12 – Det beror på [3].
13 – Vad beror det på?
14 – Det beror på din ålder.
15 – Jag är sextiofem.
16 – I så fall får du pensionärsrabatt.
17 – Men jag är inte pensionär.
18 – Jobbar du fortfarande [4]?
19 – På sätt och vis [5] ja: jag är tippare på heltid.

12 ...bèrour ...14 ...oldër 15 ...sèxtifèm 16 ...pangchounè:ʰchrabatt 18 ... fouʰtfâːranˈdë 19 ... tip-parë ... héːltiːd

Notes

3 **Det beror på**, *Ça dépend*. Notez bien que la préposition **på** n'est pas accentuée. **Vad beror det på ?**, *De quoi ça dépend ?* Nous avions une construction identique à la leçon 39, phrase 6 : **Vad sysslar han med?**, *Dans quoi travaille-t-il ?*

4 **fortfarande**, *toujours (et encore)*. Ainsi, **Hon är fortfarande sjuk**, signifie *Elle est toujours/encore malade*, c'est-à-dire : *Elle n'est pas guérie*. Notez la différence avec : **Hon är alltid sjuk**, *Elle est toujours / tout le temps malade*.

5 **på sätt och vis**, *en quelque sorte*. **Sätt** et **vis** sont synonymes, tous les deux se traduisant par *façon*, *manière* : **ett bra/dåligt sätt**, *une bonne/ mauvaise façon* ; **på svenskt sätt**, *à la (mode) suédoise*. **Vis** peut faire

***

Övning 1 – Översätt

❶ När du kommer fram till Stockholm så ska du byta tåg. ❷ Tåget till Stockholm och tåget från Malmö. ❸ Hur mycket kostar en biljett till Umeå ? ❹ Pensionärerna i Umeå får inte rabatt. ❺ Är Umeå nästa station?

Quarante-troisième leçon / 43

12 – Ça dépend *(sur)*.
13 – Ça dépend de quoi *(Quoi dépend ça sur)* ?
14 – Ça dépend de *(sur)* votre âge.
15 – J'ai soixante-cinq ans *(Je suis soixante-cinq)*.
16 – En ce cas *(En ainsi cas)* vous aurez *(obtenez)* [la] réduction de retraité.
17 – Mais je ne suis pas retraité.
18 – Vous travaillez toujours ?
19 – En quelque sorte oui : je suis pronostiqueur à temps plein *(sur entier-temps)*.

fonction de suffixe : **månadsvis**, *par mois, mensuellement*. Si ce suffixe est placé après un adjectif, celui-ci prend la forme du neutre : **vanligtvis**, *habituellement, d'habitude*. Notez avec le nom **liter**, *litre* : **Svenskarna dricker litervis med kaffe**, *Les Suédois boivent des litres de café*.

***

Corrigé de l'exercice 1

❶ Tu devras changer de train quand tu arriveras à Stockholm. ❷ Le train *(à destination)* de Stockholm et le train *(en provenance)* de Malmö. ❸ Combien coûte un billet pour Umeå ? ❹ Les retraités d'Umeå n'ont pas droit à une réduction. ❺ Est-ce que Umeå est le prochain arrêt *(la prochaine gare)* ?

Övning 2 – Fyll i med rätt ord

❶ Ça dépend toujours de toi.
   Det .... dig.

❷ Vous voulez qu'on change de place ?
   ... vi .... plats?

❸ À quelle heure changeras-tu de train ?
   .... byter du ... ?

❹ En quelque sorte, elle est toujours malade.
   ...... och ... är hon ...... sjuk.

❺ J'aurai une remise si j'ai soixante-cinq ans ?
   Får jag ...... om jag .. sextiofem?

Fyrtiofjärde lektionen

Vi tycker om ' att resa

1 – Förra året var min man och jag på bröllopsresa i Italien.
2 – Hade ni roligt där?
3 – Badorten var idyllisk, maten exotisk och vinet fylligt.
4 – Det var roligt att höra!

Prononciation
*vitÿkerom' ... ré:ssa 1 før-ra ... brøl-lopsré:ssa ... itâ:lyën
2 ... rou:lit' dè:r 3 bâ:dou^htën idÿl-lisk ... èkso:tisk ... fÿl-lit'*

Remarque de prononciation
(1), (6) Italien, avec un **a** long et son timbre caractéristique *[â:]*, mais Spanien, avec un **a** long et avec le timbre du **a** bref.

Corrigé de l'exercice 2
❶ – beror fortfarande på – ❷ Ska – byta – ❸ Hur dags – tåg ❹ På sätt – vis – alltid – ❺ – rabatt – är –

*Le **tippare** est celui qui joue au **tips**, **spelar på tips**. Il s'agit d'un jeu de pronostics, ou loto sportif, très populaire en Suède. Les parieurs engagent de petites sommes sur le résultat des douze ou treize matchs de foot hebdomadaires ou de hockey…, bien sûr dans l'espoir de devenir millionnaires.*

Quarante-quatrième leçon

Nous aimons voyager

1 – L'année dernière *(Précédente l'année)*, mon mari et moi avons été en voyage de noces en Italie.
2 – Vous vous y êtes bien amusés *(Aviez vous amusant là)* ?
3 – La station balnéaire *(Le-lieu-de-bain)* était idyllique, la nourriture exotique et le vin corsé *(étoffé)*.
4 – Ça me fait plaisir de l'entendre *(C'était amusant à entendre)*.

Notes
1 Vous connaissez **tycka**, *estimer*, *trouver*, *penser* ; **tycka om** signifie *(bien) aimer*, **om** étant ici une particule accentuée : **Hon tycker om mat**, *Elle aime la nourriture / Elle aime bien manger*.

44 / Fyrtiofjärdje lektionen

5 – Därför tänker ² jag boka en ny ³ resa på din resebyrå.
6 Nästa år tänker vi resa till Spanien.
7 – Ni är hela tiden på resande ⁴ fot, med andra ord.
8 – Ja, vi tycker om att resa.
9 Men nästa år är vi tre.
10 – Är du med barn?
11 – Saken är den att ⁵ min svärmor ska följa med ⁶. ☐

Prononciation

5 dè:rfør … bou:ka … 6 spa:nyën 7 … Hé:la … ré:ssan'dë fou:t' … an'dra … 8 vityker om' 11 sâ:kën è dé:n … svè:rmou:r … følyamé:

Notes

2 **tänka**, *penser*, rend aussi notre *avoir l'intention de / compter (faire)* quand il est suivi d'un verbe à l'infinitif : **Vi tänker resa till Italien**, *Nous comptons partir en Italie.*

3 L'adjectif **ny** a deux significations. Vous connaissez la première, *neuf*, (**en ny bil**, *une voiture neuve*). Ici, il se traduit par *nouveau*. Les adjectifs monosyllabiques qui se terminent par une voyelle prennent **-tt** au neutre indéfini : **Gott nytt år!**, *Bonne année !*

4 **resande** est le participe présent du verbe **resa**. On forme le participe présent, qui reste invariable, en ajoutant **-nde** à l'infinitif, **-ende** si le verbe est monosyllabique. Ainsi, **lekande barn**, (litt. "jouants enfants"), figure parfois sur les panneaux à l'entrée d'un quartier où des enfants ont l'habitude de jouer. Notez aussi : **Ett leende ansikte**, *un visage souriant.*

5 **att** est ici une conjonction de subordination ; c'est le *que* du français. À ne pas confondre avec **att**, marque de l'infinitif, que vous trouvez dans

Quarante-quatrième leçon / 44

5 – C'est pourquoi j'ai l'intention de réserver *(je pense réserver)* un nouveau voyage à votre agence de voyages.
6 L'année prochaine, nous comptons aller en *(pensons voyager vers)* Espagne.
7 – Vous êtes tout le temps en voyage *(sur voyageant pied)*, autrement dit *(avec autres mots)* ?
8 – Oui, nous aimons voyager.
9 Mais l'année prochaine nous serons *(sommes)* trois.
10 – Vous êtes enceinte *(avec enfant)* ?
11 – En fait, *(La-chose est celle que)* ma belle-mère va [nous] accompagner *(suivre avec)*.

les phrases **Det var roligt att höra**, *Ça fait plaisir à entendre*, et **Vi tycker om att resa**, *Nous aimons voyager*. Après certains verbes, comme **tänka**, la marque de l'infinitif est omise : **Hon tänker boka en resa**, *Elle a l'intention de réserver un voyage*.

6 **följa med**, *accompagner* ; **följa**, *suivre*. **Med** est ici une particule accentuée, au même titre que **om** dans **tycka om**. La particule accentuée modifie considérablement le sens du verbe qui la précède.

Övning 1 – Översätt
1. Hade du roligt hos din svärmor? 2. Han är mycket rolig. 3. Jag tycker om min svärmor. 4. Förra året var vi tre. 5. Därför har jag hela tiden ont i fötterna.

***

Övning 2 – Fyll i med rätt ord
1. C'est nouveau ?
   Är det ....?

2. Le voyage était exotique, autrement dit.
   Resan ...., ... ord.

3. Vous êtes enceinte ?
   .. du ....?

4. L'année dernière, ma belle-mère était tout le temps en voyage.
   .... var min .... hela tiden på .... fot.

5. Ça me fait plaisir de l'entendre !
   Det .... att .... !

Fyrtiofemte lektionen

Vad gäller det?

1 – Goddag, jag har ett möte med fastighetsmäklaren.
2 – Hur dags?
3 – Klockan kvart över nio.

Prononciation
... yèl-lë^hdé   1 ... meu:të ... fastiHètsmè:klarën   3 ... ni:you
4 ... fø^hché:nad ...

Corrigé de l'exercice 1
❶ Tu t'es bien amusé chez ta belle-mère ? ❷ Il est très drôle. ❸ J'aime ma belle-mère. ❹ L'année dernière, nous étions trois. ❺ C'est pour ça que j'ai tout le temps mal aux pieds.

***

Corrigé de l'exercice 2
❶ – nytt ❷ – var exotisk, med andra – ❸ Är – med barn ❹ Förra året – svärmor – resande – ❺ – var roligt – höra

Pour finir, un vieux proverbe suédois où il est question d'une belle-mère : **Fan visste inte att han var i helvetet förrän hans svärmor kom dit**, Le diable ne savait pas qu'il était en enfer avant que sa belle-mère n'y arrive.

Quarante-cinquième leçon

C'est pour quoi ?

1 – Bonjour, j'ai rendez-vous *(une rencontre/réunion)* avec l'agent immobilier.
2 – À quelle heure ?
3 – À neuf heures et quart *(L'heure quart par-dessus neuf)*.

hundranittiotvå

45 / Fyrtiofemte lektionen

4 – Han är försenad [1] idag,
5 du måste vänta på honom ett tag.
6 Men vad gäller [2] det?
7 – Jag söker en liten lägenhet med kokvrå i en lugn förort.
8 Hyran är alldeles [3] för hög i stan.
9 – Är du beredd att stiga upp tidigare om morgnarna
10 och att pendla [4] fem dagar i veckan, tjugotvå gånger i månaden,
11 elva månader om året,
12 precis som min chef?
13 – Bara [5] jag slipper [6] komma i tid till kontoret! ☐

Prononciation

4 ... fø^hché:nad ... 5 ... tâ:g ... 7 ... seu:kër ... lè:gënHé:t ... kou:kvro: ... fø:rou^ht 8 Hÿ:ran' ... aldëlës ... Heu:g ... 9 ... bèrèd ... mo:^hna^hna 10 ... pèn'dla ... 12 ... chè:f 13 ... slip-për ... kon'tou:rët

Notes

1 försenad est le participe passé du verbe **försena**, *retarder*. Comme ce verbe se conjugue au présent avec la désinence **-ar**, il forme son participe passé comme suit : **försenad** avec un non neutre (**Hennes man är försenad**, *Son mari est en retard*), **försenat** avec un neutre (**Tåget är försenat**, *Le train a du retard*), **Försenade** au pluriel (**De är försenade**, *Ils sont en retard*). Le participe passé est utilisé avec les verbes **vara**, *être*, et **bli**, *devenir*. Il se comporte également comme un adjectif épithète : **en försenad chef**, *un patron en retard* ; **ett försenat tåg**, *un train en retard*, **försenade tåg** ; *des trains en retard*. Notez aussi : **Hon är tio minuter / en kvart försenad**, *Elle a dix minutes / un quart d'heure de retard*.

Quarante-cinquième leçon / 45

4 – Il est en retard *(retardé)* aujourd'hui,
5 il faut que vous l'attendiez un moment.
6 Mais de quoi s'agit-il ?
7 – Je cherche un petit appartement avec coin cuisine dans une banlieue calme.
8 Les loyers *(Le-loyer)* sont beaucoup trop élevés *(haut)* en ville.
9 – Êtes-vous prête à vous lever plus tôt le matin *(sur les-matins)*
10 et à faire la navette cinq jours par *(en la)* semaine, vingt-deux fois par *(en le)* mois,
11 onze mois par *(sur l')* an,
12 exactement comme mon chef ?
13 – Pourvu que je sois dispensée d'arriver à l'heure au bureau !

2 gäller, présent du verbe gälla, *concerner* : **Det gäller dig/oss**, *Cela te/nous concerne* ; **Vad gäller det?** ou **Vad gäller saken?**, *De quoi s'agit-il ?*, *De quoi est-il question ?* ; **Det gäller livet**, *C'est une question de vie.*

3 L'adverbe **alldeles** signifie *tout à fait, complètement* : **Det är alldeles riktigt**, *C'est tout à fait juste* ; **Hon är alldeles ensam**, *Elle est toute seule*. Cependant, **alldeles** se traduit par *beaucoup* quand il précède l'adverbe de quantité **för**, *trop* : **Skjortan är alldeles för stor**, *La chemise est beaucoup trop grande.*

4 **pendla**, *osciller*, mais aussi *faire la navette*. Notez que **pendeltåg**, signifie *train de banlieue*. On dit aussi **förortståg**.

5 **bara** n'est pas ici l'adverbe que vous connaissez déjà, mais une conjonction conditionnelle (= **bara om**) qu'on traduit par *pourvu que* ou *si seulement*.

6 **slipper**, présent du verbe **slippa**, *ne pas être obligé de*, *être dispensé de*, *ne pas avoir à (faire qch.)*. Comme **tänka**, *avoir l'intention de*, ce verbe n'est pas suivi de la marque de l'infinitif **att**.

45 / Fyrtiofemte lektionen

▶ Övning 1 – Översätt
❶ Jag har ett möte med chefen. ❷ Vi måste betala hyran en gång i månaden. ❸ Bara jag slipper vänta på henne i lägenheten! ❹ Vanligtvis kommer fastighetsmäklaren tidigare, han är försenad idag. ❺ Lugna dagar på kontoret.

***

Övning 2 – Fyll i med rätt ord
❶ Cinq semaines par an.
   Fem .... året.

❷ Une fois par semaine.
   .... veckan.

❸ Quatre jours par mois.
   .... månaden.

❹ Elles sont en retard d'un quart d'heure.
   De är ....

❺ Cela nous concerne.
   Det ....

Quarante-cinquième leçon / 45

Corrigé de l'exercice 1
❶ J'ai rendez-vous avec le patron. ❷ Nous devons payer le loyer une fois par mois. ❸ Pourvu que je n'aie pas à l'attendre dans l'appartement ! ❹ D'habitude, l'agent immobilier arrive plus tôt, il est en retard aujourd'hui. ❺ Des journées tranquilles au bureau.

***

Corrigé de l'exercice 2
❶ – veckor om – ❷ En gång i – ❸ Fyra dagar i – ❹ – en kvart försenade ❺ – gäller oss

Les heures de bureau, **kontorstiden**, ne correspondent pas exactement aux nôtres. En général, les employés rentrent plus tôt à la maison. Cependant, aux heures de pointe, **vid rusningstid**, il est préférable de prendre le bus ou le train de banlieue, **bussen eller pendeltåget !**

Fyrtiosjätte lektionen

Ungkarlsvanor

1 Det knackar på dörren
2 när farbror Karl håller på [1] att raka sig.
3 Han öppnar sakta dörren och står plötsligt
4 ansikte mot ansikte med en jämnårig [2] dam.
5 – Godmorgon, jag är din nya [3] städhjälp.
6 – Stig in!
7 – Tack, mitt namn är Gun.
8 – Jag heter Karl och är ungkarl.
9 – Var ska jag börja nånstans?

Prononciation
ŭngkâʰchvâ:nour 1 ... knak-kar ... dør-rën 2 ... fâ:rbrou:r kâ:l Hollërpo: ... râ:ka ... 3 ... eupnar ... pleutslit' ... 4 ... jèmno:ri ... 5 ... nÿ:-a stè:dyèlp 6 stigin' 7 ... namn ... gŭn 8 ... kâ:l ... ŭngkâ:r 9 ... børya ...

Notes

1 **hålla på**, avec la particule accentuée, rend notre *être en train de*. Il est parfois suivi de la préposition **med** : **Karl håller på (med) att raka sig**, *Karl est en train de se raser* ; **Vad håller du på med?**, *Qu'est-ce que tu fabriques ?* Le verbe **hålla** signifie *tenir* : **Hon håller barnet i handen**, *Elle tient l'enfant par la main*.

2 Dans **jämnårig**, vous reconnaissez le nom **år**, *an / année*. L'adjectif **årig** ne se rencontre jamais seul ; il peut être précédé par un nombre : **tvååriga barn**, *des enfants de deux ans* ; **Jämnårig**, *du même âge* ; **De är jämnåriga**, *Ils ont le même âge* ; **hans jämnåriga**, *les gens de sa génération*. L'adjectif **jämn**, *égal, uni, régulier*, apparaît dans quelques expressions courantes : **Det är jämnt!**, *Gardez la monnaie !* Une caissière comptera l'argent que vous lui donnez et en constatant que vous avez fait l'appoint, elle dira : **Jämna pengar, tack!**, *Merci, le compte est*

Quarante-sixième leçon

Habitudes de vieux garçon
(Habitudes-de-jeune-type)

1 On frappe à *(Cela cogne sur)* la porte
2 quand [l']oncle Karl est en train de se raser.
3 Il ouvre doucement la porte et se trouve *(est debout)* soudain
4 face à face *(visage contre visage)* avec une dame du même âge.
5 – Bonjour, je suis votre nouvelle aide-ménagère.
6 – Entrez !
7 – Merci, je m'appelle *(mon nom est)* Gun.
8 – Je m'appelle Karl et je suis célibataire.
9 – [Par] où voulez-vous que je commence ?

bon ! Vous vous souvenez de l'expression **Jag fyller år**, *C'est mon anniversaire* ; **Han fyller jämnt**, *C'est son dixième, vingtième, trentième, etc. anniversaire.* Les Suédois aiment marquer le coup à chaque décennie.

3 **din nya** : notez bien le **-a** qu'on ajoute à l'adjectif après un pronom possessif. Vous le connaissiez déjà depuis l'expression **Din dumma sill**, *Poisson d'Avril !* ; **hans nya bil**, *sa nouvelle voiture* ; **deras nya vanor**, *leurs nouvelles habitudes.* Après un pronom possessif, l'adjectif prend donc la même forme que celle qu'il a au pluriel.

10 – Du kan lämna [4] tillbaka tomflaskorna [5].
11 Jag tar hand om [6] resten.

10 ... lèmna ... tou:mflaskouʰna   11 ... Han'd ... rèstën

Notes

[4] Le verbe **lämna** peut signifier *laisser, quitter, abandonner*, en fonction du contexte : **Vi lämnar bilen i garaget**, *Nous laissons la voiture au garage* ; **Chefen lämnar kontoret klockan två**, *Le chef quitte le bureau à deux heures*. Notez que **Lämna tillbaka**, signifie *rendre, retourner, remettre* : **Jag ska lämna tillbaka skjortan till honom**, *Je vais lui rendre sa chemise*.

[5] Le composé **tomflaska** contient l'adjectif **tom**, *vide*, et **flaska**, *bouteille*. **Tom** se comporte comme **dum** au pluriel ou après un

***

Övning 1 – Översätt
❶ Det ringer på dörren. ❷ Vad är namnet på deras gud? ❸ Pia är hennes andra namn. ❹ Lämna mig inte ensam! ❺ Vill du lämna din fru?

***

Övning 2 – Fyll i med rätt ord
❶ L'oncle Karl s'occupe de l'aide-ménagère.
 .... Karl .... städhjälpen.

❷ Ouvre la porte, s'il te plaît !
 ...., är du snäll!

❸ On frappe à la porte.
 .... på dörren.

❹ Merci, le compte est bon !
 ...., tack!

❺ Par habitude, sa jeune aide-ménagère frappe toujours deux fois à la porte.
 Av gammal .... knackar hans unga .... alltid ... . på dörren.

Quarante-sixième leçon / 46

10 – Vous pouvez rendre *(laisser en retour)* **les bouteilles consignées** *(vides).*
11 Je me charge du *(prends main sur le)* **reste.**

> possessif : **en tom flaska**, *une bouteille vide*, **tomma flaskor**, *des bouteilles vides* ; **Tomflaska**, écrit en un mot, désigne bien sûr une bouteille vide, mais elle sera aussi souvent consignée. Même remarque pour **ungkarl**, *célibataire*, *vieux garçon*. Mais en deux mots **en ung karl**, désigne *un jeune type*.
>
> **6** Le nom **hand**, *main*, se comporte comme **tand** : **händer**, *des mains* ; **händerna**, *les mains*. Notez : **skriva ett brev för hand**, *écrire une lettre à la main* et **Jag skriver med vänster hand**, *J'écris de la main gauche.*

***

Corrigé de l'exercice 1
❶ On sonne à la porte. ❷ Quel est le nom de leur dieu ? ❸ Pia est son deuxième prénom. ❹ Ne me laisse(z) pas seul(e) ! ❺ Tu veux quitter ta femme ?

***

Corrigé de l'exercice 2
❶ Farbror – tar hand om – ❷ Öppna dörren – ❸ Det knackar – ❹ Jämna pengar – ❺ – vana – städhjälp – två gånger –

Sachez que la plupart des bouteilles et canettes sont consignées en Suède. C'est pourquoi, **därför,** *on n'en trouve que rarement sur les trottoirs ou dans les espaces verts. Des gamins seront passés par là. La consigne,* **panten,** *leur permet de s'acheter quelques friandises au kiosque du coin. Une manière judicieuse et bien suédoise de protéger l'environnement.*
*"***Mitt namn är Gun***", dit l'aide-ménagère ; c'est plus formel que de décliner son identité en déclarant simplement "***Jag heter Gun***". Prudence devant un vieux garçon, même si c'est un "jeune type" en suédois !*

Vous avancez, sakta men säkert, lentement mais sûrement.

Fyrtiosjunde lektionen

Om!

1 – Känner du till ¹ en svensk författare vid ² namn Lars Eriksson?
2 – Om! Jag känner ³ honom personligen, vi var klasskamrater.
3 – Nej, vad säger du?
4 – Han brukar till och med hälsa på ⁴ oss då och då.
5 Han var hemma hos oss i höstas ⁵.
6 Jag minns ⁶ mycket väl hans ny a fru.
7 – Kommer du ihåg titeln på hans senaste ⁷ bok?
8 – Givetvis: "Konsten att klara sig helskinnad ur en smekmånad".

Prononciation
1 çènë^hdutil ... førfat-tarë ... lâ:^hch ... 2 ... çèn-nër Hon-nom' pè^hchou:nligën ... klasskamrâ:tër 4 ... bru:kar tilomé Hèlsapo: ... 5 ... Heustass 6 ... min's ... 7 komërdu-iHo:g ... sé:nastë bou:k 8 yi:vëtvi:ss: kon'stën ... klâ:ra ... Hé:lchin-nad ... smé:kmo:nad

Notes

1 **känna till**, *connaître*, au sens de *avoir entendu parler / être au courant de*.

2 La préposition **vid** n'a pas d'équivalent direct en français. Retenez : **vid namn**, *du nom de* ; **vid min ålder**, *à mon âge*. Retenez aussi : **vid femtiden**, *vers cinq heures* ; **vid tolvtiden**, *vers midi / minuit* ; **vid rusningstid**, *aux heures de pointe* (cf. note culturelle de la leçon 45).

3 **känna**, ici sans la particule accentuée **till**, signifie *connaître* : **Jag känner dem**, *Je les connais (personnellement)*. **Känna** signifie aussi *sentir, éprouver*. Vous connaissez déjà **känna sig**, *se sentir*.

Quarante-septième leçon

Et comment *(Si)* !

1 – Tu connais un écrivain suédois du nom [de] Lars Eriksson ?
2 – Et comment ! Je le connais personnellement, nous étions camarades de classe.
3 – Qu'est-ce que tu me racontes là *(Non, que dis tu)* ?
4 – Il a même l'habitude de nous rendre visite de temps en temps.
5   Il était *(à la maison)* chez nous l'automne dernier.
6   Je me souviens très bien [de] sa nouvelle femme.
7 – Tu te rappelles le titre de *(sur)* son dernier livre ?
8 – Bien entendu : "L'Art de se tirer sain et sauf d'une lune de miel *(sain et sauf hors de un mois-de-caresses)*".

---

4 **hälsa**, *saluer, donner le bonjour*, mais **hälsa på någon**, *aller voir / rendre visite à quelqu'un*.

5 **höst**, *automne* ; **hösten**, *l'automne* ; **i höst**, *cet automne* ; **på hösten**, *en automne* ; **i höstas**, *l'automne dernier*.

6 **minns**, présent du verbe **minnas**. Le suédois connaît quelques verbes dits "déponents" dont l'infinitif – ainsi que toutes les formes du verbe – se termine par un **s**. Notez que **minnas** est suivi d'un complément d'objet direct (verbe transitif).

7 Vous savez depuis la leçon 31 que le comparatif se forme en ajoutant la désinence **-are** à l'adjectif ou à certains adverbes : **en kvart senare**, *un quart d'heure plus tard*. **Senare** est ici le comparatif de l'adverbe **sent**, *tard*. **Senast** est le superlatif de l'adjectif **sen**, *tardif*. Vous connaissiez déjà l'expression **Tack för senast!**, *Merci pour la dernière fois !*, où **senast** est le superlatif de l'adverbe **sent**. Les superlatifs en **-ast** prennent un **-e** quand ils sont précédés par exemple d'un pronom possessif : **hans senaste bok**, *son dernier livre (en date)*.

tvåhundratvå • 202

Övning 1 – Översätt

❶ Minns du vår smekmånad? ❷ Känner du till en bra bok om svensk konst? ❸ Vad brukar ni göra på hösten? ❹ Vi hälsar på farbror Karl. ❺ Senast om en vecka måste du lämna tillbaka boken till henne, kommer du ihåg det?

Övning 2 – Fyll i med rätt ord

❶ Le titre de son dernier livre.
   Titeln .. hans .... bok.

❷ Mes camarades de classe sont venus chez moi hier.
   .... var .... igår.

❸ Tu te souviens d'un écrivain du nom de Lars Eriksson ?
   .... en .... namn Lars Eriksson?

❹ Il a l'habitude de s'en sortir sans elle.
   Han .... utan henne.

❺ L'automne dernier, les livres étaient moins chers.
   .... var .... billigare.

Corrigé de l'exercice 1

❶ Tu te souviens de notre lune de miel ? ❷ Est-ce que tu connais un bon livre sur l'art suédois ? ❸ Qu'avez-vous l'habitude de faire en automne ? ❹ Nous allons voir l'oncle Karl. ❺ Il faut que tu lui rendes le livre au plus tard dans une semaine, tu t'en souviendras ?

Corrigé de l'exercice 2

❶ – på – senaste – ❷ Mina klasskamrater – hemma hos mig – ❸ Kommer du ihåg – författare vid – ❹ – brukar klara sig – ❺ I höstas – böckerna –

Fyrtioåttonde lektionen

Hårresande [1]

1 Författaren till en bok om afrikanska elefanter [2]
2 ringer till sitt [3] förlag och ber [4] om en förklaring.
3 – Vad sjutton gör en engelsk [5] rocksångare med långt hår [6]
4 på omslaget till min bok?
5 Förläggaren tänker efter.
6 – Jag har inte verket framför mig,
7 men jag tror han röker en cigarett.

Prononciation
1 ... afrikâ:nska éléfan'tër 2 ... sitt fœrlâ:g ... bé:r ... fœrklâ:ring
3 ... èngelsk rocsongarë ... Ho:r 4 ... omslâ:gët ... 5 fœrlèg-garën tèngkërefter 6 ... vèrkët ... 7 reu:kër ... cigarètt

Notes

1 **hårresande**, *horripilant*. **Resande** est le participe présent de **resa**, ici *dresser, ériger*. Sur le même modèle : **nervlugnande**, *tranquillisant*, formé à partir de **nerv** et **lugna**. Certains de ces participes présents peuvent aussi fonctionner comme des noms, non neutres s'ils désignent des personnes, neutres dans le cas contraire. Les non neutres se déclinent sur le modèle des noms en **-are**, sans désinence au pluriel indéfini, **-na** au pluriel défini. Le verbe **resa**, au sens de *voyager*, donne ainsi **en resande**, *un voyageur*, **resanden**, *le voyageur* ; **två resande**, *deux voyageurs* ; **resandena**, *les voyageurs*.

2 **afrikanska elefanter**, sans article en suédois : il s'agit d'*éléphants d'Afrique* en général. Sur le même modèle : **en bok om svensk konst**, *un livre sur l'art suédois*. Autres exemples : **Tjejer shoppar gärna**, *Les nanas, ça aime faire du shopping*. **Jag älskar mjölk, vin, smör**, *J'adore le lait, le vin, le beurre* (avec des noms indénombrables, de substances, de matières comestibles...).

Quarante-huitième leçon

Horripilant *(Cheveux-dressant)*

1 L'auteur d'un livre sur les éléphants d'Afrique *(sur africains éléphants)*
2 téléphone à sa maison d'édition et demande une explication.
3 – Que diable *(dix-sept)* fait un rocker *(chanteur-de-rock)* anglais aux cheveux longs *(avec longue chevelure)*
4 sur la couverture de mon livre ?
5 L'éditeur réfléchit *(pense après)*.
6 – Je n'ai pas l'ouvrage devant moi,
7 mais je crois [qu']il fume une cigarette.

---

3 sitt förlag, *sa maison d'édition*, c'est-à-dire la maison d'édition de la personne qui est sujet du verbe. **Han älskar sin fru**, *Il aime sa (propre) femme*. **Han älskar hans fru**, *Il aime sa femme* (celle d'un autre). **Hon älskar hennes man**, *Elle aime son mari* (celui d'une autre). Autrement dit, un nom précédé de **sin**, **sitt** ou **sina** ne pourra jamais être sujet d'une phrase.

4 ber, présent de be, *demander*, *prier*, souvent suivi de la préposition om : be om hjälp, *demander de l'aide* ; be om ordet, *demander la parole* ; Får jag be om notan?, *L'addition, s'il vous plaît !* ; Får jag be om ett glas vin?, *Pourrais-je avoir un verre de vin, s'il vous plaît ?*

5 engelsk, *anglais* ; England, *l'Angleterre*. Dans la première phrase figure l'adjectif afrikansk, *africain*, de Afrika, *l'Afrique*. C'est principalement avec les suffixes -sk, -isk et -nsk qu'on forme par dérivation les adjectifs de nationalité. Sverige, *la Suède*, donne svensk, *suédois*. Vous les apprendrez sur le tas. Remarquez qu'avec ces suffixes, les adjectifs prennent l'accent aigu.

6 hår, *cheveux* ou *poils*, sans article parce ce nom désigne une particularité physique, et au singulier, repérable à l'adjectif långt, *long*. Håret, à la forme définie désigne, *les cheveux* ; il se traduit donc par un pluriel en français. Hon har ljust, mörkt, rött hår, *Elle a les cheveux blonds, châtain foncé, roux* ; Han har långt hår, *Il a les cheveux longs*.

tvåhundrasex • 206

Övning 1 – Översätt

❶ Rocksångare brukar ha långt hår. **❷** Hon tycker om sitt långa hår. **❸** Han ska ringa till sin engelska förläggare. **❹** Tänk efter! **❺** Det är hårresande, resandena röker på tåget, framför sina barn dessutom!

***

Övning 2 – Fyll i med rätt ord

❶ Que diable fais-tu ?
   Vad ……. gör du?

❷ Elle a les cheveux roux.
   Hon ………….

❸ Il téléphone à sa femme.
   Han …………. ……. ….

❹ Je pourrais vous demander une cigarette ?
   ………. …. … cigarett?

❺ Les éléphants, ça ne fume pas.
   ………. …….. … inte.

La législation anti-tabac n'y est pas allée par quatre chemins en Suède. En 1993, il était déjà interdit de fumer dans les hôpitaux et les établissements scolaires. Cette interdiction s'est élargie en 2004 aux bars, cafés et restaurants, et au 1ᵉʳ juin 2005, à tous les lieux publics. Un bon conseil si vous êtes fumeur : N'allumez pas votre cigarette, où que vous soyez, quand il y a des murs autour de vous ! Vous

Quarante-huitième leçon / 48

Corrigé de l'exercice 1
❶ Les rockers ont l'habitude d'avoir les cheveux longs. ❷ Elle aime ses longs cheveux. ❸ Il va téléphoner à son éditeur anglais. ❹ Réfléchis ! ❺ C'est horripilant, les voyageurs fument dans le train, et devant leurs enfants, en plus de ça !

***

Corrigé de l'exercice 2
❶ – sjutton – ❷ – har rött hår ❸ – ringer till sin fru ❹ Får jag be om en – ❺ Elefanter röker –

ROCKSÅNGARE BRUKAR HA LÅNGT HÅR

comprenez peut-être maintenant pourquoi les Suédois tiennent tant à conserver leur **snus***, tabac à priser. Une certaine façon de "fumer" sans fumée.*
Amusez-vous à déchiffrer le proverbe suivant (réponse à la fin de la prochaine leçon) :
Ingen rök utan eld.

Fyrtionionde lektionen

Repetition – Révision

1 Le point sur quelques verbes auxiliaires (de mode)

- Dans sa première acception, le verbe **få** n'est pas modal, et signifie *recevoir, obtenir*.

    Hon får en check, *Elle touche un chèque.*
    Du får en ask choklad i stället, *Je t'ai apporté une boîte de chocolats à la place.*

Mais parfois le sens est ambigu :

    Du får rabatt om du är pensionär, *Tu as droit à / auras une réduction si tu es retraité.*
    Du får pengar om du arbetar, *Tu auras de l'argent si tu travailles.*

få, expression d'un futur éventuel qui échappe à la volonté du locuteur :

    Det får kosta vad det vill, *Ça coûtera ce que ça coûtera.*
    Vi får se, *On verra.*

få, *avoir la permission, pouvoir* :

    Du får betala med check, *Tu peux payer par chèque.*
    Du får inte betala med check, *Tu n'as pas le droit de payer par chèque.*
    Får jag be om notan ?, *Pourrais-je avoir l'addition ?*

få, être obligé (sous-entendu *d'accepter*) :

    Du får köa som alla andra, *Tu es obligé de faire la queue comme tout le monde.*

- **måste**, *devoir, falloir*, expression d'une nécessité absolue :

    Du måste komma, *Il faut que tu viennes.*
    Jag måste bort, *Il faut que je parte.*
    Du måste köa, *Il faut que tu fasses la queue* (par impossibilité de resquiller, par ex.).
    Du måste inte, *Tu n'es pas obligé.*

Quarante-neuvième leçon

• **skola**, futur proche, exprime la volonté du locuteur ; l'action est convenue :
   Jag ska komma, *Je vais venir*.
   Jag ska hem nu, *Je vais rentrer maintenant*.
   Ska du hem nu?, *Tu vas rentrer maintenant ?*

skola, *tu veux, vous voulez que ?*
   Ska vi ta en promenad?, *Tu veux / Vous voulez qu'on fasse une promenade ? On fait une promenade ?*
   Ska vi byta plats?, *Vous voulez qu'on change de place ?*

Vous savez déjà que les verbes auxiliaires de mode se passent de la marque de l'infinitif **att** devant un second verbe. D'autres verbes sont à ranger dans cette catégorie, dont **bruka**, *avoir l'habitude de* ; **slippa**, *ne pas être obligé de* ; **tänka**, *avoir l'intention de* ; **hinna**, *avoir le temps de* ; ou **behöva**, *avoir besoin de*.
Avec la négation, le sens de ce dernier verbe est proche de **måste + inte** : **Du behöver inte betala**, *Tu n'as pas besoin / Tu n'es pas obligé de payer*.
Du slipper betala, *Tu n'es pas tenu / Tu es dispensé de payer*.
Comme **måste** et **skola**, le verbe **vilja** peut être suivi d'un adverbe pour exprimer à lui seul un mouvement : **Jag vill hem**, *Je veux rentrer*.

2 Les verbes suivis d'une particule accentuée

La particule modifie parfois considérablement le sens du verbe quand elle est accentuée. Ainsi le verbe **tycka**, *trouver, estimer*, signifie *(bien) aimer* quand il est suivi de la particule **om** :
Hon tycker om sina barn, *Elle aime ses enfants*.
Attention : le verbe **tycka** peut être suivi de la préposition **om** (inaccentuée) en conservant le sens de *penser, trouver, estimer* : **Vad tycker du om hans barn?**, *Que penses-tu de son enfant / ses enfants ?*
Voici le récapitulatif des verbes suivis d'une particule que vous avez rencontrés dans les six dernières leçons :
komma, *venir* – **komma fram**, *arriver* – **komma ihåg**, *se souvenir*
följa, *suivre* – **följa med**, *accompagner*

stiga, monter, marcher – **stiga upp**, se lever
hålla, tenir – **hålla på**, être en train de
känna, sentir, éprouver, connaître – **känna till**, avoir entendu parler de
hälsa, saluer – **hälsa på**, rendre visite
tänka, penser – **tänka efter**, réfléchir

3 Formation des adverbes

Vous savez déjà que souvent il suffit d'ajouter la désinence **-t** à la forme du non neutre d'un adjectif : **säker**, sûr ; **säkert**, sûrement ; **plötslig**, soudain ; **plötsligt**, tout à coup. Cependant, dans les six leçons précédentes, vous avez fait connaissance avec d'autres formations. Avec le suffixe **-vis** ajouté à la forme neutre d'un adjectif : **vanlig**, habituel ; **vanligtvis**, d'ordinaire. Ce suffixe apparaît également à la fin d'un nom : **månadsvis**, par mois, au mois ; **litervis**, des litres, en/par litres. Dans **givetvis**, bien entendu, vous trouvez le verbe **ge** (autrefois **giva**), donner ; son participe passé **given**, **givet** au neutre.

***

Repetitionsdialog

 1 – Min städhjälp är försenad, hon brukar komma i tid.
 2 – Kanske är pendeltåget försenat?
 3   Eller hon har ett möte nånstans?
 4 – Ett möte, med vem?
 5   Jag tycker inte om att vänta.
 6   Och jag klarar mig inte utan henne.
 7 – Ring till din svärmor i så fall!
 8 – Min svärmor är fortfarande på bröllopsresa.
 9 – Nej, vad säger du?
10 – Jo, kommer du inte ihåg hennes man?
11   Han var alldeles för gammal,
12   och hon var inte beredd att ta hand om honom som ett barn.
13 – Det var med andra ord hög tid att lämna honom.
14 – På sätt och vis, ja: hennes nya man är en gammal klasskamrat till henne.
15   De är jämnåriga och tycker mycket om exotisk mat.

Avec le suffixe **-en** ajouté à certains adjectifs en **-g** : **personlig**, *personnel* ; **personligen**, *personnellement*.

4 Le *"de"* du français

Vous l'avez sans doute remarqué dans le texte des leçons, ainsi que dans les exercices : le *"de"* du français est rendu par différentes prépositions en fonction des termes qu'il relie. Quand il y a un rapport d'appartenance, c'est souvent la préposition **till** qui est utilisée :
författaren till en bok, *l'auteur d'un livre*
omslaget till hans senaste bok, *la couverture de son dernier livre*
Mais on dit : **namnet på något**, *le nom de quelque chose* ; **titeln på en bok**, *le titre d'un livre* ; **priset på kaffe**, *le prix du café*.
Et notez : **pensionärerna i Umeå**, *les retraités d'Umeå*.
Seul l'usage vous permettra de repérer la préposition ad hoc, mais sachez que dans certains cas, les Suédois hésitent eux-mêmes ou ont trop souvent recours à **på**.

***

Traduction

1 Mon aide-ménagère est en retard, elle a l'habitude d'arriver à l'heure. **2** Peut-être que le train de banlieue a du retard ? **3** Ou alors elle a un rendez-vous quelque part ? **4** Un rendez-vous, avec qui ? **5** Je n'aime pas attendre. **6** Et je ne me débrouille pas sans elle. **7** Appelle ta belle-mère en ce cas ! **8** Ma belle-mère est encore en voyage de noces. **9** Qu'est-ce que tu me chantes là ? **10** Eh bien, tu ne te souviens pas de son mari ? **11** Il était beaucoup trop vieux, **12** et elle n'était pas prête à s'occuper de lui comme d'un enfant. **13** Autrement dit, il était grand temps de le quitter. **14** En quelque sorte, oui : son nouveau mari est un ancien camarade de classe à elle. **15** Ils ont le même âge et aiment beaucoup la nourriture exotique.

Karin Boye, poète et romancière déchirée

En guise d'exercice de traduction, nous vous proposons de déchiffrer ce poème de Karin Boye, (1900-1941), intitulé **Du är min renaste tröst**.

1 Du är min renaste tröst,	.. .. .. …. pure consolation,
2 du är mitt fastaste skydd,	.. .. .. …. ferme protection,
3 du är det bästa jag har,	.. .. .. ……… ….. [que] . …,
4 ty intet gör ont som du.	car rien .. ….. … ….. ….
5 Nej, intet gör ont som du.	…, ….. .. ….. … ….. ….
6 Du svider som is och eld,	.. fais mal ….. [la] glace et [le] feu,
7 du skär som ett stål min själ –	.. tranches ….. … lame … âme –
8 du är det bästa jag har.	.. .. .. ……… ….. … . ….

Traduction

1 Tu es ma plus pure consolation, **2** tu es ma plus ferme protection, **3** tu es la meilleure chose que j'aie, **4** car rien ne fait mal comme toi. **5** Non, rien ne fait mal comme toi. **6** Tu fais mal comme la glace et le feu, **7** tu tranches comme une lame mon âme – **8** tu es la meilleure chose que j'aie.

Quarante-neuvième leçon / 49

Le point sur vos connaissances... au seuil de la deuxième vague
Vous maîtrisez bien la structure des phrases simples, et notamment l'inversion verbe – sujet quand la phrase est introduite par un complément de temps ou de lieu. La forme des adjectifs en position d'attribut ou d'épithète commence à vous être familière, le pluriel indéfini et défini des noms n'est plus un grand mystère pour vous, mais évidemment il vous manque encore un peu d'exercice. Le genre des noms s'apprend souvent sur le tas ; cependant un conseil : entraînez votre oreille à retenir le nom avec son article défini, cela facilitera les choses.
C'est peu, pensez-vous peut-être, mais mesurez ce que vous êtes déjà capable d'exprimer, et ce de façon idiomatique ! Cela dit, il n'y aura pas de surprises désagréables par la suite, et nous tiendrons notre pari : au terme de votre apprentissage, vous lirez Fröken Julie *dans le texte.*
C'est donc à la prochaine leçon que commencera la deuxième vague, **andra vågen**, *dont voici le principe, d'ailleurs très simple : après avoir étudié la leçon du jour, vous en reprendrez une ancienne en commençant par la première. À la fin de chaque nouvelle leçon, nous vous préciserons celle à laquelle vous devrez vous reporter. Mais la vraie nouveauté est qu'au cours de la deuxième vague, vous aurez à traduire à voix haute le texte français du dialogue et de l'exercice 1 en suédois. Insistez si nécessaire sur la prononciation. Ce travail de "thème" vous permettra de mesurer vos acquis et d'asseoir solidement vos connaissances, sans vous en apercevoir.*
Pour reprendre une formule d'encouragement propre à certains milieux sportifs : **Heja heja friskt humör, det är det som susen gör!**, Allez, allez, hardi, c'est ce qui met les points sur les i !

* Réponse à la question de la leçon précédente : Pas de fumée sans feu.

Femtionde lektionen

Enkla råd från akutmottagningen

1 Mitt i natten ringer Ulrika till akuten [1].
2 – Hallå, mitt namn är Ulrika Knutsson,
3 får jag tala med en läkare?
4 – Våra jourläkare är upptagna [2] just nu.
5 Du kan ringa igen om en timme,
6 men jag kan kanske hjälpa dig, jag är sjuksköterska [3].
7 – Mina tvillingar gråter, skriker, nyser, hostar och har svårt att somna.
8 – Jag förstår: har de feber?
9 – Ingen aning!
10 – Men ta tempen på dem då!

Prononciation
4 ... ch**ou**:rl**è**:karë ... ŭpt**â**:gna yŭst ... 5 ... iy**è**n ...
6 ... ch**u**:kch**eu**:të**ʰ**chka.

Notes

[1] Le nom **akuten** est l'abréviation de **akutmottagningen**. On le rencontre pratiquement toujours à la forme définie. Le nom **tempen** de la phrase 10 est l'abréviation de **temperaturen**, mais désigne surtout *la température du corps humain*. Notez bien la préposition **på** qui suit.

[2] Vous rencontrez ici votre deuxième participe passé : **upptagna** est la forme du pluriel du participe passé. **Uppta**, *occuper, prendre* (du temps) : **Läkaren är upptagen**, *Le médecin est occupé* ; **Läkarna är upptagna**, *Les médecins sont occupés*. Dire **Det är upptaget** en essayant d'appeler les urgences correspond à notre *Ça sonne / C'est occupé*. Vous

Cinquantième leçon

Simples conseils du service des urgences

1 En pleine nuit, Ulrika téléphone aux urgences.
2 – Allô, je m'appelle Ulrika Knutsson,
3 pourrais-je parler avec un médecin ?
4 – Nos médecins de garde *(de jour)* sont occupés pour le moment *(justement maintenant)*.
5 Vous pourrez rappeler *(Tu peux sonner à nouveau)* dans une heure,
6 mais je peux peut-être vous aider, je suis infirmière.
7 – Mes jumeaux pleurent, crient, éternuent, toussent et ont du mal *(difficilement)* à s'endormir.
8 – Je vois *(comprends)* : est-ce qu'ils ont de la fièvre ?
9 – Aucune idée !
10 – Mais enfin, prenez leur température *(Mais prends la-température sur eux alors)* !

---

vous rappelez que le participe passé peut également être épithète : **en mycket upptagen chef**, *un chef très pris*.

Le verbe **försena**, *retarder*, de la leçon 45, ne formait pas son participe passé de la même façon. Vous verrez prochainement qu'il existe en suédois des verbes dits "forts". **Uppta**, formé sur le verbe **ta**, autrefois **taga**, *prendre*, en fait partie. Un certain nombre de verbes forts forment leur participe passé en ajoutant **-en**, **-et** ou **-na**, pour le non neutre, le neutre et le pluriel, au radical du verbe, ici **tag**. C'est pourquoi nous avons déjà indiqué, le cas échéant, la forme ancienne de l'infinitif. Nous reviendrons sur la formation du participe passé.

3 Particularité du suédois : **sjuksköterska** désigne une infirmière ou un infirmier, puisque ce mot renvoie à une catégorie professionnelle. Ce composé est formé avec l'adjectif **sjuk**, *malade*, et le nom féminin **sköterska**, *soignante*, lui-même dérivé du verbe **sköta**, *soigner*.

11 – Det där [4] blir [5] svårt, jag har ju bara en termometer!

Notes

4 **det där**, *cela* ; **det här**, *ceci*, plus précis et expressifs que **det**, *ça, ce, c'*. La distinction entre *cela* et *ceci* est beaucoup plus marquée en suédois, notamment parce que cette tournure sert à former les démonstratifs correspondant à nos *ce, cet, cette, ces, celui-là*, etc. Nous aborderons ce point très prochainement.

***

Övning 1 – Översätt

❶ Vad ska du bli när du blir stor? ❷ Ulrika tar tempen på sina tvillingar. ❸ Sjuksköterskan tar tempen på hennes tvillingar. ❹ Kan ni förstå att jag är mycket upptagen just nu? ❺ Han sköter sin sjuka fru.

Övning 2 – Fyll i med rätt ord

❶ Rappelez dans une heure !
Ring .... en timme!

❷ Pourquoi pleures-tu quand je tousse ?
.... jag hostar?

❸ L'infirmière a du mal à s'endormir.
Sjuksköterskan ....

❹ Elle est très occupée pour le moment.
.... upptagen ....

❺ Cela ne sera pas si simple.
.... så enkelt.

Cinquantième leçon / 50

11 – Ça *(le là)* **sera difficile, je n'ai qu'un thermomètre !**

5 Le verbe **bli** au présent, suivi d'un adjectif ou d'un participe passé, est le plus souvent rendu par un futur. **Han är försenad**, *Il est en retard* ; **Han blir försenad**, *Il sera en retard*.

***

Corrigé de l'exercice 1
❶ Tu vas/veux devenir quoi quand tu seras grand ? ❷ Ulrika prend la température de ses jumeaux. ❸ L'infirmière prend la température de ses jumeaux. ❹ Est-ce que vous pouvez comprendre que je sois très pris en ce moment ? ❺ Il prend soin de sa femme malade.

Corrigé de l'exercice 2
❶ – igen om – ❷ Varför gråter du när – ❸ – har svårt att somna ❹ Hon är mycket – just nu ❺ Det där blir inte –

Évitez, si possible, de tomber malade, **bli sjuk**, *en Suède ! Bien sûr, si cela vous arrive, vous pourrez toujours composer le 112, numéro d'urgence européen. Mais avant de téléphoner, ou de vous rendre aux urgences, armez-vous de patience et assurez-vous d'avoir un peu d'argent.*

Le taux de cotisation aux caisses d'assurance suédoises est relativement élevé, et les patients qui consultent un médecin du service public doivent s'acquitter en outre d'une participation qui semble indue et car elle représente bien plus qu'une franchise médicale. Les médecins libéraux ne représentent que 5% du corps médical. Le patient n'obtient aucun remboursement en s'adressant à un médecin privé.

Pour les médicaments achetés sur ordonnance en pharmacie, il faut payer la totalité des dépenses si celles-ci, pour une période de douze

Femtioförsta lektionen

Jösses, vilken kalufs!

1 – Titta Gun, våra grannar har löss ¹!
2 – Du pratar bara strunt, som vanligt.
3 – Nej, tro mig, det är den nakna sanningen ²!
4 – Hur ser du det?
5 – Nisse kliar sig i huvudet, tror jag.

Remarque de prononciation
(5) Le nom **huvud** se prononce *[Hu:vŭd]* ou *[Hŭv-vŭd]*. Les Suédois disent souvent *[Hu:vë]* ou *[Hŭv-vë]*; le mot s'écrit alors **huve**.

Notes

1 **löss**, pluriel indéfini de **lus**, *pou*, qui est donc irrégulier. Les noms irréguliers ne sont guère nombreux. Retenez : **vara fattig som en lus**, *être pauvre comme un rat d'église*.

2 **den nakna sanningen**, *la stricte vérité, la vérité toute nue*. Voilà la grande nouveauté du jour. Vous ne saviez pas encore former un groupe nominal composé d'un article défini, d'un adjectif et d'un nom. Mais

mois, sont égales ou inférieures à 900 couronnes, soit une centaine d'euros. Au-delà, le montant à la charge de l'assuré sera réduit.
On entend souvent des Suédois se plaindre de leur système de santé – pourtant si vanté à l'étranger en disant : **Man ska vara frisk för att orka vara sjuk**, Il faut être en bonne santé pour avoir la force d'être malade.
Cela dit, les soins dentaires sont gratuits pour les enfants dans les services publics. L'allocation parentale lors de la naissance d'un enfant est attribuée pendant 390 jours. Elle est égale à 80% du revenu de référence pendant les 360 premiers jours. Et, égalité des sexes oblige, les parents peuvent se répartir la période de congé.

Deuxième vague : 1ʳᵉ leçon

Cinquante et unième leçon

[Doux] Jésus, quelle tignasse !

1 – Regarde, Gun, nos voisins ont des poux !
2 – Tu ne fais que dire des bêtises *(bavardes seulement niaiserie)*, **comme d'habitude** *(habituellement)*.
3 – Non, crois-moi, c'est la stricte **vérité** *(la nue la-vérité)* !
4 – À quoi *(Comment)* tu vois ça ?
5 – Il me semble que Nisse se gratte la tête *(gratte se dans la-tête, crois je)*.

vous connaissiez déjà la combinaison article défini + adjectif (cf. **den andre**, *l'autre* (frère), de la leçon 39). C'est très simple : le nom est à la forme définie, et l'adjectif prend la même forme qu'il aurait avec un pronom possessif ; c'est la forme dite "définie" de l'adjectif, identique à celle du pluriel, et le tout est précédé de l'article défini **den**, **det** ou **de**, pour le non neutre, le neutre ou le pluriel. Si le nom (au singulier) représente un être masculin, l'adjectif prendra plutôt la désinence **-e** dans un style un peu soutenu : **den gamle mannen**, *le vieil homme*. Par conséquent, le nom est doublement déterminé : **det stora huset**, *la grande maison* ; **de snälla studenterna**, *les gentils étudiants*.

51 / Femtioförsta lektionen

6 – Du skämtar, han tappade ³ håret förra året.
7 – Titta själv!
8 – Jösses, vilken kalufs! Med lugg och lockar dessutom!
9 – Konstigt, va? Han äter nog ⁴ massor med vitaminer
10 och dricker litervis med hårvatten.
11 – Nej, titta närmare: det är inte Nisse utan ⁵ Nisses bror ⁶!
12 – Jag har glömt ⁷ glasögonen ⁸ på kontoret.

Notes

3 **tappade**, prétérit de **tappa**, *perdre*. Ce verbe est au prétérit puisque l'action est présentée comme achevée, ce qui est reconnaissable au complément de temps **förra året**, *l'année dernière*. Le verbe **tappa** appartient à la première conjugaison des verbes dits "faibles", et forme son présent avec la désinence **-ar** : **Jag tappar**, *Je perds*. Il forme donc son prétérit en ajoutant la désinence **-ade** à son radical.

4 **nog**, petit mot bien suédois qui dénote le refus de prendre une position catégorique, se traduit par *sans doute* ou avec la forme *devoir* : **Det är nog sant**, *Ça doit être vrai / C'est sans doute vrai*. Vous aurez remarqué au passage que les Suédois ne "prennent" pas de vitamines ou de médicaments, ils les "mangent".

5 Le suédois a deux mots pour rendre notre *mais* : **men** et **utan**. Vous connaissez le premier : **Han är trött men inte sjuk**, *Il est fatigué mais pas malade*. **Utan** est utilisé après une négation et lorsque les termes en question s'excluent l'un l'autre : **Hennes favorithrätt är inte sill med potatis utan köttbullar med lingon**, *Son plat préféré n'est pas le hareng avec des pommes de terre, mais les boulettes de viande avec de l'airelle*. **Han är inte dum men tråkig**, *Il n'est pas bête, mais ennuyeux* (il est possible d'être bête et ennuyeux à la fois). Après une négation, **men** exprime une restriction, **utan**, une opposition. Ne confondez pas la conjonction d'opposition **utan** avec la préposition **utan**, qui signifie *sans*.

Cinquante et unième leçon / 51

6 – Tu plaisantes, il a perdu ses cheveux *(la chevelure)* l'année dernière.
7 – Regarde [toi-]même !
8 – [Doux] Jésus, quelle tignasse ! Avec une frange *(Avec frange)* et des boucles en plus !
9 – Bizarre, hein ? Il doit prendre *(mange sans-doute)* des tas de *(masses avec)* vitamines
10 et boire des litres de lotion capillaire *(boit litres avec eau-à-cheveux)*.
11 – Non, regarde [de] plus près : ce n'est pas Nisse, mais le frère de Nisse !
12 – J'ai oublié mes *(les)* lunettes au bureau.

---

6 **Nisses bror**, *le frère de Nisse*. Sur le même modèle : **Lottas fröken**, *la maîtresse de Lotta*.

7 **glömt** est le "supin" du verbe **glömma**, *oublier*. Le supin, à distinguer du participe passé, est la forme qui sert à construire le parfait et le plus-que-parfait avec l'auxiliaire **ha**, *avoir*. Les leçons suivantes illustreront la façon dont il faut utiliser ce nouveau temps, et nous aborderons plus tard la formation du supin pour les différents types de conjugaison. Contentez-vous de retenir dans l'immédiat que le parfait, à la différence du prétérit, exprime une action qui n'est pas présentée comme achevée. **Jag har glömt mina glasögon**, *J'ai oublié mes lunettes*, sans complément de temps : le passé en question reste donc imprécis, et les conséquences de cette action se prolongent au moment où l'on parle. La preuve : le mari de Gun ne voit pas que c'est le frère de Nisse qui se gratte la tête...

8 **glasögonen**, *les lunettes*, est toujours au pluriel comme en français. Ce mot est composé de **glas**, *verre*, et **ögonen**, pluriel défini de **öga**, *œil* (**ett öga**, *un œil*, **två ögon**, *deux yeux*).

Övning 1 – Översätt

❶ Han har nog glömt. ❷ Hon pratade igår med Nisses grannar. ❸ I de fattiga länderna i Afrika äter människorna aldrig vitaminer. ❹ Han är konstig i huvudet. ❺ Öga för öga och tand för tand.

***

Övning 2 – Fyll i med rätt ord

❶ Regarde de plus près !
   Titta ....!

❷ Doux Jésus !
   ......!

❸ Le frère de Gun prend des vitamines.
   .... vitaminer.

❹ Elle a oublié ses lunettes au bureau.
   ...... glömt .... på kontoret.

❺ Ce n'est pas Nisse, mais le frère de Nisse sans lunettes.
   Det är inte Nisse .... bror .... glasögon.

Le nom **strunt** *signifie* sornettes *ou* camelote. *Le chantre de la province du Värmland Gustav Fröding (1860-1911) a écrit un poème intitulé* **Idealism och realism** *dans lequel on peut lire :* **Strunt är strunt och snus är snus, om ock i gyllene dosor**, De la camelote

Cinquante et unième leçon / 51

Corrigé de l'exercice 1
❶ Il a dû oublier. ❷ Elle a bavardé hier avec les voisins de Nisse. ❸ Dans les pays pauvres d'Afrique, les gens ne prennent jamais de vitamines. ❹ Il a un grain. ❺ Œil pour œil et dent pour dent.

***

Corrigé de l'exercice 2
❶ – närmare ❷ Jösses ❸ Guns bror äter – ❹ Hon har – glasögonen – ❺ – utan Nisses – utan –

reste de la camelote, et du tabac à priser reste du tabac à priser, même dans des boîtes dorées. *Vous constaterez effectivement que les Suédois(e)s n'ont pas notre propension au "packaging", pas plus qu'à la rhétorique, qui est aussi une forme d'emballage.*

Deuxième vague : 2ᵉ leçon

Femtioandra lektionen

Vad ska folk [1] säga?

1 – Kom igen nu ! Det är midsommarafton!
2   Vi tar oss ett dopp.
3 – Det är inte varmt nog [2]!
4 – Men efteråt badar vi bastu.
5 – Till på köpet har jag hål på min baddräkt.
6 – Slappna av, du kan bada utan.
7 – Naken? Vad ska folk säga?
8 – De får säga vad de vill, du ska inte [3] skämmas [4] över din kropp!
9 – Men det är fullt med raggare på stranden!

Remarque de prononciation
(4) bastu se prononce *[bastü]*.

Notes

1 **folk**, le plus souvent sans article, signifie *les/des gens* : **Vad ska folk säga?**, *Que diront les gens ?* ou *Qu'en dira-t-on ?* Avec ce nom, l'adjectif attribut prend la forme du pluriel – on parle d'accord sémantique : **Folk är roliga**, *Les gens sont marrants*. Ce pluriel se retrouve dans la phrase 8 sous la forme du pronom personnel **de**. L'adjectif en position d'épithète prend cependant la forme du neutre (accord grammatical) : **fattigt folk**, *les gens pauvres*.

Det var mycket folk på gatan, *Il y avait beaucoup de monde dans la rue*. **Folk** en tant que nom signifie aussi *peuple* ; dans ce cas, il pourra être accompagné de l'article : **svenska folket**, *le peuple suédois*.

2 **nog** après un adjectif ou un nom se traduit par *assez* ou *suffisamment* : **Du är stor nog att åka själv till Värmland**, *Tu es suffisamment grand pour aller toi-même / tout seul dans le Värmland*.

Cinquante-deuxième leçon

Que diront les gens ?

1 – Allez ! C'est la veille de la Saint-Jean.
2   Allons faire trempette *(Nous prenons à-nous un plongeon)*.
3 – Il ne fait pas assez chaud *(chaud suffisamment)* !
4 – Mais après, on fera un sauna *(baignons nous étuve)*.
5 – Par-dessus le marché, j'ai des trous dans *(sur)* mon maillot de bain.
6 – Relax, tu pourras [te] baigner sans.
7 – Nue ? Que diront les gens ?
8 – Ils diront ce qu'ils voudront, n'aie pas honte de *(au-dessus de)* ton corps !
9 – Mais c'est plein de *(avec)* dragueurs des années 50 sur la plage !

---

3   **du ska inte** : ici le verbe **skola** ou **ska** – pour faire plus court et moderne –, n'a pas les significations que vous lui connaissez. Pour un rappel, reportez-vous à la leçon 49, § 1. Le verbe **skola / ska** peut avoir le même sens que **måste**, *devoir*, mais avec la nuance d'un impératif moral rendu en français par le futur (comme dans les dix commandements) ou l'impératif. **Du ska inte skämmas över din kropp** peut ainsi être rendu par *Tu n'auras point honte de ton corps* ou *N'aie pas honte de ton corps*. Vous comprenez bien qu'un "bodybuildeur" choisisse la seconde solution.

4   **skämmas**, *avoir honte*, nouveau verbe déponent (cf. leçon 47, note 6) reconnaissable à l'infinitif en **-s**.

10 – Det är inte så farligt, de kommer att ⁵ göra stora ögon

11 när de ser en kroppsbyggare bredvid en blondin med röda kinder och vita skinkor. ☐

Notes

5 **komma att** au présent + infinitif exprime un futur qui n'émane pas de la volonté du sujet. Il s'agit plutôt d'une prédiction, voire d'une crainte : **Han kommer att bli sjuk om han följer dina råd**, *Il va tomber malade s'il suit tes conseils*. Dans la langue parlée et écrite, la marque de l'infinitif **att** a tendance à être oubliée depuis quelques années, ce qui rapproche **komma** d'un verbe auxiliaire de mode. Nous vous déconseillons de prendre ce pli… Pour comprendre pourquoi on trouve le verbe **ska** dans le titre de cette leçon et le verbe **få** à la phrase 8, nous vous invitons une fois de plus à revenir à la leçon 49, § 1.

***

Övning 1 – Översätt

❶ Hon kommer att skämmas över sina vita skinkor om hon badar naken. ❷ Du ska inte bada utan baddräkt. ❸ Raggarna gör stora ögon när de ser en kroppsbyggare. ❹ Det var fullt med blondiner på stranden. ❺ Du kan slappna av efteråt när vi tar oss ett dopp.

***

Övning 2 – Fyll i med rätt ord

❶ Il fait chaud sur la plage.
 . . . . på stranden.

❷ Relax, ce n'est pas grave.
 . . . . , det är . . . .

❸ Après, on ira faire trempette.
 . . . . tar vi . . . .

❹ Il fera de grands yeux en voyant ton maillot de bain.
 Han . . . . stora . . . . han ser din . . . .

Cinquante-deuxième leçon / 52

10 – Ce n'est pas grave *(pas si dangereux)*, ils ouvriront *(viennent à faire)* de grands yeux
11 en voyant *(quand ils voient)* un culturiste *(bodybuildeur)* à côté d'une blonde aux joues rouges et [aux] fesses blanches.

***

Corrigé de l'exercice 1
❶ Elle aura honte de ses fesses blanches si elle se baigne toute nue. ❷ Ne te baigne pas sans maillot ! ❸ Les dragueurs des années 50 ouvrent de grands yeux en voyant un culturiste. ❹ Il y avait plein de blondes sur la plage. ❺ Tu pourras te détendre après quand nous ferons trempette.

***

❺ Par-dessus le marché.
Till . . . .

Corrigé de l'exercice 2
❶ Det är varmt – ❷ Slappna av, – inte så farligt ❸ Efteråt – oss ett dopp ❹ – kommer att göra – ögon när – baddräkt ❺ på köpet

Il faut aller en Suède, autour du 24 juin, pour se rendre compte de ce que représente la Saint-Jean pour les autochtones. Cette fête du solstice d'été, aussi populaire que Noël, est célébrée le vendredi après-midi par des rondes autour d'un mât orné de fleurs, de verdure et du drapeau suédois. Plus tard, dans le jardin, si le temps le permet, ou sur la véranda, couverte, en cas de pluie, les pommes de terre nouvelles bouillies à l'aneth et diverses variétés de hareng accompagnées de crème aigre et de ciboulette réunissent familles, amis ou voisins. La bière et l'eau-de-vie aromatisée, **akvavit***, sont aussi au rendez-vous.*

Les **raggare** *ne sont pas des "loubards", contrairement à ce qu'affirment certains dictionnaires. Ce sont des gens assez jeunes et plu-*

Femtiotredje lektionen

Skoja inte med tullmannen!

1 – Vi har klara papper ¹.
2 – Får jag se ditt pass ²?
3 – Jag har inget pass på mig.
4 – Har du någon annan legitimation ³?
5 – Ja, jag har mitt körkort ⁴.
6 – Och tjejen i baksätet?

Notes

1 **papper**, *papier*, est irrégulier à la forme définie du singulier : **papperet**. Mais on entend souvent **pappret** par effet d'attraction. Il connaît deux formes au pluriel défini : **papperen** ou **papperna**, elles aussi irrégulières.

2 Cette leçon vous permet de faire connaissance avec certains mots susceptibles de justifier de votre situation régulière (même si **papper** est irrégulier) : **Pass**, l'équivalent de notre *passeport*. Bien que notre carte d'identité suffise pour séjourner en Suède, c'est avant tout le passeport qui sera reconnu dans les banques et les bureaux de poste.

3 **legitimation**, *pièce d'identité*. Un document que les jeunes doivent souvent présenter à l'entrée de **Systembolaget** pour avoir le droit d'acheter de l'alcool. La forme courte et familière **leg** appartient au neutre : **ett leg**.

tôt inoffensifs, qui n'ont qu'un rêve à l'approche de la Saint-Jean ou quand les soirées d'été les y autorisent : circuler en ville ou rencontrer d'autres nostalgiques des années 50 sur des terrains de camping, dans l'île d'Öland ou le Bohuslän, au volant de leur américaine, évidemment décapotable, dont ils ont soigneusement astiqué les chromes. Ils font véritablement partie du paysage des soirées estivales. Sur la banquette arrière de ces guimbardes au moteur ronflant seront souvent assises trois ou quatre jeunes filles, une canette de bière à la main. Car **raggare** *vient du verbe* **ragga**, *draguer.*

Deuxième vague : 3ᵉ leçon

Cinquante-troisième leçon

Ne plaisantez pas avec le douanier
(homme-de-douane) **!**

1 – Nous avons nos papiers en règle *(clairs papiers)*.
2 – Pourrais-je voir votre passeport ?
3 – Je n'ai aucun passeport sur moi.
4 – Avez-vous une autre pièce d'identité ?
5 – Oui, j'ai mon permis de conduire.
6 – Et la fille sur la banquette arrière ?

4 **körkort**, *permis de conduire*. Les Suédois, ainsi que les étrangers qui résident en Suède et qui ont un permis de conduire suédois, devront présenter ce document dans une banque, car le passeport leur sera refusé.

53 / Femtiotredje lektionen

7 – Hon har ett danskt ID-kort [5],
8 min sambo [6] är nämligen [7] danska.
9 – Var snäll och öppna bagageluckan!
10 – Men vi är vanligt hederligt folk.
11 – Vid [8] gränskontrollen brukar man inte skilja på skurkar och hederligt folk!
12 Har man sett [9] på maken, hela bilen är full med sprit och cigaretter!
13 – Det är för vår egen [10] förbrukning.
14 – Driver du med mig? Två lådor akvavit och trettiosex limpor cigaretter.
15 – Vi dricker nämligen en flaska i månaden och röker tre paket om dagen.

Notes

5 ID-kort, *carte d'identité*, ID étant l'abréviation de **identitet**.

6 **sambo**, *concubin* ou *concubine* ; **Vi är sambor**, *Nous vivons en ménage*. Sambo *[sam'bou:]* a eu un peu de mal à acquérir droit de cité dans la Suède des années 1960, car ce mot faisait penser à **sambo** *[sam'bou]*, *zambo* (métis noir amérindien) en français.

7 **nämligen** suffit à rendre notre *c'est que*, *car* ou *en effet*.

8 Vous retrouvez ici la préposition **vid** que vous avez déjà rencontrée à la leçon 47, note 2. Quand elle se réfère à l'espace, elle peut être souvent rendue par *près de*, *à*, *devant*. Retenez : **vid dåligt / vackert väder**, *par mauvais / beau temps* ; **vid klart väder**, *par temps clair*.

***

Övning 1 – Översätt

❶ Tullmannen har sin egen flaska. **❷** Jag har sett en danska med ett svenskt körkort. **❸** Har du mycket bagage? **❹** Hederligt folk öppnar gärna sin bagagelucka vid gränsen. **❺** Jag kan inte skilja på deras tvillingar.

Cinquante-troisième leçon / 53

7 – Elle a une carte d'identité danoise,
8 c'est que ma concubine est danoise.
9 – Ouvrez le coffre *(à bagages)*, s'il vous plaît !
10 – Mais nous sommes des gens ordinaires et honnêtes *(habituelles honnêtes gens)*.
11 – Au contrôle des frontières, on n'a pas l'habitude de faire la différence entre *(distinguer sur)* bandits et honnêtes gens !
12 Ça, par exemple *(A on vu sur le-pareil)*, la voiture entière est pleine d'*(avec)* alcool et [de] cigarettes !
13 – C'est pour notre propre consommation.
14 – Vous vous moquez de moi ? Deux cartons *(caisses)* d'aquavit et trente-six cartouches de cigarettes.
15 – Nous buvons en effet une bouteille par mois et fumons trois paquets par jour.

---

8 Vous retrouvez ici la préposition **vid** que vous avez déjà rencontrée à la leçon 47, note 2. Quand elle se réfère à l'espace, elle peut être souvent rendue par *près de*, *à*, *devant*. Retenez : **vid dåligt / vackert väder**, *par mauvais / beau temps* ; **vid klart väder**, *par temps clair*.

9 **sett**, supin du verbe **se**, *voir*. **Har du sett mitt pass någonstans?**, *Tu as vu mon passeport quelque part ?* Retenez : **i stort sett** (litt. "en grand-vu"), *en gros*.

10 Vous savez déjà que l'adjectif prend la forme définie après un pronom possessif. **Egen** est une exception : **min egen bil**, *ma propre voiture* ; **ditt eget hus**, *ta propre maison*.

***

Corrigé de l'exercice 1

❶ Le douanier a sa propre bouteille. ❷ J'ai vu une Danoise avec un permis de conduire suédois. ❸ Tu as beaucoup de bagages ? ❹ Les gens honnêtes ouvrent volontiers leur coffre à la frontière. ❺ Je ne suis pas capable de faire la distinction entre leurs jumeaux.

Övning 2 – Fyll i med rätt ord

1. Un honnête douanier suédois avec une carte d'identité danoise.
   .... med ett danskt ....

2. C'est pour sa propre consommation.
   Det är ... hans ....

3. Elle boit une bouteille de lait par jour.
   Hon dricker .... dagen.

4. Les Danoises ne plaisantent jamais.
   Danskorna ....

5. Son concubin est danois.
   Hennes ....

Femtiofjärde lektionen

Dans cette leçon, nous allons aborder quelques bizarreries de la langue suédoise. Pour vous dépayser, l'action se passe à Jokkmokk, dont nous parlerons brièvement dans la prochaine leçon de révision.

Det är ingen konst!

1 – Hur länge har du varit ¹ i Jokkmokk?
2 – Jag har varit här i fem år ².
3 – När du var på skattemyndigheten förra gången

Notes

1. **varit**, supin de **vara**, être : **Jag har varit sjuk**, *J'ai été malade* (passé imprécis).
2. Notez bien cette tournure, rendue par un présent en français : **Jag har varit i Sverige i fem år**, *Je suis en Suède depuis cinq ans*. C'est bien la preuve que le parfait sert à indiquer une action dont les conséquences se prolongent au moment où l'on parle.

Corrigé de l'exercice 2
❶ En hederlig svensk tullman – ID-kort ❷ – för – egen förbrukning ❸ – en flaska mjölk om – ❹ – skojar aldrig ❺ – sambo är dansk

*Vous arriverez à vous exprimer **på vanlig hederlig svenska**, en bon suédois. C'est une question de persévérance. Vous aurez même une récompense à la clef, puisque vous pourrez communiquer sans effort avec des Norvégiens et des Norvégiennes, **norrmän och norskor**, et entendre que les Suédois se moquent volontiers des Norvégiens. Nos "histoires belges" existent en Suède, mais on les appelle "histoires de Norvège", **norgehistorier**. On en raconte aussi en Norvège, mais là, évidemment, ce sont des **sverigehistorier**. Quant aux Danois, vous déchiffrerez sans peine ce qui est écrit dans leurs journaux, mais dès qu'ils ouvriront la bouche, demandez-leur simplement d'articuler, mais vraiment, sans faire semblant, **ar-ti-ku-le-ra** !*

Deuxième vague : 4ᵉ leçon

Cinquante-quatrième leçon

C'est pas sorcier *(aucun art)*

1 – Depuis combien de temps êtes-vous *(Comment longtemps as tu été)* à Jokkmokk ?

2 – Je suis ici depuis cinq ans *(J'ai été ici en cinq ans)*.

3 – Quand vous êtes venu au centre des impôts *(sur l'administration-de-l'impôt)* la dernière fois,

4 så var du **a**rbetsl**ö**s.
5 – Jag är **f**ortf**a**rande **a**rbetsl**ö**s.
6 – Vad har du för **y**rk**e**?
7 – Jag är k**o**nstnär [3], jag bl**å**ser trump**e**t.
8 – Jag kan **o**cks**å** sp**e**la trumpet, det är **i**ng**e**n konst [4].
9 – Vad vill du mig eg**e**ntligen?
10 – Jag vill att du ska [5] j**o**bb**a**, tj**ä**n**a** p**e**ngar och bet**a**la skatt [6],
11 **a**lla ska bet**a**la skatt i Sv**e**rige.
12 St**a**ten b**y**gger v**ä**g**a**r, dagh**e**m med m**e**r**a** [7] åt [8] oss,
13 med**a**n du bl**å**ser i din trumpet.
14 – Det är h**ö**jden, jag har just f**å**tt [9] b**ö**ter [10]!

 Notes

3 **konstnär**, *artiste*. Distinguez : **Han är konstnär**, *Il est artiste* (de profession), et **Han är en konstnär**, *C'est un artiste*.

4 **konst**, *art*. Vous n'avez pas oublié la double détermination du nom quand il est défini et accompagné d'un adjectif : **de fria konsterna**, *les arts libéraux / les beaux-arts*. Notez la différence : **Det är ingen konst**, *Ce n'est pas sorcier* ≠ **Det är inte konst**, *Ce n'est pas de l'art*.

5 On retrouve **ska** dans une subordonnée introduite par une proposition principale dont le verbe exprime un souhait, comme **vilja**, *vouloir*, ou une opinion. Ce **ska** est alors souvent rendu par notre subjonctif. **Det är tråkigt att han ska vara så snål**, *C'est dommage qu'il soit si avare*.

6 **skatt**, au singulier et le plus souvent sans article, se traduit par *impôts*. **Skatter** correspond davantage à *taxes* (sur le tabac par exemple). **Skatt**, sinon, signifie *trésor*, même au figuré : **min lilla skatt**, *mon petit trésor* ; **Konstskatter**, *des trésors artistiques*.

7 **med mera**, *et cætera*, *entre autres* (litt. "avec plus", en parlant de choses), souvent abrégé **m m**. En parlant de personnes, on dira **med flera**, abrégé **m fl** (litt. "avec plusieurs").

Cinquante-quatrième leçon / 54

4 vous étiez au chômage.
5 – Je suis toujours au chômage.
6 – Quelle est votre profession *(Quoi as tu pour profession)* ?
7 – Je suis artiste, je joue de la trompette *(souffle trompette)*.
8 – Moi aussi, je sais *(Je peux aussi)* jouer de la trompette, c'est pas sorcier.
9 – Qu'est-ce que vous me voulez au juste ?
10 – Je veux que vous bossiez, gagniez de l'argent et payiez des impôts *(impôt)*,
11 tout le monde *(tous)* doit payer des impôts en Suède.
12 L'État construit des routes *(chemins)*, des crèches, entre autres, pour nous,
13 pendant que vous soufflez dans votre trompette.
14 – Ça, c'est le comble *(la-hauteur)*, je viens d'avoir une amende *(j'ai justement reçu amendes)*!

8 Vous avez déjà rencontré la préposition **åt**, souvent rendue par *pour*, qu'on retrouve dans certains slogans, et qui introduit un complément d'objet indirect : **Daghem åt alla!**, *Des crèches pour tout le monde !* Puisque nous parlons crèche : vous vous souvenez du suffixe -is que nous avons introduit à la leçon 37 avec le nom **funkis**, *fonctionnalisme*. Familièrement, les Suédois disent **dagis** au lieu de **daghem**.

9 **fått**, supin du verbe **få**. Notez bien la tournure suédoise avec le parfait et l'adverbe **just** pour rendre notre *venir de* : **Jag har just sett henne på gatan**, *Je viens de la voir dans la rue*. Si le verbe **ha** est au prétérit, on a affaire au plus-que-parfait : **Jag hade just sett henne**, *Je venais de la voir*.

10 **böter**, *amende*, presque toujours au pluriel, sans aucun doute parce qu'elle est souvent très salée.

Övning 1 – Översätt

❶ Hon har varit arbetslös i ett år. ❷ Vi har just sett en arbetslös konstnär. ❸ Staten tjänar en massa pengar. ❹ Skattemyndigheten vill att konstnärerna i Jokkmokk ska bygga det nya daghemmet. ❺ Medan hon badar bastu brukar Nisse spela trumpet.

***

Övning 2 – Fyll i med rätt ord

❶ L'artiste vient d'avoir une amende.
   .... har ... ...

❷ Quelle est votre profession ?
   Vad har ... ... ?

❸ La route de Jokkmokk.
   ... ... Jokkmokk.

❹ C'est le comble !
   Det ... ... !

❺ Le fisc veut qu'elle travaille dans une crèche.
   .... vill att hon ... ...

Femtiofemte lektionen

Lotta har blivit stor

1 – Lotta, nu är du tillräckligt stor för att lära dig ¹ köra bil.
2 – Tack mamma!
3 – Du kan börja med en gång om du vill,
4 när vi nu är på landet.

Notes

1 lära sig, *apprendre*, est réfléchi en suédois : **Du lär dig svenska med Assimil-metoden**, *Vous apprenez le suédois avec la méthode Assimil*.

Corrigé de l'exercice 1
❶ Elle est au chômage depuis un an. ❷ Nous venons de voir un artiste au chômage. ❸ L'État gagne un tas d'argent. ❹ Le fisc veut que les artistes de Jokkmokk construisent la nouvelle crèche. ❺ Nisse a l'habitude de jouer de la trompette pendant qu'elle fait un sauna.

***

Corrigé de l'exercice 2
❶ Konstnären – just fått böter ❷ – du för yrke ❸ Vägen till – ❹ – är höjden ❺ Skattemyndigheten – ska jobba på ett daghem

Attention aux **parkeringsböter** *ou* **P-böter**, *la "contredanse" qui vous est allègrement déposée sur le pare-brise pour infraction aux règles de stationnement. Ces règles sont simples : respectez les mêmes panneaux d'interdiction que chez nous, mettez de l'argent, beaucoup, dans les parcmètres, même la nuit, et ne garez pas votre véhicule à moins de dix mètres d'une intersection (vous y trouverez évidemment de la place, puisque c'est interdit). À bon entendeur, salut !*

Deuxième vague : 5ᵉ leçon

Cinquante-cinquième leçon

Lotta a grandi *(a devenu grand)*

1 – À présent, Lotta, tu es suffisamment grande pour apprendre à conduire *(apprendre à toi conduire voiture)*.
2 – Merci, maman !
3 – Tu peux commencer tout de suite *(avec une fois)* si tu veux,
4 maintenant que nous *(quand nous maintenant)* sommes à la campagne.

55 / Femtiofemte lektionen

5 Sätt dig bakom ratten!
6 – Ska jag trampa på gaspedalen
7 med den här foten [2] eller med den där?
8 – Med den här, men sakta i backarna!
9 – Motorn är i gång men bilen vägrar att rulla fram [3].
10 – Du har glömt att lägga i en växel.
11 – Den här bilen är verkligen komplicerad [4].
12 – Se upp [5], bilen backar!
13 Varför lade [6] du i backen?
14 – Såg [7] du inte haren som sprang över vägen?

Notes

2 den här foten, *ce pied-ci* ou *ce pied*. Cf. phrase 11 : **den här bilen**, *cette voiture*. Sur le même modèle : **det här huset**, *cette maison(-ci)* ; **de här bilarna**, *ces voitures(-ci)*. On peut remplacer **här** par **där** : **den där foten**, *ce pied-là*. Dans tous les cas, **här** et **där** sont accentués. Avec ces démonstratifs, le nom peut être sous-entendu : **den här eller den där**, *celui-ci / celle-ci* ou *celui-là / celle-là*.

3 rulla fram, *avancer*, mais plus précisément *en roulant*, puisqu'il est question d'une voiture. Lorsque vous rencontrez un verbe de mouvement suivi d'une particule, il faut d'abord rendre le sens de la particule puis, le cas échéant, indiquer la nature du mouvement. C'est ce qu'illustre la phrase 14 où **sprang** est le prétérit du verbe **springa**, *courir* : … **som sprang över vägen**, *… qui traversait la route en courant*. La particule **över** exprime ici l'idée de traverser : **Barnen går över gatan**, *Les enfants traversent la rue*. **Springa fram**, *avancer / s'approcher en courant, accourir*. La phrase 6 contient le verbe **trampa**, qui signifie *appuyer (avec le pied)* ou *marcher d'un pas lourd*. **Trampa fram** se traduit donc par *avancer d'un pas lourd*.

Cinquante-cinquième leçon / 55

5 Mets-toi au *(Assieds toi derrière le)* volant !
6 – Est-ce qu'il faut que j'appuie sur l'accélérateur *(la-pédale-de-gaz)*
7 avec ce pied-ci ou celui-là *(avec le ici le-pied ou le là)* ?
8 – Avec celui-ci, mais vas-y mollo *(doucement dans les-côtes)* !
9 Le moteur est en marche, mais la voiture refuse d'avancer *(rouler en avant)*.
10 – Tu as oublié de passer une vitesse.
11 – Cette voiture est vraiment compliquée.
12 – Fais gaffe, la voiture recule !
13 Pourquoi as-tu passé la marche arrière ?
14 – Tu n'as pas vu le lièvre qui traversait la route en courant *(couraït au-dessus de la-route)* ?

4 **komplicerad**, participe passé de **komplicera**, *compliquer*. Pas plus compliqué que **försenad**, *en retard* !

5 **se upp**, *faire attention/gaffe*. Ici, la particule accentuée modifie considérablement le sens du verbe **se**, *voir* : **Se upp för bilarna!**, *Attention aux voitures !* Pour une autre acception, reportez-vous à la note 7.

6 **lade** *[lâ:]*, prétérit de **lägga**, *poser*, *mettre*. On écrit aussi **la**, plus fidèle à la prononciation habituelle. La particule **i** évoque l'idée d'une introduction ou insertion. **Lägga i** ou **lägga in**, en parlant d'une vitesse, rend notre *passer* ou *enclencher* : **Du måste lägga i en annan växel**, *Il faut que tu changes de / passe une autre vitesse*.

7 **såg**, prétérit de **se**. Toute cette phrase est au prétérit puisque l'action appartient à un passé révolu, même avec un lièvre hypothétique... **Hon såg upp från boken när Nisse kliade sig i huvudet**, *Elle a levé / leva les yeux de son livre quand Nisse s'est gratté / se gratta la tête*. Ici, le passé simple est possible en français.

55 / Femtiofemte lektionen

▶ Övning 1 – Översätt

❶ Vi kan börja lära oss svenska. ❷ Hon vägrar att springa naken på den här stranden. ❸ Jag såg med en gång att det var komplicerat. ❹ Jag kör dig hem om du vill. ❺ Till att börja med lägger du i en växel.

Övning 2 – Fyll i med rätt ord

❶ Vas-y mollo !
..... i .... !

❷ Fais attention, un lièvre traverse la route en courant !
.. ..., en hare ....!

❸ Appuie sur cette pédale-là !
.... pedalen!

❹ Elles apprennent à conduire.
.... köra.

❺ La voiture va reculer si tu mets la marche arrière.
Bilen .... om du lägger i ....

Homographie à la suédoise. Pour le grand plaisir des cruciverbistes en herbe que vous êtes, voici quelques indications d'ordre morphologique et sémantique concernant certains mots de cette leçon.
Backarna *est le pluriel défini de* **backe**, *côte, colline. Son pluriel indéfini* **backar** *est identique au présent du verbe* **backa**, *reculer.* **Backen**, *la marche arrière, s'écrit certes comme le singulier défini de* **backe**, *mais sa forme nue est* **back**, *qui signifie aussi casier de bouteilles.* **En back öl**, *une caisse de bière.* **Back** *est aussi un adverbe qu'on trouve dans les expressions* **gå back**, *être en déficit, et* **ligga back**, *être en rouge, à découvert, à la fin du mois, s'entend !*
Le mot **gång** *signifie fois :* **en gång för alla**, *une fois pour toutes. Dans l'expression* **sätta i gång**, *mettre en marche, il évoque l'idée d'un mouvement qu'on retrouve dans* **vara i full gång**, *être en pleine activité, battre son plein.* **Gång**, *c'est aussi la marche, la démarche d'une personne.*

Corrigé de l'exercice 1

❶ Nous pouvons commencer à apprendre le suédois. ❷ Elle refuse de courir nue sur cette plage. ❸ J'ai tout de suite vu que c'était compliqué. ❹ Je te ramène chez toi en voiture si tu veux. ❺ Pour commencer, tu mets une vitesse.

Corrigé de l'exercice 2

❶ Sakta – backarna ❷ Se upp – springer över vägen ❸ Trampa på den där – ❹ De lär sig – ❺ – kommer att backa – backen

Le mot **växel** *est polysémique : c'est la* vitesse *d'une* boîte de vitesses, **växellåda**. **Växel**, *c'est aussi la* (petite) monnaie *:* **Jag har ingen växel på mig**, Je n'ai pas de monnaie sur moi, *ainsi que la* monnaie, en pièces ou en billets, qu'on vous rend, **lämnar tillbaka**, *sur une grosse coupure. Retenez :* **Jag ska växla pengar**, Je vais changer de l'argent. **Kan du växla?**, Vous pouvez me faire de la monnaie ? *Enfin,* **växel** *désigne également un* standard téléphonique.
Le nom **hare** *quant à lui a un sens figuré :* froussard.
Eh oui, on n'est jamais sûr de rien *:* **man vet aldrig var haren har sin gång** *(litt. "on ne sait jamais où le lièvre a son cours"). Sauf quand il traverse une route en courant !*

Deuxième vague : 6ᵉ leçon

Femtiosjätte lektionen

Repetition – Révision

1 Le groupe nominal avec épithète

À présent, vous savez dire *la belle femme*, **den vackra kvinnan**. Et comme il y en a plusieurs, vous dites aussi **de vackra kvinnorna**, *les belles femmes*. Le nom est doublement déterminé – article défini préposé + article défini postposé – et l'adjectif prend la forme définie, en général identique à celle du pluriel.

Autres exemples avec un neutre : **det gröna äpplet**, *la pomme verte*, **de gröna äpplena**, *les pommes vertes*.

Les adjectifs en **-ad**, comme les participes présents, et les superlatifs en **-ast** prennent un **e** à la forme définie du singulier et du pluriel :
den komplicerade frågan, *la question complexe/compliquée* ;
de komplicerade frågorna, *les questions complexes/compliquées* ;
den varmaste dagen, *le jour le plus chaud* ;
de varmaste dagarna, *les jours les plus chauds*.

Lorsque le nom désigne une personne de sexe masculin, l'adjectif peut également prendre un **e** au singulier : **den store mannen**, *le grand homme*, mais : **de stora männen**, *les grands hommes*.

Vous savez aussi que parfois l'article défini préposé est absent, comme dans **svenska folket**, *le peuple suédois*. C'est souvent le cas quand il s'agit de quelque chose de connu, qui se passe donc d'une surdétermination. Autres exemples : **svenska språket**, *la langue suédoise* ; **Vita huset**, *la Maison-Blanche*.

L'article défini préposé est également absent devant certains adjectifs. Vous en connaissez au moins deux : **hela dagen**, *la journée entière* ; **förra året**, *l'année dernière*.

Vous aurez remarqué depuis le début de votre apprentissage que cet article est omis devant les numéraux : **första lektionen**, *(la) première leçon*.

2 Le démonstratif

Ce point sera bref. Dans la langue parlée, ajoutez **här** après l'article défini préposé, et celui-ci ne signifiera plus *le, la* ou *les*, mais *ce*,

cet, *cette* ou *ces* (sous-entendu *-ci*).
det här gröna äpplet, *cette pomme verte* ;
den här store mannen, *ce grand homme* ;
de här vackra kvinnorna, *ces belles femmes*.
S'il ne s'agit pas de *celui-ci*, mais de *celui-là*, remplacez **här** par **där** : **den där store mannen**, *ce grand homme-là* ; **de där vackra kvinnorna**, *ces belles femmes-là*.

3 Le génitif en -s

Là encore, c'est très simple : **Nisses bror**, *le frère de Nisse*. Il suffit d'ajouter un **-s** au déterminant, et le déterminé reste à la forme indéfinie. Si le déterminant se termine par **-s**, **-x** ou **-z**, on se contente d'ajouter une apostrophe (d'ailleurs souvent omise). **Nils' bror**, *le frère de Nils*.
Si le déterminé est précédé d'un adjectif épithète, celui-ci se comporte exactement comme dans un groupe nominal avec épithète : **Nils' store bror**, *le grand frère de Nils* ; **Lottas vackra ögon**, *les beaux yeux de Lotta*. Eh oui, il fallait en parler !
Mais nous reparlerons du génitif en **-s** car le déterminant n'est pas forcément un prénom !

4 Du verbe *bli*

Vous connaissiez déjà deux sens de **det blir** : *cela fait*, en parlant d'une somme : **Det blir tjugo kronor**, *Cela fait vingt couronnes* (cf. leçon 22, phrase 6) ; *il y aura / il fera*, quand on parle du temps à venir : **I morgon blir det regn**, *Demain il y aura de la pluie* (cf. leçon 41, phrase 7).
Le sens premier de **bli** est *devenir*. **Bli** au présent suivi d'un adjectif ou d'un participe passé exprime souvent une idée de futur assez proche de celle rendue par **komma att** : **Vad ska du bli när du blir stor?**, *Tu deviendras quoi quand tu seras grand ?* ; **Det blir svårt**, *Ce sera difficile*.
Mais **bli**, au présent ou à un temps du passé, suivi d'un adjectif (pas d'un participe passé quand ce verbe est au passé), devient, c'est

le cas de le dire, un verbe "inchoatif", c'est-à-dire qu'il exprime une action commençante, un devenir. **Lotta blir stor** ne signifie pas *Lotta va grandir* (on dirait alors : **Lotta kommer att bli stor**), mais *Lotta grandit*. Autres exemples : **Nisse blir kär**, *Nisse tombe amoureux* ; **Gustav blir rik**, *Gustave s'enrichit* ; **Emma blir gammal**, *Emma se fait vieille*.

Parfois, les différents sens de ce verbe se superposent, comme quand il est suivi de l'adjectif **varm** : **Det bli varmt**, *Il fera chaud* ou *Ça se réchauffe* ; **Bada bastu så du blir varm i kroppen!**, *Fais un sauna pour te réchauffer le corps !*

5 Les prépositions *på* et *om* dans les expressions temporelles

På suivi de **dag**, **natt**, **morgon**, **kväll**, **helg** à la forme définie, du singulier ou du pluriel, correspond à notre *dans* ou *pendant*. Dans ce cas, **på** peut être remplacé par **om** qui appartient à un style plus soutenu.

på / om dagen, på / om dagarna, *le jour, dans la journée*
på fredagarna, *le vendredi, tous les vendredis*
mitt på (ljusa) dagen, *en plein jour*
Hans fru sover alltid gott om natten, *Sa femme dort toujours bien la nuit.*
tidigt / sent på dagen, *de bonne heure / à une heure avancée de la journée*
sent på kvällen, *tard le soir*
på morgonen, *le matin, dans la matinée*
på helgen, *le week-end, pendant le week-end*.

Avec un nom de saison à la forme définie : **på hösten**, *en automne*.
Avec un nom de jour sans article : **på fredag**, *vendredi (qui vient)* ; bien souvent les Suédois précisent en ajoutant **nu** : **nu på fredag**.
Vad gör du nu på lördag?, *Tu fais quoi ce samedi ?*

6 L'adverbe "*så*"

Les phrases 3 et 4 de la leçon 54 sont reliées par **så** : **När du var på skattemyndigheten förra gången så var du arbetslös**. Nous avons traduit ces phrases en respectant la syntaxe du suédois : *Quand vous êtes venu au centre des impôts la dernière fois, vous étiez au* *chômage*. Il aurait été plus correct de dire : *Vous étiez au chômage la dernière fois que vous êtes venu au centre des impôts*. Notez donc que l'ordre des propositions n'est pas toujours identique dans les deux langues.

L'adverbe **så** indique ici l'arrivée du verbe de la proposition principale. Il est surtout utilisé quand la proposition qui précède est longue, comme pour marquer une transition. Une phrase peut également être introduite par une subordonnée, mais sans être reliée à la principale par **så**. Longtemps considéré comme pléonastique, **så** est désormais toléré dans la langue écrite.

Ne le confondez pas avec le **så** de la leçon 31, phrase 6, **så jag har tandkräm till oss**, suivi du sujet puis du verbe, qui signifie *c'est la raison pour laquelle*, et qui relie deux propositions principales (**så** conclusif).

Ne le confondez pas non plus avec le **så** de la leçon 40, phrase 10, **så kan du leka med dem**. Ici **så**, suivi du verbe puis du sujet, signifie *de cette façon* en introduisant une proposition principale (**så** consécutif).

7 Dépaysement garanti à Jokkmokk

La petite ville de Jokkmokk *[yocmok]*, située à 8 km au nord du cercle polaire, est le centre politique et culturel des Sami suédois. Tous les ans depuis 1605, les premiers jeudi, vendredi et samedi de février, se tient la foire de Jokkmokk. Les Sami y vendent les produits de leur artisanat, couteaux, bols, chaussures, fourrures ; les matériaux utilisés sont le bois, la corne de renne et la peau de renne. Sur les 17 000 Sami qui vivent en Suède, 3 000 environ sont directement tributaires de l'élevage du renne (300 000 têtes en Suède). Il y a à Jokkmokk une haute école populaire spéciale pour adultes sami. Le parc national de Sarek au nord-ouest de Jokkmokk compte environ 200 sommets qui dépassent 1 800 m d'altitude et une centaine de glaciers. Il n'y a guère de mots pour décrire les paysages qu'on y découvre... Raison de plus pour apprendre le suédois, en attendant de découvrir le same...

▶ Repetitionsdialog

1. – Vad ska Nisse bli när han blir stor?
2. – Han tänker bli läkare, som Lottas far.
3. – Det är inte något enkelt yrke.
4. Vill han göra det för att sköta dig när du blir gammal?
5. – Nej, Nisse vill jobba mycket för att tjäna mycket.
6. – Driver du med mig?
7. – Nej, jag skojar inte, det är den nakna sanningen!
8. Till på köpet vill den här killen lära sig norska.
9. – Konstigt!
10. – I Norge tjänar läkarna nämligen en massa pengar.
11. Lottas far har själv blivit rik hos våra grannar.
12. Han badar i pengar idag.
13. Lotta kommer snart att ta körkort och få en raggarbil.
14. – Jag skäms för den här tjejen.

***

▶ Övning – Översätt

❶ Den nya sjuksköterskan har just blivit sjuk. ❷ Hon kommer att bli kär i den unge jourläkaren. ❸ De senaste nyheterna är bara strunt. ❹ Den här tullmannen är konstig. ❺ Det där yrket är igen konst. ❻ De där vackra ögonen kommer jag nog inte att glömma.
❼ Nisse springer hem.

Cinquante-sixième leçon / 56

Traduction

1 Il va faire quoi, Nisse, plus tard ? **2** Il a l'intention de devenir médecin, comme le père de Lotta. **3** Ce n'est pas un métier simple. **4** Est-ce qu'il veut faire ça pour prendre soin de toi quand tu seras vieille ? **5** Non, Nisse veut travailler beaucoup pour gagner beaucoup. **6** Tu te moques de moi ? **7** Non, je ne plaisante pas, c'est la stricte vérité ! **8** Par-dessus le marché, ce garçon veut apprendre le norvégien. **9** Bizarre ! **10** C'est qu'en Norvège les médecins gagnent un tas d'argent. **11** Le père de Lotta s'est lui-même enrichi chez nos voisins. **12** Il baigne dans l'argent aujourd'hui. **13** Lotta va bientôt passer son permis et avoir une voiture de "raggare". **14** Elle me fait honte, cette fille.

***

Corrigé

❶ La nouvelle infirmière vient de tomber malade. ❷ Elle va tomber amoureuse du jeune médecin de garde. ❸ Les dernières nouvelles ne sont que des sornettes. ❹ Ce douanier est bizarre. ❺ Ce métier-là n'est pas sorcier. ❻ Ces beaux yeux-là, je ne vais sans doute pas les oublier. ❼ Nisse rentre chez lui en courant.

Deuxième vague : 7ᵉ leçon

Au cours de cette nouvelle semaine d'apprentissage, vous ne serez confronté qu'à un nombre limité de mots nouveaux, une bonne partie du vocabulaire ayant été puisée dans les leçons précédentes, qui contiennent déjà autour de mille mots. Cependant, vous allez décou-

Femtiosjunde lektionen

Kommissarie Marinus ställer indiskreta frågor

1 – Vad hände [1] i fredags när du gick [2] hem efter jobbet?
2 – Jag gick på krogen, jag orkade [3] inte handla och laga mat själv.
3 – Gick du ensam på krogen?
4 – Ja.
5 – Och där träffade du Jenny som försvann [4] spårlöst i natt.

Remarque de prononciation
(1) i fredags se prononce *[i frédass]*.

Notes

1 **hände**, prétérit du verbe **hända**, *se passer, arriver*. Au présent : **händer**. Ce verbe appartient à la deuxième conjugaison ; c'est aussi un verbe dit "faible", dont la voyelle du radical reste identique au prétérit et au supin. Les verbes de la deuxième conjugaison forment leur prétérit en ajoutant la désinence **-de** si le radical se termine par une consonne sonore, **-te** si celui-ci se termine par une consonne sourde. Nous y reviendrons.

2 **gick**, prétérit du verbe **gå**, *aller*. Ce verbe est à ranger dans la catégorie des verbes irréguliers. Puisqu'il est monosyllabique, il se conjugue comme les verbes de la troisième conjugaison en formant son présent avec la désinence **-r**, **går**, et son supin avec la désinence **-tt**, **gått**. Mais il change de voyelle au prétérit : **gick** *[yik]*. Le verbe **se**, *voir*, se comporte de la même manière : vous connaissez son présent, **ser**, et son supin, **sett**. **Såg**, de la phrase 6, est la forme de son prétérit.

249 • tvåhundrafyrtionio

vrir de nombreuses formes verbales aux temps du passé. La leçon de révision vous permettra d'en former d'autres, car il existe des modèles. Amusez-vous bien ! Ha det så roligt!

Cinquante-septième leçon

[Le] commissaire Marinus pose des questions indiscrètes

1 – Que s'est-il passé vendredi en rentrant *(quand tu es allé à la maison)* après le travail ?
2 – Je suis allé au bistrot, je n'avais pas la force de faire des courses ni *(et)* de cuisiner tout seul.
3 – Vous êtes allé seul au bistrot ?
4 – Oui.
5 – Et là vous avez rencontré Jenny qui a disparu cette nuit sans laisser de trace *(sans-trace en nuit)*.

3 **orkade**, prétérit du verbe **orka**, *avoir la force de*, *pouvoir*, *arriver à faire*, que vous connaissez depuis la leçon 50 (note culturelle). Comme il forme son prétérit avec la désinence **-ade**, ce verbe appartient à la première conjugaison, et c'est aussi un verbe dit "faible" : **Jag orkar inte**, *Je n'y arrive pas*. Vous retrouvez cette désinence du prétérit dans **träffade** et **svarade** des phrases 5 et 10, qui appartiennent par conséquent à la même catégorie, à savoir la première conjugaison des verbes faibles. Le supin des verbes de la première conjugaison est formé avec la désinence **-at** : **Jag har redan träffat honom**, *Je l'ai déjà rencontré*.

4 **försvann**, prétérit du verbe **försvinna**, *disparaître*. Försvinna est un verbe "fort" ; il appartient à la quatrième conjugaison, et à l'intérieur de celle-ci il est à ranger parmi les verbes qui forment le présent, le prétérit et le supin suivant ce type d'alternance vocalique : **i – a – u**. Voyez **jag försvinner**, *je disparais* ; **jag försvann**, *je disparaissais / j'ai disparu* ; **jag har försvunnit**, *j'ai disparu*.

Vous connaissiez déjà le verbe **springa**, *courir*, de la leçon 55, phrase 14 : **Jag springer**, *Je cours*, **Jag sprang**, *Je courais / J'ai couru*, **Jag har sprungit**, *J'ai couru*.

57 / Femtiosjunde lektionen

 6 – Hon satt i ett hörn och såg [2] trött ut.
 7 – Vad sade [5] du till henne?
 8 – Jag tog [6] pipan ur munnen och sade:
 9 "Jag hoppas du känner igen mig"!
10 – Vad svarade hon?
11 – Jag minns inte.
12 – Försök komma ihåg!
13 – Hon hade druckit [4] sprit.
14 – Och du?
15 – En öl, på sin höjd. Jag tog fram en penna,
16   skrev [7] upp mitt telefonnummer och gav [8] det till henne.
17   Jag visste [9] inte att hon satt och sov.
18 – Men nu vet du att du sitter i klistret!

Remarque de prononciation
(6) såg trött ut se prononce *[sogtreut'ut']* ; l'adjectif **trött** est accentué, puisqu'il donne tout son sens au verbe **se ut** *[sé-ut]*, *avoir l'air*.

Notes

5 sade *[så]*, prétérit de **säga**, *dire*. On écrit aussi **sa**. Il est irrégulier lui aussi, mais sur le même modèle que le verbe **lägga**, dont vous connaissez le prétérit depuis la leçon 55 : **Varför lade du i backen?**, *Pourquoi as-tu passé la marche arrière ?* **Visste**, de la phrase 17, est le prétérit de **veta**, *savoir* ; il est irrégulier sur un modèle à part : **Jag vet**, *Je sais*, sans désinence, **Jag visste**, *Je savais / J'ai su*, **Jag har vetat**, *J'ai su*. Vous connaissiez déjà ce prétérit : **Fan visste inte att han var i helvetet förrän hans svärmor kom dit**, *Le diable ne savait pas qu'il était en enfer avant que sa belle-mère n'y arrive* (cf. leçon 44).

6 **tog**, prétérit de **ta** (autrefois **taga**), *prendre*. Verbe fort qui forme son présent, son prétérit et son supin selon le modèle d'alternance **a – o – a** : **tar, tog, tagit**. Vous comprenez une fois de plus pourquoi nous indiquons la forme ancienne de l'infinitif : la consonne finale du radical, ici **g**, permet de former les temps du passé ou les participes.

251 • tvåhundrafemtioett

Cinquante-septième leçon / 57

6 – Elle était assise dans un coin et avait l'air fatigué.
7 – Qu'est-ce que vous lui avez dit ?
8 – J'ai retiré ma pipe de la bouche *(pris la-pipe hors de la-bouche)* et [j']ai dit :
9 – "J'espère que tu me reconnais *(connais à nouveau moi)*" !
10 – Qu'est-ce qu'elle a répondu ?
11 – Je ne me souviens pas.
12 – Essayez [de] vous rappeler !
13 – Elle avait bu de l'alcool.
14 – Et vous ?
15 – Une bière, à tout casser *(sur sa hauteur)*. J'ai sorti *(pris en avant)* un stylo,
16   noté mon numéro de téléphone et [le] lui ai donné.
17   Je ne savais pas qu'elle dormait sur sa chaise.
18 – Mais maintenant vous savez que vous êtes dans le pétrin *(assis dans la-colle)* !

---

7 **skrev**, prétérit de **skriva**, *écrire*. Verbe fort, modèle d'alternance vocalique **i – e – i** : **jag skriver**, *j'écris* ; **jag skrev**, *j'écrivais / j'ai écrit* ; **jag har skrivit**, *j'ai écrit*. Ici **skriva** est suivi de la particule accentuée **upp** : **Skriva upp**, *noter, inscrire* ; **Skriv upp mitt telefonnummer!**, *Note/Notez mon numéro de téléphone !*

8 **gav**, prétérit de **ge** (autrefois **giva**), *donner*. Verbe plutôt irrégulier : **jag ger**, *je donne* ; **jag gav**, *je donnais / j'ai donné* ; **jag har gett**, *j'ai donné*, plus littéraire : **jag har givit**. Idem pour **sov**, prétérit de **sova**, *dormir*, de la phrase 17 : **jag sover**, *je dors* ; **jag sov**, *je dormais / j'ai dormi* ; **jag har sovit**, *j'ai dormi*. Ne vous affolez pas : le lexique en fin d'ouvrage contient les formes de prétérit et de supin de tous les verbes que vous rencontrez. Nous vous donnons également un tableau des principaux verbes forts en fin d'appendice grammatical. Jetez-y un coup d'œil au besoin.

9 **visste**, est le prétérit de **veta**, *savoir* ; il est irrégulier sur un modèle à part : **jag vet**, *je sais*, sans désinence, **jag visste**, *je savais / j'ai su* ; **jag har vetat**, *j'ai su*.

57 / Femtiosjunde lektionen

▶ Övning 1 – Översätt

❶ Visste du inte att hon går på krogen efter jobbet? ❷ Han satt i ett hörn och drack öl. ❸ Jag försöker handla mat efter jobbet om jag orkar. ❹ Han ser ut som en trött kommissarie som dricker sprit ensam. ❺ Jag gav henne mitt telefonnummer.

Övning 2 – Fyll i med rätt ord

❶ Il est rentré chez lui après le boulot.
Han .... hem ....

❷ Nous étions assis dans un coin.
Vi .... hörn.

❸ Il sortit un stylo et le lui donna.
.... en penna .... till henne.

❹ Il retira le stylo de sa bouche.
.... ur munnen.

❺ Vendredi dernier, il a rencontré le commissaire au bistrot.
I .... han .... på ......

Krog *n'est pas tout à fait synonyme de* bistrot, *car on peut aussi vous y servir un plat chaud, et on n'y va pas le matin pour boire un petit noir, sauf peut-être dans une gare. En effet, souvent les gens s'y rendent le soir pour boire de l'alcool car* **på krogen** *on peut être sûr que le cabaretier aura une licence de vente de boissons alcoolisées,* **spriträttigheter**. *Un restaurant n'en possède pas forcément une, l'attribution de la dive licence étant fonction notamment de l'ancienneté du patron dans le métier. Si des habitués vous disent que telle ou telle taverne détient ce que les autorités appellent* **fulla spriträttigheter**, *c'est que vous pourrez commencer la soirée en buvant de la petite bière et la terminer avec tous les spiritueux imaginables, de quoi mélanger conjugaisons faibles et fortes !*

Cinquante-septième leçon / 57

Corrigé de l'exercice 1
❶ Tu ne savais pas qu'elle va au bistrot après le boulot ? ❷ Il était en train de boire de la bière dans un coin. ❸ Je vais essayer de faire les courses après mon travail si j'en ai le courage. ❹ Il a l'air d'un commissaire fatigué qui boit de l'alcool tout seul. ❺ Je lui ai donné mon numéro de téléphone.

Corrigé de l'exercice 2
❶ – gick – efter jobbet ❷ – satt i ett – ❸ Han tog fram – och gav den – ❹ Han tog pennan – ❺ – fredags träffade – kommissarien – krogen

Il n'y a pas si longtemps, le port de la cravate était obligatoire pour être admis dans un restaurant chic, et il fallait même consommer un repas composé de plusieurs plats pour avoir l'autorisation de commander ne fût-ce que de la bière... Dans un pub, **på puben**, *on vous servira avant tout de la bière, style de vie anglais oblige ! Vous l'aurez deviné : le nom* **sprit** *vient du français* esprit *!*

Deuxième vague : 8ᵉ leçon

Femtioåttonde lektionen

Nubben gjorde [1] henne sjuk

1 – Hej Jenny! På grund av dig fick [2] jag besök av polisen häromdagen.
2   Vart tog du vägen i fredags kväll?
3 – När jag vaknade på krogen såg jag ett telefonnummer på en papperslapp.
4 – Det var mitt [3].
5 – Det ante [4] mig!
6   Men jag hade inte lust att avsluta kvällen tillsammans med dig.
7 – Det var synd, jag ville [5] bjuda dig på ett danshak,
8   arbetskamrater emellan förstås.
9 – Jag var inte på humör att dansa.
10 Jag fick lust [6] på en halv special med senap och ketchup.
11 Därefter drack jag en nubbe som gjorde mig sjuk

Notes

1 **gjorde**, prétérit de **göra**, *faire* ou *rendre*. **Göra** est irrégulier au présent puisqu'il n'a pas de désinence : **Det gör mig sjuk**, *Cela me rend malade*. Il en est de même pour les verbes dont le radical se termine par un **-r**, comme **köra**, **hyra** ou **höra**. **Gjort** est le supin de **göra**.

2 **fick**, prétérit de **få**, qui se conjugue sur le même modèle que **gå** : **får**, **fick**, **fått**.

3 **mitt**, *le mien*, sans article défini en suédois en l'absence d'un nom. Idem pour les autres pronoms possessifs. Quand le pronom possessif est précédé de l'article défini **de**, il désigne les membres de la famille : **de mina**, *les miens*, **de dina**, *les tiens*, **de sina**, *les siens*.

4 **ante**, prétérit de **ana**, *se douter de*, qui appartient à la première conjugaison, mais prend la désinence **-te** de la deuxième conjugaison dans

Cinquante-huitième leçon

Le petit verre l'a rendue malade

1 – Salut Jenny ! À cause de toi, j'ai eu [la] visite de la police l'autre jour.
2   Tu étais passée où *(Vers où pris tu le-chemin)* vendredi soir ?
3 – J'ai trouvé un numéro de téléphone sur un bout de papier quand je me suis réveillée au bistrot.
4 – C'était [le] mien.
5 – Je m'en doutais *(Cela doutait à-moi)* !
6   Mais je n'avais pas envie de terminer la soirée *(ensemble avec)* avec toi.
7 – C'est *(était)* dommage, je voulais t'inviter dans un bastringue,
8   entre collègues *(camarades-de-travail entre)* bien entendu.
9 – Je n'étais pas d'humeur *(sur humeur)* à danser.
10 J'ai eu envie d'un hot-dog-purée *(demi spécial)* avec de la moutarde et du ketchup.
11 Là-dessus, j'ai bu un petit verre qui m'a rendue malade

l'expression **Det ante mig**, synonyme de **Jag anade det**, *Je m'en doutais*.

5 ville, prétérit de **vilja**, *vouloir*. Son supin est : **velat**. **Han har aldrig velat gå tidigt**, *Il n'a jamais voulu partir tôt*. Ou : **Han har aldrig velat gå med mig på ett danshak**, *Il n'a jamais voulu m'accompagner dans un bastringue*.

6 **få lust**, *avoir envie*, mais avec un sens sensiblement différent du **ha lust** de la phrase 6. Le verbe **få** a ici une valeur inchoative (voir leçon 56, § 4) facilement saisissable au prétérit puisqu'elle est rendue en français par le passé simple ou le passé composé, jamais par l'imparfait : **Jag fick lust**, *J'ai eu / J'eus envie / L'envie me prit* ; **Jag hade lust**, *J'avais envie*. Le verbe **få** suivi de **se**, *voir* ; **veta**, *savoir* ; ou **höra**, *entendre*, exprime de la même manière le début d'une action : **Jag visste det**, *Je le savais* ; **Jag fick veta det**, *Je le sus / Je l'ai appris*.

12 och hamnade på sjukhus tack vare [7] en snäll taxichaufför.
13 Hela kvällen hade gått åt pipan. ☐

Notes

7 **tack vare**, *grâce à*. **Vare** est le présent du subjonctif de **vara**, *être*. Le subjonctif est aujourd'hui une forme archaïque qui ne subsiste que dans quelques locutions figées. Parfois les Suédois disent **tack vare** à la place de **på grund av**, *à cause de*, de la phrase 1. Cette confusion est plutôt sympathique !

***

Övning 1 – Översätt

❶ När han vaknade såg han ett telefonnummer på en papperslapp. ❷ Taxichauffören fick lust på en nubbe. ❸ Därefter ville vi avsluta kvällen på ett danshak. ❹ Har du lust att gå på krogen? Jag bjuder! ❺ Häromdagen fick jag se en av dina arbetskamrater tillsammans med Jenny.

***

Övning 2 – Fyll i med rätt ord

❶ J'avais envie d'inviter mes collègues.
   . . . . **att bjuda** . . . .

❷ Elle a eu envie de danser.
   . . . . **att** . . . . . .

❸ Le chauffeur de taxi prit de la moutarde et du ketchup.
   Taxichauffören . . . .

❹ C'est dommage !
   . . . . . . **synd!**

❺ À l'hôpital, elle a eu la visite de ses camarades.
   På sjukhuset . . . . **kamrater.**

Cinquante-huitième leçon / 58

12 et me suis retrouvée à [l']hôpital grâce à *(merci soit)* un gentil chauffeur de taxi.
13 La soirée entière avait foiré *(avait allé vers le-tube)*.

Corrigé de l'exercice 1
❶ Il a vu un numéro de téléphone sur un bout de papier en se réveillant. ❷ Le chauffeur de taxi a eu envie d'un petit verre. ❸ Là-dessus, on a voulu finir la soirée dans un bastringue. ❹ Ça te dirait d'aller au bistrot ? J'invite ! ❺ L'autre jour, j'ai aperçu un de tes collègues en compagnie de Jenny.

***

Corrigé de l'exercice 2
❶ Jag hade lust – mina arbetskamrater ❷ Hon fick lust – dansa ❸ – tog senap och ketchup ❹ Det var – ❺ – fick hon besök av sina –

En halv special *est une saucisse emmaillotée dans un petit pain qui est lui-même couché sur un lit de purée chaude blottie au fond d'une petite barquette en carton.* **En hel special** *comportera deux saucisses logées à la même enseigne. Dans les deux cas, le marchand vous offrira une petite cuillère en plastique – pour la purée – en vous demandant au préalable :* **Med senap och ketchup?**, *Avec de la moutarde et du ketchup ? Cette préparation culinaire bon marché, qui n'est pas facile à manger debout et qui tiédit très vite en hiver, vous est proposée jusque tard dans la nuit, surtout le vendredi et le samedi, dans les rues des grandes villes, au sortir d'une fête bien arrosée, histoire de ne pas se quitter le ventre vide, au cœur d'une saison froide, en attendant un taxi. Mais ça réconforte et, foi d'homme averti, le mal aux cheveux des lendemains de fêtes vous sera presque épargné ! P. S. : La consommation excessive de* **nubbar** *est dangereuse pour la santé.*

Deuxième vague : 9ᵉ leçon

Femtionionde lektionen

Det fanns ¹ en hake

1 – I förrgår var jag nära att flytta in i en tvåa i centrala Göteborg.
2 – Var den för dyr?
3 – Nej, hyran var låg.
4 Jag gillade den här lägenheten, den var flott.
5 Från balkongen hade man utsikt över hamnen.
6 – Vad fick ² dig att avstå från denna ³ bostad då?
7 – Det fanns en hake: jag kunde ⁴ inte promenera ⁵ till kontoret.
8 – Gör som jag: ta tvåan!
9 – Spårvagnen?

Notes

1 Vous reconnaissez ici le prétérit du verbe déponent **finnas**, *y avoir* : **det finns**, *il y a* ; **det fanns**, *il y avait / il y a eu* ; **det har funnits**, *il y a eu*. Ce verbe se conjugue donc selon le modèle d'alternance vocalique mentionné dans la leçon 57, note 4.

2 Nouvelle signification du verbe **få**, *faire*, *pousser à*, quand il est suivi d'un objet direct et d'un infinitif : **Vad får dig att ta tvåan idag?**, *Qu'est-ce qui te fait prendre la ligne deux aujourd'hui ?*

3 **denna**, forme plus soutenue (langue surtout écrite) que **den här**. Au neutre **detta** : **detta hus**, synonyme de **det här huset**, *cette maison* ; au pluriel **dessa** : **dessa barn**, synonyme de **de här barnen**, *ces enfants*. Le pronom démonstratif **denna** connaît aussi une forme pour le masculin quand il renvoie à un homme : **denne man**, *cet homme*. Il est alors suivi de la forme masculine de l'adjectif avec la désinence **-e** (cf. leçon 51, note 2) : **denne elegante man**, *cet homme élégant*. Notez par conséquent qu'avec **denna**, **detta** et **dessa**, le nom ne prend pas l'article défini, sauf parfois dans le sud et l'ouest du pays, comme à Göteborg, où l'usage de l'article défini après le pronom démonstratif **denna** est également fréquent dans la langue parlée : **detta huset**, *cette maison*.

Cinquante-neuvième leçon

Il y avait un os *(crochet)*

1 – Avant-hier, j'étais sur le point *(près)* d'emménager dans un deux-pièces au centre de Göteborg *(dans central Göteborg)*.
2 – Il était trop cher ?
3 – Non, le loyer était bas.
4   J'aimais bien cet appartement, il était classe.
5   Du balcon, on avait vue sur le port.
6 – Qu'est-ce qui t'a fait renoncer à ce logement alors ?
7 – Il y avait un os : je ne pouvais pas aller au bureau à pied *(promener vers le-bureau)*.
8 – Fais comme moi : prends la [ligne] deux !
9 – Le tramway ?

---

4 **kunde**, prétérit de **kunna**, *pouvoir*. Ce verbe se conjugue un peu sur le modèle de **vilja** : **Jag kunde inte komma**, *Je ne pouvais pas / Je n'ai pas pu venir* ; **Jag har kunnat promenera till stan**, *J'ai pu aller en ville à pied*.

5 **promenera**, *se promener*. Ce verbe n'est donc pas réfléchi en suédois. Retenez aussi que **promenera** en suédois, c'est toujours *à pied* : **Hon ville promenera hem**, *Elle voulait rentrer à pied* (sous-entendu : et ne pas prendre un taxi ou la voiture de celui qui l'accompagnait). *Se promener en voiture* a une résonance plutôt insolite dans l'esprit d'un Suédois. Et vous vous souvenez qu'on dit alors **bila**.

DE STÅR SOM PACKADE SILLAR I DE FULLA VAGNARNA

10 – Ja visst! Det är inte mer komplicerat än [6] så.
11 Tusentals människor åker spårvagn till sitt arbete.
12 – Det är just kruxet: jag ser dem ofta på kvällarna,
13 de står som packade sillar i de fulla vagnarna
14 och glor på varandra [7].
15 Det är inget liv, det är slaveri.

Notes

[6] La conjonction **än** qui suit un comparatif de supériorité ou d'infériorité correspond à notre *que*. **Min lägenhet är billigare än din**, *Mon appartement est moins cher que le tien*. Dans la leçon 35, § 3, nous avons abordé rapidement la formation des comparatifs et des superlatifs en disant qu'il suffisait d'ajouter respectivement la désinence **-are** et **-ast** à l'adjectif. Cependant les participes, présents ou passés, ainsi que les adjectifs en **-isk**, forment leur comparatif de supériorité en étant précédés de **mer** (ou **mera**), *plus*. Vraiment, **Det är inte mer komplicerat än så**, *Ce n'est pas plus compliqué que ça*.

***

Övning 1 – Översätt

❶ Jag var nära att flytta in i en tvåa. ❷ Är du beredd att flytta in i en tvåa? ❸ Gillar du min nya lägenhet? ❹ Jenny och din arbetskamrat står bredvid varandra på balkongen. ❺ Jag ser tusentals sillar i vattnet!

***

Övning 2 – Fyll i med rätt ord

❶ Voilà le hic !
 . . . . **kruxet!**

❷ Je pouvais descendre au port à pied.
 . . . . **promenera** . . . .

❸ Les logements sont souvent chers dans le centre de Göteborg.
 Bostäderna . . . . **i** . . . . **Göteborg.**

Cinquante-neuvième leçon / 59

10 – Bien sûr ! Ce n'est pas plus compliqué que ça.
11   Des milliers de gens prennent le tramway [pour aller] à leur travail.
12 – Voilà le hic *(C'est justement le-hic)* : **je les vois souvent le soir,**
13   **ils sont serrés comme des sardines** *(debout comme pressés harengs)* **dans les trams pleins**
14   **à se regarder bêtement** *(et regardent-bêtement sur les-uns-les-autres)*.
15   **Ce n'est pas une vie** *(C'est aucune vie)*, **c'est de l'esclavage.**

7 **varandra**, **varann** dans la langue parlée, est un pronom réciproque rendu en français par le pronom réfléchi, éventuellement suivi de *mutuellement* ou par *l'un(e) l'autre*, *les un(e)s les autres* : **De tycker om varandra**, *Ils s'aiment bien (l'un l'autre)*. Notez : **De talar alltid i munnen på varandra**, *Ils parlent toujours tous ensemble / en même temps*.

***

Corrigé de l'exercice 1
❶ J'étais près d'emménager dans un deux-pièces. ❷ Es-tu prêt à emménager dans un deux-pièces ? ❸ Il te plaît, mon nouvel appartement ? ❹ Jenny et ton collègue se tiennent l'un à côté de l'autre sur le balcon. ❺ Je vois des milliers de harengs dans l'eau !

***

❹ Fais comme lui !
   … som … !

❺ Ce n'est pas une vie !
   … . . inget … !

Corrigé de l'exercice 2
❶ Det är just – ❷ Jag kunde – ner till hamnen ❸ – är ofta dyra – centrala – ❹ Gör – han ❺ Det är – liv

Göteborg, **Götet** *[yøtët']* pour les intimes, est la deuxième ville de Suède, célèbre notamment pour son avenue, **Avenyn**, son port, le premier de Suède, où les dockers déchargeaient autrefois les bananiers, **bananbåtarna**, les usines Volvo et SKF, ses musées et son fameux **Liseberg**, le plus grand parc d'attractions de Scandinavie. Les chantiers navals n'y sont plus actifs, sauf pour les réparations. Construite à l'embouchure du fleuve **Göta älv**, cette ville, ainsi qu'une étroite bande côtière en direction du sud, est restée jusqu'au milieu du XVIIe siècle le seul accès des Suédois à la mer du Nord. Le **Bohuslän** au Nord et le **Halland** au Sud appartenaient en effet au royaume du Danemark, c'est-à-dire que la population de part et d'autre de cette enclave parlait respectivement norvégien et danois (ou des dialectes issus de ces langues). Cela explique sans doute la prononciation particulière de certains sons et un accent de phrase propres aux Gotembourgeois de souche. Vous y entendrez aussi dire **la** *[la]* au lieu de **väl**, placé devant le pronom personnel : **Det vet la du!**, Tu le sais bien !

C'est à Göteborg qu'ont été organisés les championnats du monde d'athlétisme de 1995. Depuis cet événement, qui a véritablement

Sextionde lektionen

Grannen såg dig

1 – Nisse, hjälp mig att hänga [1] tvätt i trädgården!
2 – Jag hinner inte, jag ska göra mina läxor.
3 – Har du inte gjort dem än [2]?
4 – Nej, i morse tvättade jag pappas bil.
5 – i eftermiddags städade jag mitt rum

 Notes

[1] **hänga**, quand il est transitif, c'est-à-dire suivi d'un objet direct, signifie *suspendre*, *accrocher*, *étendre*, quand il s'agit du linge, *pendre* s'il est question d'une exécution. Intransitif, ce verbe se traduit par *être suspendu/accroché/étendu*, etc. Retenez cette expression : **Det hängde på ett hår**, *Cela a tenu à un cheveu*, litt. "Cela était suspendu sur un cheveu".

défrayé la chronique, et jusqu'en 2006, la ville a arrangé le plus grand festival urbain de Suède, **Göteborgskalaset**, *une semaine de concerts, d'orgies de crevettes et de beuveries dans les rues et sur les places du centre, tous les ans pendant la deuxième semaine du mois d'août. En 2007, les autorités inquiètes ont remplacé cette fête populaire par un festival culturel,* **Kulturkalaset**, *au grand dam des jeunes et des commerçants.*

Une visite dans l'archipel s'impose ! Prenez le tram jusqu'à **Saltholmen** *puis un bateau en direction de la petite île de* **Donsö** *(800 habitants). Vous y rencontrerez peut-être des autochtones qui se souviennent de votre serviteur…*

À la leçon précédente, et peut-être même plus tôt, vous aurez sans doute constaté que votre traduction des phrases de l'exercice 1 ne correspondait pas toujours à la nôtre. C'est la preuve que vous commencez à voler de vos propres ailes, autrement dit, que vous vous émancipez de votre guide. C'est bon signe, continuez ainsi !

Deuxième vague : 10ᵉ leçon

Soixantième leçon

Le voisin t'a vu

1 – Nisse, aide-moi à étendre *(suspendre)* du linge dans le jardin !
2 – Je n'ai pas le temps, il faut que je fasse mes devoirs.
3 – Tu ne les as pas encore faits ?
4 – Non, ce matin, j'ai lavé la voiture de papa,
5 – cet après-midi j'ai fait le ménage dans ma chambre

La désinence -**de** indique que ce verbe appartient à la deuxième conjugaison. Présent : **hänger**.

2 **än** n'est pas ici la conjonction que vous connaissez depuis la leçon précédente, mais la forme courte de **ännu**, *encore*.

6 – och jag väntar fortfarande på min veckopeng.
7 – Du ljuger, grannen såg dig hänga [3] vid korvkiosken [4].
8 – Det är lögn, jag postade ett brev till dig.
9 – Till mig?
10 – Ett rekommenderat brev där jag kräver dig på pengar.
11 – Vilken fräckhet!
12 – Grannens [5] son är vittne:
13 – jag sliter både [6] hemma och i skolan,
14 – jag är nästan myndig
15 – och mina snåla föräldrar har inte råd [7] att köpa mig en moped!

Notes

3 **hänga**, ici *traîner* (*à ne rien faire*). Le moment est venu de donner quelques explications sur la formation du prétérit et du supin de la deuxième conjugaison. À la leçon 57, note 1, nous avions déjà indiqué que le verbe prend la désinence **-de** au prétérit si le radical se termine par une consonne sonore, **-te** si celui-ci se termine par une consonne sourde. Une consonne sourde est émise sans vibration des cordes vocales ; c'est le cas notamment de **p**, **t**, **k**, **f** et **s**. Vous comprenez maintenant pourquoi **hänga** forme son prétérit avec la désinence **-de**. Pour obtenir le supin des verbes de la deuxième conjugaison, indépendamment de la consonne finale, il suffit d'ajouter un **-t** au radical : **Han har hängt vid korvkiosken i tre timmar**, *Il traîne depuis trois heures à côté du kiosque à saucisses*. Vous n'avez pas oublié que cette tournure est rendue par un présent en français (cf. leçon 54, note 2).

4 Cette phrase simple nous permet aussi d'attirer votre attention sur l'ordre des compléments circonstanciels en suédois : lorsqu'ils sont tous les deux placés après le verbe, le complément de lieu (**vid korvkiosken**) précède en général le complément de temps (**i tre timmar**). Les leçons 57 à 60 incluse contiennent les verbes **försöka**, **känna**, **åka**,

Soixantième leçon / 60

6 – et j'attends toujours mon argent de poche *(argent-de-semaine)*.
7 – Tu mens, le voisin t'a vu traîner *(être-suspendu)* près du kiosque à saucisses.
8 – C'est faux *(mensonge)*, j'ai posté une lettre [adressée] à toi.
9 – À moi ?
10 – Une lettre recommandée où je te réclame de l'argent *(exige à-toi sur argents)*.
11 – Quel culot *(insolence)* !
12 – Le fils du voisin est témoin :
13 – je trime aussi bien à la maison qu'à l'école,
14 – je suis presque majeur
15 – et mes parents pingres n'ont pas les moyens de m'acheter une mobylette !

---

hjälpa et kräva qui appartiennent à la deuxième conjugaison. Essayez de former leur présent, prétérit et supin. La réponse vous sera donnée en fin de leçon.

5 **grannens**, *du voisin*. Vous rencontrez ici votre premier génitif en **-s** d'un nom commun déterminé. Le principe est simple : ajoutez un **s** après l'article défini postposé. Même au pluriel : **grannarnas bil**, *la voiture des voisins*.

6 **både ... och** rend notre *aussi bien ... que* : **Både Nisse och Lotta ljuger**, *Aussi bien Nisse que Lotta mentent / Nisse et Lotta mentent tous les deux*. Retenez : **Med senap eller ketchup? – Både och!**, *Avec de la moutarde ou du ketchup ? – Les deux !*

7 Ici **råd** ne signifie pas *conseil*, mais *moyens* : **Har du råd att köpa en ny bil?**, *Tu as les moyens d'acheter une voiture neuve ?* ; **Jag ska köpa dig en moped när jag får råd**, *Je t'achèterai une mobylette quand j'en aurai les moyens*. Le futur est exprimé dans la subordonnée par le verbe **få** car il reste éventuel et ne dépend pas de la volonté du locuteur (cf. leçon 49, § 1).

60 / Sextionde lektionen

▶ Övning 1 – Översätt
❶ Grannarnas söner hänger vid korvkiosken. ❷ När du blir myndig får du köra pappas bil. ❸ Jag vill att du ska tvätta händerna när du kommer hem från skolan! ❹ Om du gör dina läxor så får du ett jobb, och om du får ett jobb så får du pengar. ❺ Kommissarie Marinus tror att de vill öppna en korvkiosk för att tvätta pengar.

***

Övning 2 – Fyll i med rätt ord
❶ Il n'a pas eu le temps d'apprendre ses leçons.
. . . . sina läxor.

❷ As-tu le temps de poster une lettre pour moi ?
Hinner du . . . . . ett brev . . mig?

❸ Ce matin, j'ai acheté des saucisses.
. . . . korvar.

❹ Elle étend du linge dans le jardin du voisin.
Hon . . . .

❺ Ils ont le culot de mentir !
. . . . att ljuga!

* Réponses aux questions de la note 4 :
försöka – försöker – försökte – försökt
känna – känner – kände – känt
åka – åker – åkte – åkt
hjälpa – hjälper – hjälpte – hjälpt
kräva – kräver – krävde – krävt

Corrigé de l'exercice 1

❶ Les fils des voisins traînent à côté du kiosque à saucisses. ❷ Tu auras le droit de conduire la voiture de papa quand tu seras majeur. ❸ Je veux que tu te laves les mains en rentrant de l'école ! ❹ Si tu apprends tes leçons, tu auras un boulot, et si tu as un boulot, tu auras de l'argent. ❺ Le commissaire Marinus croit qu'ils veulent ouvrir un kiosque à saucisses pour blanchir *(laver)* de l'argent.

***

Corrigé de l'exercice 2

❶ Han hann inte göra – ❷ – posta – åt – ❸ I morse köpte jag – ❹ – hänger tvätt i grannens trädgård ❺ De har fräckheten –

Korvkiosken, le kiosque à saucisses, *est souvent l'unique point de rencontre de la bande d'ados, souvent en mobylette ou en scooter, d'une bourgade de province. On désigne* le marchand de saucisses *d'un kiosque de ce genre par le nom de* **korvgubbe**.
Faute de temps, les Suédois se contentent souvent d'une saucisse accompagnée d'un petit pain ou de purée en guise de déjeuner.
Wienerkorv *correspond à notre* saucisse de Francfort ; *elle est souvent cuite à l'eau. À la maison, un plat rapide à préparer et bon marché consiste à enfourner une* **falukorv**, *préalablement taillée en accordéon, avec un gratin. Ou aussi : dans une poêle, mettez des lamelles de* **falukorv** *avec des oignons, de la purée de tomate, du lait et de la farine, et vous aurez réussi la recette appelée* **korv stroganoff**, *un des fleurons du* **husmanskost** *dont nous vous parlions à la leçon 26 (note culturelle). Cette saucisse rappelle à bien des égards notre* cervelas. *Son nom provient de la mine de cuivre de Falun en Dalécarlie, dont l'exploitation nécessitait le recours à de nombreux chevaux et bœufs. Lors de l'abattage, la viande de ces bêtes de somme était transformée en saucisses vendues dans la capitale. Triste sort…*
Korv *désigne aussi toutes les variétés de saucissons et de salamis qui constituent la garniture des tartines.*

Deuxième vague : 11ᵉ leçon

Sextioförsta lektionen

Ändå var tjänsten skräddarsydd [1] för mig

1 – Börjar du läsa tidningen igen?
2 – Världen är det minsta [2] av mina bekymmer.
3 – Vad är det med dig?
4 – Jag har just fått sparken, efter tre timmars [3] arbete.
5 – Jag förstår inte: sökte [4] du inte jobbet som simlärare?
6 – Jo, jag var till och med den bäst [5] kvalificerade,
7 jag var den yngste [6] och mest dynamiske.

Remarque de prononciation
(2) världen se prononce *[vèʰdën]*

Notes

[1] **skräddarsydd**, participe passé du verbe **skräddarsy**, *tailler / faire sur mesure*, de **skräddare**, *tailleur*, et **sy**, *coudre*. Bien que composé, **skräddarsy** appartient à la troisième conjugaison, celle des monosyllabiques. Ce verbe est relativement récent (années 1960). Cependant, quand de nouveaux verbes viennent enrichir la langue suédoise, comme **zappa**, *zapper*, ou **mikra**, *réchauffer au micro-ondes*, ils appartiennent à la première conjugaison.

[2] **det minsta**, *le plus petit*, *le moindre*, superlatif de **liten**, *petit*. Nous avons déjà parlé plusieurs fois des superlatifs ; vous savez que la plupart se terminent en **-ast** en prenant la désinence **e** à la forme définie du singulier ou du pluriel. Un petit groupe d'adjectifs forment leur superlatif (et comparatif) différemment ; **liten** est carrément irrégulier.

[3] **tre timmars arbete**, *trois heures de travail*. Le génitif en **s** sert aussi à indiquer une mesure de temps, d'espace, de volume, etc : **Tre mils väg**, *trente kilomètres de route* ; **Vid tolv års ålder**, *à l'âge de douze ans*.

[4] **sökte**, prétérit de **söka**, *chercher*, que vous connaissez déjà. Cependant, **söka** signifie ici *postuler* ou *poser sa candidature*. Notez bien dans cette phrase la conjonction **som** rendue par notre préposition *de*. On

Soixante et unième leçon

Pourtant le poste était fait à mes mesures

1 – Tu te remets à lire le journal *(Commences tu lire le-journal à nouveau)* ?
2 – Le monde est le cadet *(le plus-petit)* de mes soucis.
3 – Qu'est-ce que tu as *(Quoi est ce avec toi)* ?
4 – Je viens d'être viré *(ai justement reçu le-coup-de-pied)*, au bout de trois heures de travail.
5 – Je ne comprends pas : tu n'as pas postulé *(cherché)* le job de *(comme)* maître-nageur ?
6 – Si, j'étais même le mieux qualifié,
7   j'étais le plus jeune et le plus dynamique.

retrouve une construction identique avec le nom **roll**, *rôle* : **rollen som Fröken Julie**, *le rôle de Mademoiselle Julie*.

5 **bäst**, superlatif (irrégulier) de **bra** et de **god**. Vous le connaissiez depuis l'expression **lagom är bäst** (cf. leçon 27, note culturelle) et vous l'avez aussi rencontré dans le petit poème de Karin Boye (cf. leçon 49), précédé de l'article défini : **det bästa**, *la meilleure chose*. Vous pouvez donc tirer vous-même la morale de cette histoire : les superlatifs en **-st** prennent la désinence **-a** aux formes définies.

6 **den yngste**, *le plus jeune*. **Yngst** est le superlatif (irrégulier) de **ung**. Le **-e** final s'impose ici puisqu'il s'agit d'un être masculin au singulier : **Han är den bäste**, *C'est / Il est le meilleur*. On peut dire : **Jag var den yngste** ou **Jag var yngst**. Cette phrase contient aussi un autre superlatif : **den mest dynamiske**, *le plus dynamique*. À la leçon 59, note 6, nous avons indiqué que les participes et les adjectifs en **-isk** forment leur comparatif de supériorité avec **mer(a)**, qui est le comparatif de **mycket**. Remplacez **mer(a)** par **mest**, et vous aurez leur superlatif. **Lotta var den mest dynamiska**, *Lotta était la plus dynamique*, avec un **-a** puisque Lotta est de sexe féminin.

Mer et **mest** servent aussi à former le comparatif et le superlatif d'autres adjectifs, notamment les invariables, quand leur sens le permet. Notez aussi : **för det mesta**, *le plus souvent*.

8 I annonsen stod [7] det: "vana från kollot är ett plus".

9 – Din meritlista är imponerande, du är rik på erfarenheter.

10 – Kruxet är att ungarna är väldigt långa nuförtiden,

11 de hade inte lust att plaska i barnbassängen.

12 Och i den stora bassängen höll [8] jag på att drunkna.

13 Ändå var tjänsten skräddarsydd för mig.

Notes

[7] **stod**, prétérit de **stå**, *être debout, être écrit*. Son supin est : **stått**. À classer parmi les irréguliers.

[8] **höll**, prétérit de **hålla**. Son supin est : **hållit**, verbe fort et irrégulier. **Jag höll på att drunkna**, *J'ai failli me noyer / Je me noyais*. À la leçon 46,

***

Övning 1 – Översätt

❶ Lotta var yngst och bäst i klassen. ❷ Hans meritlista är den mest imponerande. ❸ Vad har du för erfarenhet av Assimil-metoden? – Min skräddare är rik. ❹ Våra ungar åker på kollo tillsammans med en simlärare. ❺ Ett vittne såg dig: du gav Nisse en spark och han drunknade i hamnen.

***

Övning 2 – Fyll i med rätt ord

❶ Au secours, je me noie !
Hjälp, ... !

❷ Il n'est pas maître-nageur, mais tailleur.
. . . . simlärare . . . . skräddare.

❸ Elle n'est pas qualifiée pour ce poste.
Hon är . . . . för . . . .

Soixante et unième leçon / 61

8 Il était écrit dans l'annonce : "expérience *(habitude)* de la colo est un plus".
9 – Ton C.V. est impressionnant, tu as une riche expérience *(es riche sur expériences)*.
10 – Le problème, [c']est que les gosses sont rudement grands aujourd'hui,
11 ils n'avaient pas envie de barboter dans le petit bassin *(enfants-bassin)*.
12 Et dans le grand bassin, j'ai failli me noyer.
13 Pourtant le poste était fait à mes mesures *(tailleur-cousu pour moi)*.

---

phrase 2, vous aviez déjà rencontré le verbe **hålla på**, mais avec le sens de *être en train de* : **Han höll på att raka sig** ne peut être rendu que par *Il était en train de se raser*. "Il a failli se raser" évoque une histoire de barbu loufoque.

***

Corrigé de l'exercice 1
❶ Lotta était la plus jeune et la meilleure de sa classe. ❷ Son C.V. est le plus impressionnant. ❸ Quelle est votre expérience de la méthode Assimil ? – Mon tailleur est riche (My tailor is rich). ❹ Nos gosses partent en colo accompagnés d'un maître-nageur. ❺ Un témoin vous a vu : vous avez donné un coup de pied à Nisse et il s'est noyé dans le port.

***

❹ Trois années d'expérience.
 … års ……….

❺ Tu as cousu cette chemise toi-même ?
 Har du …… …… … ……… ?

Corrigé de l'exercice 2
❶ – jag drunknar – ❷ Han är inte – utan – ❸ – inte kvalificerad – den här tjänsten ❹ Tre – erfarenhet ❺ – själv sytt den här skjortan –

Quelques tuyaux pour poser sa candidature, **lämna i sin ansökan**, *et décrocher un job en Suède : N'écrivez pas de* lettre manuscrite – **handskrivet brev** – *les Suédois n'ont plus envie de jouer les Champollions, ni de découvrir votre personnalité derrière des* pattes de mouche – **kråkfötter** *(litt. "pieds de corneille"). La psyché du candidat sera en effet analysée lors de l'*entretien d'embauche – **anställningsintervju** *: oui, vous avez bien lu, il s'agit d'une interview en suédois. C'est qu'à ce stade, on est déjà célèbre !*

Mais avant d'en arriver là, il faut, dans votre lettre, indiquer la date en commençant par l'année : **2009 08 27**, *soit* **på hederlig franska**, *en bon français :* le 27 août 2009. *Et préciser vos coordonnées,* adresse, numéro de téléphone, mél : **adress, telefonnummer, e-post**. *Inutile de joindre un timbre pour la réponse, ce serait humiliant. Soyez bref et direct dans cette lettre, en évitant toutes rhétorique et formules ampoulées, contentez-vous de spécifier l'annonce à laquelle vous répondez en disant que vous êtes très intéressé par ce poste vacant. Vous pouvez également fournir des* certificats, **referenser**, *ou donner simplement les noms et coordonnées de personnes susceptibles de vous appuyer, elles aussi appelées* **referenser**. *Choisissez une formule de politesse standard, du type* **Med vänlig hälsning** *(cf. leçon 42, § 4). Signez – à la main – et passez au* C.V., **meritlista** *ou*

Sextioandra lektionen

Hon får en kick av att [1] jogga

1 – Du ser frisk <u>u</u>t.
2 – Tack, det är tack va<u>r</u>e min n<u>y</u> <u>a</u> livssti<u>l</u>.
3 – Vad best<u>å</u>r [2] den i?

Notes

1 **av att** se traduit par *de* ou *à force de* devant un verbe à l'infinitif : **Jag blir sjuk av att lyssna på det här samtalet**, *Ça me rend malade d'écouter cette conversation*. Notez cependant la nuance : **Jag blir trött av att sitta hela dagen på ett kontor**, *Ça me fatigue de rester assise toute la journée dans un bureau* ; **Jag blir trött på att äta vegetarisk mat**, *Je*

meritförteckning, *sur lequel devront apparaître vos* qualifications, **meriter**. *Il est rare de devoir fournir une* copie certifiée conforme – **en vidimerad kopia** – *des diplômes. De toute façon :* **Verket prisar mästaren**, À l'œuvre on connaît l'ouvrier *(litt. "L'ouvrage vante le maître")*.
Si vous suivez ces conseils, avec ou sans brevet de natation, ne vous faites pas de bile, **Du kan simma lugnt** *(litt. "Tu peux nager tranquillement"), tout se passera bien !*

VÅRA UNGAR ÅKER PÅ KOLLO TILLSAMMANS MED EN SIMLÄRARE

Deuxième vague : 12ᵉ leçon

Soixante-deuxième leçon

Ça lui donne un coup de fouet de faire du footing

1 – Tu as bonne mine.
2 – Merci, c'est grâce à mon nouveau style de vie.
3 – En quoi consiste-t-il *(Quoi consiste il en)* ?

---

commence à en avoir marre de manger végétarien. Un rapide retour à la leçon 56, § 4, vous donnerait comme un petit coup de fouet.
2 **bestå**, suivi de la préposition **i**, signifie *consister*. Le sens change quand il est accompagné de la préposition **av** ; **bestå** est alors rendu par *être constitué/composé de*.

4 – Jag umgås ³ bara med icke-rökare ⁴, undviker trista samtalsämnen,
5 dricker saft, äter vegetarisk mat,
6 mediterar en timme vid solens uppgång,
7 och joggar vid solens nedgång.
8 – Vilket program!
9 – Jag får en kick av att jogga.
10 För inte så länge sen ⁵ rökte jag som en borstbindare,
11 drack läsk, åt ⁶ semlor till frukost
12 och satt hemma och deppade.
13 Vad gör du själv för att se frisk ut?
14 – Jag lyssnar på jazz och lever i synd.

Notes

3 Ainsi, **umgås**, *fréquenter*. Petit rappel : vous n'avez pas oublié que le **s** d'un verbe déponent apparaît dans toutes ses formes conjuguées. **Hon umgicks bara med rökare**, *Elle ne fréquentait que des fumeurs*.

4 Dans **icke-rökare**, *non-fumeur*, vous trouvez l'adverbe **icke**, synonyme de **inte**. On le rencontre rarement aujourd'hui, (il appartient au langage très soutenu et formel). Et puis il y a aussi **ej**, autre synonyme de **inte**.

***

Övning 1 – Översätt

❶ För tre år sedan levde jag i synd med en icke-rökare som deppade vid solens nedgång. ❷ Säg mig vem du umgås med och jag ska säga dig vem du är. ❸ Tack vare det här nya programmet kan man sitta hemma och spela på tips. ❹ Ungkarlslivet består för det mesta i att handla, laga mat, hänga tvätt, städa m m. ❺ Samtalet gav en kick och jag fick lust att meditera i stället för att deppa.

Soixante-deuxième leçon / 62

4 – Je ne fréquente que des non-fumeurs, évite les sujets de conversation tristes *(ennuyeuses conversation-matières)*,
5 bois des *(du)* sirops, mange végétarien *(végétarienne nourriture)*,
6 médite une heure au lever du soleil
7 et fais du footing au coucher du soleil.
8 – Tu parles d'un programme *(Quel programme)* !
9 – Ça me donne un coup de fouet *(Je reçois un coup-de-pied)* de faire du footing.
10 Il n'y a pas si longtemps *(Pour pas si longtemps depuis)*, je fumais comme un sapeur *(brossier)*,
11 buvais des *(du)* sodas, mangeais des brioches de mardi gras au petit déjeuner,
12 et restais à la maison à broyer du noir *(étais assise à la maison et déprimais)*.
13 Et toi, tu fais quoi pour avoir bonne mine ?
14 – J'écoute du jazz et vis dans [le] péché.

5 För inte så länge sen, *Il n'y a pas si longtemps* est une expression à apprendre comme telle : **För en vecka sen / sedan lyssnade jag på jazz [yass]**, *Il y a une semaine, j'écoutais du jazz*.
6 åt, prétérit de **äta**, *manger*. Son supin est : **ätit**.

***

Corrigé de l'exercice 1
❶ Il y a trois ans, je vivais dans le péché avec un non-fumeur qui avait le cafard au coucher du soleil. ❷ Dis-moi qui tu hantes et je te dirai qui tu es. ❸ Grâce à ce nouveau logiciel, on peut jouer au loto sportif depuis son domicile. ❹ La vie de garçon consiste le plus souvent à faire des courses, cuisiner, étendre du linge, faire le ménage, etc. ❺ L'entretien a été stimulant et l'envie m'a pris de méditer au lieu de déprimer.

Övning 2 – Fyll i med rätt ord

❶ Elle avait bonne mine.
… såg ……..

❷ Il y a vingt ans, nous écoutions du jazz tous les soirs.
… tjugo år ………… … jazz varje kväll.

❸ Ça me fatigue de rester debout.
Jag …. trött ……….

❹ Le job consistait à vendre des boissons gazeuses.
Jobbet …… … ……….

❺ De quoi est composée cette matière ?
……… det här ämnet .. ?

Les **semlor**, *brioches de mardi gras, étaient servies autrefois le mardi qui marque le début du carême (la veille dans le sud du pays), en guise de dessert. En effet, leur valeur calorifique permettait, et permet encore d'entamer un jeûne, comme celui qui précède Pâques, en disposant de substantielles réserves. Cette pâtisserie n'est rien d'autre qu'un petit pain au lait rond et moelleux, bourré de pâte d'amandes, garni généreusement de crème fouettée et saupoudré de sucre glace. Une fois de plus, une consommation excessive peut avoir de fâcheuses conséquences : le roi Adolf Fredrik est mort*

Soixante-deuxième leçon / 62

Corrigé de l'exercice 2
❶ Hon – frisk ut ❷ För – sen lyssnade vi på – ❸ – blir – av att stå
❹ – bestod i att sälja läsk ❺ Vad består – av

*un 12 février 1771 d'une indigestion de **semlor** (et de champagne). Pour une petite **semla** de trop, "l'ère de la liberté" (**frihetstiden**) prenait brusquement fin. Le prince héritier, le futur Gustav III, dont nous avons déjà parlé, rétablit rapidement la concentration du pouvoir royal vis-à-vis du Parlement et limita la liberté d'expression. Le 16 mars 1792, au cours d'un bal masqué, il fut atteint – dans le dos ! – d'une balle de pistolet, à laquelle il succomba treize jours plus tard. Son assassin fut décapité après avoir subi le supplice de la roue.*

Deuxième vague : 13e leçon

Sextiotredje lektionen

Repetition – Révision

1 Les conjugaisons

Il existe quatre types de conjugaison. Les trois premiers contiennent des verbes dits faibles, c'est-à-dire qu'ils forment leur prétérit à l'aide d'un suffixe. Les verbes forts construisent leur prétérit sans suffixe, mais ils modifient leur voyelle.

1.1 1ʳᵉ conjugaison

Elle regroupe les verbes d'au moins deux syllabes dont le radical se termine par **-a**.
Présent : **-ar** ; prétérit **-ade** ; supin **-at**.
Exemple : **jogga**, *faire du footing* : **joggar** – **joggade** – **joggat**
La plupart des verbes appartiennent à cette conjugaison, qui est aussi la plus productive en suédois moderne.

1.2 2ᵉ conjugaison

Elle compte environ 300 verbes dont le radical se termine par une consonne. Si celle-ci est sourde, le prétérit se forme avec la désinence **-te**, si elle est sonore, la désinence du prétérit est **-de**.
Dans tous les cas, le présent est en **-er** et le supin en **-t**.
Exemple : **söka**, *chercher* : **söker** – **sökte** – **sökt** ; **kräva**, *exiger*, **kräver** – **krävde** – **krävt**.
Les verbes dont le radical se termine par **-d** ou **-t** assimilent la désinence avec cette consonne. Exemple : **hända**, *se passer*, **händer** – **hände** – **hänt**.
Les verbes dont le radical se termine par un **-r** ne prennent pas la désinence **-er** du présent.
Exemple : **höra**, *entendre* : **hör**.
Une poignée d'autres verbes de cette conjugaison se distinguent du schéma général, soit en modifiant leur voyelle au prétérit, comme **sälja**, *vendre*, **säljer** – **sålde** – **sålt** ; **sätta**, *mettre*, **sätter** – **satte** – **satt** ou **lägga**, *poser*, **lägger** – **la(de)** – **lagt** ; soit en

Soixante-troisième leçon

supprimant, soit en ajoutant un **j** à une de ses formes. Ainsi **skilja**, *distinguer* ou *séparer*, donne : **skiljer – skilde – skilt**. Mais **göra**, *faire*, ajoute un **j** : **gör – gjorde – gjort**.

Il y a encore quelques cas particuliers que nous verrons plus tard.

N'oubliez pas non plus la chute d'un **m** ou d'un **n** dans des verbes comme **glömma**, *oublier* : **glömmer – glömde – glömt** ou **känna**, *connaître* : **känner – kände – känt**.

Répétons-le : le lexique final contient toutes les formes des verbes aux temps du passé.

1.3 3ᵉ conjugaison :

Elle regroupe une quarantaine de verbes monosyllabiques et quelques-uns composés, avec une voyelle longue qui devient brève au prétérit et au supin. Désinences : présent **-r** ; prétérit **-dde** ; supin **-tt**.

Exemple : **bo**, *habiter*, **bor – bodde – bott**.

1.4 4ᵉ conjugaison

Il s'agit des verbes forts. Ils sont environ 130, mais ils comptent parmi les plus courants, évidemment ! Leur présent est le plus souvent en **-er**, le supin en **-it**, avec ou sans modification de la voyelle, le participe passé en **-en**, et la voyelle change toujours au prétérit (à deux exceptions près). D'éventuelles connaissances de l'anglais et de l'allemand vous serviront de guide. Nous donnons ci-dessous les principaux types d'alternance vocalique suivis de verbes qui font partie de votre bagage, déjà substantiel, et encore bravo !

• Types d'alternance vocalique avec modification de la voyelle au supin :

i – a – u

dricka, *boire* ; **finnas**, *y avoir* ; **försvinna**, *disparaître* ; **hinna**, *avoir le temps* ; **sitta**, *être assis* ; **slippa**, *ne pas être obligé* ; **springa**, *courir* ; **sticka**, *ficher le camp*.

y – ö – u
bryta, *rompre* : **bryter – bröt – brutit**
Vous en connaissez un autre, mais son supin est irrégulier : **nysa**, *éternuer*, **nyser – nös – nyst**

ä – a – u
Vous ne connaissez pas encore de verbes qui se conjuguent sur ce modèle. Il y en a quatre.
ligga, *être allongé*, c'est le seul à suivre le modèle i – å – e avec un supin irrégulier : **ligger – låg – legat**

• Types d'alternance vocalique sans modification de la voyelle au supin qui reste identique à celle du présent :

i – e – i
Vous connaissez **driva**, avec le sens de *se moquer (de quelqu'un)* ; **skrika**, *crier* ; **skriva**, *écrire* ; **slita**, *trimer* ; **stiga**, *marcher* et **undvika**, *éviter*. **Bli**, autrefois **bliva**, *devenir*, peut être rattaché à ce type : **blir, blev, blivit**

u – ö – u
bjuda, *inviter* ; **ljuga**, *mentir* ; **sjunga**, *chanter*. Exemple : **bjuder, bjöd, bjudit**

a – o – a
ta (autrefois **taga**), *prendre* : **tar, tog, tagit**

å – ä – å
Il n'y a que deux verbes : **gråta**, *pleurer* et **låta**, *laisser*.
Äta, *manger*, est le seul à suivre ä – å – ä.
Hålla, *tenir*, se conjugue suivant å – ö – å.

Ge, autrefois **giva**, *donner*, adopte i – a – i : **jag ger, jag gav, jag har givit**, mais aujourd'hui on dit **jag har gett**.

Be, *demander, prier*, suit e – a – e : **ber, bad, bett**
Komma, *venir*, et **sova**, *dormir*, ne subissent pas de modification vocalique : **kommer, kom, kommit, sover, sov, sovit**. *Jag kom när han sov*, *Je suis venu quand il dormait*.

Somme toute, il n'y a véritablement que quatre types d'alternance vocalique, les autres constituent des exceptions !

Sept verbes sont irréguliers : supin identique à celui de la 3ᵉ déclinaison (sauf pour un verbe) et prétérit sur le modèle des verbes forts. Vous connaissez **stå**, *être debout*, **se**, *voir*, **le**, *sourire*, **slå**, *battre*, supin : **slagit**, **få**, impossible dorénavant à traduire, **gå**, *aller*. Il en manque donc un que vous découvrirez à la leçon 64. Par ailleurs, il existe encore d'autres verbes irréguliers, une poignée, que vous apprendrez sur le tas.

Mentionnons aussi : **vara**, *être*, **är**, **var**, **varit**. Notez que ce verbe, sur lequel nous reviendrons, n'a pas de participe passé. Les verbes auxiliaires de temps et de mode font souvent cavaliers seuls, et même si vous en connaissez déjà la moitié, nous les dissèquerons ultérieurement en examinant le sens qu'ils donnent à la phrase aux temps du passé, progression oblige.

Reportez-vous au besoin au tableau des verbes forts ou consultez le lexique en fin d'ouvrage. Ne vous découragez surtout pas ! Le suédois reste une langue facile à apprendre. Les formules françaises telles que "Dussé-je me contenter du minimum" ou "Vous auriez voulu que nous nous rencontrassions" n'existent pas en suédois. Dieu soit loué !

2 Usage de *få*

Le verbe **få** vous donnerait-il du fil à retordre ? À la leçon 49, § 1, nous avons déjà indiqué les divers sens de ce petit verbe. Les leçons 58 et 59 vous ont appris que **få** a également une valeur inchoative et qu'il signifie aussi *pousser à*, *faire (faire)*.

À y regarder de plus près, derrière ce verbe, modal ou non, se cache toujours quelque chose comme un agent extérieur plus ou moins anonyme :

Du får en ask choklad, *Je t'ai / On t'a apporté une boîte de chocolats* (et pourtant tu n'avais rien demandé, ou bien tu aurais voulu une boîte de snus).

De får säga vad de vill, *Ils diront ce qu'ils voudront* (le locuteur n'en sait rien, et "ils" s'en fichent peut-être, d'ailleurs, et ne diront rien ; c'est une éventualité).

Du får betala med check, *Tu peux*, c'est-à-dire *Il t'est permis de payer par chèque* = "Nous acceptons les chèques".

Du får köa som alla andra, *Tu es obligé de faire la queue comme tout le monde* (un "code" impose de l'accepter, on voudrait bien passer devant les autres, mais il est obligatoire de faire la queue).

Jag får lust att, *L'envie me prend de* (aspect inchoatif, c'est-à-dire début d'une action, mais celle-ci ne dépend pas consciemment de moi).

Jag fick besök av polisen, *J'ai eu la visite de la police* (et pourtant je n'avais rien demandé, "ils" sont venus d'eux-mêmes).

Jag fick se henne, *Je l'ai aperçue* (par quel heureux hasard ?).

Avec le verbe **betala**, *payer*, on a les tournures suivantes :

Kommissarien har bra betalt?, *Le commissaire est bien payé ?*

Har du fått betalt för det?, *As-tu été / t'a-t-on payé pour ça ?*

Notez que **betala**, qui appartient à la première conjugaison, prend ici le suffixe **-t** propre au supin de la deuxième (un peu sur le modèle de **ana**, *se douter*, qui prend le suffixe **-te** dans l'expression **Det ante mig!**, *Je m'en doutais !*).

La phrase **Har du fått sova i natt?** peut être rendue par *As-tu pu dormir cette nuit ?* (qui correspond à **Har du kunnat sova i natt?**), mais pour être plus précis, il faudrait dire : *As-tu réussi à / T'a-t-il été donné de dormir cette nuit ?*

Enfin, les Suédois ne sont guère avares de verbes modaux, puisqu'ils en utilisent deux dans une phrase comme : **Kan jag få tala med kommissarien?**, *Pourrais-je parler au commissaire, s'il vous plaît ?*

Retenez donc qu'avec **få**, le sujet de la phrase n'est pas très "fâtif". Nous aurons l'occasion de revenir sur ce "dédouanement" du sujet, sans entrer dans les méandres de la psychanalyse !

3 Contestation punk du "métro, boulot, dodo" à la suédoise

Au début des années 1980 encore, le modèle suédois baignait dans l'huile, le foyer du peuple – **folkhemmet** – était à son apogée : le plein-emploi, la solidarité salariale et fiscale, le dirigisme économique, ce que le Premier ministre Olof Palme résumait dans la formule "égalité, sécurité, solidarité" garantissait un progrès social généralisé sur fond d'une prise en charge de la société "du berceau à la tombe". Pourtant, c'est dans cette société de l'abondance que fut assassiné O. Palme, un soir de février 1986 en sortant d'un

Soixante-troisième leçon / 63

cinéma de Stockholm. Son assassin n'a jamais été identifié.
L'opulence et le conformisme du **folkhemmet** ont fait l'objet de plusieurs critiques acerbes, en littérature notamment. En 1976, le rocker Ulf Lundell publiait un roman intitulé *Jack* dans lequel il retrace l'errance d'une bande de jeunes Stockholmois en marge de la société bien-pensante. Quelques années plus tard, les chanteurs de rock proches du mouvement politique underground récupéraient le punk issu des quartiers défavorisés de Grande-Bretagne. Le groupe Ebba Grön était sans nul doute le plus célèbre de cette phalange musicale. Voici quelques bribes de la chanson **Vad ska du bli**, reproduites telles quelles :

vad ska du bli när du blir stor
ska du bli som far och mor
ska du bli en boss (= *chef*)
en försäljare (= *vendeur*) **eller disponent** (= *directeur*) **nånstans**
[…]
gåuppgåtilljobbetjobbajobbaäta lunch (gå upp = stiga upp)
samma sak händer i morron (morron = morgon)
jobbaåkatrickhemosättasigoglo (trick = *métro*, o = och)
det e inget liv – det e slaveri (e = är)

tu feras quoi quand tu seras grand
tu feras comme papa et maman
tu seras un petit chef
un vendeur ou un directeur quelque part
se/lever/aller/au/boulot/bosser/bosser déjeuner
la même chose arrivera demain
bosser/rentrer/en/métro/et/s'asseoir/et/regarder/bêtement
c'est pas une vie – c'est de l'esclavage

▶ Repetitionsdialog

1. – Några ungar såg dig köra moped till jobbet häromdagen.
2. – Ja, jag har börjat ett nytt liv.
3. – Jag förstår inte.
4. – Jo, i tjugo år har jag åkt spårvagn för att vara snäll mot min man.
5. I femton år har jag fått avstå från semlor.
6. Det var inget liv!
7. Jag var inte ännu myndig när jag träffade min man.
8. Han var korvgubbe och bjöd mig ofta på krogen.
9. Senare fick han ett jobb som simlärare
10. och började ett nytt liv.
11. Han joggade varje morgon, drack bara vatten
12. och läste aldrig tidningen.
13. – Han tänkte bara på sig själv, med andra ord.
14. – En kväll kom han hem, han såg trött ut.
15. – "Älskling", sa han, "här är tre semlor till dig.
16. Jag har just fått sparken men i morgon får du en moped".
17. – Fick du den?
18. – Nej då, jag köpte den med mina egna pengar!

▶ Övning – Översätt

❶ Hans meritlista är mer imponerande än din. **❷** Icke-rökare är mer dynamiska. **❸** Hamnen är vackrare och mer idyllisk på sommaren. **❹** Hamnen är vackrast på sommaren. **❺** De yngsta får inte någon veckopeng. **❻** Jag ska göra mitt bästa.

Traduction

1 Quelques gosses t'ont vue aller au boulot en mobylette l'autre jour. **2** Oui, j'ai commencé une nouvelle vie. **3** Je ne comprends pas. **4** Ben, pendant vingt ans j'ai pris le tramway pour être gentille avec mon mari. **5** Pendant quinze ans, j'ai dû renoncer à des brioches de mardi gras. **6** Ce n'était pas une vie ! **7** Je n'étais pas encore majeure quand j'ai rencontré mon mari. **8** Il tenait un kiosque à saucisses et m'invitait souvent au restaurant. **9** Plus tard, il a eu un job de maître nageur **10** et a commencé une nouvelle vie. **11** Il faisait du footing tous les matins, ne buvait que de l'eau **12** et ne lisait jamais le journal. **13** Il ne pensait qu'à lui, autrement dit. **14** Un soir, il est rentré à la maison, il avait l'air fatigué. **15** "Chérie, dit-il, voici trois brioches de mardi gras pour toi. **16** Je viens d'être viré, mais demain tu auras une mobylette". **17** Tu l'as eue ? **18** Mais non, je l'ai achetée avec mon argent à moi !

<u>*Note importante*</u> *: vous n'avez pas oublié qu'un verbe au parfait dans une phrase du type :* **Jag har bott här i två år** *est rendue par un présent en français :* J'habite ici depuis deux ans. *Cependant, lorsque le contexte l'indique, le présent ne s'impose plus, le parfait est alors rendu par un passé composé ; c'est le cas des phrases 4 et 5. Mais pourquoi ces phrases ne sont-elles pas au prétérit, puisqu'elles expriment chacune une action présentée comme achevée ? Pour la simple raison que les actions en question – ou leur résultat – ont une conséquence pour le présent. Regardez bien, c'est évident...*

Corrigé

❶ Son C.V. est plus impressionnant que le tien. ❷ Les non-fumeurs sont plus dynamiques. ❸ Le port est plus beau et plus idyllique en été. ❹ C'est en été que le port est le plus beau. ❺ Nous ne donnons pas d'argent de poche aux plus jeunes. ❻ Je ferai de mon mieux.

Deuxième vague : 14e leçon

Parmi les nouveautés de cette nouvelle série, vous allez découvrir la formation des participes passés et celle des comparatifs et superlatifs

Sextiofjärde lektionen

Färgblinda har ett sjätte sinne

1 – Den unge mannen som går framför oss är en gröngöling.
2 – Känner du honom?
3 – Nej, men han verkar [1] vara helt i det blå.
4 Titta, han går mot röd gubbe.
5 – Nu är det min tur [2] att gissa vem tösen till höger är.
6 – Hon som bär en luva med små [3] prickar på?
7 – Nej, den andra [4] med flätor.
8 Skomakaren har just tittat ut genom fönstret och vinkat åt henne.
9 – Av hennes gympadojor med kardborrband att döma

Notes

[1] **verka**, *paraître, sembler* : **De verkar [vara] glada**, *Ils semblent contents/heureux*. **Verka** signifie aussi *agir, avoir un/de l'effet*, en parlant d'un médicament ou d'une activité par exemple : **Senap verkar inte mot löss**, *La moutarde n'a pas d'effet sur les poux*. Le nom **verkan**, *effet*, n'a pas de forme définie, comme **ansökan**, *candidature* (cf. leçon 61). Ils font par ailleurs partie de ce petit groupe de noms qui forment leur pluriel en changeant de suffixe : **verkningar**, *des effets* ; **ansökningar**, *des candidatures*.

[2] Le nom **tur** n'est pas ici celui que vous connaissez déjà dans le sens de *chance* : **Det är min tur**, *C'est mon tour, C'est à moi*.

287 • tvåhundraåttiosju

irréguliers. Vous rencontrerez de nombreux adjectifs dans les dialogues, histoire de donner un peu de couleurs à votre vocabulaire.

Soixante-quatrième leçon

Les daltoniens ont un sixième sens

1 – Le jeune homme qui marche devant nous est un blanc-bec *(un pivert)*.
2 – Tu le connais ?
3 – Non, mais il a l'air d'être *(semble être)* complètement dans les nuages *(dans le-bleu)*.
4 Regarde, il traverse au rouge *(va contre rouge bonhomme)*.
5 – C'est à moi *(mon tour)* maintenant de deviner qui est la gamine de *(à)* droite.
6 – Celle *(Elle)* qui porte un bonnet à pois *(avec petits points sur)* ?
7 – Non, l'autre avec des nattes.
8 Le cordonnier vient de regarder par *(dehors à travers)* la fenêtre et [de] lui faire un signe.
9 – À en juger par ses pompes de gym à scratch *(de ses godasses de gym à bandes velcro à juger)*,

---

3 Nous l'avions déjà signalé : l'adjectif **liten**, *petit*, est très irrégulier : **en liten tös**, *une petite gamine* ; **den lilla tösen**, *la petite gamine*, **små töser**, *de petites gamines*.

4 **den andra**, *l'autre*. À la leçon 39, nous avions **den andre**, *l'autre*, sous-entendu frère. Notez aussi cette différence : **en annan fråga**, *une autre question* ; **den andra frågan**, *l'autre question* ; **en andra fråga**, *une seconde question* ; **(Den) andra frågan**, *la seconde question*, et *l'autre question*.

10   är hon knappast dotter ⁵ till en kräsen hantverkare.
11 – Nu hänger jag inte med ⁶, vad menar ⁷ du?
12 – Jag är visserligen färgblind men inte blå ögd.
13   Pappan till tösen i fråga är en gråsosse! ☐

Notes

5 dotter, *fille*, forme son pluriel avec inflexion de la voyelle : **döttrar**, cf. **mor – mödrar**, *mère – mères*.

6 hänga med, *suivre*, aussi bien sur un plan concret que mentalement : **Hänger du med på krogen?**, *Tu viens avec moi/nous au bistrot ?* **Hänger du med?**, *Tu me suis ?*

***

Övning 1 – Översätt

❶ Tösen har sinne för grammatik. ❷ Vad menar du med det? ❸ Hon har blå ögon. ❹ Vi tittade in genom fönstret och såg en tös framför en spegel. ❺ Den här hantverkaren har färgsinne.

***

Övning 2 – Fyll i med rätt ord

❶ Il a l'air difficile.
 . . . . **kräsen**.

❷ Le père de la gamine est daltonien.
 . . . . **tösen** . . . .

❸ Des pois de couleurs différentes.
 . . . . **i olika** . . . .

❹ À en juger par la couleur de ses cheveux, son mari doit être daltonien.
 . . **hennes hårfärg** . . . . **är** . . . . **nog färgblind**.

❺ De droite et de gauche.
 Från . . . . . **och** . . . .

Soixante-quatrième leçon / 64

10 elle ne peut pas être *(est elle guère)* [la] fille d'un artisan exigeant *(difficile)*.
11 – Là, je ne te suis plus, que veux-tu dire ?
12 – Je suis certes daltonienne *(aveugle-aux-couleurs)*, mais pas naïve *(pas aux-bleus-yeux)*.
13 Le père de la gamine en question est un social-démocrate de base *(un socialo-gris)* !

7 Le verbe **mena** signifie notamment *vouloir dire* ou *penser / faire allusion à* : **Vem menar du ?**, *Tu penses / fais allusion à qui ?* ; **Det menar du inte!**, *Tu plaisantes / Tu veux rire !*

***

Corrigé de l'exercice 1
❶ La gamine a le sens de la grammaire. ❷ Qu'entends-tu par là ? ❸ Elle a les yeux bleus. ❹ Nous avons regardé par la fenêtre et vu une gamine devant un miroir. ❺ Cet artisan-ci a le sens des couleurs.

***

Corrigé de l'exercice 2
❶ Han verkar – ❷ Pappan till – är färgblind ❸ Små prickar – färger ❹ Av – att döma – hennes man – ❺ – höger – vänster

HAN VERKAR VARA HELT I DET BLÅ

Deuxième vague : Leçon 15

65

Sextiofemte lektionen

Hej på dig din gamla galosch!

1 – Göran, det var [1] länge sen!
2   Jag visste inte ens att du bodde kvar [2] här i krokarna.
3   Vart är du på väg i det ruskiga vädret?
4 – Hej på dig din gamla galosch!
5   Jag ska till patentverket.
6 – Apropå galosch [3], var har du köpt dina?
7 – De är av egen uppfinning [4].
8   Jag har blivit uppfinnare på äldre [5] dagar.
9 – Låt mig se, jag har sällan sett något liknande.
10   Är de inte tyngre [6] än mina?

Notes

[1] **det var**, *ça fait* ; vous n'avez pas oublié que le prétérit sert aussi à exprimer la spontanéité d'un énoncé.

[2] La particule **kvar** ajoute au verbe l'idée d'un état ou d'une action qui perdure : **Tösen ligger kvar i sängen**, *La gamine reste couchée dans son lit*. L'idée d'un "reste" est également contenue dans cette particule : **Jag har trettio kronor kvar**, *Il me reste trente couronnes*. **Leva kvar** signifie à peu près *survivre* ou *exister encore*, en parlant d'un préjugé par exemple. Notez cette formation de mot : **kvarlevande**, *survivant*. La particule précède ainsi le participe présent – ou passé – d'un verbe.

[3] **galosch**, *caoutchoucs*, désigne des chaussures assez peu élégantes qu'on enfile en Suède (et en France aussi), par-dessus ses chaussures pour se protéger de la pluie.

[4] **uppfinning**, *invention* ; **uppfinnare**, *inventeur*. Du verbe **uppfinna**, *inventer*. Notez que la particule précède ici le verbe **finna**, *trouver*. En

Soixante-cinquième leçon

Salut, vieille branche !

1 – Göran, ça fait un bail *(c'était longtemps depuis)* !
2 Je ne savais même pas que tu habitais encore dans le coin *(ici dans les-courbes)*.
3 Tu vas où par ce temps de chien *(Vers-où es tu sur chemin dans l'affreux temps)* ?
4 – Salut, vieille branche *(ton vieux caoutchouc)* !
5 Je vais à l'office des brevets d'invention.
6 – En parlant de *(À-propos)* caoutchoucs, où as-tu acheté [les] tiens ?
7 – Ils sont de [ma] propre invention.
8 Je me suis fait *(suis devenu)* inventeur sur mes vieux jours *(sur plus vieux jours)*.
9 – Fais-moi voir, j'ai rarement vu quelque chose [de] pareil *(ressemblant)*.
10 Ils ne sont pas plus lourds que [les] miens ?

---

général, la forme verbale à particule préposée désigne une action relativement abstraite. Nous y reviendrons.

5 **äldre**, comparatif de **gammal** : **Hon är äldre än jag**, *Elle est plus âgée que moi* ; **En äldre dam**, *une dame d'un certain âge*. On peut dire **på äldre dagar** ou **på gamla dagar**, *sur mes vieux jours*. **Min äldre bror**, *Mon frère aîné* (je n'en ai qu'un). Mais : **min äldste bror**, avec le superlatif, *mon frère aîné* (nous sommes au moins trois enfants). Sur le même modèle : **min äldre syster**, *ma sœur aînée* ; **min äldsta syster**, *ma sœur aînée* (il y a au moins trois sœurs).

6 **tyngre**, comparatif de **tung**, *lourd*. Là encore de formation irrégulière, puisque la plupart des adjectifs forment leur comparatif avec la désinence **-are**.

65 / Sextiofemte lektionen

11 – Dina är vattentäta men du utsätter [7] dig för risken
12 att bryta benet i händelse av halka eller slask.
13 – Vad har du under?
14 – Dubbar! Mina galoscher är två stycken återanvända [8] dubbdäck!
15 (Fortsättning följer.)

Notes

7 Nouveau verbe à particule préposée : **utsätta (sig) för**, *(s')exposer à*. À comparer avec **sätta ut**, *sortir*, *mettre dehors*, en parlant de meubles de jardin par exemple. Plus concret donc.

8 **återanvända**, participe passé du verbe **återanvända**, *réutiliser*, *réemployer*, *recycler*. **Använda**, *utiliser*, *employer*, appartient à la deuxième conjugaison et forme ses temps du passé sur le modèle du verbe **hända**

***

Övning 1 – Översätt

❶ Han bröt benet när han var på väg till patentverket.
❷ Dina galoscher är inte ens vattentäta! ❸ Göran köpte sina galoscher hos en äldre skomakare. ❹ Vi visste inte att han hade köpt ett stycke jord. ❺ Den här boken är fortsättningen på en annan.

***

Övning 2 – Fyll i med rätt ord

❶ Il s'est fait artisan sur ses vieux jours.
 . . . . hantverkare . . . . dagar.

❷ Je suis plus lourd que toi.
 . . . . . tyngre . . . . .

❸ Ça fait un bail !
 . . . . sen!

Soixante-cinquième leçon / 65

11 – [Les] tiens sont imperméables *(eau-étanches)* mais tu cours *(t'exposes pour)* le risque
12 de [te] casser la jambe en cas de verglas ou [de] neige fondue.
13 – Qu'est-ce que tu as dessous *(sous)* ?
14 – Des clous ! Mes caoutchoucs sont deux [pièces de] pneus à clous recyclés !
15 (**À suivre** *(Continuation suit)*)

(cf. leçon 63) : **Göran använde glasögon**, *Göran utilisait des lunettes*. Pour former le participe passé d'un verbe à la forme du singulier et au non neutre, il suffit d'enlever le **-e** du prétérit. La forme (**åter)använda** est celle du pluriel. Cette règle s'applique en général pour les verbes faibles.

***

Corrigé de l'exercice 1
❶ Il s'est cassé la jambe en se rendant à l'office des brevets d'invention. ❷ Tes caoutchoucs ne sont même pas imperméables ! ❸ Göran a acheté ses caoutchoucs chez un cordonnier d'un certain âge. ❹ Nous ne savions pas qu'il avait acheté un lopin de terre. ❺ Ce livre est la suite d'un autre.

***

❹ En cas de neige ou de verglas, vous courez des risques sans pneus à clous.
. . . . snö eller . . . . . utsätter ni . . . . . . risker . . . . dubbdäck.

❺ Les vôtres sont recyclés.
. . . är . . . .

Corrigé de l'exercice 2
❶ Han har blivit – på äldre – ❷ Jag är – än du ❸ Det var länge –
❹ I händelse av – halka – er för – utan – ❺ Era – återanvända

66 / Sextiosjätte lektionen

*Cette leçon contient tout un vocabulaire fréquemment utilisé par les Suédois d'octobre à avril, hélas : **ruskigt väder**, ou plus simplement **rusk**, pluie et vent; **halka**, verglas; **slask**, neige fondue, sans oublier **snö**, neige; **regn**, pluie. Il y a aussi **blixthalka**, le verglas instantané qui ne pardonne pas, de **blixt**, éclair. Dans ces conditions, il peut être utile d'avoir une bonne assurance, de préférence sans franchise, **självrisk**, litt. "autorisque". Un bon conseil : restez à l'intérieur avec un bon livre suédois, au coin d'un poêle de faïence. Là au moins vous ne courez ni le risque de vous casser une jambe, ni celui d'attraper une angine de poitrine. Les hivers longs sont profitables aux friands de lecture !*

Sextiosjätte lektionen

Fiffigt men haltande

1 – Vill du på allvar söka patent på de här hästskorna?
2 Om du dyker upp så här utklädd [1] till rymdfarare
3 riskerar du att bli inspärrad [2] på mentalsjukhus i morgon bitti.

Notes

1 **utklädd**, *déguisé*, est le participe passé de **klä ut (sig)**, *(se) déguiser*. Ce verbe appartient à la troisième conjugaison, et son prétérit est **klädde ut sig**. Là encore, il suffit de supprimer le **-e** final du prétérit pour obtenir le participe passé. Lorsque la particule suit le verbe dans les conjugaisons habituelles, elle précède toujours le verbe à la forme du participe, présent ou passé.

God fortsättning! *s'entend dès le lendemain du jour de l'an :* Meilleurs vœux pour la nouvelle année !

Deuxième vague : 16ᵉ leçon

Soixante-sixième leçon

Astucieux mais boiteux *(boitant)*

1 – Tu veux sérieusement *(sur sérieux)* demander un brevet pour *(sur)* ces fers à cheval *(cheval-chaussures)* ?
2 Si tu débarques comme ça déguisé en astronaute,
3 tu risques d'être *(de devenir)* interné *(enfermé sur mental-hôpital)* demain matin.

Vous connaissez le verbe **tycka om**, *aimer bien* : **Han tycker om henne**, *Il l'aime bien*. **Hon är mycket omtyckt**, *Elle est très appréciée/populaire*.

2 Même remarque ici : **inspärrad** est le participe passé du verbe **spärra in**, *enfermer, emprisonner*. Il est précédé ici du verbe auxiliaire **bli** pour exprimer l'idée d'un futur proche (cf. leçon 56, § 4). **Han är inspärrad**, *Il est enfermé* (c'est un fait, il est bel et bien sous les verrous).

66 / Sextiosjätte lektionen

4 – Du är **o**rättvis.
5 Genom att ³ återanvända begagnade ⁴ dubbdäck
6 gör jag en insats för miljövården.
7 – Det stämmer!
8 Men när ⁵ du tar av dig ena ⁶ galoschen och tappar balansen
9 så halkar du som på ett bananskal, trots dina dubbar,
10 och dör kanske knall och fall.
11 Det är vi skattebetalare som får stå för kalaset.
12 Det är där skon klämmer ⁷.
13 – Jag går dit ändå.
14 – Jag visste det: du är en patenterad ⁸ träskalle. □

Notes

3 Notre gérondif (ex : "en forgeant, on devient forgeron"), qui exprime le moyen ou la manière est rendu par **genom att** suivi d'un infinitif. Le suédois ne connaît pas le gérondif.

4 **begagnade**, participe passé du verbe **begagna**, *utiliser, employer, se servir de*, assez proche de **använda**. Ce verbe appartient à la première conjugaison ; son prétérit donne donc **begagnade**. Sans le **-e** final, **begagnad** est la forme du singulier non neutre du participe passé : **en begagnad bil**, *une voiture d'occasion* ; **ett begagnat däck**, *un pneu d'occasion* ; **begagnade bilar**, *des voitures d'occasion*.

5 Quand notre gérondif exprime la simultanéité, il peut être rendu par **när**, *quand*. Vous avez déjà rencontré ce cas de figure (cf. leçons 52, phrase 11 et 57, phrase 1).

6 **ena**, *un* (de deux), est un pronom qui exprime une relation : **Jag har ont i ena foten**, *J'ai mal à un pied / Un de mes pieds me fait mal* ; **Ena boken**

Soixante-sixième leçon / 66

4 – Tu es injuste.
5 En recyclant des pneus à clous d'occasion *(usagés)*,
6 j'apporte ma contribution à *(fais je une mise pour)* la protection de l'environnement.
7 – C'est exact !
8 Mais en enlevant un des caoutchoucs et en perdant l'équilibre,
9 tu glisses comme sur une peau de banane, malgré tes crampons,
10 et tombes peut-être raide mort *(meurs peut-être fracas et chute)*.
11 [Et] c'est nous [autres] contribuables qui sommes obligés de payer les pots cassés *(fête la)*.
12 C'est là que le bât blesse *(où la-chaussure serre)*.
13 – J'y vais quand même.
14 – Je le savais : tu es une tête de lard patentée *(un breveté crâne-de-bois)*.

---

ou **Den ena boken**, *l'un des deux livres* ; **Ena gången säger han si andra gången säger han så**, *Un jour il dit blanc, le lendemain, noir* ; **Från det ena till det andra**, *D'une chose à l'autre*.

7 **klämmer**, du verbe **klämma**, *serrer, coincer, pincer* : **Mina nya skor klämmer**, *Mes chaussures neuves me serrent*. Notez **klämdag**, *jour ouvrable entre deux jours fériés* ; **Jag tar ut en klämdag**, *Je fais le pont*.

8 **patenterad**, participe passé de **patentera**, *breveter* – ici au sens figuré. Notez dans le registre des brevets : **patentsmörgås**, *canapé garni d'un œuf sur le plat et de bacon*. Les Suédois sont très friands de **smörgåsar**, *tartines*. Inutile de s'éterniser sur ce sujet, vous allez comprendre, dès votre premier séjour, que **smörgåsbordet**, *le buffet*, est un phénomène incontournable.

Sextiosjätte lektionen

▶ Övning 1 – Översätt

❶ Rymdfarare kan inte ta ut någon klämdag lika lätt som vi.
❷ Stämmer det att svenskarna tar av sig skorna hemma?
❸ Han dog knall och fall när han åt din patentsmörgås.
❹ Du gör en viktig insats för miljövården om du byter din bil mot en häst. ❺ Hon haltar bara när hon går.

Övning 2 – Fyll i med rätt ord

❶ Demain matin, ce sera trop tard.
   .... för sent.

❷ Il a glissé en retirant ses chaussures.
   .... när .... av sig skorna.

❸ C'est injuste.
   Det är ....

❹ Les contribuables prennent la chose au sérieux.
   Skattebetalarna ....

❺ Nous autres Suédois aimons apporter notre contribution à la protection de l'environnement.
   .... gärna .... miljövården.

Le principal jour férié qui permet de gratter une "journée prise comme dans un étau" et de faire un pont est **Kristi Himmelsfärdsdag**, *le jour de l'Ascension, littéralement "le jour du voyage au ciel du Christ", le* **i** *final de* **Kristi** *étant une ancienne marque latine de génitif de noms terminés en* **-us**, *comme* **Kristus**. *Lorsque la Suède est passée au luthéranisme au XVIᵉ siècle, de nombreux jours chômés – parce que voués à un saint – ont disparu du calendrier officiel. Sachez que dans la région de la mine d'argent de Sala, dans le Västmanland, une bonne centaine de jours étaient ainsi chômés*

Soixante-sixième leçon / 66

Corrigé de l'exercice 1

❶ Les astronautes ne peuvent pas faire le pont aussi facilement que nous. ❷ Est-il vrai que les Suédois enlèvent leurs chaussures à la maison ? ❸ Il est tombé raide mort en mangeant ton canapé garni d'un œuf sur le plat et de bacon. ❹ Tu apportes une contribution importante à la protection de l'environnement si tu échanges ta voiture contre un cheval. ❺ Elle ne boite qu'en marchant.

Corrigé de l'exercice 2

❶ I morgon bitti är det – ❷ Han halkade – han tog – ❸ – orättvist ❹ – tar saken på allvar ❺ Vi svenskar gör – en insats för –

à l'époque du catholicisme. Raison de plus pour le roi à la tête du pays d'adopter, sans conviction théologique particulière, la doctrine luthérienne qui permettait plutôt de confisquer les biens substantiels de l'Église, de refaire descendre les mineurs au travail et de faire remonter de l'argent. Il était peut-être salutaire, mais surtout avantageux de devenir luthérien en étant au pouvoir. Heureusement que de nombreuses fêtes païennes subsistent encore en Suède, comme la Saint-Jean.

Deuxième vague : 17ᵉ leçon

Sextiosjunde lektionen

Det kan man lugnt påstå

1 – Jag råkade [1] få syn på [2] din boss i tunnelbanan.
2 Först [3] när han tog rulltrappan upp till torget
3 märkte jag att han gick med käpp.
4 – För ett par månader sen råkade han ut [4] för en bilolycka
5 när han körde förbi [5] brandstationen.
6 – Han hade tur i oturen, med andra ord.
7 – Det kan man lugnt påstå.
8 Ingen behövde larma brandkåren som omedelbart [6] var på plats.

Notes

1 Le verbe **råka** suivi d'un infinitif ajoute au sens de ce dernier l'idée de hasard : **Hon råkade trampa på hans fot**, *Elle lui a marché sur le pied sans le faire exprès / par mégarde*.

2 **få syn på**, *apercevoir*, *remarquer*. **Syn** désigne (*le sens de*) *la vue* : **Hon har god syn**, *Elle a de bons yeux*. Au sens figuré, **syn** signifie *conception*, *manière de voir* ou *vision* : **Hon har alltid haft en ljus syn på livet**, *Elle a toujours vu la vie en rose* ; **Hon ser i syne**, *Elle a la berlue*. Le **-e** final de **syn** est ici la marque d'un ancien cas (le datif) qu'on trouve dans quelques expressions figées.

Notez aussi : **till synes**, *apparemment*, *en apparence*. Le **-es** final suggère un ancien génitif, encore présent dans certaines locutions introduites par la préposition **till** : **till fots**, *à pied*.

3 **först**, *ne... que*, *seulement*, mais avec un sens strictement temporel : **Först i morgon bitti blir det sol**, *Il ne fera pas soleil avant demain matin*. À comparer avec : **Bara i morgon bitti blir det sol**, *Il ne fera soleil que demain matin*.

4 **råka ut**, *avoir*, *subir*, *être victime de*. Toujours avec la nuance d'un événement inattendu, fortuit, exprimé par le verbe **råka**. Notez sa

Soixante-septième

C'est le moins qu'on puisse dire

1 – J'ai aperçu *(reçu vision sur)* par hasard ton boss dans le métro.
2 C'est seulement lorsqu'il a remonté l'escalator en direction de la place du marché
3 que j'ai remarqué qu'il marchait avec [une] canne.
4 – Il y a quelques mois, il a eu un accident de voiture
5 en passant devant la caserne des pompiers *(quand il conduisait devant la-station-d'incendie)*.
6 – Autrement dit, il a eu de la chance dans sa malchance.
7 – C'est le moins qu'on puisse dire *(Cela peut on tranquillement prétendre)*.
8 Personne n'a eu besoin d'alerter les pompiers *(le-corps-d'incendie)* qui étaient immédiatement sur place.

---

signification avec l'adverbe **illa**, *mal* : **råka illa ut**, *rencontrer des difficultés, avoir des problèmes*.

5 **förbi**, *devant*. Avec un verbe de mouvement, il se traduit par *passer devant*. Vous n'avez pas oublié que le français précise rarement la nature du mouvement en question (à pied, en véhicule, etc.) : **Han gick förbi mig**, *Il est passé devant moi*. Placé devant le verbe **gå**, le sens de la particule **förbi** devient abstrait : **Chefen förbigick denna viktiga fråga**, *Le chef n'a pas tenu compte / a négligé / est passé sur cette question importante*. Avec un participe, la particule **förbi** sera toujours placée en tête : **i förbigående**, *en passant*.

6 **omedelbart**, *immédiatement*. Cependant, c'est la position de cet adverbe dans la subordonnée qui nous intéresse ici. Comparez : **Brandkåren var omedelbart på plats**, *Les pompiers étaient immédiatement sur place* et **Jag vet att brandkåren omedelbart var på plats**, *Je sais que les pompiers étaient immédiatement sur place*. Certains adverbes sont ainsi placés devant le verbe de la subordonnée, mais après le sujet.

67 / Sextiosjunde lektionen

9 På [7] tio minuter fick han dropp, gipsbandage [8] och hela baletten.
10 Jag har inte sett honom på flera veckor,
11 men hans fru lär [9] smaka på käppen
12 så snart hon påminner honom om omständigheterna kring olyckan.
13 – Omständigheterna?
14 – Ett litet snedsprång med kommissariens dotter. □

Notes

[7] La préposition **på** a encore ses deux sens temporels. Celui d'une "performance" : **Hon äter lunch på tio minuter**, *Elle déjeune en dix minutes*. Le second sens n'apparaît que dans des phrases négatives ; il est rendu par *depuis* en français : **Vi har inte sett varandra på tre år**, *Nous ne nous sommes pas vus depuis trois ans*.

[8] **gipsbandage**, *plâtre*, de **gips**, *plâtre* (la matière), et **bandage**, *bandage, pansement*. Notez : **Gipsa**, *plâtrer* : **Hon har benet gipsat**, *Elle a la jambe plâtrée*.

***

Övning 1 – Översätt

❶ Han påstår att min boss inte behövde larma brandkåren.
❷ Kommissariens dotter säger att hon aldrig hade sett honom tidigare. ❸ Har du märkt att hon ofta ser i syne?
❹ Jag vet att han vanligtvis tar tunnelbanan till sitt arbete.
❺ Din käpp påminner mig om min morfar som haltade.

***

Övning 2 – Fyll i med rätt ord

❶ Il y a trois ans, il a été victime d'un accident de voiture.
.... råkade .... bilolycka.

❷ Je n'ai pas bu d'alcool depuis une semaine.
.... sprit ....

❸ Il lit un livre entier en quelques heures.
.. .. några timmar.

❹ Il paraît que le commissaire marche avec une canne.
.... käpp.

Soixante-septième leçon / 67

9 En *(Sur)* dix minutes, il a eu [une] perfusion, [un] plâtre *(bandage-de-plâtre)* et tout le tralala *(le-ballet)*.
10 Je ne l'ai pas vu depuis *(sur)* plusieurs semaines,
11 mais on dit que sa femme reçoit des coups de canne *(goûte sur la-canne)*
12 dès qu'elle *(aussi bientôt elle)* lui rappelle les circonstances de *(autour)* l'accident *(du malheur)*.
13 – Les circonstances ?
14 – Une petite passade *(bond-de-côté)* avec la fille du commissaire.

9 **lär**, unique forme de ce verbe qui n'a ni infinitif ni temps du passé et qui se traduit par *on dit / il paraît que*. **Göran lär vara väldigt snål**, *Il paraît que Göran (Georges) est très avare*. **Lär** exprime également une supposition, rendue par *devoir*, mais cet usage est rare aujourd'hui.

***

Corrigé de l'exercice 1
❶ Il prétend que mon boss n'a pas eu besoin d'alerter les pompiers. ❷ La fille du commissaire dit qu'elle ne l'avait jamais vu auparavant. ❸ As-tu remarqué qu'elle a souvent la berlue ? ❹ Je sais que d'habitude il prend le métro pour se rendre au travail. ❺ Ta canne me rappelle mon grand-père maternel qui boitait.

***

❺ Il prétendait que c'était faux.
. . . . det var lögn.

Corrigé de l'exercice 2
❶ För tre år sedan – han ut för en – ❷ Jag har inte druckit – på en vecka ❸ Han läser en hel bok på – ❹ Kommissarien lär gå med – ❺ Han påstod att –

Nous parlions luthéranisme à la leçon précédente. Sachez que vous êtes presque en mesure de comprendre certains passages du Nouveau Testament, comme celui-ci emprunté à l'Évangile de saint Matthieu (chapitre 11, 5) : **Blinda får sin syn, halta går, spetälska blir rena, döva hör, döda uppstår.** *Soit :* Les aveugles voient, les boiteux marchent, les lépreux sont guéris, les sourds entendent, les morts ressuscitent. *C'est tout aussi miraculeux que vos progrès !* **De fem sinnena**, *les cinq sens, s'appellent :* **syn**, **hörsel**, **känsel**, **lukt** *et* **smak**, *la vue, l'ouïe, le toucher, l'odorat et le goût.* **Sjätte sinnet**, *le sixième sens, dépend évidemment de la personne qui en possède un.*

Sextioåttonde lektionen

Anna får lift

1 **A**nn**a** h**a**r st**å**tt och v**ä**nt**a**t ¹ i tre t**i**mm**a**r två kil**o**m**e**ter s**ö**der om V**a**dst**e**na.
2 Hon l**i**ft**a**r, det bl**å**ser, hon är g**e**nomfr**u**sen ².
3 **Ä**ntl**i**gen st**a**nn**a**r en bil.
4 – H**e**jsan, **å**ker du till H**u**skv**a**rna?
5 – Ja, det gör jag ³, stig in!
6 Jag gör först en l**i**ten **a**vst**i**ckare till Gr**ä**nn**a**.
7 När jag **ä**nd**å** är i tr**a**kten vill jag passa p**å** ⁴ att k**ö**p**a** p**o**lkagr**i**sar.

Notes

1 **stå och vänta**, sur le modèle de **stå och diska**, *être en train de faire la vaisselle*.
2 **genomfrusen**, *transi,* de **genom**, ici *à travers, d'un bout à l'autre*, idée parfois rendue par notre préfixe *trans-*, et **frusen**, participe passé du verbe fort **frysa**, *geler, avoir froid*. **Jag fryser om fötterna**, *J'ai froid aux pieds*. Le singulier non neutre du participe passé des verbes forts est formé en ajoutant **-en** au radical du verbe, en général avec la même modification de la voyelle qu'au supin. Ne confondez pas le verbe fort et intransitif **frysa** et le verbe faible et transitif **frysa**, *congeler*. Notez : **Frysta** ou **djupfrysta grönsaker**, *des légumes surgelés* et, dans le même registre, **frysen**, *le congélateur*.

Deuxième vague : 18ᵉ leçon

Soixante-huitième leçon

Anna est prise en stop

1 Voilà trois heures qu'Anna fait le poireau *(a été debout et attendu)* [à] deux kilomètres au sud de Vadstena.
2 Elle fait du stop, le vent souffle *(il souffle)*, elle est transie.
3 Enfin, une voiture s'arrête.
4 – Bonjour, vous allez à Huskvarna ?
5 – Oui *(Oui, cela fais je)*, montez !
6 Je ferai d'abord un *(petit)* détour par Gränna.
7 Comme je suis *(Quand je suis de toute façon)* dans la région, autant *(je veux)* en profiter pour acheter des polkagrisar.

---

3 **det gör jag**, exemple de réponses dites courtes. **Ja, det gör jag** est en effet plus court que **Ja, jag åker till Huskvarna**. Retenez cependant que le verbe **göra** dans ce type de réponse ne peut pas reprendre un verbe modal, ni **vara**, *être*, ou **ha**, *avoir*.

4 **passa på**, *en profiter pour, saisir l'occasion de*. Ce verbe appartient à la première conjugaison. Notez cependant, avec une forme impérative qui n'est pas celle de la première conjugaison, **Pass på!**, *Attention !*

8 – Kan du sätta på värmen, jag är alldeles stel i fingrarna [5]?
9 – Har du vänner eller bekanta i Huskvarna?
10 – Nej, jag stannar bara över natten, på vandrarhemmet.
11 I morgon bitti fortsätter jag till Polen.
12 – Är du polska?
13 – Ja, men min pappa är svensk.
14 – Du bryter inte alls.
15 – Tack, jag gick i svensk skola i Warszawa.
16 Mina föräldrar är skilda, min far trivdes inte i Polen.
17 – Har du syskon?
18 – En bror på [6] tolv år och en halvsyster på tre år.
19 Min far gifte om [7] sig med en svenska som är mycket yngre [8].
20 – Är din styvmor snäll mot dig?
21 – Den här kvinnan vet inte ens att jag är tvåspråkig!

: Notes

5 **ett finger**, *un doigt*, mais **två fingrar**, *deux doigts* ; **Min dotter äter med fingrarna**, *Ma fille mange avec ses doigts*. Eh oui, il y a des exceptions !

6 Nouveau sens de **på** servant à exprimer une quantité ou une mesure : **En flicka på åtta år**, *Une fille de huit ans* ; **En familj på fyra personer**, *Une famille de quatre personnes*.

7 **gifta sig**, *se marier* ; **gifta om sig**, *se remarier*. Vous connaissez le verbe **börja**, *commencer* ; **börja om**, *recommencer*. Notez : **om igen**, *encore une fois* ; **om och om igen**, *à plusieurs reprises*.

Soixante-huitième leçon / 68

8 – Vous pouvez mettre le chauffage, j'ai les doigts complètement engourdis *(je suis complètement raide dans les-doigts)* ?
9 – Vous avez des amis ou des connaissances à Huskvarna ?
10 – Non, j'y *(je)* passe seulement la nuit, à l'auberge de jeunesse.
11 Demain matin, je continue vers la Pologne.
12 – Vous êtes polonaise ?
13 – Oui, mais mon papa est suédois.
14 – Vous n'avez pas du tout d'accent *(Tu ne romps pas du tout)*.
15 – Merci, j'ai été à [l']école suédoise de *(à)* Varsovie.
16 Mes parents sont divorcés, mon père ne se plaisait pas en Pologne.
17 – Vous avez des frères et sœurs ?
18 – Un frère de *(sur)* douze ans et une demi-sœur de *(sur)* trois ans.
19 Mon père s'est remarié avec une Suédoise qui est beaucoup plus jeune.
20 – Est-ce que votre belle-mère est gentille avec *(envers)* vous ?
21 – Cette femme ne sait même pas que je suis bilingue !

8 **yngre**, *plus jeune*, comparatif irrégulier de **ung**, *jeune*. Les remarques de la note 4 de la leçon 65 concernant le comparatif **äldre** et le superlatif **äldst** s'appliquent aussi à **yngre**, *plus jeune*, et **yngst**, *le plus jeune*.

Övning 1 – Översätt

❶ Vill din far verkligen gifta om sig? – Ja, det vill han.
❷ Snälla, sätt på värmen, stäng fönstret och stäng av radion, jag fryser! ❸ Dina vänner bryter på polska. ❹ Omgifta män lär se yngre ut och skilda kvinnor påstår att de kommer att leva längre. ❺ Vi är fem syskon.

***

Övning 2 – Fyll i med rätt ord

❶ L'auberge de jeunesse est à dix kilomètres au sud de Vadstena.
.... ligger .... Vadstena.

❷ Ma belle-mère est bilingue.
... styvmor ....

❸ Je ne me plaisais pas du tout sans frère et sœur.
.... inte alls ....

❹ Je reste pour le week-end seulement.
.... helgen.

❺ Il avait un accent.
....

Vadstena [vas-sténa] est surtout célèbre pour son abbaye fondée par Sainte Brigitte au XIVe siècle. Une fois la Réforme luthérienne définitivement établie en Suède (1595), les monastères, dont Vadstena, durent fermer, et les sujets catholiques furent expulsés. La présence d'ordres religieux et de monastères sur le sol suédois n'est légalement permise que depuis 1951.
C'est à Huskvarna que sont fabriqués les produits de la firme Husqvarna AB : tronçonneuses, tondeuses, motos, frigidaires, congélateurs, machines à laver et à coudre, lave-vaisselle, etc.
*Les **polkagrisar**, sucres d'orge à la menthe, sont fabriqués tradition-*

Soixante-huitième leçon / 68

Corrigé de l'exercice 1
❶ Est-ce que ton père veut vraiment se remarier ? – Oui. ❷ S'il te plaît, allume le chauffage, ferme la fenêtre et éteins la radio, j'ai froid ! ❸ Tes amis parlent avec un accent polonais. ❹ Il paraît que les hommes remariés ont l'air plus jeune et les femmes divorcées prétendent qu'elles vivront plus longtemps ❺ Nous sommes cinq frères et sœurs.

***

Corrigé de l'exercice 2
❶ Vandrarhemmet – en mil söder om – ❷ Min – är tvåspråkig ❸ Jag trivdes – utan syskon ❹ Jag stannar bara över – ❺ Han bröt

*nellement à Gränna, petite bourgade au bord du lac Vättern. Il est possible de visiter les confiseries. Les **polkagrisar**, toujours rouges et blancs, sont même vendus en bâtons, et leur goût ressemble étrangement à celui de nos bêtises de Cambrai. Il en existe aussi sans sucre. **Polkagris** signifie littéralement* cochon de polka, *car ils sont devenus populaires en même temps que la polka !*

Deuxième vague : 19ᵉ leçon

Sextionionde lektionen

Brokiga färger

1 – Mitt stora nöje är att prova kläder.
2 – Våra kunder är alltid välkomna [1].
3   Vad önskas [2]?
4 – En röd klänning, gröna strumpbyxor och en hatt.
5 – Vad för slags hatt?
6 – Vilken hatt som helst [3].
7   Jag behöver också gula skor.
8   Gult [4] matchar fint med den röda färgen på klänningen.
9 – Vad har du för storlek?
10 – Trettiosju, men jag provar gärna en storlek större.

Notes

1 **välkomna**, pluriel du participe passé formé sur le verbe **komma** : **hon hälsade gästerna välkomna**, *Elle souhaita la bienvenue aux invités.* Vous n'avez pas oublié la distinction entre **hälsa**, *saluer*, et **hälsa på**, *aller voir*, *rendre visite à* : **Du är välkommen att hälsa på**, *Nous serons enchantés de ta visite* ; **Välkommen tillbaka** ou **åter!**, *Au plaisir de te revoir !*

2 **Vad önskas?**, *Que désirez-vous ?* La désinence **-s** est ici la marque du passif, à ne pas confondre avec le **-s** final des verbes déponents **Vad önskas?** correspond littéralement à *Quoi est souhaité ?* et historiquement à *Quoi se souhaite ?* Comparez cette forme active : **Polisen larmade brandkåren**, *La police alerta les pompiers*, et cette forme passive : **Brandkåren larmades av polisen**, *Les pompiers ont été alertés par la police*. Nous reviendrons plus tard sur la formation du passif en **-s** ainsi que sur les diverses significations des formes en **-s**. Notez cependant que dans la question **Vad önskas?**, le locuteur, en l'occurrence une vendeuse, fait l'économie du pronom personnel, **du** ou **ni**, de la forme active : **Vad önskar du / ni ?** Ce qui était fort pratique quand

Soixante-neuvième leçon

Bigarrures *(Couleurs bigarrées)*

1 – Mon plaisir favori *(grand divertissement)* est d'essayer des vêtements.
2 – Nos clients sont toujours [les] bienvenus.
3 Que désirez-vous *(Quoi souhaite-se)* ?
4 – Une robe rouge, des collants verts et un chapeau.
5 – Quel genre de chapeau ?
6 – N'importe quel chapeau.
7 J'ai aussi besoin de chaussures jaunes.
8 [Le] jaune [se] marie bien avec la couleur rouge de *(sur)* la robe.
9 – Quelle est votre pointure *(Quoi as tu pour grandeur)* ?
10 – Trente-sept, mais je veux bien essayer *(essaie volontiers)* une pointure au-dessus *(plus grande)*.

---

les Suédois sont passés au tutoiement généralisé. Finalement, cette question est une formule de politesse déguisée.

3 … **som helst**, *n'importe* … **Vad vill du dricka? – Vad som helst**, *Que veux-tu boire ? – N'importe quoi*. Sur le même modèle : **när som helst**, *n'importe quand* ; **vem som helst**, *n'importe qui* ; **var / vart som helst**, *n'importe où* ; **hur som helst**, *n'importe comment* ou selon le contexte *quoi qu'il en soit*. Notez aussi **Det är hur enkelt som helst!**, *C'est extrêmement simple !*

4 Pour former les noms à partir d'un adjectif de couleur, on a recours à sa forme neutre quand il en a une. L'article défini n'est pas utilisé : **Blått är fint**, *Le bleu, c'est joli / Le bleu est une jolie couleur* : **Beige är tråkigt**, *Le beige est ennuyeux*. Sur le même modèle **nytt**, *du neuf* : **Drömmer du att bygga nytt?**, *Vous rêvez de construire du neuf ?*
Puisque nous parlons du neutre avec une valeur de généralité, notez que l'adjectif attribut prend la forme neutre lorsqu'il renvoie à un sujet ayant un sens vague : **Jordgubbar är gott**, *Les fraises, c'est bon*. Mais : **Jordgubbarna är goda**, *Les fraises sont bonnes*. On dit aussi : **Det är gott med jordgubbar**, *C'est bon, les fraises*.

11 – Du kommer att se ut som en fågelskrämma!
12 – Det är meningen: jag vill att min man ska upptäcka mig sådan ⁵ jag är!

Notes

5 sådan, *tel / telle*. **Sådant** au neutre, **sådana** au pluriel. Formes abrégées : **sån, sånt, såna** : **Sånt är livet**, *C'est la vie* ; **I sådant fall**, *En pareil cas* ; **Jag har aldrig sett något sådant**, *Je n'ai jamais rien vu de tel*. Si vous ne l'avez pas déjà constaté précédemment, notez dans cette dernière

***

Övning 1 – Översätt

❶ Vill du prova en sådan här klänning? ❷ Vad är meningen med livet? ❸ Kräsna kunder kommer hit för att prova våra bästa viner. ❹ När som helst på dygnet. ❺ Jag önskar dig god jul.

***

Övning 2 – Fyll i med rätt ord

❶ Je fais du 38.
   Jag har .... 38.

❷ Quelle est la taille de cette robe ?
   Vad är det för .... den här ....?

❸ Je n'ai pas fait exprès de te marcher sur le pied.
   Det var inte min ...... att trampa dig på foten.

❹ Elle n'avait jamais vu de tels oiseaux auparavant.
   .... fåglar tidigare.

❺ Enlève tes chaussures quand tu essaies les collants !
   .... skorna .... strumpbyxorna!

Soixante-neuvième leçon / 69

11 – Vous allez avoir l'air d'un épouvantail *(oiseau-effrayer)* !
12 – C'est le but du jeu *(l'intention)* : je veux que mon mari me découvre telle [que] je suis !

phrase que le français redouble la négation, *ne… jamais* et *rien*. En suédois, **inte** suffit, ce qui explique la présence de **något**, *quelque chose*, et non pas celle de **inget**, *rien*. **Sådan** correspond parfois au *en* du français : Har du en klänning ? – Ja, jag har en lång sådan. *Tu as une robe ? – Oui, j'en ai une longue.*

***

Corrigé de l'exercice 1
❶ Tu veux essayer une robe comme celle-ci ? ❷ Quel est le sens de la vie ? ❸ Des clients exigeants viennent ici pour déguster nos meilleurs vins. ❹ À n'importe quel moment du jour et de la nuit. ❺ Je te souhaite un joyeux Noël.

***

Corrigé de l'exercice 2
❶ – storlek – ❷ – storlek på – klänningen ❸ – mening – ❹ Hon hade aldrig sett sådana – ❺ Ta av dig – när du provar –

Nöjeslivet *désigne tout ce qu'une ville est capable d'offrir en matière de restaurants, boîtes de nuit, cinémas, etc. Certains journaux ont une rubrique intitulée* **nöjen**, *distractions.* **Nöjesfält** *est un parc d'attractions, comme Liseberg à Göteborg. Difficile de s'y encanailler, mais c'est toujours mieux que rien.*
Pour finir : **Bättre en fågel i handen än tio i skogen**, Un tiens vaut mieux que deux tu l'auras *(litt. "Mieux un oiseau dans la main que dix dans la forêt").*

Deuxième vague : 20ᵉ leçon

Sjuttionde lektionen

Repetition – Révision

1 Le point sur les comparatifs et superlatifs irréguliers

Vous savez déjà que la plupart des adjectifs forment leur comparatif avec la désinence **-are**, leur superlatif avec **-ast**, qu'ils prennent alors l'accent grave et que le superlatif ajoute **-e** à la forme définie ou au pluriel.

Quelques-uns prennent **-re** au comparatif et **-st** au superlatif en modifiant leur voyelle et en étant accentués sur la première syllabe. Vous connaissez déjà :

hög	*haut*	**högre**	*plus haut*	**högst**	*le plus haut*
låg	*bas*	**lägre**	*plus bas*	**lägst**	*le plus bas*
lång	*long*	**längre**	*plus long*	**längst**	*le plus long*
stor	*grand*	**större**	*plus grand*	**störst**	*le plus grand*
tung	*lourd*	**tyngre**	*plus lourd*	**tyngst**	*le plus lourd*
ung	*jeune*	**yngre**	*plus jeune*	**yngst**	*le plus jeune*

Il faut encore en ajouter deux pour avoir la panoplie complète, à savoir :

gorv	*grossier*	**grövre**	*plus grossier*	**grövst**	*le plus grossier*
trång	*étroit*	**trängre**	*plus étroit*	**trängst**	*le plus étroit*

Soixante-dixième leçon

À la forme définie ou au pluriel, ces superlatifs ajoutent un **-a** : **det lägsta priset**, *le prix le plus bas*. La possibilité de marquer le masculin avec un **-e** est néanmoins possible au singulier : **min yngste bror**, *mon plus jeune frère*.

Parmi les adjectifs irréguliers, vous avez rencontré **god**, **bra**, **liten** et **gammal**.

En god / bra bok, *un bon livre*. Faites la différence : **Hans senaste bok är bättre**, *Son dernier livre (en date) est meilleur* ; **Hans senaste bok är bäst**, *Son dernier livre (en date) est le meilleur* ; **Hans sista bok är bäst**, *Son dernier livre est le meilleur* (après il n'a plus rien écrit).

Godare et **godast** s'utilisent en parlant d'aliments ou de boissons : **Det är godare med lingon**, *C'est meilleur avec de l'airelle*.

Liten, *petit*, donne **mindre** au comparatif et **minst** au superlatif : **ett mindre hus**, *une maison plus petite* ; **det minsta huset**, *la plus petite maison*. Vous n'avez pas oublié la forme définie du singulier, **lilla**, ni celle du pluriel, **små** (indéfini et défini) : **den lilla tösen**, *la petite gamine* ; **små töser**, *de petites gamines* ; **de små töserna**, *les petites gamines*.

Gammal, *vieux*, a recours à **äldre** pour le comparatif et **äldst** pour le superlatif : **Han är äldre än jag**, *Il est plus âgé que moi* ; **Göran är äldst i klassen**, *Göran est le plus âgé de sa classe*.

Vous savez aussi qu'il existe des comparatifs dits absolus : **en äldre dam**, *une femme d'un certain âge* ; **en mindre summa**, *une somme assez petite / modeste*.

Il existe encore un adjectif qui forme ses degrés de comparaison de manière irrégulière : **dålig**, *mauvais*. Nous aborderons ce cas une autre fois.

Il n'y a pas que les adjectifs qui connaissent le comparatif et le superlatif. Vous avez rencontré **fler**, *plusieurs* : **Jag har inte sett honom på flera veckor**, *Je ne l'ai pas vu depuis plusieurs semaines*. **Fler** est le comparatif de **många**, *nombreux*. **Mer** est quant à lui le comparatif de **mycket**, *très*. **Mer** sert à former le comparatif des participes et des adjectifs en **-isk** (cf. leçon 59, note 6). Le superlatif **mest** est utilisé pour obtenir le superlatif de ces mêmes adjectifs et participes (cf. leçon 61, note 6).

Le comparatif d'infériorité est obtenu à l'aide de **mindre**, *moins*, lui-même comparatif de **lite**, *peu* (à ne pas confondre avec **mindre**, *plus petit*, comparatif de **liten**, *petit*) : **En lägenhet är mindre dyr än ett hus**, *Un appartement est moins cher qu'une maison.* Cependant, vous entendrez plus souvent : **En lägenhet är inte så dyr som ett hus**, *Un appartement n'est pas aussi cher qu'une maison.*

Le propre d'un adverbe est d'être invariable, mais quelques-uns connaissent des degrés de comparaison : **ofta**, *souvent* ; **oftare**, *plus souvent* ; **oftast**, *le plus souvent* – **sakta**, *lentement / doucement*, **saktare**, **saktast** ; **nära**, *proche*, **närmare**, **närmast**. Ainsi que : **länge**, *longtemps* ; **längre**, *plus longtemps* ; **längst**, *le plus longtemps* (à ne pas confondre avec **längre**, *plus long*, et **längst**, *le plus long*). La négation **inte** suivie du comparatif **längre** rend notre *ne... plus* : **Hon är inte längre i livet**, *Elle n'est plus en vie.* **Gärna**, *volontiers*, a également des degrés de comparaison, **hellre** et **helst**. Là encore, patience !

2 Abstrait et concret

Sans reprendre les verbes de cette dernière série de leçons, voyons ce qu'il en est des significations apportées par la place de la particule avec certains verbes que vous avez rencontrés précédemment. **Gå in**, *entrer*, mais **ingå**, *faire partie de*, *rentrer dans* : **En garageplats ingår i hyran**, *Une place de garage est comprise dans le loyer.* **Se ut**, *avoir l'air*, mais **utse**, *désigner*, *nommer* : **Socialdemokraterna utsåg henne till ny partiledare**, *Les sociaux-démocrates l'ont désignée comme nouveau chef du parti.*

Autre exemple : vous avez vu le participe passé **upptagen**, *occupé*, de **uppta**, *prendre du temps*, *occuper*. **Ta upp** signifie *ramasser*, littéralement "prendre vers le haut" !

Stänga av, *fermer*, *éteindre*, mais **avstänga**, *suspendre*, *exclure* : **Partiledaren ville avstänga honom från hans tjänst**, *Le chef de parti voulait le suspendre de son poste.*

La distinction sémantique n'est plus marquée au participe passé : **Gatan är avstängd**, *La rue est barrée* ; **Han är avstängd från sin tjänst**, *Il est suspendu de son poste.*

3 Rapports d'appartenance : bannissez *av* !

À la leçon 49, § 4, nous avions déjà signalé que le suédois utilise souvent une préposition beaucoup plus "plastique" que le "de" du français pour exprimer un rapport d'appartenance : **Mor till tre barn**, *mère de trois enfants* ; **numret till polisstationen**, *le numéro du commissariat de police*, etc. Comme ce point est délicat et qu'il présente une réelle difficulté, il convient de s'y attarder encore un peu. Dans les six dernières leçons, vous avez rencontré la préposition **på** qui exprime parfois un rapport entre deux choses : **en flicka på åtta år**, *une fille de huit ans* ; **en lägenhet på två rum och kök**, *un deux-pièces cuisine* ; **en familj på fem personer**, *une famille de cinq personnes* ; **färgen på skjortan**, *la couleur de la chemise* ; **titeln på hans senaste bok**, *le titre de son dernier livre* ; **benen på bordet**, *les pieds de la table*. Mais **Lottas ben**, *les jambes de Lotta*, avec le génitif.

Il est difficile de donner une explication limpide, d'autant plus que parfois les Suédois eux-mêmes hésitent. On peut toutefois avancer que **på**, quand il n'est pas utilisé pour exprimer une quantité, sert à indiquer un rapport <u>visible</u> entre deux choses : on voit effectivement une couleur <u>sur</u> la chemise, le titre figure <u>sur</u> la couverture du livre, et même si les pieds sont sous une table, on les monte <u>sur</u> la table quand on achète ce meuble en kit.

À la leçon 67, vous avez fait connaissance avec le nom **omständighet**, *circonstance*, que nous avons fait suivre de la préposition **kring**, *autour* ; **vid** aurait été également possible, mais plus littéraire. Le choix de cette préposition s'explique par la teneur sémantique du mot lui-même. Une circonstance est étymologiquement quelque chose qui "se tient debout autour". D'autres noms appellent d'autres prépositions, qui sont souvent spatiales. Retenez que **innehåll** signifie *contenu* et que la préposition qui l'accompagne est **i**, *dans*. Le contenu est en effet dedans, non ?

Dans tous les cas, pensez-y à deux fois avant d'utiliser **av** (qui serait la préposition correspondant au "de" français) à tort et à travers. Cela dit, on est **uppfinnare av något**, *inventeur de quelque chose*, et *la suite d'un livre* est **fortsättningen av** ou **på en bok**.

Profitons de cette occasion pour revenir sur les deux phrases suivantes : **Hon är dotter till en kräsen hantverkare**, *Elle est la fille d'un artisan exigeant*, et **Pappan till tösen i fråga är en gråsosse**,

Le père de la fille en question est un social-démocrate de base. Il est possible de dire **hantverkarens dotter**, *la fille de l'artisan*, ou **en hantverkares dotter**, *la fille d'un artisan*. Mais avec un adjectif, ici **kräsen**, il est préférable d'avoir recours à une préposition, en

***

▶ Repetitionsdialog

1 – Du verkar vara helt i det blå.
2 – Jag har sällan varit så deppad.
3 – Vad har du för bekymmer?
4 – Förra veckan var jag på kalas hos en mycket god vän till mig.
5 Och där träffade jag en man…
6 – En sån här som bara finns i våra drömmar?
7 – Han påminde mig om en engelsk författare,
8 med sin hatt, sina beiga skor och sin käpp.
9 Han ville gifta om sig, sa han diskret,
10 när vi dansade med varandra.
11 Jag hade fortfarande ena handen gipsad efter cykelolyckan,
12 han skrev upp sitt telefonnummer på bandaget.
13 Hemma råkade jag klämma handen i dörren.
14 Gipsbandaget liknade ett djupfryst bananskal.
15 Och av telefonnumret var det bara en tvåa kvar.
16 – Vilken otur!

▶ Övning – Översätt

❶ Krusbär är godare än jordgubbar. **❷** Kom närmare! **❸** Oftast stannar de bara över natten. **❹** Hon är inte längre den lilla tösen som var grov i munnen. **❺** De kommer alltid i sista minuten. **❻** Sist men inte minst.

l'occurrence **till**. Dans le second cas, c'est parce que **tösen** est suivi de **i fråga** – les deux forment un tout – qu'il convient d'utiliser la préposition **till**.

***

Traduction

1 Tu as l'air d'être complètement dans les nuages. **2** J'ai rarement été aussi déprimée. **3** Quel est ton souci ? **4** La semaine dernière, j'étais à une fête chez un très bon ami à moi. **5** Et là j'ai rencontré un homme… **6** Un de ceux qui n'existent que dans nos rêves ? **7** Il me rappelait un écrivain anglais, **8** avec son chapeau, ses chaussures beiges et sa canne. **9** Il voulait se remarier, me dit-il discrètement **10** quand nous dansions ensemble. **11** J'avais toujours une main plâtrée après mon accident de vélo, **12** il a inscrit son numéro de téléphone sur le plâtre. **13** À la maison, je me suis coincée par mégarde la main dans la porte. **14** Le plâtre ressemblait à une peau de banane congelée. **15** Et du numéro de téléphone, il ne restait qu'un deux. **16** Quelle poisse !

Corrigé

❶ Les groseilles à maquereau, c'est meilleur que les fraises. ❷ Approche-toi ! ❸ Le plus souvent, ils ne restent que jusqu'au lendemain. ❹ Elle n'est plus cette petite gamine qui était grossière. ❺ Elle n'est plus cette petite gamine qui était grossière. ❻ Enfin et surtout.

Deuxième vague : 21e leçon

Sjuttioförsta lektionen

Enligt hans horoskop

1 – Du har fått en rejäl förkylning.
2 Borde ¹ du inte ta penicillin ²?
3 Annars löper du risk att ³ bli allt sämre ⁴.
4 – Har du sparat det gamla receptet?
5 Det låg i ett kuvert nånstans i badrummet,
6 i översta ⁵ lådan, tror jag.
7 – Det kuvertet har jag slängt.
8 – I papperskorgen?
9 – Nej, i soptunnan.
10 – Du skojar väl?

Remarque de prononciation
(5), (7) Prononcez **kuvert** *[kuvè:r]* et **kuvertet** *[kuvè:rët']*.

Notes

1 **borde**, prétérit du verbe modal **böra**. Au présent, **bör** exprime le plus souvent une obligation d'ordre moral, plus rarement une supposition. C'est surtout au prétérit qu'on l'entend. Il est bien rendu par notre verbe *devoir* au conditionnel présent.

2 Le nom **penicillin** est utilisé d'une manière générique pour dire *antibiotique*. **Antibiotikum** (antibiotika au pluriel) a une consonance savante. Notez au passage que les Suédois n'attrapent jamais de microbes ; chez eux ce sont des **bakterier**, *bactéries*, qui sévissent. Question de culture !

3 L'adverbe **allt** suivi d'un comparatif est rendu en français par un redoublement de *plus*. **Jag börjar se allt sämre**, *Je commence à voir de plus en plus mal* ; **Hon stiger upp allt tidigare**, *Elle se lève de plus en plus tôt*. Les Suédois disent parfois **allt sämre och sämre**, ce qui est redondant.

4 **sämre**, *pire, plus mauvais/mal*, est le comparatif irrégulier de l'adjectif **dålig**, *mauvais*, et de l'adverbe **illa**, *mal*. **Sämre** s'utilise surtout pour

Soixante et onzième leçon

D'après son horoscope

1 – Tu as attrapé un gros rhume.
2 Tu ne devrais pas prendre des antibiotiques *(pénicilline)* ?
3 Sinon, tu cours [le] risque d'aller de plus en plus mal *(devenir tout pire)*.
4 – As-tu gardé *(économisé)* l'ancienne ordonnance *(la vieille recette)* ?
5 Elle était dans une enveloppe quelque part dans la salle de bains,
6 dans le tiroir du haut, je crois.
7 – Cette enveloppe-là, je l'ai jetée.
8 – Dans la corbeille à papier ?
9 – Non, dans la poubelle.
10 – Tu plaisantes, j'espère *(Tu plaisantes bien)* ?

qualifier une qualité ou un état) : **bli sämre**, *empirer, aller plus mal* – **Han har blivit sämre**, *Son état s'est aggravé / Il va plus mal.*

Le superlatif de **dålig** (et de **illa**) est **sämst** : **Han är sämst i klassen**, *Il est le plus mauvais de sa classe* ; **Hon får sämst betalt**, *Elle est la plus mal payée.*

5 **översta** est en réalité un superlatif qui signifie *le plus haut/élevé*, et qui se dispense parfois de l'article défini préposé. Le comparatif est **övre**, *supérieur* ou *plus haut* (en comparant deux choses) : **Övre Norrland**, *le Norrland du Nord*. Ces deux adjectifs ne connaissent pas de positif. L'adverbe **överst** est rendu par *tout en haut*, *au premier rang*, *en tête* : **Överst på receptet skrev läkaren hans namn**, *Tout en haut de l'ordonnance, le médecin a écrit son nom* (celui du patient, comme vous l'avez deviné grâce à **hans**). Il existe encore quelques adjectifs de ce genre qui indiquent une position dans l'espace sans connaître de positif. Retenez : **överste**, *colonel* ; **översten**, *le colonel.*

71 / Sjuttioförsta lektionen

11 – Nej.
12 – Jag tror jag får slag.
13 – Varför blir du så arg?
14 – På baksidan av receptet hade jag klistrat en lottsedel.
15 – Men du vinner aldrig!
16 – Enligt mitt horoskop skulle [6] jag vinna om jag använde ett gammalt patenterat recept.

Notes

6 **skulle**, prétérit de **ska**. À côté des significations que vous lui connaissez déjà (leçons 49, § 1, 52, note 4, et 54, note 5), le verbe **ska** exprime d'autres modalités, dont plusieurs sont réunies dans cette dernière phrase. Supposons en effet que le billet de loterie existe encore ; la phrase est alors au présent : **Enligt mitt horoskop ska jag vinna**, *D'après mon horoscope je vais/devrais gagner* ou encore *je dois gagner / il paraît que je gagne*. **Ska** englobe les significations exprimées par **komma att**, futur de prédiction, celle de **böra** au prétérit, rendu par *devoir* au conditionnel présent, et celle de **lär**, *on dit / il paraît que*, *devoir* de supposition. Comme **ska** est au prétérit – puisque le billet de loterie est parti à la poubelle –, on peut par ailleurs ajouter la nuance de l'irréel rendue par le conditionnel. **Skulle** suivi d'un infinitif sert à former le conditionnel !

***

Övning 1 – Översätt

❶ Hon vann en rejäl summa på tips. ❷ Är du arg på mig? ❸ Överstern var så arg att han slängde ut hennes kläder genom fönstret. ❹ Du skulle spara pengar om du inte rökte. ❺ Du vill väl inte lämna mig?

11 – Non.
12 – Je crois que je vais tomber à la renverse *(attrape attaque)*.
13 – Pourquoi est-ce que tu te mets dans une telle colère *(deviens tu si fâché)* ?
14 – Au dos *(Sur le côté-arrière)* de l'ordonnance, j'avais collé un billet de loterie.
15 – Mais tu ne gagnes jamais !
16 – *(Eh bien,)* d'après mon horoscope, je gagnerais si j'utilisais une vieille recette éprouvée.

***

Corrigé de l'exercice 1
❶ Elle a gagné une grosse somme au loto sportif. ❷ Tu m'en veux ? ❸ Le colonel était tellement en colère qu'il a jeté ses vêtements par la fenêtre. ❹ Tu économiserais de l'argent si tu ne fumais pas. ❺ Tu n'as pas l'intention de me quitter, j'espère ?

Övning 2 – Fyll i med rätt ord

❶ Combien d'argent as-tu économisé ?
Hur mycket pengar . . . . ?

❷ Qu'est-ce que tu as gagné ?
Vad har du . . . . . . ?

❸ D'après la recette, tu as besoin de sucre.
. . . . behöver du socker.

❹ Dans le tiroir du haut se trouvait un billet de loterie.
. . . . låg en lottsedel.

❺ Une ordonnance d'antibiotiques.
Ett recept . . . .

Sjuttioandra lektionen

Puisque vous suivez nos conseils et relisez quotidiennement une leçon dans le cadre de la seconde vague, vous êtes en mesure d'apprécier l'ampleur et la rapidité de vos progrès. Mais vous n'êtes pas le seul ou la seule à avancer. Le monde autour de nous change, la société évolue. En relisant la vingtième leçon, vous franchissiez le seuil d'une agence matrimoniale. C'était il y a trois jours, det var för tre dagar sedan. *Et pourtant ce type d'institution semble appartenir à une époque révolue. Car écoutez ce qui se passe au XXIe siècle…*

Piffa upp dig!

1 – **A**lla tjejer n**o**bbar mig när jag bjuder **u**pp dem.
2 – Du b**o**rde **ka**nske raka **a**v dig sk**ä**gget.
3 – I fjol fick jag k**o**rgen av min frissa **¹**,

Notes

1 **frissa**, abréviation propre à la langue parlée de **frisörska**, *coiffeuse* ; **frisör**, *coiffeur* ; **frisyr**, *coiffure* ; **frisera**, *coiffer*.

Corrigé de l'exercice 2
❶ – har du sparat ❷ – vunnit ❸ Enligt receptet – ❹ I översta lådan – ❺ – på penicillin

Vous avez pu constater que le nom **recept** *désigne aussi bien une ordonnance qu'une recette. Connaissez-vous la recette de la soupe au clou ? Oui, clou, pas chou. La langue suédoise permet de* **koka soppa på en spik**, *"faire bouillir soupe sur un clou".* **Kan du gissa vad det är för något?**, *Pouvez-vous deviner ce que c'est ?* **Kan du inte gissa?**, *Vous donnez votre langue au chat ? C'est faire tout un plat à propos de pas grand-chose !*
Notez pour finir : **Ju fler kockar, desto sämre soppa**, *"Plus nombreux cuisiniers, plus mauvaise soupe". En bon français :* Trop de cuisiniers gâtent la sauce.

Deuxième vague : 22ᵉ leçon

Soixante-douzième leçon

Bichonne-toi !

1 – Toutes les filles m'envoient promener quand je les invite à danser.
2 – Tu devrais peut-être te raser *(raser de toi)* la barbe.
3 – L'année dernière, ma coiffeuse a refusé ma demande en mariage *(J'ai reçu le-panier par ma coiffeuse)*,

4 och då **o**dl**a**de jag b**a**ra must**a**sch.
5 Hon t**y**ckt**e** att jag sk**u**lle ² raka b**o**rt ³ polis**o**ngern**a**.
6 Jag är helt n**o**llställd.
7 Vad ska jag ta mig till ⁴ **i**nn**a**n jag l**ö**per am**o**k?
8 – Till att b**ö**rja med m**å**st**e** du piffa **u**pp dig,
9 **i**nt**e** v**i**sa n**å**gra t**e**cken på tr**ö**tth**e**t, l**i**vsl**e**da eller själv**mo**rdst**a**nkar
10 och sk**a**ffa dig en ny d**a**tor.
11 – Räcker **i**nt**e** min som har en h**å**rdd**i**sk på f**y**ra megab**y**te?
12 – Det går ⁵ **i**nt**e** ens att **u**ppgrad**e**ra din d**a**t**o**r.
13 Dess**u**tom ska ² du ha f**ä**rgskärm.
14 Ring mig när du är **u**tr**u**stad!
15 Adj**ö** med dig!

Remarque de prononciation
(11) megabyte donne *[mégab**a**yt']*.
(15) adjö se prononce *[ay**eu**:]*.

Notes

2 **Skulle** ici a le sens de *devoir*, *falloir*, mais avec en plus la nuance d'un souhait ou d'une opinion rendue parfois par notre subjonctif. Comparez : **Jag vill att du ska raka av dig skägget**, *Je veux que tu te rases la barbe* (*rases* est un subjonctif ici) ; et **Jag tycker inte att du ska raka av dig skägget**, *Je ne trouve pas que tu doives te raser la barbe*.

Même remarque pour **ska** de la phrase 13. Comparez : **Du måste ha färgskärm**, *Il faut absolument que tu aies un écran couleur* (c'est nécessaire pour voir des photos en couleurs). Mais : **Dessutom ska du ha färgskärm**, *Il te faut un écran couleur*, avec la nuance de "c'est moi qui le pense".

Soixante-douzième leçon / 72

4 et à ce moment-là je ne me laissais pousser que *(cultivais je seulement)* [la] moustache.
5 Elle trouvait que je devais [me] couper [les] pattes.
6 Je suis complètement paumé *(mis-à-zéro)*.
7 Qu'est-ce que je dois faire avant de devenir fou furieux *(avant que je coure amok)* ?
8 – Pour commencer, il faut absolument que tu te bichonnes *(te donnes du piquant)*,
9 ne pas montrer de signes de fatigue, de dégoût de la vie ou de pensées suicidaires
10 et te procurer un nouvel ordinateur.
11 – Est-ce que [le] mien ne suffit pas, avec un disque dur de quatre mégaoctets ?
12 – On ne peut même pas *(Cela va même pas à)* mettre ton ordinateur à niveau.
13 En plus de ça, il te faut un *(dois tu avoir)* écran couleur *(couleur-écran)*.
14 Appelle-moi quand tu seras équipé.
15 Au revoir *(Adieu avec toi)* !

3 **Bort**, particule qui exprime l'idée d'éloignement, accompagne de nombreux verbes et en modifie le sens : **ge bort**, *faire cadeau de*.

4 **Vad ska jag ta mig till?**, *Qu'est-ce que je dois faire ? / Sur quel pied faut-il que je danse ? / À quel saint faut-il que je me voue ?* ; **Vad tar du dig till?**, *Qu'est-ce que tu fais ("comme bêtises") ? / Qu'est-ce qui te prend ?*

5 Le verbe **gå**, *aller*, exprime une possibilité ou faisabilité dans des constructions impersonnelles : **Det går också att ringa eller mejla**, *Vous pouvez aussi nous contacter par téléphone ou par courrier électronique.*

Övning 1 – Översätt

❶ Självmordstankar är ofta ett tecken på livsleda. ❷ Vi hade skaffat oss en motorbåt innan han råkade ut för en bilolycka. ❸ Piffa upp er tjejer om ni vill att vi ska bjuda upp er! ❹ Vad tar du dig till, du ska väl inte skriva på skärmen? ❺ Bensinen kommer inte att räcka om vi vill göra en avstickare till Gränna.

Övning 2 – Fyll i med rätt ord

❶ Pour commencer, il est nécessaire que tu mettes ton ordinateur à niveau.
Till att börja med ....

❷ Salut !
..... dig!

❸ Je voulais l'inviter à danser.
Jag .... henne.

❹ Il est devenu fou furieux quand elle se pomponnait pour un autre.
.... när hon ....

❺ Un disque dur de quatre mégaoctets.
En hårddisk ....

Soixante-douzième leçon / 72

Corrigé de l'exercice 1
❶ Les pensées suicidaires sont souvent un signe de spleen. ❷ Nous avions acheté un bateau à moteur avant qu'il ait eu un accident de voiture. ❸ Pomponnez-vous les filles, si vous voulez qu'on vous invite à danser ! ❹ Qu'est-ce qui te prend, tu ne vas pas écrire sur l'écran, j'espère ? ❺ L'essence ne suffira pas si nous voulons faire un détour par Gränna.

Corrigé de l'exercice 2
❶ – måste du uppgradera din dator ❷ Hej på – ❸ – ville bjuda upp – ❹ Han löpte amok – piffade upp sig för en annan ❺ – på fyra megabyte

Le verbe **nobba**, envoyer promener, *rappelle beaucoup* **mobba**, *qui est beaucoup plus récent et qui signifie* persécuter en groupe, harceler un faible. **Mobbning i skolan**, *le* harcèlement à l'école, *est sévèrement puni. Le verbe* **trakassera**, harceler, *et le nom* **trakasseri**, harcèlement, *n'appartiennent pas tout à fait au même registre. Les victimes de ce type de tracasseries sont souvent des immigrés et des femmes. En réalité, il est assez difficile pour nous d'établir exactement à partir de quand* **ett barn är mobbat i skolan och en kvinna trakasserad på arbetet**, *car les seuils de tolérance sont très bas en Suède. Le châtiment corporel des enfants,* **aga**, *est interdit dans les écoles depuis 1958, dans les familles depuis 1966. Depuis 1979, une simple petite fessée est passible de sanctions. Il ne reste plus qu'à attendre que la loi éradique des dictionnaires le bon vieux proverbe :* **Den man älskar den agar man**, Qui aime bien châtie bien.
Quoi qu'il en soit, la loi n'interdit pas encore aux filles d'envoyer balader un pot de colle.

Deuxième vague : 23e leçon

73

Sjuttiotredje lektionen

Vi lever inte längre på 70-talet

1 (Några dagar senare.)
2 – Du är oigenkännlig [1] med piercing och tuppkam!
3 Du ser ut som en pappas gosse som ska läsa juridik i Uppsala.
4 – Tack, men jag har inte ett ruttet lingon kvar.
5 Jag har spenderat hela mitt sparkapital [2] på utrustning och utslätande [3] krämer.
6 – Det syns [4] inte att du är luspank.
7 Utseendet, det är huvudsaken nuförtiden.
8 Vi lever inte längre på 70-talet [5].
9 – Kan du förklara för mig
10 varför du fick mig att byta min kedja av guld mot en bärbar dator?

Notes

1 **oigenkännlig**, *méconnaissable*, est formé sur le verbe **känna igen**, *reconnaître*, que vous avez déjà rencontré. Avec le suffixe **-lig**, on forme à partir d'un verbe des adjectifs dont l'équivalent français se termine souvent par **-able**. Même remarque pour **-bar** dans **bärbar**, *portable*, de la phrase 10, formé sur le verbe **bära**, *porter*. Notez : **ätbar**, *mangeable* ; **ätlig**, *comestible*, avec parfois un petit glissement sémantique : **Finns det något ätbart i frysen?**, *Y a-t-il quelque chose à se mettre sous la dent dans le congélateur ?*

2 Le verbe **spara**, *garder, conserver, économiser*, que vous avez vu à la leçon 71, refait une apparition ici dans le composé **sparkapital**, *économies*. **Spara**, dans un contexte informatique, signifie *enregistrer* ou *sauvegarder*. Le verbe **spendera**, *dépenser*, même en parlant du temps qu'on emploie à faire quelque chose, est synonyme de **ge ut**, *dépenser* : **Hon tycker om att ge ut pengar**, *Elle aime dépenser de l'argent*.

Soixante-treizième leçon

Nous ne vivons plus dans les années 1970

1 (Quelques jours plus tard.)
2 – Tu es méconnaissable avec [ton] piercing et [ta] crête *(-de-coq)* !
3 On dirait un fils *(gosse)* à papa qui va faire son *(va étudier)* droit à Uppsala.
4 – Merci, mais je n'ai plus un rond *(ai pas une pourrie airelle en reste)*.
5 J'ai dépensé toutes mes économies en équipement et en crèmes antirides *(lissantes)*.
6 – Ça ne se voit pas que tu es fauché comme les blés *(pou-fauché)*.
7 Le look *(L'apparence)*, c'est l'essentiel aujourd'hui.
8 Nous ne vivons plus dans les années 1970.
9 – Tu peux m'expliquer
10 pourquoi tu m'as fait échanger ma chaîne en or contre un ordinateur portable ?

---

3 **utslätande**, participe présent de **släta ut**, *lisser*, *défroisser*, *aplatir*. Retenez : **slät**, *uni*, *lisse* ; **slätrakad**, *rasé de près* ; **en slät kopp kaffe**, *une tasse de café* (sans le petit gâteau qu'on trempe dedans).

4 **syns**, de **synas**. Ce n'est pas un verbe déponent, mais une forme passive assez proche de l'expression impersonnelle **Vad önskas?** que vous connaissez déjà. Notez : **Det syns**, *On voit*, *Ça se voit*. Sur le même modèle, avec des verbes de votre vocabulaire : **Det hörs att han kommer från Skåne**, *Ça s'entend qu'il est originaire de Scanie* ; **Det känns konstigt att vara alldeles ensam en lördag kväll**, *Ça fait bizarre d'être complètement seul(e) un samedi soir* ; **Jag vet hur det känns att vara ensam**, *Je sais ce que c'est que d'être seul(e)* ; **Det behövs inte**, *Ce n'est pas nécessaire*.

5 **På 70-talet**, *dans les années 1970*. Notez toutefois : **på 1800-talet**, *au XIXᵉ siècle* ; **på 1000-talet**, *au XIᵉ siècle* ; **talet**, *le nombre*.

11 – Det finns massor med sajter där du kan chatta.
12 Du kan ladda ner [6] bilder och dejta [7] ensamstående mammor.
13 Du kan till och med ladda upp [8] egna bilder.
14 – Med eller utan skägg?

Notes

6 ladda tout seul signifie *charger*. Ce verbe peut aussi être intransitif avec le sens de *recharger ses batteries* : **ladda ner** ou **ned**, *télécharger* ; on peut dire aussi **ladda hem**.

7 dejta, de l'anglais "to date", est certes un mot très récent, mais il suffit de surfer sur Internet pour se rendre compte qu'il figure déjà partout :

***

Övning 1 – Översätt

❶ Det syns att han inte längre använder utslätande krämer. ❷ Den som skrev Kapitalet var en pappas gosse. ❸ Jag känner henne till utseendet, hon läser också juridik i Uppsala. ❹ Ett trevligt utseende är ett plus om du ska börja chatta. ❺ Hej på dig, gamle gosse!

***

Övning 2 – Fyll i med rätt ord

❶ Elle m'a fait dépenser toutes mes économies.
 . . . . att spendera hela . . . .

❷ Un fils à papa a plusieurs ordinateurs portables.
 En pappas gosse har . . . .

❸ Il paraît qu'elle est méconnaissable.
 . . . . oigenkännlig.

❹ Avec cette touche-là, personne ne voudra t'inviter à danser.
 . . . . kommer ingen att vilja . . . .

❺ Ça va se voir.
 Det kommer att . . . . . .

11 – Il y a un tas de *(masses avec)* sites où tu peux chatter.
12   Tu peux télécharger *(charger en bas)* des photos et sortir avec des mamans isolées.
13   Tu peux même mettre en ligne *(charger en haut)* des photos de toi *(propres photos)*.
14 – Avec ou sans barbe ?

> dejta, *faire des rencontres en ligne*, ou carrément *sortir avec quelqu'un*, à condition de quitter le monde virtuel.
>
> **8** Avant l'apparition d'Internet, **ladda upp** voulait dire *faire des provisions, remplir le garde-manger*.

***

Corrigé de l'exercice 1
❶ Ça se voit qu'il n'utilise plus de crèmes antirides. ❷ Celui qui a écrit *Le Capital* était un fils à papa. ❸ Je la connais de vue *(en apparence)*, elle fait aussi des études de droit à Uppsala. ❹ Un physique agréable est un plus si tu veux te mettre à chatter. ❺ Salut, mon vieux !

***

Corrigé de l'exercice 2
❶ Hon fick mig – mitt sparkapital ❷ – flera bärbara datorer ❸ Hon lär vara – ❹ Med det utseendet – bjuda upp dig ❺ – synas

Uppsala ou Upsal, dans la province d'Uppland – à 70 km au nord de Stockholm –, et Lund en Scanie sont les villes universitaires les plus importantes de Suède. L'Université d'Uppsala, créée en 1477, est la plus ancienne d'Europe du Nord ; celle de Lund, inaugurée en 1668, doit son existence à la politique de suédisation de la Scanie, du Blekinge et du Halland après la conquête de ces provinces danoises en 1658. Ces deux villes, relativement petites, sont fortement marquées par la vie estudiantine ; les jeudis, vendredis et samedis soirs notamment, les étudiants veillent à mettre de l'animation dans les

Sjuttiofjärde lektionen

En av mormor Astrids [1] rövarhistorier [2]

1 – Jag skulle [3] just ta bilen och hämta min moster på flygplatsen.
2 – Vad hette hon nu igen?
3 – Greta, men hon kallades [4] "Den mulliga"
4   eftersom hon var ganska tjock.
5   Hon var svag, hade just genomgått en operation
6   och var rädd för [5] att dö i en taxi.

Notes

1 Le **-s** du génitif est porté par le dernier mot d'un groupe nominal : **Mannen på gatans åsikter**, *les opinions de l'homme de la rue*.

2 **rövarhistorier**, pluriel de **rövarhistoria**, *histoire à dormir debout, histoire de brigands*. Bien que terminé par un **-a**, **historia** forme son pluriel sur le modèle de la troisième déclinaison. Le nom **rövare**, *brigand*, se retrouve dans plusieurs locutions cocasses : **leva rövare**, *faire du tapage* ; **ta en rövare**, *tenter le coup* – **Hon tog en rövare och skickade P-boten till sin chef**, *Elle y est allée au culot et a envoyé la contredanse à son chef*.

3 **skulle** est ici la marque d'un futur proche par rapport à un moment du passé. Pour saisir cette nuance, il suffit de construire la phrase au

*pubs des **nationer**. Les étudiants étaient traditionnellement regroupés en corps, **studentkårer**, en fonction de leur province d'origine, sur le modèle des grandes universités européennes où étudiants et maîtres étaient rassemblés par pays. D'où le nom **nation** [natch**ou:**n] en suédois. Des lieux de réunion furent créés, et il était obligatoire d'appartenir à sa **nation**. Aujourd'hui, une personne extérieure peut tout à fait participer aux libations rituelles de n'importe quelle **nation** d'Uppsala ou de Lund.*

Deuxième vague : 24ᵉ leçon

Soixante-quatorzième leçon

Une des histoires à dormir debout de grand-mère Astrid

1 – J'allais prendre ma voiture et récupérer ma tante à l'aéroport.
2 – Elle s'appelait comment, déjà *(maintenant à nouveau)* ?
3 – Greta, mais on l'appelait *(elle était appelée)* "La dodue"
4 puisqu'elle était assez grosse.
5 Elle était faible, venait de subir une opération
6 et avait peur de mourir dans un taxi.

---

présent : **Jag ska ta bilen**, *Je vais prendre la voiture*, futur proche par rapport à un moment du présent. **Skulle** est rendu ici par un imparfait.

4 **kallades**, prétérit de **kallas**, litt. "être appelé". Nous avons déjà abordé le passif (leçon 69, note 2) : **Hon kallades Greta men hon hette Astrid** (litt. "Elle était appelée Greta, mais elle s'appelait Astrid") signifie *On l'appelait Greta, mais (en fait) elle s'appelait Astrid*. Avec une préposition ce verbe a un autre sens : **Vi kallades till ett möte**, *Nous avons été convoqués à une réunion*.

5 **vara rädd för**, *avoir peur de* : **De är rädda för mig**, *Ils ont peur de moi*. L'adjectif **rädd** n'a pas de forme particulière pour le neutre : **Vårt barn är minst sagt mörkrädd**, *Notre enfant a peur du noir, et c'est un euphémisme*.

74 / Sjuttiofjärde lektionen

7 Hur som helst, jag skulle som sagt till **A**rlanda
8 när jag plötsligt fick se en björn på vägkanten.
9 – En isbjörn?
10 – Nej då, en brun björn, isbjörnar lever i polartrakter.
11 Jag var tvungen [6] att andas djupt, björnen närmade sig.
12 – Blev [7] du rädd då?
13 – Inte det minsta, han gav mig björnbär [8]!

Notes

6 On trouve souvent **vara tvungen att**, *être obligé de*, là où on attendait **måste**, qui n'a pas de forme particulière pour le prétérit : **Jag måste andas djupt** signifie *Il faut* ou *Il fallait que je respire profondément*, en fonction du contexte. Pour souligner le passé, on a recours à **vara tvungen att** (les enfants en bas âge, toujours très inventifs, forment leur propre prétérit : "**måstade**" !). **Tvungen** est l'ancien participe passé du verbe **tvinga**, *obliger*, *contraindre*, qui donne aujourd'hui **tvingar**, **tvingade**, **tvingat** au présent, au prétérit et au supin. Son participe passé indique qu'il peut aussi, mais très rarement aujourd'hui, être conjugué comme un verbe fort au prétérit et au supin : **tvang**, **tvungit**.

7 **blev**, prétérit de **bli**, exprime ici au passé ce qu'il exprime aussi au présent : l'aspect inchoatif d'une action ! **Jag var rädd**, *J'avais peur* ; **Jag blev rädd**, *J'ai eu/pris peur*.

8 Vous avez peut-être cru que **björnbär** signifiait *teddybear*, qui se dit **teddybjörn** ou **nalle** en suédois. Voilà encore de quoi rire un peu avant d'attaquer les exercices : **Göra någon en björntjänst** ne veut pas dire

***

Övning 1 – Översätt

❶ Greta blev ganska rädd när hon fick se björnen på vägkanten. ❷ Den mulliga har svårt att andas. ❸ Halsen känns fortfarande tjock efter förkylningen. ❹ Sagt och gjort: moster Greta köpte mig en teddybjörn på flygplatsen. ❺ Jag skrev upp mitt namn och telefonnummer i kanten av ett brev till hennes moster.

337 • trehundratrettiosju

Soixante-quatorzième leçon / 74

7 Quoi qu'il en soit, j'allais, comme je l'ai dit *(comme dit)*, à Arlanda,
8 quand tout à coup j'ai aperçu un ours au bord de la route *(route-marge)*.
9 – Un ours blanc *(ours-de-glace)* ?
10 – Mais non, un ours brun, les ours blancs vivent dans les régions polaires.
11 Il a fallu que je respire profondément *(J'étais obligé de respirer profondément)*, l'ours *(s')*approchait.
12 – Tu as eu peur alors ?
13 – Pas du tout *(le moins)*, il m'a donné des mûres *(ours-baies)* !

DEN MULLIGA HAR SVÅRT ATT ANDAS

"faire à quelqu'un un service d'ours", mais *rendre un mauvais service à quelqu'un*.

Pour finir, **Vara lika som bär** (litt. "être pareils comme baies") signifie *se ressembler comme deux gouttes d'eau*.

***

Corrigé de l'exercice 1
❶ Greta a eu assez peur en apercevant l'ours sur le bord de la route. ❷ La dodue a du mal à respirer. ❸ J'ai la sensation d'avoir encore la gorge enflammée après mon rhume. ❹ [Aussitôt] dit, [aussitôt] fait : tata Greta m'a acheté un nounours à l'aéroport. ❺ J'ai noté mon nom et mon numéro de téléphone dans la marge d'une lettre adressée à sa tante.

Övning 2 – Fyll i med rätt ord

❶ Elle a été obligée de subir une opération.
   Hon blev tvungen att ....

❷ Nous avons peur des ours.
   .... björnar.

❸ Il s'appelait comment, déjà ?
   Vad ..... han ...... ?

❹ Elle allait raconter une histoire de brigands quand le téléphone sonna.
   .... berätta .... när telefonen ..... .

❺ Elle respirait encore.
   .... fortfarande.

Sjuttiofemte lektionen

Har du ett förslag?

1 – Det är bara några få ¹ dagar kvar innan höstrusket tvingar oss att stanna inomhus.
2 – Har du ett förslag?

: Notes

1 **få**, *peu*, avec un dénombrable. À ne pas confondre avec le verbe **få** : **Få människor får sådana förslag**, *Peu de gens reçoivent des propositions de ce genre* ; **Några få dagar** pourrait se traduire par *quelques rares*

Corrigé de l'exercice 2
❶ – genomgå en operation ❷ Vi är rädda för – ❸ – hette – nu igen ❹ Hon skulle just – en rövarhistoria – ringde ❺ Hon andades –

*Vous aurez deviné que Arlanda est le nom d'un aéroport, le plus important de Suède, situé à 40 km au nord de la capitale. Arlanda vient du nom de la paroisse, Arland, sur laquelle il a été construit. Le -a final en fait un toponyme typiquement suédois, en même temps qu'il contient un clin d'œil : **landa** signifie atterrir.*
Une navette, **flygbuss**, *relie l'aéroport à* **Cityterminalen** *juste à côté de* la gare centrale de Stockholm, **Stockholms centralstation** *ou* **Centralen**. *Comptez 40 minutes de trajet. Heureusement, il y a maintenant la liaison ferroviaire* **Arlanda Express** *qui effectue le même parcours en 20 minutes. Une fois arrivé à Stockholm, n'essayez plus de gagner du temps : savourez cette ville qui mérite mieux que les quelques lignes d'une note culturelle. Retenez toutefois que dans le parc zoologique de Skansen, vous pourrez voir des ours, des vrais,* **riktiga sådana** *! Et quand les oursons naissent au printemps, les Suédois en font tout un plat parce que c'est l'indice certain, croient-ils, que le printemps est là…*

Deuxième vague : 25ᵉ leçon

Soixante-quinzième leçon

Tu as une proposition ?

1 – Il ne reste [plus] que quelques jours avant que les intempéries de l'automne [ne] nous forcent à rester à l'intérieur.
2 – Tu as une proposition ?

---

jours, deux ou trois jours. **Få** *a un comparatif,* **färre**, *moins de, moins nombreux* : **De är färre**, *Ils sont moins nombreux* ; **De är mindre**, *Ils sont plus petits.*

75 / Sjuttiofemte lektionen

3 – Vad sägs [2] om en utflykt?
4 – Kan vi inte vänta tills [3] jag får resultatet av mitt graviditetstest?
5 – Älskling, är du gravid?
6 – Inte förrän [4] jag har fått definitivt besked.
7 – Det är typiskt dig!
8 – Man ska inte sälja skinnet förrän björnen är skjuten [5].
9 – Men vi ska varken [6] skjuta björnar eller sälja skinn.
10 Vi väntar tillökning, och jag gråter av glädje.
11 Det ska vi fira!
12 Jag ska ta ledigt några dagar så vi kan åka till havet.
13 Du ska från och med nästa vecka sjukskriva dig.

Notes

2 **Vad sägs?**, peut aussi se traduire par *Que dirais-tu de… ?* **Hon sägs vara gravid** ou **Det sägs att hon är gravid**, *Le bruit court qu'elle / On dit qu'elle est enceinte*. Le verbe **påstå**, *prétendre*, connaît aussi cette construction : **Det påstås att**, *On prétend que*. Avec de nombreux autres verbes ayant pour sujet le pronom impersonnel **det**, le **-s** du passif correspond à **man**, *on*, à la forme active : **Det dracks och röktes mycket på den här krogen**, *Ça buvait et ça fumait beaucoup dans ce bistrot*.

3 **tills**, *jusqu'à ce que*. Notez qu'alors qu'en français on se contente de la conjonction *que* après le verbe *attendre*, le suédois précise *jusqu'à ce que* : **Kan vi inte vänta tills hans kommer?**, *On ne peut pas attendre qu'il arrive ?* (sous-entendu avant de partir faire un pique-nique, par ex.) ; **Jag väntar på att han ska komma**, *J'attends qu'il arrive* (par ex. le plombier qui me fait poireauter depuis ce matin).

Soixante-quinzième leçon / 75

3 – Si on faisait *(Quoi est-dit sur)* une excursion ?
4 – On ne peut pas attendre que *(jusqu'à ce que)* j'obtienne le résultat de mon test de grossesse ?
5 – Chérie, tu es enceinte ?
6 – Pas avant d'être définitivement fixée *(que j'ai reçu définitif avis)*.
7 – Ça, c'est bien toi *(C'est typiquement toi)* [alors] !
8 – Il ne faut pas vendre la peau de l'ours avant de l'avoir tué *(On doit pas vendre la-peau avant que l'ours est tué)*.
9 – Mais on ne va ni tuer des ours ni vendre des peaux.
10   Nous attendons un heureux événement *(accroissement)*, et j'en *(je)* pleure de joie.
11   Faut fêter ça !
12   Je vais prendre quelques jours de congé *(prendre librement quelques jours)*, pour qu'on puisse partir à la mer.
13   Tu vas te mettre en arrêt de maladie *(t'écrire-malade)* à partir de la semaine prochaine.

4 **förrän**, *avant que*, mais uniquement après une négation. Vous aviez rencontré cette conjonction à la leçon 44, dans la note culturelle : *Fan visste inte att han var i helvetet förrän hans svärmor kom dit*, Le diable ne savait pas qu'il était en enfer avant que sa belle-mère n'y arrive. Sans la négation, *avant que* est exprimé par **innan** (voir phrase 1). Dans la langue parlée, **innan** fait aussi fonction de préposition : **innan jul**, *avant Noël*.

5 **skjuten**, participe passé de **skjuta**, *tirer* ("avec une arme à feu"), *tuer*.

6 **varken… eller**, *ni… ni*, dans une phrase affirmative. Dans une phrase négative, on a recours à **vare sig… eller** : *Jag har aldrig vare sig skjutit en björn eller köpt ett skinn*, Je n'ai jamais ("ni") tué un ours ni acheté une peau de bête ; **Håll dig i skinnet!**, *Tiens-toi à carreau !*

14 – Och om resultatet är negativt?
15 – Om du inte är gravid lovar jag att äta upp [7] min gamla hatt!

Notes

7 **äta upp**, *manger tout, finir son assiette*. Mais **dricka ur** *[drika-ur]*, *vider un verre*. **Han drack ur sitt glas**, *Il a vidé son verre*. Le sens change quand **ur** n'est plus une particule accentuée, mais une préposition :

***

Övning 1 – Översätt

❶ Hon fick besked om att resultatet var negativt. ❷ Jag lovar dig att vi ska göra en utflykt innan jul. ❸ Det sägs att hon är gravid och väntar tvillingar. ❹ När moster Greta blev gravid tvingades hon av sina föräldrar att stanna inomhus. ❺ Att gråta av glädje är inte typiskt för björnar.

***

Övning 2 – Fyll i med rätt ord

❶ On dit qu'elle est enceinte de jumeaux.
 . . . . att hon är . . . .

❷ Je ne me mets pas en arrêt maladie avant d'avoir un avis définitif.
Jag . . . . mig inte . . . . . . jag har . . . .

❸ Il pleurait de joie.
Han . . . . av . . . .

❹ On va fêter ça !
 . . . . . . vi . . . . !

❺ Peu d'enfants peuvent manger à leur faim en Afrique.
. . barn . . . . . . sig . . . . . i . . . .

Quelques petites remarques avant de finir.
La phrase 4 de l'exercice 1 précise d'abord l'identité du sujet, en l'occurrence Greta, repris ensuite par le pronom personnel **hon***. La structure de cette phrase dans notre traduction française est à bannir en suédois.*

Soixante-quinzième leçon / 75

14 – Et si le résultat est négatif ?
15 – Je mettrais ma main au feu que tu es enceinte *(si tu pas es enceinte promets je de manger tout mon vieux chapeau)* !

Han dricker ur ett glas, *Il voit dans un verre*. Det ska du få äta upp!, *Tu me le paieras / Je te revaudrai ça !* Äta sig mätt, *manger à sa faim*. Äta sig sjuk på choklad, *("se donner") attraper une indigestion de chocolat*.

***

Corrigé de l'exercice 1
❶ On l'a informée / On lui a répondu *(elle a reçu avis)* que le résultat était négatif. ❷ Je te promets que nous ferons une excursion avant Noël. ❸ On dit qu'elle est enceinte et attend des jumeaux. ❹ Quand elle est tombée enceinte, tante Greta a été forcée par ses parents de rester à la maison. ❺ Pleurer de joie n'est pas typique de l'ours.

***

Corrigé de l'exercice 2
❶ Det sägs – gravid med tvillingar ❷ – sjukskriver – förrän – fått definitivt besked ❸ – grät – glädje ❹ Det ska – fira ❺ Få – får äta – mätta – Afrika

La marque de l'infinitif **att** *s'impose dans une phrase introduite par un verbe qui est sujet, comme la phrase 5 de l'exercice 1. Mais elle est parfois absente dans les proverbes :* **Tala är silver, tiga är guld**, *La parole est d'argent et le silence est d'or.*

Deuxième vague : 26ᵉ leçon

Sjuttiosjätte lektionen

Hon förblir anonym

1 – Jag fick först fylla i en frågeblankett vi a Internet.
2 Strax efter jul fick jag en personlighetsanalys,
3 som skickades som PDF-fil,
4 och förslag på två olika partners [1] som matchade mig.
5 Jag valde [2] varken den ene eller den andre
6 för jag ville ha dem bägge två [3].
7 – Ett svartsjukedrama [4] är det värsta [5] jag vet!
8 – Jag har skrivit ut frågorna så du kan genomgå testet.
9 – Det är så mycket mer intressant som jag förblir [6] anonym. (...)

Notes

[1] **partners** ou **partner** (donc invariable), pluriel de **partner**, *partenaire*. Certains noms, souvent d'origine étrangère, forment (ou peuvent former) leur pluriel avec d'autres désinences que celles répertoriées dans les types de déclinaison classiques. La désinence **-(e)s** est aujourd'hui la plus fréquente ; en général, les noms qui la prennent sont empruntés à l'anglais.

[2] **valde**, prétérit de **välja**, *choisir*, *élire* : **han valdes till partiledare**, *Il a été élu chef de parti*, **Det är inte lätt att välja**, *Il n'est pas facile de choisir / Le choix est difficile*. Le mot **val** signifie, *choix* ou *élection(s)* : **Du har inte längre något val**, *Tu n'as plus le choix* ; **Kvinnopartiet skulle vinna valet om kvinnorna hade valt en man till ledare**, *Le parti des femmes gagnerait les élections si les femmes avaient choisi un homme pour leader*.

[3] **bägge två**, *les deux*, *tous les deux*. On dit aussi **båda två**.

[4] **svartsjukedrama**, de **drama**, *drame*, et **svartsjuka**, *jalousie*, litt. "maladie noire". **Drama**, qui est neutre, donne **dramer** au pluriel indéfini : **Hon är svartsjuk på alla kvinnor**, *Elle est jalouse de toutes les femmes*.

Soixante-seizième leçon

Elle reste anonyme

1 – J'ai dû remplir d'abord un questionnaire *(question-formulaire)* sur *(via)* Internet.
2 Tout de suite après Noël, j'ai reçu une analyse de [ma] personnalité,
3 *(qui était)* envoyée en *(comme)* fichier PDF,
4 et des propositions de *(sur)* deux partenaires différents qui correspondaient à mon profil *(harmonisaient moi)*.
5 Je n'ai choisi ni l'un ni l'autre
6 car je les voulais tous les deux.
7 – Un drame de jalousie est la pire des choses que je connaisse !
8 – J'ai imprimé les questions, comme ça tu peux passer le test.
9 – C'est d'autant plus *(si très plus)* intéressant que je reste anonyme. (…)

---

5 det **värsta**, *le pire*, de **värst**, *pire*, superlatif de **dålig** et **ond**, *mauvais, méchant*. Nous avons déjà indiqué que **sämre**, *plus mauvais, pire*, et **sämst**, *le plus mauvais, le pire*, se rapportaient surtout à une qualité. Le comparatif **värre** et le superlatif **värst** ont plutôt une connotation morale, même s'ils peuvent parfois être synonymes de **sämre** et de **sämst** : **Svartsjuka är värre än snålhet**, *La jalousie, c'est pire que l'avarice*. Par ailleurs, le nom **värsting** signifie à peu près *jeune délinquant intraitable*. Il peut aussi avoir une connotation positive avec un sens proche de *phénix* ou *dernier-né*, en parlant par exemple d'un modèle de voiture. Enfin, **Inte så värst** en réponse à la question **Hur mår du?** correspond à *Pas très bien / Pas terrible*. Notez enfin : **I värsta fall**, *Au pis aller*.

6 förblir, présent de **förbli**, *rester*, dans le sens de *continuer d'être dans un état* : **Vi förblev vänner under alla dessa år**, *Nous sommes restés amis pendant toutes ces années*.

10 – Är Du vid god hälsa?
11 – Jag mår alldeles förträffligt!
12 – Hur många frukter äter Du om dagen?
13 – Jag har inte räknat dem men jag är svag för salta nötter [7].
14 – Är Du arbetsnarkoman?
15 – Jag brinner [8] av glädje varje gång jag är sjukskriven. (...)
16 – Men du sa ju att du var vid god hälsa!
17 – Ja, under [9] min lediga tid.

Notes

[7] **nötter**, pluriel indéfini et irrégulier de **nöt**, *noix*, *noisette*. On précise **valnöt** pour *noix* et **hasselnöt** pour *noisette*. **Salta nötter** est en réalité l'abréviation de **salta jordnötter**, *arachides salées*. Notez l'incontournable : **Du ska få på nöten!**, *Je vais te flanquer une raclée / Je vais t'en mettre une !*

[8] **brinner**, présent de **brinna**, *brûler*, quand le sens du verbe est intransitif : **Huset brinner**, *La maison brûle / est en feu*. **Bränna**, *brûler*, le plus souvent suivi d'un objet direct : **Jag brände fingrarna**, *Je me suis brûlé les doigts* ; **Solen bränner**, *Le soleil est brûlant*.

***

Övning 1 – Översätt

❶ En arbetsnarkoman är aldrig sjukskriven. ❷ Ditt drama är intressant, så mycket mer som det visar hur en värsting riskerar sitt liv när en gravid kvinna håller på att drunkna. ❸ Salta nötter är dåligt för hälsan. ❹ Tjänsten är ledig. ❺ Av den här personlighetsanalysen att döma är jag svag för svartsjuka män.

Soixante-seizième leçon / 76

10 – Êtes-vous en bonne santé ?
11 – Je me porte comme un charme *(complètement excellemment)* !
12 – Combien de *(Comment nombreux)* fruits mangez-vous par jour ?
13 – Je ne les ai pas comptés, mais j'ai un faible *(je suis faible)* pour les cacahuètes salées.
14 – Êtes-vous addict au travail *(travail-toxicomane)* ?
15 – Je suis ivre *(brûle)* de joie chaque fois [que] je suis en arrêt maladie. (...)
16 – Mais enfin, tu as dit que tu étais en bonne santé !
17 – Oui, pendant mon temps libre.

Par ailleurs, **Bränna hemma**, *Faire de l'eau-de-vie à la maison* ; **Jag har hembränt hemma**, *Chez moi, j'ai de la gnôle faite clandestinement.* **Hembrännare** désigne un *bouilleur clandestin*. On en trouve un peu partout dans les campagnes de Suède. Notez également cette autre acception : **Kan du bränna en cd-skiva åt mig?**, *Tu peux me graver un CD ?*

9 under, *pendant* : **under en vecka**, *pendant une semaine.*

***

Corrigé de l'exercice 1

❶ Un addict au travail ne se met jamais en arrêt maladie. ❷ Ton drame est intéressant, d'autant plus qu'il montre comment un jeune délinquant risque sa vie quand une femme enceinte est sur le point de se noyer. ❸ Les cacahuètes salées, c'est mauvais pour la santé. ❹ Le poste est vacant. ❺ À en juger par cette analyse de ma personnalité, j'ai un faible pour les hommes jaloux.

Övning 2 – Fyll i med rätt ord

① Le livre, envoyé en fichier PDF, peut être imprimé.
....., ... som PDF-fil, kan skrivas ut.

② Je me porte comme un charme car je mange des fruits.
Jag mår .... jag ....

③ Combien de partenaires avez-vous eus avant de passer le test ?
.... partner(s) har du haft ....?

④ Mais voyons, tu as dit que tu allais venir.
Du sa ....

⑤ Il prend quelques jours de congé chaque fois qu'il y a des élections.
Han tar några dagar ....

Hembränning, *la fabrication d'eau-de-vie pour consommation familiale est interdite depuis 1860. Elle n'a diminué qu'avec l'adhésion de la Suède à l'Union européenne. Il existe un mot d'argot "suédois" pour désigner le produit d'une telle distillation :* **Château de Garage** *! Ce qui en dit long sur les conditions de fabrication de ce type de breuvage.*
Il vous faudra découvrir le Villon suédois, Carl Michael Bellman (1740-1795), auteur de nombreuses chansons à boire, réunies sous le

Sjuttiosjunde lektionen

Repetition – Révision

1 Les diverses significations de *ska*

• Celle d'un futur proche, d'une intention : **Jag ska ta ledigt några dagar**, *Je vais prendre quelques jours de congé.*
• Celle qui est rendue par notre subjonctif dans une subordonnée quand la principale contient un verbe qui exprime une volonté,

Corrigé de l'exercice 2

❶ Boken, som skickas – ❷ – alldeles förträffligt för – äter frukter ❸ Hur många – innan du genomgick testet ❹ – ju att du skulle komma ❺ – ledigt varje gång det är val

EN ARBETSNARKOMAN ÄR ALDRIG SJUKSKRIVEN

titre des "Épîtres de Fredman" et des "Chants de Fredman". Nous vous donnons quatre vers croustillants du sixième de ces chants, qui est l'éloge funèbre du distillateur – **brännvinsbrännaren** *– Lundholm :* **Kupido sjunger vid din mull : Om nå'nsin din maka skull kysst på din haka, hon blivit full**, Cupidon chante sur tes cendres : Si jamais ton épouse t'avait baisé sur le menton, elle serait devenue soûle.

Deuxième vague : 27e leçon

Soixante-dix-septième leçon

un souhait ou une opinion : **Hon vill att jag ska komma**, *Elle veut que je vienne.*
• Lorsque **ska** est prononcé *[skâ:]*, il est toujours synonyme de **måste** : **Du ska komma = Du måste komma**, *Il faut que tu viennes.*
• L'idée de devoir moral, souvent dans des phrases négatives, est également exprimée par **ska**. Le proverbe **Man ska inte sälja skinnet förrän björnen är skjuten**, *Il ne faut pas vendre la peau de l'ours avant de l'avoir tué*, en fournit un excellent exemple. En réalité, ce devoir moral émane d'une tierce personne ou d'une volonté extérieure, et ce dernier sens se rapproche du deuxième.

Dans la phrase **En färgskärm ska du ha**, *Il te faut un écran couleur*, on trouve l'idée de devoir et celle d'opinion.

• **Ska** peut avoir la même signification que **lär**, *Il paraît que* : **Han ska vara snål = Han lär vara snål**, *Il paraît qu'il est radin*.

• Dans de nombreux cas, plusieurs modalités sont exprimées simultanément par **ska**. **Enligt mitt horoskop ska jag vinna**, *D'après mon horoscope, je vais / dois gagner*. Mon horoscope dit que je vais gagner. Vous détectez là l'idée de futur et celle d'une volonté atténuée : c'est l'horoscope qui le "veut". La phrase **Det ska vi fira!** peut être rendue par *Il faut fêter ça !* (devoir), *On va fêter ça !* (futur proche), voire *Ça s'arrose !* (c'est dans l'usage).

Ska detta vara vin? signifie à peu près *Tu appelles ça du vin ?*
Ska det vara något mera?, *Vous désirez autre chose ?*

Retenez donc que **ska** exprime souvent la volonté, le souhait, l'opinion des autres, auxquels le sujet est plus ou moins contraint de se soumettre.

2 Le prétérit *skulle*

Quand il est question d'un "vrai" futur par rapport à un moment du passé, **skulle** est souvent rendu en français par un conditionnel : **Det var han som skulle leva längst**, *C'est lui qui vivrait le plus longtemps*. Transposé au présent, cela donne : **Det är han som kommer att leva längst**, *C'est lui qui vivra le plus longtemps*.

Trois petits commentaires au passage :

Det var han som skulle leva längst peut aussi être traduit par : *C'est lui qui devait vivre le plus longtemps*, façon de récupérer une des valeurs modales de **ska**.

Nous avons souligné **var** et **skulle** parce qu'en suédois il y a nécessairement le prétérit dans les deux cas, alors qu'en français on peut dire *C'est lui* ou *C'était lui qui devait vivre / vivrait le plus longtemps*. **Komma att** au prétérit n'a pas de valeur temporelle : **Det var han som kom att leva längst** n'est pas la transposition au passé de **Det är han som kommer att leva längst**, mais signifie : *Il s'est trouvé que c'était lui qui a vécu le plus longtemps*.

Ne confondez pas cette expression d'un futur par rapport à un moment du passé avec le discours indirect qui rapporte des paroles qui ont été dites. Comparez :

Han sade : "Jag reser / ska resa om tre dagar", *Il a dit : "Je partirai* *dans trois jours"*, et **Han sade att han skulle resa om tre dagar**, *Il a dit qu'il partirait dans trois jours.*

Sinon, **skulle** sert à former le conditionnel : **Du skulle spara pengar om du inte rökte**, *Tu économiserais de l'argent si tu ne fumais pas.* Notez que le verbe de la subordonnée introduite par **om**, *si*, est au prétérit (et à l'imparfait en français) quand celui de la principale est au conditionnel présent.

Comme en français, le conditionnel s'utilise aussi pour exprimer un souhait ou une volonté atténuée : **Jag skulle vilja veta varför han dröjer så länge**, *Je voudrais savoir pourquoi il tarde autant.*

3 Les formes verbales en *-s*

On les obtient en ajoutant un **s** à toutes les formes du verbe, sauf au présent où le **-r** disparaît :
Hon kallar, *Elle appelle* ; **Hon kallas**, *Elle est appelée / On l'appelle.*
Hon kallade, *Elle appelait* ; **Hon kallades**, *Elle était appelée / On l'appelait.*
Pour les verbes qui forment leur présent avec la désinence **-er**, il est possible de conserver le **e**, qui est toutefois obligatoire lorsque le radical du verbe se termine par un **-s**, comme avec le verbe **läsa**, *lire*, *étudier*, qui donne **läses** (avec l'accent grave).
La forme **-es** subsiste dans les annonces : **Köpes**, *Achète* ; **Säljes**, *Vends*.

4 Significations des formes verbales en *-s*

Vous avez d'abord rencontré des verbes dits déponents, c'est-à-dire des verbes qui se conjuguent toujours avec ce **-s**.
Nous avons aussi abordé le sens passif apporté par la désinence **-s** : **Brandkåren larmades av polisen**, *Les pompiers ont été alertés par la police.*
On retrouve ce sens passif dans des expressions dépourvues de sujet comme : **Vad önskas?**, *Que désirez-vous ?* ; **Vad sägs om en utflykt?**, *Si on faisait une excursion ? / Que dis-tu / dirais-tu d'une excursion ?*
Ce sens est encore présent dans les expressions impersonnelles introduites par **det** : **Det syns inte att du är pank**, *On ne voit pas / Ça ne se voit pas que tu es fauché* ; **Det röktes mycket på den här krogen**, *On fumait / Ça fumait beaucoup dans ce bistrot.*

5 Ils sont possédés, ces Suédois !

Ce n'est que depuis récemment en réalité que les Suédois sont capables de **löpa amok**, *d'être pris d'un accès de folie furieuse* ? Une forme de furie plus ancienne et plus proprement suédoise (ou scandinave) consistait et consiste encore à **gå bärsärkagång**, *devenir fou furieux, entrer en fureur, tout saccager dans sa furie*. Le **bärsärk**

***

▶ Repetitionsdialog

1 – Vad är du rädd för?
2 – Jag är rädd för att bli trakasserad på mitt arbete.
3 Det känns konstigt att behöva jobba med fem män på ett och samma kontor.
4 – Du skulle kunna nobba dem alla.
5 – Jag har redan försökt.
6 – Du skulle kunna göra dig ointressant.
7 – Kan du förklara för mig
8 hur en så snygg tjej som jag
9 ska ta sig till för att bli ointressant?
10 – Du skulle kunna äta massor med salta nötter och bli tjock.
11 – Jag har redan försökt.
12 Salta nötter gör mig allt snyggare.
13 Därför behöver jag inte använda utslätande krämer.
14 – Du skulle kunna bli gravid och göra dem svartsjuka.
15 – Har du något annat förslag?
16 Du vet mycket väl att jag är svag för svartsjuka män.

***

▶ Övning – Översätt

❶ Vad skulle du göra om jag löpte amok? ❷ Jag skulle ringa till polisen. ❸ En sån här skulle jag vilja ha! ❹ Ni skulle ha sett det! ❺ Jag visste att jag skulle behöva hennes hjälp.

Soixante-dix-septième leçon / 77

était un guerrier atteint de crises de fureur écumante. On ne sait pas encore à quoi ces crises étaient dues : l'ivresse ou l'ingestion du champignon appelé "amanite tue-mouche". Toujours est-il que ces guerriers étaient déguisés en ours – étymologiquement, **berserkr** est une chemise d'ours. Et vous pouvez être sûr que ceux-là n'hésitaient pas à vendre la peau de l'ours avant de l'avoir tué…

***

Traduction

1 De quoi as-tu peur ? **2** J'ai peur d'être harcelée à mon travail. **3** Ça fait bizarre d'être obligée de travailler avec cinq hommes dans un seul et même bureau. **4** Tu pourrais les envoyer promener tous. **5** J'ai déjà essayé. **6** Tu pourrais te rendre inintéressante. **7** Tu peux m'expliquer **8** comment une jolie fille comme moi **9** doit s'y prendre pour se rendre inintéressante ? **10** Tu pourrais manger des tas de cacahuètes salées et grossir. **11** J'ai déjà essayé. **12** Les cacahuètes salées me rendent de plus en plus belle. **13** C'est la raison pour laquelle je n'ai pas besoin d'utiliser de crèmes antirides. **14** Tu pourrais tomber enceinte et les rendre jaloux. **15** Tu as une autre proposition ? **16** Tu sais très bien que j'ai un faible pour les hommes jaloux.

***

Corrigé

❶ Que ferais-tu si je devenais fou furieux ? ❷ J'appellerais la police. ❸ C'est un comme ça que je voudrais ! ❹ Vous auriez dû voir ça ! ❺ Je savais que j'allais avoir besoin de ton aide.

Deuxième vague : 28ᵉ leçon

Sjuttioåttonde lektionen

Votre canevas se complète, il ne reste plus que quelques mailles à tricoter avant de réserver un billet, préparer votre sac à dos et puis faire l'expérience "in vivo" du suédois. Encore que vous la faites déjà, cette expérience. Personne ne s'ennuie ici, ni vous ni nous. Là où il y a de la vie, y a d'la joie. Cependant, concentrez-vous quand vous passerez aux exercices 1 de cette nouvelle série !

Vi borde gripa tillfället

1 – Jag vill gärna vara med på din seglats
2   men jag skulle hellre [1] vilja plugga i helgen.
3   Jag ska gå upp i en viktig tenta nu på torsdag [2].
4 – Det var ett seriöst förslag.
5   Jag är inte någon landkrabba må [3] du tro.
6 – Jag vet, jag hade redan bildat mig en uppfattning om dig.
7   Däremot visste jag inte att du ägde en segelbåt.
8 – Den är inte min.
9 – Vems [4] är den då?

Notes

1 **hellre** est le comparatif de **gärna**, *volontiers*. **Han dricker hellre vin än öl**, *Il boit du vin plutôt que de la bière / Il préfère le vin à la bière* ; **Jag vill hellre plugga**, *J'aime mieux / Je préfère bûcher*. Le superlatif est **helst** : **Jag dricker helst kaffe utan socker**, *Je prends de préférence mon café sans sucre*.

2 **nu på torsdag**, *jeudi, ce jeudi qui vient* – **på torsdag** signifiant plutôt *jeudi en huit*.

Soixante-dix-huitième leçon

On devrait saisir l'occasion

1 – Je veux bien t'accompagner *(être avec)* à ta virée en bateau à voiles,
2 mais j'aimerais mieux bûcher ce week-end.
3 Je vais me présenter jeudi à un examen important.
4 – C'était une proposition sérieuse.
5 Je ne suis pas un marin d'eau douce *(crabe-de-terre)*, figure-toi *(dois tu croire)*.
6 – Je sais, je m'étais déjà fait une idée de toi *(formé une conception sur toi)*.
7 Par contre, je ne savais pas que tu possédais un bateau à voiles.
8 – Il n'est pas à moi *(Il est pas mien)*.
9 – Il est à qui alors *(De-qui est il alors)* ?

---

3 **må**, nouveau verbe modal, à ne pas confondre avec **må**, *aller*, *se porter*. Ici, il exprime une idée de devoir moral : **Må du tro** peut se traduire par *Figure-toi* ou *Tu peux me croire/en être sûr / Si c'est le contraire que tu croyais !* Vous rencontrerez surtout ce verbe dans des phrases comme : **Ja, må han leva!** qui signifie *Oui, qu'il vive !*, qui correspond à notre *Joyeux anniversaire !* quand on chante sur la mélodie de "Happy birthday to you". Nous aurons de nouveau l'occasion de voir une des significations de ce verbe modal.

4 **vems** est le génitif de **vem** : **Vems tur är det?**, *C'est à qui le tour ?* **Vems är den då?** signifie à peu près la même chose que **Vem tillhör den då?**, *À qui appartient-il alors ?*, si on reprend le verbe **tillhöra** de la phrase suivante.

10 – Den tillhör en kollega, vi borde gripa tillfället.
11 – Nej tack, jag är också sjösjuk.
12 – Det finns piller mot sånt.
13 – Nej, allvarligt talat, förra gången blev [5] jag allvarligt skadad
14 när en elak gast kastade mig överbord.

Note

5 **Jag blev skadad**, *J'ai été blessé*, est un passif dit "périphrastique" formé avec le verbe **bli** au prétérit suivi d'un participe passé. **Jag blev skadad** signifie exactement la même chose que **Jag skadades**, mais appartient davantage à la langue parlée.

Nous avions déjà signalé à la leçon 56, § 4, que **bli** au présent, suivi d'un adjectif ou participe passé, exprime une idée de futur proche ou une action commençante, mais jamais quand **bli** est au prétérit et suivi d'un participe passé. Prenons le participe **älskad**, *aimé* : **Hon blir älskad** signifie *On va l'aimer*, *Elle va être aimée*, voire *On commence/apprend à l'aimer* (parce que **älska** a un sens duratif). **Hon blev älskad** ou **Hon älskades** se traduit par *Elle a été / fut aimée*.

***

Övning 1 – Översätt

❶ Den här segelbåten är inte hans. **❷** Min kollega kastade sin fru överbord och blev sedan gripen av polisen. **❸** Det skadar aldrig att ta ett piller om du är sjösjuk. **❹** Varför är du så elak mot dem? **❺** Studenten kastade sig över maten varje gång han fick tillfälle att äta gratis.

Soixante-dix-huitième leçon / 78

10 – Il appartient à un collègue, on devrait saisir l'occasion.
11 – Non, merci, j'ai aussi le mal de mer *(suis aussi mer-malade)*.
12 – Il y a des cachets pour ça *(pilules contre tel)*.
13 – Non, sérieusement *(parlé)*, la dernière fois j'ai été grièvement blessée
14 quand un méchant équipier m'a jetée par-dessus bord.

***

Corrigé de l'exercice 1
❶ Ce bateau à voiles n'est pas à lui. ❷ Mon collègue a jeté sa femme par-dessus bord et a été arrêté ensuite par la police. ❸ Ça ne fait pas de mal de prendre un cachet si tu as le mal de mer. ❹ Pourquoi es-tu si méchant envers eux ? ❺ L'étudiant se jetait sur la nourriture chaque fois que l'occasion lui était donnée de manger gratuitement.

Övning 2 – Fyll i med rätt ord

❶ À qui est ce bateau ?
   ... ... är det?

❷ Il a été grièvement blessé.
   Han .... allvarligt ....

❸ Il s'est déjà fait une idée de sa nouvelle collègue.
   Han har redan ...... sig .... om ......
   kollega.

❹ On voudrait bien posséder un bateau à voiles.
   Vi .... vilja ... en segelbåt.

❺ Elle avait un air grave après l'examen.
   Hon såg .... ut efter tentan.

Sjuttionionde lektionen

Sofias första mejl

1 – Har du hört **av** din d**o**tter Sof**i**a?
2 – Jo, jag fick ett f**ö**rsta mejl i f**ö**rmiddags.
3   Det kom i gr**e**vens tid, jag var n**ä**ra att förl**o**ra först**å**ndet.
4 – S**a**knar [1] hon dig?

Note

[1] Attention au verbe **sakna** : **Jag saknar dig**, *Tu me manques* ; **Hon saknar mig**, *Je lui manque* ; **Jag saknar ord för att tala om det**, *Les mots me manquent pour en parler*. Notez aussi : **Jag saknar mina nycklar**, *Je ne trouve pas mes clés / J'ai perdu mes clés*. Le verbe **saknas** a à peu près le même sens, mais la logique est différente : **Det saknas pengar i min portmonnä**, *Il manque de l'argent dans mon porte-monnaie*.

Corrigé de l'exercice 2
❶ Vems båt – ❷ – blev – skadad ❸ – bildat – en uppfattning – sin nya – ❹ – skulle gärna – äga – ❺ – allvarlig –

Rien de plus réjouissant qu'une virée en mer à bord d'un bateau à voiles, le long des côtes du Bohuslän par exemple, à partir de Göteborg en remontant vers la Norvège. On y fait escale dans de petits ports où l'on achète des crevettes et des crabes, de vrais crabes, pas des marins d'eau douce. Attention aux méduses, **brännmaneter***, si vous avez l'intention de faire un plongeon depuis le bateau !*
Et puis, un conseil quand même pour finir : ne vous mettez pas à l'ombre de la voile car le vent est frais ; un mal de mer, **sjösjuka***, plus un refroidissement,* **förkylning***, risqueraient d'altérer sérieusement votre joie.*

Deuxième vague : 29ᵉ leçon

Soixante-dix-neuvième leçon

Le premier mail de Sofia

1 – Tu as des nouvelles de ta fille Sofia ?
2 – Eh bien, j'ai reçu un premier mail ce matin.
3 Il est arrivé juste à temps *(en temps-du-comte)*, j'étais sur le point de perdre la tête *(l'entendement)*.
4 – Tu lui manques ?

79 / Sjuttionionde lektionen

5 – **Tyd**ligen **in**te, hon har **all**tid **var**it ett bo**r**tskämt ² barn.
6 – Det är bra att hon bes**tä**mde sig för att ta ett sabbatsår
7 efter gymn**a**siet ³ och din skils**mä**ssa.
8 – **U**tan tv**e**kan ⁴, hon beh**ö**vde **o**ckså sl**i**cka s**i**na sår.
9 Men jag h**a**de **al**drig k**u**nnat i**n**billa mig
10 att hon sk**u**lle j**o**bba som au pair i Grekland
11 och l**ä**mna mig **e**nsam, jag som h**a**tar att sk**o**tta snö.
12 – Vad skr**i**ver hon om jag får fr**å**ga?
13 – Att hon har en m**a**ssa kul!
14 – V**i**sa mig h**e**nnes mejl vid till**fä**lle, jag kan l**ä**sa m**e**llan r**a**derna.
15 – Du är fram**fö**r allt en fantas**i**full tankel**ä**sare!
16 – Vi får väl se.

Remarque de prononciation

(9) inbilla se prononce le plus souvent *[im'bil-la]*.
(10) Dans Grekland, le d final n'est que rarement prononcé. Il en est de même pour tous les noms de pays ou de provinces en **-land**, surtout lorsqu'ils sont accompagnés du **-s** du génitif.

Notes

2 **bortskämd**, *gâté*, de **skämma bort**, *gâter* (un enfant). Vous n'avez pas oublié l'emplacement de la particule accentuée au participe passé.

Soixante-dix-neuvième leçon / 79

5 – Apparemment non, ça *(elle)* a toujours été une enfant gâtée.
6 – C'est bien qu'elle se soit décidée à prendre une année sabbatique
7 après le lycée et ton divorce.
8 – Sans aucun doute *(Sans hésitation)*, elle avait besoin [elle] aussi de panser *(lécher)* ses blessures.
9 Mais je n'aurais jamais pu m'imaginer
10 qu'elle travaillerait *(comme)* au pair en Grèce
11 et me laisserait seul, moi qui déteste *(hais)* déblayer la neige.
12 – Qu'est-ce qu'elle écrit, si ce n'est pas indiscret *(si je peux demander)* ?
13 – Qu'elle s'éclate *(a une masse amusant)* !
14 – Montre-moi son mail à l'occasion, [moi] je sais lire entre les lignes.
15 – Tu es surtout un liseur de pensées plein d'imagination !
16 – On verra bien.

---

3 **gymnasiet** est la forme définie du singulier de **gymnasium**, *lycée*. Le pluriel indéfini donne **gymnasier**, *des lycées*. C'est le cas de certains noms neutres de plusieurs syllabes d'origine grecque ou latine terminés par **-eum** ou **-ium**.

4 **Utan tvekan**, *sans aucun doute*. À ne pas confondre avec **nog**, *sans doute*, que vous connaissez déjà.

79 / Sjuttionionde lektionen

▶ Övning 1 – Översätt
❶ Sofias far förlorade förståndet efter skilsmässan och bestämde sig för ge att bort sitt hus och sin segelbåt till sin frissa. ❷ Den gamle greven hade inbillat sig att au pair-flickan skulle gifta sig med honom. ❸ Vid första bästa tillfälle kommer jag att ta ett sabbatsår. ❹ Jag hatar folk som slickar sig om munnen. ❺ Barnen hade tydligen så kul i Grekland att de glömde att skicka ett vykort till sina föräldrar.

***

Övning 2 – Fyll i med rätt ord
❶ Ses enfants lui manquaient après le divorce.
Han .... sina barn efter ....

❷ Elle s'imagine qu'il l'aime.
Hon .... sig att han älskar ......

❸ Je déteste la Grèce.
Jag ....

Puisque cette leçon ne contient que très peu de notes – grâce à vos progrès considérables dans l'apprentissage du suédois –, nous nous permettons de la terminer en parlant de choses de l'esprit, de "philosophie", dont le berceau était la Grèce. **Förståndet** *signifie* l'entendement, *les Suédois le perdent quand nous perdons la tête ou* **förnuftet**, *la raison. Allez savoir pourquoi... En Suède, on revendique souvent* **bondförståndet** *ou* **bondförnuftet**, *le gros bon sens, surtout quand il est* sain, **sunt**, *ou simple,* **enkelt**, *ce qui explique peut-être un certain dégoût pour toutes formes d'extravagance, ainsi qu'un penchant pragmatique propre aux habitants du pays.* **Sunt förnuft**, *littéralement "saine raison", signifie* bon sens, *alors que* **snusförnuftet** *désigne le prosaïsme, la propension à débiter des vérités de La Palice.*

De là, passons à l'imagination... **inbilla sig**, *c'est* s'imaginer, **Inbillad** *veut dire* imaginaire *:* **"Den inbillade sjuke"**, "Le Malade imaginaire". **Inbillning** *se traduit par* illusion, *et* **fantasi**, *qui est non neutre, rend bien notre* imagination *(surtout pas notre* fantaisie*). Cependant, au pluriel,* **fantasier** *signifie* fantasmes. *Dans le composé*

Corrigé de l'exercice 1

❶ Le père de Sofia a perdu la tête après son divorce et s'est décidé à faire cadeau de sa maison et de son bateau à voiles à sa coiffeuse. ❷ Le vieux comte s'était imaginé que la jeune fille au pair allait se marier avec lui. ❸ Je vais prendre une année sabbatique à la première occasion. ❹ Je déteste les gens qui se lèchent les babines *(la bouche)*. ❺ Les enfants se sont apparemment tellement éclatés en Grèce qu'ils ont oublié d'envoyer une carte postale à leurs parents.

***

❹ Ce n'est pas marrant de déblayer la neige.
   Det är inte … att …… snö.

❺ Tu t'es décidé ?
   Har du ……… …?

Corrigé de l'exercice 2

❶ – saknade – skilsmässan ❷ – inbillar – henne ❸ – hatar Grekland ❹ – kul – skotta – ❺ – bestämt dig

tankeläsare, *vous trouvez* **tanke**, *pensée ou parfois idée.*
Tout cela pour vous expliquer pourquoi, au-dessus de l'entrée du grand amphithéâtre de l'Université d'Uppsala, la plus ancienne de Suède, on peut lire la devise d'un certain Thomas Thorild (1759-1808) : **Tänka fritt är stort men tänka rätt är större**. *Soit :* Penser librement est grand, mais penser juste est plus grand. *Vous savez maintenant comment vous y prendre pour votre prochain "brainstorming" avec des Suédois…*
Ah ! encore un détail : **samförstånd**, *littéralement "co-entendement", veut dire* consensus, *principe qui préside à tous les débats et toutes les négociations et qui règne également un peu partout où la liberté d'opinion se manifeste.* **Konsensuskulturen**, la culture du consensus, *est assez critiquée par les autres voisins scandinaves.*

Deuxième vague : 30ᵉ leçon

Åttionde lektionen

Pengar till körkortet

1 – Varsågod, här är mejlet du ville tolka åt mig.
2 – Tack, lita på mig, jag är van vid att avslöja barnens känslor.
3 – Ett livstecken från paradiset.
4 Jag stortrivs [1] här.
5 Vi bor nära havet.
6 Theo är rörmokare.
7 Hans fru jobbar som städerska.
8 Tösen är rar fast [2] gnällig och bortskämd.
9 De har också en schäfer på grund av tjuvarna.
10 Jag har bestämt mig för att ta körkort härnere.
11 Hoppas du mår bra.
12 Puss och kram.
13 Din Sofia.
14 PS: Skulle behöva lite [3] pengar till körkortet. DS [4]

Notes

[1] **stortrivas**, *se plaire beaucoup, être heureux comme un poisson dans l'eau*. Pour atténuer le sens d'un verbe, on utilise le préfixe **små-** : **småhosta**, *toussoter* ; **småkoka**, *mijoter* ; **småprata**, *tailler une bavette*.

[2] **fast** appartient à la langue parlée et remplace la conjonction de coordination **men**. **Fast** est aussi la forme abrégée de la conjonction de subordination **fastän**, *bien que* (phrase 18).

[3] **lite**, *(un) peu*. À ne pas confondre avec la forme neutre de l'adjectif **liten** qui donne **litet** et se prononce comme **lite**. Les Suédois font pourtant

Quatre-vingtième leçon

De l'argent pour [passer] le permis de conduire

1 – Tiens, voici le mail [que] tu voulais interpréter pour moi.
2 – Merci, fais-moi confiance, je suis habitué à déceler les sentiments des enfants.
3 – Un signe de vie en provenance du paradis.
4 Je me plais beaucoup ici.
5 Nous habitons près de la mer.
6 Théo est plombier.
7 Sa femme travaille comme femme de chambre.
8 La gamine est gentille, mais *(quoique)* pleurnicheuse et gâtée.
9 Ils ont aussi un berger allemand à cause des voleurs.
10 J'ai décidé de passer le permis de conduire ici *(prendre permis-de-conduire ici-en-bas)*.
11 [J']espère que tu vas bien.
12 Grosses bises *(Bise et embrassade)*.
13 Ta Sofia.
14 P.-S. : Aurais besoin d'un peu d'argent pour [passer] le permis le conduire *(La-même)*.

---

parfois l'amalgame des deux. **Hon har lite pengar till körkortet**, *Elle a peu d'argent pour passer le permis.*

4 **DS** est l'abréviation de **densamma** ou **densamme**, *la même, le même.* Les Suédois ont l'habitude de terminer leur **PS**, **post scriptum**, par ces deux lettres. **PS** (...) **DS** : ça rime ! **I ett PS skriver hon att hon behöver pengar**, *Elle écrit en P.-S. qu'elle a besoin d'argent.*

15 – Hennes iakttagelser är inte mycket att hänga i granen.
16 – Du skulle läsa mellan raderna.
17 – Dessa rader är rena [5] grekiskan för mig.
18 – Fast hon skriver på svenska!

Note

5 Vous savez déjà que le nom se passe parfois de l'article défini préposé quand il est précédé d'un certain type d'adjectif, comme **översta** de la leçon 71, phrase 6, qui indique une position : **översta lådan**, *le tiroir du haut*. C'est aussi parfois le cas avec l'adjectif **ren**, *pur*, comme dans **rena grekiskan**, *de l'hébreu*. Autre exemple : **rena sanningen**, *la pure vérité*. Il est souvent accompagné de **rama** : **Det är rena rama lögnen**, *C'est un gros mensonge* ; **På rena rama bondlandet**, *en pleine cambrousse / en rase campagne / au milieu des péquenauds*.

***

Övning 1 – Översätt

❶ Schäfern är van vid tjuvarna. ❷ Vem lämnade henne ensam i paradiset? ❸ Vi har bestämt oss för att läsa grekiska med Assimil-metoden. ❹ Rörmokaren har känslor för städerskan. ❺ Kommissarie Marinus avslöjade att tjuvarna grät när de greps i Grekland i förmiddags.

***

Övning 2 – Fyll i med rätt ord

❶ Il faut me faire confiance !
Du måste ……… !

❷ La femme de chambre est un peu râleuse.
……… är …. gnällig.

❸ Sofia allait très bien, figure-toi.
Sofia …… väldigt bra ……… .

❹ On peut interpréter son mail de différentes façons.
Hennes mejl ……… på …… sätt.

Quatre-vingtième leçon / 80

15 – Ses observations ne cassent pas trois pattes à un canard *(sont pas beaucoup à accrocher dans le-sapin)*.
16 – Tu devais lire entre les lignes.
17 – Ces lignes sont de l'hébreu *(pur le-grec)* pour moi.
18 – Bien qu'elle écrive en suédois !

SCHÄFERN ÄR VAN VID TJUVARNA

***

Corrigé de l'exercice 1
❶ Le berger allemand est habitué aux voleurs. ❷ Qui l'a laissée seule au paradis ? ❸ Nous nous sommes décidés à étudier le grec avec la méthode Assimil. ❹ Le plombier a des sentiments pour la femme de ménage. ❺ Le commissaire Marinus a révélé que les voleurs ont pleuré lorsqu'ils ont été arrêtés en Grèce ce matin.

***

❺ Grosses bises.
  .... och .....

Corrigé de l'exercice 2
❶ – lita på mig ❷ Städerskan – lite – ❸ – mådde – må du tro
❹ – kan tolkas – olika – ❺ Puss – kram

Terminer une lettre ou un mail par **Puss och kram** *est un grand signe d'affection, même si, comme Sofia, on a d'autres chats à fouetter que de s'occuper de ses proches.*
Il existe bien sûr d'autres formules finales : **Bästa hälsningar**, Meilleures salutations *(entre collègues par exemple),* **Varma** *ou* **Hjärtliga hälsningar**, Salutations chaleureuses *ou* cordiales *(entre amis).* **Med vänlig hälsning**, *souvent abrégé* **mvh**, *se lit à la fin d'un courrier en provenance d'une administration ou d'une entreprise. Nous avons déjà abordé ce point.*

81

Åttioförsta lektionen

Consensus suédois certes, mais rien n'empêche les gens de se disputer de manière décente. Cette leçon et la suivante illustrent ce à quoi peut ressembler une "engueulade à l'amiable".

Gräl i en taxibil

1 – Till Domkyrkogatan 7 [1], och fort är du snäll!
2 – Hastigheten är begränsad [2] till femtio kilometer i timmen.
3 – Du kan väl låtsas [3] som om du inte visste det.
4 – Hur vill du att en stackars taxichaufför som jag ska förklara detta för snuten?
5 Dessutom är det vinter nu,
6 man ska vara försiktig.

Notes

1 Le numéro de la rue est placé après son nom. **Domkyrkogatan** se décompose comme suit : **domkyrka**, *cathédrale*, et **gata**, *rue*. **Kyrka** tout seul signifie *église*.

2 **begränsa**, *limiter*. Vous retrouvez dans ce verbe le nom **gräns**, *limite, frontière*, de **gränskontroll**, *contrôle des frontières*, de la leçon 53, phrase 11. Notez : **begränsning**, *limitation*, et **hastighetsbegränsning**, *limitation de vitesse*. Les deux éléments de ce composé sont reliés par un **s** car le premier est terminé par le suffixe **-het**.

On introduit une lettre de la façon suivante : **Kära Sofia**, **Käre Gustav**, Chère Sofia, Cher Gustav, *en marquant le féminin par un* **-a** *et le masculin par un* **-e**. *On peut aussi se contenter de* **Hej!** *Une lettre administrative commencera souvent par vos nom, prénom et adresse en guise d'introduction, le tout éventuellement précédé de la préposition* **till**.

Deuxième vague : 31ᵉ leçon

Quatre-vingt-unième leçon

Dispute dans un taxi

1 – Au 7, rue de la cathédrale, et vite, s'il vous plaît !
2 – La vitesse est limitée à cinquante kilomètres à l'heure.
3 – Vous pouvez bien faire comme si vous ne le saviez pas *(tu pas savais le)*.
4 – Comment voulez-vous qu'un pauvre chauffeur de taxi comme moi explique ça aux flics ?
5 En plus de ça, nous sommes en hiver *(est ce hiver maintenant)*,
6 il faut être prudent.

fart est synonyme de **hastighet**. Retenez ces termes qui pourraient bien vous servir : **Fartbegränsningen är 60 km/tim**, *La limitation de vitesse est à 60 km/h* ; **Automatiska fartkameror**, *radars automatiques*. Soyez vigilant !

3 Le verbe déponent **låtsas** signifie *faire semblant, faire comme si* : **Hon låtsas sova när han kommer hem**, *Elle fait semblant de dormir quand il rentre*. Notez aussi : **Han låtsas alltid som ingenting**, *Il fait toujours comme si de rien n'était*. Et : **Det var på låtsas**, *C'était pour rire*.

81 / Åttioförsta lektionen

7 Och till på köpet är jag ytterst miljömedveten [4],
8 för växthuseffekten betyder slutet för många [5] taxichaufförer.
9 Jag har inte råd att köpa en elbil.
10 – Jävlar [6] också, jag kommer att missa operationsbordet!
11 – Är du kirurg?
12 – Jag är patient och ska göra en ansiktslyftning klockan tre. ☐

Notes

4 **miljömedveten**, de **miljö**, *environnement*, et **medveten**, *conscient* : Han är medveten om det, *Il en est conscient*. Retenez **Medvetandet**, *la conscience* ; **förlora medvetandet**, *perdre connaissance*.

5 **många**, *beaucoup de*, *nombreux*, devant des dénombrables : **många vänner**, *beaucoup d'amis*, mais **mycket pengar**, *beaucoup d'argent*.

6 **jävlar** est le seul gros mot que nous vous apprendrons. Il est souvent suivi de **också**. **Jävlar**, orthographié aussi **djävlar**, est le pluriel indéfini de **djävul** ou **djävel**, *diable*.

***

Övning 1 – Översätt

❶ Den inbillade sjuke låtsas vara sjuk. ❷ Taxichauffören får inte köra fortare för hastigheten är begränsad. ❸ Patienten låg på operationsbordet och missade filmen med Greta Garbo. ❹ Den här kirurgen är ytterst försiktig. ❺ I slutet av filmen vaknar hon på operationsbordet, öppnar försiktigt ögonen, får syn på kirurgen och förlorar medvetandet.

Quatre-vingt-unième leçon / 81

7 Et par-dessus le marché, je suis extrêmement écolo *(environnement-conscient)*,
8 car l'effet de serre implique *(signifie)* la fin *(pour)* de nombreux chauffeurs de taxi.
9 Je n'ai pas les moyens d'acheter une voiture électrique.
10 – Merde alors *(Diables aussi)*, je vais louper la table d'opération !
11 – Vous êtes chirurgien ?
12 – Non, je suis patient et vais [me faire] faire un lifting à trois heures.

DEN INBILLADE SJUKE LÅTSAS VARA SJUK

***

Corrigé de l'exercice 1

❶ Le malade imaginaire fait semblant d'être malade. ❷ Le chauffeur de taxi n'a pas le droit de rouler plus vite, car la vitesse est limitée. ❸ Le patient était sur le billard et a loupé le film avec Greta Garbo. ❹ Ce chirurgien est extrêmement prudent. ❺ À la fin du film, elle se réveille sur la table d'opération, ouvre prudemment les yeux, aperçoit le chirurgien et perd connaissance.

Övning 2 – Fyll i med rätt ord

1. Il a trop de patients.
   Han har . . . . patienter.

2. Je vais t'expliquer l'effet de serre.
   Jag ska . . . . växthuseffekten . . . dig.

3. Un pauvre patient attend depuis deux heures sur la table d'opération.
   En . . . . patient har . . . . två timmar på operationsbordet.

4. Elle habite au 7, rue de la cathédrale.
   Hon bor . . . . 7.

L'écologie est une question cruciale pour les Suédois. La première Conférence internationale sur la protection de l'environnement a eu lieu à Stockholm en juin 1972. Selon le fameux principe 21, les États s'engagent à ce que leur exploitation des ressources naturelles ne cause pas de dommages environnementaux en dehors de leur propre territoire. Ironie du sort : la catastrophe nucléaire de Tchernobyl en 1986 a eu de graves conséquences en Suède, surtout dans le Norrland, où une grande partie du cheptel de rennes a dû être abattue et la cueillette de baies et de champignons, limitée à des zones non contaminées par le césium.
Le tri sélectif, **källsortering***, littéralement "tri à la source", c'est-à-dire au sein même des ménages, n'est peut-être pas une invention*

Quatre-vingt-unième leçon / 81

❺ Une dispute entre chauffeurs de taxi est la pire des choses que je connaisse.
Ett .... mellan taxichaufförer är .... jag vet.

Corrigé de l'exercice 2
❶ – för många – ❷ – förklara – för – ❸ – stackars – väntat i – ❹ – på Domkyrkogatan – ❺ – gräl – det värsta –

suédoise, mais il est devenu depuis longtemps un réflexe naturel. Ne soyez pas étonné de découvrir des bacs à compost dans les appartements, avec tout ce qui grouille dedans…
Sachez aussi qu'à la pompe à essence, une espèce de soufflet hermétique entoure le pistolet afin d'éviter les émanations de carburant. Surtout ne vous énervez pas, il y a un coup de main à prendre, et il faut aussi une certaine poigne.

Deuxième vague : 32ᵉ leçon

Åttioandra lektionen

Bråket förvärras [1] därför att miljön förstörs [2]

1 – En ansiktslyftning, i en tid präglad av klimatförändring,
2 issmältning, luftförorening och svält i tredje världen!
3 Fy skäms!
4 – Jag tror inte mina öron [3]!
5 Har du inte dåligt samvete [4] varje gång du gasar?
6 Snacka om dubbelmoral!
7 Körningen borde vara gratis med galningar av ditt slag!
8 – Ta det lugnt!
9 Det är inte mitt fel att du ser ful ut.
10 Vår miljöminister är inte heller någon snygging,
11 men han cyklar till jobbet.

Notes

1 La forme du passif en **-s** peut avoir un sens réfléchi : **förvärra**, *empirer, aggraver* ; **förvärras**, *s'aggraver*, synonyme de **bli värre**. Sur ce modèle avec le verbe **förklara**, *expliquer* : **Många skilsmässor kan förklaras med svartsjuka män**, *De nombreux divorces peuvent s'expliquer par des maris jaloux* (ils en sont la cause). Mais : **Kan du förklara dig?**, *Tu peux t'expliquer / te justifier ?*

2 Autre sens du passif en **-s**, rendu cette fois par le *on* du français. Nous aurions pu dire cependant : *parce que l'environnement se détériore*. **Därför att miljön blir förstörd** est également possible ici, mais on attend peut-être la fin de la phrase qui préciserait l'agent introduit par la préposition **av**. Par ailleurs, l'idée de futur proche n'est pas non plus exclue : *parce que l'environnement sera détruit*, avec une légère

Quatre-vingt-deuxième leçon

La querelle s'envenime *(s'aggrave)* parce qu'on détériore *(détruit)* l'environnement

1 – Un lifting, à une époque marquée par le changement climatique *(du climat)*,
2 la fonte des glaces, la pollution atmosphérique *(de l'air)* et la famine dans le tiers-monde !
3 Quelle honte *(Fi ayez honte)* !
4 – Je n'en crois pas mes oreilles !
5 Vous n'avez pas mauvaise conscience chaque fois [que] vous appuyez sur le champignon *(que vous gazez)* ?
6 Vous parlez d'une hypocrisie *(Parler de double-morale)* !
7 La course devrait être gratuite avec des fous de votre espèce !
8 – Doucement *(Prenez ça tranquillement)* !
9 Ce n'est pas [de] ma faute si vous êtes moche *(que vous avez l'air laid)*.
10 Notre ministre de l'environnement n'est pas non plus un beau gosse,
11 mais il va au boulot en vélo.

---

modification du sens du verbe. Notez que **därför att miljön är förstörd** se traduit par *parce que l'environnement est détérioré/pollué*. Pas facile, tout ça, défense de rester passif en abordant le passif !

3 **öron**, pluriel de **öra**, est tout aussi irrégulier que **öga**, *œil*, qui donne **ögon** au pluriel indéfini. Au pluriel défini, on a : **Öronen**, *les oreilles* ; **ögonen**, *les yeux*.

4 **samvete**, **samvetet** à la forme définie, désigne la *conscience morale*, à ne pas confondre avec **medvetande**, *conscience, connaissance de quelque chose*.

82 / Åttioandra lektionen

12 – Det var det **värsta** [5]!
13 Jag bor granne med honom.
14 Varannan [6] helg flyger han till södra [7] Frankrike för att sola sig.
15 – Det må [8] vara sant, men du är inte minister såvitt jag vet.

Notes

5 Vous retrouvez ici **det värsta**, *le pire, la pire des choses*, de la leçon 76, phrase 7. **Det var det värsta**, avec le verbe au prétérit, se traduit par : *Ça alors, c'est le bouquet / C'est la meilleure / Ce qu'il ne faut pas entendre !*

6 varannan, à ne pas confondre avec le réciproque **varann** (leçon 59, note 7), donne **vartannat** devant un neutre : **varannan vecka**, *une semaine sur deux, toutes les deux semaines* ; **vartannat år**, *tous les deux ans*. **Vart sjunde år**, avec l'ordinal, *tous les sept ans*, litt. "chaque septième année".

***

Övning 1 – Översätt

❶ Det är hennes fel att han har dåligt samvete. ❷ Kan du förklara för mig varför varannan minister har för stora öron? ❸ Jo, det är för att bättre kunna lyssna på folk! ❹ Ta det lugnt på isen, luften blir varmare! ❺ Jag vill inte ha bråk med grannarna, så sola dig i trädgården när de inte är hemma!

***

Övning 2 – Fyll i med rätt ord

❶ Une fois sur deux.
.... gång.

❷ C'est la faute du ministre de l'environnement.
Det är ....

❸ Je n'ai jamais mauvaise conscience.
Jag har ....

❹ Un lifting devrait être gratuit quand on est moche.
En .... borde vara ...... när man ....

Quatre-vingt-deuxième leçon / 82

12 – Ça alors, c'est la meilleure *(C'était le pire)* !
13 Nous sommes voisins *(J'habite voisin avec lui)*.
14 Un week-end sur deux, il part en avion dans le sud de la France pour se [faire] bronzer.
15 – C'est peut-être vrai, mais vous n'êtes pas ministre, autant que je sache.

7 **södra** est un adjectif qui indique une position dans l'espace. Il se comporte donc comme **översta**, c'est-à-dire qu'il ne sera pas précédé de l'article défini quand il qualifie un nom : **Södra gränsen**, *la frontière sud* : **norra gränsen**, *la frontière nord*.

8 Le modal **må** indique ici une concession qui est suivie d'une objection introduite par **men**.

***

Corrigé de l'exercice 1

❶ C'est de sa faute à elle s'il a mauvaise conscience. ❷ Peux-tu m'expliquer pourquoi un ministre sur deux a les oreilles trop grandes ? ❸ Ben, c'est pour pouvoir mieux écouter les gens ! ❹ Vas-y mollo sur la glace, l'atmosphère se réchauffe ! ❺ Je ne veux pas d'histoires avec les voisins, alors fais bronzette dans le jardin quand ils ne sont pas chez eux !

***

❺ Il entend mal d'une oreille.
Han hör ...... på ena .....

Corrigé de l'exercice 2

❶ Varannan – ❷ – miljöministerns fel ❸ – aldrig dåligt samvete ❹ – ansiktslyftning – gratis – ser ful ut ❺ – dåligt – örat

*C'est tous les quatre ans, **vart fjärde år**, en septembre, **i september**, qu'ont lieu simultanément les élections au Parlement, aux conseils généraux et aux conseils municipaux. Le taux de participation est en général très élevé, de l'ordre de 90%. **Miljöpartiet de Gröna**, Le parti des Verts, créé en 1981, a un programme ambitieux qui se fonde sur une triple solidarité : solidarité avec les animaux, la nature et l'écosystème ; solidarité avec les générations à venir ; et solidarité avec les peuples du monde.*

*De **Gröna** veulent certes développer le commerce équitable, **rättevisemärkt handel**, soutenir le développement durable, **hållbar utveckling**, lutter contre le racisme et les discriminations, et promouvoir la création d'un environnement plus vert, mais ils demandent aussi que la Suède quitte l'Union européenne et, surtout, que **Systembolaget** conserve son monopole sur la vente d'alcool. Ce dernier point explique peut-être le nombre de sièges que le parti détient au Parlement.*

83

Åttiotredje lektionen

Nous sommes presque sûrs que Per, l'antihéros de cette leçon, souhaiterait une diminution de la TVA sur la vente des alcools et la suppression de Systemet.

Knytkalas

1 – Vi borde träffas ¹ innan sommaren tar slut.
2   Vad sägs om en kräftskiva hos Per och Britta?
3   Var och en ² tar med sig tilltugg och något att dricka,
4   Per handlar kräftor på torget,
5   och jag är säker på att Britta ordnar en oförglömlig fest på altanen

 Notes

1   **träffas**, *se rencontrer, se voir*. Le passif en **-s** exprime aussi une action réciproque, rendue sinon par **varandra**, *l'un l'autre* : **Vi ses på måndag**, *À lundi*, litt. "Nous nous verrons lundi" ; **De pussas**, *Ils s'embrassent*.

Deuxième vague : 33ᵉ leçon

Quatre-vingt-troisième leçon

Fête à frais partagés *(Balluchon-fête)*

1 – On devrait se voir *(se-rencontrer)* avant que l'été ne se termine *(prend fin)*.
2 Que dirais-tu d'une fête des écrevisses chez Per et Britta ?
3 Chacun apportera *(prend avec soi)* des amuse-gueules et quelque chose à boire.
4 Per achètera des écrevisses au marché *(sur la-place)*,
5 et je suis sûre que Britta arrangera une fête inoubliable sur sa terrasse

---

2 Le pronom **var och en** signifie *chacun* ou *chacune*. L'adjectif correspondant est **varje**, *chaque*.

83 / Åttiotredje lektionen

6 med papperslampor och lustiga hattar.
7 Är du med ³?
8 – Jag är tveksam ⁴.
9 Jag minns en blöt fest hemma hos Britta och Per.
10 Han nöps ⁵ efter varje nubbe, drog fräckisar ⁶ och höll på att kräkas ⁷
11 när vi stod i hallen för att ta adjö fram på småtimmarna.
12 – Per är en festprisse.
13 Han kan inte låta bli ⁸ att tömma sitt glas i botten.
14 "Botten upp!" ropar han under hela kvällen.
15 "Leve ⁹ Sverige!" mumlar han när han sjunker ihop i Brittas lädersoffa.

Notes

3 Vara med a plusieurs sens : – *Être de la partie, participer* ; **Vill ni vara med?**, *Vous serez des nôtres ?* C'est le sens rencontré à la leçon 78. – *Assister, éprouver, vivre* : **Festen hos Per är det värsta hon (har) varit med om**, *La fête chez Per est le plus mauvais moment qu'elle ait passé.* (Nous reviendrons plus tard sur la parenthèse autour de **har**).

4 Dans **tveksam**, vous reconnaissez la racine **tvek** de **utan tvekan**, *sans aucun doute* (**tveka**, *hésiter*). **Jag är tveksam** est synonyme de **Jag tvekar**.

5 **nöps**, prétérit de **nypas**, *pincer*. Vous découvrez ici un nouveau sens du passif en **-s**. **Han nöp mig**, *Il m'a pincée*, avec un **-e** en français parce qu'il est bien connu que ce sont les garçons qui pincent les filles ! **Han nöps**, signifie *Il pinçait, Il avait cette manie de pincer les filles*, c'est sa mauvaise habitude chaque fois qu'il a trop bu. Ce passif dit absolu s'utilise surtout quand on dit d'un chien qu'il mord, d'une ortie qu'elle brûle ou d'un moustique qu'il pique.

Quatre-vingt-troisième leçon / 83

6 avec des lampions en papier et des chapeaux amusants.
7 Tu es de la partie *(Es tu avec)* ?
8 – J'hésite *(suis hésitant)*.
9 Je me rappelle une fête arrosée *(mouillée)* dans la maison de Britta et Per.
10 Il [nous] pinçait après chaque petit verre, débitait *(tirait)* des plaisanteries osées et a failli vomir
11 quand nous étions dans l'entrée pour nous dire au revoir *(prendre adieu)* vers le matin *(en-avant sur les-petites-heures)*.
12 – Per est un fêtard.
13 Il ne peut pas s'empêcher de vider son verre jusqu'à la dernière goutte *(à fond)*.
14 "Cul sec !" *(Fond en-haut)* crie-t-il pendant toute la soirée.
15 "Vive la Suède !" marmotte-t-il en s'effondrant sur *(dans)* le canapé en cuir de Britta.

---

6 **fräckisar**, pluriel de **fräckis**, *histoire cochonne, plaisanterie osée*. Vous pouviez deviner le sens de ce mot puisque vous avez rencontré **fräckhet**, *culot*, *insolence*, à la leçon 60, phrase 11. **Fräck** signifie *effronté*. Le suffixe **-is** est utilisé pour former des noms plus ou moins populaires.

7 **kräkas** est un verbe déponent, comme **minnas** (phrase 9). Nous avons à présent fait le tour de la forme passive en **-s**. Ouf !

8 **inte kunna låta bli att**, *ne pas pouvoir s'empêcher de*. Cette expression est à apprendre telle quelle. **Bli** a ici le sens ancien de *rester*. Retenez : **Låt bli att nypas!**, *Arrête de me pincer !*

9 **leve** est un vestige du subjonctif suédois qui ne subsiste plus que dans des locutions figées. L'expression **vare sig ... eller**, de la leçon 75, note 6, contient le verbe **vara**, *être*, au subjonctif présent. Ici avec un sens un peu différent : **Vare sig du vill eller inte**, *Que tu le veuilles ou non*.

trehundraåttiotvå

83 / Åttiotredje lektionen

▶ Övning 1 – Översätt
❶ I somras var det svårt att handla billiga kräftor på torget.
❷ Töm inte ditt glas utan att säga "Skål"! **❸** Per var en riktig festprisse när de träffades. **❹** Två månader senare satt han i hennes lädersoffa, glodde på tv utan något att dricka. **❺** Jag kan inte låta bli att tänka på Britta.

***

Övning 2 – Fyll i med rätt ord
❶ Tu as acheté quelque chose à boire ?
Har du ………… att ……?

❷ Apporte quelques verres !
Ta …… några ….!

❸ Je suis sûr qu'il ne peut pas s'en empêcher.
Jag är säker .. att han …. kan ……..

❹ Il a beaucoup plu cet hiver.
Det regnade mycket ……….

❺ Elle s'est effondrée dans l'entrée en apercevant le voleur.
Hon sjönk …. i …… när hon fick … på tjuven.

La fête des écrevisses est la dernière occasion estivale pour manger, chanter et vider des verres d'eau-de-vie. Le plus souvent, elle a lieu sur une vaste terrasse souvent couverte, **altan**, *illuminée par des lampions en papier bigarrés représentant une pleine lune. Les convives portent leur casquette d'étudiant ou un petit chapeau en forme de gobelet maintenu sur la tête par un élastique. Même si un sentiment de nostalgie s'est déjà installé dans les esprits à l'approche de l'automne, la bonne humeur est toujours au rendez-vous, vu la*

Quatre-vingt-troisième leçon / 83

Corrigé de l'exercice 1
❶ L'été dernier, il était difficile d'acheter des écrevisses pas trop chères au marché. ❷ Ne vide pas ton verre sans dire "Santé" ! ❸ Per était un véritable fêtard quand ils se sont rencontrés. ❹ Deux mois plus tard, il était installé dans son canapé en cuir, à regarder bêtement la télé sans rien à boire. ❺ Je ne peux pas m'empêcher de penser à Britta.

***

Corrigé de l'exercice 2
❶ – handlat något – dricka ❷ – med dig – glas ❸ – på – inte – låta bli
❹ – i vintras ❺ – ihop – hallen – syn –

faible quantité de nourriture absorbée et celle, inversement proportionnelle, de boisson ingurgitée. La peste des écrevisses, **kräftpesten***, provoquée par un champignon en 1907, a été fatale pour ces crustacés des rivières suédoises qui sont importés aujourd'hui principalement des États-Unis et vendus surgelés. Cependant, on trouve encore une variété d'écrevisses cultivées en Suède. Car les Suédois les préfèrent fraîches, comme les crevettes…*

Deuxième vague : 34ᵉ leçon

Åttiofjärde lektionen

Repetition – Révision

1 Le groupe nominal avec adjectif sans article préposé

Vous savez déjà que le nom se dispense de l'article préposé avec un certain type d'adjectifs, comme **förra**, **första**, **hela**, **halva**, **ena**, **norra**. Très souvent, ces adjectifs indiquent une position dans l'espace, une relation, ou l'emplacement dans une série : **norra gränsen**, *la frontière nord* ; **södra gränsen**, *la frontière sud* ; **östra gränsen**, *la frontière est* ; **västra gränsen**, *la frontière ouest* ; **översta lådan**, *le tiroir du dessus*. Ils renvoient donc à quelque chose de plus ou moins connu ou déductible par rapport à un élément connu.

L'article défini préposé est également absent lorsque le groupe nominal désigne une entité déjà connue, un concept, un nom propre… qui se passe donc de la surdétermination de l'article préposé. **Det vita huset**, *la maison blanche* (il y en a d'autres, de maisons blanches), mais **Vita huset**, *la Maison-Blanche*, résidence du président des États-Unis ; **Svenska Akademien**, *l'Académie suédoise* ; **Gamla testamentet**, *l'Ancien Testament* ; **Nya testamentet**, *le Nouveau Testament* ; **Stora björnen**, *la Grande Ourse*. Le français a souvent recours à la majuscule.

Notez qu'avec ou sans article préposé, l'adjectif est toujours à la forme définie, reconnaissable au **-a** final.

2 Absence de l'article défini postposé

Dans certain cas, le groupe nominal, avec ou sans adjectif, peut se passer de l'article postposé. Vous n'avez pas encore rencontré cette particularité, car elle est propre à la langue écrite, surtout quand le style est soutenu. Cependant, il est important de la connaître et d'en comprendre le sens.

À la leçon 80, phrase 1, nous avions la phrase : **Varsågod, här är mejlet du ville tolka åt mig**, *Tiens, voici le mail que tu voulais interpréter pour moi*. Si maintenant nous voulons préciser de quel

Quatre-vingt-quatrième leçon

mail il s'agit, nous aurons dans la langue parlée une phrase de ce type : **Mejlet du ville tolka åt mig ligger på bordet**, *Le mail que tu voulais interpréter pour moi se trouve sur la table*. En langage soutenu, nous aurions : **Det** mejl du ville tolka åt mig ligger på bordet, *Le mail, que tu voulais interpréter pour moi, se trouve sur la table*. La précision est rendue en français par les deux virgules qui entourent la proposition relative dite restrictive.

Ne confondez pas cette construction avec celle rencontrée à la phrase 7 de la leçon 71 : **Det kuvertet har jag slängt**, *Cette enveloppe-là, je l'ai jetée*. Ici, **den** (**det**, **de**) est un démonstratif qui n'exclut pas la présence de l'article postposé, comme avec **den här** ou **den där** ; **det här kuvertet**, *cette enveloppe-ci*. Quelle différence y a-t-il alors entre **det här kuvertet** et **det kuvertet** ? Dans les deux cas, le démonstratif sert à désigner un objet déterminé, mais **det kuvertet** peut seul renvoyer à un élément du discours mentionné auparavant. Il est en effet question de cette enveloppe à la phrase 5 de la leçon 71. La phrase **Det här kuvertet har jag slängt** est en soi dénuée de sens, puisqu'elle désigne une enveloppe qu'on aurait devant les yeux, *cette enveloppe-ci*, et qui en même temps serait jetée à la poubelle !

3 Absence du pronom relatif *som*

Le pronom relatif **som** peut être omis lorsqu'il introduit une proposition relative restrictive où il n'est pas sujet : **Här är mejlet (som) du ville tolka åt mig.** **Du** est le sujet de la proposition relative, et **som** renvoie à **mejl**, ici objet direct.
Autre exemple : **Kvinnan (som) han tänker på heter Greta**, *La femme à laquelle il pense s'appelle Greta*. **Han** est le sujet de la préposition, et **som** renvoie à **kvinnan**, ici objet indirect.

4 Économie de l'auxiliaire *ha*

Il est possible, dans une subordonnée, de faire l'économie de l'auxiliaire **ha**, qui serait au présent ou au prétérit, devant un verbe au supin. Vous avez rencontré la phrase suivante : **Festen hos Per är**

det värsta hon varit med om, *La fête chez Per est le plus mauvais moment qu'elle ait passé*. En réinsérant les éléments omis, cela donne : **Festen hos Per är det värsta som hon har varit med om**. Cette construction est fréquente dans la langue écrite, mais on la rencontre aussi assez souvent dans la langue parlée.

5 À la paysanne

Nous avons parlé de **bondförståndet** ou **bondförnuftet**, *le gros bon sens*, prisé quand il est **sunt**, *sain*, ou **enkelt**, *simple*. Les avis sont partagés en suédois quant aux qualités attribuées à la paysannerie. Dans **bondfångare**, qui correspond littéralement à notre *attrape-nigaud*, le paysan est celui qui est dupe d'une escroquerie. Il est têtu dans le verbe **bondneka**, *nier mordicus*, litt. "nier comme un paysan". Il devient *un petit malin quand il fait le mur ("de sa caserne")*, **när han tar sig en bondpermis / bondpermission** (notez au passage la forme

▶ Repetitionsdialog

1 – Jag tror inte mina ögon, kirurgen cyklar till sjukhuset!
2 Är det på grund av luftföroreningen, tror du?
3 – Doktor Glas vet inte vad ordet "miljö" betyder.
4 Och det är inte heller på grund av bensinpriset.
5 – Varför tar han inte bilen då?
6 Han ser ut som en stackars djävel.
7 – Doktor Glas får inte längre köra bil.
8 För fem år sedan fick han körkort i Grekland.
9 När han kom hem till Sverige förstod han inte vad hastighetsbegränsning var för något.
10 – Råkade han ut för en olycka?
11 – Nej, polisen hann gripa honom innan.
12 – Gripa honom?
13 – Den gången hade doktor Glas druckit för många glas.
14 Till och med hans schäfer, som satt i bilen, hade tydligen dåligt samvete.
15 – Dricker han fortfarande?

Quatre-vingt-quatrième leçon / 84

populaire en **-is**), et un *veinard* dans **bondtur**, *coup de veine* ou *veine de pendu*. **Det var rena bondturen**, *C'était un coup de bol*.
Pourquoi cette ambivalence de jugement, demanderez-vous ? Sans doute parce qu'en Suède, comme ailleurs, labourage et pâturage sont deux importantes mamelles. Mais il y a plus : Gustav Vasa n'aurait jamais pu libérer la Suède, après l'Union de Kalmar en 1523 (leçon 35), sans l'appui des paysans de Dalécarlie, **Dalarna** en suédois, sans profiter des nombreuses jacqueries, **bondeuppror**, qui sévissaient dans le pays, et créer chemin faisant un État en passe de devenir moderne et centralisé. D'où le respect dû à la paysannerie, sans laquelle les Suédois seraient peut-être encore sous le joug des Danois. Qui sait… ? À noter aussi que le **bonde** de l'époque viking désigne celui qui est propriétaire du sol, qui règne sur son enclos, qui n'hésite pas à brandir ses armes pour manifester son indépendance, bref un personnage doté d'une dignité que notre terme de paysan ne rend pas. **Leve bondekulturen !**, *Vive la civilisation paysanne !*

16 – Bara när operationen gäller en ansiktslyftning, som idag.
17 Då saknar han inte fantasi må du tro!

Traduction

1 Je n'en crois pas mes yeux, le chirurgien va à l'hôpital en vélo ! **2** Tu crois que c'est à cause de la pollution atmosphérique ? **3** Le docteur Glas ne sait pas ce que le mot "environnement" veut dire. **4** Et ce n'est pas non plus à cause du prix de l'essence. **5** Alors pourquoi est-ce qu'il ne prend pas sa voiture ? **6** On dirait un pauvre diable. **7** Le docteur Glas n'a plus le droit de conduire une voiture. **8** Il y a cinq ans, il a eu son permis de conduire en Grèce. **9** Rentré en Suède, il ne comprenait pas ce que c'était que la limitation de vitesse. **10** Il a eu un accident ? **11** Non, la police a eu le temps de l'arrêter avant. **12** L'arrêter ? **13** Cette fois-là, le docteur Glas avait bu trop de verres. **14** Même son berger allemand, qui était dans la voiture, avait mauvaise conscience apparemment. **15** Il boit encore ? **16** Uniquement quand l'opération concerne un lifting, comme aujourd'hui. **17** Et là, il ne manque pas d'imagination, figure-toi !

Övning – Översätt

① Jag minns att hon blev allvarligt skadad. ② De träffades på en krog. ③ De pussades i hallen utan att se varandra. ④ Låt bli att nypas så där! ⑤ Det syns att hon skäms. ⑥ Han skadades vid en tågolycka. ⑦ De pussades i trädgården utan att synas.

Quoi de neuf dans cette nouvelle série ? Du vocabulaire, förstås, des expressions idiomatiques et quelques locutions, plus ou moins figées, une ritournelle autour du verbe ska *– décidément il ne nous lâche pas, celui-là –, des précisions inédites sur les temps utilisés pour l'expression*

Åttiofemte lektionen

På det hela taget

1 – Jag kan omöjligen acceptera det här kostnadsförslaget.
2 – Vi är stans billigaste renoveringsfirma.
3 – Men jag har inte bett er om att lägga om taket.
4   Ni skulle bara byta de fönster som vetter mot norr.
5   Jag vet inte vad som ¹ fick er att tänka på mitt tak.

Note

1 Le pronom interrogatif **vad** est toujours suivi de **som** quand il est sujet de la propositions subordonnée : **Jag vet inte vad som får henne att acceptera hans förslag**, *J'ignore ce qui l'amène à accepter sa proposition*. Même remarque pour **vem**, *qui*, et **vilken**, *quel* : **Jag vet inte vem som har ringt**, *Je ne sais pas qui a téléphoné* ; **Fråga henne vilka fönster som ska bytas**, *Demande-lui quelles sont les fenêtres qu'il faut changer*.

Corrigé

❶ Je me souviens qu'elle a été grièvement blessée. **❷** Ils se sont rencontrés dans un bar. **❸** Ils s'embrassaient dans l'entrée sans se voir. **❹** Arrête de me pincer comme ça ! **❺** Ça se voit qu'elle a honte. **❻** Il a été blessé lors d'un accident ferroviaire. **❼** Ils s'embrassaient dans le jardin sans être aperçus.

Deuxième vague : 35^e

du conditionnel et, bien sûr, une bonne dose d'humour. Quand vous aborderez la leçon de la deuxième vague de ce jour, vous vous rendrez certainement compte de vos progrès incontestables. Merci d'être encore des nôtres…

Quatre-vingt-cinquième leçon

À tout prendre *(Sur le tout pris)*

1 – Il m'est impossible d'accepter *(Je peux impossiblement accepter)* ce devis *(proposition-de-coût)*.
2 – Nous sommes l'entreprise *(la-firme)* de rénovation la moins chère de la ville.
3 – Mais je ne vous ai pas demandé de me refaire la toiture *(de re-poser le-toit)*.
4   Vous deviez seulement changer les fenêtres orientées *(qui donnent vers le)* nord.
5   J'ignore ce qui vous a pris de *(fait)* penser à mon toit.

85 / Åttiofemte lektionen

6 Var ska jag bo medan ni lägger om det?
7 – Du ska bo där [2] du har släktingar.
8 Vi står självfallet för samtliga kostnader i samband med flyttningen.
9 Du ska veta att ett nytt tak ska vara [3] livet ut.
10 – Du, jag är åttifem år gammal.
11 Mina dagar är räknade [4].
12 Om taket ska vara livet ut, som du påstår,
13 så drar jag slutsatsen att det är ett fuskverk [5] jag kommer att betala för [6].
14 Att riva är billigare än att renovera
15 när man som jag står med ena foten i graven.
16 Du försöker lura mig på konfekten men jag har en räv bakom örat!

Notes

2 där, *où*, est aussi un adverbe qui introduit une relative, à ne pas confondre avec var, *où*, dans une interrogative **Var bor du ?**, *Où habites-tu ?* – **Jag bor där jag trivs**, – *J'habite là où je me sens bien*. Idem pour dit, *où / là*, dans les deux cas avec mouvement : **Vart vill du komma?**, *Où veux-tu en venir ?* ; **Lägenheten dit de flyttade vette mot norr**, *L'appartement où ils ont emménagé était orienté nord*. Notez aussi que **åka dit** signifie *se faire pincer* (par la police).

3 Ne confondez pas le verbe faible vara, *durer, tenir*, et vara, *être* : **Så länge det varar**, *Aussi longtemps que ça dure(ra)*.

4 räkna, *compter*. Voyez ces exemples : **Tösen kan räkna till tjugo**, *La gamine sait compter jusqu'à vingt* ; **Kan man räkna med honom?**, *On peut compter sur lui ?* ; **Det räknas inte, sa fröken**, *Ça ne compte pas, a dit la maîtresse*.

Quatre-vingt-cinquième leçon / 85

6 Où est-ce que je vais habiter pendant que vous le refaites ?
7 – Vous habiterez là où vous avez de la famille *(des parents)*.
8 Nous assumons évidemment la totalité des frais liés à votre déménagement *(en liaison avec le-déménagement)*.
9 Sachez qu'un toit neuf est censé durer toute la vie.
10 – Écoutez *(Tu)*, j'ai quatre-vingt-cinq ans.
11 Mes jours sont comptés.
12 Si le toit doit durer jusqu'à la fin de ma vie, comme vous [le] prétendez,
13 alors j'en *(je)* tire la conclusion que je vais payer pour un travail bâclé *(que c'est un travail bâclé je vais payer pour)*.
14 Démolir revient *(est)* moins cher que de rénover
15 quand on a comme moi *(comme je a)* un pied dans la tombe.
16 Vous essayez de me rouler *(tromper moi sur la-confiserie)* mais je suis futée *(j'ai un renard derrière l'oreille)* !

---

5 Dans **fuskverk**, vous trouvez le nom **verk**, *ouvrage, œuvre*, et **fusk**, *fraude, tricherie* : **Det är fusk**, *C'est de la triche* ; **Han åkte dit för skattefusk**, *Il s'est fait pincer pour fraude fiscale*. Retenez le verbe **fuska**, *tricher, frauder, gâcher, bousiller*.

6 **Det är ett fuskverk jag kommer att betala för**. Vous avez déjà rencontré ce type de construction avec maintien de la préposition en fin de phrase : **Det är honom jag tänker på**, *C'est à lui que je pense*. Notez l'omission de **som** avant le sujet dans la relative.

85 / Åttiofemte lektionen

▶ ## Övning 1 – Översätt
❶ Vilken slutsats kan vi dra av hennes förklaring? ❷ På det hela taget blir det billigare att riva huset. ❸ Firman lurade tanten på pengar. ❹ Kommissarie Marinus ser ett samband mellan firmans flyttning till Grekland och firmans skattefusk under de senaste tre månaderna. ❺ En ansiktslyftning är ett slags renovering som ska vara livet ut.

***

Övning 2 – Fyll i med rätt ord
❶ Notre nouvel appartement est orienté nord.
Vår … lägenhet ……… … norr.

❷ Qu'est-ce qui t'a pris d'accepter ce devis ?
Vad …. dig att ……… det här ……………?

❸ Ils ont essayé de me rouler.
De ………… mig på ………..

❹ Ils sont restés amis toute la vie.
De ……. vänner livet …

Taklagsfest ou **taklagsöl** (litt. "fête" ou "bière du faîtage"), désigne le petit régal offert aux ouvriers une fois que la toiture d'une construction neuve était terminée. Les travaux étaient en effet souvent effectués par les gens de la ferme et ceux des fermes voisines. Une façon de les remercier et de les encourager était de leur donner à boire. Quand on en était arrivé aux fenêtres, on marquait également une pause, **fönsterkanna**. Qu'est-ce que le pot, **kannan**, pouvait bien contenir ? Aujourd'hui encore, on hisse une couronne ou un drapeau quand la couverture d'une maison ou d'un immeuble est achevée. **Gravöl** désignait autrefois le repas offert à la suite d'un enterrement. Finalement, toutes les occasions sont bonnes pour faire la fête en Suède.

Quatre-vingt-cinquième leçon / 85

Corrigé de l'exercice 1
❶ Que peut-on conclure de son explication ? ❷ Tout bien considéré, cela reviendra moins cher de démolir la maison. ❸ L'entreprise a escroqué de l'argent à la bonne femme. ❹ Le commissaire Marinus voit un rapport entre le déménagement de l'entreprise en Grèce et la fraude fiscale de l'entreprise pendant les trois derniers mois. ❺ Un lifting est une espèce de rénovation censée durer toute la vie.

***

❺ Ça ne compte pas.
   Det ...... inte.

Corrigé de l'exercice 2
❶ – nya – vetter mot – ❷ – fick – acceptera – kostnadsförslaget ❸ – försökte lura – konfekten ❹ – förblev – ut ❺ – räknas –

Sachez par ailleurs que le drapeau suédois, **svenska flaggan**, *se voit très souvent dans la plupart des jardins ou aux fenêtres ; ce n'est pas une manifestation particulièrement prononcée de nationalisme, mais une coutume. Rien de bien méchant, les voisins danois et norvégiens font la même chose, sans changer le motif, seulement les couleurs. Les daltoniens ne savent plus vraiment dans quel pays ils mettent les pieds !*

Deuxième vague : 36ᵉ leçon

Åttiosjätte lektionen

Han tog i med hårdhandskarna

1. Vartannat år misstänker taxeringsrevisorn Göran för skattefusk.
2. Göran driver [1] en snickerirörelse [2] i Värmland.
3. Oanmäld kommer revisorn.
4. – Jag har just granskat din senaste deklaration.
5. Du tar minsann i med hårdhandskarna när du gör avdrag [3].
6. Dina inkomster skulle vara lika med noll.
7. – Priset på virke [4] steg i höjden förra året, räntan också,
8. mina ökade utgifter är en naturlig följd av inflationen.
9. – Vad lever du på?
10. – Jag har fått ett arv efter min far.
11. – Din far gjorde dig arvlös alltsedan du startade eget.

Notes

[1] Vous avez déjà rencontré le verbe **driva** (**med**) avec le sens de *se moquer de*. Ici, il signifie *diriger*, *exploiter*.

[2] **snickerirörelse**, *petite entreprise de menuiserie*. **Rörelse**, qui signifie aussi *mouvement*, désigne surtout une petite entreprise. Le mot **firma** de la leçon précédente correspond plutôt à ce que nous appelons *entreprise / société / firme*. **Företag** est une entreprise déjà plus importante, qui peut être cotée en bourse, mais le mot a aussi un sens générique.

[3] **avdrag**, *déduction* ou *abattement*. Retenez le verbe **dra av**, *déduire*, *défalquer* : **Utgifterna får dras av**, *Vous avez le droit de déduire vos frais / Vos*

Quatre-vingt-sixième leçon

Il n'y est pas allé pas de main morte
(Il en a-mis un-coup avec les-gants-durs)

1 Tous les deux ans, le contrôleur fiscal soupçonne Göran de fraude fiscale.
2 Göran dirige une petite entreprise de menuiserie dans le Värmland.
3 Le contrôleur arrive sans prévenir *(non-annoncé)*.
4 – Je viens d'examiner votre dernière déclaration.
5 Vous n'y allez vraiment pas de main morte avec les abattements *(quand tu fais déductions)*.
6 Vos recettes *(revenus)* seraient égales à zéro.
7 – Le prix du bois de charpente a flambé *(monté en la-hauteur)* l'année dernière, les taux d'intérêt *(l'intérêt)* aussi,
8 l'augmentation de mes frais *(mes augmentées dépenses)* est une conséquence naturelle de l'inflation.
9 – Vous vivez de quoi *(Quoi vis tu sur)* ?
10 – J'ai hérité de mon père *(reçu un héritage après mon père)*.
11 Votre père vous a déshérité depuis le jour où vous vous êtes mis à votre compte.

---

frais peuvent être déduits. Nous avons affaire à une tournure passive ici. **Räntan** signifie *intérêt* et *taux d'intérêt* : **6% ränta**, *6% d'intérêt*.

4 **virke**, *bois de charpente* ou *de construction*. À ne pas confondre avec **ved**, *bois de chauffage*, et le générique **trä**, *bois* (en tant que matière). Retenez : **Ta i trä!**, *Touchons du bois !*

trehundranittiosex • 396

12 Dina uppgifter [5] tyder på att du inte har rent mjöl i påsen [6].

13 Den här gången får du slippa undan [7] med ett litet köksbord.

14 – Tack! I ek eller björk?

15 – Ta det dyraste, är du snäll!

Notes

[5] **uppgifter**, le plus souvent au pluriel, désigne des *renseignements* fournis dans un formulaire. Au singulier, ce nom signifie *tâche* : **Hans uppgift är att granska din deklaration**, *Sa tâche consiste à contrôler ta déclaration d'impôts.*

[6] **påse**, *sac*, *sachet*. **Påse** est plus petit que **säck**, *sac* ; **Köpa grisen i säcken**, *Acheter chat en poche*. Les Suédois parlent, eux, de *cochon* ; vous vous souvenez de leur civilisation paysanne !

***

Övning 1 – Översätt

❶ Starta eget! ❷ Priset på potatismjöl har stigit. ❸ Göran driver själv företaget. ❹ Allt tyder på att det blir svårt att klara sig om staten inte längre vill att vi får göra avdrag. ❺ Det är inte lätt att leva på en inkomst.

***

Övning 2 – Fyll i med rätt ord

❶ Elle a hérité de son père.
Hon .... ett .... far.

❷ Il est arrivé sans prévenir.
Han ....

❸ Tous les deux ans, il se met à son compte.
.... år .... han .....

❹ Ses intentions ne sont pas nettes.
Hon har inte .... i ......

12 Vos renseignements *(Tes données)* **portent à croire que vos intentions ne sont pas nettes** *(que tu pas a propre farine dans le-sac).*
13 Cette fois, vous pourrez vous en tirer avec une petite table de cuisine.
14 – Merci ! En chêne ou en bouleau ?
15 – Prenez ce qu'il y a de plus cher *(le plus cher)*, je vous en prie !

7 La particule **undan**, *de côté*, évoque souvent un danger (ou une punition), auquel on échappe : **Tjuven kom undan polisen**, *Le voleur a échappé à la police.*

Vous connaissez le verbe **slippa**. **Slippa undan** est à peu près synonyme de **komma undan**. Suivi de la préposition **med**, **slippa undan** signifie *s'en sortir* avec, par exemple, seulement une égratignure. Il est alors ici synonyme de **klara sig undan** : **Jag klarade mig undan med ett litet sår i örat**, *Je m'en suis tiré avec seulement une petite blessure à l'oreille / J'en ai été quitte pour une petite blessure à l'oreille.*

***

Corrigé de l'exercice 1
❶ Mets-toi à ton compte ! ❷ Le prix de la fécule *(farine)* de pomme de terre a augmenté. ❸ Göran est lui-même à la tête de l'entreprise. ❹ Tout porte à croire qu'il sera difficile de s'en sortir si l'État ne veut plus qu'on puisse faire des abattements. ❺ Il n'est pas facile de vivre sur un seul revenu.

***

❺ Le prix du bois de chauffage a augmenté.
  Priset . . . . . har . . . .

Corrigé de l'exercice 2
❶ – har fått – arv efter sin – ❷ – kom oanmäld ❸ vartannat – startar – eget ❹ – rent mjöl – påsen ❺ – på ved – stigit

Une bonne partie de la province du Värmland est délimitée au sud par les rives du Vänern, le plus grand lac d'Europe occidentale. À l'ouest de cette province, vous êtes déjà en Norvège. Cependant, les dialectes värmlandais n'ont été que très peu marqués par la langue norvégienne en raison d'une colonisation finnoise qui a duré 350 ans. Retenez que sola *signifie* **solen** *dans le Värmland ; le mot est devenu le symbole de Karlstad, chef-lieu de province et ville de naissance du poète Gustaf Fröding (1860-1911), un tantinet détraqué, mais facile à lire. Connaissez-vous le poème qui commence par :* **Våran prost är rund som en ost**, *Notre doyen est rond comme un fromage ? L'autre grand lac de Suède s'appelle Vättern, plus à l'est. Une astuce pour les distinguer : Le lac VäNern est celui qui est le plus proche de la Norvège.*

87 Åttiosjunde lektionen

C'est promis, nous allègerons cette leçon par rapport à la précédente. Mais il fallait bien parler économie ! Qui travaille bénévolement de nos jours ?

På ideell [1] basis

1 – Har du någonsin funderat på att sitta i vår styrelse?
2 – Vad skulle jag ha för nytta av det?
3 Styrelsen är en klubb för inbördes beundran
4 där gubbar med slipshållare skelar på varandras [2] kulmage.

Notes

1 **ideell** a deux sens en fonction du contexte, mais ils se rejoignent : **Hon jobbar ideellt**, *Elle travaille bénévolement* ; **Den här skolan drivs av en ideel förening**, *Cette école est dirigée par une association à but non lucratif.*

2 Vous connaissez le pronom réciproque **varandra** : **De älskar varandra**, *Ils s'aiment (mutuellement).* L'adjectif possessif correspondant est **son**

P.-S. : Il y a beaucoup de bois dans le Värmland, que ce soit de charpente ou de chauffage. Et comme disent les Scandinaves du fin fond des campagnes, le bois, ça chauffe trois fois : quand on le coupe et le fend, quand on le rentre et, enfin, quand il brûle…

Deuxième vague : 37ᵉ leçon

Quatre-vingt-septième leçon

Bénévolement

1 – As-tu jamais songé à être membre de *(être assis dans)* notre conseil d'administration ?
2 – La belle jambe que ça me ferait *(Quoi aurais je pour utilité de ça)* !
3 Le conseil d'administration est un club d'admiration mutuelle
4 où des barbons avec des épingles à cravate se regardent la bedaine en louchant *(louchent sur de-l'un-de-l'autre boule-ventre)*.

---

génitif en **-s**, sur le modèle de **han** – **hans** et **hon** – **hennes** : *De tittar på varandras mage*, *Ils se regardent le ventre* ; *De tittar på sin mage*, *Ils regardent leur ventre*. La forme familière **varann** est impossible au génitif.

87 / Åttiosjunde lektionen

   5 – Du har rätt och det är just därför vi behöver dig.
   6 – Mig? Jag har varken slipshållare eller kulmage.
   7 – Du är en tuff [3] och udda [4] människa
   8   som kanske kunde [5] röra om i grytan då och då.
   9 – Jag är inte van att lägga näsan i blöt överallt.
  10 – Du ska bara förstöra stämningen för dem.
  11   Gör det för fackets skull [6]!
  12 – På ideell basis, antar jag?
  13 – Du blir mottagen [7] med öppna armar och en låda champagne!

Notes

[3] **tuff**, *dur, intrépide, qui n'a pas froid aux yeux*, en parlant d'une personne ; *super, chouette, chic*, en parlant d'un vêtement ou d'une paire de lunettes. Notez que : **en tuffing**, *un dur à cuire*.

[4] L'adjectif invariable **udda** signifie *impair*, quand on parle de chiffres, de jours ou de semaines, etc. Son contraire est **jämn** : **Jämna och udda tal**, *chiffres pairs et impairs*.

[5] **kunde** est rendu ici par *pourrais*, car le prétérit des verbes forts sert aussi à exprimer notre conditionnel. Étonné ? Relisez la phrase 9 de la leçon 79 : **hade** y était traduit par *aurais*. Nous y reviendrons très prochainement.

[6] **för fackets skull**, *pour le syndicat*, et avec beaucoup d'empathie, *par amour pour le syndicat*. Retenez ces expressions : **Gör det för min skull / för**

***

Övning 1 – Översätt

❶ Hon funderar på vad hon ska handla till middag. **❷** Jag är full av beundran över människor som arbetar ideellt. **❸** Du har rätt och jag har fel. **❹** Styrelsen skulle kunna dra nytta av din erfarenhet. **❺** Hon skelar, därför ser hon inte vad som ligger mitt framför näsan på henne.

Quatre-vingt-septième leçon / 87

5 – Tu as raison, et c'est justement pour ça qu'on a besoin de toi.
6 – Moi ? Je n'ai ni épingle à cravate ni bedaine.
7 – Tu es quelqu'un *(être humain)* d'intrépide et hors du commun *(impair)*
8 qui *(peut-être)* pourrait trifouiller dans les affaires *(remuer dans la-marmite)* de temps en temps.
9 – Je ne suis pas habitué à fourrer mon nez partout *(à mettre le-nez dans mouillé)*.
10 – Je te demande simplement de leur casser l'ambiance *(Tu dois seulement détruire l'ambiance pour eux)*.
11 Fais-le pour le syndicat !
12 – Sur une base bénévole *(Sur idéelle base)*, je suppose ?
13 – Tu vas être accueilli à bras ouverts et [avec] une caisse de champagne !

---

våra barns skull, *Fais-le pour moi / pour nos enfants* ; **För Guds skull**, *pour l'amour de Dieu* ; **För en gångs skull**, *pour une fois*.

7 **Du blir mottagen**, *Tu vas être accueilli*. On peut le dire autrement : **Du kommer att tas emot**, *Tu seras accueilli*. **Ta emot gäster**, *recevoir/accepter des clients*, *des pensionnaires*. La phrase précédente contient le verbe **anta**, *supposer*, *présumer*, ici. Sur le modèle de **mottagen**, notez **antagen** : *admis*, comme élève ou étudiant par exemple, mais pas encore à l'examen. Chaque chose en son temps, voyons !

***

Corrigé de l'exercice 1
❶ Elle réfléchit à ce qu'elle va acheter pour le dîner. ❷ Je suis en admiration devant des gens qui travaillent bénévolement. ❸ Tu as raison et j'ai tort. ❹ Le conseil d'administration pourrait profiter de ton expérience. ❺ Elle louche, c'est la raison pour laquelle elle ne voit pas ce qu'elle a sous les yeux *(devant le-nez sur elle)*.

Övning 2 – Fyll i med rätt ord

1. Il n'a ni épingle à cravate ni bedaine.
   Han har ...... slipshållare ..... kulmage.

2. Je présume qu'elle travaille bénévolement.
   Jag ..... att hon arbetar ....

3. Elle n'est pas habituée à recevoir des invités.
   Hon är inte ...(vid) att ...... gäster.

4. Cela ne sert à rien.
   Det är till ....

5. Fais-le pour moi !
   Gör det ....!

Les Suédois sont toujours très respectueux du protocole lorsqu'en réunion, même en petit comité, ils abordent les questions d'un ordre du jour, **en dagordning**, *suite à une convocation en bonne et due forme,* **en kallelse**. *Il y a un président,* **en ordförande**, *qui donne la parole à tour de rôle. Pas question d'intervenir et de mettre son nez dans les affaires sur un coup de tête. On désigne un secrétaire,* **en sekreterare**, *dont la tâche consiste à rédiger le procès-verbal,*

Quatre-vingt-septième leçon / 87

Corrigé de l'exercice 2

❶ – varken – eller – ❷ – antar – ideellt ❸ – van – ta emot – ❹ – ingen nytta ❺ – för min skull

HON FUNDERAR PÅ VAD HON SKA HANDLA TILL MIDDAG

protokollet ; *ce mot est donc un faux-ami. On désigne aussi* **en justeringsman** *ou* **justerare**, *qui approuve plus tard le procès-verbal (ou compte rendu) en y apposant sa griffe à côté de celle du secrétaire. Une fois* la réunion, **sammanträdet**, *terminée, il y aura toujours un petit moment de convivialité. Le plus souvent* **över en kopp kaffe med bullar**, *autour d'une tasse de café avec des petits pains au lait.*

Deuxième vague : 38ᵉ leçon

Åttioåttonde lektionen

Et maintenant du Strindberg revisité ! Vous pourrez bientôt lire sa pièce !

Andfådd som en flodhäst

1 – Du skulle ha sett ¹ hans min i eftermiddags
2   när den nya skådespelerskan dök upp på scenen!
3   En dalkulla som skulle spela rollen som Fröken Julie i Strindbergs pjäs.
4   Hon kom springande ², andfådd som en rosenrasande flodhäst,
5   barfota, topless och med en borrmaskin i handen.
6 – Vilken lovande och modern uppsättning
7   som Strindberg nog hade uppskattat!
8 – Sällan! Jag tror snarare att stackaren skulle vända sig i sin grav
9   om han såg ³ hur ⁴ hysterikan sniffade tändargas ⁵.

Notes

1 Notez bien la différence de construction dans les deux langues : **Du skulle ha sett henne!**, *Tu aurais dû la voir !* Cette tournure, que nous avons déjà glissée dans un exercice de traduction (leçon 77, phrase 6), est fréquente dans une exclamation de ce genre. On la retrouve aussi dans une exclamation qui exprime un reproche : **Du borde ha talat med henne!**, *Tu aurais dû lui parler !* Dans l'exclamation **Du skulle ha sett henne!**, le prérérit **skulle** a lui-même, avec le sens de **devoir**, une valeur modale. À comparer avec **Du skulle ha sett henne om du hade varit tillsammans med oss**, *Tu l'aurais vue si tu avais été avec nous*, où **skulle** sert à former le conditionnel de **ha**. Les auxiliaires **ha** et **hade** peuvent être omis ici aussi bien dans la principale que dans la subordonnée.

2 Le participe présent qui suit le verbe **komma** indique la nature du mouvement. Dans la langue familière, ce participe est souvent terminé par un -s : **Han kom springandes**.

Quatre-vingt-huitième leçon

Essoufflée comme un hippopotame
(cheval-de-fleuve)

1 – Tu aurais dû voir *(Tu devrais avoir vu)* sa tête *(mine)* cet après-midi
2 quand la nouvelle actrice a débarqué sur les planches *(la-scène)* !
3 Une Dalécarlienne qui devait jouer le rôle de *(comme)* Mademoiselle Julie dans la pièce de Strindberg.
4 Elle est arrivée [en] courant, essoufflée comme un hippopotame déchaîné *(rose-furieux)*,
5 pieds nus, seins nus, *(et avec)* une perceuse à la main.
6 – Quelle mise en scène prometteuse et moderne,
7 que Strindberg aurait sans doute appréciée !
8 – Tu rigoles *(Rarement)* ! Je crois plutôt que le pauvre se retournerait dans sa tombe,
9 s'il voyait l'hystéro sniffer *(comment l'hystéro sniffait)* du gaz de briquet.

---

3 **om han såg**, *s'il voyait*. Imparfait en français, prétérit en suédois, mais souvenez-vous que ce prétérit a ici une valeur modale. À y regarder de près, notre imparfait a cette même valeur dans une conditionnelle, et les enfants le savent bien lorsqu'ils se répartissent leur rôle respectif. Comparez : **Och jag var pappan**, *Moi, j'étais le papa*. Tout cela pour vous dire qu'autrefois les verbes forts connaissaient une forme particulière pour le prétérit du subjonctif. Nous n'en aborderons qu'une dans nos dialogues, mais vous pourrez rencontrer les autres au fil de vos lectures. Il est important de pouvoir les identifier pour en saisir le sens.

4 **hur** et non pas **att** ici ; il y a une nuance. **Han såg att hon sniffade tändargas**, *Il voyait qu'elle sniffait du gaz de briquet*.

5 **tändargas**, de **tändare**, *briquet*, et **gas**, *gaz*. Retenez les verbes : **tända**, *allumer*, **släcka**, *éteindre*, en parlant d'une source de lumière. Dans les autres cas (chauffage, télé, ordinateur, etc.), on a recours, comme vous le savez, à **sätta på** et **stänga av**.

10 – Han var själv [6] inget helgon, med tre skilsmässor på sin meritlista!
11 – (Fortsättning följer)

Note

6 Vous avez déjà rencontré **själv**, *(lui-)même, tout seul* : **Han själv var** ou **Han var själv inget helgon**, *Lui-même n'était pas un saint* ; **De själva / De har själva gjort det**, *Ils ont fait cela eux-mêmes*. À la forme définie et sans l'article préposé, le sens est un peu différent : **Själva staden är fin**, *La ville*

***

Övning 1 – Översätt

❶ Maria Bonnevie är en mycket omtyckt svensk skådespelerska. ❷ I en modern uppsättning behöver Fröken Julie minsann inte dyka upp topless. ❸ Vet du var flodhästar lever nånstans? ❹ Barnen kom cyklande. ❺ Jag borde ha köpt en borrmaskin.

***

Övning 2 – Fyll i med rätt ord

❶ Qui joue le rôle de Mademoiselle Julie ?
Vem spelar ……… … Fröken Julie?

❷ Je crois plutôt qu'il aurait apprécié cette mise en scène.
Jag tror ……. att han hade ………. denna
………..

❸ Elle est arrivée pieds nus, seins nus, un briquet à la main.
Hon kom ……., topless …… en ……. i …….

❹ Cet après-midi, il était déchaîné.
I ………… var han ………….

❺ La nouvelle actrice a deux divorces à son actif.
Den ……………… har två skilsmässor på … meritlista.

Quatre-vingt-huitième leçon / 88

10 – **Lui-même n'était pas un saint** *(Il était lui-même aucun saint)*, **avec trois divorces à son actif** *(sur son C. V.)* !
11 – (À suivre)

en soi / proprement dite est belle (mais pas les environs) ; **Själva prosten var där**, *Le doyen en personne y était*. On peut dire aussi **själve prosten**, puisque c'est un masculin. Le superlatif existe aussi et marque l'ironie : **självaste prosten**, *le doyen en chair et en os / rien de moins que le doyen*.

***

Corrigé de l'exercice 1
❶ Maria Bonnevie est une actrice suédoise très populaire. ❷ Dans une mise en scène moderne, Mademoiselle Julie n'est vraiment pas obligée de faire son apparition seins nus. ❸ Sais-tu où habitent les hippopotames ? ❹ Les enfants sont arrivés en vélo. ❺ J'aurais dû acheter une perceuse.

***

Corrigé de l'exercice 2
❶ – rollen som – ❷ – snarare – uppskattat – uppsättning ❸ – barfota – och med – tändare – handen ❹ – eftermiddags – rosenrasande ❺ – nya skådespelerskan – sin –

fyrahundraåtta • 408

Dalkulla *désigne une femme originaire de Dalécarlie. Son pendant masculin s'appelle* **dalmas** *ou* **dalkarl**. *La Dalécarlie n'est pas seulement célèbre pour ses soulèvements paysans, dont nous avons déjà brièvement parlé sans mentionner* **Stora daldansen**, *"la grande danse dalécarlienne", désignation familière du dernier soulèvement de la population rurale en Suède en 1743 ! À ne pas confondre avec* **daldansen** *ou* **dalkarlsdansen**, *une danse folklorique très populaire dans le pays. Sans les mines de cuivre de la ville de Falun, la Suède n'aurait jamais été une grande puissance au XVIIe siècle. La peinture* **faluröd** *est ba-*

Åttionionde lektionen

Som vore [1] han i ett turkiskt bad

1 – Regissören var helt desperat [2].
2 Hon brydde sig inte ett dugg om hans anvisningar.
3 Han satt på främre parkett och bet på naglarna,
4 svettandes som vore han i ett turkiskt bad.
5 – Vilken spänning på bägge sidor om ljusrampen!
6 – Om! Det blir ett helvetes spektakel!
7 Förhoppningsvis får hon rampfeber före premiären och lugnar sig.
8 – Har hon engagerats?
9 – "Fröken Julie" är dramaturgens dotter.

Notes

1 **vore** est ici le prétérit du subjonctif du verbe **vara**. Cette tournure appartient aujourd'hui à un style plutôt soutenu, et a pour équivalent **Som om han var**, *Comme s'il était*. Vous aurez remarqué l'absence de la conjonction **om** dans **Som vore han** ; la forme **vore** suffit à elle seule à rendre l'idée d'irréalité. Si nous réintroduisons la conjonction, nous retrouvons l'ordre des mots auquel vous êtes habitué : **Som om han vore**. On peut aussi faire l'économie de cette conjonction dans une pro-

sée sur un pigment rouge, à l'origine un sous-produit de l'extraction du cuivre. La couleur, réservée d'abord aux bâtisses de la classe supérieure, est aujourd'hui celle de la plupart des maisons suédoises. **En röd stuga med vita knutar**, *une maisonnette rouge avec des coins blancs, n'est-ce pas là le rêve de tout Suédois ? Nous sommes sûr que vous ne reviendrez pas de Dalécarlie sans emporter* **en dalahäst**, *un cheval de Dalécarlie, miniature, en bois, et rouge, bien sûr !*

Deuxième vague : 39ᵉ leçon

Quatre-vingt-neuvième leçon

Comme s'il était *(Comme serait/était il)* dans un bain turc

1 – Le metteur en scène était complètement désespéré.
2 Elle se moquait de ses instructions comme de sa première chemise *(ne se souciait pas un brin de ses instructions)*.
3 Il se rongeait les ongles dans son fauteuil d'orchestre *(Il était assis sur orchestre et mordait sur les ongles)*,
4 transpirant comme s'il était dans un bain turc.
5 – Quel suspense de part et d'autre des feux de la rampe *(de-la-rampe-à-lumières)* !
6 – Et comment *(Si)* ! Ça va faire un tapage *(un spectacle)* d'enfer !
7 Espérons qu'elle aura le trac *(fièvre-de-la-rampe)* avant la première et qu'elle se calmera.
8 – Elle a été engagée ?
9 – "Mademoiselle Julie" est la fille du directeur artistique *(dramaturge)*.

position conditionnelle classique : **Vill hon vara med får hon betala själv**, *Il faudra qu'elle paie elle-même si elle veut être parmi nous*.

2 L'adjectif **desperat** est toujours terminé par un **-t**, qui n'est donc pas ici la marque du neutre ; il donne **Desperata** au pluriel.

10 "Henne får vi dras [3] med", meddelade regissören med en suck!

Notes
3 **dras** [prononcez *[drass]*, avec un *[a]* bref], *se farcir, se taper, supporter* (quelqu'un), *traîner* (un rhume). Ici le sens est absolu. À distinguer de la

***

Övning 1 – Översätt
❶ Regissören behöver en dramaturg som kan turkiska. ❷ Den här hunden bits. ❸ Hon gör inte ett dugg. ❹ Skräddaren sydde hennes klänning efter hennes mans anvisningar. ❺ Får hon rampfeber en vecka före premiären så kommer regissören att bita på naglarna.

***

Övning 2 – Fyll i med rätt ord
❶ Ne t'occupe pas du metteur en scène !
 … dig inte …………!

❷ Espérons qu'il se calmera.
 …………… lugnar han sig.

❸ Tu te ronges les ongles ?
 ….. du på ……..?

❹ De part et d'autre de la rampe, les gens étaient désespérés.
 På ….. sidor .. rampen var folk ……….

❺ Il faudra nous farcir la fille du directeur artistique.
 Vi får …. med ………… dotter.

Parlons théâtre, **teater** *! Nous avons vu* **främre parkett**, *l'orchestre, sans article en suédois. Notez la même absence de l'article défini dans* **bortre parkett**, *le parterre.* **Genrep** *est l'abréviation de* **generalrepetition** *qui désigne la* (répétition) *générale, avant la première,* **premiären. Kulisserna**, *c'est bien évidemment les coulisses. Retenez* **bakom kulisserna**, *dans les coulisses, au sens propre, dans la coulisse, au sens figuré.* **Galleriet** *est l'équivalent de* la galerie, *et notre expression* C'est pour épater la galerie *est rendue par* **Det är ett spel för galleriet**. *Ljusrampen ou* **rampen** *désigne les feux de la*

Quatre-vingt-neuvième leçon / 89

10 "Il faudra nous la farcir" *(Elle devons nous traîner avec)*, a fait savoir le metteur en scène avec un soupir !

phrase **Utgifter får dras av** (leçon 86, note 5), où **dras** est un passif en **-s** qui se prononce *[drâs]*.

***

Corrigé de l'exercice 1
❶ Le metteur en scène a besoin d'un directeur artistique qui connaît le turc. ❷ Ce chien mord. ❸ Elle n'en fiche pas une rame. ❹ Le tailleur a cousu sa robe en suivant les instructions de son mari. ❺ Le metteur en scène va se ronger les ongles si elle a le trac une semaine avant la première.

***

Corrigé de l'exercice 2
❶ Bry – om regissören ❷ Förhoppningsvis – ❸ Biter – naglarna ❹ – bägge – om – desperata ❺ – dras – dramaturgens –

rampe *ou* la rampe. **Rampljuset** *a un sens figuré :* **Lotta älskar att stå i rampljuset**, Lotta adore être sous les projecteurs. *Autrefois, une partie du public formait la* **claque**, **klacken** *ou* **hejaklacken**, *dont le rôle était d'*acclamer, **heja**. *L'autre partie pouvait* siffler, **bua**. *On entend aujourd'hui ces deux derniers mots dans un contexte sportif où il n'y a plus de* rideau, **ridå**.

Deuxième vague : 40ᵉ leçon

Nittionde lektionen

Ah, ces éternels problèmes de couple !

Vad det övriga beträffar

1 – Jag lyckas inte skära [1] min biff [2] med en plastkniv.
2 – Vad fumlig du är, har du ingen gaffel?
3 – Hos mina föräldrar åt vi aldrig med engångsbestick [3].
4   Du kunde gott ha [4] köpt stearinljus, jag ser inte vad jag äter!
5 – Det är alltid samma visa när du klagar.
6   Du kan skatta dig lycklig som åtminstone har tak över huvudet.
7   Det är prima vara du får i din tallrik,
8   primörer om årstiden tillåter.
9 – Ja, av ren och skär [5] egoism, det är du som älskar god mat.
10   Vad det övriga beträffar så är du väldigt snål.

Notes

1 **skära**, *couper* (en morceaux). À distinguer de **klippa**, que vous connaissez déjà et qui signifie *couper* (avec des ciseaux) ou *tondre*.

2 **biff**, *steak*. Normal ! Retenez cette expression plutôt insolite : **Saken är biff**, *L'affaire est dans le sac*.

3 Dans cette leçon, vous avez **kniv**, *couteau*, et **gaffel**, *fourchette*. Il manque *la cuiller*, **skeden**. Notez encore **en tesked**, *une petite cuiller*, *une cuiller à thé*, mais nous disons *une cuiller à café* en parlant d'une quantité dans une recette.

4 **Du kunde gott ha köpt stearinljus!**, *Tu aurais quand même pu acheter des bougies !* C'est la même construction que dans la phrase **Du borde ha talat med henne!**, *Tu aurais dû lui parler !* L'adverbe **gott** renforce

Quatre-vingt-dixième leçon

Pour le reste *(Ce que le reste concerne)*

1 – Je n'arrive pas à couper mon steak avec un couteau en plastique.
2 – Ce que tu es empotée *(Quoi gauche tu es)*, tu n'as pas de fourchette ?
3 – Chez mes parents, on ne mangeait jamais avec des couverts jetables *(couvert-d'une-fois)*.
4 Tu aurais quand même pu acheter des bougies *(lumières-de-stéarine)*, je ne vois pas ce que j'ai dans mon assiette *(ce que je mange)* !
5 – C'est toujours [la] même rengaine *(chanson)* quand tu [te] plains.
6 Estime-toi *(Tu peux estimer toi)* heureuse d'avoir au moins un toit *(qui au moins a toit au-dessus de la-tête)*.
7 C'est du premier choix que je te donne dans l'assiette *(prime marchandise tu reçois dans ton assiette)*,
8 des primeurs si la saison s'y prête *(si la-saison autorise)*.
9 – Oui, par égoïsme pur et simple, c'est toi qui aimes la bonne bouffe *(nourriture)*.
10 Pour le reste, tu es drôlement avare.

---

ici l'idée de reproche exprimée par cette exclamation. On pourrait traduire **gott** différemment : *Tu aurais pu te donner la peine / avoir la bonté d'acheter des bougies !* **Jag hade kunnat köpa stearinljus** se traduit par *J'aurais pu acheter des bougies*, mais sans l'idée de reproche. On attend la suite de la phrase, comme par exemple : **men vi har inga ljusstakar**, *mais nous n'avons pas de bougeoirs*.

5 **skär**, *pur*, *innocent*. **Ren och skär** sert à intensifier le sens : *pur et simple*. L'adjectif **skär** signifie aussi *rose* ; il existe aussi une nuance, qui est **grisskär**, *rose cochon* ! **Du kommer att se skära elefanter**, *Tu vas voir un éléphant rose*.

fyrahundrafjorton • 414

11 Inget ljus, ingen värme, inga lakan, mina kläder är second hand [6].
12 – Det var du som ville att vi skulle flytta ihop [7]!
13 Har man tagit fan i båten får man ro honom i land.

Notes

[6] **second hand** est un adjectif invariable qu'on utilise surtout en parlant de vêtements. Pour dire d'une voiture qu'elle est d'occasion, vous savez qu'on utilise le participe **begagnad**.

[7] **flytta ihop**, *se mettre en ménage*. **Slå sina påsar ihop** a exactement le même sens, car "rassembler ses sacs" est bien une condition préliminaire pour vivre "à la colle".

***

Övning 1 – Översätt

❶ De har inte flyttat ihop ännu. ❷ Han var vit som ett lakan när hon dök upp med en borrmaskin. ❸ De kunde gott ha väntat på mig! ❹ Vi tar en tur med båten om vädret tillåter. ❺ Vi kan skatta oss lyckliga som slapp undan polisen.

***

Övning 2: Fyll i med rätt ord

❶ Ce que tu es empoté !
 … fumlig … !

❷ Tu as raison, elle se plaint tout le temps.
 Du har …., hon …… alltid.

❸ L'affaire est dans le sac.
 ..… är .….

❹ Elle a des vêtements d'occasion.
 Hennes kläder är ……… …….

Quatre-vingt-dixième leçon / 90

11 Pas de lumière, pas de chauffage *(chaleur)*, pas de draps, mes vêtements sont des fripes *(seconde main)*.
12 – C'est *(Cétait)* toi qui voulais qu'on se mette en ménage *(que nous emménagions ensemble)* !
13 Le vin est tiré, il faut le boire *(A on pris le-diable dans le-bateau doit on amener-à-la-rame lui à terre)*.

***

Corrigé de l'exercice 1
❶ Ils ne se sont pas encore mis en ménage. ❷ Il était blanc comme un linge quand elle a surgi avec une perceuse. ❸ Ils auraient bien pu m'attendre ! ❹ Nous ferons un tour en bateau si le temps s'y prête. ❺ Estimons-nous heureux d'avoir échappé à la police !

***

❺ Ne mange pas avec tes doigts, utilise ton couteau et ta fourchette !
Ät inte med ...., använd .... och ......!

Corrigé de l'exercice 2
❶ Vad – du är ❷ – rätt – klagar – ❸ Saken – biff ❹ – second hand ❺ – fingrarna – kniv – gaffel

*Skärtorsdag correspond à notre Jeudi saint. L'adjectif **skär** s'explique ici parce que c'est ce jour-là que Jésus a lavé les pieds de ses disciples. Ensuite vient **långfredag**, Vendredi saint, jour férié en Suède, puis **påskafton**, veille de Pâques, enfin **påsk**, Pâques. Mais ce n'est pas tout : **annandag påsk**, lundi de Pâques. Si vous êtes en Suède à ce moment-là, les villes seront désertes, car les Suédois se rendent à la campagne pour faire le ménage dans leurs **stugor** dès le jeudi après 14h. Les magasins sont ouverts le samedi, mais remplissez tout de même le frigo du week-end dès le mercredi si vous voulez éviter la cohue du samedi. Des petites filles maquillées portant châles*

Nittioförsta lektionen

Repetition – Révision

1 L'article défini du singulier, des précisions

Vous avez déjà pu constater que certains noms n'ont pas de forme définie du singulier. Ainsi **verkan** signifie *effet* ou *l'effet*, **ansökan**, *candidature* ou *la candidature*, **fröken**, *maîtresse* ou *la maîtresse*. Ajoutons : **basis**, *(la) base*, même si **basen**, *la base*, est possible.

L'article défini est omis dans une énumération : **en tid präglad av klimatförändring, issmältning, luftförorening och svält** (leçon 82, phrases 1 et 2).

Notez qu'on dit **regissören**, *le metteur en scène*, mais **taxeringsrevisorn**, *le contrôleur fiscal*. C'est une question d'origine, **revisor** venant du latin.

Au § 4, nous reviendrons sur le participe présent, mais il convient ici d'ouvrir une parenthèse. **Studerande**, *étudiant*, est un nom formé à partir du verbe **studera**, *étudier*. De la même façon que **sökande**, *candidat*, vient du verbe **söka**, qui signifie ici *postuler*. Il s'agit en apparence de participes présents qui sont devenus des noms. On dira donc pour le défini : **studeranden**, *l'étudiant*, **sökanden**, *le candidat*. Ajoutons **ordförande(n)**, *(le) président*.

D'autres participes présents sont traités comme des adjectifs, avec par conséquent l'article préposé à la forme définie : **de troende**, *les croyants* ; **de överlevande**, *les survivants*.

et jupes demandent qu'on dépose une pièce ou des bonbons dans la cafetière qu'elles trimbalent d'une porte à l'autre. On les appelle **påskkärringar**, *"sorcières de Pâques" ; en effet les sorcières étaient censées rejoindre le diable à* **Blåkulla**, *la Montagne bleue, pour le sabbat, en chevauchant un balai. Ce n'est que dans l'ouest du pays que vous pourrez assister à un feu de Pâques,* **påskeld**. *Attendez le 30 avril dans les autres régions (cf. note culturelle de la leçon 41).*

Deuxième vague : 41ᵉ leçon

Quatre-vingt-onzième leçon

Et puis tant que nous y sommes, rappelons que les non neutres en **-ende** ou **-ande**, qui désignent des personnes, forment leur pluriel indéfini sans désinence : **många studerande**, *de nombreux étudiants*. Alors que les neutres prennent la désinence **-n** : **meddela**, *faire savoir, annoncer*, donne **meddelande**, *avis, annonce, message* : **ett meddelande, flera meddelanden**. Cela dit, certains Suédois ajoutent parfois un **-n** aux non neutres !

2 Retour sur *ska*

Voyons maintenant ce qu'il en est de ce verbe au présent avec les traductions que nous avons proposées dans les dialogues.
Var ska jag bo?, *Où est-ce que je vais habiter ?* Futur proche.
Du ska bo där du har släktingar, *Vous habiterez là où vous avez de la famille*. Futur.
Du ska veta att ett nytt tak ska vara livet ut, *Sachez qu'un toit neuf est censé durer toute la vie*. Le premier **ska** est rendu par un impératif en français, le second est traduit par *est censé* ; c'est ce qu'on dit, ici **ska** a un sens proche de **lär**, mais il y a aussi une idée de devoir et de futur : "Sachez qu'un toit neuf doit durer toute la vie", ou : "Sachez qu'un toit neuf durera toute votre vie".
Du ska bara förstöra stämningen för dem, *Je te demande simplement de leur casser l'ambiance*. C'est en effet l'expression d'un souhait qui est sous-entendue, comme dans : **Vill du att vi ska åka**

till havet?, *Veux-tu que nous partions à la mer ?*
Qu'avons-nous au prétérit ?
Ni skulle bara byta de fönster som vetter mot norr, *Vous deviez seulement changer les fenêtres orientées nord.* Il s'agit ici du prétérit de **ska**, *devoir*.
Dina inkomster skulle vara lika med noll, *Vos recettes seraient égales à zéro.* Conditionnel qui exprime quelque chose d'irréel ou d'invraisemblable.
Vad skulle jag ha för nytta av det?, *La belle jambe que ça me ferait !* ou si l'on veut : *Ça m'avancerait à quoi ?* Nous sommes ici en présence d'une question rhétorique rendue en français par une exclamative ou une interrogative, au choix. De toute façon, on connaît la réponse du locuteur.
Du skulle ha sett hans min!, *Tu aurais dû voir sa tête !* Exclamation admirative.
En dalkulla som skulle spela rollen, *Une Dalécarlienne qui devait jouer le rôle.* Ici le sens est ambigu : *devait* comme dans **Ni skulle bara byta**, ou *était censée* : *une Dalécarlienne qui était censée jouer le rôle*.
Jag tror att stackaren skulle vända sig i sin grav om han såg henne, *Je crois que le pauvre se retournerait dans sa tombe s'il la voyait.* Expression d'une action subordonnée à une condition : s'il voyait l'hystéro sniffer.
Det var du som ville att vi skulle flytta ihop, *C'est toi qui voulais qu'on se mette en ménage.* Expression d'un souhait avec concordance des temps : **ville** – **skulle**.
Ajoutons encore un dernier sens : **Du skulle bara våga!**, *Essaie un peu ! / Que je t'y prenne !* Expression spontanée d'un sentiment. Le verbe **våga** signifie *oser*.

3 Le prétérit du subjonctif

Vous savez que le verbe dans la proposition introduite par **om** est au prétérit en suédois et à l'imparfait en français. Le prétérit de l'indicatif des verbes forts sert aussi à exprimer quelque chose d'irréel ou d'invraisemblable dans une proposition autre que conditionnelle : **Kanske kunde du röra om i grytan då och då**, *Tu pourrais (peut-être) trifouiller dans les affaires de temps en temps.* Dans ce cas, le prétérit a une valeur modale rendue par notre conditionnel. Pour certains verbes il subsiste encore une forme plus ou moins désuète qui exprime cette valeur modale : **Det vore bättre om du kom i tid**, *Ce serait mieux si tu arrivais à l'heure*. Il pourra peut-être vous arriver de rencontrer les formes **finge** et **ginge**, formes du prétérit du subjonctif des verbes **få** et **gå**.

4 Le participe présent

Quand il accompagne le verbe **komma**, il précise la nature du mouvement : **Hon kom springande(s)**, *Elle est arrivée en courant*.
Le participe présent qui exprime la simultanéité est assez rare en suédois. La proposition **svettandes som vore han i ett turkiskt bad**, *transpirant comme s'il était dans un bain turc*, est un effet de style et une marque d'ironie ; en fait, la langue parlée préfère la tournure suivante : **Han svettades som om han var i ett turkiskt bad**.
Le participe présent des verbes **ligga**, **sitta**, et **stå**, placé après le verbe **bli**, *rester*, exprime ici la durée : **Hon blev liggande på golvet**, *Elle est restée couchée par terre*.
Notez enfin le sens particulier de quelques participes présents : **den blivande miljöministern**, *le futur ministre de l'environnement* ; **mig ovetande**, *à mon insu* ; **skam till sägandes**, *à ma honte*. **Havande**, *enceinte*, du verbe **ha**, autrefois **hava**, **havande**, est plus soutenu que **gravid**.
Dernier détail qui n'a rien à voir avec le participe présent, mais qu'il importe de signaler pour des raisons de santé et de syntaxe : **Stress före graviditet ökar risk för för tidig förlossning**, *Le stress avant la grossesse augmente le risque d'un accouchement prématuré*. Ce n'est pas de notre cru, pour une fois, car il s'agit d'une manchette de journal. Alors, mesdemoiselles et mesdames : **Slappna av!**, *Relax !* (leçon 52, phrase 6).

5 Primeurs suédoises

Les Suédois raffolent surtout d'une primeur, *la pomme de terre nouvelle*, **färskpotatis** (litt. "pomme de terre fraîche"). Cette pomme de terre est en effet aussi fraîche que *du pain frais*, **färskt bröd**. Une nouvelle peut aussi être fraîche, **en färsk nyhet**. Mais attention aux nuances quand on parle fraîcheur en suédois. Quand l'air est frais, on utilise l'adjectif **frisk**, **frisk luft**. **En frisk kvinna** désigne *une femme en bonne santé*, alors que **en fräsch kvinna** correspond à *une femme fraîche*, c'est-à-dire qui respire la santé et la vie ! **Fräsch som en nyponros**, "fraîche comme une églantine", correspond à notre expression *fraîche comme une rose*. Au féminin puisque c'est pratiquement toujours les femmes qui ont droit à cette appréciation ! Vous goûterez sans aucun doute à **nyponsoppa**, *soupe aux gratte-culs*, fruits de l'églantier, riches en vitamines A et C !

Pour l'écrivain romantique Carl Jonas Love Almqvist (cf. leçon 27), **nyponblomman**, *la rose sauvage, l'églantine*, était "l'incarnation de la pauvreté, de la grâce sauvage et de la chasteté. L'expression de toute notre nature du Nord, fondue en un symbole". C'est à lire dans son ouvrage intitulé *La signification de la pauvreté suédoise*, de 1838 (il en existe une traduction française). Eh oui, **livet var ingen dans på rosor**, *la vie n'était pas une partie de plaisir*. à cette époque-là…

À la place de l'exercice de traduction habituel, nous vous proposons de lire et de comprendre cette célèbre chanson foncièrement suédoise. Apprenez-la par cœur !

▶ Repetitionsdialog

1 – Vet du vem som ringde mig i eftermiddags?
2 – Din mor, antar jag.
3 – Nej, min mor sitter ju alltid i sammanträde på onsdagarna.
4 – Hon hade kunnat ringa ändå!
5 – Men det var inte hon.
6   Det var teatern i Karlstad.
7 – Ska du spela teater nu?
8 – Inte alls.
9   Regissören tänker spela en pjäs som min far skulle ha skrivit innan han dog.
10 – Jag förstår inte sambandet mellan dig och den här pjäsen.
11 – Jo, det är historien om en man och hans son som säljer ved.

Vem kan segla förutan vind?
Vem kan ro utan åror?
Vem kan skiljas från vännen sin
utan att fälla tårar?
Jag kan segla förutan vind.
Jag kan ro utan åror.
Men ej skiljas från vännen min
utan att fälla tårar.

Qui peut faire de la voile sans vent ?
Qui peut faire du canot sans rames ?
Qui peut se séparer de son ami
sans verser de larmes ?
Je peux faire de la voile sans vent.
Je peux faire du canot sans rames.
Mais je ne peux me séparer de mon ami
sans verser de larmes.

12 – Vilken spänning!
13 – När pappan dör hittar sonen en säck i stugan.
14 – Hittade du en sådan säck då?
15 – Nej, jag hittade bara en påse med gammalt mjöl.
16 I pjäsen berättar min far att det skulle finnas en säck med silverskedar.
17 Regissören vill veta hur jag lyckades sälja dem för att starta eget.
18 – Han vet alltså inte att du startade eget tack vare arvet efter din egen far!
19 – Tydligen inte!
20 Jag bryr mig inte ett dugg om pjäsen, men säcken däremot skulle jag uppskatta!

Traduction

1 Sais-tu qui m'a appelé cet après-midi ? **2** Ta mère, je présume. **3** Non, tu sais bien que ma mère est toujours en réunion le mercredi. **4** Ça n'empêche pas qu'elle aurait pu téléphoner ! **5** Mais ce n'était pas elle. **6** C'était le théâtre de Karlstad. **7** Tu vas faire du théâtre maintenant ? **8** Pas du tout. **9** Le metteur en scène a l'intention de jouer une pièce que mon père aurait écrite avant de mourir. **10** Je ne vois pas le rapport entre toi et cette pièce. **11** Eh bien, c'est l'histoire d'un homme et de son fils qui vendent du bois. **12** Quel suspense ! **13** À la mort du père, le fils trouve un sac dans la maisonnette. **14** Tu as trouvé un sac de ce genre à

Nittioandra lektionen

Sur le plan grammatical, nous avons fait le tour de pratiquement tous les problèmes épineux. Reste un peu de vocabulaire utile. Bravo !

Gärna för mig

1 – Förlåt om jag stör ¹ dig men…
2 – Har du tänkt på att beställa tid hos prästen?
3 – Jag har alldeles glömt bort det.
4 – Du slutade ju tidigare idag,
5 och prästgården ligger på gångavstånd från ditt kontor.
6 – Jag har ett hönsminne ².
7 – Erkänn att du ångrat dig ³!

Remarque de prononciation

(5) Pour des raisons rythmiques, il se produit un déplacement de l'accent secondaire dans certains composés : avstånd donne *[å:vston'd]* mais gångavstånd se prononce *[gongavston'd]*.

Notes

1 **Förlåt om jag stör**, sans complément d'objet, est la formule qui se traduit par notre *Excusez-moi de vous déranger*.

ce moment-là ? **15** Non, je n'ai trouvé qu'un sachet de vieille farine. **16** Dans la pièce, mon père raconte qu'il y aurait un sac de cuillers en argent. **17** Le metteur en scène veut savoir comment j'ai réussi à les vendre pour me mettre à mon compte. **18** Il ignore donc que tu t'es mis à ton compte grâce à l'héritage de mon propre père ! **19** Apparemment ! **20** Je me moque éperdument de la pièce, mais le sac en revanche, je l'apprécierais !

Deuxième vague : 42e leçon

Quatre-vingt-douzième leçon

Je n'y vois pas d'inconvénient

1 – Excuse-moi de te déranger *(si je te dérange)* mais…
2 Tu as pensé à prendre rendez-vous *(commander temps)* chez le pasteur ?
3 – Ça m'est complètement sorti de la tête *(J'ai tout à fait oublié ce)*.
4 – Pourtant tu as terminé plus tôt aujourd'hui,
5 et le presbytère est à deux pas *(sur distance-de-marche)* de ton bureau.
6 – J'ai la mémoire comme une passoire *(J'ai une mémoire-de-poules)*.
7 – Avoue que tu as changé d'avis *(tu t'es repenti)* !

---

2 **hönsminne**, de **minne**, *souvenir*, *mémoire*, et **höns**, nom générique qu'il faut traduire par *poules* ou *volaille*.

3 **ångra sig**, *se repentir* et *changer d'avis*. Notez : **ångra**, *regretter* ; **Jag ångrar ingenting**, *Je ne regrette rien*.

8 – Vem sätter sådana griller i huvudet på dig?
9 Jag är helt enkelt skraj.
10 – För vad?
11 – Min ekonomi är skral [4],
12 lågkonjunkturen sätter myror i huvudet på mig.
13 Jag blir snart tvungen att suga på ramarna.
14 – Men det blir inte dyrare att leva som äkta par!
15 – Du vet inte vad vigselringar [5] kostar.
16 Jag tittade in hos guldsmeden efter jobbet.
17 – Nu fattar jag galoppen: vi köper var sin [6] ring
18 så är det problemet ur världen!
19 – Gärna för mig!

Notes

[4] **skral**, *médiocre, maigre, mauvais*, en parlant de finances ou de salaires ; *patraque*, pour un état de santé : **Vi har det skralt**, *Nous vivons chichement*.

[5] **vigselringar**, de **ring**, *bague*, et **vigsel**, *(célébration du) mariage*. À ne pas confondre avec **äktenskap**, *mariage*.

[6] **var sin**, **var sitt** au neutre, **var sina** au pluriel. Les deux mots peuvent s'écrire en un seul : **De köpte varsin ring**, *Ils ont acheté chacun leur bague* ; **Vi köpte var sin ring**, *Nous avons acheté chacun notre bague*.

***

Övning 1 – Översätt

❶ Vi satt på var sin stol. ❷ De fick var sitt rum. ❸ Glöm inte att beställa tid hos doktorn! ❹ Prästen erkänner att han har dåligt minne. ❺ Äkta par ser ofta sina vigselringar som ett problem när de går på krogen efter jobbet.

Quatre-vingt-douzième leçon / 92

8 – Qui te monte la tête comme ça *(te met de telles lubies dans la-tête sur toi)* ?
9 J'ai tout simplement la trouille.
10 – De *(Pour)* quoi ?
11 – Mes finances ne sont pas au beau fixe *(Mon économie est mauvaise)*,
12 la récession *(basse-conjoncture)* me donne du souci *(met fourmis dans la-tête sur moi)*.
13 Je vais bientôt être obligé de me serrer la ceinture *(sucer sur les-pattes-d'ours)*.
14 – Mais ça ne reviendra pas plus cher de vivre en étant mariés *(comme authentique paire)* !
15 – Tu ne sais pas ce que coûtent des alliances.
16 Je suis passé *(regardais dans)* chez le bijoutier *(l'orfèvre)* après mon travail.
17 – C'est bon, j'ai pigé *(Maintenant je saisis le-galop)* : achetons chacun notre *(nous achetons chacun sa)* bague,
18 comme ça, ce problème-là sera vite réglé *(hors du-monde)*.
19 – Je n'ai rien contre *(Volontiers pour moi)* !

***

Corrigé de l'exercice 1
❶ Nous étions assis chacun sur notre chaise. ❷ Ils ont eu chacun leur chambre. ❸ N'oublie pas de prendre rendez-vous chez le docteur ! ❹ Le pasteur reconnaît qu'il a mauvaise mémoire. ❺ Les couples mariés considèrent souvent leurs alliances comme un problème quand ils vont au café après le boulot.

fyrahundratjugosex

Övning 2 – Fyll i med rätt ord

❶ Tu as la trouille ?
Är du ..... ?

❷ Le monde est petit.
.... är liten.

❸ Notre situation financière est mauvaise.
Vår .... är ..... .

❹ J'ai changé d'avis.
Jag har ...... mig.

❺ La récession est un problème pour le bijoutier.
.... är ett .... för guldsmeden.

Avant la réforme de 1991, c'était le pasteur qui était chargé de la tenue des registres de l'état civil, y inscrivant notamment les naissances. D'où le pourcentage élevé de bébés baptisés dans cet État, pourtant fortement sécularisé. Il y a environ 88% des Suédois qui appartiennent à l'Église de Suède. Depuis 1991, c'est l'administration locale des impôts (!) qui se charge de l'état civil. Le baptême, **dopet**, *et le mariage religieux,* **kyrklig vigsel**, *font cependant toujours*

Nittiotredje lektionen

Du skolkade alltså!

1 – Vi fick våra betyg idag, jag är näst bästa [1] elev i klassen.
2 – Det gläder [2] mig.

Notes

[1] **näst bäst**, *deuxième* par ordre de préférence. Sur le même modèle : **näst sist**, *avant-dernier* ; **Malmö är Sveriges tredje största stad**, *Malmö est la troisième ville de Suède* ("la troisième plus grande") (par sa taille).

Corrigé de l'exercice 2
❶ – skraj ❷ Världen – ❸ – ekonomi – skral ❹ – ångrat – ❺ Lågkonjunkturen – problem –

partie de la vie des Suédois du berceau à la tombe, **från vaggan till graven**, *comme ils aiment à dire. Le* mariage civil, **borgerlig vigsel**, *ne concerne qu'un quart des couples. Quant aux divorces, ils touchent de plein fouet un mariage sur deux,* **vartannat äktenskap**.

Deuxième vague : Leçon 43

Quatre-vingt-treizième leçon

Tu as séché, alors !

1 – On a eu nos bulletins aujourd'hui, je suis deuxième *(immédiatement-après meilleur élève)* **de la classe.**
2 – Ça me fait plaisir.

2 **gläder**, présent du verbe **glädja**, *faire plaisir, réjouir*.

Nittiotredje lektionen

3 – Jag fick betyget **VG** [3] i matte.
4 – Inte illa. Och i de andra ämnena?
5 – Jag är bäst i svenska.
6 – Inte i historia?
7 – Det är en annan femma.
8 Jag har goda kunskaper i historia
9 men läraren ville inte godkänna [4] min senaste uppsats.
10 – Vad handlade den om?
11 – Spanska inbördeskriget, människor som flyr utomlands [5], nånt sånt.
12 – Är du duktig på sport?
13 – Jag fick dispens efter min stukning.
14 – Din stukning?
15 – Kommer du inte ihåg att jag hoppade rep i trappan?
16 – Du skolkade alltså!
17 – Du, jag är plötsligt sugen på glass.
18 Kan du inte stanna där borta?
19 – Du är alltid sugen på en glass där parkeringen är avgiftsbelagd.
20 – Snälla, jag kommer nog att hoppa över en klass [6]!

Notes

3 **VG**, abréviation de **väl godkänd** (litt. "bien reçu"), qui correspond à peu près à notre *très bien* ou *reçu avec mention*. Notez : **godkänd**, *reçu, admis*, ou nos mentions *assez bien / bien* ; **underkänd**, *refusé, insuffisant* ; **MVG**, **mycket väl godkänd**, *excellent*.

4 Nous avons traduit **godkänna**, *approuver, accepter, admettre*, par *donner la moyenne*, puisque c'est bien de cela qu'il s'agit.

Quatre-vingt-treizième leçon / 93

3 – J'ai eu un "très bien" en maths.
4 – Pas mal. Et dans les autres matières ?
5 – Je suis la meilleure en suédois.
6 – Pas en histoire ?
7 – Ça, c'est une autre histoire *(un autre cinq)* !
8   J'ai de bonnes connaissances en histoire,
9   mais le professeur n'a pas voulu me donner la moyenne pour *(voulait pas approuver)* ma dernière rédaction.
10 – Quel était le sujet *(Quoi traitait elle sur)* ?
11 – La guerre civile espagnole, des gens qui fuient à l'étranger, quelque chose comme ça.
12 – Tu es forte en *(douée sur)* sport ?
13 – J'en ai été dispensée *(Je reçus dispense)* après mon entorse.
14 – Ton entorse ?
15 – Tu ne te souviens pas que j'ai sauté [à la] corde dans l'escalier ?
16 – Tu as séché, alors !
17 – Dis donc *(Tu)*, j'ai tout à coup envie de manger une glace *(suis sucé sur glace)*.
18   Tu ne peux pas t'arrêter *(là-bas)* ?
19 – Tu as toujours envie de manger une glace là où le stationnement est payant.
20 – S'il te plaît, je vais sans doute sauter une classe !

---

5 **utomlands**, *à l'étranger*, avec ou sans mouvement ; **bo utomlands**, *habiter à l'étranger* ; **resa utomlands**, *partir en voyage à l'étranger*.

6 Avec **klass**, *classe*, et **samhälle**, *société*, nous pouvons former le composé **klassamhälle**, *société de classes*. Notez qu'il y a fusion des deux mots, ce qui explique qu'il n'y ait que deux **s**. Cette règle s'applique aussi pour les autres consonnes dans la formation des composés : **natt**, *nuit*, et **tåg**, *train*, donnent **nattåg**, *train de nuit*.

fyrahundratrettio • 430

93 / Nittiotredje lektionen

▶ Övning 1 – Översätt

❶ Historia är ett svårt ämne. ❷ Många människor flydde utomlands under inbördeskriget. ❸ Hennes uppsats handlar om kyrklig vigsel i Sverige. ❹ Läraren hoppade från det ena ämnet till det andra. ❺ Jag är sugen på att resa utomlands.

***

Övning 2 – Fyll i med rätt ord

❶ C'est une autre histoire.
Det är en ………….

❷ Le stationnement est payant.
Parkeringen är …………..

❸ Les enfants du pasteur ne font jamais l'école buissonnière.
…….. barn ……. aldrig.

❹ Quel est le sujet de son dernier livre ?
Vad ……. hans ……. bok ..?

❺ Je me souviens que tout le monde a sauté une classe après la guerre.
Jag ………… att alla ………… en ….. efter …….

Quatre-vingt-treizième leçon / 93

Corrigé de l'exercice 1

❶ L'histoire est une matière difficile. ❷ Beaucoup de gens ont fui à l'étranger pendant la guerre civile. ❸ Son mémoire traite du mariage religieux en Suède. ❹ Le professeur sautait d'un sujet *(matière)* à l'autre. ❺ J'ai envie de faire un voyage à l'étranger.

***

Corrigé de l'exercice 2

❶ – annan femma ❷ – avgiftsbelagd ❸ Prästens – skolkar – ❹ – handlar – senaste – om ❺ – kommer ihåg – hoppade över – klass – kriget

Quand les Suédois habitent au premier étage d'un immeuble, ils disent : **Vi bor på andra våningen**, *parce que le premier est soit* **nedre botten**, *le rez-de-chaussée, soit* **bottenvåningen**, *le rez-de-chaussée ou quelques marches au-dessus. Pas facile de s'y retrouver !* **Jag bor en trappa upp**, *J'habite au premier. Là, c'est un peu plus clair dans l'esprit d'un Français.*

Deuxième vague : 44ᵉ leçon

Nittiofjärde lektionen

I en svensk-fransk [1] B-film

1 – Redan i början [2] av filmen tycker Britta illa om den där fransmannen.
2 En medelålders man som luktar rakvatten och vitlök.
3 Hon mår illa [3] av den blandningen, till och med på avstånd.
4 Han ser jämt [4] ut som en ledsen hund,
5 ja, som en toffelhjälte trots att de inte är gifta.
6 – Jag såg bara början, men det låter faktiskt föga [5] troligt att Britta kan stå ut med en sådan trist typ.
7 Hur bär hon sig åt [6] för att bli av med honom?
8 – Han insisterar vad hon än [7] säger.

Notes

1 svensk-fransk, *franco-suédois* en parlant d'un film, d'une coproduction, etc. Mais *suédois-français* quand il s'agit d'un dictionnaire.

2 en början, *un commencement* ; början, *le commencement*, sur le modèle de **ansökan**, qui donne **ansökningar** au pluriel. Mais **början** n'a pas de forme de pluriel.

3 Jag mår illa, *J'ai mal au cœur* ; Jag mår dåligt, *Je vais mal*.

4 jämt est synonyme de **alltid** mais il est plus familier.

5 föga, *peu*, à ne pas confondre avec **lite**, qui devant un adjectif ou un participe, se traduit par *un peu*.

6 bära sig åt, *s'y prendre, se conduire*.

Quatre-vingt-quatorzième leçon

Dans un film franco-suédois de série B

1 – Dès le début *(Déjà dans début)* du film, Britta n'aime pas *(trouve mal sur)* ce Français.
2 Un homme entre deux âges qui sent [la] lotion après-rasage et [l']ail.
3 Ce mélange lui donne la nausée, même à *(sur)* distance.
4 Il a tout le temps l'air d'un chien battu *(triste)*,
5 et même *(oui)* d'un mari mené par sa femme *(un héros-de-pantoufle)* bien qu'ils ne soient pas mariés.
6 – Je n'ai vu que le début, mais il semble *(Cela sonne)* en effet peu probable que Britta puisse supporter un type ennuyeux *(triste)* de cette espèce.
7 Elle s'y prend comment pour s'en débarrasser ?
8 – Il insiste quoi qu'elle dise.

HUR RIK HAN ÄN ÄR SER HAN JÄMT UT SOM EN LEDSEN HUND

7 Notez ce type de subordonnée généralisante avec **än** : **vad hon än gör/säger**, *quoi qu'elle fasse/dise* ; **vart han än tittar**, *où qu'il regarde / quelle que soit la direction dans laquelle il regarde*.

9 Så en vacker dag drar hon sin vanliga vals och ropar i näst sista scenen:
10 "Sluta och tjata [8], gå och hämta min medicin i stället"!
11 – Lider hon av någon sjukdom?
12 – Han ställer henne samma fråga.
13 Hon svarar då:
14 "Jag har mer hjärna än hjärta".
15 – Stackars fransman, han tog det bokstavligt!

Note

8 **Sluta och tjata**. Il n'est pas tout à fait correct d'écrire **och**, prononcé *[o]*, à la place de la marque de l'infinitif **att**, mais c'est pourtant ce que vous entendrez très souvent. On écrit en revanche **Sluta att tjata** ou **Sluta tjata!**, *Arrête de me casser les pieds/de m'assommer/de m'empoisonner / N'insiste pas !* La conjonction de subordination **att** est quant à elle toujours prononcée *[att']*. On peut toutefois écrire **sluta och tjata** si l'on

***

Övning 1 – Översätt

❶ Det låter på dig som om det var mitt fel. ❷ Hur rik han än är ser han jämt ut som en ledsen hund. ❸ Hon blev varm om hjärtat när fransmannen kysste henne på handen. ❹ Han är trist och jämt ledsen. ❺ Du bar dig illa åt mot honom.

9 Alors, un beau jour, elle [lui] fait son numéro habituel *(tire sa valse habituelle)* et crie dans l'avant-dernière scène :
10 "Arrête de me casser les pieds *(Arrête et rabâche)*, va plutôt chercher mes médicaments" !
11 – Elle souffre d'une maladie quelconque ?
12 – Il lui pose la même question.
13 Elle [lui] répond alors :
14 "J'ai plus de cervelle que de cœur".
15 – Le pauvre Français, il a pris ça au pied de la lettre *(littéralement)* !

considère qu'il s'agit d'une pseudo-coordination de verbes, comme dans la phrase qui suit : **gå och hämta**, *va chercher*, où là il n'y a plus confusion entre **att**, marque de l'infinitif, et **och**, conjonction de coordination. Vous avez rencontré ce type de pseudo-coordination dans : **Hon satt och sov**, *Elle dormait sur sa chaise*.

***

Corrigé de l'exercice 1
❶ À t'entendre, on croirait que c'est de ma faute *(Ça sonne sur toi comme si c'était ma faute)*. ❷ Tout riche qu'il est, il a tout le temps l'air d'un chien battu. ❸ Elle a été émue *(chaud sur le coeur)* quand le Français lui a embrassé la main. ❹ Il est ennuyeux et tout le temps triste. ❺ Tu t'es mal conduite envers lui.

Övning 2 – Fyll i med rätt ord

1. Ça sent le renard.
   Det ....
2. Il mange de l'ail au lieu de prendre des médicaments.
   Han äter .... i stället för ....
3. Elle a mal au cœur.
   Hon ....
4. De loin, il a l'air d'un homme entre deux âges.
   På .... han .. som en .... man.
5. Elle ne supporte plus sa lotion après-rasage.
   Hon .... inte .. med hans .... längre.

Nittiofemte lektionen

Chefen sätter press på oss journalister

1 – Inom [1] mitt område är det viktigt att bevaka alla de händelser
2 som kan vara ett hot mot fred och säkerhet.
3 I regel nöjer vi oss sällan med andrahandsinformation.

Remarque de prononciation
(Titre) journalist se prononce *[chournalist]*.

Note

1. Vous avez rencontré la préposition **inom** dans **inomhus**, *à l'intérieur, à la maison*. **Inom** a un sens spatial et temporel : **Inom mitt område**, *dans mon domaine* ; **Inom 24 timmar**, *dans les / d'ici 24 heures*. Le contraire de **inom** est **utom** (cf. **utomlands**, leçon 93). La préposition **utom** signifie notamment *hors de* ou *sauf, excepté* : **Alla utom jag**, *Tout le monde sauf moi*.

Corrigé de l'exercice 2

❶ – luktar räv ❷ – vitlök – medicin ❸ – mår illa ❹ – avstånd ser – ut – medelålders – ❺ – står – ut – rakvatten –

*Non contente d'emprunter certains mots français comme ceux que nous avons mentionnés à la leçon 17, la Suède a aussi qualifié de français certains phénomènes : **långfranska** est un pain long, un bâtard ; **en fransysk** ou **en fransk visit**, une courte visite, une brève apparition ; **en fransyska** désigne une Française, mais aussi un morceau de bœuf, le romsteck ou la culotte, sans aucun doute à cause de sa tendresse ! **Ett franskt fönster** est une porte-fenêtre. À côté du nom **fransman** pour désigner un Français, le suédois connaît également **fransos**, ironique ou péjoratif.*

Deuxième vague : 45ᵉ leçon

Quatre-vingt-quinzième leçon

Le chef nous met la pression [à nous autres] journalistes

1 – Dans mon domaine, il est important de couvrir tous les événements
2   susceptibles *(qui peuvent)* d'être une menace contre [la] paix et [la] sécurité.
3   En règle [générale], nous nous contentons rarement de *(avec)* renseignements de seconde main.

4 Om chefredaktören ber en [2] att ta första flyget till den eller den oroshärden,
5 så hinner man sällan ta sitt pick och pack.
6 En gång landade jag mitt i öknen utan deodorant
7 och fick sova under bar himmel.
8 – Avundas [3] du reportrarna på lokaltidningarna?
9 – Nej, jag ångrar ingenting, det behövs [4] ingen akademisk utbildning
10 för att skriva notiser om överkörda [5] katter och påkörda tanter.
11 Våra praktikanter är inte torra bakom öronen.
12 – Det är din uppgift att lära upp dem.
13 – I regel får de kalla fötter när jag ber dem följa med.

Notes

2 **en** est la forme objet du pronom **man** ; le français a ici le plus souvent recours à *nous* : *Det är ingen som bryr sig om en när man blir sjuk*, *Il n'y a personne qui s'occupe / pour s'occuper de nous quand on tombe malade*. Il existe aussi une forme pour le génitif qui est rendue alors par *notre / nos* : *Man lider också när ens barn blir sjuka*, *On souffre aussi quand nos enfants tombent malades*. **En** et **ens** ne peuvent être utilisés que lorsque le locuteur est inclus dans le pronom **man**.

***

Övning 1 – Översätt

❶ Vi journalister måste bevaka många händelser i hela världen. ❷ Hon avundas honom inte hans jobb som reporter. ❸ Han tog första flyget för säkerhets skull. ❹ Hon vill inte nöja sig med att vara näst bäst i klassen. ❺ Tanten körde över en katt som sprang över vägen.

Quatre-vingt-quinzième leçon / 95

4 Si le rédacteur en chef nous demande de prendre le premier vol pour tel ou tel point chaud *(le ou le foyer-de-troubles)*,
5 alors on a rarement le temps de plier bagage.
6 Une fois, j'ai atterri en plein désert sans [mon] déodorant
7 et j'ai dû dormir à la belle étoile *(sous nu ciel)*.
8 – Tu envies les reporters des journaux locaux ?
9 – Non, je ne regrette rien ; il n'est pas nécessaire d'avoir une formation universitaire *(académique)*
10 pour écrire des entrefilets *(notices)* sur des chiens *(chats)* écrasés et des bonnes femmes renversées.
11 Si on pressait le nez à nos stagiaires, il en sortirait du lait *(Nos stagiaires sont pas secs derrière les-oreilles)*.
12 – Ta mission consiste justement à *(C'est ta mission de)* les former.
13 – En règle générale, ils se dégonflent *(attrapent ils froids pieds)* quand je leur demande de m'accompagner.

---

3 **avundas** est un verbe déponent.
4 **behövs**, de **behövas**, verbe déponent qui se traduit par *être nécessaire* ; Om det behövs, *S'il le faut*.
5 **överkörda**, participe passé du verbe **köra över**, *écraser, passer sur le corps* ; **påkörda**, participe passé de **köra på**, *heurter, renverser*.

***

Corrigé de l'exercice 1
❶ Nous autres journalistes sommes obligés de couvrir de nombreux événements dans le monde entier. ❷ Elle ne lui envie pas son job de reporter. ❸ Il a pris le premier vol pour plus de sûreté. ❹ Elle ne veut pas se contenter d'être la deuxième de la classe. ❺ La bonne femme a écrasé un chat qui traversait la route en courant.

Övning 2 – Fyll i med rätt ord

❶ Ce reporter n'a aucune formation universitaire.
Den här .... har inte någon .... utbildning.

❷ En règle générale, nous dormons à la belle étoile en été.
I ..... sover vi .... på ....

❸ Les stagiaires se contentent de renseignements de seconde main.
Praktikanterna .... med ....

❹ À quelle heure atterrissons-nous ?
Hur .... vi?

❺ Il a plié bagage en oubliant son déodorant.
Han ... sitt .... men glömde sin ....

96

Nittiosjätte lektionen

Enfin une leçon qui exploite les ressources du présent historique.

En såpa med oväntad upplösning

1 – Såg du sista delen av tv-såpan i går kväll?
2 – Avsnittet med en tät amerikan som drar en kniv under luciafirandet [1]?

Note

1 **luciafirandet** n'est pas tout à fait la même chose que **luciafesten**, bien qu'il s'agisse dans les deux cas de *la fête de la Sainte-Lucie*. **Luciafesten** désigne la fête de la Sainte-Lucie, **luciafirandet**, cette même fête dans sa célébration (voir note culturelle en fin de leçon). Le participe présent utilisé comme nom insiste sur le processus exprimé par le verbe, ici **fira**, *fêter*, *célébrer*.

Corrigé de l'exercice 2

❶ – reportern – akademisk – ❷ – regel – under bar himmel – sommaren ❸ – nöjer sig – andrahandsinformation ❹ – dags landar – ❺ – tog – pick och pack – deodorant

*La Suède compte plus de 150 quotidiens payants qui sont de deux types : les journaux du matin, **morgontidningarna**, dont 95% (!) des numéros sont vendus par abonnement, et ceux du soir, **kvällstidningarna**, qui sont vendus en kiosque et paraissent en début d'après-midi ou fin de matinée dans les grandes villes. Parmi les premiers – au rayonnement national –, mentionnons **Dagens Nyheter** et **Svenska Dagbladet**. Parmi les seconds, il faut surtout retenir **Expressen** et **Aftonbladet**, tous deux largement diffusés grâce à leur style polémiste et leur goût du sensationnel.*

Deuxième vague : 46ᵉ leçon

Quatre-vingt-seizième leçon

Un soap au *(avec)* dénouement inattendu

1 – Tu as vu la dernière partie du soap à la télé hier soir ?
2 – L'épisode où il y a un Américain cossu qui sort un couteau alors qu'on fête la Sainte-Lucie ?

3 – Lotta som lucia med en ljuskrans som sätter eld på hennes hår...

4 – ... Pensionärerna som nästan tappar garnityret när de grips av panik...

5 – ... Och så den där amerikanen som tar av sig tröjan, skjortan och undertröjan...

6 – ... Och kastar sig över Lotta vars [2] fläta börjar gnistra som en antänd krutstubin [3].

7 – Jag märkte inte det.

8 – Jo! Han drar en fällkniv ur bakfickan, skär av flätan,

9 rusar in i badrummet och kommer tillbaka med en våt handduk.

10 När hon återfår medvetandet efter två och en halv timma [4]

11 tänder han en cigarett och säger lugnt:

12 "Du ser faktiskt snyggare ut utan fläta"!

Notes

2 **vars**, *dont* en tant que complément de nom, précède immédiatement le nom qu'il détermine. Ce pronom appartient surtout à la langue écrite. À ne pas confondre avec cet autre *dont*, complément de verbe : **Kvinnan, som han talade om, hade en fällkniv i bakfickan**, *La femme, dont il parlait, avait un canif dans sa poche revolver*.

***

Övning 1 – Översätt

❶ Amerikanen lyckades släcka elden innan de greps av panik. **❷** Hon försökte skära av repet med en fällkniv. **❸** Sista avsnittet varade i tre och en halv timma. **❹** En tuff polis rusade in i rummet och kastade sig över tjuven. **❺** Du kommer att bli våt i håret.

Quatre-vingt-seizième leçon / 96

3 – Lotta en *(comme)* Sainte-Lucie avec une couronne de bougies qui met le feu à ses cheveux…
4 – … Les retraités qui [en] perdent presque leur dentier *(la-garniture)* quand ils sont pris de panique…
5 – … Et puis cet Américain qui retire son pull, sa chemise, *(et)* son maillot de corps…
6 – … Et se jette sur Lotta dont la natte commence à scintiller comme une mèche de poudre allumée.
7 – Je ne l'avais pas remarqué *(remarquais pas ce)*.
8 – [Mais] si ! Il sort un canif de sa poche revolver, coupe la natte,
9 entre précipitamment dans la salle de bains et revient avec une serviette mouillée.
10 Quand elle reprend ses esprits *(récupère la-conscience)* au bout de deux heures et demie *(deux et une demi heure)*,
11 il allume une cigarette et [lui] dit calmement :
12 "Tu sais, tu es nettement plus jolie *(tu es effectivement plus jolie)* sans natte" !

---

3 krutstubin, de **krut**, *poudre*, et **stubin**, *mèche* ; **Hon har kort stubin**, *Elle est soupe au lait / Elle se met facilement en colère* ; **Det är krut i henne**, *Elle pète le feu* ; **Han sparar inte på krutet**, *Il met le paquet*.

4 **Tvâ och en halv timma**, *deux heures et demie*. Le nom, ici **timma**, reste au singulier après **en halv** même quand celui-ci, ou sa forme neutre **ett halvt** en fonction du genre, est précédé de **tvâ och, tre och**, etc.

***

Corrigé de l'exercice 1

❶ L'Américain a réussi à éteindre le feu avant qu'ils ne soient pris de panique. ❷ Elle a essayé de couper la corde avec un canif. ❸ Le dernier épisode durait trois heures et demie. ❹ Un policier intrépide s'est précipité dans la pièce et s'est jeté sur le voleur. ❺ Tu vas avoir les cheveux mouillés.

fyrahundrafyrtiofyra

Övning 2 – Fyll i med rätt ord

❶ Elle a vu un épisode au dénouement inattendu.
   Hon såg ett .... med ....

❷ Enlève ton pull !
   Ta .. dig ...... !

❸ On passe un soap télévisé en deux parties ce week-end.
   De visar en tv- ..... två ..... i helgen.

❹ Sa couronne de bougies étincelait quand il a éteint la lumière.
   Hennes .... gnistrade när han .... ljuset.

❺ Le Français a perdu son dentier dans la salle de bains.
   .... garnityret i ....

97

Nittiosjunde lektionen

Humaniora eller företagsekonomi

1 **E**fter **f**em års aka**de**misk ¹ **u**tb**i**ldning och en
   massa **hö**gskolepo**ä**ng ²
2 bor **G**ö**r**an **f**ort**fa**rande i en **a**ndrahandslägenh**e**t
   som han de**l**ar ³ med en **ko**mpis.

Remarque de prononciation

(2), (4), (11) Notez ici encore le déplacement de l'accent secondaire dans les composés : lägenhet *[lè:gënHé:t]*, mais andrahandslägenhet *[an'draHan'(d)slègënHé:t]* ; utsikter *[u:tsiktër]*, mais framtidsutsikter *[fram'titsutsiktër]* ; samhället *[sam'hèl-lët]*, mais konsumtionssamhället *[kon'sŭmchou:nssam'hèl-lët]*.

 Notes

1 Après un génitif en **s** qui sert à indiquer une mesure, l'adjectif reste à la forme indéfinie (sans le **a**).

Corrigé de l'exercice 2

❶ – avsnitt – oväntad upplösning ❷ – av – tröjan ❸ – såpa i – delar – ❹ – ljuskrans – släckte – ❺ Fransmannen tappade – badrummet

La fête de la Sainte-Lucie tombe tous les ans le 13 décembre. Une jeune fille aux longs cheveux blonds, sélectionnée à l'initiative de la presse locale comme "Lucia" de l'année, sera à la tête d'un cortège, **luciatåg***, vêtue d'une longue robe blanche munie d'une ceinture rouge, coiffée d'une couronne de ramilles d'airelles garnie de bougies… électriques. Sainte-Lucie, suivie de ses demoiselles d'honneur et parfois de garçons d'honneur,* **stjärngossar***, "gosses-étoile", sont censés apporter le réconfort de la lumière en cette longue nuit d'hiver. On célèbre la Sainte-Lucie,* **man lussar***, à l'école, dans des maisons de retraite ou à la maison, en chantant. Le café sera au rendez-vous ainsi que des* **lussekatter***, brioches au safran et aux raisins secs. C'est très bon, mais il faut se lever diablement tôt !*

Deuxième vague : 46ᵉ leçon

Quatre-vingt-dix-septième leçon

Sciences humaines ou économie d'entreprise

1 Au bout de *(Après)* cinq ans de formation universitaire et un tas de crédits ECTS *(points d'école supérieure)*,
2 Göran habite toujours un appartement en sous-location qu'il partage avec un copain.

---

2 **högskolepoäng**, de **högskola**, *université, école supérieure*, et **poäng**, *point, note, unité de valeur*, aujourd'hui *crédit*.
3 **delar**, présent du verbe **dela**, *partager, diviser* : **dela fyra med två**, *diviser quatre par deux*.

3 – Tänk att jag hade kunnat plugga
företagsekonomi och ha mitt på det torra nu!
4 – Jämfört [4] med mig har du goda framtidsutsikter.
5 I våras fick du ju en praktikantplats som copywriter,
6 medan jag får nöja mig med att spela jultomte
på gågatan och dela ut julklappar [5]!
7 – Att skriva reklamtexter om kattmat är inte
speciellt upplyftande,
8 i synnerhet inte [6] när man måste kläcka idéer
under hård press.
9 Vilket [7] är raka motsatsen till min diktarnatur.
10 – Vad kan din så kallade diktarnatur ge dig att
käka nuförtiden?
11 Humanisterna är utrotningshotade sedan
60-talet uppfann konsumtionssamhället.
12 Sadla om och sök till naturvetarlinjen!
13 Du kan bli veterinär och skriva avhandlingar
om utrotningshotade arter.

Notes

4 jämfört, participe passé de **jämföra**, *comparer*. L'abréviation Jfr, sans point, correspond à notre *Cf.* dans les notes de bas de page par exemple.

5 julklappar, *cadeaux de Noël*, (litt. "coups de Noël"), puisque traditionnellement on se glissait jusqu'à la porte de la personne à qui le cadeau était destiné, on frappait à la porte et jetait l'objet à l'intérieur. Le nom **(jul)klapp** ne s'utilise qu'à Noël pour désigner un *cadeau*. Sinon, on dit **present** : **födelsedagspresent**, *cadeau d'anniversaire*.

6 La négation **inte** s'impose ici puisque la proposition précédente la contient ; elle est le plus souvent omise en français. Les Suédois sont plus conséquents.

7 La forme neutre de **vilken, vilket**, renvoie à toute une proposition. Ici, ce pronom est relatif (à ne pas confondre avec son homonyme qui est

Quatre-vingt-dix-septième leçon / 97

3 – Dire que j'aurais pu étudier l'économie d'entreprise et être à l'abri du besoin *(avoir mien sur le sec)* maintenant !
4 – Comparé à *(avec)* moi, tu as de bonnes perspectives d'avenir.
5 Voyons, le printemps dernier tu as obtenu un poste de stagiaire comme rédacteur publicitaire,
6 alors que moi je dois me contenter *(avec)* de faire le père Noël dans la rue piétonne et de distribuer des cadeaux !
7 – Écrire des textes publicitaires sur de la nourriture pour chats n'a rien d'exaltant *(n'est pas spécialement exaltant)*,
8 surtout *(surtout pas)* quand il faut trouver *(faire éclore)* des idées sous une énorme pression *(dure presse)*.
9 Ce qui *(Lequel)* est exactement contraire à *(le droit contraire de)* ma nature de poète.
10 – Qu'est-ce que ta soi-disant *(ainsi appelée)* nature de poète peut te donner à bouffer de nos jours ?
11 Les diplômés en sciences humaines sont menacés d'extinction depuis que les années 1960 ont inventé la société de consommation.
12 Change ton fusil d'épaule *(de selle)* et fais une demande d'inscription *(postule)* à la filière scientifique !
13 Tu pourras devenir vétérinaire et écrire des traités sur des espèces menacées d'extinction.

---

interrogatif). À la différence de **som**, **vilken** peut être précédé d'une préposition : **Kvinnan, med vilken han gifte sig, är snäll**, *La femme, avec laquelle il s'est marié, est gentille*. La langue parlée préfère la tournure avec **som** qui peut – vous vous en souvenez – lui aussi être omis : **Kvinnan, (som) han gifte sig med, är snäll**. Remarquez que la préposition **med** se trouve à la fin de la proposition subordonnée. On peut remplacer **vilket** – qui renvoie à une proposition – par **något som**.

fyrahundrafyrtioåtta • 448

▶ Övning 1 – Översätt

❶ Tänk att jag hade kunnat bli copywriter! **❷** Innan han blev veterinär skrev han reklamtexter om kattmat. **❸** Uppfinnandet av krutet. **❹** Humanisten var så desperat att han delade ut sin avhandling på gågatan. **❺** Det går inte att jämföra humaniora med företagsekonomi.

***

Övning 2 – Fyll i med rätt ord

❶ De nombreuses espèces sont menacées d'extinction.
Många ..... är ....

❷ Tes perspectives d'avenir sont meilleures que les miennes.
Dina .... är ...... än ..... .

❸ Ton copain est tout le contraire de toi.
Din ...... är .... till dig.

❹ Elle a essayé de changer d'orientation le printemps dernier.
Hon försökte .... i ....

❺ Les natures de poète n'aiment pas travailler sous la pression.
.... arbetar inte ..... under ..... .

Le nom **högskola** *est un générique qui désigne les établissements publics d'enseignement supérieur, dont les universités. Sans entrer dans le détail de toutes les facultés qui ressemblent aux nôtres, disons pour simplifier, et apporter quelques notions utiles au cas où l'envie vous prendrait d'aller étudier en Suède, qu'il existe d'une part ceux qui étudient* les lettres et sciences humaines *au sens large,* **humaniora**, *et qu'on nomme* **humanister**, *avec ou sans diplôme, et ceux qui sont inscrits à la faculté scientifique,* **naturvetenskapliga fakulteten**, *et qu'on appelle familièrement* **naturvetare**. **Litteraturvetare** *désigne*

Quatre-vingt-dix-septième leçon / 97

Corrigé de l'exercice 1
❶ Dire que j'aurais pu devenir rédacteur publicitaire ! ❷ Il rédigeait des textes publicitaires sur de la nourriture pour chats avant de devenir vétérinaire. ❸ L'invention de la poudre. ❹ Le diplômé en sciences humaines était tellement désespéré qu'il distribuait sa thèse dans la rue piétonne. ❺ Il est impossible de comparer les sciences sociales et humaines à l'économie d'entreprise.

***

Corrigé de l'exercice 2
❶ – arter – utrotningshotade ❷ – framtidsutsikter – bättre – mina ❸ – kompis – raka motsatsen – ❹ – sadla om – våras ❺ Diktarnaturer – gärna – press

celui ou celle qui étudie **litteraturvetenskap**, *chez nous la* littérature comparée. *Il s'agit donc d'un(e)* littéraire. *Quant au* **språkvetare**, *sa matière est* **språkvetenskap**, *ce qui correspond à notre filière des sciences du langage. Il n'est pas nécessaire d'avoir publié des traités pointus sur les fondements de la morale pour être* **filosof** *; ce terme désigne aussi un* étudiant en philosophie, *de même que* **samhällsvetare** *désigne un* étudiant en sociologie *!*

Deuxième vague : 48ᵉ leçon

Nittioåttonde lektionen

Repetition – Révision

1 Savoir calculer

Il peut être utile d'apprendre à compter ; cela sert toujours avant de retirer de l'argent au distributeur, **ta ut pengar på bankomaten**. Vous le savez : **Två plus två är (lika med) fyra**, *Deux plus deux font ("égalent") quatre* ;
Fem minus tre är två, *Cinq moins trois font deux* ;
Två gånger tre är sex, *Deux fois trois font six* ;
Femton delat med tre är fem, *Quinze divisé par trois donne cinq*.
Notez bien ce chiffre insolite, **femtielva**, "cinquante et onze": **Det har jag sagt femtielva gånger redan**, *Je l'ai déjà dit trente-six mille fois* ; **för femtielfte gången**, *pour la énième fois*.
Bon à savoir également : **ett hekto skinka**, *cent grammes de jambon* ; **tretton på dussinet**, *treize à la douzaine* ou *à la pelle*.

2 Pseudo-coordination de verbes

Pojken går och läser, *Le garçon lit en marchant* ou *Le garçon se promène en lisant*. Il s'agit ici d'une véritable coordination de deux verbes, chacun étant porteur d'une signification.
Avec les mêmes verbes maintenant, mais dans un sens tout à fait différent : **Pojken går och läser för prästen**, *Le garçon fait son instruction religieuse / va au catéchisme*. Ici, **gå** a une signification très atténuée ; en effet il n'est pas nécessaire de marcher pour recevoir une instruction religieuse.
Autre exemple où **gå** indique un changement d'état : **Hon gick och gifte sig**, *Elle s'est mariée*.
Dans ce type de construction, fréquente et propre à la langue parlée, le verbe **ta** indique une initiative à prendre ou déjà prise : **Ska vi ta och öppna fönstret?**, *Si on ouvrait la fenêtre ?* ; **Hon tog och öppnade fönstret**, *Elle s'est mise à ouvrir la fenêtre*.

Quatre-vingt-dix-huitième leçon

3 Langue familière, langue écrite, formes dialectales

Tout au long de cet ouvrage, aussi bien dans les dialogues que dans les notes, nous avons délibérément choisi de vous enseigner le suédois parlé. Il vous est arrivé toutefois de rencontrer quelques phrases ou expressions empruntées à la langue écrite ou qui contiennent des tournures familières, voire dialectales. Le temps est venu d'y revenir et de nous pencher sur certaines particularités.

Leçon 27, note culturelle : **Blott** Sverige svenska krusbär **har**. Ici **blott** est un synonyme littéraire de **bara**. Le rejet du verbe à la fin de la phrase donne à celle-ci une tournure qu'on retrouve dans certaines locutions figées.

Leçon 71, note culturelle : **Ju** fler kockar, **desto** sämre soppa. Vous rencontrerez aussi **dess** ou parfois **ju** à la place de **desto**. **Ju simplare, ju enklare**, *Plus c'est simple, plus c'est facile* (d'après le poète Johan Henric Kellgren, 1751-1795) !

Ne confondez pas l'adverbe **dess** avec le possessif **dess** que nous n'avons jamais abordé puisqu'il appartient à la langue écrite. **Dess** est le génitif de **den** et **det** ; il s'utilise donc quand le possesseur peut être remplacé par **den** ou **det** : **Kriget och dess offer**, *La guerre et ses victimes*. En réalité, vous aviez déjà rencontré ce génitif dans **dessutom**, *en outre*, ou **tills**, abréviation de **till dess**, *jusqu'à ce que*. Nous avions déjà signalé que les prépositions régissaient certains cas : accusatif, datif, génitif.

Leçon 86, note culturelle : **Våran** prost är rund som en ost. **Våran** est synonyme de **vår**. C'est une forme plus familière ou dialectale que proprement littéraire. **Vårat** est la forme du neutre. Les formes correspondantes de **er** sont **eran** et **erat**.

Fin de la leçon 91 : Vem kan segla **förutan** vind. Les prépositions connaissent des formes longues, parfois utilisées pour des raisons rythmiques ou avec un sens légèrement différent. Vous connaissiez déjà **emellan**, variante de **mellan**.

Fin de la leçon 91 : Men **ej** skiljas från vännen **min**. Le possessif peut être placé après le nom, pour la rime ou la frime. **Ej** est synonyme de **inte**, mais appartient à la langue formelle. Vous trouverez cette négation surtout sur des panneaux d'interdiction comme **Obehöriga äga ej tillträde**, *Défense d'entrer / Entrée interdite au public* (litt. "Non qualifiés possèdent pas accès"). Une dernière remarque : vous lisez **äga** et non **äger**. Avant la Seconde Guerre mondiale, les verbes connaissaient au présent une forme du pluriel identique à l'infinitif, sauf le verbe **vara**, *être*, qui donnait **äro**. On rencontre encore cette forme dans certains proverbes comme **Lika barn leka bäst**, *Qui se ressemble s'assemble* (litt. "Enfants semblables jouent mieux").

4 *Väder(leks)rapporten*, le "rapport sur le temps qu'il fait"

La météo se dit **väderleken**, "jeu du temps qu'il fait". En effet, le temps est capricieux sous les latitudes suédoises, mais les prévisions, **prognoserna**, sont plutôt fiables. Écoutez donc le bulletin météo, **väderleksrapporten** ou **väderrapporten**, avant

***

▶ Repetitionsdialog

1 – För tio år sedan ville jag bli veterinär.
2 Men jag var för dålig i matte.
3 Efter första året hittade jag en praktikantplats på en lokaltidning.
4 Jag skrev en massa notiser om överkörda katter.
5 En vacker dag ringde mig chefredaktören full av beundran över mina historier om lidande katter och hundar.
6 – Erkänn att du blev varm om hjärtat!
7 – Mitt hjärta hoppade av glädje!
8 Det lät på honom som om jag var världens duktigaste journalist.
9 "Skulle du inte vara sugen på att skriva väderrapporten?", frågade han.
10 "Folk grips av panik när de läser prognoserna och flyr utomlands".

Quatre-vingt-dix-huitième leçon / 98

d'entreprendre une excursion en montagne, **berg**, ou **fjäll** – ces derniers étant plus élevés et situés dans le nord du pays. Monsieur Météo vous présentera la Suède en la divisant en trois segments du sud vers le nord : **Götaland**, **Svealand** et **Norrland**. Si vous entendez le mot **lågtryck**, *dépression*, ou lisez un **L** sur une carte, sortez vos parapluies. À l'inverse, au moindre **högtryck**, *anticyclone*, symbolisé par un **H**, faites comme l'Américain de la leçon 96, ôtez votre pull ! Sachez que lorsqu'il fait très chaud – ce qui peut arriver lors d'une *canicule* –, **värmebölja**, les Suédois ne disent pas **Det är varmt**, mais **Det är hett**, litt. "Il fait brûlant". Ils restent alors *à l'ombre*, **i skuggan**. La période allant du 23 juillet au 23 août, qui est ou peut être chaude et humide, s'appelle **rötmånad**, "mois de pourrissement". Les dictionnaires traduisent ce terme par "canicule".

Enfin, parole de marin : lorsque vous voyez que le soleil couchant pâlit avant d'atteindre la ligne d'horizon, **när solen går ner i säck**, "quand le soleil se couche en sac", c'est signe de mauvais temps !

***

11 Tack vare min diktarnatur har ett högtryck legat över Sverige i snart nio år nu!
12 – Och folk märker ingenting?
13 – Svenskarna läser inte tidningen längre, de har fått Internet på hjärnan.

Traduction

1 Il y a dix ans, je voulais faire vétérinaire. **2** Mais j'étais trop mauvaise en maths. **3** Au bout de la première année, j'ai trouvé un poste de stagiaire dans un journal local. **4** J'ai écrit une quantité d'entrefilets sur des chiens *(chats)* écrasés. **5** Un beau jour, le rédacteur en chef m'a téléphoné, plein d'admiration devant mes histoires de chats et de chiens souffrants. **6** Avoue que ça t'a fait chaud au cœur ! **7** Mon cœur en a bondi de joie ! **8** À l'entendre, on aurait cru que j'étais la journaliste la plus douée au monde. **9** "Vous n'auriez pas envie de rédiger le bulletin météo ?", m'a-t-il demandé. **10** "Les gens sont pris de panique en lisant les prévisions et fuient à l'étranger". **11** Grâce à ma nature de poète, voilà bientôt neuf ans qu'un anticyclone est situé sur la Suède ! **12** Et les gens ne remarquent rien ? **13** Les Suédois ne lisent plus les journaux, ils n'ont qu'Internet en tête.

Övning – Översätt

❶ Man får suga på ramarna när ens ekonomi är skral.
❷ Chefen sätter press på en om man får kalla fötter.
❸ Hon får pensionärsrabatt hur gammal hon än är. ❹ Det är inte speciellt upplyftande att spela jultomte på gågatan, i synnerhet inte när föräldrarna tjatar på sina barn. ❺ Hon hoppade från näst högsta våningen när amerikanen hotade henne med en kniv.

Nittionioende lektionen

En fem man ¹ stark besättning

1 Några ord om mig och mina projekt!
2 Efter flera månaders tankearbete framför dataskärmen
3 behöver jag verkligen vidga min horisont.
4 Om en dryg vecka ² går jag ombord på en gammal båt och seglar i Östersjön.
5 Mina gastar är inte okända för dig.
6 Tack vare Lottas skarpa blick är jag övertygad om
7 att vi aldrig kommer att krocka med någon rysk ubåt.
8 Gustav är beredd på att skala potatis, steka ägg och spela fiol.
9 Nisse tänker läsa Karl-Alfred för oss.
10 Och med Bosse, som är samarit i Kristianstad, kan vi känna oss trygga ³.

Remarque de prononciation
(10) Kristianstad se prononce *[krichan'sta]* ou *[chan'sta]*.

Notes

1 Quand le nom **man** est synonyme de **person**, il reste au singulier : **en besättning på 20 man**, *un équipage de 20 personnes*.

455 • fyrahundrafemtiofem

Traduction

❶ On est bien obligé de se serrer la ceinture quand notre situation financière est mauvaise. ❷ Le chef nous met la pression si on se dégonfle. ❸ Elle aura la réduction de retraités quel que soit son âge. ❹ Cela n'a rien d'exaltant de faire le père Noël dans la rue piétonne, surtout quand les parents crient après leurs enfants. ❺ Elle a sauté de l'avant-dernier étage quand l'Américain l'a menacée d'un couteau.

Deuxième vague : 49ᵉ leçon

Quatre-vingt-dix-neuvième leçon

Un équipage de cinq personnes *(Un cinq homme fort équipage)*

1 Quelques mots sur moi et mes projets !
2 Après plusieurs mois de travail intellectuel devant mon écran d'ordinateur,
3 j'ai vraiment besoin d'élargir mon horizon.
4 Dans une bonne semaine, je vais m'embarquer sur un vieux bateau et naviguer dans la Baltique.
5 Mes coéquipiers ne vous sont pas inconnus.
6 Grâce au regard perçant de Lotta, je suis convaincu
7 que nous n'entrerons jamais en collision avec un sous-marin russe.
8 Gustav est prêt à éplucher des pommes de terre, faire des œufs au plat et jouer du violon.
9 Nisse a l'intention de nous lire [des] Popeye.
10 Et avec Bosse, qui est secouriste à Kristianstad, nous pourrons nous sentir en sécurité.

---

2 **om en dryg vecka** ou **om drygt en vecka**, *dans une bonne semaine*.
3 L'adjectif **trygg** n'est pas tout à fait synonyme de **säker**, *sûr*. Il se traduit plutôt par *en sûreté*, *en sécurité* ou *à l'abri*.

11 Vi sätter kurs mot Öland, därefter norrut mot Gotland.

12 Följ instruktionerna i nästa lektion om du vill få reda på få del av destinationshamnen!

***

Övning 1 – Översätt

❶ I fjol spelade han fiol. ❷ Öland och Gotland ligger i Östersjön. ❸ Vad äter Karl-Alfred för att bli stark? ❹ Jag är övertygad om att de kommer att sätta kurs mot en tryggare hamn. ❺ Han äter bara stekt potatis efter flera veckors tankearbete.

***

Övning 2 – Fyll i med rätt ord

❶ Le port de destination est inconnu.
.... är ......

❷ Dans trois bons mois, nous serons fixés.
Om ..... tre månader kommer vi att ....

❸ Ils cinglent vers le nord.
De seglar ....

❹ Le sous-marin russe met le cap sur l'horizon.
Den .... sätter kurs mot ....

❺ Il l'a suivie des yeux.
Han ...... henne med ....

Quatre-vingt-dix-neuvième leçon / 99

11 Nous mettrons le cap sur l'île d'Öland, ensuite vers le nord sur celle de Gotland.
12 Suivez les instructions de la leçon suivante si vous voulez être informé de notre port de destination !

***

Corrigé de l'exercice 1
❶ L'année dernière, il jouait du violon. ❷ Les îles de Öland et Gotland sont situées dans la mer Baltique. ❸ Que mange Popeye pour avoir de la force ? ❹ Je suis persuadé qu'ils vont mettre le cap sur un port plus abrité. ❺ Il ne mange que des pommes de terres sautées après plusieurs semaines de travail intellectuel.

***

Corrigé de l'exercice 2
❶ Destinationshamnen – okänd ❷ – drygt – få besked ❸ – norrut ❹ – ryska ubåten – horisonten ❺ – följde – blicken

Les bandes dessinées, **tecknade serier** (litt. *"séries dessinées"*) *sont un excellent moyen pour entretenir une langue étrangère. De célèbres personnages de bande dessinée,* **seriefigurer**, *ont souvent été rebaptisés. Vous avez pu le constater grâce à l'exemple de Popeye.* **Karl-Alfred** *est le nom d'un marin qui revient souvent dans les poèmes et les chansons d'Evert Taube (1890-1976), troubadour connu de tous les Suédois, qui s'est inspiré de Bellman, et dont les motifs récurrents sont principalement la mer et l'amour.*

Deuxième vague : 50ᵉ leçon

Hundrade lektionen

Vi håller kontakten!

1. Det är medan vi är ute och seglar på öppet hav
2. som du kommer att plöja om de femtio sista lektionerna.
3. Andra vågen, den så kallade aktiva fasen, är nämligen inte slut ännu.
4. Till skillnad från oss kan du vara säker på att ha medvind.
5. På ett villkor dock: låt flitens lampa brinna!
6. Men du får inte plugga i dig som en besatt alla ord och meningar!
7. Utantilläxor strider nämligen mot våra principer.
8. När du är klar med den aktiva fasen kommer du att tala svenska ledigt.
9. Då har vi fått vårt gemensamma projekt i hamn.
10. Det står dig fritt att bestämma hur du sedan vill fördjupa och förkovra dina kunskaper.
11. Surfa på nätet, läs tidningar och deckare, och missa inte en svensk film!
12. Tala svenska så snart tillfället erbjuder sig!
13. Hör av dig med flaskpost och berätta hur det känns att tala det här fina språket!
14. Vi håller kontakten.
15. Tack och lycka till!
16. Adjöss!

Centième leçon

Restons en contact !

1 C'est pendant que nous serons partis naviguer en pleine mer *(sur ouverte mer)*
2 que vous allez labourer une deuxième fois les *(relabourer les)* cinquante dernières leçons.
3 Eh oui, la deuxième vague, la phase dite "d'activation" *(active)*, n'est pas encore terminée !
4 Contrairement à *(À la différence de)* nous, vous pouvez être sûr d'avoir le vent en poupe *(vent-avec)*.
5 À une condition cependant : travaillez avec assiduité *(laissez brûler la-lampe de l'assiduité)* !
6 Mais il ne faut pas vous fourrer dans la tête tous les mots et toutes les phrases comme un possédé !
7 Les leçons [apprises] par cœur sont en effet contraires à *(luttent contre)* nos principes.
8 Vous parlerez suédois naturellement quand vous aurez terminé la phase d'activation *(active)*.
9 Nous aurons alors mené notre projet commun à bon port.
10 Libre à vous de décider comment vous voudrez ensuite approfondir et perfectionner vos connaissances.
11 Surfez sur le Web, lisez des journaux et des polars, et ne loupez pas un film suédois !
12 Parlez suédois dès que l'occasion se présente *(s'offre)* !
13 Donnez-nous de vos nouvelles à l'aide d'une bouteille à la mer *(bouteille-courrier)* et racontez-nous l'effet que ça fait de parler cette belle langue !
14 Restons en contact *(Nous gardons le-contact)* !
15 Merci et bonne chance !
16 Bye !

100 / Hundrade lektionen

▶ Övning 1 – Översätt
❶ Han hade medvind och surfade på vågorna. **❷** Den sista lektionen erbjuder någonting helt nytt. **❸** Hon har föga gemensamt med sin syster, jag ser bara skillnader. **❹** Han lärde sig instruktionerna utantill. **❺** De är ute och reser.

***

Övning 2 – Fyll i med rätt ord
❶ Lire des polars est contraire à mes principes.
Att läsa .... mot mina ....

❷ La lampe est restée allumée toute la nuit.
.... hela natten.

❸ Je me sens libre en pleine mer.
Jag känner mig ... ...

❹ Le débat est ouvert.
Ordet är ....

❺ Il faut que j'écrive des phrases plus courtes si je veux que mes élèves puissent approfondir leurs connaissances !
Jag måste skriva .... om jag vill att mina ...... ska kunna .... kunskaper!

Centième leçon / 100

Corrigé de l'exercice 1

❶ Il avait le vent en poupe et surfait sur les vagues. ❷ La dernière leçon présente quelque chose de tout à fait nouveau. ❸ Elle a peu de choses en commun avec sa sœur, je ne vois que des différences. ❹ Il a appris les instructions par cœur. ❺ Ils sont partis en voyage.

***

Corrigé de l'exercice 2

❶ – deckare strider – principer ❷ Lampan brann – ❸ – fri på öppet hav ❹ – fritt ❺ – kortare meningar – elever – fördjupa sina –

L'occasion ne s'étant pas encore présentée jusqu'ici, il est de notre devoir dans cette dernière leçon de vous donner quelques instructions avant de jeter votre bouteille à la mer. Indiquez le lieu et la date, **ort och datum**, *écrivez en caractères d'imprimerie,* **texta**, *comme cela est souvent demandé lorsqu'il faut remplir un formulaire, et terminez votre message par* **o s a**, *équivalent de notre* R.S.V.P., *abréviation de* **Om svar anhålles**, Réponse, s'il vous plaît !

Votre parcours de première vague se termine ici. N'oubliez pas de revoir chaque jour une leçon dans le cadre de la deuxième vague jusqu'à la 100e leçon !

Deuxième vague : 51e leçon

Appendice grammatical

Sommaire

1 Le nom 465
1.1 Déclinaison du nom 465
- 1ʳᵉ déclinaison : désinence du pluriel indéfini **-or** 465
- 2ᵉ déclinaison : désinence du pluriel indéfini **-ar** 466
- 3ᵉ déclinaison : désinence du pluriel indéfini **-er** 468
- 4ᵉ déclinaison : désinence du pluriel indéfini **-r** 471
- 5ᵉ déclinaison : désinence du pluriel indéfini **-n** 472
- 6ᵉ déclinaison : aucune désinence au pluriel indéfini 473
1.2 Le nom précédé d'un adjectif épithète à la forme indéfinie 476
1.3 Le nom précédé d'un adjectif épithète à la forme définie 477

2 L'adjectif 481
2.1 Formes particulières du neutre indéfini et du défini au pluriel 481
2.2 Comparatifs et superlatifs 482
- 1ʳᵉ déclinaison 482
- 2ᵉ déclinaison 483
- cas particuliers 483
- comparatifs et superlatifs avec **mer** et **mest** 484
- comparatif de supériorité 484
- comparatif d'égalité 484
- comparatif d'infériorité 485
- comparatif absolu 485
- superlatif relatif 485

3 Les pronoms 486
3.1 Les pronoms personnels 486
3.2 Les possessifs 488

4 Le verbe 491
4.1 Verbes faibles 491
- 1ᵉʳ conjugaison : **-ar**, **-ade**, **-at** 491
- 2ᵉ conjugaison : **-er**, **-de/-te**, **-t** 491
- 3ᵉ conjugaison : **-r**, **-dde**, **-tt** 491
4.2 Tableau des verbes forts et irréguliers 491

1 Le nom

1.1 Déclinaison du nom

Les noms présentés ci-dessous sont ceux qui ont été abordés au cours de nos cent leçons, avec leur signification dans le contexte où vous les avez rencontrés. Nous en avons ajouté parfois lorsque les besoins de la clarification grammaticale l'imposaient ou pour étoffer vos connaissances.

Les formes définies du singulier et du pluriel sont à considérer comme *les articles définis postposés et enclitiques*, c'est-à-dire collés au nom qu'ils définissent. Lorsque le nom est précédé d'un adjectif épithète, on rajoute le plus souvent l'article préposé, **den**, **det** ou **de**, pour le non neutre, le neutre et le pluriel.

• 1ʳᵉ déclinaison : **désinence du pluriel indéfini -or**

Cette désinence englobe des non neutres terminés en **a**. Ils forment leurs singulier défini, pluriel indéfini et pluriel défini sur le modèle suivant :

en gata,	gata**n**	gat**or**	gat**orna**
une rue	*la rue*	*des rues*	*les rues*

Exceptions :

en timma, *une heure*	timma**n**/ timm**en**	timm**ar**	timm**arna**
en historia, *une histoire*	histori**en**	histori**er**	histori**erna**
en kollega*, *un/e collègue*	kolleg**an**	kolleg**er**	kolleg**erna**

*les formes de pluriel **kollegor** et **kollegorna** se rencontrent aussi.

Se déclinent aussi au pluriel sur le modèle des non neutres terminés en **a** les noms suivants :

en ros, *une rose*	ros**en**	ros**or**	ros**orna**
en toffel, *une pantoufle*	toffel**n**	toff**lor**	toff**lorna**

(Notez la disparition de la voyelle de soutien e aux formes du pluriel.)

| en våg, *une vague* | vågen | vågor | vågorna |

• **2ᵉ déclinaison : désinence du pluriel indéfini -ar**
Cette déclinaison n'englobe que des non neutres à une exception près :
– des monosyllabiques d'origine germanique terminés par une consonne, comme **båt**, *bateau* ;
– des noms de plusieurs syllabes terminés par une consonne inaccentuée ;
– des noms qui désignent un être masculin terminés par un **e** portant l'accent secondaire disparaît au pluriel ;
– la plupart des noms de plusieurs syllabes terminés en **-el**, **-en**, **-er**, le **e** étant une voyelle de soutien qui disparaît aux formes du pluriel, et souvent au singulier défini pour ceux en **-en** ;
– des noms de plusieurs syllabes terminés par une consonne inaccentuée ; la voyelle de soutien – autre que **e** – qui la précède le cas échéant disparaît aux formes du pluriel ;
– les dérivés en **-ing**, **-ling**, **-ning**, **-dom**, **-lek** et **-is** ;
– quelques monosyllabiques terminés par une voyelle longue.

Le modèle de déclinaison est le suivant :

en båt, *un bateau*	båten	båtar	båtarna
en cirkus, *un cirque*	cirkusen	cirkusar	cirkusarna
en kille, *un garçon*	killen	killar	killarna
en spegel, *un miroir*	spegeln	speglar	speglarna
en öken, *un désert*	öknen	öknar	öknarna
en fröken, *une demoiselle*	fröken	fröknar	fröknarna

en syster, une sœur	systern	systrar	systrarna
en morgon, un matin	morgonen	morgnar	morgnarna
en sommar, un été	sommaren	somrar	somrarna
en djävul, un diable	djävulen	djävlar	djävlarna
en förklaring, une explication	förklaringen	förklaringar	förklaringarna
en avhandling, un traité	avhandlingen	avhandlingar	avhandlingarna
en anvisning, une instruction	anvisningen	anvisningar	anvisningarna
en sjukdom, une maladie	sjukdomen	sjukdomar	sjukdomarna
en storlek, une taille	storleken	storlekar	storlekarna
en fräckis, une blague osée	fräckisen	fräckisar	fräckisarna
en ö, une île	ön	öar	öarna

– les monosyllabiques à voyelle brève terminés par un **-m** ou un **-n** redoublent cette consonne sur le modèle suivant :

en dröm, un rêve	drömmen	drömmar	drömmarna
en mun, une bouche	munnen	munnar	munnarna

– les noms **dotter**, *fille*, et **mor/moder**, *mère*, modifient leur voyelle au pluriel :

en dotter, une fille	dottern	döttrar	döttrarna

en mor/en moder, *une mère*	moder**n**	m**ö**d**r**ar	m**ö**d**r**arna

– les mots terminés par **-an** inaccentué qui ne connaissent pas de forme de singulier défini forment parfois leur pluriel avec les suffixes **-(n)ingar** et **-(n)ingarna** :

en ansökan, *une candidature*	ansökan, *la candidature*	ansök**ningar**	ansök**ningarna**
en verkan, *un effet*	verkan, *l'effet*	verk**ningar**	verk**ningarna**

– les noms **börjar**, *début*, et **tvekan**, *hésitation*, restent identiques au singulier défini et n'ont pas de forme de pluriel.
– **himmel**, *ciel*, donne **himmeln**, **himmelen** ou **himlen** au singulier défini et **himlar** au pluriel indéfini.
– **botten**, *fond*, donne **botten** ou **bottnen** au singulier défini, **botten** ou **bottnar** au pluriel indéfini.
– le non neutre **taxi**, *taxi*, donne **taxin** au singulier défini et **taxibilar**, **taxibilarna** aux formes du pluriel. Sur ce modèle, on trouve également **radio** : **radion**, **radioapparater**, **radioapparaterna**.
– **PC**, *PC*, se décline ainsi : **PC:n**, *le PC*, **PC** ou **PC:ar** ou **PC-datorer**, *des PC*, **PC:arna** ou **PC-datorerna**, *les PC*.
– **cd**, *CD*, se décline ainsi : **cd:n**, *le CD*, **cd** ou **cd:ar**, *des CD*, **cd:arna**, *les CD*.
– cette 2ᵉ déclinaison ne comprend qu'un seul neutre :

ett finger, *un doigt*	fingr**et**	fingr**ar**	fingr**arna**

• **3ᵉ déclinaison : désinence du pluriel indéfini *-er***
La plupart des noms qui se conforment à cette déclinaison sont non neutres.
– ceux terminés par les suffixes **-nad**, **-när**, **-skap** (certains noms en **-skap** appartiennent cependant au neutre) et **-het** ;
– quelques monosyllabiques terminés par une consonne ; en général c'est ici que les étrangers ont du mal à s'y reconnaître, certains

noms provoquant d'ailleurs la confusion, comme **check** qui donne **checkar** ou **checker** au pluriel indéfini ;
– certains noms en **-el**, **-en** ou **-er** d'origine étrangère qui perdent la voyelle de soutien au pluriel ;
– les noms d'origine étrangère non germanique accentués en général sur la dernière syllabe ;
– les noms d'origine étrangère terminés par **-sor** et **-tor** dont l'accent se déplace au pluriel ;
– les noms d'emprunt récent.

Leur modèle de déclinaison est le suivant :

en månad, *un mois*	månad**en**	månad**er**	månad**erna**
en konstnär, *un artiste*	konstnär**en**	konstnär**er**	konstnär**erna**
en kunskap, *une connaissance*	kunskap**en**	kunskap**er**	kunskap**erna**
en nyhet, *une nouvelle*	nyhet**en**	nyhet**er**	nyhet**erna**
en röst, *une voix*	röst**en**	röst**er**	röst**erna**
en regel, *une règle*	regel**n**	reg**l**er	reg**l**erna
en regissör, *un metteur en scène*	regissör**en**	regissör**er**	regissör**erna**
en revisor, *un contrôleur*	revisor**n**	revisor**er**	revisor**erna**
en doktor, *un docteur*	doktor**n**	doktor**er**	doktor**erna**
en moped, *une mobylette*	moped**en**	moped**er**	moped**erna**
en mobil, *un portable*	mobil**en**	mobil**er**	mobil**erna**

– quelques non neutres d'une seule syllabe modifient leur voyelle au pluriel :

en bot, une contravention	boten	böter	böterna
en hand, une main	handen	händer	händerna
en natt, une nuit	natten	nätter	nätterna
en son, un fils	sonen	söner*	sönerna*
en stad, une ville	staden	städer	städerna
en strand, une plage	stranden	stränder	stränderna
en tand, une dent	tanden	tänder	tänderna

* Avec l'accent grave aux pluriels indéfini et défini.
Parmi ceux qui n'ont pu être abordés dans ce manuel mais qui appartiennent au vocabulaire courant figurent :

en rand, un bord	randen	ränder	ränderna
en tång, une pince	tången	tänger	tängerna

– quelques-uns, d'une seule syllabe, modifient leur voyelle de la même manière mais en l'abrégeant (marqué par le redoublement de la consonne) :

en bok, un livre	boken	böcker	böckerna
en fot, un pied	foten	fötter	fötterna

– le nom **nöt**, *noix*, abrège sa voyelle qui est déjà infléchie : **nöten**, **nötter**, **nötterna** et le nom **get**, *chèvre*, donne **geten**, **getter**, **getterna**.

– **Vän**, *ami*, dont la voyelle est brève, redouble sa consonne finale à toutes ses formes déclinées et prend l'accent grave au pluriel : **vännen, vänner, vännerna**.

Quelques neutres se déclinent en prenant la désinence **-er** :

– ceux terminés par le suffixe **-eri**, comme **slaveri**, *esclavage*, qui n'a cependant pas de pluriel. **bageri**, *boulangerie*, donne **bageriet, bagerier, bagerierna**. Notez l'insertion du **e** au singulier défini, c'est le cas des neutres terminés par une voyelle longue (accentuée).

– ceux terminés en **-eum** et **-ium** comme **gymnasium**, *lycée*, qui donne : **gymnasiet, gymnasier, gymnasierna**. De même pour **museum**, *musée* : **museet, museer, museerna**. Notez la disparition de la syllabe finale **-um** aux formes déclinées.

– quelques neutres isolés, dont :

ett vin, *un vin*	vinet	viner	vinerna[1]
ett pris, *un prix*	priset	priser	priserna[1]
ett sekel, *un siècle*	seklet	sekler	seklerna
ett land, *un pays*	landet	länder	länderna[2]
ett kafé, *un café*	kaféet[3]	kaféer	kaféerna
ett parti, *un parti*	partiet[3]	partier	partierna
ett drama, *un drame*	dramat	dramer	dramerna

[1] Avec l'accent grave aux pluriels indéfini et défini.
[2] Avec inflexion de la voyelle au pluriel.
[3] Avec insertion d'un **e** au singulier défini puisque la voyelle est longue.

• **4e déclinaison : désinence du pluriel indéfini -r**

Elle n'englobe que des non neutres à l'exception de **fängelse**, *prison*.

– ceux terminés par le suffixe **-else**, comme **händelse**, *événement*,

händelsen, händelser, händelserna, y compris **fängelse** qui donne **fängelset, fängelser, fängelserna** ;

– quelques noms de deux syllabes terminés par une voyelle qui porte l'accent secondaire, comme **bastu**, *sauna*, **bastun, bastur, basturna** ou **sambo**, *concubin*, **sambon, sambor, samborna** ;

– ou de plusieurs syllabes et terminés par un **-e** inaccentué, comme **bakterie**, *bactérie*, **bakterien, bakterier, bakterierna**.

– quelques monosyllabiques terminés par une voyelle longue : **sko**, *chaussure*, **skon, skor, skorna** ;

– parmi ceux qui n'ont pu être abordés dans cet ouvrage, mais qui appartiennent au vocabulaire courant, figurent :

en ko, *une vache*	kon	kor	korna
en tå, *un orteil*	tån	tår	tårna
en fiende, *un ennemi*	fienden	fiender	fienderna

– ainsi que les composés en **-bo**, *habitant de*, comme **malmöbo**, *habitant de Malmö*, qui donne **malmöbon, malmöbor, malmöborna**.

– **bonde**, *paysan*, modifie sa voyelle : **bonden, bönder, bönderna**.

• **5ᵉ déclinaison : désinence du pluriel indéfini -n**

Elle n'englobe que des neutres terminés par une voyelle qui le plus souvent ne porte pas l'accent principal, sauf les monosyllabiques et ceux en **-eri**, le nom **fängelse**, et les quelques exceptions mentionnées à la 3ᵉ déclinaison.

ett hjärta, *un cœur*	hjärtat	hjärtan	hjärtana
ett rike, *un royaume*	riket	riken	rikena
ett bi, *une abeille*	biet	bin	bina

– les neutres terminés en **-ande** et **-ende** :

ett meddelande, *un avis*	meddelandet	meddelanden	meddelandena
ett utseende, *un physique*	utseendet	utseenden	utseendena

– deux exceptions :

ett öga, *un œil*	ögat	ögon	ögonen
ett öra, *une oreille*	örat	öron	öronen

– les mots neutres **kilo**, *kilo*, et **hekto**, *cent grammes*, restent identiques au pluriel indéfini quand ils indiquent une quantité de mesure.

• **6ᵉ déclinaison : aucune désinence au pluriel indéfini**
désinence **-na** au pluriel défini
– les non neutres en **-are**, **-ande**, **-ende** et **-iker** :

en lärare*, *un enseignant*	läraren	lärare	lärarna
en resande, *un voyageur*	resanden	resande	resandena
en musiker, *un musicien*	musikern	musiker	musikerna

* les noms en **-are** perdent le **e** final au pluriel défini

– **fader**, forme longue de **far**, *père*, et **broder**, forme longue de **bror**, *frère*, suivent ce modèle de déclinaison, mais en modifiant leur voyelle et en adoptant l'accent aigu au pluriel :

en far/fader	fadern	fäder	fäderna
en bror/broder	brodern	bröder	bröderna

– **partner**, *partenaire*, donne **partner** ou **partners** au pluriel indéfini.

– les noms de mesure comme **liter**, *litre*, **kilometer**, *kilomètre*, **mil**, *dix kilomètres*, **procent**, *pour cent*, ou **megabyte**, *mégaoctet*, restent identiques au pluriel indéfini.
– *désinence* -en *au pluriel défini*
– les neutres terminés par une consonne, sauf ceux en **-eum** et **-ium** et les exceptions mentionnées plus haut (**vin**, **pris**, etc.) :

ett barn, *un enfant*	barnet	barn	barnen
ett ägg, *un œuf*	ägget	ägg	äggen

– les monosyllabiques à voyelle brève terminés par un **-m** ou un **-n** redoublent cette consonne sur le modèle suivant :

ett hem, *un foyer*	hemmet	hem	hemmen
ett rum, *une pièce*	rummet	rum	rummen

– les neutres en **-el**, **-en** ou **-er** perdent la voyelle de soutien aux formes définies :

ett segel, *une voile*	seglet	segel	seglen
ett tecken, *un signe*	tecknet	tecken	tecknen
ett fönster, *une fenêtre*	fönstret	fönster	fönstren
ett bekymmer, *un souci*	bekymret	bekymmer	bekymren

– ceux en **-en** ou **-er** affectés de l'accent grave conservent en général la voyelle de soutien ; ceux dont la finale **-er** est accentuée maintiennent le **e** :

ett papper, *un papier*	papperet/ pappret	papper	papperen/ pappren
ett kvarter, *un quartier*	kvarteret	kvarter	kvarteren

– tous ces noms formant leur pluriel défini avec la désinence **-en** connaissent parfois, par attraction avec les autres déclinaisons, des formes de pluriel défini en **-na**, dans un langage peu soutenu, sauf au sud de la Suède. On entend ainsi **barna** au lieu de **barnen**, *les enfants*, **bena** au lieu de **benen**, *les jambes*. Ce phénomène se produit également avec les deux exceptions de la 5ᵉ déclinaison : **ögonen** devient **ögona**, *les yeux*, et **öronen** donne **örona**.

Les noms **fönster** et **papper** connaissent chacun une forme alternative de pluriel défini retenue par les dictionnaires : **fönsterna** et **papperna**.

– le nom **huvud**, *tête*, connaît une forme propre à la langue parlée : **huve**, qui, conformément à la 5ᵉ déclinaison, donne **huvet**, *la tête*, **huven**, *des têtes*, et **huvena**, *les têtes*. D'où une forme alternative de pluriel indéfini et une forme exceptionnelle de pluriel défini pour **huvud** :

| ett huvud | huvudet | huvuden/ huvud | huvudena |

– le **d** final de **träd**, *arbre*, ne se prononçant que rarement, ce nom est parfois ressenti comme appartenant à la 5ᵉ déclinaison :

| ett träd | trädet/trät | träd/trän | träden/träna |

– parmi les neutres en **-um**, il convient de mentionner ceux que vous rencontrerez souvent :

| ett datum, *une date* | datum/datumet | datum | datumen |
| ett faktum, *un fait* | faktum/faktumet | faktum/fakta | faktumen/fakta |

– les non neutres suivants modifient la voyelle et l'abrègent au pluriel :

en gås, *une oie*	gåsen	gäss	gässen
en lus, *un pou*	lusen	löss	lössen
en mus, *une souris*	musen	möss	mössen

– le nom **man**, quand il se traduit par *homme*, redouble le **-n** final aux formes définies, puisque sa voyelle est brève et la modifie au pluriel :

man, *homme*	**man**nen	m**ä**n	m**ä**n**nen**

1.2 Le nom précédé d'un adjectif épithète à la forme indéfinie

À la forme indéfinie, l'adjectif s'accorde en genre et en nombre avec le nom qu'il accompagne, sauf lorsqu'il est invariable :
en varm sommar, *un été chaud*, **varma somrar**, *des étés chauds*
ett grönt äpple, *une pomme verte*, **gröna äpplen**, *des pommes vertes*

Il en est de même si l'adjectif est un participe passé en **-ad** mais les désinences sont différentes :
en komplicerad fråga, *une question complexe*, **komplicerade frågor**, *des questions complexes*
ett komplicerat problem, *un problème compliqué*, **komplicerade problem**, *des problèmes compliqués*

L'adjectif prend la forme indéfinie avec **någon, något, några**, *un, une, des* (dans des interrogatives, ou négatives si **inte** figure dans la phrase), **några**, *quelques* (dans une affirmative) **ingen, inget, inga**, *aucun, aucune*, **vilken, vilket, vilka**, *quel/quels, quelle/quelles*, **varje**, *chaque*, **mycket**, *beaucoup de*, et **många**, *de nombreux* :

någon annan bok, *un autre livre*
något annat bord, *une autre table*
några andra barn, *d'autres enfants*
några goda vänner, *quelques bons amis*
ingen annan bok, *aucun autre livre*
inget annat bord, *aucune autre table*
inga andra barn, *pas d'autres enfants*
Vilken vacker liten hund!, *Quel beau petit chien !*
I vilket annat fall?, *Dans quel autre cas ?*
Vilken annan gång?, *Quelle autre fois ?*
Vilka andra barn?, *Quels autres enfants ?*
varje nytt försök, *chaque nouvelle tentative*

mycket nyfallen snö, *beaucoup de neige fraîchement tombée*
många goda bordeauxviner, *de nombreux bons vins de Bordeaux*

1.3 Le nom précédé d'un adjectif épithète à la forme définie

À la forme définie, du singulier ou du pluriel, la distinction de genre n'apparaît plus sur l'adjectif qui prend la désinence **-a** ou **-e** si c'est un participe passé en **-ad**. La forme définie est donc identique à celle du pluriel indéfini :

den varma sommaren, *l'été chaud*, **de varma somrarna**, *les étés chauds*
det gröna äpplet, *la pomme verte*, **de gröna äpplena**, *les pommes vertes*
den komplicerade frågan, *la question complexe*, **de komplicerade frågorna**, *les questions complexes*
det komplicerade problemet, *le problème compliqué*, **de komplicerade problemen**, *les problèmes compliqués*

À noter que les superlatifs en **-ast** se comportent à la forme définie comme les participes passés en **-ad** (désinence **-e**) :

det dyraste vinet, *le vin le plus cher*

Dans un style soutenu, on marque à la forme définie du singulier la distinction entre sexe masculin et sexe féminin :

den store pojken, *le grand garçon*
den stora flickan, *la grande fille*

La forme définie de l'adjectif ou du participe passé est celle qui s'utilise après l'article défini préposé, **den**, **det** ou **de**, pour le non neutre, le neutre ou le pluriel. Cet article défini est celui de l'adjectif. Le nom porte en général son article défini postposé. L'ensemble, appelé "groupe nominal avec épithète", est donc doublement déterminé :

den varma sommaren ; **det gröna äpplet** ; **de komplicerade frågorna**

C'est également le cas avec les démonstratifs **den här/där, det här/där, de här/där** :

den här/där vackra vis**an**, *cette belle chanson*
det här/där spanska vin**et**, *ce vin espagnol*
de här/där roliga histori**erna**, *ces amusantes histoires(-ci/-là)*

Quand le groupe nominal renvoie à une entité connue, l'adjectif se passe de son article défini :

svenska folket, *le peuple suédois*

C'est le cas avec les adjectifs **förra, hel, halv** et **själv** :

förra veckan, *la semaine dernière*
hela året, *toute l'année*
halva dagen, *la moitié de la journée*
själva staden, *la ville en elle-même*

Retenez toutefois les constructions :

hela hans liv, *toute sa vie*
hela svenska folket, *tout le peuple suédois / le peuple suédois entier*
hela (det) småländska höglandet, *tout le plateau smålandais*
halva (den) svenska regeringen, *la moitié du gouvernement suédois*

Les adjectifs qui indiquent une position dans l'espace se passent également de l'article défini :

översta lådan, *le tiroir du haut*
södra gränsen, *la frontière sud*
norra halvklotet, *l'hémisphère nord*
västra delen av landet, *la partie ouest/occidentale du pays*
östra delen, *la partie est/orientale*
sydvästra delen av Sverige, *le Sud-Ouest de la Suède*

Même cas de figure avec **sista**, *dernier/dernière*, **ena**, *un, une (de deux)*, **enda**, *unique*, et parfois les ordinaux et les superlatifs :

sista gången, *la dernière fois*
enda barnet, *fils/fille unique*

Jag har ont i ena foten, *j'ai mal à un pied*
lägsta priset*, *le prix le plus bas* (comparé à d'autres vendeurs)
andra gången, *la deuxième fois* (en relation avec la première et peut-être la troisième)
fjärde lektionen, *(la) quatrième leçon* (parmi toutes celles d'un ouvrage)
första allvarliga fallet, *le premier cas grave*
* un peu sur le modèle de **översta lådan**.

Avec **både** et **bägge**, *les deux*, et parfois **ena** (suivi de **andra**), **enda**, les superlatifs et les ordinaux, l'usage de l'article défini préposé est facultatif. C'est une question de sens :

(de) både/bägge bröderna, *les deux frères*
den ena mannen, den andra mannen, *l'un (des deux hommes), l'autre*
det enda alternativet, *la seule alternative*
(den) kortaste vägen, *le chemin le plus court*
det största äpplet, *la plus grosse pomme* (parmi toutes celles qui sont devant moi)
det fjärde bankrånet, *le quatrième hold-up* (il y en aura sans doute d'autres)

Avec **höger**, *droit*, et **vänster**, *gauche*, on a le choix entre l'article postposé seul ou l'absence totale d'article défini pour parler de gauche et de droite dans l'absolu :

på högra sidan / på höger sida, *à droite / sur la droite*
på vänstra sidan / på vänster sida, *à gauche / sur la gauche*

La forme définie de ces adjectifs précédée de l'article est cependant utilisée pour indiquer une position dans une circonstance particulière :

den högra vägen, *la route sur le côté droit*
det vänstra huset, *la maison située à gauche*

Avec les adjectifs **samma**, *même*, **nästa**, *prochain/prochaine*, et **följande**, *suivant/e*, le groupe nominal se passe de tout article défini :

samma dag, *le même jour*
nästa gång, *la prochaine fois*

Notez la forme définie de la seconde épithète :

samma sorliga händelse, *le même événement affligeant*
nästa lilla bit, *le petit morceau suivant*

C'est aussi le cas lorsque le groupe nominal est introduit par :
- le démonstratif **denna/detta/dessa** : **denna långa dag***, *cette longue journée*
* on entend **denna långa dagen** dans la région de Göteborg.
– un possessif : **mitt vänstra ben**, *ma jambe gauche*
– un génitif en **-s** : **Lottas dåliga karaktär**, *le sale caractère de Lotta*

L'adjectif **egen**, *propre*, fait figure d'exception après un possessif ou un génitif, il reste à la forme indéfinie :
mitt eget hus, *ma maison à moi*
hans egen skuld, *sa faute à lui / sa propre faute*
Bosses egna barn, *les enfants personnels de Bosse*

Séparé du possessif ou du génitif, **egen** se comporte comme les autres adjectifs :
mitt alldeles egna hus, *ma maison tout à moi*

Dans un style un peu soutenu, le groupe nominal suivi d'une proposition relative restrictive ne comporte pas d'article postposé, même en l'absence d'adjectif. C'est la relative qui se charge de déterminer le nom :

Den (ljusa) flicka som går och röker heter Lotta, *La fille (blonde) qui marche en fumant s'appelle Lotta.*

Ce modèle se rencontre avec les superlatifs dits absolus qui ne servent pas à comparer :
den största försiktighet, *la plus grande prudence*
de varmaste hälsningar, *les salutations les plus chaleureuses*
de flesta svenskar, *la plupart des Suédois*

Parfois, ces superlatifs se passent même de l'article préposé :

i största hemlighet, *dans le plus grand secret*
största möjliga tystnad, *le plus grand silence possible*

Enfin notez aussi :
alla människor, *tout le monde*
alla människorna, *tous les gens* (dont on est en train de parler, qu'on a devant soi)

2 L'adjectif

2.1 Formes particulières du neutre indéfini et du défini au pluriel

– Les adjectifs terminés en **-el** et **-er** ajoutent un **-t** au neutre et perdent la voyelle de soutien **e** à la forme définie :

Non neutre	Neutre	Forme définie/pluriel
dunkel, *sombre*	**dunkelt**	**dunkla**
vacker, *beau*	**vackert**	**vackra**

Sur ce modèle aussi : **gammal**, *vieux*, **gammalt**, **gamla**.

– Les adjectifs en **-en**, et avec eux les participes passés des verbes forts, se comportent de la même manière à la forme définie mais la terminaison du neutre est différente :

Non neutre	Neutre	Forme définie/pluriel
naken, *nu*	**naket**	**nakna**
skriven, *écrit*	**skrivet**	**skrivna**

Sauf si cette terminaison est accentuée comme dans **len**, *doux*, qui donne **lent** au neutre.

– Les adjectifs en **-d** ainsi que le participe passé des verbes faibles prennent la désinence **-t** au neutre :

Non neutre	Neutre	Forme définie/pluriel
hård, *dur*	**hårt**	**hårda**
visad, *montré*	**visat**	**visade***
känd, *connu*	**känt**	**kända**
läst, *lu*	**läst**	**lästa**
trodd, *cru*	**trott**	**trodda**

* Participe passé en **-ad**.

– Les monosyllabiques terminés par une voyelle longue prennent deux **t** au neutre, ceux terminés par une voyelle longue suivie d'un **d** remplacent cette consonne par **tt** au neutre. Dans les deux cas, la voyelle s'abrège :

Non neutre	Neutre	Forme définie/pluriel
ny, *nouveau*	**nytt**	**nya**
god, *bon*	**gott**	**goda**

– Certains adjectifs n'ont pas de forme particulière pour le neutre : **akut**, *aigu* ; **absolut**, *absolu* ; **lat**, *paresseux* ; **kåt**, *excité* ; **fadd**, *fade* ; **rädd**, *peureux* ; **svart**, *noir* ; **kort**, *court/bref* ; **tyst**, *silencieux*. Mais ils prennent la désinence **-a** à la forme définie / au pluriel.
– **blå**, *bleu* et **grå**, *gris*, restent identiques à la forme définie / au pluriel dans un style soutenu, donnent sinon **blåa** et **gråa**.
– Quelques adjectifs restent invariables, parmi les plus fréquents : **barfota**, *pieds nus* ; **bra**, *bien* ; **gratis**, *gratuit* ; **gängse**, *courant* ; **kul**, *marrant* ; **lagom**, *juste assez, à point* ; **lila**, *lilas/violet* ; **medelålders**, *entre deux âges* ; **rosa**, *rose* ; **stackars**, *pauvre* ; **udda**, *à part* ; **äkta**, *authentique* ; **öde**, *désert*, ainsi que les participes présents en **-ande** et **-ende**, comme **glänsande**, *brillant*, et **leende**, *souriant*.

2.2 Comparatifs et superlatifs

• **Première déclinaison**
C'est la plus productive. Les suffixes sont **-are** pour le comparatif, **-ast** pour le superlatif :

Positif	Comparatif	Superlatif
fin	**finare**	**finast**
joli	*plus joli*	*le plus joli*
dunkel	**dunklare***	**dunklast***
sombre	*plus sombre*	*le plus sombre*

* Notez la chute de la voyelle de soutien **e**.

• **Deuxième déclinaison**

Elle ne concerne que huit adjectifs qui modifient leur voyelle. La désinence du comparatif est **-re**, celle du superlatif **-st**. Les superlatifs en **-st** prennent la désinence **-a** à la forme définie / au pluriel, sauf s'ils se rapportent à un singulier masculin.

Positif	Comparatif	Superlatif
tung, *lourd*	**tyngre**	**tyngst**
ung, *jeune*	**yngre**	**yngst**
lång, *long*	**längre**	**längst**
trång, *étroit*	**trängre**	**trängst**
låg, *bas*	**lägre**	**lägst**
grov, *grossier*	**grövre**	**grövst**
stor, *grand*	**större**	**störst**
hög*, *haut, élévé*	**högre**	**högst**

* La voyelle est déjà infléchie au positif.

• **Cas particuliers**

Positif	Comparatif	Superlatif
gammal, *vieux*	**äldre**	**äldst**
bra/god*, *bon, bien*	**bättre**	**bäst**
dålig, *mauvais*	**sämre**, *pire*	**sämst**
ond, *mal, méchant, mauvais*	**värre**, *pire*	**värst**
liten, *petit*	**mindre**	**minst**
små**, *petits/petites*	**smärre**, *peu important*	---

* **god** donne aussi **godare** et **godast** en parlant de denrées alimentaires.
** **små** est toujours un pluriel, **smärre** peut accompagner un singulier ou un pluriel avec le sens de *moindre, peu important, insignifiant*.

Les superlatifs prennent là aussi la désinence **-a** à la forme définie / au pluriel, **-e** pour un singulier masculin.

• **Comparatifs et superlatifs avec mer et mest**
Les participes passés, les participes présents en **-ande** et **-ende**, les adjectifs en **-isk**, **lik**, *pareil*, *ressemblant*, **värd**, *digne*, si le sens s'y prête les adjectifs invariables, et souvent les adjectifs de trois syllabes au moins forment leur comparatif avec **mer**, *plus*, et leur superlatif avec **mest**, *le plus*.

Positif	Comparatif	Superlatif
intresserad, *intéressé*	mer intresserad	mest intresserad
fascinerande, *fascinant*	mer fascinerande	mest fascinerande
typisk, *typique*	mer typisk	mest typisk
felaktig, *erroné*	mer felaktig*/ felaktigare	mest felaktig

* Le recours à **mer** et **mest** pour former les comparatifs et superlatifs est fréquent dans la prose journalistique moderne.
Pour des raisons de sens, certains adjectifs n'ont pas de degrés de comparaison, comme **barfota**, *pieds nus*.

• **Le comparatif de supériorité**
L'adjectif au comparatif est toujours suivi de **än** :
Hon är klokare än jag, *Elle est plus intelligente que moi*.
Et avec un adjectif long : **Hon är mer intelligent än jag**, *Elle est plus intelligente que moi*.
Le comparatif avec **mer** s'impose toujours quand la comparaison vise un adjectif au positif :
en mer fri än lycklig tolkning, *une interprétation plus/plutôt libre qu'heureuse*
mer död än levande, *plus mort que vivant*

• **Le comparatif d'égalité**
Il est formé à l'aide de **lika** + adjectif + **som** : **Min dotter är lika intelligent som jag**, *Ma fille est aussi intelligente que moi*.

Dans une négative, on emploie **inte så** + adjectif + **som** : **Jag är inte så klok som hon**, *Je ne suis pas aussi intelligent qu'elle*.

• Le comparatif d'infériorité
Il est formé avec **mindre** devant l'adjectif suivi de **än** : **En lägenhet är mindre dyr än ett hus**, *Un appartement est moins cher qu'une maison*. Cependant, vous entendrez le plus souvent : **En lägenhet är inte så dyr som ett hus**. Sauf quand la comparaison vise un adjectif au positif : **Tösen är mindre dum än tafatt**, *La gamine est moins bête que maladroite*.

• Le comparatif absolu
Un peu sur le modèle du superlatif absolu, ce type de comparatif ne sert pas à rapprocher deux éléments du discours, il indique plutôt un certain degré. Les adjectifs susceptibles de donner lieu à un tel comparatif ne sont pas très nombreux, le plus récurrent étant sous doute **äldre**, traduit par *d'un certain âge* : **en äldre dam**, *une dame d'un certain âge* ; **en större summa**, *une somme assez importante* ; **Mindre Asien**, *l'Asie Mineure*. Ce comparatif n'est possible qu'avec les adjectifs formant leur comparatif avec un suffixe et en position d'épithète.

• Le superlatif relatif
Nous en avons déjà donné un exemple sous **1.3** : **det dyraste vinet**, *le vin le plus cher*. Dans ce cas, le nom est affecté de l'article défini postposé. Notez **det dyraste**, *ce qu'il y a de plus cher*.
Le suédois n'utilise pas le superlatif relatif lorsque deux éléments seulement sont mesurés l'un par rapport à l'autre ; il a recours au comparatif : **min äldre bror**, *mon aîné*, litt. "mon frère plus âgé", sous-entendu : je n'en ai qu'un. Mais **min äldste bror**, *mon aîné*, litt. "mon frère le plus âgé", j'en ai au moins deux.
Sten Sture den äldre ou **d.ä.**, *Sten Sture l'aîné* ; **Sten Sture den yngre** ou **d.y.**, *Sten Sture le jeune*.
Alexandre Dumas d.y., *Alexandre Dumas fils*.

3 Les pronoms

3.1 Les pronoms personnels

Personne	Cas sujet	Cas objet direct ou indirect
1er du singulier	**jag**, *je*	**mig**, *me, m', moi, à moi*
2e du singulier	**du**, *tu*	**dig**, *te, t', toi, à toi*
3e du singulier	**han**[1] (masc.), *il*	**honom**, *le, l', lui, à lui*
	hon[2] (fém.), *elle*	**henne**, *la, l', elle, lui, à elle*
	det[3] (neutre), *il, elle*	**det**, *le, la, lui, à lui, à elle*
	den[4] (n.-n.), *il, elle*	**den**, *le, la, lui, à lui, à elle*
	man[5], *on*	**en**[6], *nous*
1er du pluriel	**vi**, *nous*	**oss**, *nous*
2e du pluriel	**ni**, *vous*	**er**, *vous*
3e du pluriel pour tous les genres	**de**, *ils, elles*	**dem**, *les, leur, à eux, à elles*

Réfléchi	**sig**, *se*	**han/de tvättar sig**, *il/ils se lavent*

Réciproque	**varandra**, *l'un l'autre, se, s'entr(e)*
	de älskar varandra, *ils s'aiment*
	de hjälper varandra, *ils s'entraident*

[1] **han** s'utilise pour des personnes de sexe masculin. On évite de l'utiliser aujourd'hui pour reprendre un terme générique comme par exemple **medborgaren**, *le citoyen*. Il est alors remplacé par **han eller hon**, *il ou elle*, ou **han/hon**, *il/elle*.

[2] **hon** est aussi le pronom qui reprend **människa**, *l'être humain*, *l'homme*.
[3] **det** s'emploie pour le neutre, même lorsque celui-ci est animé comme **stoet**, *la jument*. Son propriétaire parlera cependant d'elle en utilisant le pronom **hon**.
[4] **den** renvoie en général à quelque chose d'inanimé, comme **stol**, *chaise*, qui est non neutre. Il peut aussi représenter un individu quand on ne précise pas le sexe, comme pour **bebisen**, *le bébé*. Le non neutre **hund**, *chien*, est repris par **den**, sauf quand c'est le propriétaire qui parle et précise **han** ou **hon** en fonction du sexe de l'animal. **Den** est péjoratif lorsqu'il renvoie à un être humain.
[5] **man** s'utilise parfois dans la langue parlée à la place de **jag** : **Man har slutat röka**, *J'ai arrêté de fumer*. **Får man vara med på ett hörn?**, *Je peux être avec vous / avoir une petite place ?* **man** n'est pas utilisé à la place de **vi**, *nous*, comme c'est souvent le cas en français.
[6] **en** est la forme objet du pronom **man**, utilisée uniquement quand le locuteur s'inclut dans ce "on" anonyme : **Man skäms när folk skrattar åt en**, *On a honte quand les gens rient de nous*. **En**, en position sujet, appartient à la langue très peu soignée.

– L'usage est parfois hésitant entre cas sujet et cas objet :
alla utom jag ou **alla utom mig**, *tout le monde sauf moi*
Jag är äldre än hon, *Je suis plus âgé qu'elle*. (On entend souvent **Jag är äldre än henne**.)
bland dem, *parmi eux*, mais vous lirez souvent en début de relative : **bland de som arbetar**, *parmi ceux qui travaillent*

– L'objet indirect précède l'objet direct :
Jag ger <u>min fru</u> en kyss, *Je donne un baiser à ma femme*.
Jag ger <u>henne</u> en kyss, *Je lui donne un baiser*.

Mais pas lorsque le pronom objet indirect est précédé d'une préposition :
Jag ger den till henne, *Je le lui donne*.
Kan du köpa bröd åt mig?, *Tu peux m'acheter du pain / acheter du pain pour moi ?*
Kan du köpa det åt oss?, *Tu peux acheter ça pour nous ?*

3.2 Les possessifs

Personne	Non neutre	Neutre	Pluriel
1ᵉʳ du singulier	**min** **min bil**, *ma voiture*	**mitt** **mitt hus**, *ma maison*	**mina** **mina barn**, *mes enfants*
2ᵉ du singulier	**din** **din fru**, *ta femme*	**ditt** **ditt arbete**, *ton travail*	**dina** **dina döttrar**, *tes filles*
3ᵉ du singulier possesseur masculin	**hans** **hans bil är röd**, *sa voiture à lui est rouge*	**hans** **hans hus är sålt**, *sa maison à lui est vendue*	**hans** **hans barn är stora**, *ses enfants sont grands*
possesseur masculin et sujet	**sin** **han tar sin röda bil**, *il prend sa voiture rouge*	**sitt** **han säljer sitt hus**, *il vend sa maison*	**sina** **han bor hos sina barn**, *il habite chez ses enfants*
possesseur féminin	**hennes** **hennes bil är grön**, *sa voiture à elle est verte*	**hennes** **hennes hus är sålt**, *sa maison à elle est vendue*	**hennes** **hennes barn är rika**, *ses enfants sont riches*
possesseur féminin et sujet	**sin** **hon säljer sin bil**, *elle vend sa voiture*	**sitt** **hon säljer sitt gula hus**, *elle vend sa maison jaune*	**sina** **hon väntar på sina barn**, *elle attend ses enfants*

possesseur non neutre	**dess**[1] **byn och dess marknad**, *le village et son marché*	**dess**[1] **byn och dess torg**, *le village et sa place du marché*	**dess**[1] **staden och dess omgivningar**, *la ville et ses environs*
possesseur non neutre et sujet	**sin**[1] emploi rarissime	**sitt**[1] emploi rarissime	**sina**[1] emploi rarissime
possesseur neutre	**dess**[1] **partiet och dess ledare**, *le parti et son leader*	**dess**[1] **huset och dess tak**, *la maison et son toit*	**dess**[1] **landet och dess grannstater**, *le pays et ses États limitrophes*
possesseur neutre et sujet	**sin**[1] emploi rarissime	**sitt**[1] emploi rarissime	**sina**[1] emploi rarissime
possesseur **man**, *on*	**ens**[2], *notre*	**ens**, *notre*	**ens**, *nos* **man lider också när ens barn är sjuka**, *on souffre aussi quand nos enfants sont malades*
1er du pluriel	**vår**[3] **vår stad**, *notre ville*	**vårt**[3] **vårt land**, *notre pays*	**våra** **våra barn**, *nos enfants*
2e du pluriel	**er**[3] **er stad**, *votre ville*	**ert**[3] **ert barn**, *votre enfant*	**era** **era söner**, *vos fils*
3e du pluriel pour tous les types de possesseurs	**deras** **deras son**, *leur fils*	**deras** **deras hus**, *leur maison*	**deras** **deras barn**, *leurs enfants*

possesseur sujet	sin de älskar sin son, *ils aiment leur fils*	sitt de renoverar sitt hus, *ils rénovent leur maison*	sina de bor hos sina barn, *ils habitent chez leurs enfants*
réciproque **varandra**	varandras de tittar på varandras mage ou magar[4], *ils se regardent le ventre*	varandras	varandras de tittade in i varandras ögon, *ils se sont regardés dans les yeux*

[1] Emplois rares dans la langue parlée. Les exemples donnés restent fidèles aux règles de la grammaire sans refléter l'usage courant qui préfère une tournure plus simple, comme **staden och omgivningarna**, *la ville et les alentours*, ou le recours à un génitif voire une préposition, comme **huset och husets tak/huset och taket på huset**, *la maison et le toit de la maison*.

[2] Le génitif **ens** accompagne un nom uniquement quand ce dernier est sujet d'un verbe. Dans le cas contraire, le pronom **man** a recours à **sin**, **sitt**, **sina** sur le modèle de **han**, **hon**, **den** et **det** : **man känner sina barn**, *on connaît ses enfants*.

[3] Il existe aussi une forme dialectale : **våran**, **vårat**, **eran**, **erat**, qu'on entend surtout dans l'ouest du pays.

[4] À distinguer de : **de tittar på sina magar**, *ils regardent leur ventre / leurs ventres*

Notez : **han och hans fru**, *lui et sa femme*
Mais : **han med sin fru**, *lui avec sa femme*

Lorsqu'ils précèdent un nom, ces possessifs sont à considérer comme des adjectifs : **min bil**, *ma voiture*. Parfois, l'adjectif possessif peut suivre le nom, il s'agit alors de tournures dialectales qu'on rencontre aussi en poésie. Employés seuls, ce sont des pronoms : **de köper min**, *ils achètent le mien / la mienne*, **de köper mina**, *ils achètent les miens/miennes*. *Les miens*, au sens de "les membres de ma famille est rendu par **de mina**, avec l'article défini.

4 Le verbe

Pour les détails de la conjugaison du verbe, reportez-vous à la leçon 63 de cet ouvrage.

4.1 Verbes faibles

• **Première conjugaison** : désinences **-ar** au présent, **-ade** au prétérit, **-at** au supin, ajoutées au radical du verbe.
Exemple : **öppna**, *ouvrir* : **öppnar, öppnade, öppnat**

Impératif identique à l'infinitif : **öppna!**
Cette conjugaison est la plus productive.

• **Deuxième conjugaison** : désinences **-er** au présent, **-de** ou **-te** au prétérit (en fonction de la consonne finale du radical : **-de** si elle est sonore, **-te** si elle est sourde. En général, l'oreille les retient rapidement), **-t** au supin, ajoutées au radical du verbe. Exemples :
följa, *suivre* : **följer, följde, följt**
läsa, *lire* : **läser, läste, läst**

Impératif identique au radical : **följ!, läs!**

• **Troisième conjugaison** : désinences **-r** au présent, **-dde** au prétérit, **-tt** au supin, ajoutées au radical du verbe. Exemple :
tro, *croire* : **tror, trodde, trott**

Impératif identique à l'infinitif : **tro!**

Cette conjugaison n'englobe qu'une trentaine de verbes monosyllabiques et quelques composés comme **skräddarsy**, *tailler sur mesure*.

4.2 Tableau des verbes forts et irréguliers

Ce tableau ne contient pas que les verbes forts et irréguliers abordés dans ce manuel. Vous en trouverez d'autres qui ne sont pas nécessairement plus rares. Ainsi **vika**, *plier*, qui figure cependant dans nos leçons sous la forme du verbe **undvika**, *éviter*. Le verbe figure, le cas échéant, avec sa forme longue et ancienne, pour vous permettre de comprendre les formes du supin et du participe passé. La traduction indiquée n'est pas exclusive. La forme du participe passé indiquée est celle du non neutre ; pour obtenir celles du neutre et du pluriel, il suffit de procéder comme avec un adjectif. Le tiret devant un participe passé signifie que ce dernier n'existe que précédé d'une particule. L'impératif, quand il est possible, est identique au radical du verbe.

Notez que ce tableau est classé dans l'ordre alphabétique suédois : les **å**, **ä** et **ö** viennent en dernier.

Infinitif	Présent	Prétérit	Supin	Participe passé
be, *prier*	ber	bad	bett	bedd
binda, *lier*	binder	band	bundit	bunden
bita, *mordre*	biter	bet	bitit	biten
bjuda, *inviter*	bjuder	bjöd	bjudit	bjuden
bli/bliva, *devenir*	blir	blev	blivit	bliven
brinna, *brûler*	brinner	brann	brunnit	brunnen
bryta, *rompre*	bryter	bröt	brutit	bruten
bära, *porter*	bär	bar	burit	buren
böra, *devoir*	bör	borde	bort	–
dra/draga, *tirer*	drar	drog	dragit	dragen
dricka, *boire*	dricker	drack	druckit	drucken
driva, *diriger*	driver	drev	drivit	driven
dyka, *plonger*	dyker	dök	dykt	–
dö, *mourir*	dör	dog	dött	–
dölja, *cacher*	döljer	dolde	dolt	dold
falla, *tomber*	faller	föll	fallit	fallen
finna, *trouver*	finner	fann	funnit	funnen
flyga, *voler*	flyger	flög	flugit	flugen
flyta, *couler*	flyter	flöt	flutit	fluten
frysa, *avoir froid*	fryser	frös	frusit	frusen

få, *obtenir*	**får**	**fick**	**fått**	–
försvinna, *disparaître*	**försvinner**	**försvann**	**försvunnit**	**försvunnen**
ge/giva, *donner*	**ger**	**gav**	**gett/givit**	**given**
glida, *glisser*	**glider**	**gled**	**glidit**	**gliden**
glädja, *réjouir*	**gläder/ glädjer**	**gladde**	**glatt**	**gladd**
gripa, *saisir*	**griper**	**grep**	**gripit**	**gripen**
gråta, *pleurer*	**gråter**	**grät**	**gråtit**	**-gråten**
gå, *aller*	**går**	**gick**	**gått**	**gången**
göra, *faire*	**gör**	**gjorde**	**gjort**	**gjord**
heta, *s'appeler*	**heter**	**hette**	**hetat**	–
hinna, *avoir le temps*	**hinner**	**hann**	**hunnit**	**hunnen**
hålla, *tenir*	**håller**	**höll**	**hållit**	**hållen**
klyva, *fendre*	**klyver**	**klöv**	**kluvit**	**kluven**
knyta, *nouer*	**knyter**	**knöt**	**knutit**	**knuten**
komma, *venir*	**kommer**	**kom**	**kommit**	**kommen**
krypa, *ramper*	**kryper**	**kröp**	**krupit**	**krupen**
kunna, *pouvoir*	**kan**	**kunde**	**kunnat**	–
le, *sourire*	**ler**	**log**	**lett**	–
lida, *souffrir*	**lider**	**led**	**lidit**	**liden**
ligga, *être couché*	**ligger**	**låg**	**legat**	–
ljuga, *mentir*	**ljuger**	**ljög**	**ljugit**	**ljugen**
låta, *laisser*	**låter**	**lät**	**låtit**	**-låten**
lägga, *coucher*	**lägger**	**la(de)**	**lagt**	**lagd**
njuta, *jouir*	**njuter**	**njöt**	**njutit**	**njuten**
nypa, *pincer*	**nyper**	**nöp/ nypte**	**nupit/ nypt**	**nupen/ nypt**

nysa, *éternuer*	nyser	nös/nyste	nusit/nysit	nyst
rida, *faire du cheval*	rider	red	ridit	riden
rinna, *couler*	rinner	rann	runnit	runnen
riva, *démolir*	river	rev	rivit	riven
se, *voir*	ser	såg	sett	sedd
sitta, *être assis*	sitter	satt	suttit	sutten
sjunga, *chanter*	sjunger	sjöng	sjungit	sjungen
sjunka, *baisser*	sjunker	sjönk	sjunkit	sjunken
skilja, *séparer*	skiljer	skilde/skiljde	skilt	skild
skina, *briller*	skiner	sken	skinit	–
skjuta, *tirer*	skjuter	sköt	skjutit	skjuten
ska/skola, *devoir*	ska/skall	skulle	skolat	–
skrika, *crier*	skriker	skrek	skrikit	skriken
skriva, *écrire*	skriver	skrev	skrivit	skriven
skryta, *se vanter*	skryter	skröt	skrutit	–
skära, *couper*	skär	skar	skurit	skuren
slippa, *être dispensé*	slipper	slapp	sluppit	sluppen
slita, *trimer, user*	sliter	slet	slitit	sliten
slå, *battre*	slår	slog	slagit	slagen
sova, *dormir*	sover	sov	sovit	–
sprida, *répandre*	sprider	spred/spridde	spridit/spritt	spridd
springa, *courir*	springer	sprang	sprungit	sprungen
sticka, *filer, tricoter*	sticker	stack	stuckit	stucken

stiga, *monter*	stiger	steg	stigit	-stigen
stjäla, *voler*	stjäl	stal	stulit	stulen
strida, *lutter*	strider	stred	stridit	-stridd
strypa, *étrangler*	stryper	ströp	strypt	strypt
stå, *être debout*	står	stod	stått	-stådd/ -stånden
stödja, *soutenir*	stöder/ stödjer	stödde	stött	stödd
suga, *sucer*	suger	sög	sugit	sugen
supa, *picoler*	super	söp	supit	supen
svida, *brûler*	svider	sved	svidit	–
svika, *trahir*	sviker	svek	svikit	sviken
svälja, *avaler*	sväljer	svalde	svalt	svald
svära, *jurer*	svär	svor	svurit	svuren
säga, *dire*	säger	sa(de)	sagt	sagd
sälja, *vendre*	säljer	sålde	sålt	såld
sätta, *asseoir*	sätter	satte	satt	satt
ta/taga, *prendre*	tar	tog	tagit	tagen
tiga, *se taire*	tiger	teg	tigit	-tigen
vara, *être*	är	var	varit	–
veta, *savoir*	vet	visste	vetat	–
vika, *plier*	viker	vek	vikit/vikt	viken/vikt
vilja, *vouloir*	vill	ville	velat	–
vinna, *gagner*	vinner	vann	vunnit	vunnen
vrida, *tordre*	vrider	vred	vridit	vriden
välja, *choisir*	väljer	valde	valt	vald
växa, *pousser*	växer	växte	växt/ vuxit	växt/ vuxen
äta, *manger*	äter	åt	ätit	äten

Index grammatical et lexical

Le premier chiffre renvoie à la leçon, le second à la note ou au paragraphe de la leçon de révision concernés. Les références au sein d'une même entrée sont séparées par un point-virgule.

Abréviations 16,5 ; 18,8 ; **21,9** ; 24,5 ; 26,1 ; 26,7 ; 29,2 ; 29,4 ; 30,1 ; 36,3 ; 37,4 ; 50,1 ; 53,3 ; 53,5 ; 54,7 ; 72,1 ; 80,4 ; 93,3 ; 97,4

Accord grammatical 52,1

Accord sémantique 52,1

Adjectif après un pronom possessif 46,3 ; 53,9

Adjectif indéfini **någon/något/några** 22,9 ; 27,6 ; 32,3 ; **35,2**

Adjectif : accord **14,2** ; **21,6** ; 25,7 ; **28,2** ; 51,2

Adjectif : forme définie 51,2

Adjectifs attributs **14,2** ; 69,4

Adjectifs de nationalité 48,5

Adjectifs épithètes 2,1 ; **14,2**

Adjectifs monosyllabiques 44,3

Adverbe **så 56,6**

Adverbe : construction à partir de l'adjectif 10,3 ; **21,6**

Adverbes 31,8 ; 37,1 ; **49,3** ; 67,6 ; 90,4

Adverbes de mouvement/d'état 16,6 ; **21,3** ; 27,1 ; 30,4 ; **35,4** ; 67,5

Adverbes de quantité **35,5**

Adverbes : autre formation **49,3**

Alternance vocalique 57,4 ; 57,6 ; 57,7 ; **63,1**

Article défini postposé (absence d'~) **84,2**

Article défini préposé (absence d'~) 80,5 ; 82,7 ; **84,1**

Article partitif (absence d'~) 5,4 ; 8,3

Article (absence d'~) 19,6 ; 32,1 ; 33,5 ; **35,1** ; 48,2 ; 48,6 ; 52,1 ; 54,6 ; 69,4 ; **84,1**

Articles définis **7,4** ; **91,1** ; 94,2

Articles indéfinis 1,1 ; 5,4 ; **7,4** ; 14,1

avoir 1,6 ; **7,5** ; 31,7

bli 22,4 ; 41,6 ; 50,5 ; **56,4** ; 74,7 ; 78,5 ; 83,8

Comparatif 31,2 ; **35,3** ; 47,7 ; 59,6 ; 65,4 ; 65,5 ; 68,8 ; **70,1** ; 71,4 ; 71,5 ; 76,5

Compléments circonstanciels (ordre des ~) 60,4

Conditionnel 71,6 ; **77,2** ; 87,5

Conjonction **som** (absence de la ~) 89,1

Conjonctions 32,4 ; 36,6 ; 44,5 ; 45,5 ; 51,5 ; 59,6 ; 75,4 ; 80,2

Déclinaison des noms **14,1** ; **21,2** ; 76,1

Démonstratifs 50,4 ; 55,2 ; **56,2** ; 59,3

être **7,5** ; 36,4

Exclamation 88,1 ; 90,4

få (expression du futur) 29,10 ; **49,1** ; 60,7

få (valeur inchoative) 58,6 ; **63,2**

få (verbe) 20,6 ; 29,7 ; 38,6 ; **49,1** ; 54,9 ; 58,2

faire + nom : traduction 8,1

Formes verbales en **-s 77,3** ; **77,4** ; 82,1 ; 82,2 ; 83,1 ; 83,5 ; 88,2 ; 89,3 ; 73,4

Futur de prédiction 52,5 ; 71,6

Futur proche (expression du ~) 22,4 ; 29,7 ; 29,8 ; 40,1 ; **56,4** ; 74,3

Génitif 40,3 ; 51,6 ; **56,3** ; 60,5 ; 61,3 ; **70,3** ; 74,1 ; 78,3 ; 97,1

Genre des noms **7,4** ; **21,2**

Gérondif (traduction du ~) 66,3 ; 66,5

Groupe nominal complexe : formation 51,2 ; **56,1** ; **84,1**

Impératif **14,3** ; **42,3**

Interjections 4,4 ; 4,7

Négation 3,5 ; **14,7** ; 69,5 ; 97,6

Neutre : désinences 8,4 ; 40,4

Nom dérivé d'un verbe 36,2

Nom : formation à partir d'un adjectif 69,4

Nom : forme définie 4,1 ; 5,4 ; **21,1** ; 26,7 ; **35,1** ; **42,1**

Nom : forme indéfinie 4,1

Nombres **98,1**

Noms composés 6,4 ; 20,1 ; 30,1 ; 93,6

Noms de mesure, poids et quantité 5,2

Noms neutres 5,4 ; 5,5 ; **7,4** ; 12,2 ; **14,1** ; 17,6 ; **21,2**

Noms non neutres 1,1 ; **7,4** ; 9,6 ; **14,1** ; 15,2 ; 15,3 ; 16,8 ; **21,2**

Parfait 51,7

Participe passé 45,1 ; 50,2 ; 59,6 ; 65,7 ; 66,1 ; 66,2 ; 66,4 ; 68,2

Participe présent 44,4 ; 48,1 ; 59,6 ; **91,4** ; 96,1

Passif 69,2 ; 74,4 ; 75,2 ; 78,5 ; 82,1 ; 82,2 ; 83,1 ; 83,5

Phrase (construction de la ~) 10,4 ; **14,9** ; 36,6 ; 67,6

Phrases interrogatives 2,3 ; 22,5

Pluriel défini 34,4 ; **35,1** ; **42,1**

Pluriel indéfini **14,1** ; 15,2 ; 15,3 ; 16,8 ; **17,6** ; 22,2 ; 36,7 ; 40,4

Possessifs 9,3 ; 9,5 ; 12,6 ; **14,6** ; 16,2 ; 23,6 ; **28,2** ; 33,4 ; 41,7 ; 48,3 ; 58,3 ; 87,2

Préfixes 3,4 ; 9,7 ; 80,1

Préposition **om** 16,7 ; 18,1 ; 26,5 ; **56,5**

Préposition **på** 13,7 ; **21,7** ; **28,6** ; 37,6 ; **49,4** ; 56,5 ; 67,7 ; 68,2 ; **70,3**

Préposition **till** 18,7 ; 26,1 ; **28,6** ; 29,6 ; **49,4** ; **70,3**

Prépositions 13,6 ; **14,8** ; 16,1 ; 16,7 ; 18,1 ; 18,7 ; **21,7** ; 26,5 ; **28,6** ; 30,7 ; 39,2 ; **42,2** ; 47,2 ; **56,5** ; **70,3** ; 95,1

Prétérit 31,7 ; 36,4 ; 51,3 ; 55,7 ; 57,1 ; 60,3 ; **63,1** ; 65,1 ; **77,2** ; 87,5 ; **91,3**

Pronom réciproque 59,7 ; 87,2

Pronom relatif **som** (absence du ~) **84,3** ; 97,7

Pronoms interrogatifs 11,3 ; 36,1 ; 85,1

Pronoms personnels objets 11,6 ; **14,5** ; **28,3** ; 95,2

Pronoms personnels sujets 6,2 ; 10,2 ; **14,4** ; 17,2 ; 17,4 ; 19,4 ; **21,5** ; 27,5 ; **28,3**

Pseudo-coordination des verbes 94,8 ; 98,2

Relative 85,2 ; 97,7

ska 29,8 ; 40,1 ; **49,1** ; 52,3 ; 54,5 ; 71,6 ; 72,2 ; 74,3 ; **77,1** ; **77,2** ; 91,2

Subjonctif 58,7 ; 83,9 ; 89,1 ; **91,3**

Subordonnée : omission de l'auxiliaire **ha 84,4** ; 88,1

Suffixes 36,2 ; 36,3 ; 43,5 ; 48,5 ; 73,1 ; 83,6

Superlatif 27,2 ; 34,9 ; **35,3** ; 47,7 ; 59,6 ; 61,2 ; 61,5 ; 61,6 ; **70,1** ; 71,5 ; 76,5

Supin 51,7 ; 60,3 ; **63,1**

Unité de mesure 31,6

Verbe inchoatif **56,4** ; 58,6

Verbe : aspect duratif 26,6 ; 27,3 ; 68,1

Verbe : conjugaisons 1,5 ; 4,3 ; **7,6** ; **14,3** ; **63,1**

Verbe : emploi des temps différents du français **21,4** ; 36,4 ; 50,5 ; 88,3

Verbes à particule 26,4 ; 30,2 ; 32,7 ; 39,3 ; 44,1 ; 44,6 ; **49,2** ; 55,3 ; 55,6 ; 65,2 ; 65,3 ; 67,5 ; **70,2** ; 86,7

Verbes auxiliaires de mode **49,1** ; 52,3

Verbes d'état **21,3** ; **35,4** ; 38,4

Verbes d'opinion, de pensée, de probabilité 36,5

Verbes de mouvement 16,6 ; **21,3** ; 30,2 ; 31,5 ; 38,4 ; 55,3

Verbes déponents 47,6 ; 52,3 ; 62,3

Verbes exprimant une position dans l'espace **28,5**

Verbes faibles 51,3 ; 57,1 ; 57,3 ; **63,1**

Verbes forts 50,2 ; 57,4 ; 57,6 ; 57,7 ; **63,1** ; 68,2

Verbes modaux **28,4** ; 29,5 ; 29,8 ; 72,2 ; 78,3 ; 82,8

Verbes monosyllabiques 1,4 ; **7,6** ; **14,3** ; 57,2

Verbes réfléchis 26,4

Verbes transitifs et intransitifs 22,1 ; 24,6 ; 32,6 ; 43,2 ; 60,1

Bibliographie

Avant que votre bouteille à la mer ne nous parvienne, vous pourrez lire les ouvrages suivants :

• SWAHN (Jan-Öjvind) et l'Institut suédois *Walpurgis, écrevisses et Sainte-Lucie. Fêtes et traditions en Suède*, 50 pages illustrées. Il suffit de s'adresser à l'Institut suédois pour recevoir un exemplaire.

• BATTAIL (Jean-François et Marianne) le Guide Bleu Évasion *Suède*, aux éditions Hachette Tourisme, 287 pages. Si vous souhaitez réussir votre voyage, nous vous recommandons ce guide qui fourmille de renseignements utiles, de cartes et de plans.

• SJÖWALL (Maj), WAHLÖÖ (Per) *Polis, polis, potatismos*, éditions Pan. Ce polar classique décrit admirablement la Suède des années 1960/1970.
L'inspecteur Martin Beck est appelé à Malmö, dans le sud de la Suède, où un homme est entré dans un des restaurants les plus chic de la ville et a abattu un client en vue. La victime a vécu assez longtemps pour "raconter" qu'elle ne connaissait pas l'auteur du crime...

• ENQUIST (Per Olov) *Boken om Blanche och Marie*, éditions Norstedts. Ce roman facile à lire mêle brillamment fiction et faits réels.
Blanche est la femme que notre célèbre médecin Charcot hypnotise à l'hôpital de la Salpêtrière. Elle se lie d'amitié avec Marie Curie.

• Parmi les dictionnaires récents, nous vous recommandons : *Franska ordboken, fransk-svensk svensk-fransk* aux Éditions Norstedts de Stockholm.

Pour changer de la lecture, voici d'autres chemins qui vous mèneront au suédois...

• Le lien de l'antenne de l'Institut Suédois à Paris : http://www.institutsuedois.fr

- Procurez-vous enfin les comédies de la **Jönssonligan** (*la bande à Jönsson*), disponibles en DVD. On y rit beaucoup, les dialogues sont faciles à suivre, l'humour est foncièrement suédois, les acteurs irrésistibles.

- La télévision suédoise : http://svt.se et plus spécialement http://svtplay.se avec de nombreuses émissions sous-titrées en suédois.

Lexique des expressions et locutions suédois-français

Les chiffres qui suivent la traduction française renvoient au numéro de la leçon.

A

Adjö med dig!	*Au revoir !*	72
Adjöss!	*Bye !*	100
allvarligt talat	*sérieusement*	78
Använder du socker?	*Tu prends / Vous prenez du sucre ?*	65
April, april, din dumma sill!	*Poisson d'avril !*	41

B

betala för kalaset	*payer les pots cassés*	40
Borta bra men hemma bäst.	*On n'est jamais si bien que chez soi.*	27
Botten upp!	*Cul sec !*	83
både och	*les deux*	60
Bättre en fågel i handen än tio i skogen.	*Un tiens vaut mieux que deux tu l'auras.*	69
Bästa hälsningar.	*Meilleures salutations.*	80

D

De är inte torra bakom öronen.	*Si on leur pressait le nez, il en sortirait du lait.*	95
Den man älskar den agar man.	*Qui aime bien châtie bien.*	72
den nakna sanningen	*la stricte vérité*	51
Det ante mig!	*Je m'en doutais !*	58
Det behövs inte.	*Ce n'est pas nécessaire.*	73
Det beror på.	*Ça dépend.*	43
Det blir ett helvetes spektakel!	*Ça va faire un tapage d'enfer !*	89
Det gläder mig.	*Ça me fait plaisir.*	93
Det går bra att betala med check.	*Vous pouvez payer par chèque.*	72
Det har jag sagt femtielva gånger redan.	*Je l'ai déjà dit trente-six mille fois.*	98
Det händer.	*Ça arrive.*	32
Det hängde på ett hår.	*Cela a tenu à un cheveu.*	60

Det hörs.	Ça s'entend.	73
Det kan man lugnt påstå.	C'est le moins qu'on puisse dire.	67
Det kostar skjortan!	Ça coûte les yeux de la tête !	5
Det kvittar!	Ça n'a aucune importance !	17
Det ligger något i det.	Il y a du vrai là-dedans.	27
Det menar du inte!	Tu plaisantes ! / Tu veux rire !	64
Det må vara sant.	C'est possible. / Ça se peut.	82
Det ser du väl.	Tu le vois bien.	34
Det ska du få äta upp!	Tu me le paieras !	75
Det ska vi fira!	Faut fêter ça !	75
Det spelar ingen roll.	Ça n'a pas d'importance.	20
Det står dig fritt att...	Libre à vous/toi de...	100
Det stämmer!	C'est exact !	66
Det syns.	Ça se voit.	73
Det var det värsta!	Ça alors, c'est la meilleure !	82
Det var länge sen!	Ça fait un bail !	65
Det var på låtsas.	C'était pour rire.	81
Det var på tiden!	Ce n'est pas trop tôt !	38
Det var roligt att höra!	Cela me fait plaisir de l'entendre !	44
Det var synd!	C'est dommage !	58
Det är bara gammal skåpmat.	C'est du réchauffé.	24
Det är det värsta jag vet!	C'est la pire des choses que je connaisse !	76
Det är där skon klämmer.	C'est là que le bât blesse.	66
Det är en annan femma.	Ça, c'est une autre histoire/affaire.	93
Det är ett spel för galleriet.	C'est pour épater la galerie.	89
Det är faktiskt sant.	C'est ma foi vrai.	31
Det är hur enkelt som helst.	C'est extrêmement simple.	69
Det är huvudsaken.	C'est l'essentiel.	73
Det är höjden!	C'est le comble !	54
Det är ingen konst!	C'est pas sorcier !	54
Det är just kruxet.	Voilà le hic.	59
Det är jämnt!	Gardez la monnaie !	46
Det är klart!	C'est évident !	25
Det är krut i henne.	Elle pète le feu.	96
Det är lag på det.	C'est obligé/obligatoire.	38
Det är lätt som en plätt.	C'est fastoche.	6
Det är lögn.	C'est faux.	60
Det är meningen!	C'est le but du jeu !	69
Det är min tur att...	C'est à moi / Mon tour est venu de...	64

Det är rena grekiskan.	*C'est de l'hébreu.*	80
Det är rena rama lögnen.	*C'est un gros mensonge.*	80
dricka brorskål	*fraterniser*	42
dricka som en svamp	*boire comme une éponge*	25
Du bryter inte alls.	*Tu n'as pas du tout d'accent.*	68
Du försöker lura mig på konfekten.	*Vous essayez de me rouler.*	85
Du har inte rent mjöl i påsen.	*Vos intentions ne sont pas nettes.*	86
Du kan simma lugnt.	*Ne te fais pas de bile !*	61
Du kan skatta dig lycklig som...	*Estime-toi heureux de...*	90
Du skojar väl?	*Tu plaisantes, j'espère ?*	71
Du skulle bara våga!	*Essaie un peu !*	91
Du tar minsann i med hårdhandskarna.	*Vous n'y allez vraiment pas de main morte.*	86
Du tar ordet ur munnen på mig!	*Tu m'enlèves le mot de la bouche ! / J'allais le dire !*	13
dygnet runt	*24h/24*	37
då och då	*de temps en temps*	87

E

Efter regn kommer solsken.	*Après la pluie le beau temps.*	36
En gång är ingen gång.	*Une fois n'est pas coutume.*	36
en patenterad träskalle	*une tête de lard patentée*	66
en slät kopp kaffe	*une tasse de café (sans le gâteau qu'on trempe dedans)*	73
en storlek större	*une pointure/taille au-dessus*	69

F

Fan visste inte att han var i helvetet förrän hans svärmor kom dit.	*Le diable ne savait pas qu'il était en enfer avant que sa belle-mère n'y arrive.*	44
fatta galoppen	*piger*	92
Fort är du snäll!	*Vite, s'il vous plaît !*	81
från det ena till det andra	*d'une chose à l'autre*	66
Fy skäms!	*Quelle honte !*	82
få kalla fötter	*se dégonfler*	95
få korgen	*être éconduit*	72
Får jag be om notan?	*Pourrais-je avoir l'addition ?*	48
Får jag / vi betala?	*L'addition, s'il vous plaît !*	42

få slag	tomber à la renverse	71
för det mesta	le plus souvent	60
för en billig peng	pour trois francs six sous	29
för en gångs skull	pour une fois	87
för en vecka sen	il y a une semaine	62
för femtielfte gången	pour la énième fois	98
för Guds skull	pour l'amour de Dieu	87
för inte så länge sen	il n'y a pas si longtemps	62
för min skull	pour moi	87
förlora förståndet	perdre la tête	79
Förlåt?	Pardon ?	43
Förlåt om jag stör.	Excusez-moi de vous déranger.	92

G

Gammal kärlek rostar aldrig.	On revient toujours à ses premières amours.	36
God afton!	Bonsoir !	41
God fortsättning!	Meilleurs vœux pour l'année nouvelle !	65
God jul!	Joyeux Noël !	34
God kväll!	Bonsoir !	41
God kväll i stugan!	Bonsoir, la compagnie !	41
God morgon!	Bonjour ! (le matin)	3
God natt!	Bonne nuit !	24
Goddag!	Bonjour ! (formel)	3
Gott nytt år!	Bonne année !	44
Grattis!	Félicitations ! / Joyeux anniversaire !	36
gripas av panik	être pris de panique	96
gå bärsärkagång	devenir fou furieux	77
gå på nerverna	taper sur les nerfs	40
gå åt pipan	foirer	58
Gärna för mig!	Je n'y vois pas d'inconvénient ! / Je n'ai rien contre !	92

H

Ha det så roligt!	Amusez-vous bien !	57
ha en ljus syn på livet	voir la vie en rose	67
ha en massa kul	s'éclater	79
ha kort stubin	être soupe au lait / se mettre facilement en colère	96
ha sitt på det torra	être à l'abri du besoin	97
Hallå!	Allô !	4

Han har tur i oturen.	*Il a de la chance dans sa malchance.*	9, 67
Han är en glad lax.	*C'est un joyeux luron.*	5
Har man sett på maken!	*Ça, par exemple !*	53
Har man tagit fan i båten får man ro honom i land.	*Le vin est tiré, il faut le boire.*	90
Hej!	*Salut ! / Bonjour !*	1
Hej då!	*Salut ! / Au revoir !*	4
Hej på dig!	*Salut !*	3
Hej så länge!	*À tout à l'heure !*	24
Hejsan!	*Bonjour ! / Salut !*	68
hela baletten	*tout le tralala*	67
hela tiden	*tout le temps*	44
Herre Gud!	*Mon Dieu !*	25
Hjälp!	*Au secours !*	38
Hjärtliga hälsningar	*Cordiales salutations*	80
Hm	*Hum*	32
Hur dags?	*À quelle heure ?*	43
Hur gammal är du?	*Quel âge as-tu ?*	19
Hur mår du?	*Comment vas-tu ?*	1
hur som helst	*n'importe comment / quoi qu'il en soit*	69
Hur så?	*Comment ça ?*	33
Hur är det?	*Comment ça va ?*	3
Håll dig i skinnet!	*Tiens-toi à carreau !*	75
Häftigt!	*Génial !*	27
Hälsa så gott!	*Bien le bonjour !*	34
hälsa välkommen	*souhaiter la bienvenue*	69
Hänger du med?	*Tu me suis ?*	64
Här är...	*Voici...*	17
häromdagen	*l'autre jour*	58
Hör av dig!	*Donnez-nous de vos nouvelles !*	100

I

i förmiddags	*ce matin / dans la matinée*	79
i grevens tid	*au dernier moment / juste à temps*	79
I morgon är också en dag.	*Demain il fera jour.*	36
i månaden	*par mois*	45
i regel	*en règle générale*	95
i stort sett	*en gros*	53
i sådant fall	*en pareil cas*	69

i tid	*à l'heure*	45
i veckan	*par semaine*	45
i vilket fall som helst	*dans n'importe quel cas*	69
i värsta fall	*au pis-aller*	76
Ingen aning!	*Aucune idée !*	50
Ingen rök utan eld.	*Il n'y a pas de fumée sans feu.*	48
inte det minsta	*pas du tout / pas le moins du monde*	74
inte illa	*pas mal*	93
Inte riktigt!	*Pas tout à fait ! / Pas vraiment !*	25
Inte sant?	*Pas vrai ?*	27
inte spara på krutet	*mettre le paquet*	96
inte så värst	*pas terrible*	76
inte ännu	*pas encore*	9

J

Ja, tack!	*Oui, s'il te/vous plaît !*	7, 30
Ja visst!	*Bien sûr !*	6
Jag har en räv bakom örat.	*Je suis futé/e.*	85
Jag har ett hönsminne.	*J'ai la mémoire comme une passoire.*	92
Jag har inte ett ruttet lingon kvar.	*Je n'ai plus un rond.*	73
Jag saknar dig.	*Tu me manques.*	79
Jag tänker, alltså är jag till.	*Je pense, donc je suis.*	36
Jag är tveksam.	*J'hésite.*	83
Jag är törstig.	*J'ai soif.*	11
Japp!	*Ouais !*	25
Jaså?	*Tiens ? / Ah bon ?*	16, 31
Jo!	*Si !*	10
Jo tack bara bra.	*Ben, ça va très bien, merci.*	34
Ju fler kockar, desto sämre soppa.	*Trop de cuisiniers gâtent la sauce.*	71
just nu	*pour le moment*	50
jämfört med mig	*comparé à moi*	97
Jämna pengar, tack!	*Merci, le compte est bon !*	46
Jävlar också!	*Merde alors !*	81
Jösses!	*Doux Jésus !*	51

K

Kan du växla?	*Vous pouvez me faire de la monnaie ?*	55
Kan jag/vi få notan?	*L'addition, s'il vous plaît !*	42

Klockan är bara barnet.	*Il est encore tôt.*	40
koka soppa på en spik	*faire tout un plat à propos de rien*	71
Kolla!	*Regarde(z) un peu !*	29
Kom igen nu!	*Allez !*	52
Kom så går vi!	*Allons-nous-en !*	42
Kärleken gör blind.	*L'amour rend aveugle.*	20
köpa grisen i säcken	*acheter chat en poche*	86

L

Lagom är bäst.	*Point trop n'en faut.*	27
leva rövare	*faire du tapage*	74
Leve Sverige!	*Vive la Suède !*	83
Lika barn leka bäst.	*Qui se ressemble s'assemble.*	98
Lita på mig!	*Fais-moi confiance !*	80
Livet leker.	*C'est la belle vie.*	40
Livet är ingen dans på rosor.	*La vie n'est pas une partie de plaisir.*	36
löpa amok	*être pris d'un accès de folie furieuse*	77
Lycka till!	*Bonne chance !*	100
Låt flitens lampa brinna!	*Travaillez avec assiduité !*	100
lägga näsan i blöt	*fourrer son nez partout*	87

M

Man ska inte sälja skinnet förrän björnen är skjuten.	*Il ne faut pas vendre la peau de l'ours avant de l'avoir tué.*	75
Man ska vara frisk för att orka vara sjuk.	*Il faut être en bonne santé pour avoir la force d'être malade.*	50
Man vet aldrig var haren har sin gång.	*On n'est jamais sûr de rien.*	55
med andra ord	*autrement dit*	44, 67
med flera	*entre autres*	54
med mera	*et cætera*	54
Med vänlig hälsning	*Veuillez agréer, cher Monsieur, etc.*	42, 80
mig ovetande	*à mon insu*	91
minst sagt	*et c'est un euphémisme*	74
Mitt namn är...	*Je m'appelle...*	46
Må du tro.	*Figure-toi. / Tu peux me croire.*	78

N

Nej, vad säger du?	*Qu'est-ce que tu me racontes là ?*	47
Nu fattar jag galoppen!	*C'est bon, j'ai pigé !*	92
Nå?	*Alors ?*	37
när som helst	*n'importe quand*	69
Nöden har ingen lag.	*Nécessité fait loi.*	38

O
Oj!	*Oh !*	25
Okej!	*OK !*	4
Om!	*Et comment !*	47, 89
om dagen	*par jour*	26
om drygt en vecka	*dans une bonne semaine*	99
om en dryg vecka	*dans une bonne semaine*	99
om igen	*encore une fois*	68
om jag får fråga	*si ce n'est pas indiscret*	79
om och om igen	*à plusieurs reprises*	68
om året	*par an*	26

P
Pass på!	*Attention !*	68
plocka svamp	*aller aux champignons*	32
Precis!	*Exactement !*	6
Puss och kram!	*Grosses bises !*	80
på det hela taget	*à tout prendre / tout bien considéré*	85
på ett villkor	*à une condition*	100
på golvet	*par terre*	32
på resande fot	*en voyage*	44
på sin höjd	*à tout casser / tout au plus*	57
på sätt och vis	*en quelque sorte*	43
på tio minuter	*en dix minutes*	67

R
raka motsatsen	*tout le contraire*	97
rik som ett troll	*riche comme Crésus*	20
röka som en borstbindare	*fumer comme un pompier*	62
röra om i grytan	*trifouiller dans les affaires*	87

S
Sadla om!	*Change ton fusil d'épaule !*	97
Saken är biff.	*L'affaire est dans le sac.*	90
saken är den att	*en fait*	44

Sakta i backarna!	*Vas-y mollo !*	55
sakta men säkert	*lentement mais sûrement*	46
se i syne	*avoir la berlue*	67
Se upp!	*Fais gaffe !*	55
sitta i klistret	*être dans le pétrin*	57
Skojar du?	*Tu rigoles ?*	29
Skål!	*Santé ! / À la tienne/vôtre !*	42
slå sina påsar ihop	*se mettre en ménage*	90
Slappna av!	*Relax !*	52
slicka sina sår	*panser ses blessures*	79
Sluta och/att tjata!	*Arrête de me casser les pieds !*	94
smaka på käppen	*recevoir des coups*	67
Snacka om...	*Vous parlez / Tu parles de...*	82
Snälla!	*S'il te plaît !*	42, 93
som packade sillar	*serrés comme des sardines*	59
Stackars henne!	*La pauvre !*	27
Stig in!	*Entrez !*	46
Stor i orden, liten på jorden.	*Les grands diseurs ne sont pas les grands faiseurs.*	36
stå för kalaset	*payer les violons*	66
suga på ramarna	*tirer le diable par la queue / vivre sur ses réserves / se serrer la ceinture*	92
Synd!	*Dommage !*	34
så här års	*en cette période de l'année*	23
så länge	*en attendant / d'ici là*	24
Så länge det finns liv finns det hopp.	*Tant qu'il y a de la vie, il y a de l'espoir.*	36
Så tråkigt!	*Quel dommage !*	16
Sånt är livet.	*C'est la vie.*	69
såvitt jag vet	*autant que je sache*	82
Sällan!	*Tu rigoles !*	88
sätta griller i huvudet på någon	*monter la tête à quelqu'un*	92
sätta myror i huvudet på någon	*donner du souci à quelqu'un*	92
söder om	*au sud de*	68

T

ta en rövare	*tenter le coup*	74
Ta det lugnt!	*Doucement !*	82
Ta i trä!	*Touchons du bois !*	86

ta på sängen	*prendre au dépourvu*	13
ta sitt pick och pack	*plier bagage*	95
ta ut en klämdag	*faire le pont*	66
tack	*merci*	1
tack	*s'il vous plaît*	7
Tack detsamma!	*Merci, de même !*	34
Tack för senast!	*Merci pour la dernière fois !*	34
Tack i alla fall!	*Merci quand même !*	42
Tack ska du ha!	*Je te remercie !*	42
Tack så mycket!	*Merci beaucoup !*	42
Tackar!	*Merci !*	42
Tala är silver, tiga är guld.	*La parole est d'argent et le silence est d'or.*	75
Tid är pengar.	*Le temps, c'est de l'argent.*	38
till exempel	*par exemple*	26
till fots	*à pied*	67
till hands	*sous la main*	67
till lunch	*au déjeuner*	26
till middag	*au dîner*	26
till på köpet	*par-dessus le marché*	52, 81
till sjöss	*en mer*	67
till skillnad från oss	*contrairement à nous*	100
till vänster	*à gauche*	19
Tjena!	*Salut !*	27
Tjänare!	*Salut !*	4
tretton på dussinet	*treize à la douzaine / à la pelle*	98
Tusen tack!	*Mille mercis !*	42
tydligen inte	*apparemment non*	79
Tänk att...	*Dire que...*	97
Tänka fritt är stort men tänka rätt är större.	*Penser librement est grand, mais penser juste est plus grand.*	79

U

under bar himmel	*à la belle étoile*	95
ursäkta	*excuse(z)-moi*	31
Usch!	*Quelle horreur !*	4
utan tvekan	*sans aucun doute*	79
Utmärkt!	*Parfait !*	39

V

Va?	*Hein ?*	51
Vad för slags...?	*Que genre de... ?*	69

Vad gäller det/saken?	*De quoi s'agit-il ? / C'est pour quoi ?*	45
Vad handlade den om?	*Quel était le sujet ?*	93
Vad har du för storlek?	*Quelle est votre pointure ?*	69
Vad har du för yrke?	*Quelle est votre profession ?*	54
vad hon än säger	*quoi qu'elle dise*	94
Vad lever du på?	*Vous vivez de quoi ?*	86
Vad menar du?	*Que veux-tu dire ?*	64
Vad ska jag ta mig till?	*Qu'est-ce que je dois faire ?*	72
Vad skulle jag ha för nytta av det?	*La belle jambe que ça me ferait !*	87
vad som helst	*n'importe quoi*	69
Vad säger du om det?	*Qu'en dis-tu ?*	23
Vad sägs om… ?	*Que dirais-tu de… / Et si on… ?*	75, 83
Vad tar du dig till?	*Qu'est-ce qui te prend ?*	72
Vad är klockan?	*Quelle heure est-il ?*	21, 34
var/vart som helst	*n'importe où*	69
Var god dröj!	*Ne quittez pas ! / Veuillez patienter !*	37
Var så god, Var så goda!	*Tiens ! / Tenez ! / S'il te/vous plaît ! Je vous en prie ! / De rien ! / Il n'y a pas de quoi !*	24
vara dagen efter	*avoir la gueule de bois*	12
vara fattig som en lus	*être pauvre comme un rat d'église*	51
vara i full gång	*battre son plein*	55
vara lika som bär	*se ressembler comme deux gouttes d'eau*	74
vara luspank	*être fauché comme les blés*	73
vara med	*être de la partie*	83
vara med barn	*être enceinte*	44
vara på semester	*être en vacances*	34
vara stum som en fisk	*être muet comme une carpe*	32
varannan helg	*un week-end sur deux*	82
varannan vecka	*une semaine sur deux*	82
Varma hälsningar.	*Salutations chaleureuses.*	80
vartannat år	*tous les deux ans*	82
vart sjunde år	*tous les sept ans*	82
Vems tur är det?	*C'est à qui le tour ?*	78
Verket prisar mästaren.	*À l'œuvre on reconnaît l'ouvrier.*	61
Verkligen?	*Vraiment ?*	36
Vi får se.	*On verra (bien).*	29
Vi ses på måndag!	*À lundi !*	83

Vi väntar tillökning.	*Nous attendons un heureux événement.*	75
vid god hälsa	*en bonne santé*	76
Vilken fräckhet!	*Quel culot !*	60
Vilken grej!	*Tu parles d'un truc !*	3
vilken som helst	*n'importe lequel*	69
Vilken spänning!	*Quel suspense !*	89
Vilket program!	*Tu parles d'un programme !*	62
Välkommen tillbaka/åter	*Au plaisir de te revoir*	69
vända sig i sin grav	*se retourner dans sa tombe*	88

Å

året runt	*toute l'année*	33

Ä

Än sen då?	*Et alors ?*	31
är du snäll	*s'il vous plaît / veuillez*	38
äta sig mätt	*manger à sa faim*	75

Lexiques

Vous trouverez dans ces lexiques l'ensemble des mots employés tout au long de cet ouvrage. Les traductions données sont celles du contexte dans lequel le mot a été utilisé. Les numéros renvoient à la ou les leçon(s) où le mot est apparu pour la première fois ou avec un sens nouveau.

Conformément à l'usage suédois, les lettres **å**, **ä**, **ö** figurent à la fin de l'alphabet et les mots commençant par W sont à la lettre V.

• Pour les noms, nous indiquons la forme définie du singulier et celle du pluriel indéfini. Éventuellement celle du pluriel défini si celle-ci est irrégulière.
Exemples :
brev -et =, signifie que le nom **brev**, *lettre*, est neutre, **brevet**, *la lettre*, et qu'il forme son pluriel indéfini sans désinence, **två brev**, *deux lettres*.
fönst/er -ret = fönstren/fönsterna à lire ainsi : **fönstret**, *la fenêtre* ; **fönster**, *des fenêtres* ; **fönstren** ou **fönsterna**, *les fenêtres*.

• Pour les verbes, nous indiquons, à la suite de l'infinitif, les désinences du présent de l'indicatif, du prétérit et du supin. Le signe = indique que la forme est identique à la précédente : **avundas** =, présent identique à l'infinitif.
Exemples :
banta -r -de -t, à lire ainsi : présent **bantar**, prétérit **bantade**, supin **bantat**.
behöv/a -er -de -t, à lire ainsi : présent **behöver**, prétérit **behövde**, supin **behövt**.
Si c'est un verbe fort, nous indiquons la désinence du présent de l'indicatif et donnons la forme du verbe au prétérit et au supin. S'il est fort et irrégulier, nous indiquons toutes ses formes.
Les verbes suivis d'une particule figurent après le verbe par ordre alphabétique de la particule.

Dans le lexique français-suédois, pour des raisons de clarté, les désinences de conjugaison des verbes suivis d'une particule ne sont pas mentionnées. Elles apparaissent en revanche à la suite de tous les verbes de base (sans particule).

Exemples :
aller   **gå -r gick gått**
entrer   **gå in**

• Pour les adjectifs, lorsqu'ils sont irréguliers, nous indiquons leur forme au neutre et à la forme définie du singulier (et éventuellement la forme du pluriel). Les comparatifs et superlatifs irréguliers accompagnent le cas échéant l'adjectif correspondant.

Lexique suédois-français

Les abréviations suivantes ont été utilisées : *adj.* (adjectif), *adv.* (adverbe), *conj.* (conjonction), *fém.* (féminin), *fig.* (figuré), *inf.* (infinitif), *inv.* (invariable), *masc.* (masculin), *péj.* (péjoratif), *prép.* (préposition), *pron.* (pronom), *qqch.* (quelque chose), *qqn.* (quelqu'un).

Les chiffres qui suivent la traduction française renvoient au numéro de la leçon.

A

acceptera -r -de -t	accepter 85
aderton (De ~)	l'Académie suédoise 18
adjö	adieu 72 ; au revoir 72
adjöss	bye 100
adress -en -er	adresse 61
Afrika	l'Afrique 48
afrikansk	africain 48
afton -en aftnar	soir 41 ; soirée 41
aga -n	châtiment corporel 72
aga -r -de -t	châtier 72
akademisk	universitaire 95
aktiv	actif 100
akut -en -er	urgences 50
akutmottagning -en -ar	service des urgences 50
akvavit -en -er	eau-de-vie aromatisée 52
aladåb -en -er	daube / galantine 17
aldrig	ne jamais 12
alla	tous 13 ; toutes 17 ; tous / toutes 54 ; tout le monde 54
alla andra	tout le monde 38
alldeles	complètement 45 ; tout à fait 45
alldeles för	beaucoup trop 45
allemansrätten	droit d'accès commun 33

alls (inte ~)	pas du tout 68
allt (+ *comparatif*)	de plus en plus 71
alltid	toujours 10
allting	tout 24
alltsedan	depuis le jour où 86
alltså	donc 4 ; alors 12
allvar -et	sérieux 66
allvarligt	grièvement 78 ; sérieusement 78
altan -en -er	terrasse 83
amerikan -en -er	Américain 96
amok (löpa ~)	devenir fou furieux 72
ana -r -de/ante -t	se douter 58
andas = andades andats	respirer 74
andfådd	essoufflé 88
andra (den ~)	l'autre *(fém.)* 39
andrahandsinformation -en	renseignements de seconde main 95
andrahandslägenhet (*voir* lägenhet)	appartement en sous-location 97
andre (den ~)	l'autre *(masc.)* 39
aning -en -ar	idée 50
anmäl/a -er -de -t	déposer 37 ; rapporter (déclarer) 37
annan annat andra	autre 22, 23, 44
annandag påsk	lundi de Pâques 90
annars	sinon 40, 71
annons -en -er	annonce 61
anonym	anonyme 76
ansikte mot ansikte	face à face 46
ansikte -t -n	visage 20, 46
ansiktslyftning -en -ar	lifting 81
anställningsintervju -n -er	entretien d'embauche 61
ansökan = ansökningar	candidature 61
anta (*voir* ta)	présumer 87 ; supposer 87
antagen	admis (dans un établissement) 87
antibiotikum antibiotika	antibiotique 71
antänd	allumé 96
anvisning -en -ar	instruction 89
använda (*voir* vända)	employer 65 ; utiliser 65
apotek -et =	pharmacie 38
april	avril 41
aprilskämt (*voir* skämt)	poisson d'avril 41
aprilväder (*voir* väder)	giboulées de mars 41
apropå	en parlant de 65 ; à propos de 65
arbeta -r -de -t	travailler 39
arbete -t -n	travail 59
arbetskamrat -en -er	collègue 58
arbetslös	au chômage 54

arbetsnarkoman (*voir* narkoman)	addict au travail 76
arg	fâché 71
arm -en -ar	bras 87
art -en -er	espèce 97
arv -et =	héritage 86
arvedel -en -ar	héritage 18
arvlös (göra ~)	déshériter 86
ask -en -ar	boîte 31
att *(conj.)*	que 26 ; si (non hypothétique) 82
att *(marque de l'inf.)*	à 37 ; de 40
au pair	au pair 79
automatisk	automatique 81
av	de 39, 70 ; en (matière) 39, 70 ; par (agent) 69, 70
av att	de 62 ; à force de 62
avdrag -et =	abattement 86 ; déduction 86
aveny -n -er	avenue 59
avgiftsbelagd	payant 93
avhandling -en -ar	traité / thèse 97
avsluta -r -de -t	terminer 58
avslöja -r -de -t	déceler / révéler 80
avsnitt -et =	épisode 96
avstickare -n =	détour 68
avstå (*voir* stå)	renoncer 59
avstånd -et =	distance 94
avundas = avundades avundats	envier 95

B

back -en -ar	caisse (de bouteilles) 55 ; casier à bouteilles 55 ; marche arrière 55
back/e -en -ar	colline 55 ; côte 55
backa -r -de -t	reculer 55
bad -et =	bain 89
bada -r -de -t	se baigner 18, 52
baddräkt -en -er	maillot de bain 52
badort (*voir* ort)	station balnéaire 44
badrum (*voir* rum)	salle de bain 71, 96
bagageluck/a -an -or	coffre à bagages 53
bakficka (*voir* ficka)	poche revolver 96
bakom	derrière 55, 85
baksida (*voir* sida)	dos (verso) 71
baksäte -t -n	siège arrière 53
bakterie -n -r	bactérie 71
balans -en -er	équilibre 66

balett -en -er	ballet 67 ; tralala 67
balkong -en -er	balcon 59
banan -en -er	banane 66
bananbåt -en -ar	bananier 59
bananskal -et =	peau de banane 66
bandage -et =	bandage 67 ; pansement 67
bankomat -en -er	distributeur de billets 98
banta -r -de -t	faire un régime 8
bar	nu 95
bara	ne ... que 24 ; seulement 24
bara *(conj.)*	pourvu que 45
barfota *(inv.)*	pieds nus 88
barn (vara med ~)	être enceinte 44
barn -et =	enfant 19
barnbarn -et =	petit-fils / petite-fille 30
barnbarnsbarn -et =	arrière-petit-fils / arrière-petite-fille 30
barnbassäng -en -er	petit bassin 61
barnrik	nombreuse (famille) 20
basis =	base 87
bassäng -en -er	bassin 61
bastu -n -r	étuve 52 ; sauna 52
be ber bad bett	prier 48
be ber bad bett (om)	demander 48
begagna -r -de -t	employer 66 ; se servir de 66 ; utiliser 66
begagnad	d'occasion 66
begränsa -r -de -t	limiter 81
begränsad	limité 81
begränsning -en -ar	limitation 81
behöv/a -er -de -t	avoir besoin 22
behövas behövs behövdes behövts	être nécessaire 95
beige	beige 69
bekant	connaissance (entourage) 68
bekym/mer -ret =	souci 61
ben -et =	jambe 65
bensinstation (*voir* station)	station-service 25
beredd (vara ~ på)	être prêt à 45, 99
berg -et =	montagne 98
bero -r -dde -tt (på)	dépendre (de) 43
berså -n -er	tonnelle 17
berätta -r -de -t	raconter 26
besked (få ~)	être fixé 75
besked -et =	avis 75
bestick -et =	couvert 24
bestå av (*voir* stå)	être composé de 62 ; être constitué de 62
bestå i (*voir* stå)	consister 62

femhundraarton • 518

beställ/a -er -de -t	commander 36, 92 ; prendre (rdv) 92
bestämma (sig) (*voir* stämma)	se décider 79, 80 ; se décider / décider 100
besättning -en -ar	équipage 99
besök -et =	visite 58
betala -r -de -t/betalt	payer 29
beträffa -r -de -t	concerner 90
betyda (*voir* tyda)	signifier 81
betyg -et =	bulletin de notes / note 93
beundran =	admiration 87
bevaka -r -de -t	couvrir 95
B-film (*voir* film)	film de série B 94
biff -en -ar	steak 90
bil -en -ar	voiture 19
bila -r -de -t	voyager en voiture 21
bild -en -er	image 20 ; photo 20
bilda sig -r -de -t	se faire 78 ; se former 78
bilhandlare -n =	marchand de voitures 19
biljettluck/a -an -or	guichet 39
billig	bon marché 8 ; pas cher 8
bilolycka (*voir* olycka)	accident de voiture 67
bio -n biografer	ciné 39
biodynamisk	bio 25
biograf -en -er	cinéma (établissement) 39
bit/a -er bet bitit	mordre 89 ; ronger 89
bitti (i morgon ~)	demain matin 66
bjud/a -er bjöd bjudit	inviter 58
bjuda upp (*voir* bjuda)	inviter à danser 72
björk -en -ar	bouleau 86
björn -en -ar	ours 74
björnbär -et =	mûre 74
björntjänst (*voir* tjänst)	mauvais service 74
bland	entre 23 ; parmi 23
blandning -en -ar	mélange 94
bli (bliva) blir blev blivit	devenir *(futur proche)* 22 ; être *(futur proche)* 22 ; faire (prix) 22 ; y avoir 41 ; survenir *(futur)* 41 ; *valeur inchoative* 56 ; *expression du passif* 78 ; rester 83
bli av (*voir* bli)	se débarrasser 94
blick -en -ar	regard 99
blind	aveugle 20
blivande	futur *(adj.)* 91
blixt -en -ar	éclair 65
blixthalka -n	verglas instantané 65
blondin -en -er	blonde 52
blott	seul 27

blå blått blå/blåa	bleu 64
Blåkulla	la Montagne bleue 90
blås/a -er -te -t	jouer (instrument à vent) 54 ; souffler 54
blåögd	naïf 64
blöt	arrosé 83 ; mouillé 83
bo -r -dde -tt	habiter 23 ; loger 23
bok -en böcker	livre 47
boka -r -de -t	réserver 44
bokstavligt	littéralement 94
bonde -n bönder	paysan 33
bondekultur -en -er	la civilisation paysanne 84
bondeuppror -et =	jacquerie 84
bondfångare -n =	attrape-nigaud 84
bondförnuft (*voir* förnuft)	gros bon sens 79
bondförstånd (*voir* förstånd)	gros bon sens 79
bondland -et	pleine campagne 80
bondneka -r -de -t	nier mordicus 84
bondpermis (ta sig en ~)	faire le mur 84
bondpermission (ta sig en ~)	faire le mur 84
bondtur -en	coup de veine 84
bord -et =	table 35
borgerlig	civil 92
borrmaskin (*voir* maskin)	perceuse 88
borstbindare -n =	brossier 62
bort	là-bas *(mouvement)* 35 ; idée d'éloignement 72
borta	absent 27 ; ailleurs 27 ; au loin *(sans mouvement)* 27
bortskämd	gâté 79
boss -en -ar	chef 63
bostad -en bostäder	logement 59
bot -en böter	amende 54
bott/en = *ou* -nen -nar	fond 83
bottenvåning (*voir* våning)	rez-de-chaussée (plus quelques marches) 93
bra *(inv.)*	bon/ne 6
bra *(inv.)* bättre bäst	bien 1
brandkår -en -er	les pompiers 67
brandstation (*voir* station)	caserne de pompiers 67
bredband	ADSL 40
bredvid	à côté 52
brev -et =	lettre 16
brinn/a -er brann brunnit	brûler / être allumé 76
broderskärlek (*voir* kärlek)	amour fraternel 39
brokig	bigarré 69
bror brodern bröder	frère 39
brorskål (dricka ~)	fraterniser 42
broschyr -en -er	brochure 23

femhundratjugo • 520

bruka -r -de -t	avoir l'habitude de 47
brun	brun 74
bry sig -r brydde brytt	se soucier 89
bryt/a -er bröt brutit	rompre 39 ; casser 65 ; parler avec un accent 68
brådska -r -de -t	être urgent 38
bråk -et =	querelle 82
bråttom (ha ~)	être pressé 40
bränn/a -er brände bränt	graver 76
brännmanet -en -er	méduse 78
brännvinsbrännare -n =	distillateur 76
bröd -et =	pain 8
bröllop -et =	noces 44
bröllopsresa (*voir* resa)	voyage de noces 44
bua -r -de -t	siffler 89
bull/e -en -ar	petit pain au lait 87
buss -en -ar	bus 45
by -n -ar	village 18
bygg/a -er -de -t	construire 54
byrå -n -er	bureau 20 ; agence 20
byt/a -er bytte bytt	échanger 43 ; changer 43, 85
byx/a -an -or	pantalon 29
båda	les deux 76
både ... och	aussi bien ... que 60
båt -en -ar	bateau 90
bägge	les deux 76
bär -et =	baie 74
bära bär bar burit	porter (mener) 64
bära sig åt (*voir* bära)	se conduire 94 ; s'y prendre 94
bärbar	portable (*adj.*) 73
bärsärkagång (gå ~)	devenir fou furieux 77
bättre (*comparatif de* bra)	mieux 69 ; meilleur 70
böra bör borde bort	devoir 71
börja -r -de -t	commencer 46 ; se mettre à 61
börja om	recommencer 68
början =	commencement 94 ; début 94

C

café caféet caféer	café (établissement) 18
cafégäst -en -er	consommateur 22
cd cd:n cd *ou* cd:ar	CD 26
cd-spelare -n =	lecteur CD 41
central	central / centre de 59
Centralen	la gare centrale 74
centralstation (*voir* station)	gare principale/centrale 43
champagne -n	champagne 87

charkavdelning -en -ar	rayon charcuterie 39
chatta -r -de -t	chatter 73
check -en -er *ou* -ar	chèque 29
chef -en -er	chef (patron) 45
chefredaktör -en -er	rédacteur en chef 95
chinjong -en -er	chignon 17
chips -et =	chips 39
choklad -en -er	chocolat 31
cigarett -en -er	cigarette 25, 48
cirkus -en -ar	cirque 15
civilisation -en -er	civilisation 25
clown -en -er	clown 15
copywriter -n -s	rédacteur publicitaire 97
cyk/el -eln -lar	vélo 24
cykla -r -de -t	aller en vélo 82

D

dag (i ~)	aujourd'hui 3
dag -en -ar	jour / journée 3
daghem (*voir* hem)	crèche 54
dagis -et =	crèche 54
dagordning -en -ar	ordre du jour 87
dags (hur ~)	à quelle heure 43
dalahäst (*voir* häst)	cheval de Dalécarlie 88
Dalarna	la Dalécarlie 84
daldansen	danse folklorique dalécarlienne 88
dalkarl -en -ar	Dalécarlien 88
dalkull/a -an -or	Dalécarlienne 88
dalmas -en -ar	Dalécarlien 88
dam -en -er	dame 20
dans -en -er	danse 36
dansa -r -de -t	danser 12
danshak -et =	bastringue 58
dansk	Danois 53
dansk/a -an -or	Danoise 53
dataskärm (*voir* skärm)	écran d'ordinateur 99
dator -n -er	ordinateur 40
datum -et =	date 100
de	elles 6 ; ils 6 ; on 39
deckare -n =	polar 100
definitiv	définitif 75
dejta -r -de -t	faire des rencontres en ligne 73 ; sortir avec 73
deklaration -en -er	déclaration fiscale 86
del -en -ar	partie 96
dela -r -de -t	diviser 97 ; partager 97

femhundratjugotvå • 522

dela ut *(voir* dela)	distribuer 97
dem	les / leur / eux 29
den	elle (chose ou animal) 17 ; il (chose ou animal) 17
den där	celui-là / celle-là 55
den här	celui-ci / celle-ci 55
den/det där	ça 50
den/det där (+ *(nom)*)	ce / cet / cette + *(nom)*-là / celui / celle-là 55
den/det här	cela 50
den/det här (+ *(nom)*)	ce / cet / cette + *(nom)*-ci / celui / celle-ci 55
denna / denne / detta / dessa	ce / cet / cette / ces 59, 80
deodorant -en -er	déodorant 95
deppa -r -de -t	broyer du noir 62 ; déprimer 62
deras	leur / leurs / le leur / la leur / les leurs 33
desperat	désespéré 89
dess	son / sa / ses 98
dessutom	en plus de ça 38 ; en outre 98
destinationshamn	port de destination 99
desto	plus 71
det	ça 3 ; ce 3 ; c' 15 ; il *(impersonnel)* 16 ; cela 34 ; le / la 34 ; on 46
detsamma	de même 34
dig	toi 3 ; te 14 ; à toi 14, 18 ; vous 32
diktarnatur *(voir* natur)	nature de poète 97
din / ditt	ta 12
din / ditt / dina	ton / tes / vos / le tien / la tienne / les tiens / le vôtre / la vôtre / les vôtres 12
din / ditt	votre 17
din / ditt / dina	espèce de 23
direkt	direct 43 ; directement 43
diska -r -de -t	faire la vaisselle 4
diskjockey -n -er *ou* -s	disc-jockey 12
diskmaskin *(voir* maskin)	lave-vaisselle 10
diskotek -et =	discothèque 12
dispens (få ~)	être dispensé 93
disponent -en -er	directeur 63
dit	là *(mouvement)* 35
djupt	profondément 74
djur -et =	animal 32
djäv/el -eln -lar	diable 81
djävul -en djävlar	diable 81
dock	cependant 100
doktor -n -er	docteur 32
domkyrka *(voir* kyrka)	cathédrale 81
Domkyrkogatan	rue de la cathédrale 81
dop -et =	baptême 92

dopp -et =	plongeon 52
dos/a -an -or	boîte 30
dotter -n döttrar	fille 64
dra (draga) -r drog dragit	débiter 83 ; tirer 83 ; faire 94 ; sortir (qqch.) 96
dra av (voir dra)	déduire 86 ; défalquer 86
dram/a -at -er	drame 76
dramaturg -en -er	directeur artistique 89
dras = drogs dragits	se farcir 89 ; supporter 89 ; se taper 89
drick/a -er drack druckit	boire 16
dricka ur (voir dricka)	vider (un verre) 75
driv/a driver drev drivit	se moquer 53 ; diriger 86
dropp -et =	perfusion 67
drunkna -r -de -t	se noyer 61
dryg	bon 99
dröj/a -er -de -t	se faire attendre 37 ; tarder 37
dröm drömmen drömmar	rêve 18
drömmare -n =	rêveur 23
du	tu 1
Du	vous (formel) 19 ; vous 76
du	écoute/z 85
du (accentué)	toi 10
dubb -en -ar	clou 65 ; crampon 66
dubbdäck (voir däck)	pneu à clous 65
dubbelmoral -en	hypocrisie 82
dubbelrum (voir rum)	chambre double 22
dugg -et	brin 89
duktig	brave 33 ; capable 33 ; compétent 33 ; doué 33 ; habile 33 ; fort 93
dum dumt dumma	bête 15 ; stupide 41
dusch -en -ar	douche 4
dussin -et =	douzaine 98
dygn -et =	24 heures 37 ; jour 37
dyk/a upp -er dök -t	débarquer 66, 88
dynamisk	dynamique 61
dyr	cher 19
då	alors 2
då och då	de temps en temps 47
dålig sämre sämst	mauvais 15
dåligt samvete	mauvaise conscience 82
däck -et =	pneu 65
där	là-bas 4 ; là 35 ; y 44 ; où 60 ; là où 85
där nere	en bas 31
därefter	là-dessus 58 ; ensuite 99
däremot	par contre / en revanche 78
därför	c'est pourquoi 44

femhundratjugofyra • 524

därför att	parce que 82
därnere	en bas 31
dö dör dog dött	mourir 66, 74
död	mort 67
döm/a -er -de -t	juger 64
dörr -en -ar	porte 46
döv	sourd 67

E

efter	après 10 ; au bout de 61
eftermiddag -en -ar	après-midi 60
eftermiddags (i ~)	cet après-midi 60
eftersom	puisque 74
efteråt	après 52
egen eget egna	propre (personnel) 53
egentligen	à vrai dire 30 ; au juste 30
eget (starta -r -de -t ~)	se mettre à son compte 86
egoism -en	égoïsme 90
ej	ne … pas 91
ek -en -ar	chêne 86
ekonomi -(e)n -er	finances (situation financière) 92
elak	méchant 78
elbil (*voir* bil)	voiture électrique 81
eld -en -ar	feu 48
elefant -en -er	éléphant 48
elefantöl (*voir* öl)	bière très forte 14
elegant	élégant 20
elev -en -er	élève 93
eller	ou 10
emellan	entre 29
en	un/e 1
en *(pron.)*	nous *(objet)* 95
ena	l'un/e (des deux) 66
ene (den ~)	l'un 76
engagera -r -de -t	engager 89
engelsk	anglais 48
England	l'Angleterre 48
engångsbestick (*voir* bestick)	couvert jetable 90
enkel enkelt enkla	simple 50, 79
enkelsäng (*voir* säng)	lit simple 24
enligt	d'après 71
ens	notre / nos 95
ens (inte ~)	même pas 65
ensam ensamt ensamma	seul 12
ensamstående	parent isolé 73
entré -n -er	entrée 17

e-post -en	mél (adresse électronique) 61
er / ert / era	votre / vos / le vôtre / les vôtres 24
erbjuda sig (*voir* bjuda)	se présenter 100
erfarenhet -en -er	expérience 61
erkänna (*voir* känna)	avouer / reconnaître 92
ett	un/e 5
exemp/el -let =	exemple 26
exotisk	exotique 44
extraknäck/a -er -te -t	faire des extra 39
extrapris (till ~)	en promo 31

F

fack -et =	syndicat 87
fader fadern fäder	père 30
faktiskt	effectivement 31 ; en effet 31 ; vraiment 31
fakultet -en -er	fac(ulté) 97
fall -et =	cas 13 ; chute 66
falukorv (*voir* korv)	cervelas 60
faluröd	rouge de Falun 88
familj -en -er	famille 19
fan	le diable 44
fantasi -(e)n	imagination 79
fantasier	fantasmes 79
fantasifull	plein d'imagination 79
far fadern fäder	père / papa 30
farbror (*voir* bror)	oncle (paternel) 46
farfar (*voir* far)	grand-père (paternel) 30
farlig	dangereux 52 ; grave 52
farmor (*voir* mor)	grand-mère (paternelle) 30
fart -en -er	vitesse 81
fartbegränsning -en -ar	limitation de vitesse 81
fartkamer/a -an -or	radar 81
fas -en -er	phase 100
fast	ferme *(adj.)* 49 ; bien que 80 ; mais 80 ; quoique 80
fastighetsmäklare -n =	agent immobilier 45
fastän	bien que 80
fatta -r -de -t	saisir 92
fattig	pauvre 51
favoriträtt (*voir* rätt)	plat préféré 25
feber -n	fièvre 50
fel -et =	faute 82
femm/a -an -or	cinq (chiffre) 93 ; histoire (affaire) 93
femtiden (vid ~)	vers cinq heures 47
femtielfte	énième 98
femtielva	trente-six mille *(fig.)* 98

fest -en -er	fête 9, 83
festpriss/e -en -ar	fêtard 83
fick/a -an -or	poche 96
fiffig	astucieux 66
fika -n *ou* -t	caoua 34 ; café 34 ; jus 34
fika -r -de -t	prendre un café 34
film -en -er	cinéma 39 ; film 39
filosof -en -er	philosophe 97
filter filtret =	filtre 35
fimpa -r -de -t	écraser sa cigarette 24
fin	beau 23 ; joli 69
fing/er -ret -rar	doigt 68
finn/a -er fann funnit	trouver 65
finnas finns fanns funnits	y avoir 22 ; se trouver 22
fiol -en -er	violon 99
fira -r -de -t	fêter 75 ; célébrer 96
firm/a -an -or	entreprise 86 ; firme 86
fisk -en -ar	poisson 32
fixa -r -de -t	arranger 37 ; préparer 37 ; procurer 37 ; régler 37 ; réparer 37 ; retaper 37
fjol (i ~)	l'année dernière 72
fjäll -et =	montagne 98
flagg/a -an -or	drapeau 85
flask/a -an -or	bouteille 46
flaskpost -en	bouteille à la mer 100
flera	plusieurs 67
flick/a -an -or	jeune fille 7
flit -en	assiduité 100
flod -en -er	fleuve 88
flodhäst (*voir* häst)	hippopotame 88
flott	classe *(adj.)* 59
fly -r -dde -tt	fuir 93
flyg -et =	vol 95
flyg/a -er flög flugit	aller en avion 82
flygbuss (*voir* buss)	navette 74
flygplats -en -er	aéroport 74
flytta ihop -r -de -t	se mettre en ménage 90
flytta in -r -de -t	emménager 59
flyttning -en -ar	déménagement 85
flät/a -an -or	natte 64, 96
folk	les gens 52 ; du monde 52 ; on 52 ; peuple 52
folkhemmet	le foyer du peuple 63
folköl (*voir* öl)	bière moyenne 14
fort	vite 81
fortfarande	encore 43 ; toujours 43

fortsätta (*voir* sätta)	continuer 68
fortsättning -en -ar	suite / continuation 65
fot -en fötter	pied 44
fots (till ~)	à pied 67
fr o m	à partir de 38
fram	en avant 6
framför	devant 26
framför allt	surtout 79
framsteg -et =	progrès 6
framtid -en	avenir 97
framtidsutsikt (*voir* utsikt)	perspective d'avenir 97
Frankrike	la France 82
fransk	français 94
fransman (*voir* man)	Français 94
fransos -en -er *(péj.)*	Français 94
fransysk/a -an -or	Française 94 ; romsteck 94
fred -en -er	paix 95
fredag -en -ar	vendredi 14
fredags (i ~)	vendredi (dernier) 57
fri	libre 100
frihetstiden	l'ère de la liberté 62
frimärke -t -n	timbre 17
frisera -r -de -t	coiffer 72
frisk	bien portant 16 ; frais 16 ; en bonne santé 50
friss/a -an -or	coiffeuse 72
frisyr -en -er	coiffure 72
frisör -en -er	coiffeur 72
frisörsk/a -an -or	coiffeuse 72
fritt	librement 79
fru -n -ar	madame 7 ; femme (épouse) 22
frukost -en -ar	petit-déjeuner 22
frukostbord -et =	buffet de petit-déjeuner 22
frukt -en -er	fruit 76
frys -en -ar	congélateur 68
frys/a -er frös frusit	avoir froid 68
frys/a -er -te -t	congeler 68 ; geler 68
fråg/a -an -or	question 1
fråga -r -de -t	demander 17
frågeblankett -en -er	questionnaire 76
från	de *(provenance)* 16
från och med	à partir de 38
fräck	effronté 83
fräckhet -en -er	culot 60 ; insolence 60
fräckis -en -ar	plaisanterie osée 83
fräsch	frais (jeune / vital) 91

fröken	maîtresse 1
fröken = fröknar	demoiselle 1 ; mademoiselle 1
ful	laid 82 ; moche 82
full	soûl 76
full (med)	plein (de) 52
fumlig	empoté 90 ; gauche 90
fundera -r -de -t	songer 87
fungera -r -de -t	fonctionner 37
funka -r -de -t	marcher (fonctionner) 37
funkis	fonctionnalisme 37
fusk -et	fraude 85 ; tricherie 85
fuska -r -de -t	frauder 85 ; gâcher 85 ; tricher 85
fuskverk -et =	travail bâclé 85
fy	fi 82
fyll/a -er -de -t	remplir 41
fylla i (*voir* fylla)	remplir (un formulaire) 76
fyllig	corsé 44
få	rare 75 ; peu 75
få -r fick fått	avoir le droit 20 ; avoir la permission 20 ; pouvoir 20 ; *exprime l'idée de futur* 29 ; avoir *(futur proche)* 29 ; toucher (de l'argent) 29 ; recevoir 29, 54 ; être obligé de 38 ; obtenir 43 ; *valeur inchoative* 58 ; faire 59 ; pousser à 59 ; faire 63 ; attraper 71
få i hamn (*voir* få)	mener à bon port 100
fåg/el -eln -lar	oiseau 69
fågelskrämm/a -an -or	épouvantail 69
fåtölj -en -er	fauteuil 17
fäll/a -er -de -t	verser (des larmes) 91
fällkniv (*voir* kniv)	canif 96
färg -en -er	couleur 69
färgblind	daltonien 64
färgskärm (*voir* skärm)	écran couleur 72
färsk	frais (nouveau) 91
färskpotatis (*voir* potatis)	pomme de terre nouvelle 91
fästman (*voir* man)	fiancé 9
fästmö -n -r	fiancée 9
fästning -en	fiançailles 9
född	né 20
födelse -n -r	naissance 36
födelsedag -en -ar	anniversaire 36
födelsedagskalas (*voir* kalas)	fête d'anniversaire 40
föga	peu 94
följ/a -er -de -t	suivre 44, 65
följa med (*voir* följa)	accompagner 44

följd -en -er	conséquence 86
fönst/er -ret = fönstren / fönsterna	fenêtre 64
för	pour 1
för *(adv.)*	trop 27
för *(conj.)*	car 76
för *(prép.)*	à 46 ; pour 66
för ... sen / sedan	il y a *(temporel)* 62
för att	pour / afin de (+ *(inf.)*) 39
förbi	devant 67 ; passer *(avec un verbe de mouvement)* 67
förbigå *(voir* gå)	négliger 67 ; passer sur 67
förbjud/a -er förbjöd förbjudit	interdire 41
förbli *(voir* bli)	rester (dans un état) 76
förbrukning -en	consommation 53
fördjupa -r -de -t	approfondir 100
före	avant 89
förening -en -ar	association 87
företag -et =	entreprise 86
företagsekonomi -(e)n	économie d'entreprise 97
författare -n =	écrivain 47 ; auteur 48
förhoppningsvis	espérons que 89
förklara -r -de -t	expliquer 33
förklara sig *(voir* förklara)	s'expliquer 82 ; se justifier 82
förklaras = förklarades förklarats	s'expliquer 82
förklaring -en -ar	explication 48
förkovra -r -de -t	perfectionner 100
för/kyld -kylt -kylda	enrhumé 27
förkylning -en -ar	rhume 71 ; refroidissement (rhume) 78
förlag -et =	maison d'édition 48
förlora -r -de -t	perdre 79
förlossning -en -ar	accouchement 91
förlåt	pardon 43 ; excuse(z)-moi 92
förlåta *(voir* låta)	excuser 92
förläggare -n =	éditeur 48
förnuft -et =	raison 79
förort *(voir* ort)	banlieue 45
förortståg *(voir* tåg)	train de banlieue 45
förra	précédent 44 ; dernier (précédent) 44, 51
förresten	d'ailleurs 26 ; au fait 27
förrgår (i ~)	avant-hier 59
förrän	avant que/de 44
försena -r -de -t	retarder 45
försenad (vara ~)	avoir du retard 45 ; être en retard 45

femhundratrettio • 530

försiktig	prudent 81
förslag -et =	proposition 75
först	d'abord 38 ; seulement *(temporel)* 67
första	premier 79
förstå (*voir* stå)	comprendre 50
förstånd -et =	entendement 79 ; tête 79
förstås	bien entendu 26
förstör/a förstör -de -t	détruire 82
förstöra	casser 87
förstöras förstörs förstördes förstörts	être détérioré 82 ; se détériorer 82 ; être pollué 82
försvinn/a -er försvann försvunnit	disparaître 57
försäljare -n =	vendeur 63
försök/a -er -te -t	essayer 57, 85
förträfflig	excellent 76
förutan	sans 91
förvärra -r -de -t	aggraver 82 ; empirer 82
förvärras = förvärrades förvärrats	s'aggraver 82 ; s'envenimer 82
föräld/er -ern -rar	parent 34
föräldrar	parents 60

G

gaff/el -eln -lar	fourchette 90
galleri -(e)t -er	galerie 89
galning -en -ar	fou 82
galopp -en -er	galop 92
galosch -en -er	caoutchoucs (surchaussures) 65
Gamla testamentet	l'Ancien Testament 84
gammal gammalt gamla äldre äldst	vieux 19, 70 ; ancien 84
ganska	assez 74
garage -t =	garage 22
garageplats (*voir* plats)	place de garage 22
garnityr -et =	dentier 96
gas -en -er	gaz 88
gasa -r -de -t	accélérer 82
gaspedal -en -er	accélérateur 55
gast -en -ar	coéquipier (matelot) 78
gat/a -an -or	rue 34
ge (giva) -r gav givit	donner 11, 57
ge bort (*voir* ge)	faire cadeau de 72
ge ut (*voir* ge)	dépenser 73
gemensam	commun 100
generalrepetition -en -er	répétition générale 89

genom	par 64 ; à travers 64
genom att (+ *(inf.)*)	en *(gérondif de cause)* 66
genomfrusen	transi 68
genomgå (*voir* gå)	subir 74 ; passer (test) 76
genrep -et =	répétition générale 89
genuin	authentique 27 ; pur 27 ; véritable 27 ; vrai 27
gift	marié/e 2
gift/a om sig -er -te -t	se remarier 68
giljotin -en -er	guillotine 17
gilla -r -de -t	aimer bien 59
gips -en *ou* -et	plâtre 67
gipsa -r -de -t	plâtrer 67
gipsbandage -t =	un plâtre 67
gissa -r -de -t	deviner 64
givetvis	bien entendu 47
glad	joyeux 5
glas -et =	verre 5
Glasriket	le Royaume du verre 28
glass -en -ar	glace 93
glasögon -en *(pluriel)*	lunettes 51
glo -r -dde -tt	regarder bêtement 59
glädja gläder gladde glatt	faire plaisir 93 ; réjouir 93
glädje -n	joie 75
glögg -en -ar	vin chaud aromatisé 16
glöm/ma -mer -de -t	oublier 51
glömma bort (*voir* glömma)	oublier 92
gnistra -r -de -t	scintiller 96
gnällig	pleurnicheur 80
god afton	bonsoir 41
god gott goda	bon 3
god morgon	bonjour (le matin) 3
goddag	bonjour 3
godkänd	admis 93 ; mention bien / assez bien 93 ; reçu 93
godkänna (*voir* känna)	accepter 93 ; admettre 93 ; approuver 93 ; donner la moyenne 93
godmorgon	bonjour 46
golv -et =	sol 32
goss/e -en -ar	fils 73 ; gosse / garçon (gâté) 73
gott	quand même 90
grad -en -er	degré 41
grammatik -en -er	grammaire 13
gran -en -ar	sapin 80
grann/e -en -ar	voisin 51, 60, 82
granska -r -de -t	examiner 86

femhundratrettiotvå • 532

gratis *(inv.)*	gratuitement 39 ; gratuit 82
gratispåse *(voir* påse)	sachet gratuit 39
grattis	félicitations 36
gratulera -r -de -t	féliciter 36
grav -en -ar	tombe 85
gravid	enceinte 75
graviditet -en -er	grossesse 91
graviditetstest *(voir* test)	test de grossesse 75
gravöl -et =	repas d'enterrement 85
grej -en -er	machin 3 ; truc 3
grekiska -n	grec 80
Grekland	la Grèce 79
grev/e -en -ar	comte 79
griller	lubies 92
grip/a -er grep gripit	saisir 78 ; prendre 96
grov grövre grövst	grossier 70
grund (på ~ av)	à cause de 58, 80
grund -en -er	cause (motif) 58
gryt/a -an -or	marmite 24, 87
gråsoss/e -en -ar	social-démocrate de base 64
gråt/a -er grät gråtit	pleurer 50, 75
gräl -et =	dispute 81
gräns -en -er	frontière 53 ; limite 81
gränskontroll -en -er	contrôle des frontières 53
grön	vert 33, 69
gröngöling -en -ar	blanc-bec 64 ; pivert 64
grönsak -en -er	légume 33
gubb/e -en -ar	bonhomme 15 ; vieillard 15
gud -en gudar	dieu 25
gul	jaune 69
guld -et =	or (métal) 73
guldfisk -en -ar	poisson rouge 32
guldsmed -en -er	bijoutier 92 ; orfèvre 92
gurk/a -an -or	concombre 33
gyllene *(inv.)*	doré 51
gymnasi/um -et -er	lycée 79
gympadoj/a -an -or	pompe (chaussure) de sport 64
gå -r gick gått	aller 12 ; aller à pied 12 ; marcher 12 ; passer 38 ; descendre 40 ; taper (sur les nerfs) 40 ; partir 43 ; idée de possibilité 72
gå back *(voir* gå)	être en déficit 55
gå förbi *(voir* gå)	passer devant 67
gå hem *(voir* gå)	rentrer 57
gå in *(voir* gå)	entrer 39
gå ner *(voir* gå)	se coucher (soleil) 98
gå upp *(voir* gå)	se lever 26

gå upp i en tenta (*voir* gå)	se présenter à un examen 78
gå ut (*voir* gå)	sortir 30
gå över (*voir* gå)	traverser 55
gågata (*voir* gata)	rue piétonne 97
gång (i ~)	en marche 55
gång -en -ar	démarche 55 ; marche 55
gång -en -er	fois 26
gångavstånd (på ~)	à deux pas 92
går (i ~)	hier 3
gård -en -ar	cour 24 ; ferme 24
gäll/a -er -de -t	s'agir de 45 ; concerner 45 ; être question de 45
gärna	aimer (bien) 12 ; volontiers 12 ; vouloir bien 69
gäst -en -er	client 22 ; invité 22
göra gör gjorde gjort	faire 6 ; rendre 20 ; faire faire 81
Götaland	le Götaland / la Gothie 98
Göteborg	Göteborg 59
Göteborgskalaset	festival urbain de Göteborg 59
Götet	Göteborg 59

H

ha (hava) -r -de haft	avoir 1
ha just (+ *supin*)	venir de 54
hak/a -an -or	menton 76
hak/e -en -ar	crochet 59 ; os (problème) 59
halka -n	verglas 65
halka -r -de -t	glisser 66
hall -en -ar	entrée 83
hallå	allô 4
hals -en -ar	cou 38 ; gorge 38
haltande	boiteux 66
halv	demi 58
halvsyster (*voir* syster)	demi-sœur 68
hamn -en -ar	port 59
hamna -r -de -t	se retrouver 58
han	il 4, 6
hand -en händer	main 46
handduk -en -ar	serviette 96
handel -n	commerce 82
handla -r -de -t	faire du commerce 30 ; faire des courses 30 ; acheter 83 ; traiter (avoir pour sujet) 93
handlare -n =	marchand 19
handskriven	manuscrit/e 61
hans	sa (à lui) / le sien / la sienne / les siens / les siennes 9 ; ses (à lui) 9 ; son (à lui) 9

hantverkare -n =	artisan 64
har/e -en -ar	froussard 55 ; lièvre 55
hasselnöt (*voir* nöt)	noisette 76
hastighet -en -er	vitesse 81
hastighetsbegränsning -en -ar	limitation de vitesse 81
hata -r -de -t	détester 79 ; haïr 79
hatt -en -ar	chapeau 69, 75
hav -et =	mer 80
havande	enceinte 91
hederlig	honnête 53
hej	bonjour 1 ; salut 1
hej då	salut (au revoir) 4
heja	allez 49
heja -r -de -t	acclamer 89
hejaklack -en -ar	claque 89
hejsan	salut / bonjour 68
hekto -t = *ou* -n	cent grammes 98
hel	entier 19
helg -en -er	week-end 39
helgon -et =	saint 88
heller (inte ~)	non plus 82
hellre	plutôt 78
Helsingfors	Helsinki 20
helskinnad	sain et sauf 47
helst	de préférence 78
helst (som ~)	n'importe 69
helt	complètement 89
heltid (på ~)	à plein temps 43
helvete -t -n	enfer 44
helvetes	d'enfer 89
hem	à la maison *(avec mouvement)* 27
hem hemmet =	chez-soi 12 ; foyer 12
hembrännare -n =	bouilleur clandestin 76
hembränning -en	fabrication d'eau-de-vie pour consommation familiale 76
hembränt	gnôle faite clandestinement 76
hemkär	casanier 12
hemma	à la maison *(sans mouvement)* 17
hemma hos	chez 47
hemsk	épouvantable 33
henne	elle *(objet)* / la / l' 20 ; lui / elle *(en position d'objet direct)* 26
hennes	sa (à elle) 16 ; ses (à elle) 16 ; son (à elle) 16
herr -en -ar	monsieur 7
herr/e -en -ar	seigneur 25

herrgård -en -ar	domaine 22 ; manoir 22
herrgårdskulturen	culture seigneuriale 27
herrgårdsost -en	emmental suédois 27
herrgårdsvagn -en -ar	break (voiture) 22
het	brûlant 98
het/a -er hette hetat	s'appeler 2
himm/el -el(e)n *ou* himlen himlar	ciel 95
himmel (under bar ~)	à la belle étoile 95
hinn/a -er hann hunnit	avoir le temps 34, 60
histori/a -en -er	histoire 74, 93
hit	ici *(avec mouvement)* 16
hitta -r -de -t	trouver 29
hjälp	au secours 38
hjälp/a -er -te -t	agir 38 ; aider 38 ; servir 38
hjält/e -en -ar	héros 94
hjärn/a -an -or	cervelle 94
hjärta -t -n	cœur 94
hjärtlig	cordial 80
hm	hum 32
hon	elle 3
honom	lui / le / l' 32
hopp -et =	espoir 36
hoppa -r -de -t	sauter 93
hoppa över (*voir* hoppa)	sauter (une classe) 93
hoppas = hoppades hoppats	espérer 57
horisont -en -er	horizon 99
horoskop -et =	horoscope 71
hos	chez 19
hosta -n	toux 38
hosta -r -de -t	tousser 50
hot -et =	menace 95
hotell -et =	hôtel 22
hotellgäst -en -er	client 22
humaniora	sciences humaines 97
humanist -en -er	diplômé en sciences humaines 97
humör -et	humeur 15, 49, 58
hund -en -ar	chien 12
hundra	cent 22
hur	comment 1
hur mycket	combien 22
hus -et =	maison 18
husmanskost -en	cuisine traditionnelle 26
huvud -et = *ou* -en huvudena	tête 51
huvudsak (*voir* sak)	l'essentiel 73

hyr/a -an -or	loyer 45, 59
hyra hyr hyrde hyrt	louer 23
hysterik/a -an -or	hystéro *(nom)* 88
hyv/el -eln -lar	rabot 27
hål -et =	trou 52
håll/a -er höll hållit	tenir 46
hålla på (*voir* hålla)	être en train de 46 ; faillir 61
hållbar	durable 82
hår -et =	cheveux 48 ; poils 48 ; chevelure 51
hård	dur 97
hårddisk -en -ar	disque dur 72
hårresande	horripilant 48
hårvatten (*voir* vatten)	lotion capillaire 51
häftig	violent 27
häftigt	génial ! 27
hälsa -n	santé 76
hälsa -r -de -t	donner le bonjour 34 ; saluer 34
hälsa på (*voir* hälsa)	rendre visite 47 ; aller voir 47
hälsning -en -ar	salutation 42
hämta -r -de -t	aller chercher 39
händ/a -er hände hänt	arriver 32 ; se passer 32
händelse -n -r	cas 65 ; événement 95
häng/a -er -de -t	accrocher 60 ; étendre 60 ; pendre 60 ; suspendre 60 ; traîner 60
hänga med (*voir* hänga)	suivre 64
här	ici 11
här är	voici 17
härnere	ici (en bas) 80
häromdagen	l'autre jour 58
häst -en -ar	cheval 88
hästsko (*voir* sko)	fer à cheval 66
hög högre högst	élevé 45 ; haut 45, 70
höger (till ~)	à droite 64
högskol/a -an -or	établissement d'enseignement supérieur 97 ; université 97
högskolepoäng (*voir* poäng)	crédit ECTS 97
högtryck -et =	anticyclone 98
höj/a -er -de -t	augmenter 41
höjd -en -er	comble 54 ; hauteur 54
höns -et =	poule 92 ; volaille 92
hönsminne (*voir* minne)	mauvaise mémoire 92
höra hör hörde hört	entendre 18
höra av (*voir* höra)	avoir des nouvelles de 79
höra av sig (*voir* höra)	donner de ses nouvelles 100
hörn -et =	coin 57
hörsel -n	ouïe 67

höst -en -ar	automne 23
höstas (i ~)	l'automne dernier 47
höstrusk -et	intempéries (d'automne) 75

I

i	dans 9 ; à 11 ; en 18 ; *valeur de futur ou de passé* 42 ; moins 43 ; par 45 ; de/d' 49 ; sur 53 ; depuis 54 ; sous 89
iakttagelse -n -r	observation 80
icke-rökare -n =	non-fumeur 62
idag	aujourd'hui 1
idé -(e)n -er	idée 17, 97
idealism -en	idéalisme 51
idealist -en -er	idéaliste 36
ideell	bénévole 87 ; à but non lucratif 87
ID-kort -et =	carte d'identité 53
idyllisk	idyllique 44
igen	à nouveau 50 ; re- 61
igår	hier 2
illa (må ~)	avoir la nausée / mal au cœur 94
illa sämre sämst	mal 71, 93
imponerande	impressionnant 61
import -en -er	importation 33
importvara (*voir* vara)	produit d'importation 33
inbilla sig -r -de -t	s'imaginer 79
inbillad	imaginaire 79
inbillning -en -ar	illusion 79
inbördes (*inv.*)	mutuel (réciproque) 87
inbördeskrig (*voir* krig)	guerre civile 93
indiskret	indiscret 57
inflation -en -er	inflation 86
information	informations 35 ; renseignements 35
information (få ~)	être informé 35
information (ge ~)	fournir des renseignements 35 ; renseigner 35
ingen	personne 67
ingen inget inga	aucun/e 20 ; pas de 20
ingenting	rien 37
inget	rien 37
inklusive	y compris 22
inkomst -en -er	revenu 86
innan	avant que/de 72
inne	dedans 11 ; à l'intérieur 11
innegrej (*voir* grej)	truc branché 11
innehåll -et =	contenu 70
inom	dans 95 ; d'ici 95

inomhus	à l'intérieur 75 ; à la maison 95
insats -en -er	contribution 66 ; mise 66
insistera -r -de -t	insister 94
inspärrad	enfermé 66 ; interné 66
instruktion -en -er	instruction 99
inte	ne ... pas 3 ; pas 3
inte ... längre	ne ... plus 70
Internet	Internet 76
intet	rien 49
intressant	intéressant 76
is -en -ar	glace 49
isbjörn -en -ar	ours polaire 74
issmältning -en	fonte des glaces 82
Italien	l'Italie 44

J

ja	oui 2
jag	je 1
jag *(accentué)*	moi 10
japp	ouais 25
jaså	tiens 16 ; vraiment ? 16
jazz -en	jazz 62
jfr	cf. 97
jo	si *(affirmation)* 10 ; ben 34
jobb -et =	travail 57 ; job 61 ; boulot 82
jobba -r -de -t	bosser 37 ; travailler 37
jogga -r -de -t	faire du footing 62, 63
jord -en -ar	terre 31
jordgubbe (*voir* gubbe)	fraise 31
jordnöt (*voir* nöt)	arachide 76
jourläkare (*voir* läkare)	médecin de garde 50
journalist -en -er	journaliste 95
ju	car (en effet) 37 ; n'est-ce pas 37
ju ... desto	plus ... plus 71
jul -en -ar	Noël 34
julklapp -en -ar	cadeau de Noël 97
jultomt/e -en -ar	père Noël 97
juridik -en	études de droit 73
just	justement 50 ; venir de 54
just nu	pour le moment 50
justerare -n =	vérificateur 87
justeringsman (*voir* man)	vérificateur 87
jämför/a jämför -de -t	comparer 97
jämfört med	comparé à 97
jämn	égal 46 ; régulier 46 ; uni 46 ; pair 87
jämnårig	du même âge 46

jämt	tout le temps 94
jätt/e -en -ar	géant 3
jätte	très 8
jätte-	archi- 3 ; vachement 3
jättebra	super 3
jätteliten	minuscule 3
jätteviktig	archi-important 3
jävlar	merde 81
jösses	doux Jésus 51

K

kafé kaféet kaféer	café (établissement) 18
kafégäst -en -er	consommateur 22
kafévagn -en -ar	voiture-bar 22
kaffe -t	café (boisson) 18
kaffefilter kaffefiltret =	filtre à café 30
kalas -et =	fête 40 ; soirée 40
kall	froid 32, 95
kallas = kallades kallats	être appelé 74
kallelse -n -r	convocation 87
kalufs -en -er	tignasse 51
Kanarie-	les Canaries 34
Kanarieöarna	les îles Canaries 34
kann/a -an -or	pot (broc) 85
kanske	peut-être 16, 33
kardborrband -et =	bande velcro 64 ; scratch 64
karl -en -ar	type (individu) 46
Karl-Alfred	Popeye 99
karljohan(s)svamp -en -ar	cèpe 25
karott -en -er	plat creux 24
kasta -r -de -t	jeter 78, 96
katt -en -er	chat 95
kattmat (*voir* mat)	nourriture pour chats 97
kavaj -en -er	veston 17
kedj/a -an -or	chaîne 73
ketchup -en	ketchup 58
kick -en -ar	coup de fouet / de pied 62
kill/e -en -ar	garçon 29 ; mec 29 ; petit ami 29
kilo -t = *ou* -n	kilo 31
kilometer -n =	kilomètre 81
kind -en -er	joue 52
kirurg -en -er	chirurgien 81
klack -en -ar	claque 89
klaga -r -de -t	se plaindre 90
klar	évident 25 ; prêt 25 ; clair 25, 53 ; en règle 53

klar (vara ~ med)	avoir terminé avec 100
klara sig -r -de -t	s'en tirer 47
klara sig undan (*voir* klara sig)	en être quitte pour 86 ; s'en sortir 86
klass -en -er	classe 93
klassamhälle (*voir* samhälle)	société de classes 93
klasskamrat -en -er	camarade de classe 47
klia (sig) -r -de -t	se gratter 51
klimatförändring -en -ar	changement climatique 82
klipp/a -er klippte klippt	couper 34 ; couper les cheveux 34 ; tondre 34
klipp/a sig (*voir* klippa)	se faire couper les cheveux 34
klister klistret =	colle 57 ; pétrin 57
klistra -r -de -t	coller 71
klock/a -an -or	cloche 18 ; heure 21 ; montre 21
klubb -en -ar	club 87
klä ut sig klär klädde klätt	se déguiser 66
kläck/a -er -te -t	faire éclore 97 ; trouver 97
kläder	vêtements 69
klämdag -en -ar	jour ouvrable entre 2 jours fériés 66
klämm/a -er klämde klämt	coincer 66 ; pincer 66 ; serrer 66
klänning -en -ar	robe 69
klärvoajant	clairvoyant 17
knacka -r -de -t	cogner 46 ; frapper 46
knall -en -ar	fracas 66
knappast	guère 64
kniv -en -ar	couteau 90
knut -en -ar	coin 88
knutgubbe (*voir* gubbe)	bonhomme de la Saint-Knut 15
knytkalas -et =	fête à frais partagés 83
kock -en -ar	cuisinier 71
koka -r -de -t	faire bouillir 71
kokvrå -n -r	coin cuisine 45
kolla -r -de -t	regarder 29
kolleg/a -an -er *ou* -or	collègue 78
kollo -t -n	colo 61
komma kommer kom kommit	arriver 4 ; venir 4
komma att (*voir* komma)	*futur de prédiction* 52
komma fram (*voir* komma)	arriver à 43
komma ihåg (*voir* komma)	se rappeler 47, 57
komma tillbaka (*voir* komma)	revenir 31
komma undan (*voir* komma)	échapper à 86
kommissarie -n -r	commissaire 57
kompis -en -ar	copain / copine 97

komplicera -r -de -t	compliquer 55
komplicerad	compliqué 55
konfekt -en -er	confiserie 85
konsensuskultur -en	culture du consensus 79
konspiration -en -er	conspiration 17
konst -en -er	art 47 ; sorcier *(fig.)* 54
konstig	bizarre 51
konstnär -en -er	artiste 54
konstskatter	trésors artistiques 54
konsumtionssamhälle *(voir* samhälle)	société de consommation 97
kontakt -en -er	contact 20 ; relation 20
kontor -et =	bureau 45
kontorstid -en -er	heures de bureau 45
kontrollera -r -de -t	contrôler 29
kopi/a -an -or	copie 61
korg -en -ar	panier 72
kort -et =	carte (de crédit) 17
korv -en -ar	saucisse 26
korvgubbe *(voir* gubbe)	marchand de saucisses 60
korvkiosk -en -er	kiosque à saucisses 60
kost -en	nourriture 26
kosta -r -de -t	coûter 5
kostnad -en -er	coût 85
kostnadsförslag -et =	devis 85
krabb/a -an -or	crabe 78
kram -en -ar	embrassade 80
kreditkort -et =	carte de crédit 17
krig -et =	guerre 93
kring	autour de 67 ; de 67
Kristi Himmelsfärdsdag	jour de l'Ascension 66
Kristus	Jésus-Christ 66
krocka -r -de -t	entrer en collision 99
krog -en -ar	bistrot / restaurant 57
krok -en -ar	courbe (tournant) 65
kron/a -an -or	couronne 22
kropp -en -ar	corps 52
kroppsbyggare -n =	culturiste 52
krusbär -et =	groseille à maquereau 27
krut -et	poudre 96
krutstubin *(voir* stubin)	mèche de poudre 96
krux -et =	hic 59 ; problème 61
kråk/a -an -or	corneille 61
kråkfötter	pattes de mouche 61
kräft/a -an -or	écrevisse 83
kräftpest -en	peste des écrevisses 83

kräftskiv/a -an -or	fête des écrevisses 83
kräkas kräks kräktes kräkts	vomir 83
kräm -en -er	crème 30
kräs/en -et -na	difficile 64 ; exigeant 64
kräv/a -er krävde krävt	exiger 60 ; réclamer 60
kul *(inv.)*	amusant 15 ; marrant 21
kul (ha ~)	s'éclater 79
kuliss -en -er	coulisse 89
kulmage (*voir* mage)	bedaine 87
Kulturkalaset	festival culturel de Göteborg 59
kund -en -er	client 69
kunna kan kunde kunnat	avoir la possibilité physique 23 ; connaître 23 ; pouvoir 23 ; savoir 23
kunskap -en -er	connaissance 93, 100
kurs (sätta ~)	mettre le cap 99
kuvert -et =	enveloppe 71
kvalificera -r -de -t	qualifier 61
kvar	encore 65 ; en reste 73
kvar (leva ~)	survivre 65
kvarlevande	survivant 65
kvart -en = *ou* -ar	quart d'heure 31
kvarter -et =	quartier 35
kvartersbutik -en -er	boutique du coin 30
kvinn/a -an -or	femme 46
kvitt *(inv.)*	quitte 17
kvitto -t -n	reçu 17
kväll -en -ar	soir 41 ; soirée 83
kvällsnyhet (*voir* nyhet)	actualité du soir 41
kvällstidning (*voir* tidning)	journal du soir 95
kyrk/a -an -or	église 81
kyrklig	religieux 92
kyss/a -er -te -t	baiser (embrasser) 76
käka -r -de -t	bouffer 97
käll/a -an -or	source 81
källsortering -en	tri sélectif 81
känn/a -er kände känt	connaître 47 ; éprouver 47 ; sentir 47
känna igen (*voir* känna)	reconnaître 57
känna sig (*voir* känna)	se sentir 32
känna till (*voir* känna)	avoir entendu parler 47 ; connaître 47 ; être au courant de 47
kännas känns kändes känts	faire (un effet) 100
känsel -n	toucher (sens) 67
känsl/a -an -or	sentiment 80
käpp -en -ar	canne 67
kär	amoureux 3 ; cher 80
kärlek -en	amour 20

kö -n -er	queue 38
köa -r -de -t	faire la queue 38
kök -et =	cuisine 32
köksbord (*voir* bord)	table de cuisine 86
kölapp (*voir* lapp)	ticket d'appel 38
köp -et =	marché 52
köp/a -er -te -t	acheter 10
köra kör körde kört	conduire 55
köra förbi (*voir* köra)	passer devant 67
köra på (*voir* köra)	heurter 95 ; renverser 95
köra över (*voir* köra)	écraser 95
körkort (*voir* kort)	permis de conduire 53
körning -en -ar	course (en taxi) 82
kött -et	viande 5
köttbull/e -en -ar	boulette de viande 26

L

la (*forme dialectale de* väl)	bien 59
ladda -r -de -t	charger 73
ladda hem (*voir* ladda)	télécharger 73
ladda ned (*voir* ladda)	télécharger 73
ladda ner (*voir* ladda)	télécharger 73
ladda upp (*voir* ladda)	mettre en ligne 73 ; faire des provisions 73
lag -en -ar	loi 38
laga -r -de -t	préparer 24
laga -r -de -t mat	faire la cuisine 24
lagom	juste ce qu'il faut 27 ; avec modération 27 ; à point 28
lakan -et =	drap 90
lamp/a -an -or	lampe 100
land -et	campagne 18
land -et länder	pays 18
landa -r -de -t	atterrir 74, 95
landkrabba (*voir* krabba)	marin d'eau douce 78
lapp -en -ar	billet 38 ; chiffon 38 ; guenille 38 ; Lapon 38 ; bout de papier 38
Lappland	la Laponie 38
larma -r -de -t	alerter 67
lax -en -ar	luron 5 ; saumon 5
le ler log lett	sourire 15
ledig	libre (dégagé) 76
ledigt	naturellement 100
ledigt (ta ~)	prendre des congés 75
ledsen	triste 94
leende	souriant 44
leg -et =	pièce d'identité 53

legitimation -en -er	pièce d'identité 53
lek/a -er -te -t	jouer 40
lektion -en -er	leçon 99
lev/a -er levde levt	vivre 62
leve	vive 83
lid/a -er led lidit	souffrir 94
lift (få ~)	être pris en stop 68
lifta -r -de -t	faire du stop 68
ligg/a -er låg legat	être allongé 27 ; y avoir 27 ; être couché 27 ; coucher 27 ; être étendu 27 ; être 27
ligg/a -er låg legat och	être en train de *(aspect duratif)* 28
ligga back (*voir* ligga)	être à découvert 55
lika + *(adj.)* + som	aussi + *(adj.)* + que 19
lika med *(inv.)*	égal à 86
likna -r -ade -t	ressembler à 15
liknande	pareil 65 ; ressemblant 65
liksom	pour ainsi dire 13
lilla (*voir* liten)	petit 2
limp/a -an -or	cartouche (de cigarettes) 53
lingon -et =	airelle 26, 73 ; rond (sou) 73
lita -r -de -t	faire confiance 80
lite	un peu 30 ; peu 70, 80
liten litet lilla små mindre minst	petit 2, 64, 70
liter -n =	litre 43
litervis	des litres (de) 43
litteraturvetare -n =	littéraire *(nom)* 97
litteraturvetenskap (*voir* vetenskap)	littérature comparée 97
liv -et =	vie 36, 59
livsleda -n	dégoût de la vie / spleen 72
livsstil -en -ar	style de vie 62
livstecken (*voir* tecken)	signe de vie 80
ljug/a -er ljög ljugit	mentir 60
ljus *(adj.)*	blond 11 ; clair 11
ljus -et =	lumière 90
ljuskrans -en -ar	couronne de bougies 96
ljusramp -en -er	feux de la rampe 89
ljusstak/e -en -ar	bougeoir 90
lock -en -ar	boucle 51
lokaltidning (*voir* tidning)	journal local 95
lopp -et =	course 35
lottsed/el -eln -lar	billet de loterie 71
lova -r -de -t	promettre 75
lovande	prometteur 88
lucia	Sainte-Lucie 96

luciafesten	la Sainte-Lucie 96
luciafirandet	la Sainte-Lucie 96
luciatåg (*voir* tåg)	cortège de Sainte-Lucie 96
luft -en	air 82
luftförorening -en -ar	pollution atmosphérique 82
lugg -en -ar	frange 51
lugn	calme (tranquille) 45
lugna (sig) -r -de -t	se calmer / calmer 41, 89
lugnt	tranquillement 61
lukt -en	odorat 67
lukta -r -de -t	sentir (dégager une odeur) 94
lunch -en -er	déjeuner 18
lur -en -ar	petit somme 18
lura -r -de -t	tromper 85
lus -en löss	pou 51
luspank	fauché comme les blés 73
lussa -r -de -t	faire la Sainte-Lucie 96
lussekatt -en -er	brioche de Sainte-Lucie 96
lust -en	envie 58
lustig	amusant 83
luv/a -an -or	bonnet 64
lycka till	bonne chance 100
lyckas = lyckades lyckats	arriver (réussir) 90
lycklig	heureux 90
lyssna -r -de -t (på)	écouter 32, 62
låd/a -an -or	caisse 53 ; carton 53 ; tiroir 71
låg lägre lägst	bas 59, 70
lågkonjunktur -en -er	récession 92
lågtryck -et =	dépression (atmosphérique) 98
låna -r -de -t	emprunter 24
lång längre längst	long 10, 70 ; grand 61
långfransk/a -an -or	pain long / bâtard 94
långfredag	Vendredi saint 90
låt/a -er lät låtit	faire 37 ; laisser 37 ; sembler 94
låta bli (*voir* låta)	arrêter de 83
låta bli (inte kunna ~) (*voir* låta)	ne pas pouvoir s'empêcher 83
låtsas = låtsades låtsats	faire semblant 81
lädersoffa (*voir* soffa)	canapé en cuir 83
lägenhet -en -er	appartement 45, 59
lägga lägger la(de) lagt	poser 55
lägga (sig) lägger la(de) lagt	se coucher 26 ; s'allonger 38 ; se mettre / mettre 40
lägga i(n) (*voir* lägga)	enclencher 55 ; passer (vitesse) 55
lägga om (*voir* lägga)	refaire 85
läkare -n =	médecin 50

lämna -r -de -t	abandonner 46 ; laisser 46 ; quitter 46
lämna in (*voir* lämna)	poser (une candidature) 61
lämna tillbaka (*voir* lämna)	remettre 46 ; rendre 46 ; retourner 46
länge	longtemps 24
längta -r -ade -t	se languir 18
längtan	langueur 18
lär	il paraît que 67 ; on dit que 67
lära sig lär lärde lärt	apprendre 55
lära upp (*voir* lära)	former 95
lärare -n =	professeur 93
läs/a -er -te -t	lire 18 ; étudier 73
läsk -en =	soda 62
lätt	facile 6 ; léger 6 ; simple 6
lättöl (*voir* öl)	bière légère 14
läx/a -an -or	devoir (leçon) 60 ; leçon 100
lögn -en -er	mensonge 60
löning -en -ar	paye 29
löp/a -er -te -t	courir 71
lördag -en -ar	samedi 12

M

mack -en -ar	station-service 25
mag/e -en -ar	ventre 87
mak/a -an -or	épouse 76
make -n	pareil 53
make-up -en -er	maquillage 40
mamm/a -an -or	maman 30
man	on 38
man mannen män	homme 12 ; mari 12 ; personne 99
maskin -en -er	machine 10
mass/a -an -or	masse 51 ; tas 51
mat -en	nourriture 7, 24 ; repas 10 ; bouffe 90
matcha -r -de -t	se marier avec (aller bien ensemble) 69
matte -n	maths 93
med (*adv.*)	aussi 26
med (*prép.*)	avec 20 ; par 29 ; à / au / aux 48 ; de 51
med flera	entre autres (en parlant de personnes) 54
med mera	entre autres (en parlant de choses) 54 ; et cætera 54
medan	pendant que 54 ; alors que 97
meddela -r -de -t	faire savoir 89 ; annoncer 91
meddelande -t -n	avis (annonce) 91
medelålders (*inv.*)	entre deux âges 94
medicin -en -er	médicament 94
meditera -r -de -t	méditer 62
medvetande -t	connaissance 81 ; conscience (de *qqch.*) 81

medveten	conscient 81
medvind (*voir* vind)	vent en poupe / arrière 100
megabyte -n =	mégaoctet 72
mejl -et =	mail / mél 79
mejla -r -de -t	envoyer un courriel 72
mellan	entre 29, 79
mellandagsrea (*voir* rea)	soldes d'hiver 29
men	mais *(restriction)* 1
mena -r -de menat	faire allusion à 64
mena -r -de menat	vouloir dire 64
mening -en -ar	intention / sens 69 ; phrase 100
mentalsjukhus (*voir* sjukhus)	hôpital psychiatrique 66
mer	plus 59
meriter	qualifications 61
meritförteckning -en -ar	C.V. 61
meritlist/a -an -or	C.V. 61 ; actif *(nom)* 88
mesta (för det ~)	le plus souvent 61
metod -en -er	méthode 6
middag -en -ar	dîner 10 ; midi 10
middag (sova ~)	faire la sieste 10
midsommarafton (*voir* afton)	veille de la Saint-Jean 52
mig	me 11 ; moi 11 ; à moi 11
mikra -r -de -t	réchauffer au four à micro-ondes 61
mil -en =	dix kilomètres 25
miljö -n -er	environnement 81
miljömedveten	écolo 81
miljöminister (*voir* minister)	ministre de l'environnement 82
Miljöpartiet de Gröna	le parti des Verts 82
miljövård -en	protection de l'environnement 66
min / mitt / mina	mon / ma / mes / le mien / la mienne / les miennes / à moi 9
min -en -er	mine 88 ; tête 88
mindre	moins 70
minist/er -ern -rar	ministre 82
minnas minns mindes mints	se souvenir 47 ; se rappeler 83
minne -t -n	mémoire 92 ; souvenir 92
minsann	vraiment 86
minsta (det ~)	le plus petit / le cadet 61
minsta (inte det ~)	pas du tout 74
minus	moins (-) 98
minut -en -er	minute 67
missa -r -de -t	louper 81
misstänka (*voir* tänka)	soupçonner 86
mitt i	au milieu de 25
mjöl -et	farine 86

mjölk -en	lait 5
mobba -r -de -t	harceler 72
mobbning -en	harcèlement 72
mobil -en -er	portable 37
moder modern mödrar	mère 26
moderat -en -er	conservateur (politique) 64 ; modéré 64
modern	moderne 88
moms -en	TVA 41
moped -en -er	mobylette 60
mor modern mödrar	mère 26
morfar (*voir* far)	grand-père (maternel) 30
morgon -en mor(g)nar	matin 3 ; matinée 3
morgon (i ~)	demain 2
morgontidning (*voir* tidning)	journal du matin 95
mormor (*voir* mor)	grand-mère (maternelle) 16, 30
morse (i ~)	ce matin 41
most/er -ern -rar	tante (maternelle) 74
mot	contre 38, 46 ; à 46 ; sur 64 ; envers 68 ; vers 85
motion -en	exercice (sport) 26
motionera -r -de -t	faire de l'exercice 26
motor -n -er	moteur 55
motsats -en -er	contraire 97
mottagen	accueilli 87
mull -en	cendres 76
mullig	dodu 74
mumla -r -de -t	marmotter 83
mun munnen munnar	bouche 13
mustasch -en -er	moustache 4
MVG (mycket väl godkänd)	excellent 93
mycket	beaucoup 29 ; très 35
mycket (så ~)	tant 33 ; tellement 35
myndig	majeur 60
myr/a -an -or	fourmi 92
må må måtte	*idée de devoir moral* 78 ; *pouvoir de concession* 82
må -r -dde -tt	aller (se porter) 1
månad -en -er	mois 16
månadsvis	mensuellement 43 ; par mois 43
måndag -en -ar	lundi 14
många	nombreux 70 ; beaucoup de 81
måste måste måste måst	devoir 22 ; falloir 22 ; être obligé 22
människ/a -an -or	être humain 27
människor	des gens 59
märk/a -er -te -t	remarquer 67, 96
mästare -n =	maître 61

mätt	rassasié 10
mö -n -r	jeune fille 9 ; vierge *(ironique)* 9
möjlig	possible 37
mörk	brun 11 ; foncé 11 ; châtain foncé 48
mörkrädd (vara ~)	avoir peur du noir 74
möte -t -n	rencontre 45 ; rendez-vous 45 ; réunion 45

N

nag/el -eln -lar	ongle 89
naken	nu 51 ; strict (en parlant de la vérité) 51
nall/e -en -ar	nounours 74
namn -et =	nom 46
narkoman -en -er	toxicomane 76
nation -en -er	nation 73 ; pub / association d'étudiants 73
nationaldag en -ar	fête nationale 31
natt -en nätter	nuit 22
nattåg *(voir* tåg)	train de nuit 93
natur -en -er	nature 25
naturlig	naturel *(adj.)* 86
naturvetare -n =	scientifique *(nom)* 97
naturvetarlinje -n	filière scientifique 97
nedgång -en -ar	coucher (du soleil) 62
nedre botten	rez-de-chaussée 93
negativ	négatif 75
nej	non 4
ner	vers le bas 35
nere	en bas 35
nerv -en -er	nerf 40
nervlugnande	tranquillisant 48
ni	vous 19
Ni	vous *(formel)* 19
nisch -en -er	niche 4
nobba -r -de -t	envoyer promener 72
nog	devoir 51 ; sans doute 51 ; assez 52 ; suffisamment 52
noll	zéro 41, 86
nollställd	paumé 72
Nordsjön	la mer du Nord 18
norgehistoria *(voir* historia)	histoire norvégienne 53
norr	le nord 85
norra	nord *(adj.)* 82
norrman *(voir* man)	Norvégien 53
norrut	vers le nord 99
norsk/a -an -or	Norvégien/-ienne 53
not/a -an -or	addition 42
notis -en -er	entrefilet 95

nu	maintenant 10, 26 ; *expression de l'impératif* 26, 42
nubb/e -en -ar	petit verre 58, 83
nuförtiden	aujourd'hui (de nos jours) 61, 73
nummer numret =	numéro 37
nummerlapp (*voir* lapp)	numéro d'attente 38
ny nytt nya	neuf 19 ; nouveau 44
Nya testamentet	le Nouveau Testament 84
nyck/el -eln -lar	clé 24
nyhet -en -er	nouvelle / actualité 41
nypas nyps nöps nupits	pincer 83
nyponblomm/a -an -or	rose sauvage 91
nyponros (*voir* ros)	églantine 91
nyponsoppa (*voir* soppa)	soupe aux gratte-culs 91
nys/a -er nös nyst	éternuer 50
nytt	du neuf 69
nytt/a -an	utilité 87
nå	alors 37
någon	quelqu'un 47
någon / något	un/e autre 22
någon / något / några	un / une / des *(dans phrases négatives ou interrogatives)* 22 ; quelconque 27 ; de / des *(dans phrases négatives ou interrogatives)* 35
någonsin	jamais 87
någonstans	quelque part 24
någonting	quelque chose 37
något	quelque chose 8
något som	ce qui 97
några	quelques 29
några få	quelques rares *(+ nom)* 75
nånstans	quelque part 24
nånting	quelque chose 37
näktergal -en -ar	rossignol 13
nämligen	c'est que 53 ; car 53 ; en effet 53
när	quand 13 ; en *(gérondif de simultanéité)* 52
när ... nu	maintenant que 55
när ... ändå	comme 68
nära (vara ~)	être sur le point 59
nära *(inv.)* närmare närmast	proche 28 ; près 59 ; près de 80
närhet -en	proximité 22
närma sig -r -de -t	s'approcher 74
närmare	(de) plus près 51
näs/a -an -or	nez 87
näst bäst	deuxième 93
näst sist	avant-dernier 93

nästa
nästan
nät -et =
nöd -en
nöj/a sig -er -de -t
nöje -t -n
nöjesfält -et =
nöjesliv -et
nöt -en nötter

O

o s a
oanmäld
obehörig
och
också
odla -r -de -t
off/er -ret =
ofta oftare oftast
oförglömlig
oigenkännlig
okej
okänd
olik
olyck/a -an -or
om *(conj.)*
om *(prép.)*

om ock *(vieilli)*
ombord (gå ~)
omedelbart
område -t -n
omslag -et =
omständighet -en -er
omöjligen (kunna ~)
ond värre värst
onsdag -en -ar
ont (ha ~)
operation -en -er
operationsbord (*voir* bord)
optimist -en -er
ord -et =
ordförande -n =
ordna -r -de -t
orka -r -de -t

prochain/e 43
presque 60
toile 40 ; Web 100
nécessité 38
se contenter 95
divertissement 69 ; plaisir 69
parc d'attractions 69
distractions 69
noisette 76 ; noix 76

R.S.V.P. 100
sans prévenir 86
non qualifié 98
et 4 ; de 94 ; à 98
aussi 36, 54
cultiver 33, 72 ; se laisser pousser 72
victime 98
souvent 59
inoubliable 83
méconnaissable 73
OK 4
inconnu 99
différent 36
accident 67
si *(hypothèse)* 32 ; et comment 47
dans 16 ; à 17 ; de 18 ; à propos de 18 ;
    au sujet de 18 ; sur 18 ; par 26
même 51
s'embarquer 99
immédiatement 67
domaine 95
couverture 48
circonstance 67
être impossible à quelqu'un de 85
mauvais (méchant) 76
mercredi 14
avoir mal 38
opération 74
table d'opération / billard 81
optimiste 36
mot / débat 13 ; parole 13
président 87
arranger 83
avoir la force de 50, 57 ; arriver à 57 ;
    pouvoir 57

femhundrafemtiotvå • 552

oroshärd -en -ar	point chaud 95
ort -en -er	lieu 100
orättvis	injuste 66
oss	nous / à nous 24
ost -en -ar	fromage 27
osthyv/el -eln -lar	éminceur 27 ; raclette à fromage 27
ostkak/a -an -or	gâteau au fromage smålandais 28
ostskiva (*voir* skiva)	tranche de fromage 27
otrolig	incroyable 23
otroligt	incroyablement 23
otur -en	malchance 9
otålig	impatient 11
ovetande (mig ~)	à mon insu 91
oväntad	inattendu 96

P

packad	pressé 59 ; serré / tassé 59
paket -et =	paquet 30
panik -en	panique 96
pank	fauché 36
pant -en -er	consigne (somme remboursable) 46
papp/a -an -or	papa 31 ; père 64
papper papperet =	papier 53
papperskorg (*voir* korg)	corbeille à papier 71
papperslampa (*voir* lampa)	lampion en papier 83
papperslapp (*voir* lapp)	bout de papier 58
par -et =	paire / couple 92
paradis -et =	paradis 80
parkering -en -ar	stationnement 93
parkeringsbot (*voir* bot)	contredanse (contravention) 54
parkett (bortre ~)	parterre 89
parkett (främre ~)	orchestre (lieu) 89
parti -et -er	parti 64
partiledare -n =	chef de parti 64
partner -n -s *ou* =	partenaire 76
pass -et =	passeport 53
passa på -r -de -t	en profiter pour 68
patent -et =	brevet 66
patenterad	breveté 66 ; patenté 66 ; éprouvé 71
patentsmörgås -en -ar	canapé garni d'un œuf sur le plat et de bacon 66
patentverket	l'office des brevets d'invention 65
patient -en -er	patient *(nom)* 81
P-bot P-boten P-böter	contredanse 54
PDF-fil -en -er	fichier PDF 76
pendeltåg (*voir* tåg)	train de banlieue 45

pendla -r -de -t	faire la navette 45 ; osciller 45
pengar	argent (monnaie) 29
penicillin -et	antibiotique 71 ; pénicilline 71
penn/a -an -or	stylo 57
pensionär -en -er	retraité 43
pensionärsrabatt -en -er	réduction de retraite 43
person -en -er	personne (individu) 19 ; personne 99
personlig	personnel 49
personligen	personnellement 47
personlighetsanalys -en -er	analyse de la personnalité 76
personnummer (*voir* nummer)	numéro d'identité 38
pessimist -en -er	pessimiste 36
pick och pack (ta sitt ~)	plier bagage 95
piercing -en -ar	piercing 73
piffa upp -r -de -t	donner du piquant 72
piffa upp sig (*voir* piffa upp)	se bichonner / se pomponner 72
pill/er -ret =	cachet 78 ; pilule 78
pincené -n -er	lorgnon 17
pip/a -an -or	pipe 57 ; tube 58
Pippi Långstrump	Fifi Brindacier 2
pjäs -en -er	pièce 88
plaska -r -de -t	barboter 61
plastkniv (*voir* kniv)	couteau en plastique 90
plats -en -er	place 19
plocka -r -de -t	cueillir 23 ; ramasser 23
plugga -r -de -t	bûcher 78
plugga i sig (*voir* plugga)	se fourrer dans la tête 100
plus *(prép.)*	plus (+) 98
plus -et =	plus 61
plätt -en -ar	petite crêpe 6
plöj/a om -er -de -t	labourer une deuxième fois 100
plötsligt	soudain 46 ; tout à coup 49
polartrakt -en -er	région polaire 74
Polen	la Pologne 68
polis -en -er	police 37 ; policier 37
polisong -en -er	patte (favori) 72
polisstation (*voir* station)	commissariat 37
politisk	politique *(adj.)* 64
polkagris -en -ar	sorte de "bêtise de Cambrai" 68
polsk/a -an -or	Polonais/e 68
portmonnä -n -er	porte-monnaie 17
post -en	poste 17
posta -r -de -t	poster 60
potatis -en -ar	pomme de terre 99
potatismos -et =	purée de pommes de terre 26

poäng -en *ou* -et =	note 97 ; point 97 ; unité de valeur 97
praktikant -en -er	stagiaire 95
praktikantplats (*voir* plats)	poste de stagiaire 97
praktisk	pratique 37
prata -r -de -t	bavarder 51
precis *(adv.)*	exactement 6
premiär -en -er	première (spectacle) 89
present -en -er	cadeau 97
press -en -ar	pression (contrainte) 95
prick -en -ar	point 64 ; pois 64
prima *(inv.)*	de premier choix 90
primör -en -er	primeur 90
princip -en -er	principe 100
pris -et -er	prix 33, 86
prisa -r -de -t	vanter 61
prislapp (*voir* lapp)	étiquette de prix 38
privatrum -met =	chambre de particulier 23
problem -et =	problème 92
prognos -en -er	prévision 98
program programmet =	programme / logiciel 62
projekt -et =	projet 99
promenad -en -er	promenade 40
promenera -r -de -t	aller à pied 59 ; se promener 59
prost -en -ar	doyen 86
protokoll -et =	compte rendu 87 ; procès-verbal 87
prova -r -de -t	essayer 69
pryl -en -ar	gadget 37 ; machin 37 ; truc 37
prylsamhälle (*voir* samhälle)	société de gadgets 37
präglad	marqué 82
präst -en -er	pasteur 92
prästgård -en -ar	presbytère 92
PSP.-S. 80	
pub -en -ar	pub (à bière) 57
puck/el -eln -lar	bosse 9
puckelrygg (ha ~)	avoir une bosse 9 ; être bossu 9
puss -en -ar	bise 80
pussa -r -de -t	embrasser 83
på	en 11, 25 ; à / au 15 ; de 15 ; par 32 ; dans 34 ; de *(appartenance et quantité)* 49 ; entre 53 ; en *(temporel)* 56 ; depuis 67 ; de *(quantité)* 68
påminn/a -er påminde påmint	rappeler 67
pås/e -en -ar	sac 86 ; sachet 86
påsk -en -ar	Pâques 90
påskafton (*voir* afton)	veille de Pâques 90

påskeld (*voir* eld) — feu de Pâques 90
påskkärring -en -ar — sorcière de Pâques 90
påstå (*voir* stå) — prétendre 67
pärl/a -an -or — perle 20
pö om pö — peu à peu 17

R

rad -en -er — ligne 79
radio -n — radio 32
ragga -r -de -t — draguer 52
raggare -n = — dragueur (des années 1950) 52
rak — droit (direct) 97
raka av (*voir* raka sig) — raser 72
raka bort (*voir* raka sig) — couper en rasant 72
raka sig -r -de -t — se raser 46
rakvatten (*voir* vatten) — lotion après-rasage 94
ram -en -ar — patte d'ours 92
rama — gros 80 ; plein 80 ; pur 80
ramp -en -er — rampe 89
rampfeber (*voir* feber) — trac 89
rampljus (*voir* ljus) — projecteurs (*fig.*) (feux de la rampe) 89
rar — gentil 80
ratt -en -ar — volant 55
re/a -an -or — soldes 29
rea -r -de -t — solder 29
realisation -en -er — soldes 29
realism -en — réalisme 51
recept -et = — ordonnance 71 ; recette 71
reda (få ~ på) — être informé de 99
redan — déjà 25
referens -en -er — certificat / références 61
reg/el -eln -ler — règle 95
regering -en -ar — gouvernement 41
regissör -en -er — metteur en scène 89
regist/er -ret = — registre 20
regn -et = — pluie 36
rejäl — gros 71
reklamtext -en -er — texte publicitaire 97
rekommenderad — recommandé 60
ren — pur 49, 80 ; propre 86
renovera -r -de -t — rénover 85
renoveringsfirma (*voir* firma) — entreprise de rénovation 85
rep -et = — corde (à sauter) 93
repetition -en -er — révision 7
report/er -ern -rar — reporter (journaliste) 95

res/a -an -or	voyage 44
res/a -er -te -t	voyager 44 ; ériger 48 ; partir 77
resa (sig) (*voir* resa)	se dresser / dresser 48
resande -n =	voyageur 48
resebyrå -n -er	agence de voyage 44
rest -en -er	reste 46
resultat -et =	résultat 75
revisor -n -er	contrôleur 86
ridå -n -er	rideau 89
rik	riche 20, 61
rike -t -n	royaume 28
riktig	juste 13 ; véritable 20
ring -en -ar	bague 92
ring/a -er -de -t	sonner 4 ; téléphoner 4 ; appeler 37
risk -en -er	risque 65, 71
riskera -r -de -t	risquer 66
riv/a -er rev rivit	démolir 85
ro -r -dde -tt	ramer 90
rocksångare -n =	rocker 48
rolig	amusant 44 ; marrant 52
roligt (ha ~)	(bien s'amuser) 44
roll -en -er	rôle 20
ropa -r -de -t	crier 83, 94
ros -en -or	rose (fleur) 36
rosenrasande	déchaîné 88
rosta -r -de -t	rouiller 36
rulla fram -r -de -t	avancer en roulant 55
rulltrappa (*voir* trappa)	escalator 67
rum rummet =	chambre 23 ; pièce 23
rund	rond 86
runt	autour 33 ; tout/e 33
rusa in -r -de -t	entrer précipitamment 96
rusk -et	pluie et vent 65
ruskig	affreux 65
rusningstid (*voir* tid)	heures de pointe 45
rutten	pourri 73
rygg -en -ar	dos 9
rymdfarare -n =	astronaute 66
rysk	russe 99
råd	moyens 60
råd (ha/få ~)	avoir les moyens 60, 81
råd -et =	conseil 50
råka -r -de -t	par hasard 67 ; par mégarde 67
råka ut för (*voir* råka)	avoir (un accident) 67 ; subir 67
räck/a -er -te -t	suffire 30, 72
rädd (bli ~)	prendre peur 74

rädd (vara ~)	avoir peur 74
räkna -r -de -t	compter 76, 85
ränt/a -an -or	intérêt 86 ; taux d'intérêt 86
rätt (ha ~)	avoir raison 87
rätt -en -er	plat (mets) 25
rättvisemärkt	équitable 82
räv -en -ar	renard 85
röd rött röda	rouge 11 ; roux 48
rök -en -ar	fumée 48
rök/a -er -te -t	fumer 48
rökare -n =	fumeur 62
röra om rör rörde rört	remuer 87 ; trifouiller 87
rörelse -n -r	mouvement 86
rörmokare -n =	plombier 80
röst -en -er	voix 32
rötmånad (*voir* månad)	canicule d'août 98
rövare -n =	brigand 74
rövare (leva ~)	faire du tapage 74
rövare (ta en ~)	tenter le coup 74
rövarhistoria (*voir* historia)	histoire à dormir debout 74 ; histoire de brigands 74

S

sabbatsår (*voir* år)	année sabbatique 79
sadla om -r -de -t	changer d'orientation / son fusil d'épaule 97
saft -en -er	sirop 62
sajt -en -er	site 73
sak -en -er	chose 44
sakna -r -de -t	manquer 79 ; ne pas trouver 79
sakta saktare saktast	doucement 46 ; lentement 70
salt	salé 76
salta nötter	cacahuètes salées 76
sam/e -en -er	Sâme / Sami 38
samarit -en -er	secouriste 99
samband (i ~ med)	en liaison avec 85 ; lié à 85
sambo -n -r	concubin/e 53 ; zambo 53
samförstånd -et	consensus 79
samhälle -t -n	société 93
samhällsvetare -n =	sociologue 97
samma	même 34
sammanträde -t -n	réunion 87
samtal -et =	conversation 34
samtalsämne -t -n	sujet de conversation 62
samtliga	la totalité de 85
samvete -t -n	conscience (morale) 82
sann sant sanna	vrai 27

sanning -en -ar	vérité 51
scen -en -er	planches 88 ; scène 88
schäf/er -ern -rar	berger allemand 80
schäslång -en -er	chaise longue 17
se ser såg sett	voir 15
se upp (voir se)	faire attention 55 ; faire gaffe 55
se ut (voir se)	avoir l'air 57
second hand (inv.)	d'occasion 90
sedan (adv.)	ensuite 16
sedan … tillbaka	depuis (temporel) 40
segelbåt (voir båt)	bateau à voiles 78
segla -r -de -t	naviguer à voile 91 ; cingler 99
seglats -en -er	promenade en bateau 78
sekreterare -n =	secrétaire 87
sekund -en -er	seconde 40
semest/er -ern -rar	vacances 34
seml/a -an -or	brioche de mardi gras 62
sen (adj.)	tard 31
sen (adj.)	tardif 47
sen (adv.)	ensuite 16
sen / sedan	depuis 62
senap -en	moutarde 58
senast	la dernière fois 34 ; dernier (en date) 47
sent	tard 26 ; tardivement 26
september	septembre 82
serie -n -r	série 99
seriefigur -en -er	personnage de BD 99
seriös	sérieux (fiable) 78
servering -en -ar	buvette 22 ; cafétéria 22 ; restaurant 22
service (på ~)	en révision 25
service -n	prestations de service 25 ; service 25
servicebutik -en -er	supérette 25
shoppa -r -de -t	faire du shopping 34
sid/a -an -or	côté 71
sig	se 26
sill -en -ar	hareng 41, 59 ; sardine 59
silv/er -ret	argent (métal) 75
simlärare -n =	maître-nageur 61
simma -r -de -t	nager 61
simpel	simple 98
sin / sitt / sina	son / sa / ses / leur(s) (propre) 48
sinne -t -n	sens 64
sista	dernier 70
sitt/a -er satt suttit	être assis 26 ; rester 62 ; être membre 87
sitt/a -er satt suttit och	être en train de (aspect duratif) 28
sjuk	malade 16

sjuk (bli ~)	tomber malade 50
sjukdom -en -ar	maladie 94
sjukhus (voir hus)	hôpital 58
sjukskriva sig (voir skriva)	se mettre en arrêt maladie 75
sjukskriven	en arrêt de maladie 76
sjuksköterskça/a -an -or	infirmier/-ère 50
sjung/a -er sjöng sjungit	chanter 13
sjunk/a ihop -er sjönk sjunkit	s'effondrer 83
sjutton (vad ~)	que diable 48
själ -en -ar	âme 49
själv	même (soi-même) 51 ; tout seul 57 ; en soi 88
självaste	en chair et en os 88 ; rien de moins que 88
självfallet	évidemment 85
självmordstanke (voir tanke)	pensée suicidaire 72
självrisk -en -er	franchise d'assurance 65
sjö -n -ar	lac 18 ; mer 18
sjösjuk (vara ~)	avoir le mal de mer 78
sjösjuka -n	mal de mer 78
skada -r -de -t	blesser 78
skaffa sig -r -de -t	se procurer 72
skala -r -de -t	éplucher 99
skall/e -en -ar	crâne 66
skarp	perçant 99
skatt -en -er	impôt 54 ; trésor 54
skatta sig -r -de -t	s'estimer 90
skattebetalare -n =	contribuable 66
skattefusk -et	fraude fiscale 85
skattemyndighet -en -er	centre des impôts / fisc 54
sked -en -ar	cuiller 90
skela -r -de -t	loucher 87
skicka -r -de -t	envoyer 26, 76
skild	divorcé 68
skilja skiljer skilde skilt	faire la différence 53 ; distinguer 53 ; séparer 63
skiljas (voir skilja)	se séparer 91
skillnad -en -er	différence 100
skilsmäss/a -an -or	divorce 79
skink/a -an -or	jambon 8 ; fesse 52
skinn -et =	peau de bête 75
skiv/a -an -or	tranche 5
skjort/a -an -or	chemise 5
skjut/a -er sköt skjutit	tirer (avec une arme à feu) 75 ; tuer 75
sko -n -r	chaussure 66
skog -en -ar	forêt 25, 69
skoja -r -de -t	rigoler 29 ; plaisanter 53
skol/a -an -or	école 41, 60

skola ska skulle skolat	aller (+ (inf.) (futur proche)) 29 ; vouloir 49 ; devoir 54 ; falloir que 60 ; *idée de conditionnel* 71, 77 ; être censé 91
skolka -r -de -t	sécher (faire l'école buissonnière) 93
skomakare -n =	cordonnier 64
skotta -r -de -t	déblayer 79
skraj (vara ~)	avoir la trouille 92
skral	maigre 92 ; mauvais 92 ; médiocre 92 ; patraque 92
skratta -r -de -t	rire 15
skrik/a -er skrek skrikit	crier 50
skriv/a -er skrev skrivit	écrire / rédiger 16
skriva upp (*voir* skriva)	noter / inscrire 57
skriva ut (*voir* skriva)	imprimer 76
skräddare -n =	tailleur 61
skräddarsy (*voir* sy)	tailler / faire sur mesures 61
skugg/a -an -or	ombre 98
skull (för ... ~)	pour l'amour de 87 ; pour 87
skurk -en -ar	bandit 53
skydd -et =	protection 49
skådespelersk/a -an -or	actrice 88
skål	santé (à la tienne/vôtre) 42
Skåne	la Scanie 19
skåp -et =	placard 24
skägg -et =	barbe 72
skäm/ma bort -mer -de -t	gâter 79
skämmas skäms skämdes skämts	avoir honte 52
skämt -et =	plaisanterie 41
skämta -r -de -t	plaisanter 51
skär	innocent 90 ; pur 90 ; rose 90
skära skär skar skurit	trancher 49 ; couper en morceaux 90
skära av (*voir* skära)	couper 96
skärm -en -ar	écran 72
skärtorsdag	Jeudi saint 90
sköt/a -er -te -t	soigner 50
sköterska/a -an -or	soignante 50
slag -et =	attaque 71 ; espèce 82
slags	espèce de / genre de 69
slappna av -r -de -t	se détendre / relaxer (se détendre) 52
slask -et	neige fondue 65
slaveri -(e)t	esclavage 59
slicka -r -de -t	lécher 79 ; panser 79
slipp/a -er slapp sluppit	ne pas avoir à 45 ; être dispensé de 45 ; ne pas être obligé de 45
slippa undan (*voir* slippa)	s'en sortir 86 ; s'en tirer 86

slips -en -ar	cravate 87
slipshållare -n =	épingle à cravate 87
slit/a -er slet slitit	trimer 60
slut *(adj. inv.)*	crevé 30 ; épuisé 30 ; fini 30
slut -et =	fin 81, 83
sluta -r -de -t	terminer 92
slutsats -en -er	conclusion 85
slå -r slog slagit	battre 37 ; composer (un numéro) 37
släck/a -er -te -t	éteindre 88
släkting -en -ar	parent (famille) 85
släng/a -er -de -t	jeter 71
slät	lisse 73 ; uni 73
släta ut -r -de -t	aplatir 73 ; défroisser 73 ; lisser 73
slätrakad	rasé (de près) 73
smak -en -er	goût 67
smaka -r -de -t	goûter 67
smekmånad -en -er	lune de miel 47
småhosta	toussoter 80
småkoka	mijoter 80
småländsk	smålandais 27
småprata	tailler une bavette 80
smör -et	beurre 8
smörgås -en -ar	tartine 66
smörgåsbord (*voir* bord)	buffet 66
snacka -r -de -t	parler 82
snarare	plutôt 88
snart	bientôt 16
snart (så ~)	dès que 67
snedsprång -et =	passade 67
snickerirörelse (*voir* rörelse)	entreprise de menuiserie 86
sniffa -r -de -t	sniffer 88
snus -et -er	tabac à priser 30
snusförnuft -et =	prosaïsme 79
snut -en -ar	flic 81
snygg	beau 29 ; joli 96
snygging -en -ar	beau gosse 82
snål	avare / radin 29 ; pingre 60
snålhet -en	avarice 76
snäll	gentil 29 ; sage 32
snö -n	neige 16, 79
snöa -r -de -t	neiger 16
snögubbe (*voir* gubbe)	bonhomme de neige 16
socialdemokrat -en -er	social-démocrate 64
soff/a -an -or	canapé 27
sol -en -ar	soleil 33, 62
sola sig -r -de -t	se faire bronzer 82

solsken -et	soleil 36 ; beau temps 36
som *(conj.)*	comme 2 ; de 61 ; en 96
som *(pron.)*	qui *(sujet)* 55 ; que *(objet)* 84
sommar -en somrar	été 83
somna -r -de -t	s'endormir 50
son -en söner	fils 4
sopp/a -an -or	soupe 71
soptunn/a -an -or	poubelle 71
soss/e -en -ar	socialo 64
souvenir -en -er	souvenir 27
souvenirbutik -en -er	boutique de souvenirs 27
sov/a -er sov sovit	dormir 3, 57
sovrum -met =	chambre à coucher 23
Spanien	l'Espagne 44
spansk	espagnol 93
spara -r -de -t	économiser 71 ; garder 71 ; conserver 73 ; enregistrer 73 ; sauvegarder 73
spark -en -ar	coup de pied 61
sparkapital -et =	économies 73
sparken (få ~)	être viré 61
special (halv/hel ~)	hot-dog-purée 58
speciell	spécial 10
speciellt	particulièrement 10 ; spécialement 10 ; surtout 10
speg/el -eln -lar	miroir / glace 40
spektak/el -let =	spectacle 89 ; tapage 89
spela -r -de -t	jouer 20 ; jouer (rôle) 88 ; faire 97
spendera -r -de -t	dépenser 73
spetälsk	lépreux 67
spik -en -ar	clou 71
sport -en -er	sport 93
sportbil *(voir* bil)	voiture de sport 19
spring/a -er sprang sprungit	courir 55, 88
springa fram *(voir* springa)	s'approcher en courant 55 ; accourir 55
springa över *(voir* springa)	traverser en courant 55
sprit -en	alcool 53
spriträttighet -en -er	licence de vente de boissons alcoolisées 57
språk -et =	langage 13 ; langue 13
språkvetare -n =	linguiste 97
språkvetenskap *(voir* vetenskap)	sciences du langage 97
spårlöst	sans laisser de trace 57
spårvagn *(voir* vagn)	tramway 59
spänning -en -ar	suspense 89
spärra in -r -de -t	emprisonner 66 ; enfermer 66
stackar/e -(e)n =	pauvre 88

stackars *(inv.)*	pauvre 27
stad staden *ou* stan städer	ville 18
stanna -r -de -t	rester 23 ; s'arrêter 68
stanna över *(voir* stanna)	passer la nuit 68
stark	fort 99
starköl *(voir* öl)	bière forte 14
stat -en -er	État 54
station -en -er	gare 43
statsminist/er -ern -rar	Premier ministre 41
stearinljus *(voir* ljus)	bougie 90
steg	pas (avancée) 6
stek/a -er -te -t	faire cuire au plat / à la poêle 99
stekpann/a -an -or	poêle 24
stel	engourdi 68 ; raide 68
stick/a -er stack stuckit	ficher le camp 11
stig/a -er steg stigit	marcher 49 ; monter 49, 86
stiga in *(voir* stiga)	entrer 46 ; monter 68
stiga upp *(voir* stiga)	se lever 26
stjärn/a -an -or	étoile 96
stjärngosse *(voir* gosse)	garçon d'honneur 96
stol -en -ar	chaise 32
stor större störst	grand 11, 70 ; favori (préféré) 69
Stora björnen	la Grande Ourse 84
Stora daldansen	Jacquerie de 1743 88
storlek -en -ar	grandeur 69 ; pointure (taille) 69
storstadsmänniska *(voir* människa)	citadin 27
stortrivas *(voir* trivas)	se plaire beaucoup 80
strand -en stränder	plage 52
strax	tout de suite 76
stress -en	stress 91
strid/a -er stred stridit	être contraire à 100 ; lutter 100
strumpbyxor	collants 69
strunt -et	bêtise 51 ; camelote 51 ; sornette 51
stubin -en -er	mèche 96
student -en -er	étudiant 39
studentkår -en -er	corps/ensemble d'étudiants 73
studera -r -de -t	étudier 91
studerande -n =	étudiant 91
stug/a -an -or	chalet 23 ; maison de campagne 88
stukning -en -ar	entorse 93
stum stumt stumma	muet 32
stumfilm -en	cinéma muet 39
stumfilm -en -er	film muet 39
stycke -t -n	pièce (quantité) 65
styrelse -n -r	conseil d'administration 87

styvmor (*voir* mor)	belle-mère 68
stå -r stod stått	être debout 23 ; être écrit 23 ; y avoir 28 ; se trouver 46 ; assumer 85
stå -r stod stått och	être en train de *(aspect duratif)* 28
stå ut (*voir* stå)	supporter 94
stål -et	lame 49
städa -r -de -t	faire le ménage 60
städersk/a -an -or	femme de chambre / de ménage 80
städhjälp -en -ar/-er	aide-ménagère 46
ställ/a -er -de -t	mettre 38 ; poser 38
ställa (sig) (*voir* ställa)	se mettre 38 ; se mettre debout 38 ; se placer 38
ställe -t -n	endroit 11 ; place 11
stämm/a -er stämde stämt	être exact 66
stämning -en -ar	ambiance 87
stäng/a -er stängde stängt	fermer 32
stänga av (*voir* stänga)	éteindre 32, 88
stör/a stör -de -t	déranger 92
större	au-dessus (plus grand) 69
suck -en -ar	soupir 89
sug/a -er sög sugit	sucer 92
sug/a -er sög sugit på ramarna	se serrer la ceinture 92
sugen (vara ~)	avoir envie 93
sund	sain 79
sur	acide 15 ; aigre 15 ; caillé 15 ; fâché 15
sur (vara ~)	faire la tête 15
surfa -r -de -t	surfer 100
surmjölk	lait fermenté 15
susen (göra ~)	mettre les points sur les i 49
svag	faible 74
svamp -en -ar	champignon 23 ; éponge 25
svampomelett -en -er	omelette aux champignons 25
svara -r -de -t	répondre 57
svarare -n =	répondeur 37
svartsjuk	jaloux 76
svartsjuka	jalousie 76
svartsjukedram/a -at -er	drame de jalousie 76
svensk	suédois 13, 33
svenska	suédois (langue) 6
Svenska Akademien	l'Académie suédoise 84
Sverige	la Suède 27
sverigehistoria (*voir* historia)	histoire suédoise 53
svettas = svettades svettats	transpirer 89
svid/a -er sved svidit	faire mal 49
svår	difficile 13

svårt (ha ~)	avoir du mal 50
svält -en	famine 82
svärmor (*voir* mor)	belle-mère 44
sy -r sydde sytt	coudre 61
syn (få ~)	apercevoir 67 ; remarquer 67
syn -en -er	conception (manière de voir) 67 ; vision 67 ; vue 67
synas syns syntes synts	se voir 73
synd -en -er	dommage 34 ; péché 62
syne (se i ~)	avoir la berlue 67
synes (till ~)	apparemment 67
synnerhet (i ~)	surtout 97
syskon -et =	frère(s) et sœur(s) 68
syssla -r -de -t	s'occuper 39
syst/er -ern -rar	sœur 9
Systemet	magasin du monopole des alcools 14
så	si (tellement) 16 ; alors *(articulation entre deux propositions)* 31 ; ainsi 33 ; tellement 35 ; aussi 36 ; comme ça 40 ; c'est la raison pour laquelle 56 ; ça 59
så (att)	pour que 75
så kallad	soi-disant 97 ; dit 100
så snart	dès que 100
så(da)n så(da)nt så(da)na	en *(pron.)* 69 ; pareil 69 ; tel / telle / tels / telles 69
sånt	ça (ce genre de choses) 78
såp/a -an -or	soap 96
sår -et =	blessure 79
såvitt	autant que 82
säg/a -er sa(de) sagt	dire 23
säker	sûr 49, 83
säkerhet -en -er	sécurité / sûreté 95
säkert	sûrement 46
sälj/a -er sålde sålt	vendre 31
sällan	rarement 65 ; tu rigoles 88
sällskap -et =	compagnie 32
sällskapsdjur (*voir* djur)	animal de compagnie 32
sämre (bli ~)	empirer 71
säng -en -ar	lit 12
särskilt	surtout 40
sätt -et =	façon 43 ; manière 43 ; mode 43
sätt/a (sig) -er satte satt	s'asseoir 32 ; se mettre 55
sätta på (*voir* sätta)	mettre (allumer) 68 ; allumer (mettre) 88
sätta ut (*voir* sätta)	sortir (mettre dehors) 65
söder	au sud 68
södra	sud *(adj.)* 82 ; le sud de 82

sök/a -er -te -t	chercher 20 ; postuler 61 ; faire une demande d'inscription 66
sökande -n =	candidat 91
söndag -en -ar	dimanche 14

T

t o m	jusqu'à ... inclus 38
ta (taga) -r tog tagit	prendre 13 ; passer 80
ta (taga) -r tog tagit på sängen	prendre au dépourvu 13 ; surprendre 13
ta (taga) -r tog tagit slut	se terminer 83
ta av sig (*voir* ta)	enlever 66 ; retirer 96
ta emot (*voir* ta)	accueillir 87 ; recevoir 87
ta fram (*voir* ta)	sortir *(qqch.)* 57
ta hand om (*voir* ta)	se charger de 46
ta i (*voir* ta)	en mettre un coup 86
ta med (*voir* ta)	apporter 83
ta sig (*voir* ta)	faire 18
ta sig till (*voir* ta)	faire (entreprendre) 72
ta ut (*voir* ta)	retirer (de l'argent) 98
ta ut en klämdag	faire le pont 66
tack	merci 1 ; s'il te/vous plaît 7
tack vare	grâce à 58
tag -et =	moment 45
tak -et =	toit 85
taklagsfest (*voir* fest)	fête du faîtage 85
taklagsöl -et =	fête du faîtage 85
tal -et =	nombre 73
tala -r -de -t	parler 6
tallrik -en -ar	assiette 24, 90
tand -en tänder	dent 30
tandkräm (*voir* kräm)	dentifrice 30
tank/e -en -ar	pensée 79
tankearbete (*voir* arbete)	travail intellectuel 99
tankeläsare -n =	liseur de pensées 79
tant -en -er	bonne femme 31 ; dame 31 ; tante 31
tappa -r -de -t	perdre 51, 66
taxeringsrevisor (*voir* revisor)	contrôleur fiscal 86
taxi -n taxibilar	taxi 37
taxibil (*voir* bil)	taxi 81
taxichaufför -en -er	chauffeur de taxi 58
teat/er -ern -rar	théâtre 89
teck/en -net =	signe 72
teckna -r -de -t	dessiner 99
tecknad serie (*voir* serie)	bande dessinée 99

teddybjörn (*voir* björn)	teddybear 74
telefon -en -er	téléphone 4
telefonnummer (*voir* nummer)	numéro de téléphone 57
temp -en	température (du corps) 50
temperatur -en -er	température 50
tent/a -an -or	examen 78
termomet/er -ern -rar	thermomètre 50
terrass -en -er	terrasse 11
tesked (*voir* sked)	cuiller à thé / à café 90
test -et =	test 76
teveapparat -en -er	poste de télé 26
texta -r -de -t	écrire en caractères d'imprimerie 100
tid -en -er	temps 38 ; époque 82 ; rendez-vous 92
tidigt	tôt 26
tidning -en -ar	journal 18
tig/a -er teg tigit	se taire 75
till *(adv.)*	encore 29
till *(prép.)*	à 18 ; de 18 ; vers 18 ; pour 28 ; chez 32 ; jusqu'à 38 ; en 66
till dess	jusqu'à ce que 98
till och med	jusqu'à ... inclus 38 ; même 38, 47
tillbaka	re- 31
tillbaks	re- 31
tillbringa -r -de -t	passer (du temps) 40
tillfälle -t -n	occasion 78, 79, 100
tillhöra (*voir* höra)	appartenir 78
tillräckligt	suffisamment 55
tills	jusqu'à (ce que) 75
tillsammans	ensemble 58
tillträde -t -n	accès 98
tilltugg -et =	amuse-gueule 83
tillåt/en -et -na	permis *(adj.)* 24
tillåta (*voir* låta)	permettre 37 ; autoriser 90 ; se prêter 90
tillökning -en -ar	heureux événement 75 ; accroissement 75
timm/e -en -ar	heure 50, 81
tippare -n =	pronostiqueur 43
tips -et	jeu de pronostics 43 ; loto sportif 43
tisdag -en -ar	mardi 14
tit/el -eln -lar	titre 47
titta -r -de -t (på)	regarder 33
titta in (*voir* titta)	passer chez 92
titta ut (*voir* titta)	regarder dehors 64
tjata -r -de -t	casser les pieds 94 ; rabâcher 94
tjej -en -er	fille 29 ; nana 29 ; petite amie 29
Tjejmilen	"marathon" féminin 35

femhundrasextioåtta • 568

Tjejvasan	course de ski féminin 35
tjena	salut 27
tjock	épais 27 ; gros 27
tjuv -en -ar	voleur 80
tjäna -r -de -t	gagner (de l'argent) 54
tjänare	salut 4
tjänare -n =	serviteur 4
tjänst -en -er	poste (emploi) 61
toff/el -eln -lor	pantoufle 94
toffelhjälte (*voir* hjälte)	mari mené par sa femme 94
tokig	cinglé 36
tolka -r -de -t	interpréter 80
tolvtiden (vid ~)	vers midi/minuit 47
tom	vide 46
tomat -en -er	tomate 33
tomflask/a -an -or	bouteille consignée 46
topless (*inv.*)	seins nus 88
torg -et =	place du marché 67 ; marché 83 ; place 83
torp -et =	maison avec terrain attenant 28
torr	sec 95
torsdag -en -ar	jeudi 14
trakassera -r -de -t	harceler 72
trakasseri -(e)t -er	harcèlement 72
trakt -en -er	région 68
trampa -r -de -t	appuyer avec le pied 55 ; marcher sur 67
trampa fram (*voir* trampa)	avancer d'un pas lourd 55
trapp/a -an -or	escalier 93
tredje	tiers 82
tredje världen	le tiers-monde 82
trevlig	sympa 30 ; sympathique 40
trick -en	métro 63
trist	ennuyeux 62 ; triste 62
trivas trivs trivdes trivts	se plaire 68
tro -r -dde -tt	croire 36
troende (de ~)	les croyants 91
trolig	probable 23
troll -et =	lutin 15 ; troll 15
trots	malgré 66
trots att	bien que 94
trumpet -en -er	trompette 54
trygg	à l'abri 99 ; en sécurité 99 ; en sûreté 99
tråd -en -ar	fil 37
tråkig	ennuyeux 16
trång trängre trängst	étroit 70
trä -et	bois 86
träd -et =	arbre 24

trädgård -en -ar	jardin 24, 60
träffa -r -de -t	rencontrer 57
träffas = träffades träffats	se rencontrer 83 ; se voir 83
träskall/e -en -ar	tête de lard 66
tröj/a -an -or	pull 96
tröst -en	consolation 49
trött	fatigué 10
trötthet -en	fatigue 72
tuff	chouette (chic) 87 ; dur 87 ; intrépide 87
tuffing -en -ar	dur à cuire *(nom)* 87
tullman (*voir* man)	douanier 53
tung tyngre tyngst	lourd 65, 70
tunn tunt tunna	fin (mince) 27
tunnelban/a -an -or	métro 67
tupp -en -ar	coq 73
tuppkam -men -mar	crête 73
tur -en	chance 9
tur -en -er	tour 64
tur- och returbiljett -en -er	aller et retour / billet aller-retour 43
turist -en -er	touriste 23
turista -r -de -t	faire du tourisme 26
turistinformation -en	office de tourisme 23
turkisk	turc 89
tusen	mille 22
tusentals	des milliers 59
tv tv:n tv:ar	télé 26
tveka -r -de -t	hésiter 83
tvekan =	doute 79 ; hésitation 79
tveksam tveksamt tveksamma	hésitant 83
tvilling -en -ar	jumeau 50
tvinga -r -de -t	contraindre 74 ; obliger 74
tv-såpa (*voir* såpa)	soap télévisé 96
tvungen	obligé (contraint) 74
två/a -an -or	ligne 2 59 ; deux-pièces 59
tvåspråkig	bilingue 68
tvåårig	de deux ans 46
tvätt -en -ar	linge 60
tvätta -r -de -t	laver / blanchir 60
ty	car 49
tyck/a -er -te -t	croire 36 ; penser 36 ; trouver 36, 44 ; estimer 44
tycka om (*voir* tycka)	aimer / bien aimer 44
tyd/a -er tydde tytt	porter à croire 86
tydligen	apparemment 79
typ -en -er	type (individu) 94

typiskt	typiquement 75
tystnad -en -er	silence 39
tåg -et =	train 43 ; cortège 96
tålig	patient *(adj.)* 11
tår -en -ar	larme 91
tänd/a -er tände tänt	allumer 88
tändare -n =	briquet 88
tändargas -en -er	gaz de briquet 88
tänk/a -er -te -t	penser 36 ; compter (faire *qqch.*) 44 ; avoir l'intention de 44
tänka efter (*voir* tänka)	réfléchir 48
tät	cossu 96
töm/ma -mer -de -t	vider 83
törstig	assoiffé 11
tös -en -er	gamine 64

U

ubåt (*voir* båt)	sous-marin 99
udda (*inv.*)	hors du commun 87 ; impair 87
umgås med = umgicks umgåtts	fréquenter 62
undan	de côté 86
under	dessous 65 ; sous 65 ; pendant 76
underkänd	insuffisant 93 ; refusé 93
undertröja (*voir* tröja)	maillot de corps 96
undvik/a -er undvek undvikit	éviter 62
ung yngre yngst	jeune 46, 64, 70
ung/e -en -ar	gosse 61
ungkarl -en -ar	célibataire (homme) 46 ; vieux garçon 46
ungkarlsvana (*voir* vana)	habitude de vieux garçon 46
uppfattning -en -ar	conception 78 ; idée 78
uppfinn/a -er uppfann uppfunnit	inventer 65, 97
uppfinnare -n =	inventeur 65
uppfinning -en -ar	invention 65
uppgift -en -er	donnée 86 ; renseignement 86 ; tâche 86 ; mission 95
uppgradera -r -de -t	mettre à niveau 72
uppgång -en -ar	lever 62
upplyftande	exaltant 97
upplösning -en -ar	dénouement 96
uppsats -en -er	rédaction / mémoire 93
uppskatta -r -de -t	apprécier 88
uppstå (*voir* stå)	ressusciter 67
uppsättning -en -ar	mise en scène 88

uppta (*voir* ta)	
upptagen upptaget upptagna	occuper 50 ; prendre du temps 50 occupé 50
upptäck/a -er -te -t	découvrir 69
ur	de 13, 47 ; hors de 13, 47
ursäkta -r -de -t	excuser 31
ut	vers l'extérieur 35
utan *(conj.)*	mais *(opposition)* 51
utan *(prép.)*	sans 8
utantill	par cœur 100
utantilläx/a -an -or	leçon apprise par cœur 100
utbildning -en -ar	formation 95
ute	dehors 11
ute (vara ~ och)	être parti en 100
uteservering	café avec terrasse 22
utflykt -en -er	excursion 75
utgift -en -er	dépense 86 ; frais (dépenses) 86
utklädd	déguisé 66
utmärkt	parfait 39
utom	excepté 95 ; hors de 95 ; sauf 95
utomlands	à l'étranger 93
utrotningshotad	menacé d'extinction 97
utrustad	équipé 72
utrustning -en -ar	équipement 73
utseende -t -n	apparence / physique 73 ; look 73
utsikt -en -er	vue 59
utslätande	antirides 73 ; lissant 73
utsätta sig (*voir* sätta)	s'exposer 65
uttal -et =	prononciation 6
uttala -r -de -t	prononcer 6
utveckling -en -ar	développement 82

V

va hein 51	
vacker	beau 13
vad *(pron.)*	comment 3 ; que 3 ; quoi 3 ; combien 11 ; qu'est-ce que 16 ; ce que 36
vad som	ce qui 85
vagg/a -an -or	berceau 92
vagn -en -ar	caddy 22 ; voiture 22 ; wagon 22
vakna -r -de -t	se réveiller 18, 58
val -et =	choix 76 ; élection 76
Valborg	Walpurgis 41
valnöt (*voir* nöt)	noix 76
vals -en -er	numéro (spectacle) 94 ; valse 94
van	habitué 80

van/a -an -or	habitude 46, 61 ; expérience 61
vandrarhem (*voir* hem)	auberge de jeunesse 68
vanlig	habituel 49 ; ordinaire 53
vanligt	habituellement 37
vanligtvis	d'habitude 43 ; habituellement 43
var	où 17
var och en	chacun 83
var/a -an -or	marchandise 33 ; produit 33
vara med (*voir* vara)	accompagner 78 ; y être 83 ; participer 83 ; vivre (assister à) 83
vara -r -de -t	durer 85 ; tenir 85
vara är var varit	être 2, 89 ; y avoir 19 ; faire (*impersonnel*) 36
varandra	se 59 ; l'un l'autre 59
varann	se 59 ; l'un l'autre 59
varannan	sur deux 82
vare sig … eller	ni … ni 75
varför	pourquoi 2
varje	chaque 6
varken … eller	ni … ni 75
varm	chaud 52 ; chaleureux 80
vars	dont 96
Warszawa	Varsovie 68
varsågod	il n'y a pas de quoi 24 ; je vous en prie 24 ; de rien 24 ; s'il te/vous plaît 24 ; tiens / tenez 24
vart	où (*avec mouvement*) 30
vartannat	sur deux 92
Vasaloppet (*voir* lopp)	la course de ski Vasa 35
vatt/en -net =	eau 51 ; lotion 51
vattentät	étanche 65
veck/a -an -or	semaine 40, 45, 67
veckopeng -en -ar	argent de poche 60
ved -en	bois de chauffage 86
vegetarisk	végétarien 62
vem	qui 10
vem som	qui 85
vems	à qui 78
verk -et =	ouvrage 48, 61, 85 ; œuvre 61, 85
verka -r -de -t	agir 64 ; avoir l'air 64 ; avoir de l'effet 64 ; paraître 64 ; sembler 64
verkan = verkningar	effet 64
verkligen	vraiment 36
veta vet visste vetat	savoir 8
vetenskap -en -er	science 97
veterinär -en -er	vétérinaire 97

vett/a -er -e -at	donner sur 85 ; être orienté 85
VG	Très Bien 93
vi	nous 13 ; on 17
via	sur 76
vid	à / au / aux (lors de) 45 ; de / du 47 ; vers 47 ; devant 53 ; par 53 ; près de 53 ; en 76
vidga -r -de -t	élargir 99
vidimera -r -de -t	certifier conforme 61
wienerkorv (*voir* korv)	saucisse de Francfort 60
vigs/el -eln -lar	mariage (célébration) 92
vigselring (*voir* ring)	alliance 92
viktig	important 2
vilja vill ville velat	vouloir 19
vilken vilket vilka	lequel 39
vilken vilket vilka (*adj.*) ou (*pron.*)	quel / quelle / quels / quelles 3
vilket	ce qui 97
villkor -et =	condition 100
vin -et -er	vin 5
vind -en -ar	vent 91
vinka -r -de -t	faire signe 64
vinn/a -er vann vunnit	gagner 71
vint/er -ern -rar	hiver 81
virke -t	bois de charpente 86
vis -et =	façon 43 ; manière 43
vis/a -an -or	chanson 90 ; rengaine 90
visa -r -de -t	montrer 39 ; passer 39
visit -en -er	apparition 94 ; visite 94
visserligen	certes 64
vitblanc 11	
Vita huset	la Maison-Blanche 84
vitamin -en -er	vitamine 51
vitlök -en -ar	ail 94
vittne -t -n	témoin 60
vykort (*voir* kort)	carte postale 26
våg -en -or	vague 100
våga -r -de -t	oser 91
våning -en -ar	étage 93
vår	notre 20
vår / vårt / våra	notre / nos / le nôtre / (la nôtre) / les nôtres 22
vår vårt våra	notre 20
våra	nos 33
våt	mouillé 96
väder vädret =	temps (météo) 33
väderlek -en	météo 98

väderleksrapport -en -er	bulletin météo 98
väderrapport -en -er	bulletin météo 98
väg -en -ar	chemin 54 ; route 54
vägkant -en -er	bord de la route 74
vägra -r -de -t	refuser 55
väl	bien 34 ; j'espère 71
väl godkänd	très bien 93
väldig	énorme 12 ; puissant 12
väldigt	énormément 12 ; rudement 12 ; très 12
välj/a -er valde valt	choisir 76 ; élire 76
välkomm/en -et -na	bienvenu 69
vän vännen vänner	ami 68
vänd/a sig -er vände vänt	se retourner 88
vänlig	aimable 37
vänster (till ~)	à gauche 19
vänta -r -de -t	attendre 29
vänta -r -de -t (på)	attendre 32
värld -en -ar	monde 61
värme -n	chaleur 33 ; chauffage 33
värmebölj/a -an -or	canicule 98
värre (bli ~)	s'aggraver 82
värsting -en -ar	jeune délinquant intraitable 76 ; dernier-né 76 ; phénix 76
västra	l'ouest de 84
väx/a -er växte växt/vuxit	grandir 33 ; pousser 33
väx/el -eln -lar	monnaie 55 ; standard téléphonique 55 ; vitesse 55
växellåd/a -an -or	boîte de vitesses 55
växla -r -de -t	changer 55 ; faire de la monnaie 55
växthuseffekt -en -er	effet de serre 81

Y

yrke -t -n	profession / métier 54
ytterst	extrêmement 81
zappa -r -de -t	zapper 61

Å

Åbo	Turku 20
Åbo Akademi	université suédophone de Turku 20
åk/a -er -te -t	aller (en véhicule) 19 ; prendre (transports) 59 ; partir 75
åka dit (*voir* åka)	se faire pincer/attraper 85
åka hem	rentrer 27
Åland	l'archipel d'Åland 20
åld/er -ern -rar	âge 43
ångra -r -de -t	regretter 92

ångra sig (*voir* ångra)	changer d'avis 92 ; se repentir 92
år -et =	an 19 ; année 33
år/a -an -or	rame 91
årstid -en -er	saison 90
åsikt -en -er	avis 36 ; opinion 74
åt	à 30 ; pour 30 ; au profit de 30 ; vers 58
åter	re- 69
återanvända (*voir* använda)	recycler 65 ; réutiliser 65
återfå (*voir* få)	récupérer 96 ; reprendre 96
åtminstone	au moins 90

Ä

äg/a -er -de -t	posséder 78
ägg -et =	œuf 99
äkta (*inv.*)	authentique 27 ; pur 27 ; véritable 27 ; vrai 27 ; marié 92
äktenskap -et =	mariage 20
äktenskapsbyrå -n -er	agence matrimoniale 20
äldre (*comparatif de* gammal)	aîné 65
äldre (*comparatif de* gammal)	d'un certain âge 65
äldst(e) (*superlatif de* gammal)	aîné 65
älg -en -ar	élan (animal) 23
älska -r -de -t	adorer 48 ; aimer 48
älskling	chéri/e 4
ämne -t -n	matière 93
än (*adv.*)	encore 60
än (*conj.*)	que 59
ändå	pourtant 61 ; quand même 66 ; de toute façon 68
ännu	encore 9
äntligen	enfin 68
äpple -t -n	pomme 56
ärtsoppa (*voir* soppa)	soupe de pois cassés 14
äta upp (*voir* äta)	finir (son assiette) 75 ; manger (en entier) 75
äta äter åt ätit	manger 3 ; prendre 51
ätbar	mangeable 73
ätlig	comestible 73

Ö

ö -n -ar	île 34
öga ögat ögon ögonen	œil 51
ök/en -nen -nar	désert 95

öka -r -de -t	augmenter 86
öl -en	bière (chope) 11
öl -et	bière (boisson) 11
önska -r -de -t	désirer 69 ; souhaiter 69
önska/s	désirer 69 ; souhaiter 69
öppen	ouvert 87
öppna -r -de -t	ouvrir 46
öra örat öron öronen	oreille 82
Östersjön	la mer Baltique 99
östra	l'est de 84
över	par-dessus 45 ; de 52 ; sur 59
överallt	partout 38
överbord	par-dessus bord 78
överdriva (*voir* driva)	exagérer 33
överlevande (de ~)	les survivants 91
övermorgon (i ~)	après-demain 29
överraskning -en -ar	surprise 31
överst	en tête 71
överst/e -en -ar	colonel 71
översta	du haut 71
övertygad	convaincu / persuadé 99
övre	du Nord 71 ; supérieur 71
övriga (det ~)	le reste 90

Lexique français-suédois

A

à	i 11 ; om *(prép.)* 17 ; till *(prép.)* 18 ; åt 30 ; att *(marque de l'inf.)* 37 ; för *(prép.)* 46 ; mot 46 ; och 98
à / au	på 15
à / au / aux	med *(prép.)* 48
à / au / aux (lors de)	vid 45
abandonner	lämna -r -de -t 46
abattement	avdrag -et = 86
abri (à l'~)	trygg 99
absent	borta 27
accélérateur	gaspedal -en -er 55
accélérer	gasa -r -de -t 82
accent (parler avec un ~)	bryt/a -er bröt brutit 68
accepter	accepter/a -r -de -t 85 ; godkänna 93
accès	tillträde -t -n 98
accident	olyck/a -an -or 67
accident de voiture	bilolycka 67
acclamer	heja -r -de -t 89
accompagner	följa med 44 ; vara med 78
accouchement	förlossning -en -ar 91
accourir	springa fram 55
accrocher	häng/a -er -de -t 60
accroissement	tillökning -en -ar 75
accueilli	mottagen 87
accueillir	ta emot 87
acheter	köp/a -er -te -t 10 ; handla -r -de -t 83
acide	sur 15
actif	aktiv 100
actif *(nom)*	meritlist/a -an -or 88
actrice	skådespelersk/a -an -or 88
actualité du soir	kvällsnyhet 41
addict au travail	arbetsnarkoman 76
addition	not/a -an -or 42
adieu	adjö 72
admettre	godkänna 93
admiration	beundran = 87
admis	godkänd 93
admis (dans un établissement)	antagen 87
adorer	älska -r -de -t 48
adresse	adress -en -er 61

ADSL	bredband 40
aéroport	flygplats -en -er 74
affreux	ruskig 65
africain	afrikansk 48
Afrique (l'~)	Afrika 48
âge	åld/er -ern -rar 43
agence	byrå -n -er 20
agence de voyage	resebyrå -n -er 44
agence matrimoniale	äktenskapsbyrå -n -er 20
agent immobilier	fastighetsmäklare -n = 45
aggraver	förvärra -r -de -t 82
aggraver (s'~)	förvärras = förvärrades förvärrats 82 ; bli värre 82
agir	hjälp/a -er -te -t 38 ; verka -r -de -t 64
agir (s'~ de)	gäll/a -er -de -t 45
aide-ménagère	städhjälp -en -ar/-er 46
aider	hjälp/a -er -te -t 38
aigre	sur 15
ailvitlök -en -ar 94	
ailleurs	borta 27
ailleurs (d'~)	förresten 26
aimable	vänlig 37
aimer	älska -r -de -t 48
aimer (bien)	gärna 12
aimer / bien aimer	tycka om 44
aimer bien	gilla -r -de -t 59
aîné	äldre (*comparatif de* gammal) 65 ; äldst(e) (*superlatif de* gammal) 65
ainsi	så 33
air	luft -en 82
air (avoir l'~)	se ut 57 ; verka -r -de -t 64
airelle	lingon -et 26, 73
alcool	sprit -en 53
alerter	larma -r -de -t 67
aller	gå -r gick gått 12
aller (+ *(inf.) (futur proche)*)	skola ska skulle skolat 29
aller (en véhicule)	åk/a -er -te -t 19
aller (se porter)	må -r -dde -tt 1
aller à pied	gå -r gick gått 12 ; promenera -r -de -t 59
aller et retour / billet aller-retour	tur- och returbiljett -en -er 43
allez	heja 49
alliance	vigselring 92
allô	hallå 4
allongé (être ~)	ligg/a -er låg legat 27
allonger (s'~)	lägga (sig) lägger la(de) lagt 38

allumé	antänd 96
allumer	tänd/a -er tände tänt 88
allumer (mettre)	sätta på 88
allusion (faire ~ à)	mena -r -de menat 64
alors	då 2 ; alltså 12 ; nå 37
alors *(articulation entre deux propositions)*	så 31
alors que	medan 97
ambiance	stämning -en -ar 87
âme	själ -en -ar 49
amende	bot -en böter 54
Américain	amerikan -en -er 96
ami	vän vännen vänner 68
amour	kärlek -en 20
amour (pour l'~ de)	för ... skull 87
amour fraternel	broderskärlek 39
amoureux	kär 3
amusant	kul *(inv.)* 15 ; rolig 44 ; lustig 83
amuse-gueule	tilltugg -et = 83
amuser ((bien) s'~)	ha roligt 44
an	år -et = 19
analyse de la personnalité	personlighetsanalys -en -er 76
ancien	gammal gammalt gamla äldre äldst 84
anglais	engelsk 48
Angleterre (l'~)	England 48
animal	djur -et = 32
animal de compagnie	sällskapsdjur 32
année	år -et = 33
année sabbatique	sabbatsår 79
anniversaire	födelsedag -en -ar 36
annonce	annons -en -er 61
annoncer	meddela -r -de -t 91
anonyme	anonym 76
antibiotique	antibiotikum antibiotika 71 ; penicillin -et 71
anticyclone	högtryck -et = 98
antirides	utslätande 73
apercevoir	få syn 67
aplatir	släta ut -r -de -t 73
apparemment	till synes 67 ; tydligen 79
apparence / physique	utseende -t -n 73
apparition	visit -en -er 94
appartement	lägenhet -en -er 45, 59
appartement en sous-location	andrahandslägenhet 97
appartenir	tillhöra 78

femhundraåttio • 580

appelé (être ~)	kallas = kallades kallats 74
appeler	ring/a -er -de -t 37
appeler (s'~)	het/a -er hette hetat 2
apporter	ta med 83
apprécier	uppskatta -r -de -t 88
apprendre	lära sig lär lärde lärt 55
approcher (s'~)	närma sig -r -de -t 74
approfondir	fördjupa -r -de -t 100
approuver	godkänna 93
appuyer avec le pied	trampa -r -de -t 55
après	efter 10 ; efteråt 52
après (d'~)	enligt 71
après-demain	i övermorgon 29
après-midi	eftermiddag -en -ar 60
après-midi (cet ~)	i eftermiddags 60
arachide	jordnöt 76
arbre	träd -et = 24
argent (métal)	silv/er -ret 75
argent (monnaie)	pengar 29
argent de poche	veckopeng -en -ar 60
arranger	fixa -r -de -t 37 ; ordna -r -de -t 83
arrêt de maladie (en ~)	sjukskriven 76
arrêt maladie (se mettre en ~)	sjukskriva sig 75
arrêter (s'~)	stanna -r -de -t 68
arrêter de	låta bli 83
arrière-petit-fils / arrière-petite-fille	barnbarnsbarn -et = 30
arriver	komma kommer kom kommit 4 ; händ/a -er hände hänt 32
arriver (réussir)	lyckas = lyckades lyckats 90
arriver à	komma fram 43 ; orka -r -de -t 57
arrosé	blöt 83
art	konst -en -er 47
artisan	hantverkare -n = 64
artiste	konstnär -en -er 54
asseoir (s'~)	sätt/a (sig) -er satte satt 32
assez	nog 52 ; ganska 74
assiduité	flit -en 100
assiette	tallrik -en -ar 24, 90
assis (être ~)	sitt/a -er satt suttit 26
association	förening -en -ar 87
assoiffé	törstig 11
assumer	stå -r stod stått 85
astronaute	rymdfarare -n = 66
astucieux	fiffig 66

attaque	slag -et = 71
attendre	vänta -r -de -t 29 ; vänta -r -de -t (på) 32
attendre (se faire ~)	dröj/a -er -de -t 37
attention (faire ~)	se upp 55
atterrir	landa -r -de -t 74, 95
attrape-nigaud	bondfångare -n = 84
attraper	få -r fick fått 71
au fait	förresten 27
au juste	egentligen 30
au pair	au pair 79
au revoir	adjö 72
au secours	hjälp 38
auberge de jeunesse	vandrarhem 68
aucun/e	ingen inget inga 20
au-dessus (plus grand)	större 69
augmenter	höj/a -er -de -t 41 ; öka -r -de -t 86
aujourd'hui	idag 1 ; i dag 3
aujourd'hui (de nos jours)	nuförtiden 61, 73
aussi	med *(adv.)* 26 ; så 36 ; också 36, 54
aussi + *(adj.)* + que	lika + *(adj.)* + som 19
aussi bien ... que	både ... och 60
autant que	såvitt 82
auteur	författare -n = 48
authentique	genuin 27 ; äkta *(inv.)* 27
automatique	automatisk 81
automne	höst -en -ar 23
autoriser	tillåta 90
autour	runt 33
autour de	kring 67
autre	annan annat andra 22, 23, 44
autre (l'~) *(fém.)*	den andra 39
autre (l'~) *(masc.)*	den andre 39
autre (un/e ~)	någon / något 22
avancer d'un pas lourd	trampa fram 55
avant	före 89
avant (en ~)	fram 6
avant que/de	förrän 44 ; innan 72
avant-dernier	näst sist 93
avant-hier	i förrgår 59
avare / radin	snål 29
avarice	snålhet -en 76
avec	med *(prép.)* 20
avenir	framtid -en 97
avenue	aveny -n -er 59
aveugle	blind 20
avion (aller en ~)	flyg/a -er flög flugit 82

avis	åsikt -en -er 36 ; besked -et = 75
avis (annonce)	meddelande -t -n 91
avoir	ha (hava) -r -de haft 1
avoir (ne pas ~ à)	slipp/a -er slapp sluppit 45
avoir (un accident)	råka ut för 67
avoir (y ~)	vara är var varit 19 ; finnas finns fanns funnits 22 ; ligg/a -er låg legat 27 ; stå -r stod stått 28 ; bli (bliva) blir blev blivit 41
avoir *(futur proche)*	få -r fick fått 29
avouer / reconnaître	erkänna 92
avril	april 41

B

bactérie	bakterie -n -r 71
bague	ring -en -ar 92
baie	bär -et = 74
baigner (se ~)	bada -r -de -t 18, 52
bain	bad -et = 89
baiser (embrasser)	kyss/a -er -te -t 76
balcon	balkong -en -er 59
ballet	balett -en -er 67
banane	banan -en -er 66
bananier	bananbåt -en -ar 59
bandage	bandage -et = 67
bande dessinée	tecknad serie 99
bande velcro	kardborrband -et = 64
bandit	skurk -en -ar 53
banlieue	förort 45
baptême	dop -et = 92
barbe	skägg -et = 72
barboter	plaska -r -de -t 61
bas	låg lägre lägst 59, 70
bas (en ~)	där nere 31 ; därnere 31 ; nere 35
bas (vers le ~)	ner 35
base	basis = 87
bassin	bassäng -en -er 61
bassin (petit ~)	barnbassäng -en -er 61
bastringue	danshak -et = 58
bateau	båt -en -ar 90
bateau à voiles	segelbåt 78
battre	slå -r slog slagit 37
bavarder	prata -r -de -t 51
beau	vacker 13 ; fin 23 ; snygg 29
beaucoup	mycket 29
beaucoup de	många 81

beaucoup trop	alldeles för 45
bedaine	kulmage 87
beige	beige 69
belle-mère	svärmor 44 ; styvmor 68
ben	jo 34
bénévole	ideell 87
berceau	vagg/a -an -or 92
berger allemand	schäf/er -ern -rar 80
berlue (avoir la ~)	se i syne 67
besoin (avoir ~)	behöv/a -er -de -t 22
bête	dum dumt dumma 15
bêtise	strunt -et 51
beurre	smör -et 8
bichonner (se ~) / pomponner (se ~)	piffa upp sig 72
bien	bra *(inv.)* bättre bäst 1 ; väl 34 ; la *(forme dialectale de* väl) 59
bien entendu	förstås 26 ; givetvis 47
bien portant	frisk 16
bien que	fast 80 ; fastän 80 ; trots att 94
bientôt	snart 16
bienvenu	välkomm/en -et -na 69
bière (boisson)	öl -et 11
bière (chope)	öl -en 11
bière forte	starköl 14
bière légère	lättöl 14
bière moyenne	folköl 14
bière très forte	elefantöl 14
bigarré	brokig 69
bijoutier	guldsmed -en -er 92
bilingue	tvåspråkig 68
billet	lapp -en -ar 38
billet de loterie	lottsed/el -eln -lar 71
bio	biodynamisk 25
bise	puss -en -ar 80
bistrot / restaurant	krog -en -ar 57
bizarre	konstig 51
blanc	vit 11
blanc-bec	gröngöling -en -ar 64
blesser	skada -r -de -t 78
blessure	sår -et = 79
bleu	blå blått blå/blåa 64
blond	ljus *(adj.)* 11
blonde	blondin -en -er 52
boire	drick/a -er drack druckit 16
bois	trä -et 86

femhundraåttiofyra • 584

bois de charpente	virke -t 86
bois de chauffage	ved -en 86
boîte	dos/a -an -or 30 ; ask -en -ar 31
boîte de vitesses	växellåd/a -an -or 55
boiteux	haltande 66
bon	god gott goda 3 ; dryg 99
bon marché	billig 8
bon/ne	bra *(inv.)* 6
bonhomme	gubb/e -en -ar 15
bonhomme de neige	snögubbe 16
bonjour	hej 1 ; goddag 3 ; godmorgon 46
bonjour (donner le ~)	hälsa -r -de -t 34
bonjour (le matin)	god morgon 3
bonne chance	lycka till 100
bonne femme	tant -en -er 31
bonnet	luv/a -an -or 64
bonsoir	god afton 41
bord de la route	vägkant -en -er 74
bosse	puck/el -eln -lar 9
bosse (avoir une ~)	ha puckelrygg 9
bosser	jobba -r -de -t 37
bossu (être ~)	ha puckelrygg 9
bouche	mun munnen munnar 13
boucle	lock -en -ar 51
bouffe (nourriture)	mat -en 90
bouffer	käka -r -de -t 97
bougeoir	ljusstak/e -en -ar 90
bougie	stearinljus 90
bouillir (faire ~)	koka -r -de -t 71
bouleau	björk -en -ar 86
boulette de viande	köttbull/e -en -ar 26
boulot	jobb -et = 82
bout (au ~ de)	efter 61
bout de papier	papperslapp 58
bouteille	flask/a -an -or 46
bouteille à la mer	flaskpost -en 100
bouteille consignée	tomflask/a -an -or 46
boutique de souvenirs	souvenirbutik -en -er 27
boutique du coin	kvartersbutik -en -er 30
bras	arm -en -ar 87
brave	duktig 33
break (voiture)	herrgårdsvagn -en -ar 22
brevet	patent -et = 66
breveté	patenterad 66
brigand	rövare -n = 74
brin	dugg -et 89

brioche de mardi gras	seml/a -an -or 62
briquet	tändare -n = 88
brochure	broschyr -en -er 23
bronzer (se faire ~)	sola sig -r -de -t 82
brossier	borstbindare -n = 62
broyer du noir	deppa -r -de -t 62
brûlant	het 98
brûler / être allumé	brinn/a -er brann brunnit 76
brun	mörk 11 ; brun 74
bûcher	plugga -r -de -t 78
buffet	smörgåsbord 66
bulletin de notes / note	betyg -et = 93
bulletin météo	väderleksrapport -en -er 98 ; väderrapport -en -er 98
bureau	byrå -n -er 20 ; kontor -et = 45
bus	buss -en -ar 45
but non lucratif (à ~)	ideell 87
buvette	servering -en -ar 22
bye	adjöss 100

C

C.V.	meritförteckning -en -ar 61 ; meritlist/a -an -or 61
c'	det 15
ça	det 3 ; den/det där 50 ; så 59
ça (ce genre de choses)	sånt 78
cacahuètes salées	salta nötter 76
cachet	pill/er -ret = 78
caddy	vagn -en -ar 22
cadeau	present -en -er 97
cadeau (faire ~ de)	ge bort 72
cadeau de Noël	julklapp -en -ar 97
café	fika -n *ou* -t 34
café (boisson)	kaffe -t 18
café (établissement)	café caféet caféer 18 ; kafé kaféet kaféer 18
café (prendre un ~)	fika -r -de -t 34
café avec terrasse	uteservering 22
cafétéria	servering -en -ar 22
caillé	sur 15
caisse	låd/a -an -or 53
caisse (de bouteilles)	back -en -ar 55
calme (tranquille)	lugn 45
calmer / calmer (se ~)	lugna (sig) -r -de -t 41, 89
camarade de classe	klasskamrat -en -er 47
camelote	strunt -et 51
campagne	land -et 18

canapé	soff/a -an -or 27
canapé en cuir	lädersoffa 83
Canaries (les ~)	Kanarie- 34
candidat	sökande -n = 91
candidature	ansökan = ansökningar 61
canicule	värmebölj/a -an -or 98
canicule d'août	rötmånad 98
canif	fällkniv 96
canne	käpp -en -ar 67
caoutchoucs (surchaussures)	galosch -en -er 65
cap (mettre le ~)	sätta kurs 99
capable	duktig 33
car	ty 49 ; nämligen 53 ; för *(conj.)* 76
car (en effet)	ju 37
carte (de crédit)	kort -et = 17
carte d'identité	ID-kort -et = 53
carte de crédit	kreditkort -et = 17
carte postale	vykort 26
carton	låd/a -an -or 53
cartouche (de cigarettes)	limp/a -an -or 53
cas	fall -et = 13 ; händelse -n -r 65
casanier	hemkär 12
caserne de pompiers	brandstation 67
casier à bouteilles	back -en -ar 55
casser	bryt/a -er bröt brutit 65 ; förstöra 87
casser les pieds	tjata -r -de -t 94
cathédrale	domkyrka 81
cause (à ~ de)	på grund av 58, 80
cause (motif)	grund -en -er 58
CD	cd cd:n cd *ou* cd:ar 26
ce	det 3
ce / cet / cette / ces	denna / denne / detta / dessa 59, 80
ce / cet / cette + *(nom)*-ci / celui/celle-ci	den/det här (+ *(nom)*) 55
ce / cet / cette + *(nom)*-là / celui/celle-là	den/det där (+ *(nom)*) 55
ce que	vad *(pron.)* 36
ce qui	vad som 85 ; något som 97 ; vilket 97
ceinture (se serrer la ~)	sug/a -er sög sugit på ramarna 92
cela	det 34 ; den/det här 50
célébrer	fira -r -de -t 96
célibataire (homme)	ungkarl -en -ar 46
celui-ci / celle-ci	den här 55
celui-là / celle-là	den där 55
cendres	mull -en 76
censé (être ~)	skola ska skulle skolat 91

cent	hundra 22
central / centre de	central 59
centre des impôts / fisc	skattemyndighet -en -er 54
cèpe	karljohan(s)svamp -en -ar 25
cependant	dock 100
certes	visserligen 64
certificat / références	referens -en -er 61
certifier conforme	vidimera -r -de -t 61
cervelas	falukorv 60
cervelle	hjärn/a -an -or 94
cf.	jfr 97
chacun	var och en 83
chaîne	kedj/a -an -or 73
chaise	stol -en -ar 32
chaise longue	schäslång -en -er 17
chalet	stug/a -an -or 23
chaleur	värme -n 33
chaleureux	varm 80
chambre	rum rummet = 23
chambre à coucher	sovrum -met = 23
chambre de particulier	privatrum -met = 23
chambre double	dubbelrum 22
champagne	champagne -n 87
champignon	svamp -en -ar 23
chance	tur -en 9
changement climatique	klimatförändring -en -ar 82
changer	byt/a -er bytte bytt 43, 85 ; växla -r -de -t 55
changer d'avis	ångra sig 92
changer d'orientation/ son fusil d'épaule	sadla om -r -de -t 97
chanson	vis/a -an -or 90
chanter	sjung/a -er sjöng sjungit 13
chapeau	hatt -en -ar 69, 75
chaque	varje 6
charger	ladda -r -de -t 73
charger (se ~ de)	ta hand om 46
chat	katt -en -er 95
châtain foncé	mörk 48
châtier	aga -r -de -t 72
châtiment corporel	aga -n 72
chatter	chatta -r -de -t 73
chaud	varm 52
chauffage	värme -n 33
chauffeur de taxi	taxichaufför -en -er 58
chaussure	sko -n -r 66

chef	boss -en -ar 63
chef (patron)	chef -en -er 45
chef de parti	partiledare -n = 64
chemin	väg -en -ar 54
chemise	skjort/a -an -or 5
chêne	ek -en -ar 86
chèque	check -en -er *ou* -ar 29
cher	dyr 19 ; kär 80
cher (pas ~)	billig 8
chercher	sök/a -er -te -t 20
chercher (aller ~)	hämta -r -de -t 39
chéri/e	älskling 4
cheval	häst -en -ar 88
chevelure	hår -et = 51
cheveux	hår -et = 48
chez	hos 19 ; till *(prép.)* 32 ; hemma hos 47
chez-soi	hem hemmet = 12
chien	hund -en -ar 12
chiffon	lapp -en -ar 38
chignon	chinjong -en -er 17
chips	chips -et = 39
chirurgien	kirurg -en -er 81
chocolat	choklad -en -er 31
choisir	välj/a -er valde valt 76
choix	val -et = 76
choix (de premier ~)	prima *(inv.)* 90
chômage (au ~)	arbetslös 54
chose	sak -en -er 44
chouette (chic)	tuff 87
chute	fall -et = 66
ciel	himm/el -el(e)n *ou* himlen himlar 95
cigarette	cigarett -en -er 25, 48
ciné	bio -n biografer 39
cinéma	film -en -er 39
cinéma (établissement)	biograf -en -er 39
cinéma muet	stumfilm -en 39
cinglé	tokig 36
cingler	segla -r -de -t 99
cinq (chiffre)	femm/a -an -or 93
circonstance	omständighet -en -er 67
cirque	cirkus -en -ar 15
citadin	storstadsmänniska 27
civil	borgerlig 92
civilisation	civilisation -en -er 25
clair	ljus *(adj.)* 11 ; klar 25, 53
clairvoyant	klärvoajant 17

claque	hejaklack -en -ar 89 ; klack -en -ar 89
classe	klass -en -er 93
classe *(adj.)*	flott 59
clé	nyck/el -eln -lar 24
client	gäst -en -er 22 ; hotellgäst -en -er 22 ; kund -en -er 69
cloche	klock/a -an -or 18
clou	dubb -en -ar 65 ; spik -en -ar 71
clown	clown -en -er 15
club	klubb -en -ar 87
coéquipier (matelot)	gast -en -ar 78
cœur	hjärta -t -n 94
coffre à bagages	bagageluck/a -an -or 53
cogner	knacka -r -de -t 46
coiffer	frisera -r -de -t 72
coiffeur	frisör -en -er 72
coiffeuse	friss/a -an -or 72 ; frisörsk/a -an -or 72
coiffure	frisyr -en -er 72
coin	hörn -et = 57 ; knut -en -ar 88
coin cuisine	kokvrå -n -r 45
coincer	klämm/a -er klämde klämt 66
collants	strumpbyxor 69
colle	klister klistret = 57
collègue	arbetskamrat -en -er 58 ; kolleg/a -an -er *ou* -or 78
coller	klistra -r -de -t 71
colline	back/e -en -ar 55
collision (entrer en ~)	krocka -r -de -t 99
colo	kollo -t -n 61
colonel	överst/e -en -ar 71
combien	vad *(pron.)* 11 ; hur mycket 22
comble	höjd -en -er 54
comestible	ätlig 73
commander	beställ/a -er -de -t 36, 92
comme	som *(conj.)* 2 ; när ... ändå 68
comme ça	så 40
commencement	början = 94
commencer	börja -r -de -t 46
comment	hur 1 ; vad *(pron.)* 3
commerce	handel -n 82
commerce (faire du ~)	handla -r -de -t 30
commissaire	kommissarie -n -r 57
commissariat	polisstation 37
commun	gemensam 100
compagnie	sällskap -et = 32
comparé à	jämfört med 97

comparer	jämför/a jämför -de -t 97
compétent	duktig 33
complètement	alldeles 45 ; helt 89
compliqué	komplicerad 55
compliquer	komplicera -r -de -t 55
composé (être ~ de)	bestå av 62
composer (un numéro)	slå -r slog slagit 37
comprendre	förstå 50
compris (y ~)	inklusive 22
compte (se mettre à son ~)	starta -r -de -t eget 86
compte rendu	protokoll -et = 87
compter	räkna -r -de -t 76, 85
compter (faire qqch.)	tänk/a -er -te -t 44
comte	grev/e -en -ar 79
conception	uppfattning -en -ar 78
conception (manière de voir)	syn -en -er 67
concerner	gäll/a -er -de -t 45 ; beträffa -r -de -t 90
conclusion	slutsats -en -er 85
concombre	gurk/a -an -or 33
concubin/e	sambo -n -r 53
condition	villkor -et = 100
conduire	köra kör körde kört 55
conduire (se ~)	bära sig åt 94
confiance (faire ~)	lita -r -de -t 80
confiserie	konfekt -en -er 85
congélateur	frys -en -ar 68
congeler	frys/a -er -te -t 68
congés (prendre des ~)	ta ledigt 75
connaissance	medvetande -t 81 ; kunskap -en -er 93, 100
connaissance (entourage)	bekant 68
connaître	kunna kan kunde kunnat 23 ; känn/a -er kände känt 47 ; känna till 47
conscience (de qqch)	medvetande -t 81
conscience (morale)	samvete -t -n 82
conscient	medveten 81
conseil	råd -et = 50
conseil d'administration	styrelse -n -r 87
consensus	samförstånd -et 79
conséquence	följd -en -er 86
conservateur (politique)	moderat -en -er 64
conserver	spara -r -de -t 73
consigne (somme remboursable)	pant -en -er 46
consister	bestå i 62
consolation	tröst -en 49
consommateur	cafégäst -en -er 22 ; kafégäst -en -er 22

consommation	förbrukning -en 53
conspiration	konspiration -en -er 17
constitué (être ~ de)	bestå av 62
construire	bygg/a -er -de -t 54
contact	kontakt -en -er 20
contenter (se ~)	nöj/a sig -er -de -t 95
contenu	innehåll -et = 70
continuer	fortsätta 68
contraindre	tvinga -r -de -t 74
contraire	motsats -en -er 97
contraire (être ~ à)	strid/a -er stred stridit 100
contre	mot 38, 46
contre (par ~) / revanche (en ~)	däremot 78
contredanse	P-bot P-boten P-böter 54
contredanse (contravention)	parkeringsbot 54
contribuable	skattebetalare -n = 66
contribution	insats -en -er 66
contrôle des frontières	gränskontroll -en -er 53
contrôler	kontrollera -r -de -t 29
contrôleur	revisor -n -er 86
contrôleur fiscal	taxeringsrevisor 86
convaincu / persuadé	övertygad 99
conversation	samtal -et = 34
convocation	kallelse -n -r 87
copain / copine	kompis -en -ar 97
copie	kopi/a -an -or 61
coq	tupp -en -ar 73
corbeille à papier	papperskorg 71
corde (à sauter)	rep -et = 93
cordial	hjärtlig 80
cordonnier	skomakare -n = 64
corneille	kråk/a -an -or 61
corps	kropp -en -ar 52
corps/ensemble d'étudiants	studentkår -en -er 73
corsé	fyllig 44
cortège	tåg -et = 96
cossu	tät 96
côte	back/e -en -ar 55
côté	sid/a -an -or 71
côté (à ~)	bredvid 52
côté (de ~)	undan 86
cou	hals -en -ar 38
couché (être ~)	ligg/a -er låg legat 27
coucher	ligg/a -er låg legat 27
coucher (du soleil)	nedgång -en -ar 62

coucher (se ~)	lägga (sig) lägger la(de) lagt 26
coucher (se ~) (soleil)	gå ner 98
coudre	sy -r sydde sytt 61
couleur	färg -en -er 69
coulisse	kuliss -en -er 89
coup de fouet / de pied	kick -en -ar 62
coup de pied	spark -en -ar 61
coup de veine	bondtur -en 84
couper	klipp/a -er klippte klippt 34 ; skära av 96
couper en morceaux	skära skär skar skurit 90
couper les cheveux	klipp/a -er klippte klippt 34
couper les cheveux (se faire ~)	klipp/a sig 34
cour	gård -en -ar 24
courant (être au ~ de)	känna till 47
courbe (tournant)	krok -en -ar 65
courir	spring/a -er sprang sprungit 55, 88 ; löp/a -er -te -t 71
couronne	kron/a -an -or 22
couronne de bougies	ljuskrans -en -ar 96
courriel (envoyer un ~)	mejla -r -de -t 72
course	lopp -et = 35
course (en taxi)	körning -en -ar 82
courses (faire des ~)	handla -r -de -t 30
coût	kostnad -en -er 85
couteau	kniv -en -ar 90
couteau en plastique	plastkniv 90
coûter	kosta -r -de -t 5
couvert	bestick -et = 24
couvert jetable	engångsbestick 90
couverture	omslag -et = 48
couvrir	bevaka -r -de -t 95
crabe	krabb/a -an -or 78
crampon	dubb -en -ar 66
crâne	skall/e -en -ar 66
cravate	slips -en -ar 87
crèche	daghem 54 ; dagis -et = 54
crédit ECTS	högskolepoäng 97
crème	kräm -en -er 30
crêpe (petite ~)	plätt -en -ar 6
crête	tuppkam -men -mar 73
crevé	slut *(adj. inv.)* 30
crier	skrik/a -er skrek skrikit 50 ; ropa -r -de -t 83, 94
crochet	hak/e -en -ar 59
croire	tro -r -dde -tt 36 ; tyck/a -er -te -t 36

croyants (les ~)	de troende 91
cueillir	plocka -r -de -t 23
cuiller	sked -en -ar 90
cuiller à thé / à café	tesked 90
cuire au plat / à la poêle (faire ~)	stek/a -er -te -t 99
cuisine	kök -et = 32
cuisine (faire la ~)	laga -r -de -t mat 24
cuisine traditionnelle	husmanskost -en 26
cuisinier	kock -en -ar 71
culot	fräckhet -en -er 60
cultiver	odla -r -de -t 33, 72
culture seigneuriale	herrgårdskulturen 27
culturiste	kroppsbyggare -n = 52

D

d'abord	först 38
Dalécarlien	dalkarl -en -ar 88 ; dalmas -en -ar 88
Dalécarlienne	dalkull/a -an -or 88
daltonien	färgblind 64
dame	dam -en -er 20 ; tant -en -er 31
dangereux	farlig 52
Danois	dansk 53
Danoise	dansk/a -an -or 53
dans	i 9 ; om *(prép.)* 16 ; på 34 ; inom 95
danse	dans -en -er 36
danser	dansa -r -de -t 12
danser (inviter à ~)	bjuda upp 72
date	datum -et = 100
daube / galantine	aladåb -en -er 17
de	ur 13, 47 ; på 15 ; om *(prép.)* 18 ; till *(prép.)* 18 ; av 39, 70 ; att *(marque de l'inf.)* 40 ; med *(prép.)* 51 ; över 52 ; som *(conj.)* 61 ; av att 62 ; kring 67 ; och 94
de / d'	i 49
de / des *(dans des phrases négatives / interrogatives)*	någon / något / några 35
de / du	vid 47
de *(appartenance et quantité)*	på 49
de *(provenance)*	från 16
de *(quantité)*	på 68
de même	detsamma 34
de toute façon	ändå 68
débarquer	dyk/a upp -er dök -t 66, 88
débarrasser (se ~)	bli av 94

débiter	dra (draga) -r drog dragit 83
déblayer	skotta -r -de -t 79
debout (être ~)	stå -r stod stått 23
début	början = 94
déceler / révéler	avslöja -r -de -t 80
déchaîné	rosenrasande 88
décider (se ~)	bestämma (sig) 79, 80
décider / décider (se ~)	bestämma (sig) 100
déclaration fiscale	deklaration -en -er 86
découvert (être à ~)	ligga back 55
découvrir	upptäck/a -er -te -t 69
dedans	inne 11
déduction	avdrag -et = 86
déduire	dra av 86
défalquer	dra av 86
déficit (être en ~)	gå back 55
définitif	definitiv 75
défroisser	släta ut -r -de -t 73
dégoût de la vie / spleen	livsleda -n 72
degré	grad -en -er 41
déguisé	utklädd 66
déguiser (se ~)	klä ut sig klär klädde klätt 66
dehors	ute 11
déjà	redan 25
déjeuner	lunch -en -er 18
demain	i morgon 2
demain matin	i morgon bitti 66
demander	fråga -r -de -t 17 ; be ber bad bett (om) 48
démarche	gång -en -ar 55
déménagement	flyttning -en -ar 85
demi	halv 58
demi-sœur	halvsyster 68
demoiselle	fröken = fröknar 1
démolir	riv/a -er rev rivit 85
dénouement	upplösning -en -ar 96
dent	tand -en tänder 30
dentier	garnityr -et = 96
dentifrice	tandkräm 30
déodorant	deodorant -en -er 95
dépendre (de)	bero -r -dde -tt (på) 43
dépense	utgift -en -er 86
dépenser	ge ut 73 ; spendera -r -de -t 73
déposer	anmäl/a -er -de -t 37
dépression (atmosphérique)	lågtryck -et = 98
déprimer	deppa -r -de -t 62
depuis	i 54 ; sen / sedan 62 ; på 67

depuis *(temporel)*	sedan … tillbaka 40
depuis le jour où	alltsedan 86
déranger	stör/a stör -de -t 92
dernier	sista 70
dernier (en date)	senast 47
dernier (précédent)	förra 44, 51
dernier-né	värsting -en -ar 76
derrière *(prép.)*	bakom 55, 85
dès que	så snart 67 ; så snart 100
descendre	gå -r gick gått 40
désert	ök/en -nen -nar 95
désespéré	desperat 89
déshériter	göra arvlös 86
désirer	önska -r -de -t 69 ; önska/s 69
dessiner	teckna -r -de -t 99
dessous	under 65
détendre (se ~) / relaxer (se ~)	slappna av -r -de -t 52
détérioré (être ~)	förstöras förstörs förstördes förstörts 82
détériorer (se ~)	förstöras förstörs förstördes förstörts 82
détester	hata -r -de -t 79
détour	avstickare -n = 68
détruire	förstör/a förstör -de -t 82
deux (les ~)	båda 76 ; bägge 76
deuxième	näst bäst 93
deux-pièces	två/a -an -or 59
devant	framför 26 ; vid 53 ; förbi 67
développement	utveckling -en -ar 82
devenir *(futur proche)*	bli (bliva) blir blev blivit 22
deviner	gissa -r -de -t 64
devis	kostnadsförslag -et = 85
devoir	måste måste måste måst 22 ; nog 51 ; skola ska skulle skolat 54 ; böra bör borde bort 71
devoir (leçon)	läx/a -an -or 60
diable	djäv/el -eln -lar 81 ; djävul -en djävlar 81
diable (le ~)	fan 44
diable (que ~)	vad sjutton 48
dieu	gud -en gudar 25
différence	skillnad -en -er 100
différence (faire la ~)	skilja skiljer skilde skilt 53
différent	olik 36
difficile	svår 13 ; kräs/en -et -na 64
dimanche	söndag -en -ar 14
dîner	middag -en -ar 10
diplômé en sciences humaines	humanist -en -er 97

dire	säg/a -er sa(de) sagt 23
direct	direkt 43
directement	direkt 43
directeur	disponent -en -er 63
directeur artistique	dramaturg -en -er 89
diriger	driv/a driver drev drivit 86
disc-jockey	diskjockey -n -er *ou* -s 12
discothèque	diskotek -et = 12
disparaître	försvinn/a -er försvann försvunnit 57
dispensé (être ~)	få dispens 93
dispensé (être ~ de)	slipp/a -er slapp sluppit 45
dispute	gräl -et = 81
disque dur	hårddisk -en -ar 72
distance	avstånd -et = 94
distillateur	brännvinsbrännare -n = 76
distinguer	skilja skiljer skilde skilt 53
distractions	nöjesliv -et 69
distribuer	dela ut 97
distributeur de billets	bankomat -en -er 98
dit	så kallad 100
divertissement	nöje -t -n 69
diviser	dela -r -de -t 97
divorce	skilsmäss/a -an -or 79
divorcé	skild 68
docteur	doktor -n -er 32
dodu	mullig 74
doigt	fing/er -ret -rar 68
domaine	herrgård -en -ar 22 ; område -t -n 95
dommage	synd -en -er 34
donc	alltså 4
donnée	uppgift -en -er 86
donner	ge (giva) -r gav givit 11, 57
donner du piquant	piffa upp -r -de -t 72
donner sur	vett/a -er -e -at 85
dont	vars 96
doré	gyllene *(inv.)* 51
dormir	sov/a -er sov sovit 3, 57
dos	rygg -en -ar 9
dos (verso)	baksida 71
douanier	tullman 53
doucement	sakta saktare saktast 46
douche	dusch -en -ar 4
doué	duktig 33
doute	tvekan = 79
douter (se ~)	ana -r -de/ante -t 58
douzaine	dussin -et = 98

doyen	prost -en -ar 86
draguer	ragga -r -de -t 52
dragueur (des années 1950)	raggare -n = 52
drame	dram/a -at -er 76
drap	lakan -et = 90
drapeau	flagg/a -an -or 85
dresser / dresser (se ~)	resa (sig) 48
droit (avoir le ~)	få -r fick fått 20
droit (direct)	rak 97
droit (études de ~)	juridik -en 73
droit d'accès commun	allemansrätten 33
droite (à ~)	till höger 64
dur	tuff 87 ; hård 97
dur à cuire *(nom)*	tuffing -en -ar 87
durable	hållbar 82
durer	vara -r -de -t 85
dynamique	dynamisk 61

E

eau	vatt/en -net = 51
eau-de-vie aromatisée	akvavit -en -er 52
échanger	byt/a -er bytte bytt 43
échapper à	komma undan 86
éclair	blixt -en -ar 65
éclater (s'~)	ha kul 79
éclore (faire ~)	kläck/a -er -te -t 97
école	skol/a -an -or 41, 60
écolo	miljömedveten 81
économie d'entreprise	företagsekonomi -(e)n 97
économies	sparkapital -et = 73
économiser	spara -r -de -t 71
écoute/z	du 85
écouter	lyssna -r -de -t (på) 32, 62
écran	skärm -en -ar 72
écran couleur	färgskärm 72
écran d'ordinateur	dataskärm 99
écraser	köra över 95
écraser sa cigarette	fimpa -r -de -t 24
écrevisse	kräft/a -an -or 83
écrire / rédiger	skriv/a -er skrev skrivit 16
écrire en caractères d'imprimerie	texta -r -de -t 100
écrit (être ~)	stå -r stod stått 23
écrivain	författare -n = 47
éditeur	förläggare -n = 48
effectivement	faktiskt 31

effet	verkan = verkningar 64
effet (avoir de l'~)	verka -r -de -t 64
effet de serre	växthuseffekt -en -er 81
effondrer (s'~)	sjunk/a ihop -er sjönk sjunkit 83
effronté	fräck 83
égal	jämn 46
égal à	lika med *(inv.)* 86
églantine	nyponros 91
église	kyrk/a -an -or 81
égoïsme	egoism -en 90
élan (animal)	älg -en -ar 23
élargir	vidga -r -de -t 99
élection	val -et = 76
élégant	elegant 20
éléphant	elefant -en -er 48
élève	elev -en -er 93
élevé	hög högre högst 45
élire	välj/a -er valde valt 76
elle	hon 3
elle (chose ou animal)	den 17
elle *(objet)* / la / l'	henne 20
elles	de 6
embarquer (s'~)	gå ombord 99
embrassade	kram -en -ar 80
embrasser	pussa -r -de -t 83
éminceur	osthyv/el -eln -lar 27
emménager	flytta in -r -de -t 59
emmental suédois	herrgårdsost -en 27
empirer	bli sämre 71 ; förvärra -r -de -t 82
employer	använda 65 ; begagna -r -de -t 66
empoté	fumlig 90
emprisonner	spärra in -r -de -t 66
emprunter	låna -r -de -t 24
en	på 11, 25 ; i 18 ; till *(prép.)* 66 ; vid 76 ; som *(conj.)* 96
en *(pron.)*	så(da)n så(da)nt så(da)na 69
en (matière)	av 39, 70
en *(gérondif de cause)*	genom att (+ *(inf.)*) 66
en *(gérondif de simultanéité)*	när 52
en *(temporel)*	på 56
en effet	faktiskt 31 ; nämligen 53
en outre	dessutom 98
enceinte	gravid 75 ; havande 91
enceinte (être ~)	vara med barn 44
enclencher	lägga i(n) 55

encore	ännu 9 ; till *(adv.)* 29 ; fortfarande 43 ; än *(adv.)* 60 ; kvar 65
endormir (s'~)	somna -r -de -t 50
endroit	ställe -t -n 11
enfant	barn -et = 19
enfer	helvete -t -n 44
enfer (d'~)	helvetes 89
enfermé	inspärrad 66
enfermer	spärra in -r -de -t 66
enfin	äntligen 68
engager	engagera -r -de -t 89
engourdi	stel 68
énième	femtielfte 98
enlever	ta av sig 66
ennuyeux	tråkig 16 ; trist 62
énorme	väldig 12
énormément	väldigt 12
enregistrer	spara -r -de -t 73
enrhumé	för/kyld -kylt -kylda 27
ensemble	tillsammans 58
ensuite	sedan *(adv.)* 16 ; sen *(adv.)* 16 ; därefter 99
entendement	förstånd -et = 79
entendre	höra hör hörde hört 18
entier	hel 19
entorse	stukning -en -ar 93
entre	bland 23 ; emellan 29 ; mellan 29, 79 ; på 53
entre autres (en parlant de choses)	med mera 54
entre autres (en parlant de personnes)	med flera 54
entrée	entré -n -er 17 ; hall -en -ar 83
entrefilet	notis -en -er 95
entreprise	firm/a -an -or 86 ; företag -et = 86
entreprise de menuiserie	snickerirörelse 86
entreprise de rénovation	renoveringsfirma 85
entrer	gå in 39 ; stiga in 46
entrer précipitamment	rusa in -r -de -t 96
entretien d'embauche	anställningsintervju -n -er 61
enveloppe	kuvert -et = 71
envenimer (s'~)	förvärras = förvärrades förvärrats 82
envers	mot 68
envie	lust -en 58
envie (avoir ~)	vara sugen 93
envier	avundas = avundades avundats 95
environnement	miljö -n -er 81

envoyer	skicka -r -de -t 26, 76
envoyer promener	nobba -r -de -t 72
épais	tjock 27
épingle à cravate	slipshållare -n = 87
épisode	avsnitt -et = 96
éplucher	skala -r -de -t 99
éponge	svamp -en -ar 25
époque	tid -en -er 82
épouse	mak/a -an -or 76
épouvantable	hemsk 33
épouvantail	fågelskrämm/a -an -or 69
éprouvé	patenterad 71
éprouver	känn/a -er kände känt 47
épuisé	slut *(adj. inv.)* 30
équilibre	balans -en -er 66
équipage	besättning -en -ar 99
équipé	utrustad 72
équipement	utrustning -en -ar 73
équitable	rättvisemärkt 82
ériger	res/a -er -te -t 48
escalator	rulltrappa 67
escalier	trapp/a -an -or 93
esclavage	slaveri -(e)t 59
Espagne (l'~)	Spanien 44
espagnol	spansk 93
espèce	slag -et = 82 ; art -en -er 97
espèce de	din / ditt / dina 23
espèce de / genre de	slags 69
espérer	hoppas = hoppades hoppats 57
espérons que	förhoppningsvis 89
espoir	hopp -et = 36
essayer	försök/a -er -te -t 57, 85 ; prova -r -de -t 69
essentiel (l'~)	huvudsak 73
essoufflé	andfådd 88
est (l'~ de)	östra 84
estimer	tyck/a -er -te -t 44
estimer (s'~)	skatta sig -r -de -t 90
et	och 4
et cætera	med mera 54
établissement d'enseignement supérieur	högskol/a -an -or 97
étage	våning -en -ar 93
étanche	vattentät 65
État	stat -en -er 54
été	sommar -en somrar 83

éteindre	stänga av 32, 88 ; släck/a -er -te -t 88
étendre	häng/a -er -de -t 60
étendu (être ~)	ligg/a -er låg legat 27
éternuer	nys/a -er nös nyst 50
étiquette de prix	prislapp 38
étoile	stjärn/a -an -or 96
étoile (à la belle ~)	under bar himmel 95
étranger (à l'~)	utomlands 93
être	vara är var varit 2, 89 ; ligg/a -er låg legat 27
être (y ~)	vara med 83
être *(futur proche)*	bli (bliva) blir blev blivit 22
être en train de	hålla på 46
être en train de *(aspect duratif)*	ligg/a -er låg legat och 28 ; sitt/a -er satt suttit och 28 ; stå -r stod stått och 28
être humain	människ/a -an -or 27
étroit	trång trängre trängst 70
étudiant	student -en -er 39 ; studerande -n = 91
étudier	läs/a -er -te -t 73 ; studera -r -de -t 91
étuve	bastu -n -r 52
événement	händelse -n -r 95
évidemment	självfallet 85
évident	klar 25
éviter	undvik/a -er undvek undvikit 62
exact (être ~)	stämm/a -er stämde stämt 66
exactement	precis *(adv.)* 6
exagérer	överdriva 33
exaltant	upplyftande 97
examen	tent/a -an -or 78
examiner	granska -r -de -t 86
excellent	förträfflig 76 ; MVG (mycket väl godkänd) 93
excepté	utom 95
excursion	utflykt -en -er 75
excuse(z)-moi	förlåt 92
excuser	ursäkta -r -de -t 31 ; förlåta 92
exemple	exemp/el -let = 26
exercice (faire de l'~)	motionera -r -de -t 26
exercice (sport)	motion -en 26
exigeant	kräs/en -et -na 64
exiger	kräv/a -er krävde krävt 60
exotique	exotisk 44
expérience	erfarenhet -en -er 61 ; van/a -an -or 61
explication	förklaring -en -ar 48
expliquer	förklara -r -de -t 33
expliquer (s'~)	förklara sig 82 ; förklaras = förklarades förklarats 82

exposer (s'~)	utsätta sig 65
extérieur (vers l'~)	ut 35
extra (faire des ~)	extraknäck/a -er -te -t 39
extrêmement	ytterst 81

F

fac(ulté)	fakultet -en -er 97
face à face	ansikte mot ansikte 46
fâché	sur 15 ; arg 71
facile	lätt 6
façon	sätt -et = 43 ; vis -et = 43
faible	svag 74
faillir	hålla på 61
faire	göra gör gjorde gjort 6 ; ta sig 18 ; låt/a -er lät låtit 37 ; få -r fick fått 59 ; dra (draga) -r drog dragit 94 ; spela -r -de -t 97
faire (entreprendre)	ta sig till 72
faire (prix)	bli (bliva) blir blev blivit 22
faire (se ~)	bilda sig -r -de -t 78
faire (un effet)	kännas känns kändes känts 100
faire *(impersonnel)*	vara är var varit 36
faire faire	få -r fick fått 63 ; göra gör gjorde gjort 81
faire la tête	vara sur 15
faire mal	svid/a -er sved svidit 49
faire semblant	låtsas = låtsades låtsats 81
falloir	måste måste måste måst 22
falloir que	skola ska skulle skolat 60
famille	familj -en -er 19
famine	svält -en 82
fantasmes	fantasier 79
farcir (se ~)	dras = drogs dragits 89
farine	mjöl -et 86
fatigue	trötthet -en 72
fatigué	trött 10
fauché	pank 36
fauché comme les blés	luspank 73
faute	fel -et = 82
fauteuil	fåtölj -en -er 17
favori (préféré)	stor större störst 69
félicitations	grattis 36
féliciter	gratulera -r -de -t 36
femme	kvinn/a -an -or 46
femme (épouse)	fru -n -ar 22
femme de chambre / de ménage	städersk/a -an -or 80
fenêtre	fönst/er -ret = fönstren/fönsterna 64

fer à cheval	hästsko 66
ferme	gård -en -ar 24
ferme *(adj.)*	fast 49
fermer	stäng/a -er stängde stängt 32
fesse	skink/a -an -or 52
fêtard	festpriss/e -en -ar 83
fête	fest -en -er 9, 83 ; kalas -et = 40
fête d'anniversaire	födelsedagskalas 40
fête nationale	nationaldag en -ar 31
fêter	fira -r -de -t 75
feu	eld -en -ar 48
fi	fy 82
fiançailles	fästning -en 9
fiancé	fästman 9
fiancée	fästmö -n -r 9
ficher le camp	stick/a -er stack stuckit 11
fichier PDF	PDF-fil -en -er 76
fièvre	feber -n 50
Fifi Brindacier	Pippi Långstrump 2
fil	tråd -en -ar 37
filière scientifique	naturvetarlinje -n 97
fille	tjej -en -er 29 ; dotter -n döttrar 64
fille (jeune ~)	flick/a -an -or 7
film	film -en -er 39
film de série B	B-film 94
film muet	stumfilm -en -er 39
fils	son -en söner 4
fils à	goss/e -en -ar 73
filtre	filter filtret = 35
filtre à café	kaffefilter kaffefiltret = 30
fin	slut -et = 81, 83
fin (mince)	tunn tunt tunna 27
finances (situation financière)	ekonomi -(e)n -er 92
fini	slut *(adj. inv.)* 30
finir (son assiette)	äta upp 75
firme	firm/a -an -or 86
fixé (être ~)	få besked 75
fleuve	flod -en -er 88
flic	snut -en -ar 81
fois	gång -en -er 26
foncé	mörk 11
fonctionnalisme	funkis 37
fonctionner	fungera -r -de -t 37
fond	bott/en = *ou* -nen -nar 83
fonte des glaces	issmältning -en 82

footing (faire du ~)	jogga -r -de -t 62, 63
force (à ~ de)	av att 62
force (avoir la ~ de)	orka -r -de -t 50, 57
forêt	skog -en -ar 25, 69
formation	utbildning -en -ar 95
former	lära upp 95
former (se ~)	bilda sig -r -de -t 78
fort	duktig 93 ; stark 99
fou	galning -en -ar 82
fou furieux (devenir ~)	löpa amok 72 ; gå bärsärkagång 77
fourchette	gaff/el -eln -lar 90
fourmi	myr/a -an -or 92
fourrer dans la tête (se ~)	plugga i sig 100
foyer	hem hemmet = 12
fracas	knall -en -ar 66
frais	frisk 16
frais (dépenses)	utgift -en -er 86
frais (jeune / vital)	fräsch 91
frais (nouveau)	färsk 91
fraise	jordgubbe 31
français	fransk 94
Français	fransman 94 ; fransos -en -er *(péj.)* 94
Française	fransysk/a -an -or 94
France (la ~)	Frankrike 82
franchise d'assurance	självrisk -en -er 65
frange	lugg -en -ar 51
frapper	knacka -r -de -t 46
fraterniser	dricka brorskål 42
fraude	fusk -et 85
fraude fiscale	skattefusk -et 85
frauder	fuska -r -de -t 85
fréquenter	umgås med = umgicks umgåtts 62
frère	bror brodern bröder 39
frère(s) et sœur(s)	syskon -et = 68
froid	kall 32, 95
froid (avoir ~)	frys/a -er frös frusit 68
fromage	ost -en -ar 27
frontière	gräns -en -er 53
froussard	har/e -en -ar 55
fruit	frukt -en -er 76
fuir	fly -r -dde -tt 93
fumée	rök -en -ar 48
fumer	rök/a -er -te -t 48
fumeur	rökare -n = 62
futur *(adj.)*	blivande 91

G

gâcher	fuska -r -de -t 85
gadget	pryl -en -ar 37
gaffe (faire ~)	se upp 55
gagner	vinn/a -er vann vunnit 71
gagner (de l'argent)	tjäna -r -de -t 54
galerie	galleri -(e)t -er 89
galop	galopp -en -er 92
gamine	tös -en -er 64
garage	garage -t = 22
garçon	kill/e -en -ar 29
garçon d'honneur	stjärngosse 96
garder	spara -r -de -t 71
gare	station -en -er 43
gare centrale (la ~)	Centralen 74
gare principale/centrale	centralstation 43
gâté	bortskämd 79
gâter	skäm/ma bort -mer -de -t 79
gauche	fumlig 90
gauche (à ~)	till vänster 19
gaz	gas -en -er 88
gaz de briquet	tändargas -en -er 88
géant	jätt/e -en -ar 3
geler	frys/a -er -te -t 68
génial !	häftigt 27
gens (les ~)	folk 52
gentil	snäll 29 ; rar 80
giboulées de mars	aprilväder 41
glace	is -en -ar 49 ; glass -en -ar 93
glisser	halka -r -de -t 66
gorge	hals -en -ar 38
gosse	ung/e -en -ar 61
gosse / garçon (gâté)	goss/e -en -ar 73
Göteborg	Göteborg 59 ; Götet 59
goût	smak -en -er 67
goûter	smaka -r -de -t 67
gouvernement	regering -en -ar 41
grâce à	tack vare 58
grammaire	grammatik -en -er 13
grand	stor större störst 11, 70 ; lång längre längst 61
grandeur	storlek -en -ar 69
grandir	väx/a -er växte växt/vuxit 33
grand-mère (maternelle)	mormor 16, 30
grand-mère (paternelle)	farmor 30

grand-père (maternel)	morfar 30
grand-père (paternel)	farfar 30
gratter (se ~)	klia (sig) -r -de -t 51
gratuit	gratis *(inv.)* 82
gratuitement	gratis *(inv.)* 39
grave	farlig 52
graver	bränn/a -er brände bränt 76
grec	grekiska -n 80
Grèce (la ~)	Grekland 79
grièvement	allvarligt 78
gros	tjock 27 ; rejäl 71 ; rama 80
groseille à maquereau	krusbär -et = 27
grossesse	graviditet -en -er 91
grossier	grov grövre grövst 70
guenille	lapp -en -ar 38
guère	knappast 64
guerre	krig -et = 93
guerre civile	inbördeskrig 93
guichet	biljettluck/a -an -or 39
guillotine	giljotin -en -er 17

H

habile	duktig 33
habiter	bo -r -dde -tt 23
habitude	van/a -an -or 46, 61
habitude (avoir l'~ de)	bruka -r -de -t 47
habitude (d'~)	vanligtvis 43
habitué	van 80
habituel	vanlig 49
habituellement	vanligt 37 ; vanligtvis 43
haïr	hata -r -de -t 79
harcèlement	mobbning -en 72 ; trakasseri -(e)t -er 72
harceler	mobba -r -de -t 72 ; trakassera -r -de -t 72
hareng	sill -en -ar 41, 59
hasard (par ~)	råka -r -de -t 67
haut	hög högre högst 45, 70
hauteur	höjd -en -er 54
hein	va 51
Helsinki	Helsingfors 20
héritage	arvedel -en -ar 18 ; arv -et = 86
héros	hjält/e -en -ar 94
hésitant	tveksam tveksamt tveksamma 83
hésitation	tvekan = 79
hésiter	tveka -r -de -t 83
heure	klock/a -an -or 21 ; timm/e -en -ar 50, 81
heure (à quelle ~)	hur dags 43

heureux	lycklig 90
heurter	köra på 95
hic	krux -et = 59
hier	igår 2 ; i går 3
hippopotame	flodhäst 88
histoire	histori/a -en -er 74, 93
histoire (affaire)	femm/a -an -or 93
histoire à dormir debout	rövarhistoria 74
histoire de brigands	rövarhistoria 74
hiver	vint/er -ern -rar 81
homme	man mannen män 12
honnête	hederlig 53
honte (avoir ~)	skämmas skäms skämdes skämts 52
hôpital	sjukhus 58
hôpital psychiatrique	mentalsjukhus 66
horizon	horisont -en -er 99
horoscope	horoskop -et = 71
horripilant	hårresande 48
hors de	ur 13, 47 ; utom 95
hors du commun	udda *(inv.)* 87
hot-dog-purée	halv/hel special 58
hôtel	hotell -et = 22
hum	hm 32
humeur	humör -et 15, 49, 58
hypocrisie	dubbelmoral -en 82
hystéro *(nom)*	hysterik/a -an -or 88

I

ici	här 11
ici (d'~)	inom 95
ici (en bas)	härnere 80
ici *(avec mouvement)*	hit 16
idéalisme	idealism -en 51
idéaliste	idealist -en -er 36
idée	idé -(e)n -er 17, 97 ; aning -en -ar 50 ; uppfattning -en -ar 78
idyllique	idyllisk 44
il	han 4, 6
il (chose ou animal)	den 17
il *(impersonnel)*	det 16
il y a *(temporel)*	för ... sen / sedan 62
île	ö -n -ar 34
illusion	inbillning -en -ar 79
ils	de 6
image	bild -en -er 20
imaginaire	inbillad 79

imagination	fantasi -(e)n 79
imaginer (s'~)	inbilla sig -r -de -t 79
immédiatement	omedelbart 67
impair	udda *(inv.)* 87
impatient	otålig 11
important	viktig 2
importation	import -en -er 33
importation (produit d'~)	importvara 33
impossible (être ~ à quelqu'un de)	kunna omöjligen 85
impôt	skatt -en -er 54
impressionnant	imponerande 61
imprimer	skriva ut 76
inattendu	oväntad 96
inconnu	okänd 99
incroyable	otrolig 23
incroyablement	otroligt 23
indiscret	indiskret 57
infirmier/-ère	sjuksködersk/a -an -or 50
inflation	inflation -en -er 86
informations	information 35
informé (être ~ de)	få reda på 99
informé (être ~)	få information 35
injuste	orättvis 66
innocent	skär 90
inoubliable	oförglömlig 83
inscription (faire une demande d'~)	sök/a -er -te -t 66
insister	insistera -r -de -t 94
insolence	fräckhet -en -er 60
instruction	anvisning -en -ar 89 ; instruktion -en -er 99
insuffisant	underkänd 93
intempéries (d'automne)	höstrusk -et 75
intention (avoir l'~ de)	tänk/a -er -te -t 44
intention / sens	mening -en -ar 69
interdire	förbjud/a -er förbjöd förbjudit 41
intéressant	intressant 76
intérêt	ränt/a -an -or 86
intérieur (à l'~)	inne 11 ; inomhus 75
interné	inspärrad 66
Internet	Internet 76
interpréter	tolka -r -de -t 80
intrépide	tuff 87
inventer	uppfinn/a -er uppfann uppfunnit 65, 97
inventeur	uppfinnare -n -65

invention	uppfinning -en -ar 65
invité	gäst -en -er 22
inviter	bjud/a -er bjöd bjudit 58
isolé (parent ~)	ensamstående 73
Italie (l'~)	Italien 44

J

jacquerie	bondeuppror -et = 84
jalousie	svartsjuka 76
jaloux	svartsjuk 76
jamais	någonsin 87
jamais (ne ~)	aldrig 12
jambe	ben -et = 65
jambon	skink/a -an -or 8
jardin	trädgård -en -ar 24, 60
jaune	gul 69
jazz	jazz -en 62
je	jag 1
Jésus-Christ	Kristus 66
jeter	släng/a -er -de -t 71 ; kasta -r -de -t 78, 96
jeu de pronostics	tips -et 43
jeudi	torsdag -en -ar 14
jeune	ung yngre yngst 46, 64, 70
jeune fille	mö -n -r 9
job	jobb -et = 61
joie	glädje -n 75
joli	fin 69 ; snygg 96
joue	kind -en -er 52
jouer	spela -r -de -t 20 ; lek/a -er -te -t 40
jouer (instrument à vent)	blås/a -er -te -t 54
jouer (rôle)	spela -r -de -t 88
jour	dygn -et = 37
jour / journée	dag -en -ar 3
journal	tidning -en -ar 18
journal du matin	morgontidning 95
journal du soir	kvällstidning 95
journal local	lokaltidning 95
journaliste	journalist -en -er 95
joyeux	glad 5
juger	döm/a -er -de -t 64
jumeau	tvilling -en -ar 50
jus	fika -n *ou* -t 34
jusqu'à	till *(prép.)* 38
jusqu'à (ce que)	tills 75
jusqu'à … inclus	t o m 38 ; till och med 38
jusqu'à ce que	till dess 98

juste	riktig 13
justement	just 50
justifier (se ~)	förklara sig 82

K

ketchup	ketchup -en 58
kilo	kilo -t = *ou* -n 31
kilomètre	kilometer -n = 81
kiosque à saucisses	korvkiosk -en -er 60

L

là	där 35
là *(mouvement)*	dit 35
là où	där 85
là-bas	där 4
là-bas *(mouvement)*	bort 35
lac	sjö -n -ar 18
là-dessus	därefter 58
laid	ful 82
laisser	låt/a -er lät låtit 37 ; lämna -r -de -t 46
laisser pousser (se ~)	odla -r -de -t 72
lait	mjölk -en 5
lait fermenté	surmjölk 15
lame	stål -et 49
lampe	lamp/a -an -or 100
lampion en papier	papperslampa 83
langage	språk -et = 13
langue	språk -et = 13
langueur	längtan 18
languir (se ~)	längta -r -ade -t 18
Lapon	lapp -en -ar 38
Laponie (la ~)	Lappland 38
larme	tår -en -ar 91
laver / blanchir	tvätta -r -de -t 60
lave-vaisselle	diskmaskin 10
le / la	det 34
lécher	slicka -r -de -t 79
leçon	lektion -en -er 99 ; läx/a -an -or 100
lecteur CD	cd-spelare -n = 41
léger	lätt 6
légume	grönsak -en -er 33
lentement	sakta saktare saktast 70
lépreux	spetälsk 67
lequel	vilken vilket vilka 39
les / leur / eux	dem 29
lettre	brev -et = 16

leur / leurs / le leur / la leur / les leurs	deras 33
lever	uppgång -en -ar 62
lever (se ~)	gå upp 26 ; stiga upp 26
liaison (en ~ avec)	i samband med 85
libre	fri 100
libre (dégagé)	ledig 76
librement	fritt 79
lié à	i samband med 85
lieu	ort -en -er 100
lièvre	har/e -en -ar 55
lifting	ansiktslyftning -en -ar 81
ligne	rad -en -er 79
limitation	begränsning -en -ar 81
limitation de vitesse	fartbegränsning -en -ar 81 ; hastighetsbegränsning -en -ar 81
limite	gräns -en -er 81
limité	begränsad 81
limiter	begränsa -r -de -t 81
linge	tvätt -en -ar 60
linguiste	språkvetare -n = 97
lire	läs/a -er -te -t 18
liseur de pensées	tankeläsare -n = 79
lissant	utslätande 73
lisse	slät 73
lisser	släta ut -r -de -t 73
lit	säng -en -ar 12
lit simple	enkelsäng 24
litre	liter -n = 43
littéraire *(nom)*	litteraturvetare -n = 97
littéralement	bokstavligt 94
littérature comparée	litteraturvetenskap 97
livre	bok -en böcker 47
logement	bostad -en bostäder 59
loger	bo -r -dde -tt 23
loi	lag -en -ar 38
loin (au ~) *(sans mouvement)*	borta 27
long	lång längre längst 10, 70
longtemps	länge 24
look	utseende -t -n 73
lorgnon	pincené -n -er 17
lotion	vatt/en -net = 51
lotion après-rasage	rakvatten 94
lotion capillaire	hårvatten 51
loto sportif	tips -et 43
loucher	skela -r -de -t 87

louer	hyra hyr hyrde hyrt 23
louper	missa -r -de -t 81
lourd	tung tyngre tyngst 65, 70
loyer	hyr/a -an -or 45, 59
lubies	griller 92
lui / elle *(en position d'objet direct)*	henne 26
lui / le / l'	honom 32
lumière	ljus -et = 90
lundi	måndag -en -ar 14
lune de miel	smekmånad -en -er 47
lunettes	glasögon -en *(pluriel)* 51
luron	lax -en -ar 5
lutin	troll -et = 15
lutter	strid/a -er stred stridit 100
lycée	gymnasi/um -et -er 79

M

machin	grej -en -er 3 ; pryl -en -ar 37
machine	maskin -en -er 10
madame	fru -n -ar 7
mademoiselle	fröken = fröknar 1
maigre	skral 92
mail / mél	mejl -et = 79
maillot de bain	baddräkt -en -er 52
maillot de corps	undertröja 96
main	hand -en händer 46
maintenant	nu 10, 26
maintenant que	när ... nu 55
mais	fast 80
mais *(opposition)*	utan *(conj.)* 51
mais *(restriction)*	men 1
maison	hus -et = 18
maison (à la ~)	inomhus 95
maison d'édition	förlag -et = 48
maison de campagne	stug/a -an -or 88
maître	mästare -n = 61
maître-nageur	simlärare -n = 61
maîtresse	fröken 1
majeur	myndig 60
mal	illa sämre sämst 71, 93
mal (avoir ~)	ha ont 38
mal (avoir du ~)	ha svårt 50
mal de mer	sjösjuka -n 78
mal de mer (avoir le ~)	vara sjösjuk 78
malade	sjuk 16

malade (tomber ~)	bli sjuk 50
maladie	sjukdom -en -ar 94
malchance	otur -en 9
malgré	trots 66
maman	mamm/a -an -or 30
mangeable	ätbar 73
manger	äta äter åt ätit 3
manger (en entier)	äta upp 75
manière	sätt -et = 43 ; vis -et = 43
manoir	herrgård -en -ar 22
manquer	sakna -r -de -t 79
manuscrit/e	handskriven 61
maquillage	make-up -en -er 40
marchand	handlare -en = 19
marchand de saucisses	korvgubbe 60
marchand de voitures	bilhandlare -n = 19
marchandise	var/a -an -or 33
marche	gång -en -ar 55
marché	köp -et = 52 ; torg -et = 83
marche (en ~)	i gång 55
marche arrière	back -en -ar 55
marcher	gå -r gick gått 12 ; stig/a -er steg stigit 49
marcher (fonctionner)	funka -r -de -t 37
marcher sur	trampa -r -de -t 67
mardi	tisdag -en -ar 14
mari	man mannen män 12
mariage	äktenskap -et = 20
mariage (célébration)	vigs/el -eln -lar 92
marié	äkta *(inv.)* 92
marié/e	gift 2
marier (se ~ avec) (aller bien ensemble)	matcha -r -de -t 69
marin d'eau douce	landkrabba 78
marmite	gryt/a -an -or 24, 87
marmotter	mumla -r -de -t 83
marqué	präglad 82
marrant	kul *(inv.)* 21 ; rolig 52
masse	mass/a -an -or 51
maths	matte -n 93
matière	ämne -t -n 93
matin	morgon -en mor(g)nar 3
matin (ce ~)	i morse 41
matinée	morgon -en mor(g)nar 3
mauvais	dålig sämre sämst 15 ; skral 92
mauvais (méchant)	ond värre värst 76
mauvaise conscience	dåligt samvete 82

me	mig 11
mec	kill/e -en -ar 29
méchant	elak 78
mèche	stubin -en -er 96
méconnaissable	oigenkännlig 73
médecin	läkare -n = 50
médecin de garde	jourläkare 50
médicament	medicin -en -er 94
médiocre	skral 92
méditer	meditera -r -de -t 62
méduse	brännmanet -en -er 78
mégaoctet	megabyte -n = 72
mégarde (par ~)	råka -r -de -t 67
meilleur	bättre *(comparatif de* bra*)* 70
mél (adresse électronique)	e-post -en 61
mélange	blandning -en -ar 94
membre (être ~)	sitt/a -er satt suttit 87
même	samma 34 ; till och med 38, 47 ; om ock *(vieilli)* 51
même (soi-même)	själv 51
même pas	inte ens 65
mémoire	minne -t -n 92
mémoire (mauvaise ~)	hönsminne 92
menace	hot -et = 95
menacé d'extinction	utrotningshotad 97
ménage (faire le ~)	städa -r -de -t 60
ménage (se mettre en ~)	flytta ihop -r -de -t 90
mener à bon port	få i hamn 100
mensonge	lögn -en -er 60
mensuellement	månadsvis 43
mention bien / assez bien	godkänd 93
mentir	ljug/a -er ljög ljugit 60
menton	hak/a -an -or 76
mer	sjö -n -ar 18 ; hav -et = 80
merci	tack 1
mercredi	onsdag -en -ar 14
merde	jävlar 81
mère	moder modern mödrar 26 ; mor modern mödrar 26
météo	väderlek -en 98
méthode	metod -en -er 6
métro	trick -en 63 ; tunnelban/a -an -or 67
metteur en scène	regissör -en -er 89
mettre	ställ/a -er -de -t 38
mettre (allumer)	sätta på 68
mettre (se ~ à)	börja -r -de -t 61

mettre (se ~)	ställ/a (sig) -er -de -t 38 ; sätt/a (sig) -er satte satt 55
mettre / mettre (se ~)	lägga (sig) lägger la(de) lagt 40
mettre debout (se ~)	ställ/a (sig) -er -de -t 38
mettre en ligne	ladda upp 73
midi	middag -en -ar 10
mieux	bättre (*comparatif de* bra) 69
mijoter	småkoka 80
milieu (au ~ de)	mitt i 25
mille	tusen 22
mine	min -en -er 88
ministre	minist/er -ern -rar 82
ministre de l'environnement	miljöminister 82
minuscule	jätteliten 3
minute	minut -en -er 67
miroir / glace	speg/el -eln -lar 40
mise	insats -en -er 66
mise en scène	uppsättning -en -ar 88
mission	uppgift -en -er 95
mobylette	moped -en -er 60
moche	ful 82
mode	sätt -et = 43
modération (avec ~)	lagom 27
modéré	moderat -en -er 64
moderne	modern 88
moi	jag (*accentué*) 10 ; mig 11
moi (à ~)	mig 11
moins	i 43 ; mindre 70
moins (-)	minus 98
moins (au ~)	åtminstone 90
mois	månad -en -er 16
mois (par ~)	månadsvis 43
moment	tag -et = 45
moment (pour le ~)	just nu 50
mon / ma / mes / le mien / la mienne / les miennes / à moi	min / mitt / mina 9
monde	värld -en -ar 61
monde (du ~)	folk 52
monnaie	väx/el -eln -lar 55
monnaie (faire de la ~)	växla -r -de -t 55
monsieur	herr -en -ar 7
montagne	berg -et = 98 ; fjäll -et = 98
monter	stig/a -er steg stigit 49, 86 ; stiga in 68
montre	klock/a -an -or 21
montrer	visa -r -de -t 39

moquer (se ~)	driv/a driver drev drivit 53
mordre	bit/a -er bet bitit 89
mort	död 67
mot / débat	ord -et = 13
moteur	motor -n -er 55
mouillé	blöt 83 ; våt 96
mourir	dö dör dog dött 66, 74
moustache	mustasch -en -er 4
moutarde	senap -en 58
mouvement	rörelse -n -r 86
moyenne (donner la ~)	godkänna 93
moyens	råd 60
moyens (avoir les ~)	ha/få råd 60, 81
muet	stum stumt stumma 32
mur (faire le ~)	ta sig en bondpermis 84 ; ta sig en bondpermission 84
mûre	björnbär -et = 74
mutuel (réciproque)	inbördes *(inv.)* 87

N

n'est-ce pas	ju 37
n'importe	som helst 69
nager	simma -r -de -t 61
naïf	blåögd 64
naissance	födelse -n -r 36
nana	tjej -en -er 29
nation	nation -en -er 73
natte	flät/a -an -or 64, 96
nature	natur -en -er 25
nature de poète	diktarnatur 97
naturel *(adj.)*	naturlig 86
naturellement	ledigt 100
nausée (avoir la ~)	må illa 94
navette	flygbuss 74
navette (faire la ~)	pendla -r -de -t 45
naviguer à voile	segla -r -de -t 91
né	född 20
ne … pas	inte 3 ; ej 91
ne … plus	inte … längre 70
ne … que	bara 24
nécessaire (être ~)	behövas behövs behövdes behövts 95
nécessité	nöd -en 38
négatif	negativ 75
négliger	förbigå 67
neige	snö -n 16, 79
neige fondue	slask -et 65

neiger	snöa -r -de -t 16
nerf	nerv -en -er 40
neuf	ny nytt nya 19
nez	näs/a -an -or 87
ni ... ni	vare sig ... eller 75 ; varken ... eller 75
niche	nisch -en -er 4
nier mordicus	bondneka -r -de -t 84
niveau (mettre à ~)	uppgradera -r -de -t 72
noces	bröllop -et = 44
Noël	jul -en -ar 34
noisette	hasselnöt 76 ; nöt -en nötter 76
noix	nöt -en nötter 76 ; valnöt 76
nom	namn -et = 46
nombre	tal -et = 73
nombreuse (famille)	barnrik 20
nombreux	många 70
non	nej 4
non plus	inte heller 82
non qualifié	obehörig 98
non-fumeur	icke-rökare -n = 62
nord *(adj.)*	norra 82
nord (le ~)	norr 85
nord (vers le ~)	norrut 99
Norvégien	norrman 53
Norvégien/-ienne	norsk/a -an -or 53
nos	våra 33
note	poäng -en *ou* -et = 97
noter / inscrire	skriva upp 57
notre	vår 20 ; vår vårt våra 20
notre / nos	ens 95
notre / nos / le nôtre / (la nôtre) / les nôtres	vår / vårt / våra 22
nounours	nall/e -en -ar 74
nourriture	mat -en 7, 24 ; kost -en 26
nourriture pour chats	kattmat 97
nous	vi 13
nous / à nous	oss 24
nous *(objet)*	en *(pron.)* 95
nouveau	ny nytt nya 44
nouveau (à ~)	igen 50
nouvelle / actualité	nyhet -en -er 41
nouvelles (avoir des ~ de)	höra av 79
nouvelles (donner de ses ~)	höra av sig 100
noyer (se ~)	drunkna -r -de -t 61
nu	naken 51 ; bar 95
nuit	natt -en nätter 22

numéro	nummer numret = 37
numéro (spectacle)	vals -en -er 94
numéro d'attente	nummerlapp 38
numéro d'identité	personnummer 38
numéro de téléphone	telefonnummer 57

O

obligé (contraint)	tvungen 74
obligé (être ~ de)	få -r fick fått 38
obligé (être ~)	måste måste måste måst 22
obligé (ne pas être ~ de)	slipp/a -er slapp sluppit 45
obliger	tvinga -r -de -t 74
observation	iakttagelse -n -r 80
obtenir	få -r fick fått 43
occasion	tillfälle -t -n 78, 79, 100
occasion (d'~)	begagnad 66 ; second hand *(inv.)* 90
occupé	upptagen upptaget upptagna 50
occuper	uppta 50
occuper (s'~)	syssla -r -de -t 39
odorat	lukt -en 67
œil	öga ögat ögon ögonen 51
œuf	ägg -et = 99
œuvre	verk -et = 61, 85
office de tourisme	turistinformation -en 23
oiseau	fåg/el -eln -lar 69
OK	okej 4
ombre	skugg/a -an -or 98
omelette aux champignons	svampomelett -en -er 25
on	vi 17 ; man 38 ; de 39 ; det 46 ; folk 52
oncle (paternel)	farbror 46
ongle	nag/el -eln -lar 89
opération	operation -en -er 74
opinion	åsikt -en -er 74
optimiste	optimist -en -er 36
or (métal)	guld -et = 73
orchestre (lieu)	främre parkett 89
ordinaire	vanlig 53
ordinateur	dator -n -er 40
ordonnance	recept -et = 71
ordre du jour	dagordning -en -ar 87
oreille	öra örat öron öronen 82
orfèvre	guldsmed -en -er 92
orienté (être ~)	vett/a -er -e -at 85
os (problème)	hak/e -en -ar 59
osciller	pendla -r -de -t 45
oser	våga -r -de -t 91

ou	eller 10
où	var 17 ; där 60
où *(avec mouvement)*	vart 30
ouais	japp 25
oublier	glöm/ma -mer -de -t 51 ; glömma bort 92
ouest (l'~ de)	västra 84
oui	ja 2
ouïe	hörsel -n 67
ours	björn -en -ar 74
ours polaire	isbjörn -en -ar 74
ouvert	öppen 87
ouvrage	verk -et = 48, 61, 85
ouvrir	öppna -r -de -t 46

P

P.-S.	PS 80
pain	bröd -et = 8
pair	jämn 87
paire / couple	par -et = 92
paix	fred -en -er 95
panier	korg -en -ar 72
panique	panik -en 96
pansement	bandage -et = 67
panser	slicka -r -de -t 79
pantalon	byx/a -an -or 29
pantoufle	toff/el -eln -lor 94
papa	papp/a -an -or 31
papier	papper papperet = 53
papier (bout de ~)	lapp -en -ar 38
Pâques	påsk -en -ar 90
paquet	paket -et = 30
par	om *(prép.)* 26 ; med *(prép.)* 29 ; på 32 ; i 45 ; vid 53 ; genom 64
par *(agent)*	av 69, 70
par cœur	utantill 100
paradis	paradis -et = 80
paraître	verka -r -de -t 64
parc d'attractions	nöjesfält -et = 69
parce que	därför att 82
par-dessus	över 45
par-dessus bord	överbord 78
pardon	förlåt 43
pareil	make -n 53 ; liknande 65 ; så(da)n så(da)nt så(da)na 69
parent (famille)	släkting -en -ar 85
parents	föräld/er -ern -rar 34 ; föräldrar 60

parfait	utmärkt 39
parler	tala -r -de -t 6 ; snacka -r -de -t 82
parmi	bland 23
parole	ord -et = 13
partager	dela -r -de -t 97
partenaire	partner -n -s *ou* = 76
parterre	bortre parkett 89
parti	parti -et -er 64
parti (être ~ en)	vara ute och 100
participer	vara med 83
particulièrement	speciellt 10
partie	del -en -ar 96
partir	gå -r gick gått 43 ; åk/a -er -te -t 75 ; res/a -er -te -t 77
partir (à ~ de)	fr o m 38 ; från och med 38
partout	överallt 38
pas	inte 3
pas (à deux ~)	på gångavstånd 92
pas (avancée)	steg 6
pas de	ingen inget inga 20
pas du tout	inte alls 68 ; inte det minsta 74
passade	snedsprång -et = 67
passeport	pass -et = 53
passer	gå -r gick gått 38 ; visa -r -de -t 39 ; ta (taga) -r tog tagit 80
passer (~ chez)	titta in 92
passer (du temps)	tillbringa -r -de -t 40
passer (se ~)	händ/a -er hände hänt 32
passer (test)	genomgå 76
passer (vitesse)	lägga i(n) 55
passer *(avec un verbe de mouvement)*	förbi 67
passer devant	gå förbi 67 ; köra förbi 67
passer la nuit	stanna över 68
passer sur	förbigå 67
pasteur	präst -en -er 92
patenté	patenterad 66
patient *(adj.)*	tålig 11
patient *(nom)*	patient -en -er 81
patraque	skral 92
patte (favori)	polisong -en -er 72
patte d'ours	ram -en -ar 92
pattes de mouche	kråkfötter 61
paumé	nollställd 72
pauvre	stackars *(inv.)* 27 ; fattig 51 ; stackar/e -(e)n = 88

payant	avgiftsbelagd 93
paye	löning -en -ar 29
payer	betala -r -de -t/betalt 29
pays	land -et länder 18
paysan	bonde -n bönder 33
peau de banane	bananskal -et = 66
peau de bête	skinn -et = 75
péché	synd -en -er 62
pendant	under 76
pendant que	medan 54
pendre	häng/a -er -de -t 60
pénicilline	penicillin -et 71
pensée	tank/e -en -ar 79
penser	tyck/a -er -te -t 36 ; tänk/a -er -te -t 36
perçant	skarp 99
perceuse	borrmaskin 88
perdre	tappa -r -de -t 51, 66 ; förlora -r -de -t 79
père	fader fadern fäder 30 ; papp/a -an-or 64
père / papa	far fadern fäder 30
père Noël	jultomt/e -en -ar 97
perfectionner	förkovra -r -de -t 100
perfusion	dropp -et = 67
perle	pärl/a -an -or 20
permettre	tillåta 37
permis *(adj.)*	tillåt/en -et -na 24
permis de conduire	körkort 53
permission (avoir la ~)	få -r fick fått 20
personnage de BD	seriefigur -en -er 99
personne	ingen 67 ; man mannen män 99 ; person -en -er 99
personne (individu)	person -en -er 19
personnel	personlig 49
personnellement	personligen 47
perspective d'avenir	framtidsutsikt 97
pessimiste	pessimist -en -er 36
petit	lilla 2 ; liten litet lilla små mindre minst 2, 64, 70
petit ami	kill/e -en -ar 29
petit-déjeuner	frukost -en -ar 22
petite amie	tjej -en -er 29
petit-fils / petite-fille	barnbarn -et = 30
pétrin	klister klistret = 57
peu	lite 70, 80 ; få 75 ; föga 94
peu (un ~)	lite 30
peu à peu	pö om pö 17
peuple	folk 52

peur (avoir ~)	vara rädd 74
peur (prendre ~)	bli rädd 74
peur du noir (avoir ~)	vara mörkrädd 74
peut-être	kanske 16, 33
pharmacie	apotek -et = 38
phase	fas -en -er 100
phénix	värsting -en -ar 76
philosophe	filosof -en -er 97
photo	bild -en -er 20
phrase	mening -en -ar 100
pièce	rum rummet = 23 ; pjäs -en -er 88
pièce (quantité)	stycke -t -n 65
pièce d'identité	leg -et = 53 ; legitimation -en -er 53
pied	fot -en fötter 44
pied (à ~)	till fots 67
pieds nus	barfota *(inv.)* 88
piercing	piercing -en -ar 73
pilule	pill/er -ret = 78
pincer	klämm/a -er klämde klämt 66 ; nypas nyps nöps nupits 83
pincer/attraper (se faire ~)	åka dit 85
pingre	snål 60
pipe	pip/a -an -or 57
pivert	gröngöling -en -ar 64
placard	skåp -et = 24
place	ställe -t -n 11 ; plats -en -er 19 ; torg -et = 83
place de garage	garageplats 22
place du marché	torg -et = 67
placer (se ~)	ställ/a (sig) -er -de -t 38
plage	strand -en stränder 52
plaindre (se ~)	klaga -r -de -t 90
plaire (se ~)	trivas trivs trivdes trivts 68
plaire (se ~ beaucoup)	stortrivas 80
plaisanter	skämta -r -de -t 51 ; skoja -r -de -t 53
plaisanterie	skämt -et = 41
plaisanterie osée	fräckis -en -ar 83
plaisir	nöje -t -n 69
plaisir (faire ~)	glädja gläder gladde glatt 93
planches	scen -en -er 88
plat (mets)	rätt -en -er 25
plat creux	karott -en -er 24
plat préféré	favoriträtt 25
plâtre	gips -en *ou* -et 67
plâtre (un ~)	gipsbandage -t = 67
plâtrer	gipsa -r -de -t 67

plein	rama 80
plein (de)	full (med) 52
plein d'imagination	fantasifull 79
plein temps (à ~)	på heltid 43
pleurer	gråt/a -er grät gråtit 50, 75
pleurnicheur	gnällig 80
plier bagage	ta sitt pick och pack 95
plombier	rörmokare -n = 80
plongeon	dopp -et = 52
pluie	regn -et = 36
plus	mer 59 ; plus -et = 61 ; desto 71
plus (+)	plus *(prép.)* 98
plus ... plus	ju ... desto 71
plus en plus (de ~)	allt (+ *comparatif*) 71
plusieurs	flera 67
plutôt	hellre 78 ; snarare 88
pneu	däck -et = 65
pneu à clous	dubbdäck 65
poche	fick/a -an -or 96
poêle	stekpann/a -an -or 24
poils	hår -et = 48
point	prick -en -ar 64 ; poäng -en *ou* -et = 97
point (à ~)	lagom 28
point (être sur le ~)	vara nära 59
point chaud	oroshärd -en -ar 95
pointure (taille)	storlek -en -ar 69
pois	prick -en -ar 64
poisson	fisk -en -ar 32
poisson d'avril	aprilskämt 41
poisson rouge	guldfisk -en -ar 32
polar	deckare -n = 100
police	polis -en -er 37
policier	polis -en -er 37
politique *(adj.)*	politisk 64
pollué (être ~)	förstöras förstörs förstördes förstörts 82
pollution atmosphérique	luftförorening -en -ar 82
Pologne (la ~)	Polen 68
Polonais/-se	polsk/a -an -or 68
pomme	äpple -t -n 56
pomme de terre	potatis -en -ar 99
pompiers (les ~)	brandkår -en -er 67
pont (faire le ~)	ta ut en klämdag 66
Popeye	Karl-Alfred 99
port	hamn -en -ar 59
port de destination	destinationshamn 99
portable	mobil -en -er 37

portable *(adj.)*	bärbar 73
porte	dörr -en -ar 46
porte-monnaie	portmonnä -n -er 17
porter (mener)	bära bär bar burit 64
porter à croire	tyd/a -er tydde tytt 86
poser	ställ/a -er -de -t 38 ; lägga lägger la(de) lagt 55
poser (une candidature)	lämna in 61
posséder	äg/a -er -de -t 78
possible	möjlig 37
poste	post -en 17
poste (emploi)	tjänst -en -er 61
poste de stagiaire	praktikantplats 97
poster	posta -r -de -t 60
postuler	sök/a -er -te -t 61
pot (broc)	kann/a -an -or 85
pou	lus -en löss 51
poubelle	soptunn/a -an -or 71
poudre	krut -et 96
poule	höns -et = 92
pour	för 1 ; till *(prép.)* 28 ; åt 30 ; för *(prép.)* 66 ; för … skull 87
pour / afin de (+ *(inf.)*)	för att 39
pour ainsi dire	liksom 13
pour que	så (att) 75
pourquoi	varför 2
pourri	rutten 73
pourtant	ändå 61
pourvu que	bara *(conj.)* 45
pousser	väx/a -er växte växt/vuxit 33
pousser à	få -r fick fått 59
pouvoir	få -r fick fått 20 ; kunna kan kunde kunnat 23 ; orka -r -de -t 57
pratique	praktisk 37
précédent	förra 44
préférence (de ~)	helst 78
premier	första 79
Premier ministre	statsminist/er -ern -rar 41
première (spectacle)	premiär -en -er 89
prendre	ta (taga) -r tog tagit 13 ; äta äter åt ätit 51 ; grip/a -er grep gripit 96
prendre (rdv)	beställ/a -er -de -t 92
prendre (s'y ~)	bära sig åt 94
prendre (transports)	åk/a -er -te -t 59
prendre au dépourvu	ta (taga) -r tog tagit på sängen 13
préparer	laga -r -de -t 24 ; fixa -r -de -t 37

près	nära *(inv.)* närmare närmast 59
près de	vid 53 ; nära *(inv.)* närmare närmast 80
presbytère	prästgård -en -ar 92
présenter (se ~)	erbjuda sig 100
présenter à un examen (se ~)	gå upp i en tenta 78
président	ordförande -n = 87
presque	nästan 60
pressé	packad 59
pressé (être ~)	ha bråttom 40
pression (contrainte)	press -en -ar 95
prestations de service	service -n 25
présumer	anta 87
prêt	klar 25
prêt (être ~ à)	vara beredd 45 ; vara beredd på 99
prétendre	påstå 67
prêter (se ~)	tillåta 90
prévision	prognos -en -er 98
prier	be ber bad bett 48
primeur	primör -en -er 90
principe	princip -en -er 100
prix	pris -et -er 33, 86
probable	trolig 23
problème	krux -et = 61 ; problem -et = 92
procès-verbal	protokoll -et = 87
prochain/e	nästa 43
proche	nära *(inv.)* närmare närmast 28
procurer	fixa -r -de -t 37
procurer (se ~)	skaffa sig -r -de -t 72
produit	var/a -an -or 33
professeur	lärare -n = 93
profession / métier	yrke -t -n 54
profit (au ~ de)	åt 30
profiter (en ~ pour)	passa på -r -de -t 68
profondément	djupt 74
programme / logiciel	program programmet = 62
progrès	framsteg -et = 6
projecteurs *(fig.)*(feux de la rampe)	rampljus 89
projet	projekt -et = 99
promenade	promenad -en -er 40
promenade en bateau	seglats -en -er 78
promener (se ~)	promenera -r -de -t 59
prometteur	lovande 88
promettre	lova -r -de -t 75
promo (en ~)	till extrapris 31
prononcer	uttala -r -de -t 6

prononciation	uttal -et = 6
pronostiqueur	tippar/e -en = 43
propos (à ~ de)	om *(prép.)* 18 ; apropå 65
proposition	förslag -et = 75
propre	ren 86
propre (personnel)	egen eget egna 53
prosaïsme	snusförnuft -et = 79
protection	skydd -et = 49
protection de l'environnement	miljövård -en 66
provisions (faire des ~)	ladda upp 73
proximité	närhet -en 22
prudent	försiktig 81
pub (à bière)	pub -en -ar 57
pub / association d'étudiants	nation -en -er 73
puisque	eftersom 74
puissant	väldig 12
pull	tröj/a -an -or 96
pur	genuin 27 ; äkta *(inv.)* 27 ; ren 49, 80 ; rama 80 ; skär 90
purée de pommes de terre	potatismos -et = 26

Q

qu'est-ce que	vad *(pron.)* 16
qualifications	meriter 61
qualifier	kvalificera -r -de -t 61
quand	när 13
quand même	ändå 66 ; gott 90
quart d'heure	kvart -en = ou -ar 31
quartier	kvarter -et = 35
que	vad *(pron.)* 3 ; att *(conj.)* 26 ; än *(conj.)* 59
que *(objet)*	som *(pron.)* 84
quel / quelle / quels / quelles	vilken vilket vilka *(adj.)* ou *(pron.)* 3
quelconque	någon / något / några 27
quelqu'un	någon 47
quelque chose	något 8 ; någonting 37 ; nånting 37
quelque part	någonstans 24 ; nånstans 24
quelques	några 29
querelle	bråk -et = 82
question	fråg/a -an -or 1
question (être ~ de)	gäll/a -er -de -t 45
questionnaire	frågeblankett -en -er 76
queue	kö -n -er 38
queue (faire la ~)	köa -r -de -t 38
qui	vem 10 ; vem som 85
qui (à ~)	vems 78

qui *(sujet)*	som *(pron.)* 55
quitte	kvitt *(inv.)* 17
quitte (en être ~ pour)	klara sig undan 86
quitter	lämna -r -de -t 46
quoi	vad *(pron.)* 3
quoique	fast 80

R

R.S.V.P.	o s a 100
rabâcher	tjata -r -de -t 94
rabot	hyv/el -eln -lar 27
raclette à fromage	osthyv/el -eln -lar 27
raconter	berätta -r -de -t 26
radar	fartkamer/a -an -or 81
radio	radio -n 32
raide	stel 68
raison	förnuft -et = 79
raison (avoir ~)	ha rätt 87
ramasser	plocka -r -de -t 23
rame	år/a -an -or 91
ramer	ro -r -dde -tt 90
rampe	ramp -en -er 89
rampe (feux de la ~)	ljusramp -en -er 89
rappeler	påminn/a -er påminde påmint 67
rappeler (se ~)	komma ihåg 47, 57 ; minnas minns mindes mints 83
rapporter (déclarer)	anmäl/a -er -de -t 37
rarement	sällan 65
rasé (de près)	slätrakad 73
raser	raka av 72
raser (se ~)	raka sig -r -de -t 46
rassasié	mätt 10
rayon charcuterie	charkavdelning -en -ar 39
re-	tillbaka 31 ; tillbaks 31 ; igen 61 ; åter 69
réalisme	realism -en 51
récession	lågkonjunktur -en -er 92
recette	recept -et = 71
recevoir	få -r fick fått 29, 54 ; ta emot 87
réchauffer au four à micro-ondes	mikra -r -de -t 61
réclamer	kräv/a -er krävde krävt 60
recommandé	rekommenderad 60
recommencer	börja om 68
reconnaître	känna igen 57
reçu	kvitto -t -n 17 ; godkänd 93
reculer	backa -r -de -t 55

sexhundratjugoåtta • 628

récupérer	återfå 96
recycler	återanvända 65
rédacteur en chef	chefredaktör -en -er 95
rédacteur publicitaire	copywriter -n -s 97
rédaction / mémoire	uppsats -en -er 93
réduction de retraite	pensionärsrabatt -en -er 43
refaire	lägga om 85
réfléchir	tänka efter 48
refroidissement (rhume)	förkylning -en -ar 78
refusé	underkänd 93
refuser	vägra -r -de -t 55
regard	blick -en -ar 99
regarder	kolla -r -de -t 29 ; titta -r -de -t (på) 33
regarder bêtement	glo -r -dde -tt 59
régime (faire un ~)	banta -r -de -t 8
région	trakt -en -er 68
région polaire	polartrakt -en -er 74
registre	regist/er -ret = 20
règle	reg/el -eln -ler 95
règle (en ~)	klar 53
régler	fixa -r -de -t 37
regretter	ångra -r -de -t 92
régulier	jämn 46
réjouir	glädja gläder gladde glatt 93
relation	kontakt -en -er 20
religieux	kyrklig 92
remarier (se ~)	gift/a om sig -er -te -t 68
remarquer	få syn 67 ; märk/a -er -te -t 67, 96
remettre	lämna tillbaka 46
remplir	fyll/a -er -de -t 41
remplir (un formulaire)	fylla i 76
remuer	röra om rör rörde rört 87
renard	räv -en -ar 85
rencontre	möte -t -n 45
rencontrer	träffa -r -de -t 57
rencontrer (se ~)	träffas = träffades träffats 83
rencontres en ligne (faire des ~)	dejta -r -de -t 73
rendez-vous	möte -t -n 45 ; tid -en -er 92
rendre	göra gör gjorde gjort 20 ; lämna tillbaka 46
rengaine	vis/a -an -or 90
renoncer	avstå 59
rénover	renovera -r -de -t 85
renseignement	uppgift -en -er 86
renseignements	information 35

renseignements (fournir des ~)	ge information 35
renseigner	ge information 35
rentrer	åka hem 27 ; gå hem 57
renverser	köra på 95
réparer	fixa -r -de -t 37
repas	mat -en 10
repentir (se ~)	ångra sig 92
répétition générale	generalrepetition -en -er 89 ; genrep -et = 89
répondeur	svarare -n = 37
répondre	svara -r -de -t 57
reporter (journaliste)	report/er -ern -rar 95
reprendre	återfå 96
réserver	boka -r -de -t 44
respirer	andas = andades andats 74
ressemblant	liknande 65
ressembler à	likna -r -ade -t 15
ressusciter	uppstå 67
restaurant	servering -en -ar 22
reste	rest -en -er 46
reste (en ~)	kvar 73
reste (le ~)	det övriga 90
rester	stanna -r -de -t 23 ; sitt/a -er satt suttit 62 ; bli (bliva) blir blev blivit 83
rester (dans un état)	förbli 76
résultat	resultat -et = 75
retaper	fixa -r -de -t 37
retard (avoir du ~)	vara försenad 45
retard (être en ~)	vara försenad 45
retarder	försena -r -de -t 45
retirer	ta av sig 96
retirer (de l'argent)	ta ut 98
retourner	lämna tillbaka 46
retourner (se ~)	vänd/a sig -er vände vänt 88
retraité	pensionär -en -er 43
retrouver (se ~)	hamna -r -de -t 58
réunion	möte -t -n 45 ; sammanträde -t -n 87
réutiliser	återanvända 65
rêve	dröm drömmen drömmar 18
réveiller (se ~)	vakna -r -de -t 18, 58
revenir	komma tillbaka 31
revenu	inkomst -en -er 86
rêveur	drömmare -n = 23
révision	repetition -en -er 7
révision (en ~)	på service 25
rez-de-chaussée	nedre botten 93

rez-de-chaussée (plus quelques marches)	bottenvåning 93
rhume	förkylning -en -ar 71
riche	rik 20, 61
rideau	ridå -n -er 89
rien	ingenting 37 ; inget 37 ; intet 49
rien (de ~)	varsågod 24
rigoler	skoja -r -de -t 29
rire	skratta -r -de -t 15
risque	risk -en -er 65, 71
risquer	riskera -r -de -t 66
robe	klänning -en -ar 69
rocker	rocksångare -n = 48
rôle	roll -en -er 20
rompre	bryt/a -er bröt brutit 39
romsteck	fransysk/a -an -or 94
rond	rund 86
rond (sou)	lingon -et = 73
ronger	bit/a -er bet bitit 89
rose	skär 90
rose (fleur)	ros -en -or 36
rose sauvage	nyponblomm/a -an -or 91
rossignol	näktergal -en -ar 13
rouge	röd rött röda 11
rouiller	rosta -r -de -t 36
route	väg -en -ar 54
roux	röd rött röda 48
royaume	rike -t -n 28
rudement	väldigt 12
rue	gat/a -an -or 34
rue piétonne	gågata 97
russe	rysk 99

S

s'il te/vous plaît	tack 7 ; varsågod 24
sa (à elle)	hennes 16
sa (à lui) / le sien / la sienne / les siens / les siennes	hans 9
sac	pås/e -en -ar 86
sachet	pås/e -en -ar 86
sachet gratuit	gratispåse 39
sage	snäll 32
sain	sund 79
sain et sauf	helskinnad 47
saint	helgon -et = 88
saisir	grip/a -er grep gripit 78 ; fatta -r -de -t 92

saison	årstid -en -er 90
salé	salt 76
salle de bain	badrum 71, 96
saluer	hälsa -r -de -t 34
salut	hej 1 ; tjänare 4 ; tjena 27
salut (au revoir)	hej då 4
salut / bonjour	hejsan 68
salutation	hälsning -en -ar 42
Sâme / Sami	sam/e -en -er 38
samedi	lördag -en -ar 12
sans	utan *(prép.)* 8 ; förutan 91
sans doute	nog 51
sans prévenir	oanmäld 86
santé	hälsa -n 76
santé (à la tienne/vôtre)	skål 42
santé (en bonne ~)	frisk 50
sapin	gran -en -ar 80
sardine	sill -en -ar 59
saucisse	korv -en -ar 26
saucisse de Francfort	wienerkorv 60
sauf	utom 95
saumon	lax -en -ar 5
sauna	bastu -n -r 52
sauter	hoppa -r -de -t 93
sauter (une classe)	hoppa över 93
sauvegarder	spara -r -de -t 73
savoir	veta vet visste vetat 8 ; kunna kan kunde kunnat 23
savoir (faire ~)	meddela -r -de -t 89
Scanie (la ~)	Skåne 19
scène	scen -en -er 88
science	vetenskap -en -er 97
sciences du langage	språkvetenskap 97
sciences humaines	humaniora 97
scientifique *(nom)*	naturvetare -n = 97
scintiller	gnistra -r -de -t 96
scratch	kardborrband -et = 64
se	sig 26 ; varandra 59 ; varann 59
sec	torr 95
sécher (faire l'école buissonnière)	skolka -r -de -t 93
seconde	sekund -en -er 40
secouriste	samarit -en -er 99
secrétaire	sekreterare -n = 87
sécurité (en ~)	trygg 99
sécurité / sûreté	säkerhet -en -er 95

seigneur	herr/e -en -ar 25
semaine	veck/a -an -or 40, 45, 67
sembler	verka -r -de -t 64 ; låt/a -er lät låtit 94
sens	sinne -t -n 64
sentiment	känsl/a -an -or 80
sentir	känn/a -er kände känt 47
sentir (dégager une odeur)	lukta -r -de -t 94
sentir (se ~)	känna sig 32
séparer	skilja skiljer skilde skilt 63
séparer (se ~)	skiljas 91
septembre	september 82
série	serie -n -r 99
sérieusement	allvarligt 78
sérieux	allvar -et 66
sérieux *(fiable)*	seriös 78
serré / tassé	packad 59
serrer	klämm/a -er klämde klämt 66
service	service -n 25
service (mauvais ~)	björntjänst 74
service des urgences	akutmottagning -en -ar 50
serviette	handduk -en -ar 96
servir	hjälp/a -er -te -t 38
servir (se ~ de)	begagna -r -de -t 66
serviteur	tjänare -n = 4
ses (à elle)	hennes 16
ses (à lui)	hans 9
seul	ensam ensamt ensamma 12 ; blott 27
seul (tout ~)	själv 57
seulement	bara 24
seulement *(temporel)*	först 67
shopping (faire du ~)	shoppa -r -de -t 34
si (non hypothétique)	att *(conj.)* 82
si (tellement)	så 16
si *(affirmation)*	jo 10
si *(hypothèse)*	om *(conj.)* 32
siège arrière	baksäte -t -n 53
sieste (faire la ~)	sova middag 10
siffler	bua -r -de -t 89
signe	teck/en -net = 72
signe (faire ~)	vinka -r -de -t 64
signe de vie	livstecken 80
signifier	betyda 81
silence	tystnad -en -er 39
simple	lätt 6 ; enkel enkelt enkla 50, 79 ; simpel 98
sinon	annars 40, 71
sirop	saft -en -er 62

site	sajt -en -er 73
smålandais	småländsk 27
sniffer	sniffa -r -de -t 88
soap	såp/a -an -or 96
soap télévisé	tv-såpa 96
social-démocrate	socialdemokrat -en -er 64
socialo	soss/e -en -ar 64
société	samhälle -t -n 93
société de classes	klassamhälle 93
société de consommation	konsumtionssamhälle 97
société de gadgets	prylsamhälle 37
sociologue	samhällsvetare -n = 97
soda	läsk -en = 62
sœur	syst/er -ern -rar 9
soi (en ~)	själv 88
soi-disant	så kallad 97
soignante	sköterskor/a -an -or 50
soigner	sköt/a -er -te -t 50
soir	afton -en aftnar 41 ; kväll -en -ar 41
soirée	kalas -et = 40 ; afton -en aftnar 41 ; kväll -en -ar 83
sol	golv -et = 32
solder	rea -r -de -t 29
soldes	re/a -an -or 29 ; realisation -en -er 29
soldes d'hiver	mellandagsrea 29
soleil	sol -en -ar 33, 62 ; solsken -et 36
somme (petit ~)	lur -en -ar 18
son (à elle)	hennes 16
son (à lui)	hans 9
son / sa / ses	dess 98
son / sa / ses / leur(s) (propre)	sin / sitt / sina 48
songer	fundera -r -de -t 87
sonner	ring/a -er -de -t 4
sorcier *(fig.)*	konst -en -er 54
sornette	strunt -et 51
sortir	gå ut 30
sortir (mettre dehors)	sätta ut 65
sortir *(qqch.)*	ta fram 57 ; dra (draga) -r drog dragit 96
sortir (s'en ~)	klara sig undan 86 ; slippa undan 86
sortir avec	dejta -r -de -t 73
souci	bekym/mer -ret = 61
soucier (se ~)	bry sig -r brydde brytt 89
soudain	plötsligt 46
souffler	blås/a -er -te -t 54

souffrir	lid/a -er led lidit 94
souhaiter	önska -r -de -t 69 ; önska/s 69
soûl	full 76
soupçonner	misstänka 86
soupe	sopp/a -an -or 71
soupe de pois cassés	ärtsoppa 14
soupir	suck -en -ar 89
source	käll/a -an -or 81
sourd	döv 67
souriant	leende 44
sourire	le ler log lett 15
sous	under 65 ; i 89
sous-marin	ubåt 99
souvenir	souvenir -en -er 27 ; minne -t -n 92
souvenir (se ~)	minnas minns mindes mints 47
souvent	ofta oftare oftast 59
souvent (le plus ~)	för det mesta 61
spécial	speciell 10
spécialement	speciellt 10
spectacle	spektak/el -let = 89
sport	sport -en -er 93
stagiaire	praktikant -en -er 95
standard téléphonique	väx/el -eln -lar 55
station balnéaire	badort 44
stationnement	parkering -en -ar 93
station-service	bensinstation 25 ; mack -en -ar 25
steak	biff -en -ar 90
stop (être pris en ~)	få lift 68
stop (faire du ~)	lifta -r -de -t 68
stress	stress -en 91
strict (en parlant de la vérité)	naken 51
stupide	dum dumt dumma 41
style de vie	livsstil -en -ar 62
stylo	penn/a -an -or 57
subir	råka ut för 67 ; genomgå 74
sucer	sug/a -er sög sugit 92
sud *(adj.)*	södra 82
sud (au ~)	söder 68
sud (le ~ de)	södra 82
Suède (la ~)	Sverige 27
suédois	svensk 13, 33
suédois (langue)	svenska 6
suffire	räck/a -er -te -t 30, 72
suffisamment	nog 52 ; tillräckligt 55
suite / continuation	fortsättning -en -ar 65

suivre	följ/a -er -de -t 44, 65 ; hänga med 64
sujet (au ~ de)	om *(prép.)* 18
sujet de conversation	samtalsämne -t -n 62
super	jättebra 3
supérette	servicebutik -en -er 25
supérieur	övre 71
supporter	dras = drogs dragits 89 ; stå ut 94
supposer	anta 87
sur	om *(prép.)* 18 ; i 53 ; över 59 ; mot 64 ; via 76
sûr	säker 49, 83
sur deux	varannan 82 ; vartannat 92
sûrement	säkert 46
sûreté (en ~)	trygg 99
surfer	surfa -r -de -t 100
surprendre	ta (taga) -r tog tagit på sängen 13
surprise	överraskning -en -ar 31
surtout	speciellt 10 ; särskilt 40 ; framför allt 79 ; i synnerhet 97
survenir *(futur)*	bli (bliva) blir blev blivit 41
survivant	kvarlevande 65
survivants (les ~)	de överlevande 91
survivre	leva kvar 65
suspendre	häng/a -er -de -t 60
suspense	spänning -en -ar 89
sympa	trevlig 30
sympathique	trevlig 40
syndicat	fack -et = 87

T

ta	din / ditt 12
tabac à priser	snus -et -er 30
table	bord -et = 35
table d'opération / billard	operationsbord 81
table de cuisine	köksbord 86
tâche	uppgift -en -er 86
tailler / faire sur mesures	skräddarsy 61
tailleur	skräddare -n = 61
taire (se ~)	tig/a -er teg tigit 75
tant	så mycket 33
tante	tant -en -er 31
tante (maternelle)	most/er -ern -rar 74
tapage	spektak/el -let = 89
tapage (faire du ~)	leva rövare 74
taper (se ~)	dras = drogs dragits 89
taper (sur les nerfs)	gå -r gick gått 40

tard	sent 26 ; sen *(adj.)* 31
tarder	dröj/a -er -de -t 37
tardif	sen *(adj.)* 47
tardivement	sent 26
tartine	smörgås -en -ar 66
tas	mass/a -an -or 51
taux d'intérêt	ränt/a -an -or 86
taxi	taxi -n taxibilar 37 ; taxibil 81
te	dig 14
tel / telle / tels / telles	så(da)n så(da)nt så(da)na 69
télé	tv tv:n tv:ar 26
télé (poste de ~)	teveapparat -en -er 26
télécharger	ladda hem 73 ; ladda ned 73 ; ladda ner 73
téléphone	telefon -en -er 4
téléphoner	ring/a -er -de -t 4
tellement	så mycket 35 ; så 35
témoin	vittne -t -n 60
température	temperatur -en -er 50
température (du corps)	temp -en 50
temps	tid -en -er 38
temps (avoir le ~)	hinn/a -er hann hunnit 34, 60
temps (beau ~)	solsken -et 36
temps (météo)	väder vädret = 33
temps (prendre du ~)	uppta 50
temps en temps (de ~)	då och då 47
tenir	håll/a -er höll hållit 46 ; vara -r -de -t 85
tenter le coup	ta en rövare 74
terminé (avoir ~ avec)	vara klar med 100
terminer	avsluta -r -de -t 58 ; sluta -r -de -t 92
terminer (se ~)	ta (taga) -r tog tagit slut 83
terrasse	terrass -en -er 11 ; altan -en -er 83
terre	jord -en -ar 31
test	test -et = 76
test de grossesse	graviditetstest 75
tête	huvud -et = *ou* -en huvudena 51 ; förstånd -et = 79 ; min -en -er 88
tête (en ~)	överst 71
tête de lard	träskall/e -en -ar 66
texte publicitaire	reklamtext -en -er 97
théâtre	teat/er -ern -rar 89
thermomètre	termomet/er -ern -rar 50
ticket d'appel	kölapp 38
tiens	jaså 16
tiens / tenez	varsågod 24
tiers	tredje 82
tiers-monde (le ~)	tredje världen 82

tignasse	kalufs -en -er 51
timbre	frimärke -t -n 17
tirer	dra (draga) -r drog dragit 83
tirer (avec une arme à feu)	skjut/a -er sköt skjutit 75
tirer (s'en ~)	klara sig -r -de -t 47 ; slippa undan 86
tiroir	låd/a -an -or 71
titre	tit/el -eln -lar 47
toi	dig 3 ; du (accentué) 10
toi (à ~)	dig 14, 18
toile	nät -et = 40
toit	tak -et = 85
tomate	tomat -en -er 33
tombe	grav -en -ar 85
ton / tes / vos / le tien / la tienne / les tiens / le vôtre / la vôtre / les vôtres	din / ditt / dina 12
tondre	klipp/a -er klippte klippt 34
tonnelle	berså -n -er 17
tôt	tidigt 26
totalité (la ~ de)	samtliga 85
toucher (de l'argent)	få -r fick fått 29
toucher (sens)	känsel -n 67
toujours	alltid 10 ; fortfarande 43
tour	tur -en -er 64
tourisme (faire du ~)	turista -r -de -t 26
touriste	turist -en -er 23
tous	alla 13
tous / toutes	alla 54
tousser	hosta -r -de -t 50
toussoter	småhosta 80
tout	allting 24
tout à coup	plötsligt 49
tout à fait	alldeles 45
tout de suite	strax 76
tout le monde	alla andra 38 ; alla 54
tout le temps	jämt 94
tout/e	runt 33
toutes	alla 17
toux	hosta -n 38
toxicomane	narkoman -en -er 76
trac	rampfeber 89
train	tåg -et = 43
train de banlieue	förortståg 45 ; pendeltåg 45
train de nuit	nattåg 93
traîner	häng/a -er -de -t 60
traité / thèse	avhandling -en -ar 97

traiter (avoir pour sujet)	handla -r -de -t 93
tralala	balett -en -er 67
tramway	spårvagn 59
tranche	skiv/a -an -or 5
tranche de fromage	ostskiva 27
trancher	skära skär skar skurit 49
tranquillement	lugnt 61
tranquillisant	nervlugnande 48
transi	genomfrusen 68
transpirer	svettas = svettades svettats 89
travail	jobb -et = 57 ; arbete -t -n 59
travail bâclé	fuskverk -et = 85
travail intellectuel	tankearbete 99
travailler	jobba -r -de -t 37 ; arbeta -r -de -t 39
travers (à ~)	genom 64
traverser	gå över 55
très	jätte 8 ; väldigt 12 ; mycket 35
Très Bien	VG 93
très bien	väl godkänd 93
trésor	skatt -en -er 54
trésors artistiques	konstskatter 54
tri sélectif	källsortering -en 81
tricher	fuska -r -de -t 85
tricherie	fusk -et 85
trifouiller	röra om rör rörde rört 87
trimer	slit/a -er slet slitit 60
triste	trist 62 ; ledsen 94
troll	troll -et = 15
tromper	lura -r -de -t 85
trompette	trumpet -en -er 54
trop	för *(adv.)* 27
trou	hål -et = 52
trouille (avoir la ~)	vara skraj 92
trouver	hitta -r -de -t 29 ; tyck/a -er -te -t 36, 44 ; finn/a -er fann funnit 65 ; kläck/a -er -te -t 97
trouver (ne pas ~)	sakna -r -de -t 79
trouver (se ~)	finnas finns fanns funnits 22 ; stå -r stod stått 46
truc	grej -en -er 3 ; pryl -en -ar 37
tu	du 1
tube	pip/a -an -or 58
tuer	skjut/a -er sköt skjutit 75
turc	turkisk 89
Turku	Åbo 20
TVA	moms -en 41

type (individu)	karl -en -ar 46 ; typ -en -er 94
typiquement	typiskt 75

U

un (l'~)	den ene 76
un / une / des *(dans phrases négatives ou interrogatives)*	någon / något / några 22
un l'autre (l'~)	varandra 59 ; varann 59
un/e	en 1 ; ett 5
uni	jämn 46 ; slät 73
unité de valeur	poäng -en *ou* -et = 97
universitaire	akademisk 95
université	högskol/a -an -or 97
urgences	akut -en -er 50
urgent (être ~)	brådska -r -de -t 38
utiliser	använda 65 ; begagna -r -de -t 66
utilité	nytt/a -an 87

V

vacances	semest/er -ern -rar 34
vachement	jätte- 3
vague	våg -en -or 100
vaisselle (faire la ~)	diska -r -de -t 4
valse	vals -en -er 94
vanter	prisa -r -de -t 61
Varsovie	Warszawa 68
végétarien	vegetarisk 62
vélo	cyk/el -eln -lar 24
vélo (aller en ~)	cykla -r -de -t 82
vendeur	försäljare -n = 63
vendre	sälj/a -er sålde sålt 31
vendredi	fredag -en -ar 14
vendredi (dernier)	i fredags 57
venir	komma kommer kom kommit 4
venir de	ha just (+ *supin*) 54 ; just 54
vent	vind -en -ar 91
vent en poupe/arrière	medvind 100
ventre	mag/e -en -ar 87
verglas	halka -n 65
vérificateur	justerare -n = 87 ; justeringsman 87
véritable	riktig 20 ; genuin 27 ; äkta *(inv.)* 27
vérité	sanning -en -ar 51
verre	glas -et = 5
vers	till *(prép.)* 18 ; vid 47 ; åt 58 ; mot 85
verser (des larmes)	fäll/a -er -de -t 91

vert	grön 33, 69
veston	kavaj -en -er 17
vêtements	kläder 69
vétérinaire	veterinär -en -er 97
viande	kött -et 5
victime	off/er -ret = 98
vide	tom 46
vider	töm/ma -mer -de -t 83
vider (un verre)	dricka ur 75
vie	liv -et = 36, 59
vieillard	gubb/e -en -ar 15
vierge *(ironique)*	mö -n -r 9
vieux	gammal gammalt gamla äldre äldst 19, 70
vieux garçon	ungkarl -en -ar 46
village	by -n -ar 18
ville	stad staden *ou* stan städer 18
vin	vin -et -er 5
vin chaud aromatisé	glögg -en -ar 16
violent	häftig 27
violon	fiol -en -er 99
viré (être ~)	få sparken 61
visage	ansikte -t -n 20, 46
vision	syn -en -er 67
visite	besök -et = 58 ; visit -en -er 94
visite (rendre ~)	hälsa på 47
vitamine	vitamin -en -er 51
vite	fort 81
vitesse	väx/el -eln -lar 55 ; fart -en -er 81 ; hastighet -en -er 81
vive	leve 83
vivre	lev/a -er levde levt 62
vivre (assister à)	vara med 83
voici	här är 17
voir	se ser såg sett 15
voir (aller ~)	hälsa på 47
voir (se ~)	synas syns syntes synts 73 ; träffas = träffades träffats 83
voisin	grann/e -en -ar 51, 60, 82
voiture	bil -en -ar 19 ; vagn -en -ar 22
voiture de sport	sportbil 19
voiture électrique	elbil 81
voiture-bar	kafévagn -en -ar 22
voix	röst -en -er 32
vol	flyg -et = 95
volaille	höns -et = 92
volant	ratt -en -ar 55

voleur	tjuv -en -ar 80
volontiers	gärna 12
vomir	kräkas kräks kräktes kräkts 83
votre	din / ditt 17
votre / vos / le vôtre / les vôtres	er / ert / era 24
vouloir	vilja vill ville velat 19 ; skola ska skulle skolat 49
vouloir bien	gärna 69
vouloir dire	mena -r -de menat 64
vous	ni 19 ; dig 32 ; Du 76
vous (formel)	Du 19 ; Ni 19
voyage	res/a -an -or 44
voyage de noces	bröllopsresa 44
voyager	res/a -er -te -t 44
voyager en voiture	bila -r -de -t 21
voyageur	resande -n = 48
vrai	genuin 27 ; sann sant sanna 27 ; äkta *(inv.)* 27
vraiment	faktiskt 31 ; verkligen 36 ; minsann 86
vraiment ?	jaså 16
vue	utsikt -en -er 59 ; syn -en -er 67

W

wagon	vagn -en -ar 22
Walpurgis	Valborg 41
Web	nät -et = 100
week-end	helg -en -er 39

Y

y	där 44

Z

zambo	sambo -n -r 53
zapper	zappa -r -de -t 61
zéro	noll 41, 86

▶▶▶ **Le suédois**

chez Assimil, c'est également :

Guide de conversation suédois de poche

N° édition 4093 : Le suédois
Imprimé en France par Laballery - novembre 2021